Herzöge und Heilige

Veröffentlichungen
zur Bayerischen Geschichte und Kultur
Nr. 24/93

Herausgegeben vom
Haus der Bayerischen Geschichte

Haus der
Bayerischen
Geschichte

Herzöge und Heilige

Das Geschlecht der Andechs-Meranier
im europäischen Hochmittelalter

Mit einem Beitrag von Alois Schütz

Herausgegeben von Josef Kirmeier
und Evamaria Brockhoff

Katalog zur Landesausstellung
im Kloster Andechs
13. Juli – 24. Oktober 1993

Die Deutsche Bibliothek – CIP-Einheitsaufnahme

Herzöge und Heilige : Das Geschlecht der Andechs-Meranier
im europäischen Hochmittelalter ; Katalog zur
Landesausstellung im Kloster Andechs 13. Juli – 24. Oktober 1993 /
[hrsg. vom Haus der Bayerischen Geschichte]. Hrsg. von Josef Kirmeier
und Evamaria Brockhoff. Mit einem Beitr. von Alois Schütz. –
München : Haus der Bayerischen Geschichte, 1993
(Veröffentlichungen zur bayerischen Geschichte und Kultur ; Nr. 24)
ISBN 3-927233-29-3
NE: Kirmeier, Josef [Hrsg.]; Haus der Bayerischen Geschichte
<München> ; GT

Datenkonvertierung und Druck: Echter Würzburg,
Fränkische Gesellschaftsdruckerei und Verlag GmbH
Lithographie: Kirschbaum + Mende, Rottendorf
Karten: concept Würzburg
Umschlag: Willi Reichert
Rückseite: Familienbild der Andechs-Meranier (vgl. Kat. Nr. 2)
Layout: Evamaria Brockhoff

Gedruckt auf chlorfrei gebleichtem Papier

ISBN 3-927233-29-3

Geleitwort des Bayerischen Ministerpräsidenten

Mit der Ausstellung »Herzöge und Heilige« in den Gebäuden des Klosters Andechs präsentiert das Haus der Bayerischen Geschichte einen weiteren Schwerpunkt der bayerischen, deutschen und europäischen Geschichte, der so gewiß noch nie öffentlich dargestellt wurde.

Von einer guten historischen Ausstellung erwartet man, daß sie einem breiteren Publikum weitgehend unbekannte Vorgänge der Vergangenheit ins Bewußtsein hebt. Das politische Gewicht, das das bayerische Geschlecht der Andechs-Meranier im Ringen um Macht und Einfluß mit anderen Dynastien zu entfalten vermochte, wird vielfach von der suggestiven Wirkung schließlich erfolgreicherer Kräfte verdunkelt. Der plötzliche Niedergang der Andechs-Meranier darf nicht vergessen machen, welche nachhaltigen Impulse dieses Geschlecht auf dem Höhepunkt seiner Entfaltung unserem Land und anderen Regionen Europas zu geben wußte. Wohl ohne es zu ahnen, hat es dabei Denkmäler von Weltrang geschaffen oder initiiert, die selbst noch nach Jahrhunderten die Phantasie der Betrachter beflügeln können. Ich denke dabei etwa an die Steinerne Brücke in Regensburg oder an den Dom zu Bamberg.

Im Wettlauf um die Ausbildung territorialstaatlicher Strukturen standen die Andechs-Meranier ihren Verwandten und Hauptrivalen in Bayern, den Herzögen aus dem Hause Wittelsbach, nicht nach. Andechs selbst wuchs dabei die Aufgabe zu, als geistig-geistlicher Mittelpunkt und Klammer des Hauses zu wirken.

Die von den Andechs-Meraniern betriebene Hausmachtpolitik hatte zweifellos europäischen Zuschnitt. Von ihren Stammlanden im westlichen Oberbayern aus erweiterten sie systematisch ihre Stützpunkte am Obermain und im Oberen und Unteren Inntal. Sie beherrschten schließlich die Nord-Süd-Verbindung über den Brenner genauso wie den Weg durchs Puster- und Eisacktal. Mit der Markgrafschaft Istrien hatten sie auch den Schlüssel zu Kärnten und zur Steiermark. Die Heiratsverbindungen des Hauses Andechs-Meranien nach Schlesien, Ungarn und Frankreich deuten dabei an, zu welchem Rang das Haus in Europa aufgestiegen war und mit wem es sich messen konnte. Und auch der Umstand, daß aus diesem Haus die Heiligen Hedwig und Elisabeth hervorgegangen sind, unterstreicht die herausgehobene Stellung dieser Familie in Europa.

Der geschichtliche Wandel ist über das Haus der Andechs-Meranier hinweggegangen. Dennoch sind wir heute dankbar für das geistige und politische Netz, in das es eingewoben war und das es geknüpft hat. Die Aktivierung solcher historischer Netzwerke wird es uns und unseren Nachbarn erleichtern, an einem Europa zu bauen, das der Eigenart und Vielfalt seiner Glieder gerecht wird. Wenn die Ausstellung »Herzöge und Heilige« auch unter diesem Aspekt regen Zuspruch fände, wäre das ein Beitrag zum Zusammenwachsen Europas.

Dr. Edmund Stoiber

Vorwort des Abtes der Abtei St. Bonifaz, München-Andechs

Die Benediktiner gelten im allgemeinen als besonders der Geschichte zugewandt, schon deshalb weil sie selber auf eine lange Geschichte zurückblikken können, in Bayern auf eine solche von über 1250 Jahren. Die Andechser Mönche können eine weniger lange Vergangenheit aufweisen, sind aber schon mit der Gründung ihres Klosters durch Herzog Albrecht III. im Jahr 1455 in eine große Geschichte hineingestellt, zu ihrer Hut und Bewahrung bestellt. Es ist die Geschichte des Heiligen Berges, die Geschichte des großen europäischen Geschlechts der Andechs-Meranier, die im Heiligen Schatz gegenwärtig blieb.

So war es eine besondere Aufgabe der Andechser Benediktiner, den Heiligen Schatz zu zeigen, etwa an großen Wallfahrtstagen vom oberen Hochaltar aus. Die Geschichte des Andechser Heiltums wird vielfältig dargeboten, so in den von Johann Baptist Zimmermann gemalten Fresken an der Empore der Kirche. Wie der große Abt David Aichler 1595 ein »Chronicon Andecense« oder Prior Romuald Schleich im Jubiläumsjahr 1755 eine »Kurtze Geschichts-Beschreibung von dem jetzt sogenannten Heil. Berg Andex« herausgegeben haben, so sahen es Äbte und Mönche von Andechs immer als ihre Pflicht an, die Geschichte des Heiligen Berges weiterzugeben und anschaubar zu machen. Anschaubar wird ja Geschichte wie selten an einem Ort in dem Ensemble von Berg und Kloster, Kirche und Turm in Andechs.

Wie aber kann dem Menschen des 20. Jahrhunderts, dem das Mittelalter sehr ferne gerückt, dem legendäre Überlieferung suspekt und dem frommer Reliquienkult gänzlich fremd geworden ist, Geschichte wieder anschaubar werden? Wie sollten wir Benediktiner mit unseren schwachen Kräften dieser Verpflichtung gegenüber einer so großen und vielschichtigen Überlieferung heute genügen können? Darum sind wir sehr dankbar, daß das Haus der Bayerischen Geschichte den 750. Todestag der heiligen Hedwig, dieser großen Frau aus dem Geschlecht der Andechs-Meranier, zum Anlaß genommen hat, die oft ganz vergessene oder in rätselhaftem Dunkel bleibende Geschichte dieses im Mittelalter so bedeutsamen Geschlechts in einer Ausstellung neu lebendig werden zu lassen und die Ergebnisse sorgfältiger Forschung uns sichtbar zu machen. Erkannte und geschaute Geschichte hat freilich immer auch eine Botschaft für die Gegenwart. Die Verflochtenheit der Andechs-Meranier mit vielen Ländern und Stätten des Abendlands mag uns ermutigen, heute die Verbundenheit mit anderen Regionen Europas in vielfältigen Beziehungen zu pflegen und zu festigen. Wenn der äußere Glanz dieser mächtigen Grafen und Herzöge gänzlich erloschen und ihre Spuren verwischt sind, wenn wir zugleich sehen, daß sie fortleben im Gedenken an die scheinbar Schwachen ihres Geschlechts, die heiligen Frauen, und in den Heilszeichen des Berges, dann mag dies in der Gebrochenheit und Bedrängnis unserer menschlichen Geschichte uns trösten. Wir dürfen mitten in der Vergänglichkeit das Wirken des Ewigen erahnen, wir dürfen in unserer Geschichte Zeichen der Hoffnung schauen und setzen.

Dr. Odilo Lechner OSB

Vorwort des Direktors des Hauses der Bayerischen Geschichte

Der 750. Todestag der hl. Hedwig, der Herzogin von Schlesien aus dem Andechser Geschlecht, gab den Anlaß zu dieser Ausstellung. Das Angebot des Hochwürdigen Herrn Abtes Dr. Odilo Lechner OSB, eine Ausstellung des Hauses der Bayerischen Geschichte in Andechs durchführen zu können, führte zu grundsätzlichen Überlegungen. Es wurde deutlich, daß nicht die Geschichte des Ortes oder des Benediktinerklosters, sondern die vorausgehende Geschichte des Grafengeschlechts der Andechser mit seiner europaweit ausgreifenden Machtpolitik das Thema einer Landesausstellung sein sollte. Die Gründer der Städte Kulmbach und Bayreuth einerseits und Innsbruck andererseits, ein Patriarch von Aquileja, Markgrafen von Istrien, Herzöge von Meranien: allein diese Verbindung großer Territorien nördlich und südlich der Alpen zeigt eine weithin in Vergessenheit geratene Landkarte Europas, in der Bayern vielfältig mit seinen Nachbarregionen verbunden war.

Wie weit unsere Welt von der des 12. und 13. Jahrhunderts getrennt ist, wird bei der Suche nach den originalen Dokumenten und Belegen deutlich. Wir haben keine bildliche Überlieferung einzelner Personen, nur wenige Urkunden und Belegstücke, die mit den geschichtlichen Figuren tatsächlich in Berührung standen. Die Splitter der historischen Überlieferung zusammenzubringen, zu denen so edle Stücke wie der über hundert Jahre nach dem Tod der hl. Hedwig entstandene Schlackenwerther Codex des Getty-Museums gehören, ist mühevoll. Ein Verständnis der Dinge aus dem ursprünglichen Lebens- und genaueren Funktionszusammenhang ist nur vage möglich. Durch die schriftlichen Zeugnisse sind uns die Namen weniger Repräsentanten geläufig, doch über die realen Verhältnisse der gesellschaftlichen und politischen Organisation, der Kultur, der Arbeitsbedingungen und Ernährung, der Bevölkerungszahl und der Lebenserwartung, wissen wir wenig Genaues.

Die Mitarbeiter dieser Ausstellung haben einen erheblichen Bestand der originalen Dokumente der Andechs-Meranier-Zeit für die Anschauung so aufbereitet, daß die einzelnen Sequenzen der Präsentation unser bruchstückhaftes Bild jener ferngerückten Vergangenheit zusammenfügen. Ich danke Herrn Dr. Josef Kirmeier als Projektleiter, Herrn Prof. Dr. Alois Schütz und Frau Kerstin Möller M.A. für die intensiven historischen Recherchen und die Darbietung in Ausstellung und Katalog. Die Redaktion der Texte und die Vorbereitung der Veröffentlichungen lagen wiederum in der Hand von Frau Evamaria Brockhoff M.A. Der Verwaltungsleiter des Hauses, Herr Rudolf Misera, hat zusätzlich die Programmentwicklung für das in der Ausstellung angebotene Computerspiel übernommen. Die Geräte dafür wurden freundlicherweise vom Kulturprogramm der Volksbanken und Raiffeisenbanken in Bayern zur Verfügung gestellt; unser besonderer Dank gilt Herrn Präsident Dr. Willibald Folz und Herrn Walter Fleege. Herr Dr. Hermann Hauke von der Bayerischen Staatsbibliothek stand uns in bewährter Weise mit Rat und Tat zur Verfügung.

Die würdige Kulisse der Klosterräume des 17. und 18. Jahrhunderts bildet für unsere Darstellung einen besonderen Rahmen – handelt es sich doch hier um den historischen Ort der Andechs-Meranier, von deren Burg wenigstens die Gebäudesilhouette noch eine Ahnung gibt. Für die Kooperation bei der Vorbereitung gilt unser besonderer Dank Herrn Abt Dr. Odilo Lechner OSB und Pater Anselm Bilgri OSB. Die Renovierung des Konventbaus und der Einbau einer zusätzlichen Außentreppe erschließen diese Gebäudeteile für eine zukünftige kulturelle Nutzung; wir profitieren von dieser Planung.

Für die Gestaltung der Landesausstellung danken wir Herrn Prof. Rudl Endriß und Frau Prof. Karin E. Rabausch. Daß wir die konservatorisch sensiblen Objekte angemessen zeigen können, verdanken wir den Restauratoren Ernst Bielefeld, Alfred Stemp und Manfred Wunderskirchner sowie der Beratung von Herrn Bruce Metro in Malibu.

Die Ausleihe der kostbaren Exponate wäre ohne das großzügige Entgegenkommen der Leihgeber nicht möglich gewesen. Zu besonderem Dank fühlen wir uns dem Nationalmuseum in Warschau, dem Staatsarchiv, der Universitätsbibliothek und dem Diözesanmuseum in Breslau, dem Kloster Trebnitz, dem Getty-Museum in Malibu und dem Wallraf-Richartz-Museum in Köln verpflichtet. Wie bereits in vielen anderen Ausstellungen des Hauses der Bayerischen Geschichte sind die Bayerische Staatsbibliothek, das Bayerische Hauptstaatsarchiv und das Bayerische Nationalmuseum wichtige Leihgeber und Berater.

Allen Autoren, den Teilnehmern am wissenschaftlichen Kolloquium und allen, die mit Rat und Hilfe zum Gelingen der Ausstellung beigetragen haben, sei herzlichst gedankt! Daß die Ausstellung ihren Anspruch nach außen erhält und als Zeichen der Verbindung Bayerns mit ganz Europa sichtbar wird, dafür sei allen hilfreichen Brückenbauern über die Grenzen hinweg Dank gesagt, insbesondere S. E. Herrn Erzbischof Dr. Stimpfle, Herrn Dr. Pietrusinski von der Polnischen Akademie der Wissenschaften in Warschau und Herrn Mag. Paweł Kuglarz.

Herrn Ministerpräsidenten Dr. Edmund Stoiber danken wir für die Übernahme der Schirmherrschaft und den Mitgliedern des Kuratoriums für ihre Unterstützung des völkerverbindenden Anliegens!

Prof. Dr. Claus Grimm

Inhalt

Schirmherr der Ausstellung
Der Bayerische Ministerpräsident
Dr. Edmund Stoiber

Veranstalter	Haus der Bayerischen Geschichte Direktor Prof. Dr. Claus Grimm Kloster Andechs Abt Dr. Odilo Lechner OSB
Projektleitung	Dr. Josef Kirmeier P. Anselm Bilgri OSB
Wissenschaftliche Mitarbeit	Prof. Dr. Alois Schütz Kerstin Möller M.A. Evamaria Brockhoff M.A. Mag. Paweł Kuglarz
Katalogredaktion und -gestaltung	Evamaria Brockhoff M.A. Dr. Josef Kirmeier
Texterfassung	Bettina Lichtenberger Birgit Wenzl
Öffentlichkeitsarbeit	Dr. Verena Schäfer Fritz Armbruster Dr. Walter Stelzle, Kommunikationskontor, Gräfelfing
Verwaltung und Computerprogramme	Rudolf Misera Kurt Lange
Ausstellungspädagogik	Dr. Lorenz Maier
Führungsdienst	Erika Bosl Stefan Heiß Hannes Karl Peter Stranninger
Gestaltung	Rudl Endriß, Griesstätt Karin E. Rabausch, München
Bauleitung	Manfred Wunderskirchner, Böbing

Konservatorische Betreuung	Ernst Bielefeld, Landsberg/Lech Alfred Stemp, Eichenau Manfred Wunderskirchner, Böbing
Katalogtexte	Dr. Martin Angerer (M. A.) Evamaria Brockhoff M.A. (E. B) Dr. Michael Diefenbacher (M. D.) Günter Dippold M.A. (G. D.) Dr. Armin Gerl (A. G.) Dr. Silvia Habermann (S. H.) Dr. Hermann Hauke (H. H.) Christof Hangkofer M. A. (Ch. H.) Dr. Lothar Hennig (L. He.) Dr. Ludwig Holzfurtner (L. H.) Univ.Doz. Dr. Franz-Heinz Hye (F.-H. H.) Dr. Josef Kirmeier (J. K.) Thomas Lindner (Th. L.) Prof. Dr. Franz Machilek (F. M.) Dr. Lorenz Maier (L. M.) Dr. Regine Marth (R. M.) Dr. Sergiusz Michalski (S. M.) Kerstin Möller M.A. (K. M.) Margit Proebst (M. P.) Dr. Bernhard Schemmel (B. Sch.) Prof. Dr. Alois Schütz (A. Sch.) Marlis Stähli M.A. (M. St.) Dr. Gerd Stumpf (G. St.) Dr. Ingrid Szeiklies-Weber (I. S.-W.) Dr. Imre Takács (I. T.) Dr. Marijan Zadnikar (M. Z.)

LEIHGEBER

Pfarrkirchenstiftung St. Vitus, Andechs-Erling
Hofbibliothek Aschaffenburg
Universitätsbibliothek Augsburg
Bürgerspital Bamberg
Historisches Museum Bamberg, Sammlung des Historischen Vereins Bamberg e.V.
Staatsarchiv Bamberg
Staatsbibliothek Bamberg
Stadtmuseum Bayreuth
Archives Départementales du Doubs, Besançon (R)
Deutsches Historisches Museum, Berlin
Staatliche Museen zu Berlin/Skulpturensammlung, Berlin (R)
Burgerbibliothek Bern (R)
Staats- und Universitätsbibliothek Bremen
Diözesanmuseum Breslau/Wrocław
Staatsarchiv Breslau/Wrocław
Universitätsbibliothek Breslau/Wrocław
Ungarische Nationalgalerie Budapest
Klostermuseum Hirsau
Katholische Pfarrei Dießen am Ammersee
Wartburg-Stiftung, Eisenach
Prämonstratenser-Chorherrenstift Wilten, Innsbruck
Stadtarchiv Innsbruck
Tiroler Landesmuseum Ferdinandeum, Innsbruck (R)
Kärntner Landesarchiv, Klagenfurt (R)
Wallraf-Richartz-Museum, Köln
Landschaftsmuseum Obermain, Kulmbach
Filialkirchenstiftung »St. Michael« Klosterlangheim, Lichtenfels
Staatsarchiv Ludwigsburg
Collection of The J. Paul Getty Museum, Malibu, California
Gesamtverband der Evangelischen Kirchengemeinden, Marburg
Universitätsmuseum für Kunst und Kulturgeschichte, Marburg
Verein für Hessische Geschichte und Landeskunde, Zweigverein Marburg
Bayerisches Hauptstaatsarchiv, München
Bayerisches Nationalmuseum, München
Bayerische Staatsbibliothek, München
Bayerische Verwaltung der Staatlichen Schlösser, Gärten und Seen, München (R)
Staatliche Münzsammlung, München
Stadtarchiv München
Germanisches Nationalmuseum Nürnberg
Stadtarchiv Nürnberg
Archives Nationales, Paris (R)
Klosterkirche Niedernburg, Passau
Museen der Stadt Regensburg
Württembergische Landesbibliothek Stuttgart (R)
Konvent der Salvatorianer, Trebnitz/Trzebnica
Nationalmuseum Warschau/Warszawa
sowie ungenannte Privatbesitzer

Für Rat und Hilfe haben wir folgenden Personen zu danken:

Prof. Dr. h. c. Kurt Ackermann, München
Günter Albrecht, Landbauamt Passau
Dr. Lothar Altmann, Germering
Univ.-Prof. Dr. Gert Ammann, Tiroler Landesmuseum Ferdinandeum, Innsbruck
Evelyn Anders, Mallersdorf
Dr. Martin Angerer, Museen der Stadt Regensburg
Dr. Erwin Arnold, Bayerische Staatsbibliothek, München
Elke Auguscinski, Bayerisches Hauptstaatsarchiv, München
Dr. Richard Bauer, Stadtarchiv München
Dr. Reinhold Baumstark, Bayerisches Nationalmuseum, München
Birgit Becker, Landratsamt Bad Tölz
Dr. Werner Bein, Stiftung Kulturwerk Schlesien e.V., Würzburg
Dr. Lóránd Bereczky, Ungarische Nationalgalerie, Budapest
Jan Bereziuk, Universitätsbibliothek Breslau/Wrocław
P. Prior Benedikt Biller OSB, Kloster Andechs
Josef Biller, München
Pfarrer Helmuth Börner, Lichtenfels-Isling
Anette Brehme, Herrsching
Prof. Dr. Hermann-Joseph Busley, Bayerisches Hauptstaatsarchiv, München
Walter Campidell, Staatl. geprüfter Restaurator, Feistritz/Drau
Marija Oblak Čarni, Archiv der Republik Slowenien, Ljubljana
Dr. Karl Dachs, Bayerische Staatsbibliothek, München
Dr. Günther Dankl, Tiroler Landesmuseum Ferdinandeum, Innsbruck
Fritz David, Landratsamt Starnberg
Dr. Wilhelm Deuer, Kärntner Landesarchiv, Klagenfurt
Dr. Michael Diefenbacher, Stadtarchiv Nürnberg
Brigitte Diepold, München
Albert Dietrich, Stadtinformation München
Dr. Dagmar Dietrich, Bayerisches Landesamt für Denkmalpflege, München
Dr. Jozef Drozd, Staatsarchiv Breslau/Wrocław
Michael Drummer, Fremdenverkehrsverband Starnberger Fünfseenland, Starnberg
Horst Dühring, Dortmund
Therese Eisenschmid, Andechs
Olaf Eimer, Verlag für Regionalgeschichte, Bielefeld
Dr. Rudolf Frankenberger, Universitätsbibliothek Augsburg
Prof. Dr. Pankraz Fried, Universität Augsburg
Axel Frost, Benediktbeuern
Dr. Walter Fuger, Landesstelle für die Nichtstaatlichen Museen, München
Rosemarie Gautier, Starnberg
Bianca Gentner, Volksbildungsverband e.V., München
Dr. Peter Germann-Bauer, Museen der Stadt Regensburg
Dr. Nina Gockerell, Bayerisches Nationalmuseum, München
Doc. dr. hab. Włodzimierz Godlewski, Nationalmuseum Warschau/Warszawa
Marion Gombert, Redaktion Bayern aktuell, München
Klaus Götzl, Fremdenverkehrsverband Starnberger Fünfseenland, Starnberg
Eugen Glonnegger, Bergkirchen
Jean-François Grillet, München
Prof. Dr. Eckhard Grunewald, Bundesinstitut für Ostdeutsche Kultur und Geschichte, Oldenburg
Ursula und Dott. Gualtero Guidi, Taufkirchen
Joachim Haag, Bayerisches Nationalmuseum, München
Dr. Silvia Habermann, Stadtmuseum Bayreuth

Clemens Halder OPraem, Stift Wilten, Innsbruck
Paul Hansel, München
Johannes Hartfuß, Weßling
Otto Hartleitner, Hofbibliothek Aschaffenburg
Franz Haumann, Dießen
Dr. Martin Haushofer, Bayerischer Landtag, München
Alexander Heck, Wasserburg
Prof. Dr. Karl Heinemeyer, Marburg
Prof. Dr. Walter Heinemeyer, Marburg
Annette von Heinz, München
Dr. Lothar Hennig, Historisches Museum der Stadt Bamberg
Dr. Armin Hetzer, Staats- und Universitätsbibliothek Bremen
Prof. Dr. Eduard Hlawitschka, Institut für Mittelalterliche Geschichte, München
Walter Höhn, Oberschleißheim
Dr. Norbert Hofmann, Staatsarchiv Ludwigsburg
Dr. Bernhard Freiherr von Hohenbühel, Südtiroler Burgeninstitut, St. Michael/Eppan
Sebastian Huber OPraem, Stift Wilten, Innsbruck
Univ.-Doz. Dr. Franz-Heinz Hye, Stadtarchiv Innsbruck
Susanne Immich, Ebersberg
Dr. August Ihner, Bräuersdorf-Emskirchen
Dr. Gerhard Jaritz, Institut für Mittelalterliche Realienkunde, Krems
Alexander Jesina, Andechs
Mag. Stanisław Kabzielski, Universitätsbibliothek Breslau/Wrocław
Dr. Franz Georg Kaltwasser, München
Helmut Kaufmann, München
P. Antoni Kielbasa SDS, Trebnitz/Trzebnica
Alois Kirchberger, München
Dieter Klamma, München
P. Franz Kobras SDB, Benediktbeuern
Hildegard Koch, Dießen
P. Laurentius Koch OSB, Ettal
Aniela Kolbuszewska, Universitätsbibliothek Breslau/Wrocław
Käthi Koller-Weiss, Zürich
Dr. Ferdinand Kramer, Institut für Bayerische Landesgeschichte, München
Jutta Krausz, Wartburg-Stiftung, Eisenach
Dr. Thomas Kren, The J. Paul Getty Museum, Malibu
P. Karl-Adolf Kreuser SJ, München
Manfred Kröniger, Fremdenverkehrsverband Oberbayern, München
Dr. Horst Kühnel, Haus des Deutschen Ostens, München
Dr. Andrzej Ladomirski, Universitätsbibliothek Breslau/Wrocław
Maximilian Lange, Wolfratshausen
Frank Legl, Weilheim
Dr. Johanna Lauchs, Ebenhausen
Dr. Hermann Leskien, Bayerische Staatsbibliothek, München
Dr. Norbert Leudemann, Bischöfliches Ordinariat Augsburg
Albrecht Liess, Bayerisches Hauptstaatsarchiv, München
Thomas Lindner, Riemerling
Bruno Lischke, Bayerisches Staatsministerium für Arbeit, Familie und Sozialordnung, München
Josef Loder, Inning
Mag. Władysław Łoś, Nationalmuseum Warschau/Warszawa
Prof. Dr. Franz Machilek, Staatsarchiv Bamberg
Benedicta von Mangoldt, Dießen
Carlo Marcati, Bruneck
Bettina Marquis M.A., Ottobrunn
Dr. Wolfgang Maurer, Geodätisches Institut der Technischen Universität, München

Bruce Metro, The J. Paul Getty Museum, Malibu
Holger Möller, München
Dr. Wolfgang Mössner, Landschaftsmuseum Obermain, Kulmbach
Dr. Wojciech Mrozowicz, Universitätsbibliothek Breslau/Wrocław
Wolf-Christian von der Mülbe, Dachau
Prof. Dr. Rainer A. Müller, München
Siegfried Münchenbach, Akademie für Lehrerfortbildung, Dillingen
Dr. Robert Münster, München
Dr. Dieter Neumann, Museum der Stadt Villach
Univ.-Prof. Dr. Franz Nikolasch, Salzburg
Angelika Nuscheler, Fremdenverkehrsverband Oberbayern, München
Bernhard Oberloher, München
Assessor Wolfgang Ofczarek, München
Univ.-Doz. Dr. Alfred Ogris, Kärntner Landesarchiv, Klagenfurt
Dr. Falk Ohorn, München
Prof. Dr. Bernhard Overbeck, Staatliche Münzsammlung, München
Ks. Dr. Józef Pater, Diözesanmuseum Breslau/Wrocław
P. Edelbert Paul OSA, Münnerstadt
Sr. Ulrike Peter OSB, Dießen
Dr. Jerzy Pietrusinski, Institut für Kunstwissenschaft der Polnischen Akademie der Wissenschaften, Warschau/Warszawa
Prof. Dr. Friedrich Prinz, Institut für Bayerische und Vergleichende Landesgeschichte, München
Dr. Gerhard Quaas, Deutsches Historisches Museum, Berlin
Paul Rathgeber, Stadtarchiv Calw
Willi Reichert, Wasserburg
Gerhard Reiprich, Bayerisches Hauptstaatsarchiv, München
Erich Reinlein, Lichtenfels
Raimund Reitinger, Steinmetzbetrieb, Pähl
Liselotte Renner, Bayerische Staatsbibliothek, München
Comtesse Viridiane Rey, Paris
Prof. Dr. Josef Riedmann, Institut für Geschichte, Innsbruck
Heinz Riegel, Büro Ackermann, München
Dipl.-Ing. Paul Riemhofer, München
Helmut Roos, Regierung von Oberbayern, München
Dr. Raymond Russell, Reichshoffen
Dipl.-Ing. Susanne Ruile, Büro Ackermann, München
Dott. Franco Scandone, Neapel
Dr. Bernhard Schemmel, Staatsbibliothek Bamberg
Christa Schmeißer, Bayerisches Hauptstaatsarchiv, München
Dr. Rainer Schmid, Bayerisches Landesamt für Denkmalpflege, München
Ulrich Schmilewski, Stiftung Kulturwerk Schlesien e.V., Würzburg
Prälat Mag. Raimund Schreier OPraem, Stift Wilten, Innsbruck
Günter Schuchardt, Wartburg-Stiftung, Eisenach
Wolfgang Schüle, Andechs
Georg Schumacher, Andechs
Heinz Seeger, C. Bertelsmann Verlag, München
Prof. Dr. Erich Stahleder, Bayerisches Hauptstaatsarchiv, München
Marlis Stähli M.A., Burgerbibliothek, Bern
Dr. Helmut Stampfer, Landesdenkmalamt Bozen
Fr. Lambert Stangl OSB, Kloster Andechs
Rüdiger Starl, Autobahndirektion Südbayern, München
Prof. Dr. Hugo Stehkämper, Historisches Archiv der Stadt Köln
Dr. Peter Steiner, Diözesanmuseum Freising
Dr. Walter Stelzle, Gräfelfing
Alfred Sterk, Oberammergau
Michael Stiegler, Bayerischer Rundfunk, München
Dr. Horst Stierhof, Bayerische Verwaltung der Staatlichen Schlösser, Gärten und Seen, München
P. Coelestin Stoecker OSB, Kloster Andechs

Prof. Dr. Christoph Stölzl, Deutsches Historisches Museum, Berlin
Dr. Beate Störtkuhl, Bundesinstitut für Ostdeutsche Kultur und Geschichte, Oldenburg
Karl Strobel, Bayerisches Fernsehen, München
Dr. Josef Stulc, Staatliches Institut für Denkmalpflege, Prag
Dr. Gerd Stumpf, Staatliche Münzsammlung, München
Dr. Imre Takács, Ungarische Nationalgalerie, Budapest
Wiebke Tomaschek, Staatliche Graphische Sammlung, München
Maître Hartmut Traub, München
Nancy Turner, The J. Paul Getty Museum, Malibu
Alexander Urban, Andechs
Eva und Günter Voith von Voithenberg, München
Dr. Eduard Uttenreuther, Oberstadtdirektor, Bamberg
Dr. Dieter Weiß, Institut für Geschichte, Erlangen
Herbert Weiß, Bürgerspital Bamberg
Frank Widmayer, München
Hans Wiedemann, Aichach
Dr. Joachim Wild, Bayerisches Hauptstaatsarchiv, München
Dr. Johannes Willers, Germanisches Nationalmuseum, Nürnberg
Mechtild Willmes, Historisches Archiv, Köln
Monsignore Heinrich Winterholler, Dießen
Dipl.-Hist. Ulrich Wirz, Bayreuth
Christine Wittenbauer, Stadtarchiv Lichtenfels
Dr. Jürgen Wittstock, Universitätsmuseum Marburg
Prof. Dr. Marian Wojciechowski, Zentraldirektion der staatlichen Archive Polens, Warschau/Warszawa
Maria Theresia Worch, Bayerisches Landesamt für Denkmalpflege, Außenstelle Bamberg
Prof. Dr. Jacek Wozniakowski, Krakau/Kraków
Dr. Marijan Zadnikar, Ljubljana
Prof. Dr. Frank Günter Zehnder, Wallraf-Richartz-Museum, Köln
Prof. Dr. Albin Žižek, Šmartno

Zur Ausstellung

Das Geschlecht der Andechs-Meranier gehörte im späten 12. und frühen 13. Jahrhundert zu den bedeutendsten Adelsgeschlechtern in Bayern und im Deutschen Reich. Die Ausstellung macht sich zur Aufgabe, die rund 250jährige Geschichte des Hauses Andechs vorzustellen und diese vor allem durch zeitgenössische Objekte zu präsentieren. Aus dieser Aufgabenstellung ergibt sich die Notwendigkeit – noch mehr als vielleicht bei anderen Ausstellungsvorhaben –, eine Reduktion auf zentrale Ereignisse und Themenstellungen vorzunehmen. Der Anspruch vollständig sein bzw. sämtliche Detailforschungen abdecken zu wollen, kann nicht erhoben werden.

Von zentraler Bedeutung sind die angemessene Präsentation der hochrangigen Exponate und die bewußte Konzentration auf Themenschwerpunkte, das heißt, die Ausstellungsobjekte müssen ihre Aura des Einzigartigen behalten, aber gleichzeitig als Originalzeugnisse dem Besucher historische Informationen vermitteln.

Schwerpunkt der Ausstellung wird neben einer kurzen Einführung zur Genealogie des Geschlechts, zur territorialen Ausweitung ihres Herrschaftsgebiets, ihres Dienstes für Kirche und Krone, in erster Linie der Versuch sein, die Lebensverhältnisse im hohen Mittelalter anzudeuten, die sich von der heutigen Lebenswelt extrem unterscheiden. Gleichzeitig erscheint die europäische Dimension dieses Geschlechts darstellenswert, dem es aufgrund seiner Machtstellung gelang, Kontakte zu bedeutenden Herrscherhäusern in Europa aufzubauen und somit zu einem wichtigen Träger des Kulturaustausches im christlichen Abendland des Hochmittelalters zu werden. Nicht nur wegen des Anlasses der Ausstellung, der 750. Wiederkehr des Todestages der hl. Hedwig, werden einen weiteren Schwerpunkt die Heiligen des Geschlechts bilden, insbesondere die hl. Elisabeth.

Die Präsentation der Originale wird durch eine Reihe didaktischer Hilfsmittel ergänzt wie Karten und Übersetzungen der Urkunden, aber auch neue Medien werden eingesetzt. Neben einem Film über den für das Haus Andechs-Meranien schicksalshaften Königsmord von 1208 soll ein Computerprogramm, das auf spielerische Art Wissen über die Andechser Grafen vermittelt, dazu beitragen, ein facettenreiches Bild mittelalterlichen Lebens entstehen zu lassen.

Die Ausstellung wird im Konventbau des Klosters Andechs gezeigt. Im ersten und zweiten Stock des Gebäudes werden dafür erstmals zentrale Klosterräume für das Publikum zugänglich gemacht: die Chorkapelle, das Fürstenzimmer und die Bibliothek.

Im Vordergrund der Präsentation steht eine Reihe hochwertiger Exponate, die in einer Ausstellung über das 11. bis 13. Jahrhundert nicht durch Quantität, sondern durch Qualität zu überzeugen hat.

Diese hochrangigen Objekte sollen den Eindruck einer Schatzkammer vermitteln, die zur didaktischen Erläuterung und zur besseren historischen Einordnung mit modernen Darstellungsmitteln ergänzt wird. Die Ausstellungsräume im Kloster mit ihrer prachtvollen barocken Ausschmückung stehen in keinem Widerspruch zu den mittelalterlichen Objekten, die hier gezeigt werden. Die Ausstellungsgestaltung hat sich vielmehr der Aufgabe zu stellen, eine sinnvolle Symbiose zwischen Raum und Exponaten zu erzeugen.

Der Gang durch die Ausstellung beginnt im ersten Stock des Konventgebäudes. Über die neu errichtete Freitreppe gelangt der Besucher in den Gang, in dem das Thema »Andechser Heilige und Selige« vertieft wird.

Im ersten Raum wird versucht, grundsätzliche Aussagen zum mittelalterlichen Weltbild zu treffen. Die Frage des mittelalterlichen Raum- und Zeitverständnisses wird ebenso thematisiert wie das mittelalterliche Herrschaftssystem mit seiner feudalen Grundordnung. Die Vermittlung dieser komplexen Fragestellungen erfolgt nicht durch ausführliche Textinformationen oder eine Vielzahl von Originalexponaten, sondern durch schlaglichtartige Akzentuierungen, die aus einer aussagekräftigen Auswahl von originalen Exponaten, Modellen und zeitgenössischen Zitaten bestehen.

Darauf aufbauend folgt in den nächsten Räumen die eigentliche Geschichte der Andechs-Meranier. In chronologisch-geographisch geordneter Gliederung werden die Andechser im altbayerischen Raum, in Franken, ihre alpenländischen Besitzungen und ihre europäischen Beziehungen vorgestellt. Diese Raumsequenz wird sich hauptsächlich aus einer Reihe originaler Schriftdokumente, die durch Erläuterungstafeln ergänzt werden, zusammensetzen. Eine Sequenz über das Ende des Geschlechts schließt diese Abteilung ab.

Das sogenannte Fürstenzimmer ist heute noch erhaltenen Zeugnissen der Kunst und Literatur aus dem Andechser Umfeld vorbehalten. Mittelalterliche Prachthandschriften stehen hier im Zentrum.

Die drei dem Fürstenzimmer folgenden Räume sind den beiden großen Heiligen des Geschlechts, der hl. Elisabeth und der hl. Hedwig, gewidmet. In der ehemaligen Bibliothek wird ein vom Bayerischen Fernsehen und dem Haus der Bayerischen Geschichte gemeinsam erarbeiteter Film gezeigt, der anhand der Auseinandersetzung nach der Ermordung König Philipps von Schwaben auch die Lebensverhältnisse im Mittelalter darzustellen versucht.

Am Ende des Ausstellungsrundgangs sind ausgewählte Stücke des Andechser Heiltumsschatzes zu sehen.

Die zentrale Ergänzung zur Ausstellung bildet das Katalogbuch, das sich eng an der Ausstellung orientiert. Die bisher übliche Praxis, wissenschaftliche Aufsätze zu Detailfragen zusammenzustellen, wird ersetzt durch eine Gesamtdarstellung, die eine ausführliche, detaillierte Führung durch die Ausstellung vermitteln soll. Die Exponate sind dem Text in großteils farbigen Abbildungen zur Illustration beigeordnet. Im Katalogteil werden die Ausstellungsobjekte nochmals in schwarz-weißen Vergleichsabbildungen aufgenommen. Die Katalogeinträge stellen den Inhalt der Quellen und die kunsthistorische Einordnung der Exponate in den Vordergrund. Kurze Beiträge zum Kloster Andechs, zum »Dießener Heiligenhimmel«, zur Öffnung der Dießener Grabgruft, zu Fragen der Restaurierung und zur Ausstellungsgestaltung vervollständigen den Katalog.

Josef Kirmeier

Alois Schütz

Das Geschlecht der Andechs-Meranier im europäischen Hochmittelalter

Kat.Nr. 2
Eine Darstellung aus der Freytagschronik von 1451 (fol. 5^{r}) zeigt die Familie der Andechser auf dem Zenit ihrer Macht: Herzog Berthold IV. und seine Frau Agnes, umgeben von ihren Söhnen und Töchtern, die glänzende politische und kirchliche Karrieren durchliefen. Von links nach rechts sind dargestellt: Elisabeth, Landgräfin von Thüringen; Gertrud, Königin von Ungarn; Agnes, Königin von Frankreich; Hedwig, Herzogin von Schlesien; Agnes von Rochlitz und Herzog Berthold IV. von Andechs-Meranien; Berthold V., Patriarch von Aquileja; Ekbert, Bischof von Bamberg; Otto VII.; zu ihren Füßen Mechthild, Äbtissin von Kitzingen.

I Gedanken zum mittelalterlichen Herrschaftssystem

»Das Mittelalter ... Beim Gedanken daran erstehen vor unserem geistigen Auge die Mauern von Ritterburgen, die Fassaden grandioser gotischer Kathedralen, und wir erinnern uns an feudale Turniere, an Fehden und Kreuzzüge, aber auch an die Scheiterhaufen der Inquisition ...«[1]

Wir kennen das Mittelalter als eine Epoche der Widersprüche und Gegensätze, aber auch als eine Zeit hoher Bildung, Kunst und Kultur. Mittelalter bedeutet jedoch vor allem Entstehung Europas, Grundlegung unserer modernen Welt. Aufstieg und Niedergang großer Reiche und Herrschaften säumten seinen Weg. Auch das Geschlecht der Andechs-Meranier nahm daran teil. Es erlangte in jenen Jahrhunderten Macht und Reichtum und stieg zu europäischer Bedeutung auf, ehe es um die Mitte des 13. Jahrhunderts, am Beginn des späteren Mittelalters, erlosch. Es war freilich ein langer und beschwerlicher Weg hin zu jenem Europa des hohen Mittelalters, dessen glanzvolle höfische Kultur wir noch heute bewundern. Jahrhunderte sollte es dauern, bis sich die politischen Zentren Europas herausgebildet, seine Grenzen verfestigt und sich seine Nationen und Sprachen entwickelt hatten.

Die Voraussetzungen für die Entstehung Europas hatte der wirtschaftliche und gesellschaftliche Niedergang des römischen Reichs im 3. Jahrhundert n. Chr. geschaffen. Zwar war der Staat noch einmal durch Kaiser Diokletian (284–305) und Kaiser Konstantin den Großen (306–337) reformiert worden. Doch das Ungleichgewicht zwischen Ost und West hatte dazu geführt, daß das römische Reich in zwei Teile zerfiel, und der wirtschaftlich schwächere Westen schließlich an jene germanischen Stämme kam, die in der Völkerwanderungszeit in das Reich eingedrungen waren. Zu Beginn des 6. Jahrhunderts bestand nur mehr das östliche Kaiserreich mit Konstantinopel, dem früheren Byzanz, als Hauptstadt, während der Westen vollständig von den christlich gewordenen Germanen beherrscht wurde; Nordafrika war von den Vandalen in Besitz genommen worden, die iberische Halbinsel von den Westgoten und Sueben. Jenseits der Pyrenäen hatten die Franken ihr Reich errichtet, siedelten die Burgunder, bald der fränkischen Herrschaft unterworfen, an der Rhône und die Alemannen südlich des Neckars, während Italien von den Ostgoten beherrscht wurde. Von den Bajuwaren war dagegen erstmals um die Mitte des 6. Jahrhunderts die Rede.[2]

Noch einmal versuchte Ostrom unter Kaiser Justinian I. (527–565), den Westen zurückzugewinnen. Das Reich der Vandalen wurde zerstört, die Ostgoten in Italien besiegt, selbst im Süden der iberischen Halbinsel konnte die kaiserliche Macht wieder Fuß fassen. Die Erfolge des Kaisers waren allerdings nur von kurzer Dauer; bereits 568 marschierten die Langobarden als letzter germanischer Stamm in Italien ein. Seit dem Ende des 6. Jahrhunderts aber wurde der Bestand des östlichen Kaiserreichs selbst in Frage gestellt. Slawische Völker drangen auf dem Balkan vor, und seit der ersten Hälfte des 7. Jahrhunderts erwuchs dem Kaiserreich im Islam der gefährlichste Gegner: Syrien und Palästina gingen in den 30er Jahren verloren, Anfang der 40er Jahre wurde Ägypten, am Ende des Jahrhunderts Nordafrika bis an den Atlantik erobert.[3]

Als im Jahr 711 ein arabisches Heer jenseits der Meerenge von Gibraltar stand, die Westgoten besiegte und die Halbinsel unterwarf, war die lateinische Christenheit unmittelbar bedroht. Das Frankenreich bildete nun das Bollwerk des Westens gegen den Islam. Mit dem Sieg, den der Hausmeier

Karl Martell (717–741) bei Poitiers 732 über die Araber errang, wurde dem weiteren Vordringen des Islam Einhalt geboten. Karls Erfolg kam auch seinem Geschlecht zugute, sicherte den Aufstieg der Karolinger und ermöglichte es seinem Sohn Pippin (741–768), sich 751 zum fränkischen König erheben zu lassen.[4]

Im Bund mit dem Papsttum konnte Pippins Sohn, Karl der Große (768 bis 814), die Herrschaft der Franken weit über die bisherigen Grenzen ausdehnen. Das Reich der Langobarden wurde in den Jahren 773/74 erobert, Kämpfe mit den Sachsen, die sich über Jahrzehnte hinzogen, führten zur Unterwerfung und Christianisierung des Stammes, auch Bayern konnte 788 wieder eingegliedert werden, in den 90er Jahren gelang es den fränkischen Heeren, das Reich der Awaren im Osten zu zerstören.

Als der Papst am Weihnachtstag des Jahres 800 Karl zum Kaiser krönte, wurde das westliche Kaisertum, das seit 476 erloschen war, in der Person des fränkischen Herrschers erneuert. Damit erfüllten sich Hoffnungen, die man in Karls Umgebung schon lange gehegt hatte: »Vater Europas« war er zuvor schon genannt worden. In der Tat erstreckte sich seine Herrschaft jetzt vom Atlantik bis an die Elbe und die Adria, von der Eider im Norden bis zum Kirchenstaat im Süden; fast die gesamte lateinische Christenheit war dem Kaiser untertan.[5]

Die Nachkommen des Herrschers konnten das Erbe nicht bewahren. Teilungen des Reichs nach altem Brauch, nicht zuletzt die Unfähigkeit, die äußeren Feinde zu bezwingen, ließen die Herrschaft auseinanderbrechen. Mit der Absetzung Karls des Dicken (876–888) im November 887 löste sich das Reich Karls des Großen endgültig auf. An seine Stelle traten ein ostfränkisches und ein westfränkisches Königreich, an der Rhône herrschten Könige in Hoch- und Niederburgund, südlich der Alpen entstand das Königreich Italien. Die späteren Grenzen Europas traten bereits deutlich hervor.[6]

Die Erinnerung an die Herrschaft und imperiale Größe Karls des Großen wurde im ostfränkisch-deutschen Reich wieder lebendig, als dort Herrscher aus dem sächsischen Haus auf den Thron gelangt waren und der Zusammenhalt des ostfränkisch-deutschen Reiches fürs erste gesichert erschien. König Heinrich I. (919–936) konnte Lothringen, das sich nach dem Tod des letzten ostfränkischen Karolingers, Ludwigs des Kindes (900 bis 911), dem westfränkischen Königreich angeschlossen hatte, wiedergewinnen; des weiteren setzte er die Oberhoheit über Böhmen durch, erzielte in der Abwehr der Ungarn Erfolge und trug sich mit dem Plan einer Schutzherrschaft über Burgund.[7]

Sein Sohn und Nachfolger Otto I. (936–973) knüpfte ganz bewußt an die Herrschaftstradition Karls des Großen an. Er gelangte zu Einfluß in Frankreich und gewann 951 die Herrschaft über das Königreich Italien. Der große Sieg seines Heers über die Ungarn 955 auf dem Lechfeld und ein Sieg im gleichen Jahr über die Slawen an der Recknitz führten zur Unterwerfung des Gebiets zwischen Elbe und Oder. Damit einher ging die Missionierung der Bevölkerung sowie die Gründung von Bistümern, die mit der Errichtung des Erzbistums Magdeburg 968 ihren Höhepunkt fand. Auch das abendländische Kaisertum war erneuert worden mit der Krönung des sächsischen Herrschers durch den Papst am Lichtmeßtag des Jahres 962 in Rom. Seitdem blieb die kaiserliche Würde, die ihrem Träger zwar keine zusätzliche Macht, aber einen Ehrenvorrang verschaffte, im Besitz jener Herrscher, die bis zum Ende des Alten Reichs 1806 auf dem deutschen Thron saßen.[8]

Das Werk Ottos I. blieb nicht unangefochten. Während sein Nachfolger, Kaiser Otto II. (961–983), in Italien gegen die Sarazenen kämpfte, erhoben sich Dänen und Slawen; Ottos I. politisches und kirchliches Aufbauwerk wurde weitgehend zerstört. Otto III. (983–1002), als Kind auf den Thron seines Vaters gelangt, war nicht imstande, das Verlorene wiederherzustellen. Asketischen Ideen schwärmerisch hingegeben, träumte er von der Wiedergeburt eines universalen christlichen Kaisertums mit Rom als

Kat.Nr. 1
Die Steinfiguren des Stauferkönigs Philipp von Schwaben und seiner Frau Irene von Byzanz wurden um 1207 von der Regensburger Bürgerschaft gestiftet und an der Steinernen Brücke angebracht. Mit der Ermordung Philipps 1208 begann der Abstieg des erfolgreichen Andechser Geschlechts.

seiner Hauptstadt. Nach Ottos III. frühem Tod gelangte mit Heinrich II. (1002–1024), dem letzten der sächsischen Kaiser, ein nüchterner Mann auf den Thron, der das Zerstörte wiederaufbaute, die Herrschaft im italienischen Königreich sicherte und Vorsorge traf, daß Burgund nach dem Aussterben des dortigen Königshauses mit dem deutsch-italienischen Reich vereinigt würde.[9] Sein Nachfolger, der Salier Konrad II. (1024–1039), erntete die Früchte dieser vorausschauenden Politik. In den 30er Jahren erwarb er Burgund mit seinen wichtigen Alpenpässen. Unter seinem Sohn, Kaiser Heinrich III. (1039–1056), wurde sogar der päpstliche Stuhl mit deutschen Bischöfen besetzt.[10]

Ein mächtiges Reich war damit wiedererstanden: Es reichte vom Norden bis weit hinein nach Unteritalien, umfaßte den lothringischen Raum und erstreckte sich, die westlichen Alpen umfassend, bis an das Mittelmeer. Im Osten waren ihm Böhmen, Polen und Ungarn tributpflichtig geworden. Selbst das Papsttum war ihm verbunden.

Der Unterschied zu den anderen Königreichen war beträchtlich: Frankreich besaß einen König, der jedoch nur in seiner eigenen Domäne, über Paris und dessen weitere Umgebung, herrschte, ansonsten aber im Kreis der französischen Feudalherren nur Erster unter Gleichen war. Die christlichen Herrschaften auf der iberischen Halbinsel waren um diese Zeit noch auf den Norden beschränkt. England aber, das in den zurückliegenden Zeiten schwer unter den Dänen gelitten hatte, war dem skandinavischen Norden verbunden, der sich erst politisch zu formieren begann. Irland und Schottland dagegen führten räumlich wie politisch ein Leben am Rand der Welt.[11]

Das Reich des salischen Herrschers war ein von agrarischen Wirtschaftsstrukturen geprägtes Gemeinwesen. Das Land, nur teilweise urbar gemacht, war von riesigen Wäldern bedeckt. Es stand im Eigentum einer dünnen Oberschicht freier und adeliger Personen, denen die große Masse der Halb- und Unfreien – man schätzt sie auf mehr als 90% der Bevölkerung – gegenüberstand. Auf fremdem Boden wirtschaftend, hatten sie ihrem Grundherrn Abgaben in Naturalien, später teilweise auch in Geld zu entrichten. Sie waren häufig verpflichtet, auf Herrenhöfen Frondienste zu leisten und mußten als Grundholden das Recht vor ihrem Grundherrn suchen. Diese hatten die Herrschaft über Grund und Boden und zugleich über die dazugehörenden Leute. Die Grundherrschaft des Adels war somit das herausragendste Merkmal des Wirtschaftsleben jener Zeit.[12]

Das Leben der Bevölkerung war hart, zumeist von der Sorge um die Erwirtschaftung des Existenzminimums gekennzeichnet. Ihre Nahrung dürfte hauptsächlich aus Brei und Feldfrüchten bestanden haben, Fleisch

Kat.Nr. 3
Dieser Kopf eines Ritters aus dem 13. Jahrhundert dürfte in Bamberg entstanden sein. Das Rittertum bedeutete in seiner militärischen Funktion eine wichtige Stütze hochmittelalterlicher Herrschaft.

wird nur selten auf den Tisch gelangt sein. Die ärmlichen Behausungen bestanden aus einfachen Hütten, die aus Holz, Lehm und Reisig gefertigt wurden. Menschen und Tiere wurden häufig Opfer von Krankheit und Seuche. Das durchschnittliche Lebensalter dürfte bei 30 Jahren gelegen haben; die Kindersterblichkeit war sehr hoch, nur sehr wenige Menschen werden das 50. Lebensjahr erreicht haben.[13]

Einen sozialen Aufstieg gab es für die breite Masse der Bevölkerung kaum, geschweige denn ein Mitspracherecht in öffentlichen Angelegenheiten. Dies war allein Sache der Freien, insbesondere des hohen Adels, der alle wichtigen Stellen im Reich besetzte. Königsherrschaft bedeutete freilich nur in eingeschränktem Sinn Laienherrschaft; denn der König war – seit Pippin 751 seine fehlende Verwandtschaft mit dem alten merowingischen Königshaus durch die kirchliche Salbung und Weihe ausgeglichen hatte – mehr als ein Laie. Er war ein »Gesalbter des Herrn«, herausgehoben aus der Menge der Laien.[14] Er regierte das Land mit Hilfe seiner geistlichen und weltlichen Ratgeber, unter denen sich die vier Hofämter des Truchseß, Kämmerers, Marschalls und Mundschenks schon in germanischer Zeit nachweisen lassen. Die Kleriker am Hof trugen zumeist den Titel eines Kaplans und waren in der Hofkapelle vereinigt. Sie versahen nicht nur den Gottesdienst, sondern waren in erster Linie Mitarbeiter der Regierung. Aus ihren Reihen kamen die Kanzler und Notare der Reichskanzlei.[15]

Die Einkünfte des Königs bestanden in Erträgen aus den Krongütern, dazu in den Einkünften aus den sogenannten Regalien, wie dem Münz- und Zollrecht, dem Geleitwesen oder dem Marktrecht. Von anderen Einnahmen wird noch die Rede sein.[16] Eine Hauptstadt kannte das Reich nicht. Der Herrscher verwaltete vielmehr reisend das Land, sprach Recht, hielt Reichstage ab und hielt sich für kürzere oder längere Zeit mit seinem Gefolge in den Pfalzen, in den Reichsabteien und in den Bischofsstädten auf.[17]

Der König regierte nicht unumschränkt; er mußte vielmehr die Macht teilen mit dem Adel, aus dessen Reihen die Grafen, Markgrafen und Herzöge kamen. Das Amt der Herzöge, schon in der Völkerwanderungszeit vorhanden und noch in merowingischer Zeit bei den Stämmen in den Randgebieten des fränkischen Reichs lebendig, war von den Karolingern abgeschafft worden. Es entstand aber wieder, als am Ende des 9. Jahrhunderts die königliche Regierung nicht mehr fähig war, die äußeren Feinde, Ungarn und Normannen, abzuwehren und sich der Widerstand gegen diese auf der Ebene der Stammesverbände zu formieren hatte. Da die Herzöge in ihren Stammesgebieten königsgleiche Macht erlangt hatten, sahen sich die ottonischen Herrscher gezwungen, den Ausgleich mit ihnen

Kat.Nr. 4
Die Handschrift »Liber ad honorem Augusti sive de Rebus Siculis« von Petrus de Ebulo illustriert in mehreren Szenen die Kampftechnik mittelalterlicher Heere (fol. 123^{r}).

zu suchen. Erst später gingen sie daran, die Machtbefugnisse, die die Herzöge im Krieg wie bei der Friedenssicherung besaßen, einzuschränken. Die Verleihung des Amtes an Landfremde gehörte dazu ebenso wie die Ernennung unmündiger königlicher Prinzen zu Herzögen.[18]

Von weitaus größerer Bedeutung für den Aufbau des Staates war demgegenüber das Amt der Markgrafen. Von den Karolingern zum Schutz der gefährdeten Grenzbezirke ins Leben gerufen, bedienten sich auch ihre ottonischen und salischen Nachfolger der Institution, deren Inhaber in den jeweiligen Amtsbezirken sowohl militärische als auch richterliche Aufgaben wahrzunehmen hatten.[19] Die Grafen besaßen dagegen lediglich richterliche Aufgaben in ihren Grafschaften. Doch war auch diese Funktion eingeschränkt, insofern das Grafengericht nur die Freien des Amtsbezirkes erfaßte und sich nicht auf die Personen erstreckte, die einer geistlichen oder weltlichen Grundherrschaft ihres Amtssprengels unterlagen.[20] Einfluß

Kat.Nr. 4
Eine weitere Szene aus der Handschrift »Liber ad honorem Augusti sive de Rebus Siculis« stellt den Tod Kaiser Friedrichs I. Barbarossa im Fluß Saleph während des Dritten Kreuzzugs dar. Als Kreuzzugsteilnehmer an der Seite der Staufer gelangten die Andechser Grafen zu politischem Einfluß (fol. 107r).

und Macht dieser adeligen Herren beruhten zum einen auf ihrem Amt, zum anderen auf ihrem beträchtlichen persönlichen Besitz; galt im Mittelalter doch der Grundsatz, daß ein Amt nur derjenige ausüben könne, der über die notwendigen Mittel zu seiner Führung verfüge.

So benötigte der Herrscher eine Stütze, die er der Macht des weltlichen Adels entgegensetzen konnte. Diese hatte er in den Bistümern und Reichsabteien. Der Besitz der Bistümer und Reichsklöster an Grund und Boden war beträchtlich. Er war im Lauf der Jahrhunderte durch fromme Stiftungen, insbesondere durch Schenkungen von seiten der Herrscher, entstanden. Vor allem seit ottonischer Zeit war er insofern erweitert worden, als bischöflichen Kirchen in zunehmendem Maß auch Grafschaftsrechte verliehen worden waren. Der Kirche solche Ämter zu übertragen, war unbedenklich, stand die Reichskirche doch letztlich im Eigentum des Staats. Wie der weltliche Grundherr, der für seine Untertanen eine Kirche erbaute und für den Unterhalt eines Priesters Sorge trug, die Einkünfte dieser Eigenkirche, wie man sie nannte, beanspruchen konnte,[21] so war auch der Herrscher berechtigt, das Vermögen der Reichskirche für die Aufgaben des Staates heranzuziehen. Bezeichnenderweise besetzte der König die Bistümer und Reichsabteien häufig mit Geistlichen, die zuvor in der Hofkapelle oder in der Reichskanzlei Dienste geleistet hatten. Letztlich war die Reichskirche der ottonisch-frühsalischen Zeit daher die wichtigste Stütze der königlichen Herrschaft.[22]

Seit dem Niedergang der antiken Schulen im 6. Jahrhundert war die Kirche auch der alleinige Bildungsträger. Die Kunst des Lesens und Schreibens war seit dem 8. Jahrhundert unter Christen zum Privileg der Kleriker und Mönche geworden. Bereits Karl der Große hatte sich mit Erfolg um eine Reform des Unterrichts nach spätantikem Vorbild bemüht, und seinem Beispiel war man in ottonischer Zeit gefolgt. Berühmte Schulen waren in Klöstern wie Fulda, St. Gallen oder auf der Reichenau entstanden, in denen Bücher geschrieben und die Kunst der Buchmalerei gepflegt wurde. Der Unterricht erfolgte nach antikem Vorbild. Man las die Schriften des Boethius und Cassiodor, benützte die Werke Isidors von Sevilla als Fundgrube für Wissen jeglicher Art, lehrte Grammatik, Rhetorik und Dialektik im Rahmen des Trivium und Arithmetik, Musik, Geometrie und Astronomie als Fächer des Quadriviums, widmete sich insbesondere aber dem Studium der Heiligen Schrift, später auch der Kommentare aus karolingischer Zeit.[23]

Naturwissenschaftliche Forschungen wurden kaum betrieben; auch hier stützte man sich auf die antiken Autoren. Nach Hieronymus war Jerusalem der Mittelpunkt der Erde, und von Isidor von Sevilla wußte man, daß Asien doppelt so groß wie Afrika und Europa sei. Daher fertigte man nach diesem Schema – noch bis weit in das 13. Jahrhundert hinein – Landkarten an, die freilich keine Erdbeschreibung lieferten, sondern eher ein Weltbild vermittelten. Daneben galt das Interesse der Mathematik und Astronomie; auch das Astrolabium war in Gebrauch, das die Beobachtung der Gestirne ermöglichte. Diese Wissenschaften waren für die Berechnung des kirchlichen Festkalenders notwendig.[24]

Kat.Nr. 12
Dieses astronomische Lehrgerät Wilhelms von Hirsau aus dem 11. Jahrhundert stammt aus St. Emmeram/Regensburg. Es diente zur Erlernung der Himmelseinteilung.

Wie in den Klöstern und ihren Schulen im allgemeinen nur Angehörige des freien Standes Aufnahme fanden, so trafen sich die Interessen des Klerus und Adels auch bei der Verwaltung des kirchlichen Grundbesitzes. Seit karolingischer Zeit brauchte die Kirche, die in gewisser Weise nach dem Recht der Unmündigen lebte, nämlich einen weltlichen Beschützer, einen Vogt, der sie vor Gericht vertrat und in Vermögensfragen – beim Erwerb oder bei der Weggabe von Gütern – ein erhebliches Mitspracherecht hatte. Da die Kirche auch Grundherrschaften besaß, Bischöfe und Äbte aber als geistliche Personen nicht selbst zu Gericht sitzen konnten, war es Aufgabe des Vogts, den geistlichen Grundherrn bei der Rechtsprechung über seine Grundholden zu vertreten. Zudem mußte er dem König das militärische Aufgebot der seiner Vogtei unterstellten Kirche zuführen. Es waren vielfältige Pflichten, die ein Vogt zu erfüllen hatte; umso anspruchsvoller war daher die Entschädigung, die er für seine Dienste verlangte, wie die häufigen Klagen über angebliche oder tatsächliche Bedrückung der Klöster durch ihre Vögte erkennen lassen.[25]

Aber nicht nur gemeinsame Herkunft und Besitz einigten Adel und Kirche; was sie untereinander und mit der Krone verband, war vor allem das für die mittelalterliche Welt so charakteristische Lehenswesen: eine Einrichtung, die ihre Anfänge in karolingischer Zeit hatte. Als Karl Martell zu Beginn des 8. Jahrhunderts ein Reiterheer aufstellte und ein Gefolge um sich scharte, griff er auch auf Kirchengut zurück, um seinen Leuten den Lebensunterhalt zu sichern. Da kirchlicher Besitz aber als unveräußerlich galt, erhielten seine Leute die betreffenden Güter nicht als Eigentum, sondern diese wurden ihnen nur auf Zeit übergeben, solange sie ihrem karolingischen Herrn dienten. Somit besaß das aus kirchlichem Vermögen stammende Gut den Charakter eines zur Nutzung auf Zeit »verliehenen« Besit-

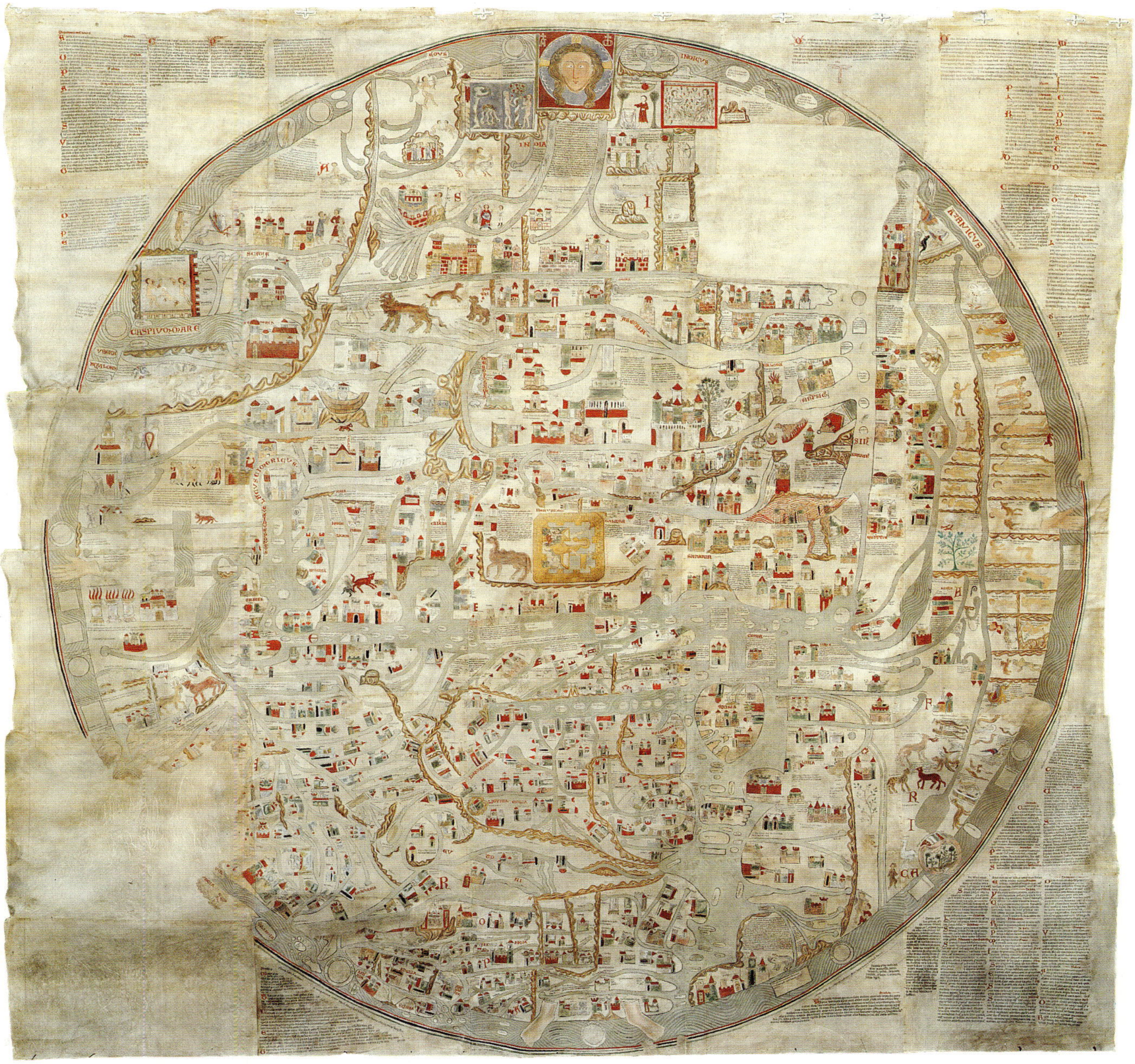

Kat.Nr. 10
Die Ebstorfer Weltkarte ist ein einzigartiges Dokument mittelalterlicher Welt- und Geschichtsanschauung. Geographisch nicht exakt, ist die nach Osten ausgerichtete Karte heilsgeschichtlich orientiert. Sie stellt eine gemalte Weltchronik, eine Enzyklopädie des Mittelalters, dar.

zes. Im Lehenswesen trafen sich mehrere Faktoren: die Treue und der Dienst, den der Lehensmann seinem Herrn zu leisten hatte; die Pflicht des Lehensherrn, seinem Vasallen einen auskömmlichen Lebensunterhalt zu verschaffen, der diesem die Erfüllung seines Treue- und Dienstversprechens erst ermöglichte; das Lehen, das dem Vasallen nicht geschenkt, sondern nur »verliehen« wurde, solange er seine Dienste verrichtete.[26]

Diese Einrichtung war nicht nur für den Augenblick nützlich; sie war ausbaufähig und vielseitig verwendbar. Bald bildete sich nämlich – zuerst im westfränkischen Bereich – der Grundsatz heraus, wonach ein Lehen auch vererbt werden konnte, sofern die Nachfolger eines verstorbenen Lehensmannes bereit waren, dessen Pflichten zu übernehmen. Darüber hinaus fand das ursprünglich nur persönliche Rechtsbeziehungen zwischen zwei Personen begründende Lehenswesen Eingang in den staatlichen Herrschaftsaufbau, als man daranging, auch die Beziehungen zwischen Herrscher und Untertanen in lehensrechtliche Formen zu kleiden. Ämter und Würden jeglicher Art wurden nach Lehensrecht vergeben, selbst

Staatspensionen sollten in späterer Zeit als »Kammerlehen« erteilt werden. Ob diese Form der Herrschaft dem Staat langfristig betrachtet zum Schaden oder zum Nutzen gereichte, war vorerst unbestimmt. Wo die Rechte des Lehensherrn gegenüber dem Vasallen betont wurden, wie das später in Frankreich und England der Fall war, trug das Lehenswesen zweifellos zur Stärkung der Krone bei. Anders war es freilich, wenn die Rechte des Vasallen gegenüber dem Lehensherrn im Vordergrund standen; dann konnte das Lehenswesen den staatlichen Aufbau behindern, ihn sogar sprengen und zerstören.[27]

Um die Mitte des 11. Jahrhunderts war der Bestand des salischen Reiches noch ungefährdet: ein unangefochtenes Königtum, das die kaiserliche Würde auszeichnete; eine Reichskirche, die mit dem Herrscher eng verbunden war; ein Adel, der den Befehlen des Herrschers gehorchte und dem eine Teilhabe an der Herrschaft im Reich sowie am Vermögen der Kirche zugestanden war. Das Reich hatte eine Gesellschaft, die fast keinen Wandel kannte, und eine Wirtschaft, die kaum Wachstum aufwies. Beides sollte sich bald ändern. Dazu beigetragen hat nicht zuletzt, daß in West- und Mitteleuropa, teilweise auch im Mittelmeerraum, seit Ende des 10. Jahrhunderts sehr günstige klimatische Bedingungen herrschten, die bis zum Anfang des 14. Jahrhunderts dauerten. Sie brachten mit längeren Vegetationszeiten ein vermehrtes Nahrungsmittelangebot und führten zu einem beachtlichen Anstieg der Bevölkerung, die sich zwischen dem 11. und 14. Jahrhundert um mehr als das Doppelte vermehrte. Wohnten in Italien im 10. Jahrhundert etwa 3,5 bis 4,5 Millionen Menschen, so lebten im 14. Jahrhundert dort 7 bis 9 Millionen. England, das 1086 etwa 2,75 Millionen Bewohner hatte, beherbergte im 14. Jahrhundert 4,5 Millionen. In Deutschland aber, dessen Einwohnerzahl für das 11. Jahrhundert auf 5 Millionen veranschlagt wurde, lebten zu Beginn des 14. Jahrhunderts an die 15 Millionen Menschen.[28]

Dieser Bevölkerungsanstieg hatte zur Folge, daß man die Wälder rodete, die nicht nur ihres Holzes wegen, sondern vor allem der Schweine-

Kat.Nr. 8
Die hierarchisch gegliederte mittelalterliche Gesellschaft basierte auf der Arbeitskraft der breiten Schicht der Untertanen. Sie lebten in verschiedenen Formen persönlicher Unfreiheit, häufig in der niedersten, der Leibeigenschaft. Die Illustration aus dem Falkensteiner Codex (fol. 14^{r}) zeigt zwei Bauern mit Hacke und Messer bei der Arbeit in einem Weinberg.

mast halber von Bedeutung waren, um auf diese Weise den Ackerboden zu vermehren.[29] Seit Anfang des 12. Jahrhunderts bot sich als zusätzliche Möglichkeit die Auswanderung an. So zogen auf Initiative deutscher und slawischer Fürsten Siedler aus den dichtbevölkerten Gebieten an Rhein und Mosel, aus dem alemannischen Raum, aus Niedersachsen und Thüringen in die östlichen Gegenden Europas, um diese dünner besiedelten Gebiete urbar zu machen.[30]

Seit dem späteren 11. Jahrhundert kam es wieder zu einem Aufblühen der Städte, das schließlich dazu führte, daß am Niederrhein, im nordfranzösisch-flandrischen Raum, insbesondere aber in Oberitalien ausgesprochene Städtelandschaften entstanden. Waren bislang die Pfalzen, die Königshöfe und die Klöster die wirtschaftlichen Zentren des Reichs gewesen, so wurden nun die Städte zu Mittelpunkten.[31] Das städtische Handwerk arbeitete nicht nur auf Bestellung, sondern auf Vorrat; die Warenproduktion aber förderte den Handel, führte zum Entstehen neuer Absatzmärkte und belebte auch den Fernhandel wieder. Nun kam der Warenaustausch zwischen Orient und Okzident, eine Domäne italienischer Seestädte, wieder in Gang. Bereits in der ersten Hälfte des 12. Jahrhunderts eröffneten die Champagne-Messen. Die Kaufleute der Hansestädte wurden im Handel zwischen den Ländern an der Ostsee und den westlichen Märkten tätig.[32] Auch die Naturalwirtschaft alten Stils verlor langsam an Bedeutung und wurde durch die Geldwirtschaft abgelöst.[33]

Der Aufstieg zu Wohlstand und Reichtum verlief in den alten Bischofsstädten nicht immer ohne Kampf. So empörten sich 1074 die Bürger von Köln gegen ihren Erzbischof, während in Mainz und Worms im gleichen Jahrzehnt die Bischöfe zeitweilig aus der Stadt vertrieben wurden. In den lombardischen Städten gelang es dagegen den Bürgern, die bischöflichen Stadtherrn zu verdrängen und die Stadtherrschaft in vollem Umfang in die Hand zu bekommen. Neben dieser Form der städtischen Entwicklung gab es aber auch weitblickende Fürsten, die erkannten, welchen Nutzen sie aus einer städtischen Siedlung ziehen konnten, und die deshalb zielstrebig an die Gründung neuer Städte gingen.[34]

Das Bild, das die Städte boten, war keineswegs einheitlich. Gemeinsam war ihnen jedoch, daß ihre Bewohner in persönlicher Freiheit leben konnten, daß sie das Recht besaßen, ihre städtischen Angelegenheiten selbst zu regeln, das Marktrecht innehatten und ihre Stadt ummauern durften. Dem Stadtherrn stand dafür die Stadtsteuer zu, auch konnte er durch Zölle und andere Abgaben seine Einnahmen verbessern.

Auch die Wissenschaft siedelte in der Stadt. War Bildung in früheren Zeiten ein Vorrecht des Adels gewesen, so konnten jetzt die Söhne reicher Bürger, die Angehörigen des städtischen Patriziats, die Kosten aufbringen, die das Studium an einer jener Universitäten erforderte, die im 12. Jahrhundert entstanden waren. Der alte Bildungskanon war zwar nicht abgeschafft, aber es boten sich neue Möglichkeiten: Man ging nach Bologna, um kirchliches Recht und römische Jurisprudenz zu studieren, nach Montpellier oder Salerno, um sich in der Heilkunst unterrichten zu lassen. Paris war berühmt für Theologie und Philosophie.[35] Wer nicht dem hohen Adel angehörte, blieb zwar weiterhin ausgeschlossen von den hohen kirchlichen Ämtern, auch wenn er an einer Universität studiert hatte, doch konnte er als hoher Beamter in die Dienste bedeutender Städte, fürstlicher Verwaltungen oder der Reichskanzlei treten. Denn zu den Neuerungen der Zeit gehörte auch, daß man seit der 2. Hälfte des 12. Jahrhunderts in Deutschland wieder daranging, Rechtsgeschäfte nicht nur in mündlicher, sondern auch in schriftlicher Form abzuschließen. In fürstlichen wie städtischen Verwaltungen hielt die Urkunde wieder Einzug, und es entwickelte sich eine geordnete schriftliche Verwaltung.[36]

Fortschritte gab es auch auf technischem Gebiet. Der schwere Pflug, der die Schollen umwendete und nicht wie der hölzerne Hakenpflug nur die Erde aufriß, trug zur Verbesserung der Bodenerträge bei. Mit der Erfindung des Kummets wurde das Pferd neben dem Ochsen zum wichtigsten

Gespanntier. Die Wasserkraft trieb Schmiedehämmer und Blasebalge an, später auch Gerbmühlen und Sägemühlen. Im 13. Jahrhundert wurden die ersten Papiermühlen gegründet. Wie die Brille wurde zur gleichen Zeit die Gewichtsuhr erfunden, die, zunächst vor allem in Städten in Gebrauch, eine genauere Zeitmessung als die herkömmlichen Sonnen-, Wasser- und Sanduhren erlaubte.[37]

Der wirtschaftliche und gesellschaftliche Wandel kam auch einer Gruppe unfreier Personen zugute, die herausragende Tätigkeiten in königlichen und fürstlichen Diensten verrichtete und den neuen Stand der Ministerialen bildete. Hatte sich bereits Heinrich IV. (1056–1106) ihrer bedient, als er zu Beginn der 70er Jahre des 11. Jahrhunderts begann, die Regierungsgeschäfte in eigener Verantwortung zu führen, so wurden sie unter den staufischen Herrschern zu einer der wichtigsten Stützen der Krone. Seit der 2. Hälfte des 12. Jahrhunderts wurden nicht nur die großen Hofämter mit Ministerialen besetzt, sondern auch Reichsverwaltung und Heeresführung lagen weitgehend in ihren Händen.[38] Dabei sollte freilich nicht übersehen werden, daß die Macht der Herrscher seit den Zeiten eines Heinrichs III. entscheidende Einbußen erlitten hatte.

Im Investiturstreit war nicht nur die Herrschaft des Königs über die Reichskirche grundsätzlich in Frage gestellt worden; die Erhebung von Gegenkönigen und die Kämpfe mit feindlichen Adelsgruppen hatten auch zum Verlust von Reichsgut und Kronrechten geführt und die Herrschaft über die italienischen und burgundischen Reichsteile zusehends brüchiger werden lassen.[39] Vor allem aber war die Tendenz zum Aufbau landesherrlicher Territorien entscheidend gefördert worden. Wer herzogliche, mark-

Kat.Nr. 5
Die Steinerne Brücke von Regensburg wurde während des Episkopats Bischof Heinrichs aus dem Haus Andechs errichtet. Sie kann als Symbol für die Wirtschaftskraft der mittelalterlichen Reichsstädte gelten.

gräfliche oder gräfliche Rechte besaß, über Eigenbesitz, Lehensgut und insbesondere Kirchenvogteien verfügte, daneben auch in den Besitz von Münzrechten und Zöllen gelangt war, konnte darangehen, aus Rechten unterschiedlichster Herkunft allmählich einen in sich geschlossenen Herrschaftsbezirk aufzubauen.[40]

Der Prozeß der Territorialisierung des Reichs ließ sich nicht rückgängig machen; die Krone konnte lediglich versuchen, durch die Wiederbelebung alter und den Erwerb neuer Rechte ein Gegengewicht gegen die wachsende Macht der Fürsten zu schaffen. Der Stauferkaiser Friedrich I. (1152–1190) stellte sich dieser Aufgabe. Durch zügigen Ausbau des Reichsgutes in Schwaben und Franken verbesserte er die materiellen Grundlagen der Krone in Deutschland. Er bemühte sich, auch in Burgund wieder Einfluß zu gewinnen und machte in Italien die alten kaiserlichen Rechte gegenüber den lombardischen Städten geltend, um deren wirtschaftliche Ertragskraft für die Krone zu nutzen. Dies war ein schwieriges Unterfangen, das mehrere Italienzüge erforderte, zuletzt aber mit dem Konstanzer Frieden von 1183 zu einem einigermaßen erfolgreichen Abschluß gebracht werden konnte.[41]

Drei Jahre später eröffnete die Heirat seines Sohnes Heinrichs VI. (1169–1197) mit Konstanze von Sizilien dem staufischen Haus den Weg auf den Thron des unteritalienischen Normannenstaates. Das Ziel war erreicht, als Heinrich VI., seit 1191 auch Kaiser, an Weihnachten 1194 im Dom zu Palermo zum König von Sizilien gekrönt wurde. Nun besaß der Nachfolger Friedrichs I. nicht nur die kaiserliche Herrschaft über Deutschland, Burgund und Reichsitalien, sondern auch die Macht im Süden der Halbinsel. Von hier aus richtete sich der Blick nach Afrika und dem Orient; Zypern und Armenien – christlich verbliebene Reiche im Osten – gerieten unter die Lehenshoheit des Kaisers, auch die muslimisch beherrschten Länder um Tunis und Tripolis mußten Tribute bezahlen.[42]

Als bleich und nachdenklich, immer in Sorgen, wie er sich zum Herrn aller Reiche ringsum machen könne, schilderte ein byzantinischer Schriftsteller den staufischen Herrscher. Vielleicht dachte Heinrich VI. wirklich an die Errichtung eines Weltreiches unter kaiserlicher Oberhoheit. In diesem Gedanken konnten ihn auch die Rechtsgelehrten bestärken: Denn daß der Herrscher, der aus den Händen des Papstes die kaiserliche Krone empfangen hatte, Erbe und Nachfolger der antiken Kaiser sei, zählte ja, seitdem man wieder römisches Recht an den Universitäten lehrte, zumindest in Deutschland und Italien zum Gemeingut der Juristen. Als »Herr der Welt« galt der Kaiser den Professoren in Bologna, und von den Dichtern wurde er überschwenglich als »Fürst über alle Fürsten« gepriesen. Seit Friedrich Barbarossa aber sprach man auch in der Reichskanzlei wieder, ganz wie zu Kaiser Justinians I. Zeiten, vom »Heiligen Römischen Reich« und der »Geheiligten kaiserlichen Majestät«.[43]

Die politische Wirklichkeit sah anders aus. Von einer Oberhoheit des Kaisers über westliche Staaten wie England und Frankreich oder die christlichen Königreiche auf der iberischen Halbinsel konnte keine Rede sein; und sie wurde von den Staufern auch nicht beansprucht. Die staufische Macht beruhte keineswegs auf so solider Grundlage, daß sie den Bestand eines Großreichs auf Dauer hätte gewährleisten können. Nicht zuletzt stand das Recht der deutschen Fürsten, den römischen König und zukünftigen Kaiser zu wählen, dem entgegen. So versuchte Heinrich VI., Papst und Fürsten für seinen Plan zu gewinnen, die Wahlmonarchie des römischen Reichs in eine erbliche Herrschaft des staufischen Hauses umzuwandeln und damit eine Verfassung einzuführen, wie sie sich in seinem normannischen Reich, aber auch in den meisten anderen christlichen Staaten der Zeit herausgebildet hatte.[44]

Heinrichs VI. Plan mißlang. Als er im Herbst 1197 erst 32jährig starb, wurde das staufische Reich in seinen Grundfesten erschüttert. Im Königreich Sizilien, das Friedrich II., dem 1194 geborenen Sohn des Kaisers, kraft Erbrechts gehörte, kämpften über Jahre hinweg deutsche und päpstli-

Kat.Nr. 11
Mit der Einführung von Räder- bzw. Schlaguhren war den mittelalterlichen Städten erstmals eine exakte Berechnung der Zeit möglich. Damit einher ging eine entscheidende Veränderung des Arbeitslebens: Waren für die vornehmlich agrarisch orientierte Wirtschaft die »natürlichen« Jahres- und Tageszeiten von Bedeutung gewesen, so spielte für das städtische Handwerk die nach Stunden gemessene Arbeitszeit eine immer größere Rolle.

che Truppenführer, einheimische Barone und die Sarazenen Siziliens, Genueser und Pisaner um die Herrschaft. In Deutschland aber erhoben seit 1198 Philipp II. von Schwaben (1198–1208), der Bruder des Verstorbenen, und der Welfe Otto IV. (1198–1218) – der eine im März, der andere im Juni von je einem Teil der Fürsten gewählt – Anspruch auf die Krone des deutschen Reichs.[45]

Das Kriegsglück stand in den folgenden Jahren auf seiten des Staufers, der Erfolg war zuletzt aber dem Welfen beschieden; denn die Ermordung Philipps II. von Schwaben im Juni 1208 brachte Otto nicht nur die Anerkennung seiner königlichen Würde durch den Papst, sondern ebnete ihm auch den Weg zur Kaiserkrönung im folgenden Jahr. Das Kaisertum sollte freilich auch Ottos IV. Verderben werden. Als er gegen den Willen des Papstes im November 1210 in das Königreich Sizilien einmarschierte und die dem Sohn Kaiser Heinrichs VI., Friedrich, zustehende Herrschaft über den normannischen Staat an sich zu reißen versuchte, wurde er vom Papst gebannt. Wenige Monate später wählten die deutschen Fürsten den vom Welfen bedrohten Friedrich zum König (1212–1250).[46]

Der jugendliche Staufer, dessen Erscheinen in Deutschland Otto IV. nicht hatte verhindern können, machte dem Welfen rasch die Herrschaft streitig. Als im Juni 1214 König Philipp II. von Frankreich, der Verbündete Friedrichs II., über König Johann von England und dessen Verwandten, Kaiser Otto IV., siegte, war es um die welfische Macht endgültig geschehen. Als ein schon zu Lebzeiten vergessener Herrscher starb Otto IV. im Jahr 1218.[47] Sein Tod eröffnete Friedrich II. die Möglichkeit, sich wieder den Verhältnissen in seiner unteritalienischen Herrschaft zuzuwenden. So zog der Staufer im August 1220 über die Alpen, empfing im November in Rom aus den Händen des Papstes die Kaiserkrone und kehrte noch vor Ende des Jahres in sein sizilisches Königreich zurück, um sich über Jahre hinweg dem Aufbau seines unteritalienischen Staates zu widmen.

Binnen weniger Jahre entstand in Sizilien ein fast modern anmutender Staat, der über einen straff organisierten Behördenapparat verfügte. Dieser Staat wurde vom Willen des Königs, nicht von den Interessen des Adels gelenkt. Die Beamten des Herrschers sprachen Recht im Namen ihres Herrn und überwachten auch die Wirtschaft des Landes. »In deinem Königreich wagt niemand, ohne deinen Befehl die Hand oder den Fuß zu bewegen«, schrieb Papst Gregor IX. einmal an den Kaiser.[48] Der sizilische Staat stellte Friedrich II. die Mittel zur Verfügung, die dieser für seine Kämpfe gegen die lombardischen Städte benötigte, die nicht bereit waren, sich dem Herrschaftsanspruch des Staufers zu beugen. Sein unteritalienisches Königreich bot Friedrich II. aber auch den notwendigen Rückhalt in der Auseinandersetzung mit dem Papsttum, dem schon um seiner eigenen Unabhängigkeit willen an einem erfolgreichen Widerstand der oberitalienischen Kommunen gegen den Kaiser gelegen sein mußte. Selbst nachdem Friedrich II. auf dem Konzil von Lyon 1245 abgesetzt worden war und der Kampf um das politische Überleben des staufischen Hauses begonnen hatte, fiel Unteritalien nicht in die Hände der kaiserlichen Gegner.[49]

Deutschland spielte dagegen in jenen Jahrzehnten in der kaiserlichen Politik nur eine untergeordnete Rolle. Um seinen sizilischen Staat aufbauen und das Papsttum sowie die oberitalienischen Städte in Schach halten zu können, brauchte Friedrich II. nichts weiter als die wohlwollende Neutralität der deutschen Fürsten, die am ehesten durch ein Eingehen auf ihre territorialpolitischen Wünsche zu erlangen war. Daher hatte der Kaiser schon im Frühjahr 1220 zum Dank für die Wahl seines Sohnes Heinrich (1220–1235) zum römischen König gegenüber den geistlichen Fürsten auf die Ausübung wichtiger königlicher Rechte in ihren Territorien verzichtet. Um der Ruhe in Deutschland willen war er 1232 auch bereit, die Vorrechte, welche die geistlichen Fürsten schon 1220 erlangt hatten, auf ihre weltlichen Standesgenossen auszudehnen und außerdem Bestimmungen zu erlassen, die sich gegen die wirtschaftlich erstarkenden und nach Freiheit strebenden Städte richteten. Sein Wunsch, eine offene Auseinandersetzung

Kat.Nr. 4
Drei wichtige Repräsentanten des staufischen Kaiserhauses an der Wende vom 12. zum 13. Jahrhundert waren Kaiser Friedrich I. Barbarossa und seine Söhne, Kaiser Heinrich VI. und König Philipp von Schwaben (Illustration aus der Handschrift »Liber ad honorem Augusti sive de Rebus Siculis«, fol. 143r).

mit den deutschen Fürsten zu vermeiden, veranlaßte ihn 1235 sogar, seinen Sohn, König Heinrich, der von seiner die fürstlichen Interessen beeinträchtigenden Politik nicht ablassen wollte, zur Abdankung zu zwingen und einkerkern zu lassen.[50]

Diese Förderung landesherrlicher Anliegen kam dem staufischen Haus schon unter Heinrichs Nachfolger, König Konrad IV. (1237–1254), zugute. Obwohl man es nicht hatte verhindern können, daß die Kurie nach dem Konzil von Lyon Landgraf Heinrich Raspe IV. von Thüringen (1246–1247) und später Graf Wilhelm von Holland (1247–1256) zu Gegenkönigen wählen ließ, zeigte sich bald, daß die Neigung der Fürsten, sich am Kampf gegen das staufische Haus zu beteiligen, denkbar gering blieb. Die neuen Herren vermochten daher den Staufer zwar zu bedrängen, vertreiben konnten sie ihn jedoch nicht. Erst als Kaiser Friedrich II. im Dezember 1250 starb, entschloß sich Konrad IV., die staufische Herrschaft im Norden der Alpen aufzugeben, um dafür als wertvolleres Erbe das unteritalienische Königreich seines Vaters zu übernehmen. Die Zeit der Staufer war für Deutschland damit vorbei.[51]

Das Land war bislang schon ein Nebenschauplatz der Weltpolitik gewesen. Bald wurde es zu einer drittrangigen Macht im Kreis der europäischen Staaten. Das Papsttum hatte jetzt den Zenit seiner Macht erreicht. Frankreich war im Begriff, eine hegemoniale Stellung in Europa einzunehmen, bis die Auseinandersetzung mit England, der zweiten Großmacht, im 100jährigen Krieg seinen staatlichen Aufbau aufs äußerste gefährdete. Im Süden gelangten Aragon und Kastilien zu bedeutendem Einfluß. Auch der unteritalienische Staat, der seit den 60er Jahren des 13. Jahrhunderts von einer Seitenlinie des französischen Königshauses beherrscht wurde, besaß erhebliches Gewicht.[52]

Kläglich war es demgegenüber um die Macht der Krone in Deutschland bestellt. Seine Herrscher nannten sich zwar weiterhin »Römischer König« und »Römischer Kaiser«, ihre Gewalt erstreckte sich aber bald nur mehr auf einzelne Landstriche des Reichs. Italien und Burgund entzogen sich ihrer Herrschaft; England und Frankreich wetteiferten um den Einfluß am Niederrhein. Auch in den Territorien der Landesherren war den Herrschern weitgehend ein Mitspracherecht verwehrt. Mächtig waren sie nur in ihren eigenen Ländern und in den Reichsstädten, deren Steuern sie einnehmen durften. Die Königsherrschaft beschränkte sich im Grunde genommen auf die politisch kleinräumigen Gegenden Schwabens und Frankens, am Mittelrhein und im thüringisch-sächsischen Raum.[53]

Das spätmittelalterliche Königtum hatte freilich nicht vollends seinen Glanz verloren. Es erinnerte an die kraftvollen Herrscherpersönlichkeiten vergangener Jahrhunderte, man wußte noch von Karl dem Großen und glaubte zuletzt, in den Fürsten des eigenen Landes die Nachfahren jener berühmten Kaiser zu besitzen. Jetzt erinnerte man sich auch wieder der Grafen von Andechs. Sie waren einmal ein weithin bekanntes Geschlecht gewesen, hatten sich Herzöge und Markgrafen genannt. Ihre Anfänge reichten aber in unvordenkliche Zeiten zurück. Lag da nicht der Gedanke nahe, daß das Geschlecht im Dienst kaiserlicher Herrscher vergangener Zeiten zu Macht und Ansehen gelangt war?

Anmerkungen

1 Gurjewitsch [3]1986, S. 6; vgl. zur Einführung auch Fuhrmann 1987.
2 Krüger 1983, Bd. 2; Beck 1986; Demandt 1989; Wolfram [3]1990.
3 Zakythinos 1979, S. 36 ff.; Ostrogorsky [3]1963.
4 Vgl. dazu Schieffer 1992, S. 11 ff.; Riché 1987, S. 27 ff.
5 Bullough 1965; Karl der Große, 1965–68; Schieffer 1992, S. 70 ff.
6 Schieffer 1992, S. 112 ff.; Riché 1987, S. 179 ff.
7 Althoff/Keller 1985.
8 Beumann 1984, S. 50 ff.
9 Beumann 1984, S. 73 ff.
10 Schieffer 1984.
11 Vgl. die Übersicht bei Holmes 1988, S. 115 ff.; auch The Cambridge Medieval History 3 (1936); Brooke 1960.
12 Vgl. dazu insbesondere Duby 1967.
13 Borst 1973, S. 187 ff.; Fuhrmann [2]1983, S. 23 ff.
14 Fuhrmann [2]1983, S. 51 ff.
15 Zur Hofverwaltung vgl. Conrad [2]1962, Bd. 1, S. 238 ff.; zur Hofkapelle vgl. Fleckenstein 1959; zur Reichskanzlei vgl. Bresslau [4]1969, Bd. 1, S. 352 ff.
16 Conrad [2]1962, Bd. 1, S. 267 ff.
17 Conrad [2]1962, Bd. 1, S. 269 ff.
18 Vgl. die Übersicht in: HRG, Bd. 2, Sp. 119–127.
19 Vgl. die Übersicht in: HRG, Bd. 3, Sp. 316–319.
20 Vgl. die Übersicht in: HRG, Bd. 1, Sp. 1785–1795.
21 Vgl. dazu Plöchl 1953, Bd. 1, S. 328 ff. und 392 ff.
22 Tellenbach 1988, S. 53 ff.
23 Vgl. dazu Wagner 1983.
24 Vgl. dazu Einführung bei Crombie [2]1965.
25 Zum Vogteiwesen vgl. Conrad [2]1962, Bd. 1, S. 291 ff.
26 Vgl. zur Einführung Ganshof [6]1983.
27 Vgl. Bloch 1982; Mitteis [4]1953.
28 Le Roy Ladurie 1967; Russell 1971.
29 Born 1974; Abel [3]1978.
30 Schlesinger 1975; Beumann 1963; Higounet 1986.
31 Vgl. zur Einführung Ennen [4]1987.
32 Day 1987; Le Goff 1989.
33 Spufford 1988.
34 Ennen [4]1987, S. 105 ff.
35 Rashdall 1951; Verger 1973; vgl. auch Fuhrmann 1973.
36 Eine Gesamtdarstellung fehlt; vgl. aber Redlich 1911; Landesherrliche Kanzleien im Spätmittelalter 1984.
37 White 1968.
38 Vgl. dazu Zotz 1991, S. 3 ff.; Borst 1976; Arnold 1985.
39 Vgl. zur Einführung Tellenbach 1988, S. 152 ff.; Blumenthal 1982; Fleckenstein 1973.
40 Schlesinger 1941; Brunner [5]1965; Willoweit 1975.
41 Vgl. Übersicht bei Opll 1990.
42 Eine moderne Gesamtdarstellung fehlt; vgl. Toeche 1867; Engels [4]1989, S. 107 ff.
43 Appelt 1975, S. 33 ff. und S. 58 ff.
44 Engels [4]1989, S. 115 ff.
45 Vgl. Schaller [2]1971, S. 11 ff.; Hucker 1990, S. 22 ff.
46 Vgl. unten S. 78 ff.
47 Hucker 1990, S. 291 ff.
48 Mazzarese Fardella 1966.
49 Schaller [2]1971, S. 63 ff.
50 Franzel 1929; Engels [4]1989, S. 133 ff.
51 Engels [4]1989, S. 156 ff.; Morghen 1936; Becker 1975.
52 Vgl. dazu The Cambridge Medieval History, Bd. 7, 1949.
53 Leuschner 1975; Thomas 1983.

II Die Familie der Andechs-Meranier

Die legendären Andechser

»Der Ammersee besitzt seinen Namen von der Ammer, die ihn durchfließt; seine Länge beträgt 10 deutsche Meilen, an der breitesten Stelle mißt er 5 Meilen ... Auf einem Berg am See liegt das Benediktinerkloster Andechs, zwei deutsche Meilen von Weilheim entfernt. Es war einst der Sitz von Grafen, die sich nach ihm benannten ... Wer aber am westlichen Ufer des Sees entlang geht, kommt zu einem Ort mit einem Kloster, allgemein Diessen, von einigen auf lateinisch Damasia, genannt. Der Flecken liegt am See, das Kloster westlich davon ... Dieser Ort gehörte einst den Grafen von Dießen und Andechs, die auch das Kloster gründeten.«[1] Als der berühmte Mathematiker und Geograph Philipp Apian in den 80er Jahren des 16. Jahrhunderts seine topographischen Erläuterungen zu der von ihm erstellten Landkarte des Herzogtums Bayern zum Abschluß brachte, war das Geschlecht der Grafen von Dießen und Andechs seit über 300 Jahren erloschen.[2] Von den Stammsitzen der Familie an den Ufern des Sees fanden sich zu Apians Zeiten keinerlei Spuren mehr. Lediglich zwei Ruinen auf dem Andechser Berg, die auf einem steilen Vorsprung zwischen dem Kienbachtal und dem Ochsengraben, ungefähr 1000 m nördlich des Klosters, damals noch zu sehen waren, ließen die Größe der ehemaligen Befestigungsanlagen erahnen.[3] Aber dennoch war im Volk die Erinnerung an die einst mächtige Familie der Grafen von Dießen und Andechs lebendig geblieben.

Wer nach Grafrath an der Amper wallfahrtete, konnte die Fürbitte des sel. Rasso von Andechs erflehen, dessen Gebeine 1468 erhoben und in einem Hochgrab beigesetzt worden waren. Nach der Legende stammte Graf Rasso aus dem Frankenreich, war Herzog von Bayern, Franken und Schwaben, Burgund, Meranien und Kärnten, dazu Markgraf von Österreich, Pfalzgraf bei Rhein sowie Graf von Görz und Andechs. Er soll sich Verdienste um die Befreiung des Heiligen Landes aus den Händen der Ungläubigen erworben und zum Dank dafür ein kaiserliches Schreiben erhalten haben, mit dessen Hilfe er in Konstantinopel, Rom und Mailand einen großen Schatz von Reliquien erwarb. Nach seiner Rückkehr in die Heimat soll er 954 in Grafrath an der Amper ein Kloster gegründet haben, das später durch Herzog Arnulf den Bösen zerstört wurde. In diesem Kloster soll Rasso seine letzten Lebenstage verbracht und auch seine letzte Ruhestätte gefunden haben.[4]

In Dießen wurde dagegen der sel. Rathard verehrt, dessen Grab 1478 am Tag Mariä Himmelfahrt geöffnet worden war. Der Sage nach ebenfalls ein Mitglied der Andechser Familie, gründete er mit Unterstützung seines Bruders, des Augsburger Bischofs Hanto, zu Zeiten Kaiser Ludwigs des Frommen bei der St. Georgskirche in Dießen ein Augustiner-Chorherrenstift, in dem er selbst als Priester lebte und starb. Auch dieses Kloster soll durch Herzog Arnulf den Bösen zerstört worden sein.[5]

Nach Rathards Tod und dem gewaltsamen Ende seiner Gründung errichtete die Gräfin Kunizza einer späten Überlieferung zufolge im Jahr 1020 bei St. Stephan in Dießen ein Kloster mit drei Priestern, in dessen Kirche sie ihre letzte Ruhestätte fand. Kunizza war angeblich eine Enkelin Kaiser Ottos I. und hatte Graf Friedrich, genannt Rocho, den Bruder des hl. Rasso, geheiratet; auch er muß ein frommer Mann gewesen sein, da er auf einer Pilgerreise nach Jerusalem gestorben und dort begraben sein soll.[6]

Kat.Nr. 13–17
Die Seligen Rasso, Rathard und Kunizza sind legendäre Gestalten, die ihre Wurzeln in der spätmittelalterlichen Volksfrömmigkeit haben. Historisch belegbar dagegen sind die sel. Mechthild, Äbtissin von Edelstetten, und der Gründer des Klosters Diessen, Berthold, der abweichend zur Inschrift auf diesem Porträt als Berthold II. bekannt ist.

Rathard, Rasso und Kunizza wurden im 18. Jahrhundert zusammen mit anderen Herrschern und Fürsten vom Augsburger Maler Johann Georg Bergmüller auf dem Kuppelfresko in der Dießener Stiftskirche als Heilige des Andechser Geschlechts abgebildet. Es handelt sich bei ihnen freilich um sagenhafte Gestalten, die ihre Entstehung der spätmittelalterlichen Volksfrömmigkeit verdanken. Die legendenhaften Erzählungen von den frühen Andechser Gründungen in Dießen und Grafrath gehen auf eine Sammlung bayerischer Klostergeschichten, die sogenannten »Fundationes monasteriorum Bavariae«, vom Ende des 14. Jahrhunderts zurück, mit denen die ungefähr zur gleichen Zeit entstandenen Einträge im »Andechser Missale« in engstem Zusammenhang stehen.[7] Die in den »Fundationes« überlieferten Berichte wurden in den folgenden Jahrzehnten ausgeschmückt, zuletzt auch von so bedeutenden bayerischen Geschichtsschreibern wie Veit Arnpeck und Johannes Aventinus übernommen und von späteren Schriftstellern weitergesponnen.[8] Ihren Angaben schenkte man über Jahrhunderte hinweg Glauben; teilweise ist man auch heute noch geneigt, sie für wahr zu halten. In Wirklichkeit aber sind sie als Zeugnisse zur Geschichte des Hauses Andechs wertlos.[9]

Die Anfänge der Grafen von Dießen

In welche Zeit der gesellschaftliche und politische Aufstieg der Andechser tatsächlich fiel, wissen wir nicht.[10] Für die Vermutung, sie seien Nachkommen der Huosi, jenes westbayerischen Adelsgeschlechts der Agilolfinger- und Karolingerzeit gewesen, dessen Güter zum großen Teil im Gebiet der späteren Andechser lagen, spricht nichts. Auch die Annahme, die Familie stamme von den bayerischen Luitpoldingern ab und besitze in Herzog Arnulf, der seit dem 12. Jahrhundert in den bayerischen Klöstern seiner Konfiskationen wegen als »der Böse« galt, ihren Ahnherren, läßt sich nicht beweisen.[11] Sichere Belege für das Bestehen des Geschlechts stammen erst aus dem 11. Jahrhundert. Sie finden sich vor allem in Güteraufzeichnungen, sogenannten Traditionsbüchern, süddeutscher Klöster und Domstifte; dazu kommen Erwähnungen einzelner Familienmitglieder in Königs- und Kaiserurkunden. Hinweise auf frühe Andechser enthalten außerdem die Nekrologe oder Totenbücher geistlicher Gemeinschaften des gleichen Gebiets, insbesondere das Nekrolog des Klosters Dießen, das der dortige

Stiftsherr Liutold zu Beginn des 13. Jahrhunderts unter Benutzung älterer Vorlagen anlegte.[12]

Diese Aufzeichnungen lassen erkennen, daß man sich um diese Zeit in Dießen – und wohl auch in der Andechser Familie selbst – keineswegs mehr an die uns heute aus älteren Aufzeichnungen bekannten Mitglieder des Geschlechts erinnerte, sondern im allgemeinen nur noch die Namen der Familienangehörigen seit dem späteren 11. Jahrhundert kannte. In Dießen, in dem von den Andechsern Anfang des 12. Jahrhunderts gegründeten Kloster, scheint man kurz vor der Mitte des 13. Jahrhunderts den Versuch unternommen zu haben, einen Stammbaum der Stifterfamilie zu erstellen. Darauf weist neben einem Verzeichnis mit Andechser Namen in einer theologischen Handschrift des Stifts[13] vor allem eine Reihe von Nachträgen im Liutoldschen Nekrolog hin, die Angaben zu den verwandtschaftlichen Beziehungen der Andechser Familienmitglieder enthält.[14] Diese Nachrichten dürften, was die Zeit des 12. und 13. Jahrhunderts angeht, zutreffend sein; ob das auch für frühere Zeiten gilt, muß allerdings dahingestellt bleiben. Es ist daher nicht sehr viel, was wir über die frühe Geschichte der Grafen von Dießen und Andechs wissen, freilich auch nicht weniger als über Familien gleichen Ranges und Standes in damaliger Zeit im allgemeinen bekannt ist.

Soweit unverdächtige Nachrichten erkennen lassen, war das Haus Andechs insbesondere zwischen oberem Lech und oberer Isar begütert. Über Besitz verfügte es daneben östlich von München sowie im Erdinger und Ebersberger Raum. Auch am Inn, in der Gegend des späteren Wasserburg, sowie östlich davon konnten sich bereits im 11. Jahrhundert Andechser Güter befunden haben.[15] Was von diesen Liegenschaften der Familie als Eigentum, als Allodialgut also, gehörte, und was ihr nur als Lehen – sei es von seiten der Krone und des Herzogtums oder von seiten kirchlicher, insbesondere klösterlicher Gemeinschaften – überlassen worden war, entzieht sich in den meisten Fällen unserer Kenntnis.

Doch war für den Aufstieg des Geschlechts auch nicht so sehr die rechtliche Natur seines zweifellos beachtlichen Grundbesitzes entscheidend; viel wichtiger war, daß die Andechser bereits im 11. Jahrhundert neben ausgedehnten Ländereien Inhaber gräflicher Rechte waren und über die später nach Wolfratshausen sowie nach Dießen bzw. Andechs benannten Grafschaften verfügten. Die Grenzen, die diese Amtsbezirke Anfang des 11. Jahrhunderts besaßen, auch nur annähernd zu beschreiben, ist nicht möglich.[16] Sicher ist nur, daß die Grafschaft Dießen seit dem Ende des Jahrhunderts vor allem den Raum zwischen Ammer- und Starnberger See umfaßte. Im Westen reichte die Grafschaft bis an den Lech, der hier gleichzeitig die Grenze des bayerischen Herzogtums bildete, wobei das südöstlich von Augsburg gelegene Mering der nordwestlichste Punkt der Andechser Herrschaft war. Im Norden an die Grafschaft Scheyern grenzend, dürfte ihre Ausdehung von Mering aus in östlicher Richtung bis in das heutige München gereicht haben; die Ortschaften Pfaffenhofen, Odelzhausen, Maisach und Lochhausen lagen noch innerhalb des Dießener Gebiets. Im Süden könnte sich die Grafschaft bis Iffeldorf, Antdorf und Benediktbeuern ausgehnt haben mit Einschluß der Klöster Polling und Wessobrunn im Südwesten, deren Vogteien sich allerdings in fremden Händen befanden. Im Osten bildete dagegen ihre Grenze die ebenfalls den Andechsern gehörende Grafschaft Wolfratshausen.[17] Sie umfaßte das Gebiet östlich des Starnberger Sees sowie die Gegenden um Isar und Loisach, im Süden erstreckte sie sich wohl bis nach Hohenberg und an den Tegernsee. Im Norden bis in die Umgebung Münchens reichend, wurde sie im Osten und Nordosten durch die Grafschaften Valley und Ebersberg begrenzt.[18]

Wie der Grundbesitz und die gräflichen Rechte der Andechser zunächst unter den einzelnen Familienmitgliedern aufgeteilt waren und von diesen weitervererbt wurden, läßt sich nicht mehr eindeutig erkennen. Das liegt nicht zuletzt daran, daß bei einer Reihe von Adeligen aus dieser Zeit nicht sicher ist, ob sie überhaupt bzw. auf welche Weise sie mit den Andechsern verwandt waren. Zu diesen Personen dürfte jener Graf Arnold zählen, der in einer Urkunde Kaiser Heinrichs II. vom Jahr 1017 als Inhaber einer Grafschaft erwähnt wird, zu der der Ort Aufkirchen am Starnberger See

Kat.Nr. 18
In einer Urkunde Kaiser Heinrichs II. aus dem Jahr 1003 wird Graf Friedrich von Haching genannt. Diese Urkunde gilt als ältester schriftlicher Beleg für ein Mitglied des Geschlechts der Andechs-Meranier.

gehörte.[19] Noch mehr gilt das aber für den Anfang der 40er Jahre des 11. Jahrhunderts in Tegernseer Aufzeichnungen erwähnten Grafen Meginhart von Reichersbeuern sowie einen drei Jahrzehnte später in einem Freisinger Traditionsbuch überlieferten Grafen Meginhart von Gilching, die beide nach späteren Andechser Grafschaftsorten benannt wurden.[20] Sie zur Andechser Familie zu zählen, mag naheliegen; doch sind das nur Vermutungen und Hypothesen.

Als ältestes, zweifelsfrei zur Familie der Grafen von Dießen und Andechs zählendes Mitglied ist dagegen jener Graf Friedrich I. zu erachten, der in einer Königsurkunde des Jahres 1003 genannt wird.[21] In dieser wird berichtet, daß der Graf in Haching zu Gericht zu sitzen pflegte und zu seiner Grafschaft der Forst gehörte, der sich von Wolfratshausen aus zwischen Isar und Loisach in Richtung auf das Gebirge hin erstreckte. Graf Friedrich I. läßt sich darüber hinaus in anderen Quellen nachweisen. So beurkundete er die Schenkung von Gütern in Kirchstockach und Oberhaching durch den Adeligen Ratpot an das Kloster Tegernsee. Vielleicht besaß er auch Grafschaftsrechte am Inn, in der Gegend des späteren Wasserburg, wenngleich das nicht mit Sicherheit feststeht. Begütert war er im Osten Münchens, wie die Schenkung seines Besitzes in Gerharting in der Gemeinde Pliening an die Freisinger Domkirche zeigt.[22]

Als 1025 die verwitwete Kaiserin Kunigunde, wenige Monate nach dem Tod Kaiser Heinrichs II., in Regensburg einen Teil ihres Besitzes an das Freisinger Domstift veräußerte, war auch Graf Friedrich I. zugegen. Sein Sohn, Berthold I., der in der Urkunde über das Rechtsgeschäft der Kaiserin mit dem Freisinger Domstift als »Berthold, Sohn des Grafen Friedrich« bezeichnet wird, begleitete ihn.[23] Er dürfte jener Graf Berthold von Dießen gewesen sein, der in späteren Jahren als Zeuge anwesend war, als Bischof Nitker von Freising (1039–1052) dem Kloster Schliersee seinen Zehnten im Dorf Vagen übereignete.[24]

Bertholds I. Bruder war Graf Otto I. Einer zwischen 1020 und 1035 in Tegernsee angefertigten Liste zufolge, in der er als »Otto, Sohn des Friedrich« bezeichnet wurde, besaß er als Tegernseeische Lehen Güter bei Rain, Monheim und Neuburg an der Donau, dazu Besitzungen in der Umgebung von Scheyern, Pfaffenhofen und Freising sowie Güter bei Aibling und Bad Tölz.[25] Einer späteren, zwischen 1057 und 1062 erstellten Tegernseer Aufzeichnung zufolge, in der er als »Präses Otto von Dießen« aufscheint, waren Güter in der Rosenheimer Gegend hinzugekommen, die der 1057 verstorbene Herzog Otto von Schwaben besessen hatte.[26]

Zur Familie Graf Friedrichs I. und seiner Söhne Berthold I. und Otto I. zählte auch, ohne daß wir die verwandtschaftlichen Beziehungen näher kennen, ein Graf Rasso von Dießen. Dieser überließ – wohl in den 40er Jahren des 11. Jahrhunderts – seinem Verwandten, dem Priester Heribert, seinen Besitz in Landsham, den dieser kurze Zeit später an das Freisinger Domkapitel veräußerte.[27] Von Graf Rasso ist weiter nichts bekannt. In sein Anfang des 13. Jahrhunderts verfaßtes Nekrolog nahm der Dießener Chorherr Liutold Rasso nicht auf. Das läßt vermuten, daß der Name Rassos in seiner Vorlage fehlte. Erst einige Jahrzehnte später wurde das Versäumte nachgeholt, als man zum 19. Juni vermerkte: »Graf Raze starb, der zu Wörth« – gemeint war damit Amperwörth – »ein Kloster errichtete«. Dieser späte Eintrag stellt gleichzeitig die älteste Nachricht für Rassos Wirken in Grafrath dar: zweifellos kein überzeugender Beleg für einen angeblich alten Kult des Heiligen.[28]

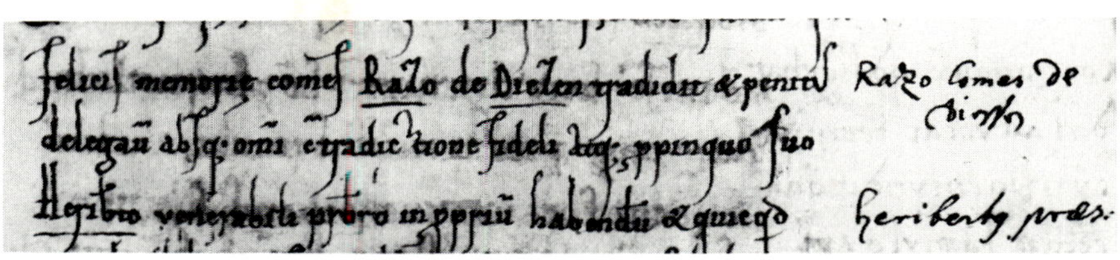

Kat.Nr. 19
Der Name Rasso erscheint im Zusammenhang mit der Familie der Andechs-Meranier lediglich in einem Traditionsbuch des Freisinger Domkapitels. Einem Priester Heribert wird darin bestätigt, daß er von seinem Verwandten »Razo comes de Diezen« ein Grundstück übereignet bekommen hat (fol. 237^r).

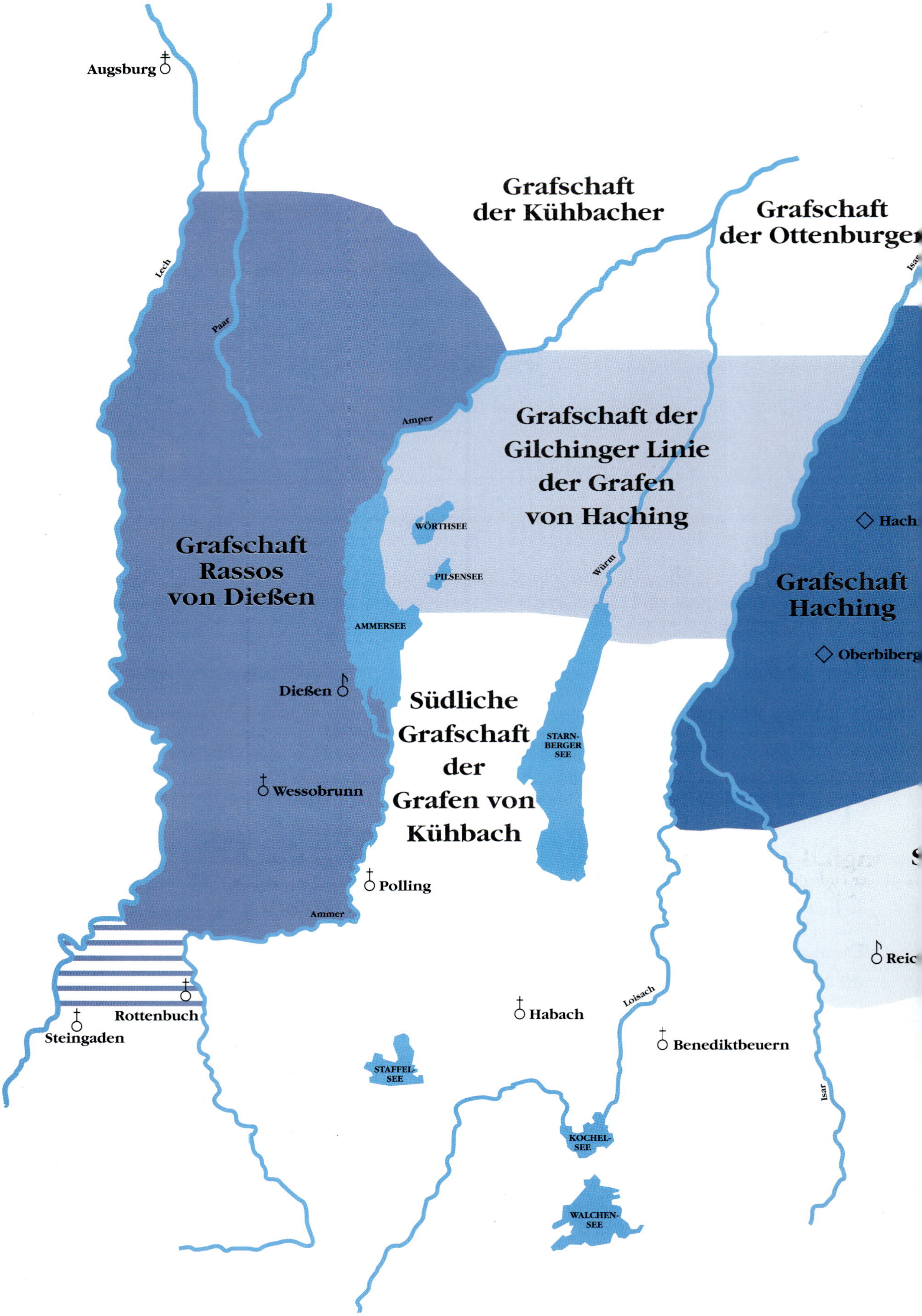

Augsburg
Grafschaft
der Kühbacher
Grafschaft
der Ottenburger
Lech
Paar
Isar
Amper
Grafschaft der
Gilchinger Linie
der Grafen
von Haching
WÖRTHSEE
PILSENSEE
Würm
Hach
Grafschaft
Rassos
von Dießen
Grafschaft
Haching
AMMERSEE
Oberbiberg
Dießen
Südliche
Grafschaft
der
Grafen von
Kühbach
STARN-
BERGER
SEE
Wessobrunn
Polling
Ammer
Reic
Rottenbuch
Steingaden
Habach
Loisach
Benediktbeuern
STAFFEL-
SEE
Isar
KOCHEL-
SEE
WALCHEN-
SEE

I. Die Entstehung der Grafschaft Andechs um 1040

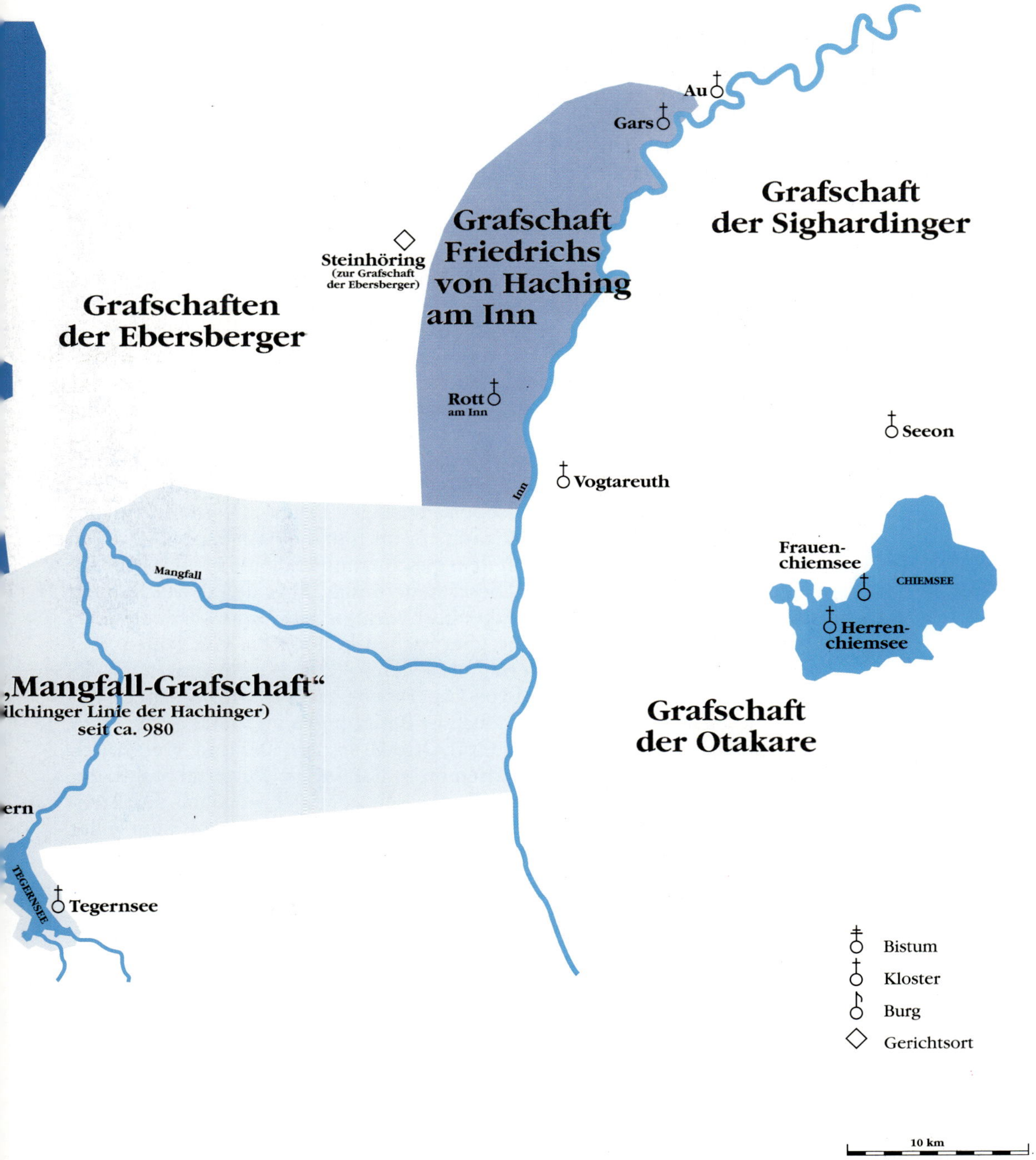

Ein Verwandter Rassos, vielleicht etwas jünger als dieser, war Graf Friedrich II. Auch über ihn ist nur wenig Sicheres bekannt. Wenn die Erwähnung eines gleichnamigen Grafen in zwei Urkunden Kaiser Heinrichs III. vom Jahr 1055 auf ihn zu beziehen ist, besaß er Grafschaftsrechte im Ebersberger Raum.[29] 1073 scheint er an der Einweihung des Klosters Habach teilgenommen zu haben.[30] Auch dürfte er zu einer Gruppe von Adeligen gehört haben, die in den 70er Jahren des 11. Jahrhunders ein Gut am Schluchsee an das Schwarzwaldkloster St. Blasien schenkte. Erst später, in einer um 1200 gefälschten Urkunde des Klosters Attel, erhielt er den Beinamen »Rocho«, worauf man ihm in Dießen wenige Jahrzehnte später eine Gräfin Kunizza als Frau beiordnete. Graf Friedrich II. starb dem Dießener Nekrolog zufolge an einem 24. Januar und wurde im Kloster in St. Blasien bestattet. Wie er mit den Andechsern verwandt war, ist eine Frage, die bis heute nicht zufriedenstellend geklärt ist. Ob er Kinder hinterließ, ist nicht bekannt. Daß er Angehörige hatte, die zum schwäbischen Hochadel zählten, ist anzunehmen.[31]

Seit der Mitte des 11. Jahrhunderts hatte die Andechser Familie mit Erfolg ihre altbayerischen, zwischen Donau und Alpenrand gelegenen Güter und Herrschaften abgerundet und konsolidiert. Dank einer geschickt betriebenen Heiratspolitik gelang es ihr, sich Besitz und Einfluß im östlichen und mittleren Alpenraum sowie in den Gegenden am Obermain zu verschaffen. In dieser Beziehung erwies sich bereits der Sohn Bertholds I., Graf Otto II., als erfolgreicher Vertreter seines Hauses. Graf Otto II. besaß seit den 50er, spätestens seit Anfang der 60er Jahre des 11. Jahrhunderts die Grafschaft Wolfratshausen, deren Hauptgerichtsort er vermutlich von Haching nach dem südlicher gelegenen Thanning verlegte. Nach Thanning wurde er nämlich Anfang der 70er Jahre in einer Freisinger Urkunde genannt,[32] und hier ließ er auch seine Gemahlin Justicia begraben.[33] Seit den späten 50er Jahren verfügte er zudem in der Umgebung von Tulln in Niederösterreich über Lehen der Freisinger Domkirche; vielleicht war es Graf Otto II., der dort schon jene Eigengüter besaß, die sich in späterer Zeit in Andechser Händen nachweisen lassen.[34] Ihm gelang es schließlich auch, in Tirol Fuß zu fassen. Neben Freisinger Lehen, die er von Bischof Meginwart erhalten hatte,[35] errichtete er im Inntal eine Herrschaft, deren Mittelpunkt die Burg Amras mit dem gleichnamigen, heute nach Innsbruck eingemeindeten Dorf bildete. Dieser neue Besitz, über den der Graf nicht als Lehensträger, sondern als Eigenherr verfügte, war umso bedeutender, als man von hier aus alle Wege überwachen konnte, die von Süden über den Brenner in Richtung Unterinntal verliefen.[36] Die Burg Amras, nach der ihr Inhaber bisweilen als »Graf von Omeras« bezeichnet wurde, scheint das Verwaltungszentrum für die Andechser Besitzungen im Inntal gewesen zu sein; sie könnte gleichzeitig, da Graf Otto II. in den 70er und 80er Jahren offensichtlich auch die Grafschaften im Inntal und im Pustertal besaß, der Mittelpunkt eines Amtsbezirks gewesen sein, der sich nördlich des Brenners von der Einmündung der Melach in den Inn im Westen bis zum Ziller im Osten erstreckte, südlich des Brenners wenigstens bis zur Ladritscher Brücke reichte und dazu das ganze Pustertal umfaßte.[37]

Otto II. hatte die beiden Grafschaften zweifellos nur erhalten, weil er wie Bischof Altwin von Brixen, mit dem er eng zusammenarbeitete, in den Kämpfen des Investiturstreits auf seiten Kaiser Heinrichs IV. stand. So nimmt es nicht wunder, daß Ottos II. Grafschaftsrechte im Gebirge verlorengingen, als es den Gegnern des Kaisers, allen voran Herzog Welf IV., 1091 gelang, den Brixener Oberhirten aus seinem Bistum zu vertreiben.[38] Trotzdem blieb der Andechser Parteigänger des Kaisers. Er fand sich noch Anfang Januar 1104 auf einem Reichstag in Regensburg bei Heinrich IV. ein, als es um die Schlichtung eines Streits zwischen Bischof und Domkapitel von Augsburg ging.[39] Und allem Anschein nach zeigte er sich erst, nachdem die Auseinandersetzung zwischen dem salischen Herrscher und seinem welfischen Gegner beigelegt war, bereit, an Rechtsgeschäften teilzunehmen, die die Welfen und deren Anhänger betrafen. Otto II. dürfte in vorgerücktem Alter wohl um das Jahr 1120 gestorben sein.[40] Er scheint der erste seiner Familie gewesen zu sein, der in nähere Beziehungen zum salischen Herrscherhaus getreten war, das ihm den Schutz der wichtigen Verbindungsstraße zwischen Deutschland und Italien, die über den Brenner führte, anvertraute.

Graf Ottos II. Verbindungen zum Kaiserhof könnten auch eine Rolle bei der Verheiratung seiner Tochter Adelheid mit dem einflußreichen Grafen Berengar von Sulzbach im 2. Jahrzehnt des 12. Jahrhunderts gespielt haben.[41] In Dießen wußte man schon hundert Jahre später nur mehr wenig über die Gräfin, die Anfang 1126 bei der Geburt eines Kindes gestorben war. Das ist umso erstaunlicher, als Adelheids Verbindung mit dem Grafen von Sulzbach erheblich dazu beigetragen hatte, das Ansehen ihrer Andechser Verwandten zu heben. Aus Adelheids Ehe mit Graf Berengar stammte nämlich eine Tochter namens Gertrud, die in den 30er Jahren den staufischen Herzog Konrad von Schwaben heiratete, der 1138 als Konrad III. den römischen Königsthron bestieg.[42] Eine weitere Tochter, Bertha, ging dagegen 1146 als Gemahlin des griechischen Kaisers Manuel I. nach Byzanz, wo sie den Namen Irene erhielt.[43] Seit Konrad III. römischer König war, konnten die Andechser auf ihre Verwandtschaft mit dem staufischen Königshaus verweisen. Das war in einer Welt, die von adeligen Vorstellungen geprägt war, ein erheblicher Gewinn.[44] Selbst im Kloster Tegernsee verwies man um die Mitte des Jahrhunderts auf diesen Vorzug des Geschlechts, obwohl man gerade dort allen Grund zu haben glaubte, sich über die Familie beklagen zu müssen.[45] In Tegernsee herrschte nämlich seit Anfang 1121 – mit harter Hand, wie die Mönche später versicherten – Graf Otto III. von Andechs, der Sohn und Nachfolger Ottos II., als Klostervogt.[46]

Die Vogtei über das alte Reichskloster hatte zuletzt in Händen des Grafen Siboto II. von Weyarn-Neuburg gelegen.[47] Dieser war bei Kaiser Heinrich V. in Ungnade gefallen, nachdem er Abt Arbo von Tegernsee 1118 veranlaßt hatte, dem aus Italien zurückkehrenden Kaiser den angeforderten Proviant zu verweigern. Das Kloster kam dieser Ungehorsam schwer zu stehen: Es mußte als Buße acht goldene Kronen abliefern und die Verpflegung des Hofes für sechs Wochen übernehmen.[48] Dem Grafen von Weyarn-Neuburg wurde dagegen die Vogtei über das Kloster Tegernsee abgesprochen, die Otto III. auf dem im März 1121 abgehaltenen Reichstag in Regensburg erhielt.[49]

In Tegernsee wußte man von dem neuen Herrn später mehr Schlechtes als Gutes zu berichten. Er habe die Klosterleute durch übermäßige Abgaben bedrückt und harte Richter bestellt.[50] Besonders verübelte man ihm aber, daß er seine Schwester, Gräfin Adelheid von Sulzbach, gegen den Widerstand der Mönche im Kloster bestatten ließ, und daß er es Erzbischof Konrad I. von Salzburg erlaubte, die von Bischof Heinrich von Freising geweihten Altäre zu zerstören.[51]

Die Gründe, die Kaiser Heinrich V. bewogen hatten, dem Andechser ein Amt zu übertragen, das mindestens ebensoviel, wenn nicht sogar mehr als eine Grafschaft einbrachte, sind nicht bekannt. Spielten die Verdienste des Vaters noch eine Rolle, oder hatte sich der Sohn bereits als zuverlässiger Helfer des Saliers erwiesen? Auch das Eintreten hoher Adeliger für den Andechser könnte von Bedeutung gewesen sein. Immerhin nahm an jenem Regensburger Reichstag Ottos III. Schwager, Graf Berengar von Sulzbach, teil, und vielleicht machte auch Bischof Otto I. von Bamberg, der ebenfalls anwesend war, seinen Einfluß geltend.[52] In Bischof Ottos I. Diözese war schließlich schon seit langem ein anderer Zweig des Dießener Geschlechts begütert, mit dem der geistliche Fürst, wie es scheint, in bestem Einvernehmen stand.

In Franken hatte Graf Arnold von Dießen in den letzten Jahrzehnten des 11. Jahrhunderts den Grundstock zu einem weiteren Machtzentrum des Hauses gelegt. Arnold läßt sich erstmals zu Beginn der 70er Jahre zusammen mit seinem schon erwähnten Verwandten, Graf Otto II., nachweisen;

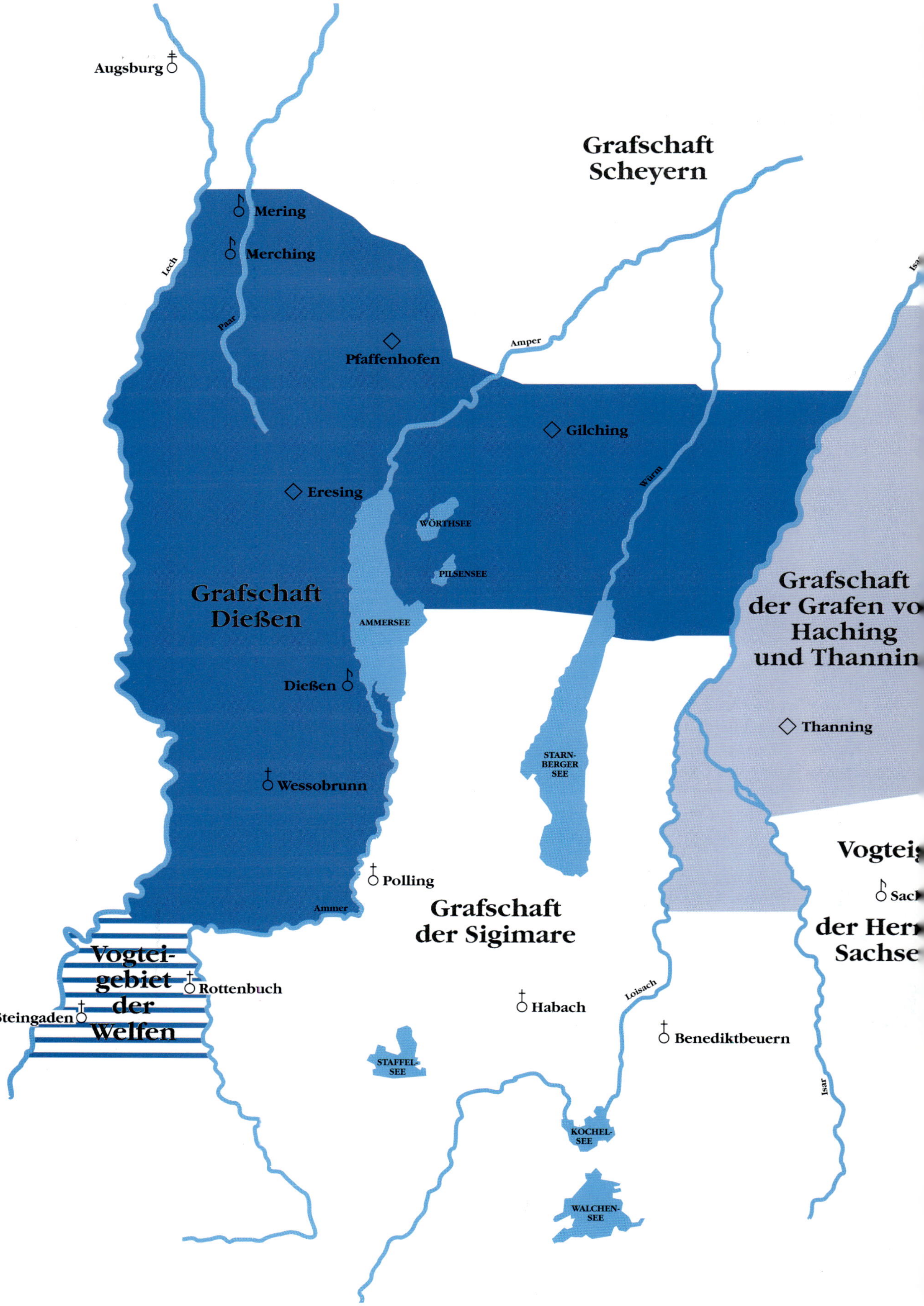

Augsburg
Grafschaft Scheyern
Mering
Merching
Lech
Paar
Pfaffenhofen
Amper
Gilching
Würm
Eresing
WÖRTHSEE
PILSENSEE
Grafschaft Dießen
AMMERSEE
Dießen
Wessobrunn
STARN-BERGER SEE
Grafschaft der Grafen vo
Haching und Thannin
Thanning
Polling
Ammer
Grafschaft der Sigimare
Vogtei-gebiet der Welfen
Rottenbuch
Steingaden
Habach
Loisach
Benediktbeuern
STAFFEL-SEE
KOCHEL-SEE
WALCHEN-SEE
Isar
Vogtei
Sac
der Her
Sachse

II. Die Entwicklung der Grafschaft Andechs um 1080

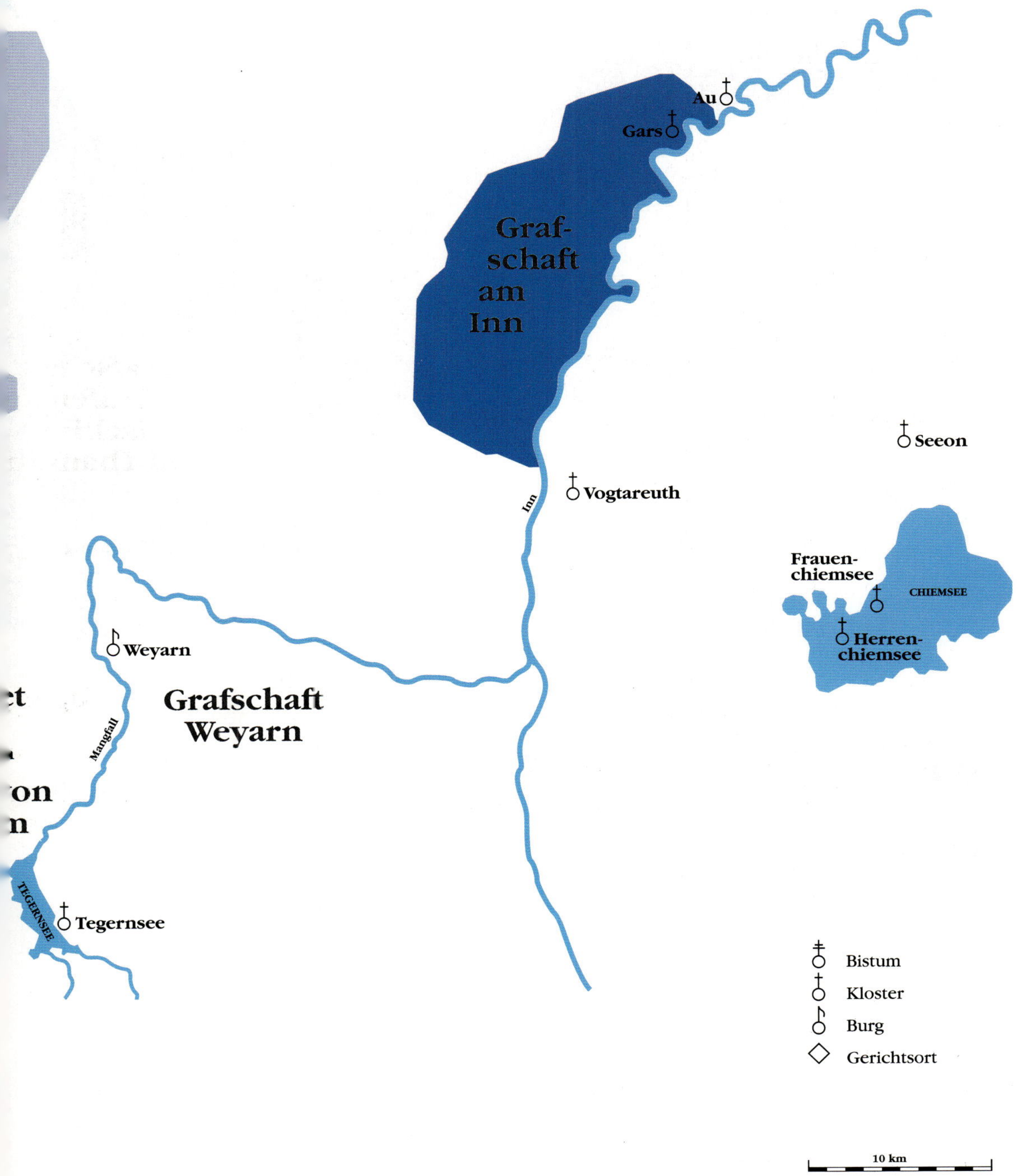

als Zeuge erscheint er noch in den 90er Jahren in der Umgebung Bischof Meginwards von Freising. Arnold besaß die Grafschaft Dießen, während Otto II. zur gleichen Zeit über den Wolfratshauser Amtssprengel verfügte.[53] Den Besitz der Grafschaft Dießen belegt eine Urkunde Heinrichs IV. von 1078, mit der er den Ort Mering, »im Augstgau in der Grafschaft Arnolds«, an die Augsburger Domkirche schenkte.[54] Arnolds Güter dürften zum einen in seiner Grafschaft und deren Einzugsbereich gelegen haben; zum anderen scheint er über größeren Besitz am Inn verfügt zu haben, wo er möglicherweise als Hallgraf fungierte und die Aufsicht sowie die Gerichtsbarkeit über die Salinen in Reichenhall innehatte.[55] Dazu kam – der genaue Zeitpunkt ist unbekannt – die Mitgift seiner Frau Gisela, der jüngsten Tochter Ottos von Schweinfurt, der, zuletzt schwäbischer Herzog, 1057 ohne männliche Nachkommen gestorben war. So mußte dessen Erbe – es bestand hauptsächlich aus Gütern im fränkischen Raum – unter seine nächsten Verwandten, insbesondere seine vier Töchter, aufgeteilt werden. Gisela erhielt neben Streugut die Besitzungen im Zweimaingebiet um die Plassenburg und Bayreuth, die damit zu den Ausgangszentren der späteren Machtstellung des Hauses Andechs im östlichen Franken wurden.[56]

Graf Arnolds Besitz wurde nach seinem Tod allem Anschein nach unter seine Söhne Gebhard und Berthold geteilt. Gebhard erbte neben Gütern wohl kleineren Umfangs am Ammersee die Hauptmasse des Besitzes am Inn mit der dortigen Hallgrafschaft. Er wurde als Stammvater der späteren Grafen von Wasserburg der Begründer einer Andechser Seitenlinie, die erst in der 2. Hälfte des 13. Jahrhunderts ausstarb, jedoch schon seit längerem keine engeren Verbindungen zu ihren westbayerischen Verwandten besessen hatte.[57] An Gebhards Bruder, Graf Berthold II., fielen bei der Teilung neben Rechten am Inn, die er teilweise gemeinsam mit seinem Onkel Konrad, einem dem geistlichen Stand angehörenden Bruder seines Vaters, besaß, vor allem die um Ammersee und Starnberger See gelegenen Güter, dazu offenbar der gesamte fränkische Besitz.[58]

Graf Berthold II. verstand es, sein väterliches Erbe rasch zu mehren. Er heiratete Sophie, die Tochter Markgraf Poppos I. von Istrien, die durch ihre Mitgift erstmals Besitz im östlichen Alpenraum einbrachte. Dieser Güterkomplex wurde einige Jahre später erheblich erweitert, als Sophies Bruder, Markgraf Poppo II., offenbar kinderlos nach 1141 starb, und sich die Sponheimer, Bogener und Andechser das markgräfliche Erbe teilten. Den größten Teil des Erbes aber konnte sich Graf Berthold II. sichern, der damit den Grundstock für die Besitzungen seines Hauses in Krain, der unteren Steiermark sowie in Kärnten legte.[59] Aber auch in Altbayern gelang es ihm, sich zusätzlichen Einfluß zu verschaffen. Im nahen Kloster Benediktbeuern lag die Vogtei im 11. Jahrhundert in Händen der »Sigimare«, einer gräflichen Familie, über die nur wenig bekannt ist.[60] Dieses Geschlecht starb – der genaue Zeitpunkt ist unbekannt – gegen Ende des 11. Jahrhunderts aus. Seine Nachfolge in der Vogtei über Benediktbeuern trat Graf Berthold II. von Dießen an. Dieses Amt, das das Haus Andechs bis zu seinem Aussterben um die Mitte des 13. Jahrhunderts innehaben sollte, lag spätestens seit dem zweiten Jahrzehnt des 12. Jahrhunderts in seiner Hand.[61]

Der Besitz zweier wichtiger Vogteien, ein ausgedehnter Güterbesitz in Altbayern und in den östlichen Alpenländern, im Inntal und in Franken, dazu Grafschaftsrechte zwischen Donau und Alpen hatten somit eine schon um die Mitte des 11. Jahrhunderts reiche Familie im Verlauf von nicht mehr als zwei Generationen zu einem zweifellos höchst einflußreichen Geschlecht werden lassen. Die Familie hatte sich im 11. Jahrhundert in zwei Linien geteilt, die zu Beginn des 12. Jahrhunderts offenbar ihren gemeinsamen Stammsitz auf dem Schönenberg bei Dießen aufgaben, um neue Herrschaftsmittelpunkte zu schaffen.[62] Nun bürgerte es sich ein, zwischen den beiden Familienzweigen, deren Angehörige in früheren Zeiten häufig unterschiedlos nach ihrem Hauptort Dießen benannt worden waren, zu unterscheiden. Graf Berthold II. und seine Kinder wurden jetzt in altbayerischen Quellen nach Andechs benannt, während bei den Nachkommen ihres Verwandten, Graf Ottos II., stets Wolfratshausen als Herkunftsort angegeben wurde. Das läßt darauf schließen, daß Graf Berthold II. bald nach der Jahrhundertwende auf dem Andechser Berg eine neue Burg errichtete oder eine schon bestehende Anlage erweiterte, während die Wolfratshauser Verwandten gleiches an ihrem neuen Herrschaftssitz am Zusammenfluß von Isar und Loisach taten.

Die Gründung des Hausklosters Dießen

Über der räumlichen Trennung der beiden Familienzweige ging jedoch die Zusammengehörigkeit des Geschlechts keineswegs verloren. Das zeigt sich in dem wohl um die gleiche Zeit gefaßten Entschluß der beiden Linien, am Ort ihres bisherigen Stammsitzes eine geistliche Gemeinschaft zu gründen, wie es seit dem späteren 11. Jahrhundert in vielen Adelsfamilien üblich geworden war. In solchen Stiftungen fanden die Angehörigen der Gründerfamilie zumeist ihre letzte Ruhestätte; hier wurde für das Seelenheil der Wohltäter gebetet und das Andenken an sie wachgehalten. Auch dienten sie nicht selten als Ort, an dem man wichtige Urkunden aufbewahrte; und wenn sich die Gründer dazu noch die Vogtei über ihre Stiftung vorbehielten, was nicht selten geschah, hatten sie am wirtschaftlichen Wohlergehen dieser Gemeinschaften teil. Auch in Dießen war das der Fall. Dort rief man, wohl noch im zweiten Jahrzehnt des 12. Jahrhunderts – zunächst bei St. Georg – eine geistliche Gemeinschaft ins Leben. Da sich aber bald zeigte, daß der Ort für das Vorhaben wenig günstig war, verlegte man die Gründung in den 20er Jahren an den höher gelegenen Platz bei St. Stephan.[63]

Ausgestattet wurde die Stiftung größtenteils mit Gütern, die aus dem Besitz der gräflichen Familie stammten; doch traten daneben Ministerialien der beiden Linien als Schenker auf, die teilweise Lehensgut mit Zustimmung ihrer Herren, teilweise aber wohl auch Eigenbesitz übergaben.[64]

Die Mitglieder der neuen Gemeinschaft sollten einem Beschluß der Stifter gemäß nach der Regel des hl. Augustinus leben. Zum Leiter der Gründung wurde ein offensichtlich noch jüngerer Geistlicher mit Namen Hartwig bestellt, der aus dem nahen Rottenbuch kam und dem Dießener Kon-

Kat.Nr. 24
Eine Federzeichnung im Traditionscodex des Stifts Dießen stellt Mitglieder des Andechser Hauses dar: Graf Heinrich von Wolfratshausen, Bischof Heinrich von Regensburg, Bischof Otto II. von Bamberg, Markgraf Berthold III. von Andechs. Diese hatten als Gründer und Förderer das Stift reich beschenkt (fol. 35v).

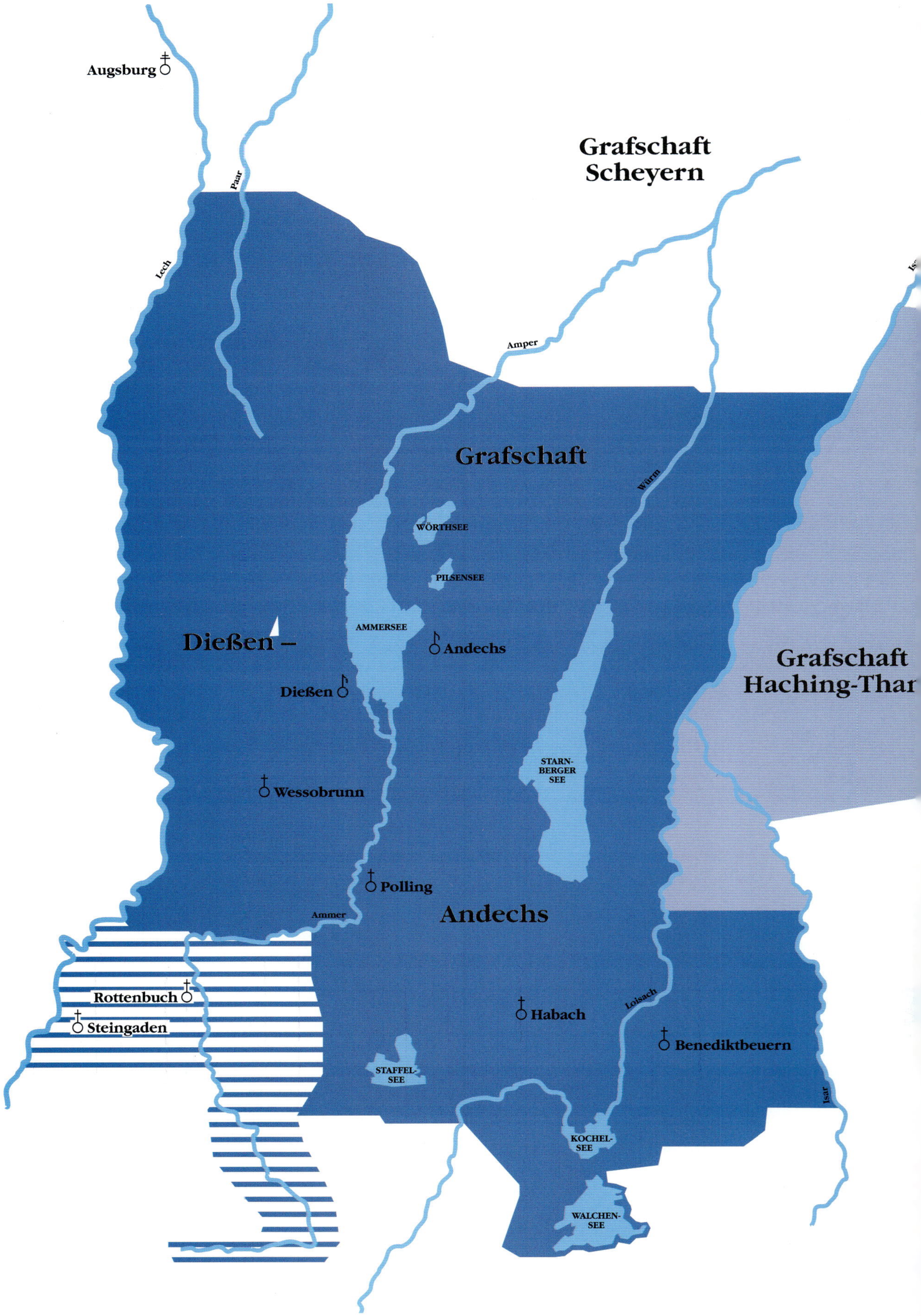

Augsburg
Paar
Lech
Grafschaft
Scheyern
Amper
Grafschaft
Würm
WÖRTHSEE
PILSENSEE
AMMERSEE
Dießen –
Andechs
Dießen
Grafschaft
Haching-Thar
STARN-
BERGER
SEE
Wessobrunn
Polling
Ammer
Andechs
Rottenbuch
Steingaden
Habach
Loisach
Benediktbeuern
STAFFEL-
SEE
Isar
KOCHEL-
SEE
WALCHEN-
SEE

III. Die Entwicklung der Grafschaft Andechs um 1100

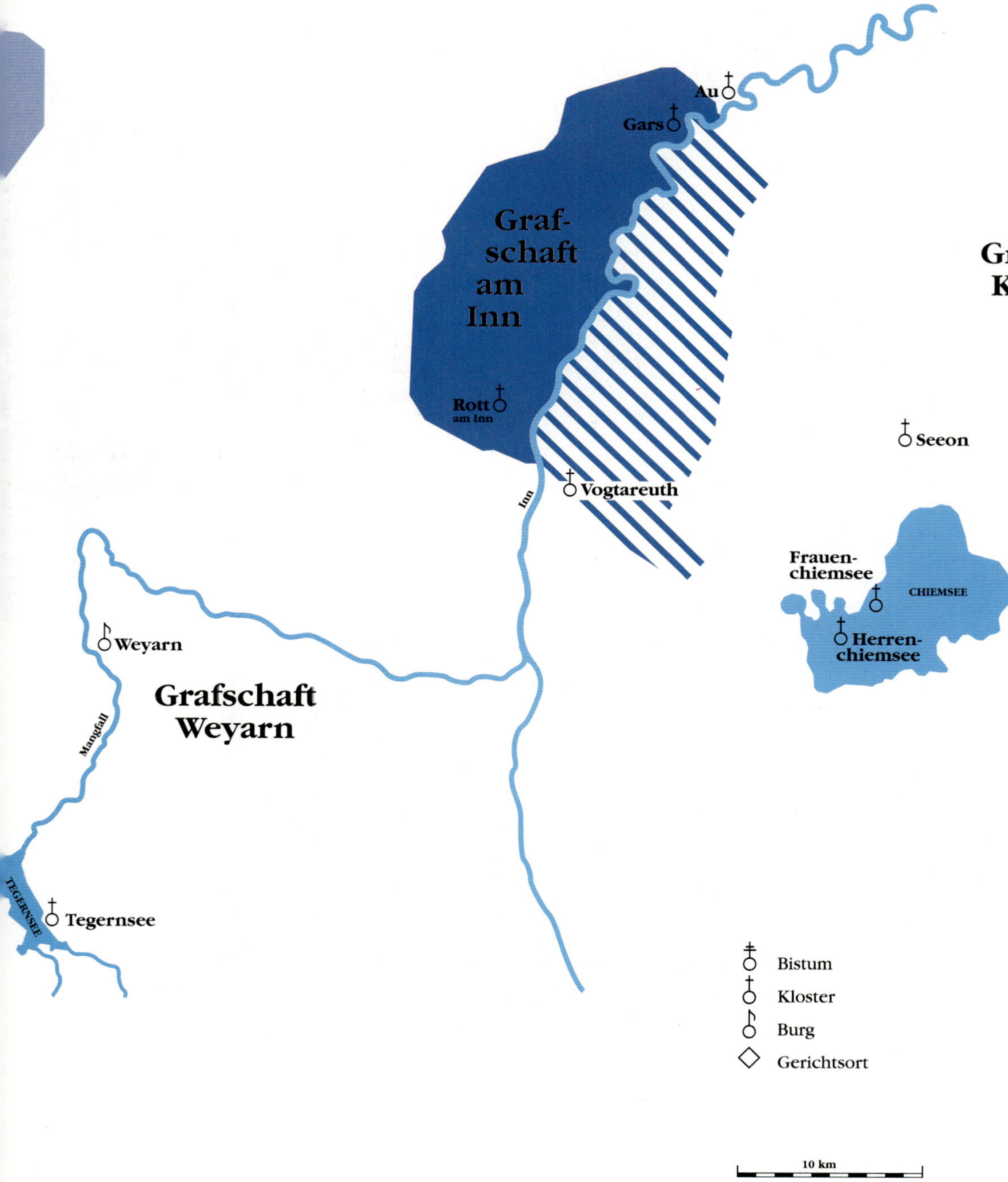

vent als erster Propst bis zu seinem Tod im Jahr 1173 vorstand.[65] An ihn war auch das Schutzprivileg gerichtet, das Papst Innozenz II. 1132 für die junge Stiftung am Ammersee ausstellte.[66] In dieser Urkunde wurden die Grafen Berthold II. und Otto III., dazu ihre Frauen Sophie und Lauritta sowie ihre Kinder als Stifter genannt. Mit ihr wurde dem Konvent der Besitz der Kapelle in Amperwörth bestätigt, ohne daß freilich auch nur mit einem Wort das eingangs erwähnte Grab des Grafen Rasso in dieser Kirche zur Sprache gekommen wäre.

Der Entschluß der gräflichen Familie, ihre Stiftung nicht einem Mönchsorden zu übergeben, sondern den Augustinerchorherren anzuvertrauen, läßt vermuten, daß die Gründer engere Beziehungen zu jenen kirchlichen Reformkreisen besaßen, die sich seit der Jahrhundertwende die Erneuerung des religiösen Lebens zur Aufgabe gemacht hatten. Einer ihrer bedeutendsten Vertreter in Süddeutschland war Erzbischof Konrad von Salz-

Kat.Nr. 22
Papst Innozenz II. bestätigte am 6. Februar 1132 die Gründung des Andechser Hausklosters Dießen und stellte es unter apostolischen Schutz.

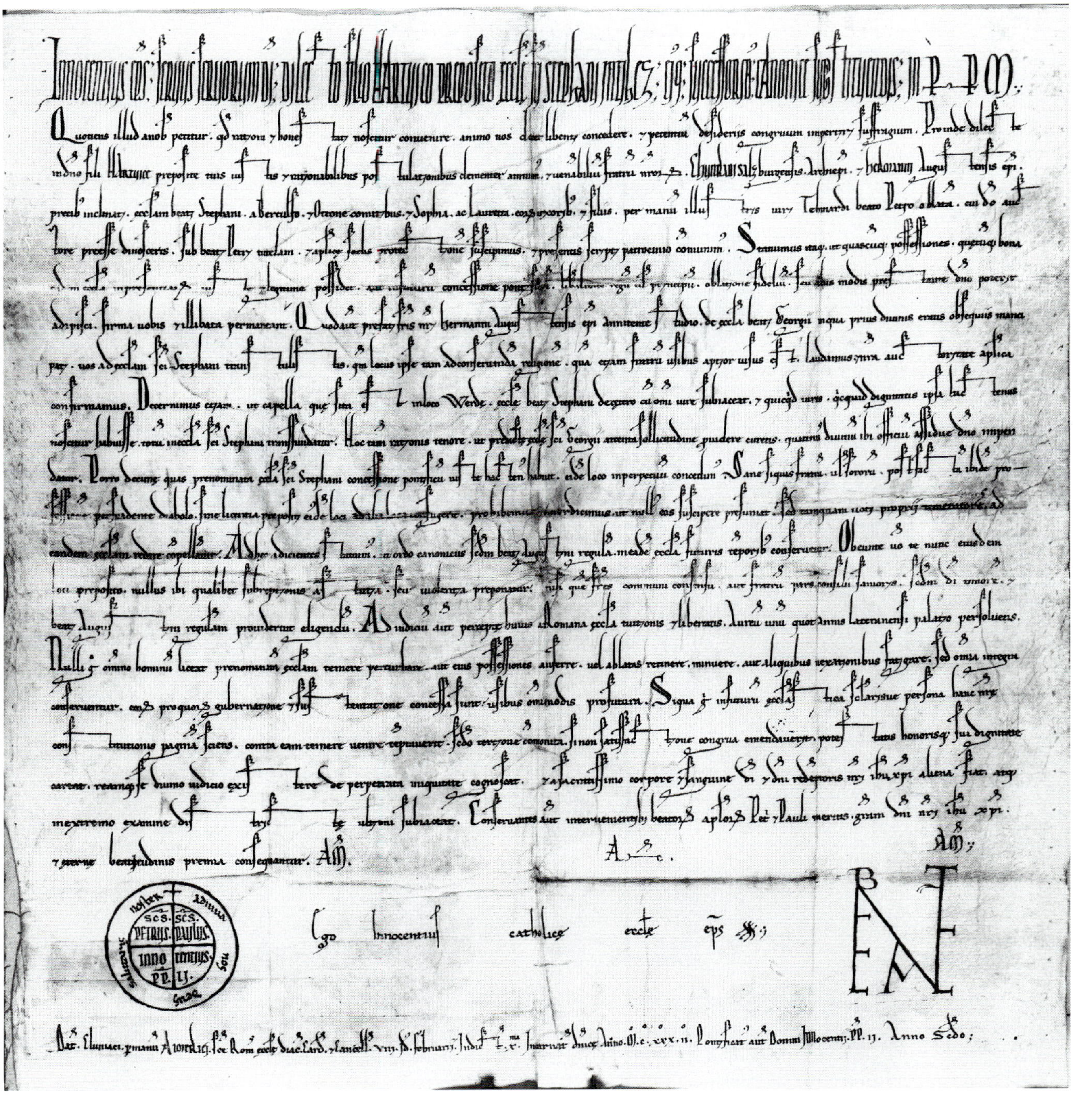

burg, eines der wichtigsten Zentren das nahe Rottenbucher Stift.[67] Bei der Wahl der Augustinerregel könnten allerdings auch Nützlichkeitserwägungen familiärer Natur eine nicht unbedeutende Rolle gespielt haben. Augustinerstifte wurden häufig in Form von Doppelklöstern gegründet, bei denen neben dem Männerkonvent ein Frauenkloster bestand. Damit hatten die Gründer Dießens die Möglichkeit, sowohl den männlichen als auch den weiblichen Angehörigen ihrer Familie, die unverheiratet blieben, ein standesgemäßes Auskommen in ihrem Stift zu verschaffen.[68]

In der Tat fand eine Reihe von Mitgliedern des Hauses Andechs Aufnahme im Dießener Konvent. Zu ihnen zählte Graf Bertholds II. Onkel Konrad,[69] vielleicht auch jene Kanonisse Tuta, deren Namen im Nekrolog des Klosters, allerdings ohne Bezugnahme auf die Andechser, zum 24. Mai eingetragen ist.[70] Lange Jahre ihres Lebens verbrachte Mechthild, die Tochter Bertholds II., im Dießener Konvent. Sie wurde bereits im Alter von fünf Jahren – in damaliger Zeit durchaus üblich – den Chorfrauen zur Erziehung übergeben, blieb im Stift und wurde Leiterin der Kanonissen. In den 50er Jahren ging sie auf Befehl des Papstes als Äbtissin nach Edelstetten, um dort als Reformerin tätig zu werden. Doch kehrte sie nach einigen Jahren nach Dießen zurück, wo sie einer späteren Überlieferung zufolge am 31. Mai 1160 starb. Offenbar schon zu Lebzeiten im Ruf der Heiligkeit stehend, wird sie heute noch verehrt.[71] Neben Mechthild gehörte ihre Schwester Euphemia dem Dießener Frauenkonvent an. Auch sie, vom Volk lange Zeit als Selige verehrt, leitete dem Stiftsnekrolog zufolge als Äbtissin das Kloster Altomünster und starb am 19. Juni 1180.[72]

Die Grafen von Wolfratshausen

Zu den Nutznießern der Dießener Gründung könnte auch, obwohl nicht dem dortigen Orden angehörend, der Bruder Graf Ottos III., Heinrich I. von Wolfratshausen, gezählt haben.[73] Dieser war zu Beginn der 30er Jahre Domkanoniker in Bamberg und Regensburg. Er wurde im Sommer 1132 zum Nachfolger Bischof Konrads von Regensburg gewählt. Für seine Erhebung hatte sich der Regensburger Domvogt, Graf Friedrich von Bogen, ein Verwandter der Andechser, eingesetzt. Im Domkapitel könnten nicht zuletzt auch die Verbindungen der Familie des Gewählten zu kirchlichen Reformkreisen eine Rolle gespielt haben; schon Heinrichs I. Vorgänger war diesen Kreisen nahegestanden und hatte sich um die Hebung des wissenschaftlichen und religiösen Lebens bei seinem Klerus bemüht. Er hatte Reformer um sich gesammelt, wie etwa den aus Polling stammenden Augustinerchorherren Gerhoch, der 1132 Propst in Reichersberg wurde, oder Paul von Bernried, der später zusammen mit dem Domherrn Gebhard das am nördlichen Donauufer gelegene Augustinerstift St. Mang in Regensburg gründete.[74]

Der Beginn von Heinrichs I. Regierung war von schweren Kämpfen mit dem bayerischen Herzog, Heinrich X. dem Stolzen, aus dem Geschlecht der Welfen überschattet. Der Herzog, der mit dem Bogener um die Domvogtei stritt, wollte die ohne sein Mitwirken zustandegekommene Wahl nicht anerkennen und versuchte, die Erhebung Heinrichs von Wolfratshausen zum Bischof zu vereiteln. Heinrich wandte sich daher an den Salzburger Erzbischof, dem sein Bruder, Graf Otto III., wenige Jahre zuvor in Tegernsee freie Hand gelassen hatte. Der Erzbischof weihte Heinrich, noch ehe König Lothar III. von Supplinburg, der Schwiegervater Herzog Heinrichs X., dem Gewählten die Belehnung erteilt hatte.[75] Dies sollte nicht ungestraft bleiben. Heinrich X. rückte mit einem Heer gegen Regensburg vor, ließ die Umgebung der Bischofsstadt verwüsten und eroberte die Burg Donaustauf.[76] Aber nicht nur an der Donau wurde der Kampf geführt. Auch der Neffe des neugewählten Bischofs, Graf Otto V. von Wolfratshausen, griff in die Auseinandersetzung ein. Als der bayerische Herzog gegen Ende des Jahres das Gebiet Ottos V. durchzog, wurde er überfallen.

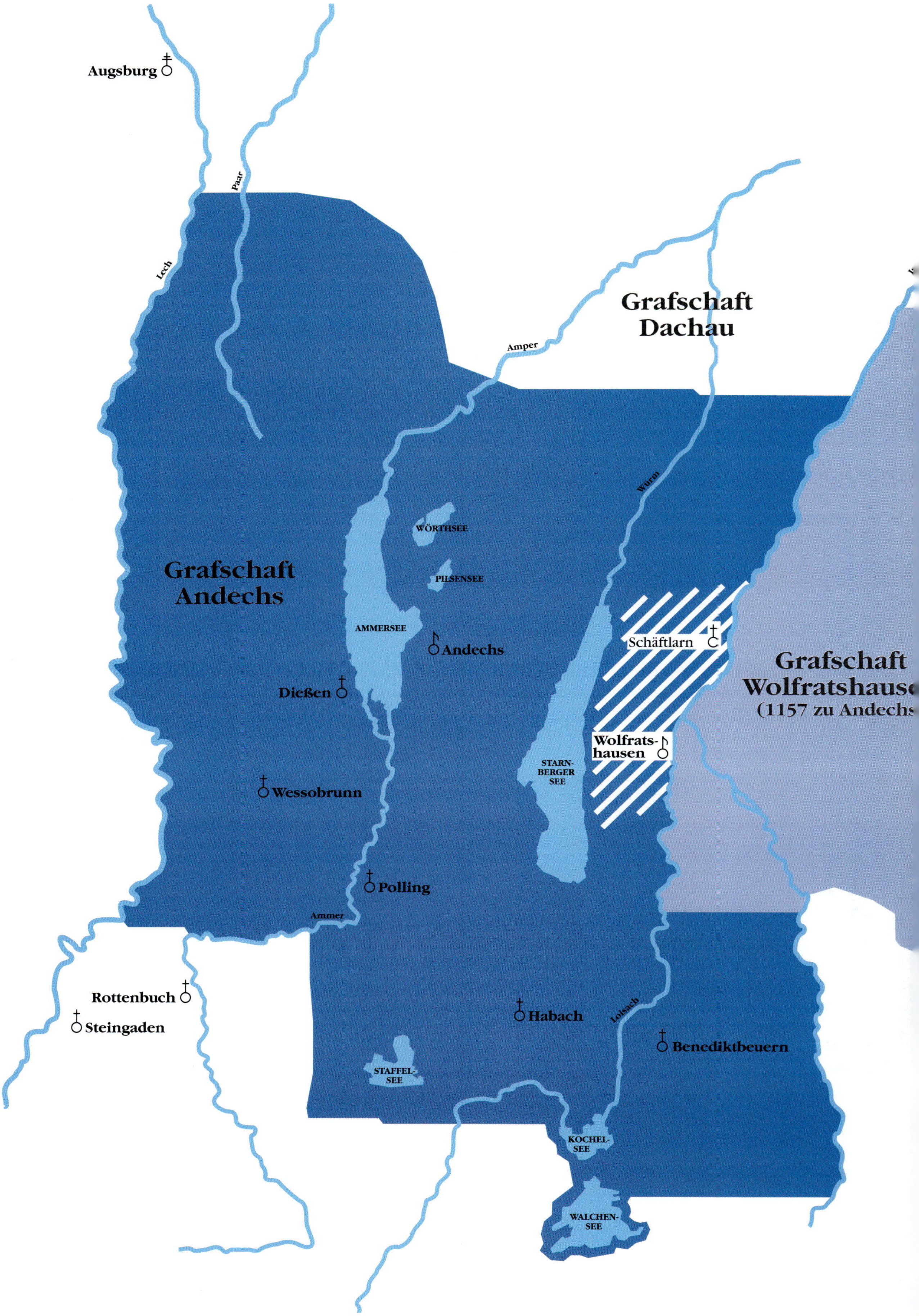
Augsburg
Paar
Lech
Amper
Grafschaft
Dachau
Würm
WÖRTHSEE
Grafschaft
Andechs
PILSENSEE
AMMERSEE
Andechs
Schäftlarn
Grafschaft
Wolfratshaus
(1157 zu Andechs
Dießen
Wolfrats-
hausen
STARN-
BERGER
SEE
Wessobrunn
Polling
Ammer
Rottenbuch
Steingaden
Habach
Loisach
Benediktbeuern
STAFFEL-
SEE
KOCHEL-
SEE
WALCHEN-
SEE

IV. Die Entwicklung der Grafschaft Andechs um 1130

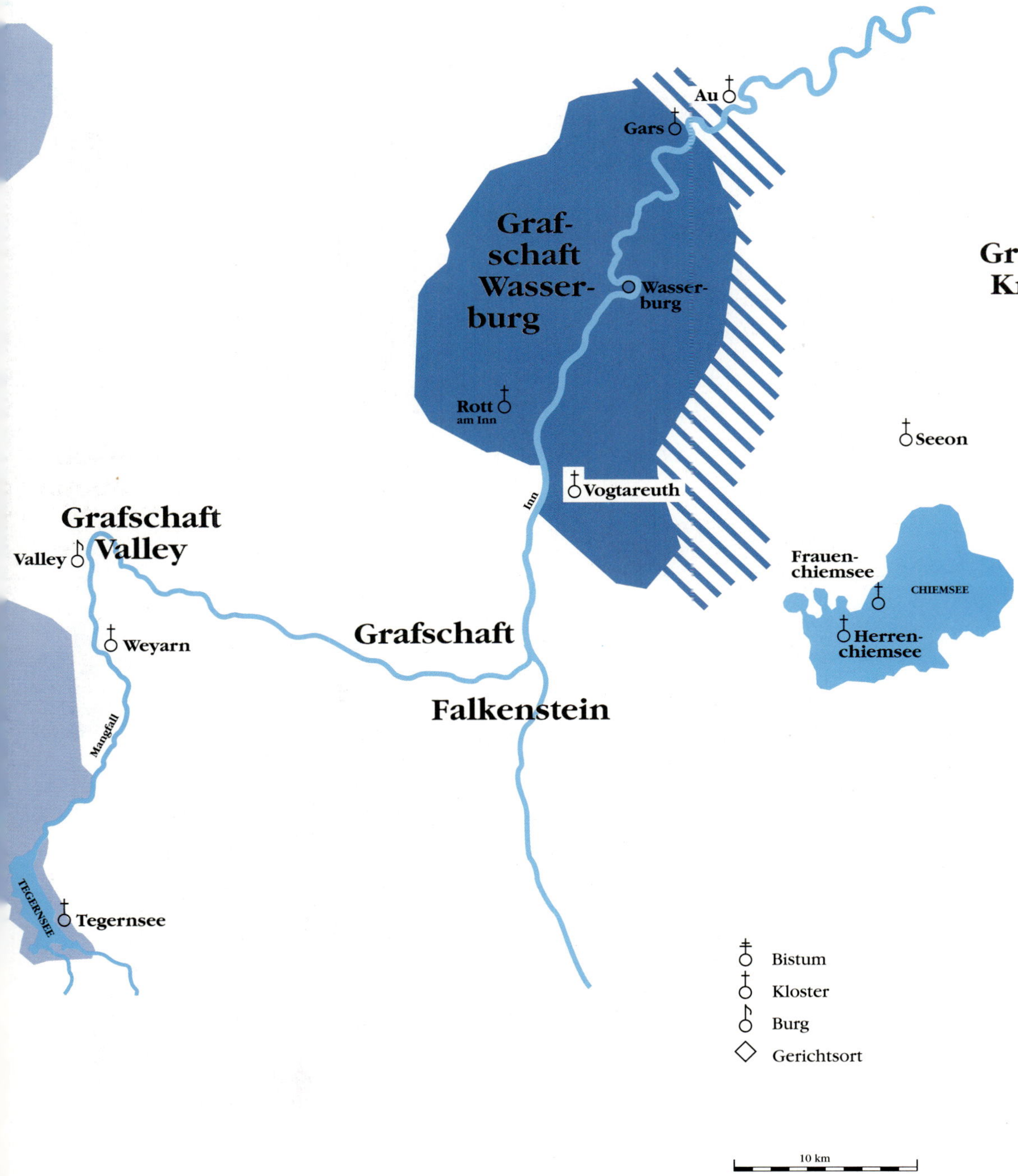

Kat.Nr. 26
Der in der ehemaligen Klosterkirche Diessen aufbewahrte Stammbaum bindet die Andechser an die karolingische Kaiserfamilie, um die Bedeutung des Adelsgeschlechts zu erhöhen.

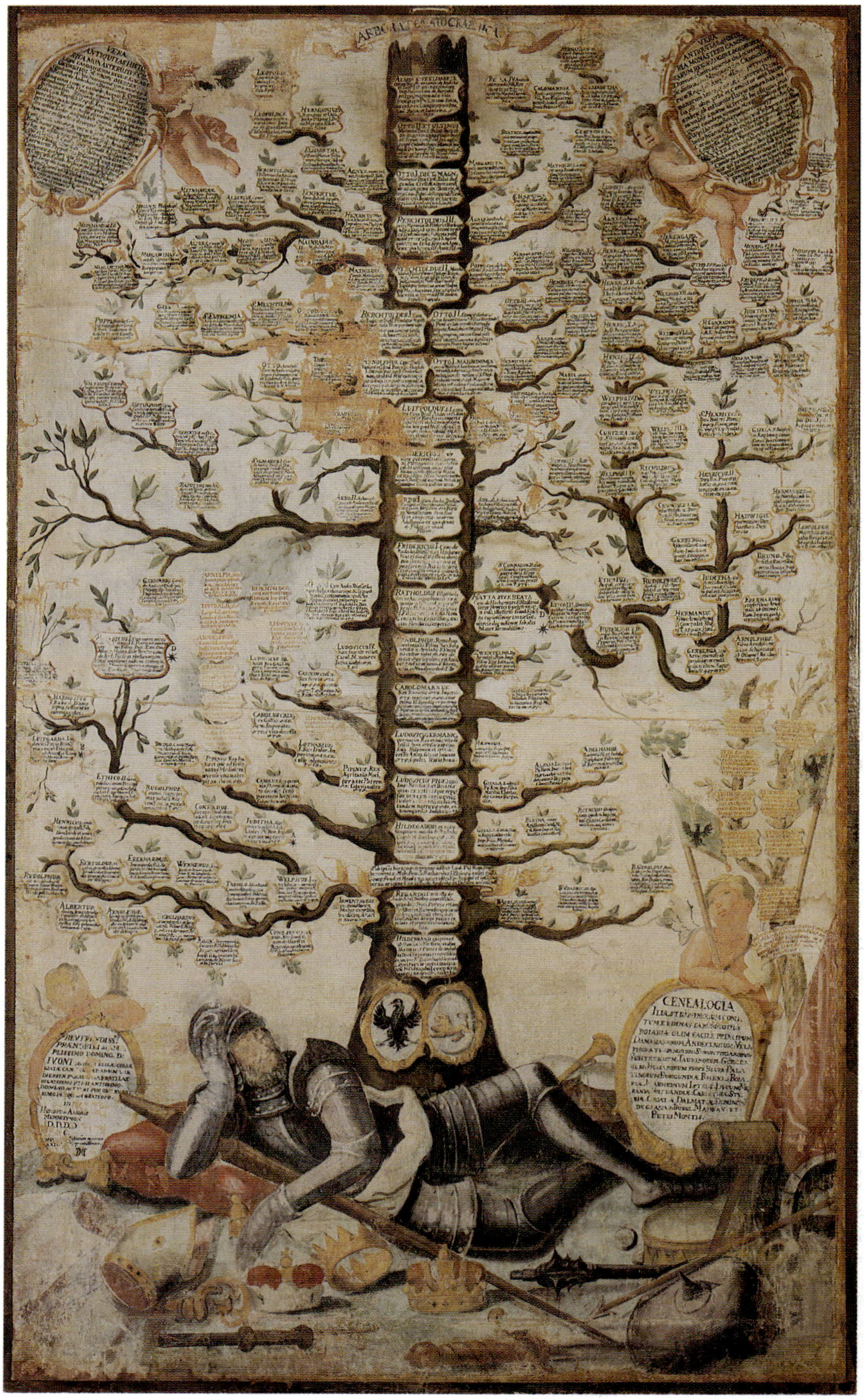

Dafür sollte der Wolfratshausener büßen: Ende Januar 1133 erschien der Herzog mit einem Heer im Inntal, brannte die Burg Amras nieder und verwüstete die umliegenden Besitzungen des Grafen. Nach Ostern sollte Wolfratshausen erobert werden. Die Truppen des Herzogs hatten bereits mit der Belagerung begonnen, als Bischof Heinrich von Regensburg, begleitet vom Markgrafen von Österreich, vom Grafen von Bogen und anderen Adeligen, mit einem Entsatzheer anrückte. Zu einer Schlacht kam es allerdings nicht. In letzter Minute gelang es nämlich dem Schwiegervater des Belagerten, Pfalzgraf Otto von Wittelsbach, einen Waffenstillstand zu vermitteln. Der Wittelsbacher brachte den Bogener dazu, sich mit Heinrich dem Stolzen zu verständigen; sein Schwiegersohn mußte sich dem Herzog ergeben.[77] Die Feindschaft zwischen dem Regensburger Bischof und dem bayerischen Herzog war damit noch nicht beendet. Nachdem aber Bischof Heinrich wenige Monate später durch Herzog Heinrichs X. Schwiegervater, Kaiser Lothar III., mit seinem Hochstift belehnt worden war, stand einem Friedensschluß mit dem Herzog nichts mehr im Weg. Der Preis dafür war die hochstiftische Grafschaft im Inntal um Kitzbühl und Rattenberg, die er Heinrich dem Stolzen zu Lehen geben mußte.[78]

Als Kaiser Lothar III. 1136 nach Italien zog, schloß sich ihm auch Bischof Heinrich an. Dem Kaiser mußte an freundschaftlichen Beziehungen zum Bischof von Regensburg sehr gelegen sein. Im Sommer 1137 übertrug er ihm sogar das Amt eines Erzkanzlers für Italien. Nach dem Tod Lothars III. stellte sich Bischof Heinrich jedoch auf die Seite des neuen Königs, des Staufers Konrad III., und verhalf ihm zur Durchsetzung seiner Ansprüche in Bayern, gegen Herzog Heinrich den Stolzen.[79] Als König Konrad III. wenige Jahre später, im Mai 1147, von Regensburg aus zum Kreuzzug aufbrach, nahm auch Bischof Heinrich daran teil. Allerdings kehrte er bereits wenige Monate später, von Kleinasien aus, in die Heimat zurück. Da man ihm deshalb den Vorwurf der Treulosigkeit und des Verrats machte, brach er 1150 erneut als Wallfahrer in das Heilige Land auf, um im Juni 1151 wieder aus Palästina zurückzukehren.[80]

Über den Pflichten, die Heinrich als Reichsfürst zu erfüllen hatte, vergaß er auch nicht die Aufgaben als geistlicher Leiter seines Bistums. So führte er in der Diözese Regensburg die Reformen seines Vorgängers weiter und unterstützte die Gründung von Klöstern. Unter seiner Regierung entstanden die Konvente in Rohr, Reichenbach, Paring oder Biburg, um nur einige zu nennen. Während seines Episkopats wurde außerdem mit dem Bau der Steinernen Brücke in seiner Bischofsstadt begonnen. Als letzter der Regensburger Oberhirten ließ er sich nach seinem Tod am 10. oder 11. Mai 1155 bei den Mönchen in St. Emmeram begraben. Ein Regensburger Geistlicher, der um die Mitte des Jahrhunderts die »Kaiserchronik«, ein Epos von nahezu 20000 Versen, vollendete, nannte den Bischof »ain Diezâre alsô hêrlîch«. Der Dichter, gewiß kein Freund des Wolfratshausers, mag damit recht gehabt haben.[81]

Von Heinrichs Neffen, Graf Otto V., konnte man das nicht behaupten. Dieser mußte schwer dafür büßen, daß er den Onkel im Kampf gegen Herzog Heinrich den Stolzen unterstützt hatte. Während sich der Domvogt, Graf Friedrich von Bogen, noch im Frühjahr 1133 mit dem welfischen Gegner aussöhnen konnte und Bischof Heinrich I. von Kaiser Lothar III. wenige Monate später als Reichsfürst anerkannt wurde, verlor Otto V. alles. Seine Burg in Wolfratshausen ging im Frühjahr 1133 in Flammen auf, er selbst wurde gefangengenommen und in Ravensburg über drei Jahre lang in Haft gehalten. Seine Frau kehrte zu ihrem Vater, Pfalzgraf Otto von Wittelsbach, zurück. Erst als Kaiser Lothar III. im Sommer 1136 wieder nach Italien zog, kam es zur Aussöhnung mit Herzog Heinrich dem Stolzen, in dessen Gefolge Otto V. den Kaiser über die Alpen begleitete. Ob es sich dabei um einen echten Friedensschluß handelte, ist zu bezweifeln. Eher wird man vermuten dürfen, daß es dem Herzog ratsamer erschien, den alten Gegner wieder in Gnaden aufzunehmen und ihn in Italien in seiner Nähe zu wissen, anstatt ihn, wenngleich bewacht, in der Heimat zurückzulassen.[82] Graf Otto V. gehörte dem Gefolge des Herzogs freilich nur für wenige Wochen an. Am 10. November 1136, einen Tag nachdem sich Pavia dem Kaiser ergeben hatte, ritt er mit einigen Leuten vor die Stadt, um Lebensmittel zu kaufen. Als man sich mit den Händlern nicht einig werden konnte und diese in die Stadt zurückflüchteten, setzte Otto ihnen nach. Da man ihm den Einlaß verweigerte, wollte er das Stadttor mit Äxten einschlagen lassen. Diese Torheit sollte er mit dem Leben büßen. Als die Pavesen ihm von der Mauer herab zuriefen, wer er überhaupt sei, daß er solches wage, soll er hinaufgerufen haben: »Hier steht Otto von Diessen«. Da traf ihn ein von der Mauer geworfener Wurfspeer am Kopf und verletzte ihn tödlich.[83]

Graf Otto V. hinterließ keine Kinder. So erhielt sein jüngerer Bruder, Graf Heinrich II., zu den Gütern, die ihm schon beim Tod ihres Vaters zugesprochen worden waren, auch das Erbe des Verstorbenen.[84] Heinrich II. war in früheren Jahren unter der Vormundschaft seines Bruder gestanden und scheint sich in der Folgezeit, allerdings nicht immer zu seinem Vorteil, weitgehend der politischen Linie seines Onkels, Bischof Heinrichs I. von Regensburg, angeschlossen zu haben. Wie dieser ergriff er nach Kaiser Lothars III. Tod für den Staufer Konrad III. Partei und beteiligte sich im Sommer 1140 im Gefolge des neuen bayerischen Herzogs, Luitpold III., aus dem Babenbergischen Haus, an der Belagerung der Burg Valley. Diese endete mit einer empfindlichen Niederlage der Belagerer, die ihnen Welf VI., der Bruder des 1138 abgesetzten Herzogs Heinrich des Stolzen, am 13. August beibrachte.[85] Als sich wenige Jahre später aber bayerische Fürsten, darunter wiederum Bischof Heinrich von Regensburg, gegen Herzog Heinrich XI. mit dem Beinamen Jasomirgott, den Nachfolger und Verwandten Luitpolds III., empörten, zählte allem Anschein nach auch Graf Heinrich II. von Wolfratshausen zu den Gegnern des Babenbergers, wie die Fehde vermuten läßt, die 1146 zwischen ihm und König Konrads III. Neffen Friedrich, dem späteren Kaiser Friedrich Barbarossa, stattfand.[86]

Auch Heinrichs II. Verhältnis zu den Tegernseer Mönchen war nicht immer ungetrübt. Zwar vertrat er als Vogt die Anliegen der Gemeinschaft nach außen hin energisch, doch das konnte nicht darüber hinwegtäuschen, daß er ansonsten – so sah man es wenigstens im Kloster – verfuhr wie sein Vater. Er war gegenüber den Hintersassen hart und ungerecht, verlangte Abgaben, die ihm angeblich nicht zustanden, und ging im Gericht streng gegen die Klosterleute vor.[87] Nach dem Tod Abt Konrads im Juni 1155 sei das Kloster, so klagte man später, vollends in seine Gewalt geraten und er habe es beherrscht wie sein persönliches Eigentum. Zuletzt wollte er sogar beim Kaiser die Ernennung eines ihm genehmen Abtes durchsetzen, wäh-

Kat.Nr. 34
Die Plassenburg über Kulmbach war eines der Militär- und Verwaltungszentren der fränkischen Herrschaft der Andechs-Meranier.

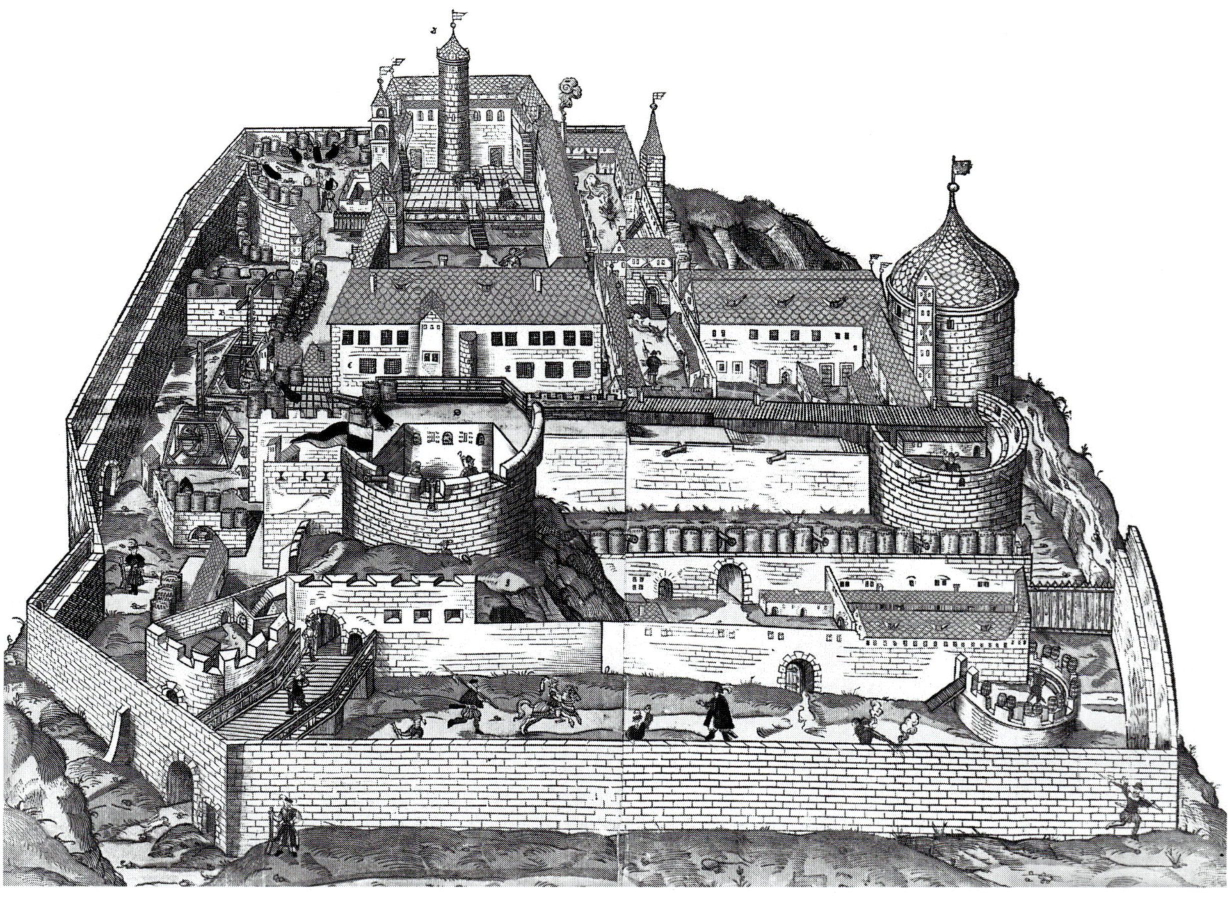

rend zur gleichen Zeit »der Wolf von Freising« – damit meinte man im Kloster den Onkel Friedrich Barbarossas, Bischof Otto I. von Freising[88] – versuchte, die Abtei seinem Neffen für 400 Pfund Silber abzukaufen. Zu Abt Konrads Nachfolger wurde allerdings Rupert gewählt, dem der Kaiser im Sommer 1156 die Reichsabtei verlieh. Der neue Abt verwies den Wolfratshauser Vogt bald in seine Schranken. Er erhob Klage am Kaiserhof wegen der Übergriffe des Grafen und erhielt im März 1157 auf dem Reichstag in Würzburg ein kaiserliches Diplom, mit dem die bislang erfolgreich beanspruchten Rechte Heinrichs II. von Wolfratshausen erheblich eingeschränkt wurden.[89] Im Kloster behauptete man später, Graf Heinrich II. habe sich mit der Schmälerung seiner Rechte nicht zufriedengeben wollen und versucht, den Abt auf der Heimreise vom Kaiserhof ermorden zu lassen.[90] Aber das waren nur Gerüchte. Nach der Teilnahme am Würzburger Reichstag erkrankte Heinrich II. schwer; er machte nun fromme Stiftungen für sein Seelenheil an eine Reihe von Klöstern und Stiften.[91] Dießen erhielt bei dieser Gelegenheit Heinrichs II. Besitz am Ort und in der näheren Umgebung, darunter die Schönenburg, den alten Stammsitz; Tegernsee wurde das Gut Aldrans bei Innsbruck zugesprochen, das es allerdings erst nach langen Auseinandersetzungen erhielt. Als Heinrich II. am 2. Mai 1157 starb, erlosch mit ihm die Wolfratshauser Linie der Grafen von Diessen. Der Verstorbene war offensichtlich nicht verheiratet gewesen. So fiel sein Besitz an die Verwandten aus dem Andechser Familienzweig.[92]

Die Grafen von Andechs

Die Grafen von Andechs hatten sich im Gegensatz zur Wolfratshauser Linie nicht in die kriegerischen Händel hineinziehen lassen, die letztlich im Konkurrenzkampf zwischen den Staufern und den Welfen gründeten; sie waren vielmehr bestrebt gewesen, ihren Besitz zu sichern und zu vermehren. Daß dabei gerade den Gütern in Oberfranken, die Graf Arnold durch seine Ehe mit Gisela von Schweinfurt erworben hatte, eine besondere Bedeutung zukam, lag auf der Hand: Das Land, mit dessen Erschließung man erst unter den Grafen von Schweinfurt begonnen hatte, bot noch vielfältige Möglichkeiten des Ausbaus und der Machterweiterung.[93]

Die Anfänge einer zielstrebigen Andechser Territorialpolitik in Franken lassen sich bis in die Zeit um 1110 zurückverfolgen, als Graf Berthold II. ein Gut im fränkischen Werngau, das als Streubesitz wohl aus dem Erbe seiner Mutter Gisela gestammt haben dürfte, an das Hochstift Würzburg vertauschte.[94] Nicht viel später, vielleicht als Antwort auf die Burgenpolitik Bischof Ottos I. von Bamberg, scheint Berthold II. seine Besitzungen im Zweimaingebiet durch die Anlage von Befestigungen gesichert zu haben; spätestens zu Beginn der 30er Jahre dürfte die Plassenburg errichtet worden sein, nach der er und seine Kinder seit 1137 des öfteren als „Grafen von Plassenberg“ bezeichnet werden. Auch Andechser Ministerialen wurden bald nach ihr benannt, und wohl um die gleiche Zeit dürfte auch das am Fuß des Berges liegende Kulmbach gegründet worden sein, auch wenn der Ort nicht vor 1174 in den Quellen auftaucht. Daneben scheint man damals auch schon in der Gegend des 1194 zum ersten Mal genannten Bayreuth mit dem Landesausbau begonnen zu haben, wie eine Güterschenkung Graf Bertholds II. an die Zelle St. Getreu in Bamberg im Jahr 1137 vermuten läßt.[95]

Neben den Gütern des Hauses in Franken vergaß Berthold II. freilich nicht den in anderen Gegenden gelegenen Besitz. Er war häufig als Vogt von Benediktbeuern tätig; auch dem Kloster Dießen galt seine Fürsorge.[96] Darüber hinaus scheint man sich um den Besitz in den östlichen Alpenländern gekümmert zu haben; besonders enge Beziehungen unterhielt er zu dem 1074 wieder errichteten Kloster Admont in der Steiermark. Dorthin schenkte der Graf 15 Hufen in Moosburg in Kärnten, als er der geistlichen Gemeinschaft seine Tochter Kunigunde übergab.[97] Auch Agnes, die Tochter Graf Ottos III. von Wolfratshausen, die später Äbtissin in Neuburg an der Donau wurde, erhielt dort ihre Erziehung.[98]

Seit Beginn der 40er Jahre hielt sich Graf Berthold II. auffallend häufig am königlichen Hof auf. Nun wurde er nahezu jedes Jahr in mindestens einer Urkunde König Konrads III. als Zeuge genannt.[99] Es ist nicht bekannt, was Berthold II. veranlaßte, den Herrscher so oft aufzusuchen; aber die Vermutung ist nicht von der Hand zu weisen, daß der Grund in den Auseinandersetzungen lag, die er und noch mehr sein Sohn, Graf Poppo I., mit Bischof Egilbert von Bamberg (1139–1146), dem Nachfolger Bischof Ottos I., hatten. Graf Poppo I. war, wohl seit den 30er Jahren, mit Kunizza, der Tochter Graf Reginbotos von Giech, verheiratet.[100] Diese hatte die Burgen Giech und Lichtenfels, dazu Scheßlitz sowie zahlreiche Güter im fränkischen Jura in ihre Ehe eingebracht. Mit Kunizzas Gütern, die ebenso wie Giselas Mitgift aus dem Schweinfurter Erbe stammten, war der Andechser Besitz in Oberfranken noch einmal erheblich gewachsen; nun stellte er auch eine Gefahr für die weltliche Herrschaft der Bamberger Bischöfe dar; denn jetzt schoben sich die Andechser Besitzungen zwischen die hochstiftischen Gütergruppen um Banz und Burg- bzw. Altenkunstadt sowie die hochstiftischen Burgen im Jura. Außerdem ließ sich vom andechsischen Lichtenfels aus die wichtige Talstraße von Bamberg nach Kronach hinauf leicht sperren.[101] Solange Bischof Otto I. regierte, hatte es darüber keinen Streit gegeben. Unter seinem Nachfolger, Bischof Egilbert, änderten sich die Verhältnisse rasch. Nun wurde, wohl auf Betreiben des Bischofs, im Jahr 1142 die Ehe Kunizzas mit Graf Poppo I. wegen zu naher Verwandtschaft der beiden Gatten durch kirchlichen Richterspruch für ungültig erklärt. Gleichzeitig übereignete jedoch Kunizza, ehe sie als geschiedene Frau ins Kloster ging, dem Bischof und seinem Hochstift die Besitzungen, die sie in früheren Jahren von ihrem Vater erhalten hatte.[102]

Bischof Egilbert von Bamberg sollte über dieses Geschenk nicht froh werden. Graf Poppo I., der aus seiner Ehe mit Kunizza einen Sohn namens Heinrich hatte, war keineswegs gewillt, dem Bischof das Giecher Erbe unangefochten zu überlassen. So kam es zum Krieg, bis man sich 1143 entschloß, den Streit auf vertraglichem Weg zu beenden. Dem Bischof wurden die Befestigung vor der Burg Giech sowie die Hälfte der Burg Lichtenfels, dazu mehrere Güter im Maintal zugesprochen; dafür sollten die übrigen Güter Kunizzas früherem Mann, Graf Poppo I., ihrem gemeinsamen Sohn Heinrich sowie Graf Berthold III., dem Bruder Poppos I., auf Lebenszeit verbleiben, nach deren Tod aber an das Hochstift zurückfallen. Für den Verzicht Graf Poppos I. auf einen Teil der Mitgift seiner Frau wurden die Andechser mit der Grafschaft im Radenzgau entschädigt, die bislang als Bamberger Lehen in Händen des hochstiftischen Vogts lag.[103]

Schien der Vertrag von 1143 zunächst ein Erfolg für das Bamberger Hochstift zu sein, so zeigte sich bald, daß der Bischof damit ein Verlustgeschäft getätigt hatte. Als nämlich Graf Poppo I. auf dem Zweiten Kreuzzug Ende 1148 in Konstantinopel starb und sein Bruder, Graf Berthold III., das Erbe des Verstorbenen antrat, war keine Rede mehr von einer Rückgabe des Giecher Besitzes an die Bamberger Kirche.[104] Zwar war inzwischen Poppos I. Sohn Heinrich als Erbe ausgeschieden, da ihn sein Vater noch vor seiner Abreise in das Heilige Land nach Admont gegeben hatte, damit er dort Mönch werde; dafür aber setzte sein Bruder, Graf Berthold III., bereits 1149 in einem neuen Vertrag mit Egilberts Nachfolger, Bischof Eberhard II., durch, daß sein zukünftiger erstgeborener Sohn in den Besitz des Giecher Erbes gelangen würde.[105] Aber auch diese Vereinbarung, mochte sie dem Bischof später von Kaiser und Papst bestätigt werden, war für das Hochstift nur von geringem Nutzen; denn die Nachkommen Bertholds III. beanspruchten auch in späterer Zeit die Mitgift Kunizzas als erblichen Besitz.[106]

Mit dem Vertrag von 1149 hatte Berthold III. von Andechs noch zu Lebzeiten seines Vaters bewiesen, daß er durchaus in der Lage war, den Besitz des Hauses zusammenzuhalten. Nach dem Tod Graf Bertholds II. 1151

Die fränkischen Zeugen im Giechburg-Vertrag 1149

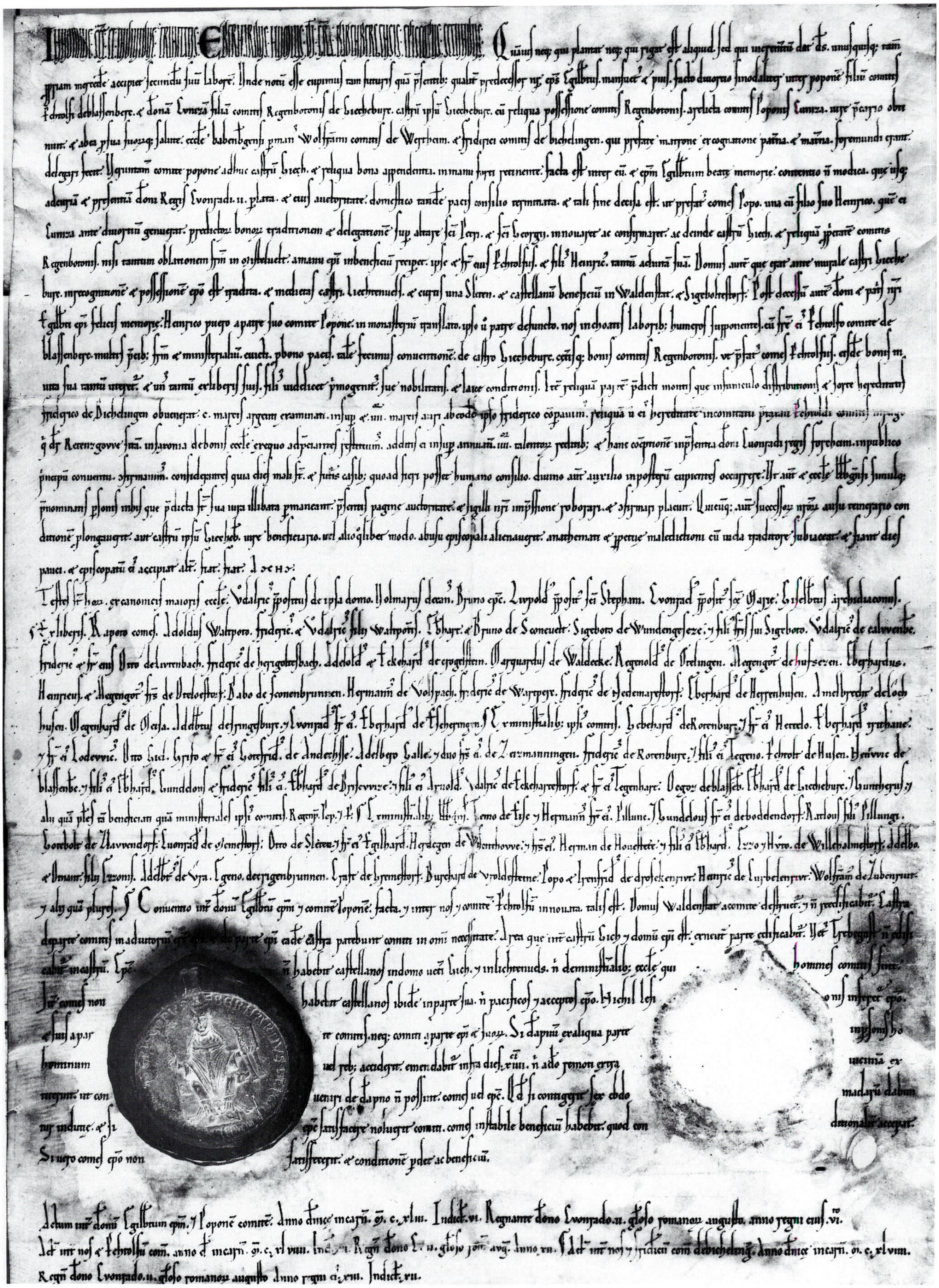

zeigte sich, daß er es auch verstand, das Gut seiner Familie zu mehren.[107] Neuen Besitz konnte er dank einer glücklichen Fügung des Schicksals 1157 erwerben, als die Wolfratshauser Linie ausstarb. Damit war das alte Familiengut im westlichen Alpenvorland wieder in einer Hand vereinigt, und Berthold III. kam mit den im Lauf des 11. Jahrhunderts durch Graf Otto II. erworbenen Besitzungen im Inntal auch zu neuem Einfluß im mittleren Alpenraum.[108]

Als 1158 mit Graf Ekbert III. das Geschlecht der Grafen von Formbach und Pitten ausstarb, gelang es ihm, den größten Teil der Hinterlassenschaft an sich zu bringen. Diese bestand aus den Inngrafschaften Neuburg und Schärding sowie aus der Grafschaft Windberg, die, nördlich der Donau gelegen, im Osten bis an die Ilz reichte und im Westen an die Grafschaft der Bogener grenzte. Zum Formbacher Erbe zählten auch eine Reihe von Burgen und Märkten wie Neuburg, Wernstein und Schärding, dazu Griesbach und Rotthalmünster, der Reichswald östlich des Inns sowie die Vogtei über das Kloster Formbach.[109]

Ansprüche auf diesen Besitz konnte Graf Berthold III. erheben, weil sein Vater nach dem Tod seiner ersten Frau, Sophie von Istrien, die Schwester Ekberts III., Kunigunde, geheiratet hatte, die in der Zwischenzeit allerdings eine neue Ehe eingegangen war.[110] Man wird jedoch bezweifeln dürfen, daß es allein die verwandtschaftlichen Beziehungen zwischen Andechsern und Formbachern waren, die Graf Berthold III. als dem Stiefsohn der Formbacherin Kunigunde das Erbe sicherten. Entscheidend für den Erwerb dieser ostbayerischen Besitzungen, die zu einem großen Teil aus Reichslehen bestanden, dürfte vielmehr gewesen sein, daß Graf Berthold III. seit Jahren schon in Diensten Kaiser Friedrichs I. stand. Er hatte nach dem Tod König Konrads III. an den Gesprächen teilgenommen, die die Bischöfe von Bamberg und Würzburg im Februar 1152 mit Herzog Friedrich von Schwaben, dem späteren Kaiser Friedrich Barbarossa, wegen der demnächst stattfindenden Königswahl führten,[111] und er scheint sich von Anfang 1154 bis Anfang 1158 ständig am Hof Friedrich Barbarossas aufgehalten zu haben.[112] Auch in späteren Jahren war er häufig in der Umgebung des Staufers – oftmals über mehrere Monate hinweg – anzutreffen, ohne daß zu erkennen ist, mit welchen Aufgaben er damals betraut war.[113] In den 50er und Anfang der 60er Jahre scheint auch sein Bruder Otto VI., ein Kleriker, zu den Mitarbeitern des Hofes gezählt haben. Darauf deutet vor allem hin, daß er – neben seinem Kanonikat am Augsburger Dom und der Propstei zu St. Stephan in Bamberg – die zumeist Mitgliedern der Hofgeistlichkeit vorbehaltene Würde eines Propstes am Aachener Marienstift innehatte.[114]

Mitte der 60er Jahre, nach dem Tod Bischof Hartmanns von Brixen im Dezember 1164, wurde Otto VI. zu dessen Nachfolger gewählt. Der genaue Zeitpunkt und die Umstände der Wahl des Andechsers zum Bischof von Brixen sind nicht bekannt. Seinen Aufstieg verdankte er wohl vor allem dem Einfluß des Kaisers, der das an einer der wichtigsten Alpenstraßen gelegene Bistum in zuverlässigen Händen wissen wollte.[115] Otto VI. übernahm damit keine leichte Aufgabe. Sein Vorgänger Hartmann, ein ehemaliger Augustinerchorherr, war ein eifriger Reformbischof gewesen, der großes Ansehen im Episkopat genossen hatte. Seit der unglücklich verlaufenen Papstwahl 1159, aus der zwei Päpste, Alexander III. und Viktor IV., hervorgegangen waren, hatte er im Gegensatz zum Kaiser den von den jüngeren Kardinälen gewählten Alexander III. unterstützt; und wie der Bischof zählte allem Anschein nach auch die Mehrheit des Brixener Klerus zu dessen Anhängern. Doch Hartmann hatte es darüber nicht zum Bruch mit Friedrich Barbarossa kommen lassen; er war vielmehr des öfteren an den Hof gekommen, um, wie es scheint, bei der Beseitigung des kirchlichen Schismas mitzuwirken.[116] Diese vermittelnde Haltung übernahm auch sein Andechser Nachfolger. Da Otto VI. als Anhänger Friedrich Barbarossas die Bischofsweihe nur durch einen auf seiten Papst Viktors IV. stehenden Oberhirten empfangen hätte können, verzichtete er von vornherein darauf,

◁
Kat.Nr. 33
Der sogenannte Giechburg-Vertrag von 1149, der den Einfluß der Andechs-Meranier beschränken sollte, konnte auf Dauer den effizienten Ausbau ihrer Herrschaft in Franken nicht verhindern.

sich nach der Belehnung durch den Kaiser die kirchliche Weihe erteilen zu lassen. Das hatte zur Folge, daß er die geistlichen Funktionen seines Amtes nicht ausüben konnte und deshalb einen Hilfsbischof benötigte. Dies ersparte ihm aber andererseits die Auseinandersetzung mit seinem Klerus.[117] Auf die Verwaltung des Bistums und insbesondere die Ausübung der weltlichen Rechte des Hochstifts hatte die fehlende Bischofsweihe keine Auswirkung. Der neue Brixener Oberhirte nahm seine weltlichen Aufgaben sowohl zum Nutzen des Kaisers als auch zum Vorteil seines Hauses energisch wahr. Im Einverständnis, vielleicht sogar auf ausdrücklichen Wunsch Friedrich Barbarossas belehnte er seinen Bruder, Graf Berthold III., mit den Grafschaftsrechten im Inn- und Pustertal; dazu übertrug er ihm die Vogteien über sein Hochstift sowie über das von seinem Vorgänger Hartmann gegründete Kloster Neustift bei Brixen.[118]

Der Einflußbereich der Andechser war damit noch einmal erheblich ausgeweitet worden: Der Weg vom Süden über das Eisacktal und den Brenner bis weit in das Alpenvorland hinein war nun unter der Kontrolle Graf Bertholds III. Als Folge dieses Machtzuwachses trat bald eine beachtliche Zahl von Angehörigen freier Familien in diesem Gebiet als Ministerialen in andechsische Dienste. Zu ihnen zählten, um nur einige zu nennen, im Inntal die Herren von Freundsberg und Rotenburg, im Wipptal die Familien von Matrei und Stubai, südlich von Brixen die Herren von Säben, Villanders und Gufidaun, im Pustertal schließlich jene von Rischon, Aufhofen und Welsberg.[119]

Die Rechte, die Graf Berthold III. in den späten 60er Jahren durch seinen Bruder nördlich und südlich des Brenners neu hinzugewonnen hatte, blieben bei seinem Haus, auch nachdem Bischof Otto um 1170 aus Gründen, die wir nicht kennen, auf sein Brixener Hochstift verzichtete. Wenige Jahre nach Ottos Rücktritt gründete Berthold sogar in der Nähe von Amras, dem ursprünglichen Herrschaftszentrum der Andechser im Inntal, einen Markt, um so Handel und Verkehr in seinen südlichen Besitzungen zu fördern.[120] Zu diesem Zweck erwarb er zu seinem auf dem nördlichen Ufer des Inns, im Bereich der alten Dorfgemeinde Hötting, gelegenen Grund von den Prämonstratensern in Wilten das auf der gegenüberliegenden Seite des Flusses gelegene Gebiet und ließ beide Plätze durch eine Brücke über den Inn verbinden.[121] Damit waren die Voraussetzungen für das Entstehen eines Handelsplatzes im mittleren Inntal geschaffen, der – nach seiner Inn-

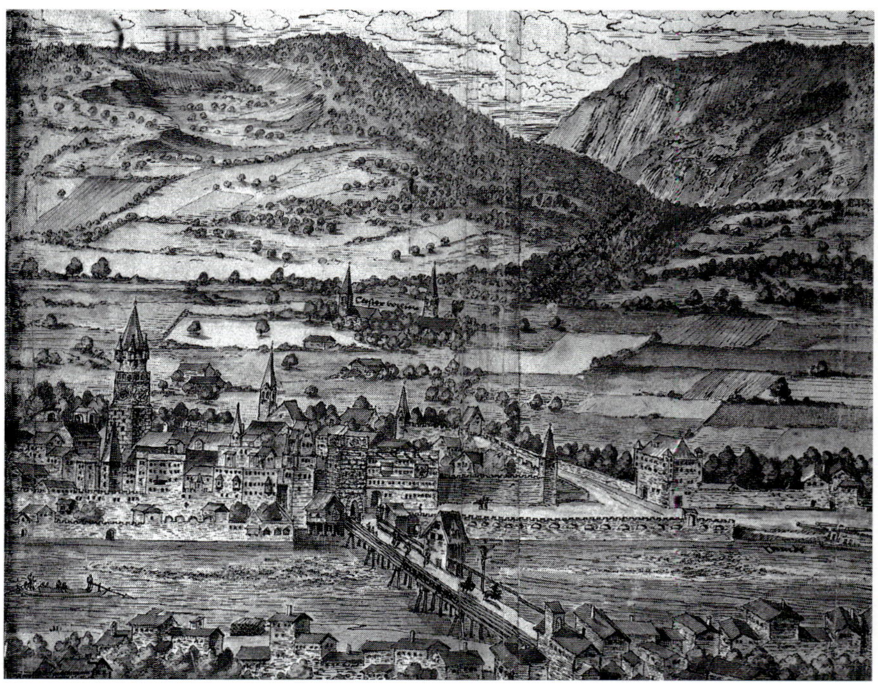

Kat.Nr. 46
Auf dieser ältesten detaillierten Stadtansicht Innsbrucks ist die namengebende Innbrücke abgebildet, über die »die recht Landtstrassen aus dem Reich Teutscher Nation in Ytalia und Venedig« führte.

Kat.Nr. 48
Den »Wiltener Kelch«, eine bedeutende romanische Goldschmiedearbeit, stiftete Markgraf Berthold III. von Andechs um 1180 dem Prämonstratenser-Chorherrenstift Wilten.

brücke benannt – bald große Bedeutung erlangte. Nun konnten Kaufleute, die mit ihren Waren aus dem Süden kamen, den Fluß, der bislang nur durch eine Fähre des Wiltener Klosters passierbar war, bequemer überqueren und ihren Weg nach Norden über den Zirler Berg oder in Richtung auf das untere Inntal fortsetzen. Als der Marktort Innsbruck um das Jahr 1180 entstand, zählte sein Gründer, Berthold III., allerdings nicht mehr zum Grafenstand; er nannte sich um diese Zeit bereits Markgraf von Istrien. Der Andechser hatte diesen Titel vom Kaiser erhalten, nachdem 1173 der bisherige Inhaber der Markgrafschaft, Ulrich III. aus dem Haus der Spanheimer, gestorben war.[122]

Die Andechser als Markgrafen und Herzöge

Die Verleihung der istrischen Markgrafschaft brachte Berthold III. keinen Machtzuwachs. Seine Familie hatte in diesem Landstrich bislang weder Güter besessen noch erwarb sie in Zukunft hier Besitz. Auch von einer Ausübung markgräflicher Rechte in dieser Gegend durch Berthold III. oder seine Nachkommen kann keine Rede sein.[123] Der Vorteil, den der Andechser aus der Belehnung mit der Markgrafschaft zog, bestand allein darin, daß er nun Zutritt zum Kreis der Reichsfürsten erhielt. Dieser »Reichsfürstenstand« hatte sich als eine neue sowohl gesellschaftlich als auch verfassungsrechtlich bedeutsame Gruppe im Lauf des 12. Jahrhunderts herausgebildet. Er umfaßte neben den Reichsbischöfen und Reichsäbten die Herzöge sowie die Inhaber herzoggleicher Herrschaften.[124]

Daß die Andechser jetzt zur Oberschicht des Reichsadels zählten, wurde erneut sichtbar, als Berthold IV., der Sohn Markgraf Bertholds III., Anfang der 80er Jahre vom Kaiser zum Herzog von Meranien erhoben wurde. Meranien bezeichnete damals eine Gegend, die an Istrien grenzend im dalmatinischen Küstengebiet lag. Seit karolingischer Zeit hatten die Kaiser zwar bisweilen die Oberhoheit über das Land am Quarnerogolf beansprucht, eine wirkliche Herrschaftsausübung gab es allerdings nicht. Seit 1153 war der Titel eines Herzogs von Meranien, mit dem weiterhin keine dinglichen Rechte verbunden waren, im Besitz des Wittelsbachers Konrad gewesen, der sich jedoch später zumeist als Herzog von Dachau bezeichnete. So konnte der Titel des Herzogs von Meranien an den Sohn des Markgrafen von Istrien wohl Ende 1180 neu verliehen werden.[125] Den Anlaß für diese Standeserhöhung dürfte die Übertragung des Herzogtums Bayern an Pfalzgraf Otto von Wittelsbach im September 1180 geboten haben.[126] Wie man später im Kloster Zwettl wissen wollte, stieß der Aufstieg des Wittelsbachers zumindest bei einem Teil des bayerischen Adels auf so großen Widerspruch, daß sich Grafen und andere hohe Herren zunächst weigerten, den Wittelsbacher als ihren neuen Herrn anzuerkennen. Trifft diese Nachricht zu, wird man davon ausgehen dürfen, daß die Verleihung des Titels eines Herzogs von Meranien an ein Mitglied der Andechser Familie sicherstellen sollte, daß diese auch in Zukunft den gleichen Rang einnehmen würde wie das Wittelsbacher Geschlecht.[127]

Obwohl Berthold IV. seit den 80er Jahren als Herzog höheren Standes als sein Vater war, vertrat nicht er, sondern weiterhin dieser die Belange des Hauses. Berthold IV. begleitete zwar 1186 König Heinrich VI., den Sohn Kaiser Friedrich Barbarossas, nach Italien, doch blieb er allem Anschein nach ansonsten in den andechsischen Ländern weitgehend im Hintergrund.[128] Da er in diesen Jahren auffallend häufig bei Rechtsgeschäften in Erscheinung trat, die mit dem 1158 gewonnenen Formbacher Erbe des Hauses zusammenhingen, ist zu vermuten, daß ihm bereits zu Lebzeiten des Vaters die Andechser Besitzungen an der Donau und am unteren Inn zur selbständigen Verwaltung übertragen waren.[129] Daneben scheint er sich häufiger auch in Bamberg bei seinem Onkel Otto, dem früheren Bischof von Brixen, aufgehalten zu haben.[130]

Otto VI., der Bruder Markgraf Bertholds III., hatte nach seinem wohl 1170 erfolgten Verzicht auf das Brixener Hochstift im Jahr 1174 das Amt des Bamberger Dompropstes erhalten und war 1177 nach dem Tod Bischof Hermanns II. zu dessen Nachfolger gewählt worden.[131] In den Bamberger Bischofslisten als Otto II. gezählt, hatte er wohl Anfang 1178 von Friedrich Barbarossa die Belehnung mit dem Hochstift erhalten und war am 18. März 1179 von Papst Alexander III., der 1177 mit dem Kaiser in Venedig Frieden geschlossen hatte, während des 3. Laterankonzils zum Bischof geweiht worden.[132] Bischof Otto II. gehörte als Bamberger Oberhirte zu jenen geistlichen Fürsten, deren Sorge gleichermaßen ihrem Hochstift wie den Angelegenheiten des römischen Reichs galt. Seitdem er auf dem fränkischen Bischofsstuhl saß, verging kaum ein Jahr, in dem er nicht einmal, häufig auch öfters, den kaiserlichen Hof aufsuchte, um an den Beratungen

Kat.Nr. 25
Diese nach 1610 in Bamberg entstandene Genealogie der Andechs-Meranier bezieht fälschlicherweise auch Bischof Otto I. den Heiligen von Bamberg als Mitglied der Familie ein.

und Entscheidungen der Reichsfürsten teilzunehmen. Seit den 80er Jahren scheint er darüber hinaus eine wichtige Rolle in den Beziehungen des Kaisers zu den italienischen Kommunen sowie insbesondere zur Kurie gespielt zu haben. Vielleicht auch aus diesem Grund nahm er im April 1191 an der Kaiserkrönung Heinrichs VI. in Rom teil.[133]

Als Bamberger Bischof trug er dafür Sorge, daß die Burgen seines Hochstifts nicht als Lehen weggegeben und seiner Kirche entfremdet wurden. Vor allem aber erwarb er sich Verdienste um die Kolonisation und Kultivierung des Frankenwalds, indem er den Klöstern Langheim, Prüfening und Ensdorf Waldgebiete mit der Auflage zuwies, diese zu roden und dort Kirchen zu errichten.[134] Daneben gelang es ihm, zusammen mit dem Abt des Klosters Michelsberg, bei Papst Klemens III. im Jahr 1189 die Heiligsprechung seines Vorgängers, des 1139 verstorbenen und auf dem Michelsberg begrabenen Bischofs Otto I., zu erreichen. Auf seinen Entschluß ging außerdem die Gründung des Spitals am Pyhrn in Österreich zurück.[135]

Als Kaiser Heinrich VI. auf einem Reichstag in Würzburg im April 1196 die Reichsfürsten für seinen Plan, das römische Reich in eine erbliche Monarchie umzuwandeln, zu gewinnen suchte, gab auch Bischof Otto II. seine Zustimmung.[136] Wenige Wochen nach diesem Ereignis, am 2. Mai 1196, starb er. Im Georgschor seines Domes, der im Sommer 1185 abgebrannt und seitdem wohl erst wieder notdürftig hergestellt war, fand er sein Grab.[137]

Beim Tod Bischof Ottos II. scheint von seinen Geschwistern niemand mehr am Leben gewesen zu sein. Auch sein Bruder, Markgraf Berthold III., war vor ihm, am 14. Dezember 1188, gestorben und in der Klosterkirche in Dießen bestattet worden.[138] Seitdem stand Herzog Berthold IV. von Meranien an der Spitze des Hauses Andechs. Wie sein Vater und sein Onkel gehörte er zu jenen Reichsfürsten, die Zeit ihres Lebens eng der staufischen Sache verbunden waren. So trat er 1189 im Heer Friedrich Barbarossas den Kreuzzug an, zu dem er sich mit vielen anderen Fürsten im Vorjahr verpflichtet hatte.[139] Von Regensburg aus ging die Reise am 11. Mai donauabwärts über Passau und Wien nach Ungarn, wo man freundlich aufgenommen wurde. Nachdem man die Drau und Save unter Schwierigkeiten überquert hatte, wurde das Fest Peter und Paul am 29. Juni in Belgrad gefeiert. Vier Wochen später, am 27. Juli, trafen die Kreuzfahrer in Nis ein, wo sie vom Serbenfürsten, dem Großzupan Stephan Neamanja, festlich empfangen wurden. Dort schloß Herzog Berthold IV. mit dem serbischen Herrscher einen Vertrag ab, wonach eine seiner Töchter – ihren Namen kennen wir nicht – Tohu, den Sohn des Großzupans, heiraten sollte. Ob dieses Abkommen jemals erfüllt wurde, ist mehr als fraglich. In Nis wurde auch, bevor man wenige Tage später in Richtung Sofia aufbrach, das Heer des Kaisers in vier Gruppen aufgeteilt, von denen eine unter den Befehl Herzog Bertholds IV. gestellt wurde. Nun folgten Monate, in denen die Kreuzfahrer mit Byzantinern und Türken zu kämpfen hatten, in denen Verhandlungen mit den Serben und dem griechischen Kaiserhof geführt wurden – Ereignisse, an denen häufig genug der Andechser führend beteiligt war.[140] Nach dem Sieg des kaiserlichen Heers über die Türken bei Ikonium in Kleinasien am 18. Mai 1190 schien sich ein Ende der Strapazen abzuzeichnen. Doch wenige Wochen später traf die Kreuzfahrer ein schwerer Schlag: Als der Kaiser am 10. Juni 1190 den Fluß Saleph südlich des Taurusgebirges durchschwimmen wollte, ertrank er vor den Augen seiner Begleiter.[141] Die meisten Teilnehmer traten nun die Heimreise an, nur ein kleiner Rest – unter ihnen auch Herzog Berthold IV. – setzte den Kreuzzug fort. Am 7. Oktober 1190 kamen sie schließlich vor Akkon an, wo sie auf ihre Landsleute trafen, die auf dem Seeweg nach Palästina gereist waren.[142] Wie lange der Herzog von Meranien im Heiligen Land blieb und was er dort im einzelnen tat, ist nicht bekannt. Spätestens im Frühjahr 1191, während die christlichen Truppen, insbesondere die französischen und englischen Ritter, die von den Muslimen gehaltene Befestigung Akkon belagerten, scheint er auf dem Seeweg nach Europa zurückgekehrt zu sein. Nachdem er sich am 17. Juni 1191 im Lager Kaiser Heinrichs VI. vor Neapel aufhielt, dürfte er kurze Zeit später von Unteritalien aus die Heimreise angetreten haben.[143]

Über Herzog Bertholds IV. Tätigkeit in den nächsten Jahren sind wir nur unzureichend unterrichtet. Fest steht, daß er häufig auf den Reichstagen Kaiser Heinrichs VI. erschien und mit Herzog Leopold VI. von Österreich in freundschaftlichen Beziehungen stand. In erheblichem Maß dürfte ihn die Verwaltung seiner ausgedehnten Besitzungen in Anspruch genommen haben, selbst als Schiedsrichter in istrischen Streitigkeiten – zwischen dem Bischof und der Stadt Parenzo – wurde er in jenen Jahren tätig.[144]

Als am 6. Dezember 1195 auf einem Reichstag in Worms der Kardinallegat Petrus von Santa Cecilia zu einem neuen Kreuzzug aufrief, verpflichtete sich auch der Herzog zusammen mit seinem Sohn Otto VII. zur Teilnahme.[145] Allerdings löste er sein Versprechen nicht ein. Vielleicht war eine gewisse Entfremdung zwischen ihm und dem Kaiser eingetreten, nachdem er dem von ihm zunächst befürworteten »Erbreichsplan« des Staufers seit dem Sommer 1196 allem Anschein nach ablehnend gegenüberstand. Der unerwartete Tod des Kaisers im September 1197 könnte ein anderer Grund gewesen sein.[146] Als jedoch wenige Monate nach Heinrichs VI. Tod zwei Könige – Philipp von Schwaben, der Bruder des Verstorbenen, und Otto IV., der Sohn Heinrichs des Löwen – um die Macht in Deutschland kämpften, fand sich Herzog Berthold IV. wieder im Kreis der staufischen Anhänger ein.[147] Spätestens seit dem Frühjahr 1199 besuchte er die Reichstage König Philipps von Schwaben. Sein Name fand sich auch unter den Absendern jenes Schreibens, mit dem die staufische Partei im gleichen Jahr Papst Innozenz III. die Wahl Philipps anzeigte.[148] Dazu zählte er nach einem allerdings nicht in die Tat umgesetzten Plan des Mainzer Erzbischofs vom folgenden Jahr zu jenen Fürsten, die als Schiedsrichter den Streit der beiden Könige entscheiden sollten.[149]

Es besteht kein Zweifel, daß das Ansehen des Hauses Andechs noch nie so groß war wie unter Herzog Berthold IV. Wurden in früheren Zeiten die Frauen der Andechser zumeist mit deutschen Grafen verheiratet, so gingen jetzt die Töchter des Herzogs von Meranien an ausländische Höfe. Hedwig, die ihre Kindheit im Kloster in Kitzingen verbracht hatte, in dem später ihre Schwester Mechthild Äbtissin wurde, heiratete mit Herzog Heinrich I. von Schlesien einen Piastenfürsten.[150] Ihre Schwester Agnes schloß 1196 die Ehe mit König Philipp II. von Frankreich, der zuvor vergeblich an anderen Höfen geworben hatte. Diese Verbindung stellte ein Wagnis dar, da der König seit 1193 mit Ingeborg von Dänemark verheiratet war. Von dieser hatte er sich zwar scheiden lassen, doch war es ihm nicht gelungen, die Zustimmung der Kurie zu dem von französischen Prälaten ausgesprochenen Scheidungsurteil zu erlangen.[151] So zwang Papst Innozenz III. den König im Jahr 1200, sich von Agnes, die ihm inzwischen bereits eine Tochter Maria geboren hatte, zu trennen und sich dem Spruch eines päpstlichen Tribunals in seiner Eheangelegenheit zu unterwerfen. Als im Frühjahr 1201 das Gericht zusammentrat und ein Urteil zugunsten Ingeborgs von Dänemark zu erwarten war, verließ Philipp II. kurzerhand die Versammlung, noch ehe die beiden nach Frankreich entsandten Kardinallegaten ihre Entscheidung verkündet hatten. Mit dem Tod Agnes' im Juli 1201 nach der Geburt ihres Sohnes Philipp, nahm die Auseinandersetzung mit der Kurie ein Ende. Der König ließ Agnes ehrenvoll in Saint-Corentin in der Diözese Chartres begraben, wo er auch ein Kloster gründete. Bei den Mönchen in Saint Denis, in der alten Königsabtei im Norden von Paris, trug man ihren Namen in das klösterliche Nekrolog ein. Dort wurde später auch ihrer Eltern, Herzog Bertholds IV. und seiner Frau Agnes, sowie ihrer Schwester Gertrud gedacht.[152]

Gertrud heiratete um die Jahrhundertwende den ungarischen Prinzen Andreas, der sich 1203 gegen seinen Bruder, König Emmerich von Ungarn, auflehnte. Die Gefangennahme des Aufständischen hatte zur Folge, daß Gertrud zu ihrem Vater zurückgeschickt wurde. Doch konnte sie, nachdem Andreas im folgenden Jahr von seinen Anhängern aus der Gefangenschaft befreit wurde, zu diesem zurückkehren. Die Krönung ihres Mannes zum König zu Pfingsten 1205 verschaffte ihr schließlich die Möglichkeit, über Jahre hinweg entscheidenden Einfluß auf die Gestaltung der ungarischen Politik zu nehmen. Ihre Brüder sollten ihr das in späteren Jahren zu danken wissen.[153]

Von den Söhnen Herzog Bertholds IV. erbten dagegen Otto VII. und Heinrich IV. den Besitz und die Herrschaftsrechte der Familie, während Ekbert und Berthold die geistliche Laufbahn einschlugen. Otto VII. – allem Anschein nach der älteste der Söhne – erhielt nach dem Tod des Vaters den Herzogtitel und die fränkischen Besitzungen, dazu die Grafschaft Windberg, die er jedoch bereits 1207 an den Bischof von Passau für 1000 Mark Silber verkaufte.[154] Heinrich IV. bekam die Markgrafenwürde und die südlich der Donau gelegenen Besitzungen.[155] Ihr Bruder Ekbert war noch zu Lebzeiten des Vaters, Anfang 1203, zum Bischof von Bamberg ge-

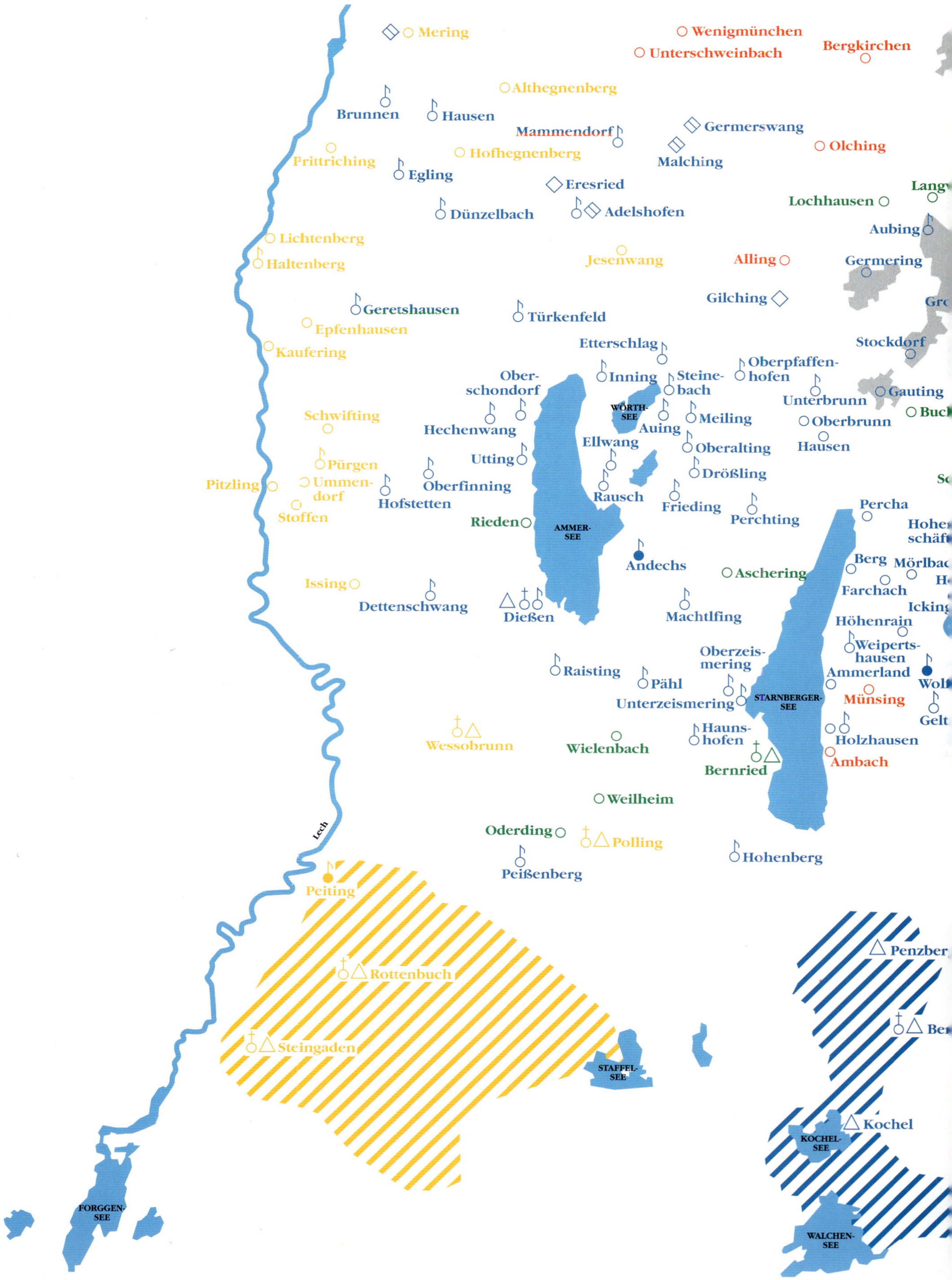
Mering
Wenigmünchen
Unterschweinbach
Bergkirchen
Althegnenberg
Brunnen
Hausen
Mammendorf
Germerswang
Olching
Prittriching
Hofhegnenberg
Malching
Egling
Eresried
Lochhausen
Dünzelbach
Adelshofen
Aubing
Lichtenberg
Haltenberg
Jesenwang
Alling
Germering
Gilching
Geretshausen
Türkenfeld
Epfenhausen
Etterschlag
Stockdorf
Kaufering
Ober-
schondorf
Inning
Steine-
bach
Oberpfaffen-
hofen
Unterbrunn
Gauting
WÖRTH-
SEE
Schwifting
Hechenwang
Auing
Meiling
Oberbrunn
Ellwang
Oberalting
Hausen
Utting
Pürgen
Ummen-
dorf
Oberfinning
Drößling
Pitzling
Hofstetten
Rausch
Frieding
Stoffen
Perchting
Percha
Rieden
AMMER-
SEE
Andechs
Berg
Aschering
Farchach
Issing
Dettenschwang
Dießen
Machtlfing
Höhenrain
Weiperts-
hausen
Oberzeis-
mering
Ammerland
Raisting
Pähl
Unterzeismering
STARNBERGER-
SEE
Münsing
Hauns-
hofen
Holzhausen
Wessobrunn
Wielenbach
Bernried
Ambach
Weilheim
Oderding
Polling
Hohenberg
Lech
Peißenberg
Peiting
Penzber
Rottenbuch
Steingaden
STAFFEL-
SEE
Kochel
KOCHEL-
SEE
FORGGEN-
SEE
WALCHEN-
SEE

Die Herrschaftsgrundlagen der Andechser in Oberbayern im Vergleich zu Wittelsbacher, Freisinger und welfischem Besitz

- wichtiger Vogteiort
- Kloster
- „in comitatu“ - Erwähnung
- Gerichtsort
- Ministerialensitz
- Hauptburg
- geschlossene Besitzfläche eines bevogteten Klosters

- Andechser
- Wittelsbacher
- Welfen
- Freisinger Besitz unter Wittelsbacher Vogtei

10 km

wählt worden. Er dürfte das Bistum wohl auf Verwendung König Philipps von Schwaben erhalten haben, der sich Ende Februar 1203 in Bamberg aufhielt. Obwohl Ekbert zum Zeitpunkt seiner Wahl noch nicht 30 Jahre alt war, wurde er von Papst Innozenz III. als Bamberger Oberhirte anerkannt und zum Bischof geweiht.[156] Ekberts Erhebung kam auch dem jüngeren Bruder Berthold zugute, der vermutlich auf seine Veranlassung hin in Bamberg eine kirchliche Pfründe erhielt, ehe er wenige Jahre später zunächst in Ungarn, dann in Oberitalien eine glänzende kirchliche Laufbahn einschlug.[157]

Als Papst Innozenz III. Ekbert das Bistum Bamberg verlieh, mochte er gehofft haben, zum Dank für sein Entgegenkommen die Unterstützung der Andechser Familie für König Otto IV. zu erhalten. Jedenfalls richtete er am 13. Dezember 1203 an die Anhänger des staufischen Königs – darunter auch an Herzog Berthold IV. von Meranien – die dringende Aufforderung, sich von Philipp von Schwaben zu trennen und König Otto IV. anzuerkennen. Herzog Berthold IV. kam dem Wunsch des Papstes nicht nach, sondern blieb bis zu seinem Tod im August 1204 auf seiten des Staufers.[158]

Der Königsmord in Bamberg

Als Herzog Berthold IV. starb, war der Kampf um den römischen Königsthron zwischen dem Staufer Philipp von Schwaben und dem Welfen Otto zwar noch nicht entschieden, aber die Zeichen mehrten sich, daß das Kriegsglück sich Philipp von Schwaben, dem Bruder des verstorbenen Kaisers, zuneigen würde. Im Herbst 1204 wurde Landgraf Hermann von Thüringen unterworfen; König Ottokar I. von Böhmen trat wieder auf die Seite Philipps, und auch bei den niederrheinischen Fürsten fand der Staufer jetzt Anerkennung. Im Sommer des Jahres 1206 zog Philipp schließlich von Nürnberg aus an den Niederrhein, traf am 27. Juli bei Wassenberg nördlich von Aachen auf Otto und brachte ihm eine vernichtende Niederlage bei. Der schwer verwundete Welfe entkam nur mit Mühe nach Köln. Von dort aus sammelte er sein Heer, um noch einmal dem siegreichen Staufer entgegenzutreten. Doch als sich die Kölner, seine getreuen Bundesgenossen, König Philipp unterwarfen, eilte er zurück nach Sachsen, das er – von einem kurzen Besuch bei seinem Onkel, König Johann von England, abgesehen – für nahezu zwei Jahre nicht mehr verlassen sollte.[159]

Auch Innozenz III. waren diese Vorgänge nicht verborgen geblieben; der Papst hielt nun nicht länger an seinem Grundsatz fest, den Staufer unter keinen Umständen anzuerkennen. Im Frühjahr 1208 wurde daher ein Kompromiß ausgehandelt, der Otto den Verzicht auf die Krone nicht allzu schwer machte, der aber auch Innozenz III. das Gesicht wahren ließ. In den ersten Sommertagen sollte Philipp von Schwaben als König anerkannt und die Wahl seines Gegners für ungültig erklärt werden. Der Kardinalbischof Hugo von Ostia und Velletri sowie der Kardinalpriester Leo von Santa Croce wurden beauftragt, in Deutschland die Anerkennung Philipps durch den Papst verkünden.[160]

Zu Philipps Erfolg hatten auch die Andechser durch ihre unverbrüchliche Treue und Anhängerschaft beigetragen. Sie wurden jetzt dafür belohnt. Mit der Heirat von Kaiser Friedrich I. und Beatrix, der Tochter des Grafen Rainald von Burgund, waren die Staufer seit 1156 auch Herren in einem Gebiet, das durch die obere Saône im Westen und die Ausläufer der südlichen Vogesen sowie den Sundgau im Norden begrenzt wurde, während sich im Osten die Schweizer Juraberge und im Süden die Grafschaft Savoyen anschlossen.[161] Die Grafschaft Burgund, die Kaiser Friedrich Barbarossa 1189 zur Pfalz- oder Freigrafschaft erhoben hatte, erhielt Otto, der jüngere Bruder Kaiser Heinrichs VI. Als Otto im Januar 1200 starb, hinterließ er zwei unmündige Töchter: Johanna, die schon 1205 starb, und Beatrix. Ottos Witwe Margarete, eine Tochter des Grafen von Blois, war zwar nach dem Tod ihres Mannes durch König Philipp mit der Freigraf-

Kat.Nr. 44
Die von Hartmann Schedel 1487/93 angelegte Weltchronik bildet die damals bekanntesten mitteleuropäischen Städte in Holzschnitten ab. Auch eine Stadtansicht von Bamberg ist darin aufgenommen.

schaft belehnt worden; aber es lag auf der Hand, daß ihre Tochter Beatrix sich mit einem Mann verehelichen müßte, der in der Lage wäre, die Regierung zu übernehmen und für die Sicherheit in dem keineswegs friedfertigen Land zu sorgen. Beatrix mit einem ihrer staufischen Verwandten zu verheiraten und die Pfalzgrafschaft Burgund damit dem eigenen Haus zu erhalten, ging nicht an, da König Philipp nur Töchter hatte und auch Friedrich, der 1194 geborene Sohn seines Bruders, Kaiser Heinrichs VI., wegen zu naher Verwandtschaft mit der burgundischen Erbtochter ausschied, entferntere Verwandte aber fehlten.[162] Für Beatrix kam daher nur eine Verheiratung mit einem der staufischen Parteigänger in Frage. Zu den treuesten Anhängern der Staufer zählten zweifellos die Andechser; so fiel die Wahl König Philipps auf Herzog Otto VII. von Meranien, den ältesten Sohn des verstorbenen Herzogs Berthold IV.

Seit wann man sich mit dem Gedanken einer staufisch-andechsischen Verbindung trug, ist nicht bekannt. Die abschließenden Verhandlungen mit der Festsetzung der Mitgift dürften spätestens im Februar 1208, als sich Herzog Otto VII. und Bischof Ekbert bei König Philipp in Straßburg aufhielten, geführt worden sein.[163] An den Hochzeitsfeierlichkeiten seiner Nichte mit dem meranischen Herzog am 21. Juni 1208 nahm auch König Philipp teil. Die Anwesenheit des Königs verlieh dem Fest zusätzlichen Glanz. Zugleich aber sollte sich mit diesem Tag das Schicksal des Hauses Andechs grundlegend wenden: König Philipp fiel im Palast seines bischöflichen Verwandten, Ekberts von Andechs, einem Anschlag zum Opfer.[164]

Das Gerücht von der Ermordung des Königs verbreitete sich mit Windeseile im ganzen Land und war eine Woche später schon über die Alpen gelangt. Der Kardinalbischof Hugo von Ostia und Velletri, der sich bereits auf dem Weg nach Deutschland befand, um im Namen des Papstes mit dem Staufer Frieden zu schließen, erhielt die Nachricht von Philipps Ermordung am 28. Juni in Mantua; er reiste nach Verona weiter, wo er Näheres von einem Boten erfuhr, der vom Ort des Geschehens kam. Dessen Bericht stimmte weitgehend mit dem überein, was das Domkapitel von Trient dem Kardinallegaten bereits brieflich mitgeteilt hatte. Danach soll an jenem Unglückstag Pfalzgraf Otto von Wittelsbach zusammen mit Markgraf Heinrich von Istrien in den Palast gegangen sein, in dem der König sich aufhielt. Nachdem der Wittelsbacher an die Tür des Gemachs geklopft hatte, in dem der König ruhte, wurde er eingelassen, weil man glaubte, er werde den König wie üblich mit Scherz und Spiel unterhalten. Aber nichts dergleichen geschah; der Wittelsbacher zog vielmehr sein Schwert, stürzte sich auf den König und durchbohrte ihn. Der Truchseß

Posseck
Steinberg
Coburg
Kronach
Leutendorf
Bischwind
Schwürbitz
Main
Schönsreuth
Hochstadt
Weidnitz
Burgkunstadt
Lichtenfels
Trieb
Wolfsloch
Kloster Banz
Mistelfeld
Unnersdorf
Altenkunstadt
Schönbrunn
Kloster Langheim
Burghaig
Isling
Döringstadt
Weismain
Oberlangheim
Niesten
Oberküps
Arnstein
Hutschdorf
Weiden
Wattendorf
Rattelsdorf
Kirchschletten
Zapfen-dorf
Menchau
Schweisdorf
Ehrl
Baunach
Leimershof
Scheßlitz
Würgau
Giech-burg
Zeckendorf
Köttensdorf
Ludwag
Kremmel-dorf
Weichendorf
Oberhaid
Pünzen-dorf
Neudorf
Main
Hallstadt
Memmelsdorf
Litzendorf
Zelle St. Getreu
Bamberg
Hauptsmoor
Regnitz
Streitberg

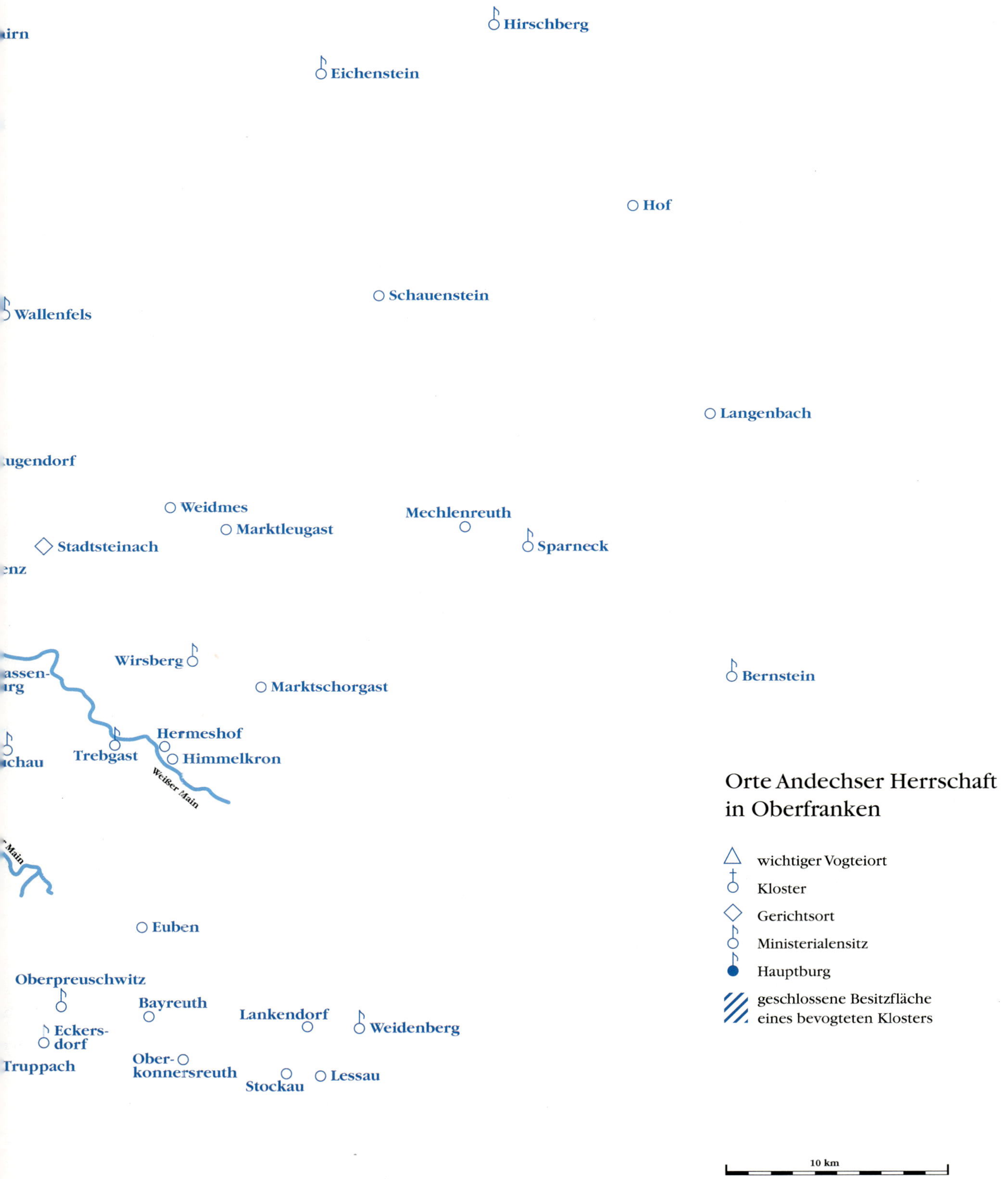
Hirschberg
Eichenstein
Hof
Schauenstein
Wallenfels
Langenbach
Weidmes
Mechlenreuth
Marktleugast
Stadtsteinach
Sparneck
Wirsberg
Marktschorgast
Bernstein
Hermeshof
Trebgast
Himmelkron
Weißer Main
Euben
Oberpreuschwitz
Bayreuth
Lankendorf
Weidenberg
Eckers-
dorf
Truppach
Ober-
konnersreuth
Stockau
Lessau
Orte Andechser Herrschaft
in Oberfranken
wichtiger Vogteiort
Kloster
Gerichtsort
Ministerialensitz
Hauptburg
geschlossene Besitzfläche
eines bevogteten Klosters
10 km

Heinrich von Waldburg wollte das Verbrechen verhindern, aber auch er habe eine tödliche Wunde erhalten. Das waren die Worte des Boten aus Bamberg. Der Kardinalbischof sah keinen Anlaß mehr, seine Reise nach Deutschland fortzusetzen und kehrte nach Rom zurück.[165] Alle Hoffnungen, die die staufischen Parteigänger in den letzten Jahren gehegt hatten, waren mit einem Schlag vernichtet.

Dem Mörder des Königs, Pfalzgraf Otto von Wittelsbach, glückte die Flucht. Sein Verbrechen, das er wohl deshalb begangen hatte, weil der König ihm eine seiner Töchter zur Frau versprochen, dies aber nicht eingehalten hatte, blieb vorerst ungesühnt. Otto wurde erst im folgenden Jahr durch den Reichsmarschall Heinrich von Kalentin gefangen und auf der Stelle getötet.[166] Aber nicht nur gegen den Wittelsbacher richtete sich die Wut der Anhänger des Toten; auch Bischof Ekbert, in dessen Palast der König ermordet worden war, und sein Bruder, Markgraf Heinrich von Istrien, der vielleicht mit der Sorge um die Sicherheit des Königs betraut gewesen war, gerieten in den Verdacht, am Tod Philipps von Schwaben mitschuldig zu sein. Mochten sie am Anschlag auch nicht persönlich beteiligt gewesen sein, so konnten sie von ihm gewußt und ihn gebilligt haben. Da sie in der Stadt ihres Lebens nicht mehr sicher waren, beschlossen sie zu fliehen.[167]

Der frühere Gegner des Ermordeten, König Otto, dürfte die Nachricht vom Tod Philipps in den ersten Julitagen erhalten haben; hatte es bislang den Anschein gehabt, als wären die Tage seines Königtums gezählt, so wendete sich jetzt seine Lage. Mit dem Erzbischof von Magdeburg, der in den vergangenen Monaten den staufischen Hof aufgesucht hatte, konnte er ein Abkommen schließen, Ende September auch mit den bislang auf der Seite Philipps stehenden sächsischen Fürsten. Am 11. November fand Otto auf einem Reichstag in Frankfurt allgemein Anerkennung.[168]

Der König verhängte über den Mörder Philipps die Reichsacht. Aber auch gegen Bischof Ekbert und Markgraf Heinrich wurde vorgegangen. Es war – der Papst hielt es König Otto später ausdrücklich vor – ein ungesetzliches Verfahren, bei dem den Beschuldigten keinerlei Möglichkeit zur Verteidigung oder zur Darlegung ihrer Unschuld gegeben wurde. Am Ende stand, wie nicht anders zu erwarten, ebenfalls die Reichsacht. Die Strafe für die Verurteilten war schwer: Ihre Reichslehen fielen an den König zurück, und sie verloren jeglichen Besitz, alle Rechte, Würden und Einkünfte; auch diese standen dem Herkommen gemäß dem König zu. Ekbert und Heinrich waren somit fried- und rechtslos.[169]

Die treibende Kraft hinter diesen Vorgängen war Herzog Ludwig von Bayern, auch er bislang ein entschiedener Anhänger König Philipps von Schwaben. Der wittelsbachische Herzog hatte in den zurückliegenden Jahren allen Grund gehabt, den staufischen König zu unterstützen. Das bayerische Herzogtum, das er als Sohn Herzog Ottos I. von Wittelsbach besaß, war dem Vater König Ottos, Herzog Heinrich dem Löwen, durch Kaiser Friedrich I. aberkannt worden; ein siegreicher Welfe hätte diese Entscheidung von 1180 wieder rückgängig machen können.[170] Ludwig von Bayern war sich dieser Gefahr bewußt und versuchte deshalb, die Freundschaft des neuen Königs zu gewinnen. Seine Hoffnungen gingen in Erfüllung, denn König Otto bestätigte ihm noch in Frankfurt den erblichen Besitz seines bayerischen Herzogtums. Der Welfe kam aber Ludwig noch weiter entgegen. Der wittelsbachische Familienbesitz wurde durch den Königsmord in Bamberg nicht gemindert; so erhielt Ludwig zur herzoglichen Würde die Lehen zugesprochen, die sein Verwandter Otto durch das Verbrechen an Philipp eigentlich verwirkt hatte.[171]

Aber nicht nur das Gut des Königsmörders war ihm zugedacht; auch die Lehen des Markgrafen von Istrien bekam er zugesprochen. In gleicher Weise wurde über das Eigengut des geächteten Andechsers verfügt. In Dießen übernahm ein herzloglicher Beamter die Verwaltung; der Graf von Valley, mit den Wittelsbachern verwandt, suchte in Ludwigs Auftrag die Tegernseer Besitzungen heim; und ähnlich dürfte man mit dem übrigen

Gut der Andechser verfahren sein, soweit es an den Markgrafen vererbt worden war und in Altbayern lag. Nichts deutet darauf hin, daß Herzog Ludwig bei seinem Vorgehen gegen die Andechser nennenswerter Widerstand geleistet worden wäre. Allerdings konnte Ludwig nicht alle seine Erwerbungen behalten. Die Markgrafschaft Istrien mußte er bereits im Januar 1209 zurückgeben, da Wolfger, der Patriarch von Aquileja, sie – gestützt auf ältere Rechtstitel – vom König für seine Kirche einforderte.[172] Auch die Andechser Besitzungen im Inntal scheinen dem Zugriff des Herzogs nur teilweise offengestanden zu haben.[173] Trotzdem war der Gewinn, den man aus König Philipps Ermordung zog, beträchtlich: Alles, was an Andechser Gütern außerhalb des Gebirges auf altbayerischem Gebiet lag, gehörte jetzt dem wittelsbachischen Herzog.

Der Kampf der Andechser um ihre Rehabilitierung

Bischof Ekbert und sein Bruder Heinrich dürften sich in jenen Monaten, in denen ihr altbayerischer Besitz verwüstet und beschlagnahmt wurde, bei ihrer Schwester Gertrud in Ungarn aufgehalten haben.[174] König Andreas von Ungarn wandte sich noch im Herbst 1208 an Papst Innozenz III., um Bischof Ekbert die Möglichkeit zu verschaffen, in einem ordentlichen Verfahren vor einem päpstlichen Gericht seine Unschuld zu beweisen. Ein Freispruch des Bischofs aber hätte über kurz oder lang wohl auch zur Wiederherstellung der Rechte seines Bruders Heinrich geführt. Zunächst schien es, als würde sich die Sache der vertriebenen Andechser gut entwikkeln. Mitte Januar erhielten die beiden Legaten, die Innozenz III. zu König Otto sandte, um mit ihm über die Verleihung der Kaiserkrone durch den Papst zu verhandeln – es waren die gleichen Kardinäle, die bereits im Vorjahr auf dem Weg nach Deutschland gewesen waren, um König Philipps Anerkennung bekanntzugeben –, den Auftrag, eine gerichtliche Untersuchung im Hinblick auf eine etwaige Mitschuld Bischof Ekberts am Tod Philipps anzustellen. Dazu ließ der Papst den König von Ungarn wenige Tage später wissen, er sei bereit, wenn Ekbert dies wünsche, das Verfahren an der Kurie anhängig zu machen. Dies läßt erkennen, daß der Papst willens war, eine unparteiische Untersuchung anzustellen.[175] Dem stand aber entgegen, daß einflußreiche Kreise in Deutschland – an erster Stelle wohl wieder Herzog Ludwig von Bayern – die Eröffnung eines ordnungsgemäßen Verfahrens mit allen Mitteln verhindern wollten. So legten sie, kaum hatten die Legaten einen Prozeß gegen den Bamberger Bischof in die Wege geleitet, Berufung bei Innozenz III. ein: nicht um die Entscheidung der Streitfrage in die Hände des Papstes zu legen, sondern um das Verfahren zu verzögern bzw. auf unbestimmte Zeit zu verschieben.

Diese Absicht trat ganz deutlich hervor, als König Otto im Sommer 1209 nach Rom aufbrach, um am 4. Oktober die Kaiserkrone zu empfangen. Die Untersuchung an der Kurie war bereits in Anwesenheit Bischof Ekberts und wohl auch Markgraf Heinrichs eröffnet worden, und es bedurfte jetzt nur mehr der Aussagen jener Fürsten, die auf eine Verurteilung der beiden Andechser im Vorjahr gedrängt hatten. Diese befanden sich, wie Innozenz III. wenige Wochen später ausdrücklich bemerkte, im Gefolge des welfischen Herrschers, weigerten sich jedoch, vor dem päpstlichen Gericht zu erscheinen.[176] Somit war offenkundig, daß es den Gegnern Ekberts und Heinrichs nicht um eine gerechte Strafe für den Königsmord ging. Auch Innozenz III. hat das zweifellos so gesehen; und vielleicht war er schon damals davon überzeugt, daß Ekbert keine Schuld an König Philipps Tod traf. Denn nun erhielten der Erzbischof von Mainz, der Bischof von Würzburg und der Abt von Fulda den Befehl, alle von Ekberts Gegnern beschlagnahmten Güter – gleich ob diese dem Bamberger Hochstift oder dem Bischof persönlich gehörten – an diesen zurückzugeben. Er hätte auch noch, wie er dem neuen Kaiser Otto IV. schrieb, weitergehen können, hätte die förmliche Wiedereinsetzung des Bischofs in seine früheren Ämter und Würden verlangen oder selbst vornehmen können. Aber dazu wollte er sich mit Rücksicht auf die welfischen Anhänger des Kaisers nicht entschließen. So erhielt der Mainzer Erzbischof nur den Auftrag, erneut eine Untersuchung einzuleiten. Auch dieses Verfahren nahm den gleichen Verlauf wie das zu Beginn des Jahres eröffnete. Für die beiden Andechser hatte das zur Folge, daß sie sich weiterhin in der Fremde aufhalten mußten.[177]

Erst ein politisches Zerwürfnis brachte eine Änderung. Das Wohlwollen, das Innozenz III. dem welfischen Herrscher entgegengebracht hatte, war nicht von langer Dauer. Im Besitz der Kaiserkrone schickte sich Otto an, alte Ansprüche auf das unteritalienische Königreich zu erheben und die vermeintlichen Rechte der kaiserlichen Krone sogar mit Waffengewalt durchzusetzen. Innozenz III. verhängte daraufhin den Kirchenbann über den Kaiser und beschloß, den Staufer Friedrich II., den jugendlichen Sohn Kaiser Heinrichs VI. und Neffen König Philipps von Schwaben, der das Königreich Sizilien geerbt hatte, als Gegenkönig nach Deutschland zu schicken. Gelder mußten bereitgestellt, Freunde geworben werden, was auch der Sache Ekberts dienen sollte. Im Juni 1211 trafen sich auf Anraten des Papstes der Mainzer Erzbischof, der Landgraf von Thüringen und der böhmische König in Bamberg, um über die Wahl des Staufers Friedrich zu beratschlagen. Es war das Treffen dreier Verschwörer, die gut daran taten, ihre Absichten vor der Öffentlichkeit zu verbergen. So gab man vor, das Verfahren gegen Bischof Ekbert zu Ende führen zu wollen. Das Vorgehen gegen Ekbert aus dem Jahr 1209 wurde für ungerechtfertigt erklärt und der Bischof wieder in seine früheren Rechte eingesetzt. Drei Jahre waren seit dem Mord an König Philipp von Schwaben vergangen, bis Bischof Ekberts Unschuld rechtskräftig festgestellt worden war; und auch das hatte er letztlich nur dem Umstand zu verdanken, daß man auf seine Mitwirkung bei dem geplanten Staatsstreich hoffte.[178] Viel schlechter waren demgegenüber die Möglichkeiten, die Markgraf Heinrich IV. von Istrien hatte. Auch er hatte sich nach König Philipps Ermordung in Sicherheit bringen können. Ende März 1209 scheint er sich auf seinen Besitzungen im unteren Inntal aufgehalten zu haben, da er am 25. März in Anwesenheit einer größeren Zahl Andechser Ministerialen im Kloster Wilten einen Jahrtag für sich und seine Verwandten stiftete. Wie es in der Urkunde heißt, war er damals auf dem Weg nach Rom.[179] Ob er Rom bereits vor der Ankunft König Ottos und seines Gefolges wieder verlassen oder sich zur Zeit der Kaiserkrönung des Welfen noch in der Stadt oder in der Umgebung aufhielt, entzieht sich unserer Kenntnis. Sicher ist lediglich, daß er wie Bischof Ekbert in der Folgezeit erneut am ungarischen Königshof war.[180]

Heinrichs Lage änderte sich mit der Rückkehr seines Bruders Mitte 1211 in sein Amt. Zwei Monate später, Ende August, hielt sich Heinrich erstmals wieder auf seinem Besitz in Windischgraz auf. Dort, auf den Gütern seiner Familie in der Steiermark und in Krain, vielleicht auch auf den Besitzungen, die seine Frau Sophie, eine Tochter des Grafen Albert von Weichselberg, in die Ehe gebracht hatte, hielt er sich für den Rest seines Lebens – immerhin blieben ihm noch 17 Jahre – zumeist auf.[181] Er stand in Verbindung mit dem Patriarchen von Aquileja und besuchte des öfteren den Hof Herzog Leopolds VI. von Österreich. Wie der Babenberger Hof ein Zentrum höfischer Literatur und Kunst war, scheint sich auch Markgraf Heinrich – ohne Hoffnung, wieder in den Besitz seiner bayerischen und Tiroler Güter zu gelangen – der Pflege höfischer Kultur gewidmet, vielleicht sogar selbst als Dichter versucht zu haben. Es war, wenn nicht alles täuscht, ein beschauliches Leben, das er führte[182] – ein Leben, das nicht zu vergleichen war mit dem seines Bruders, Herzog Ottos VII. von Meranien, dessen Hochzeit letztlich den Anstoß zu jenen Wirren gegeben hatte, in die Heinrich und sein Bruder Ekbert für lange Zeit geraten waren.

Herzog Otto VII. von Meranien stand von Anfang an nicht im Verdacht der Mitschuld an König Philipps Tod. Papst Innozenz III. hatte ihm schon im Sommer 1208 empfohlen, sich mit dem neuen Herrn, König Otto, ins Benehmen zu setzen; der Herzog war diesem Rat gefolgt.[183] Bereits An-

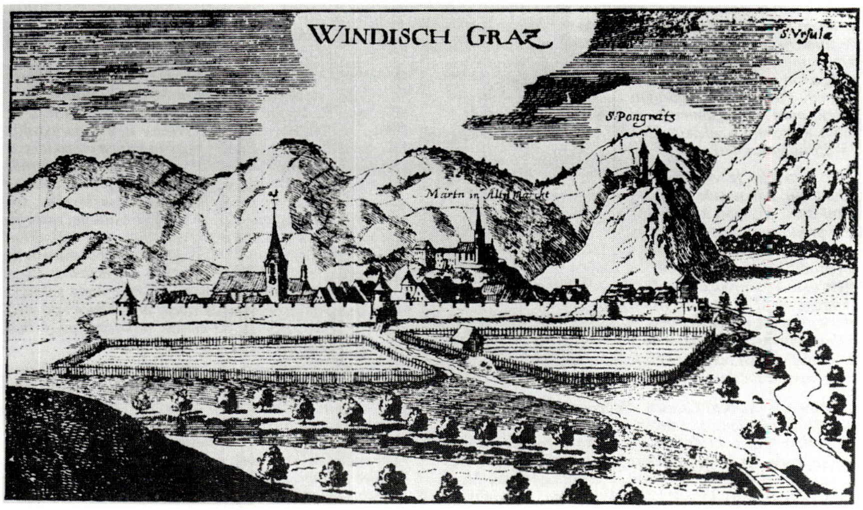

Kat.Nr. 53b
Markgraf Heinrich IV. von Istrien starb 1228 auf seinen südöstlichen Besitzungen in Windischgraz.

fang Januar 1209 fand er sich bei König Otto in Augsburg ein, und als der Welfe im Sommer des gleichen Jahres nach Rom zur Kaiserkrönung zog, gehörte der Meranier zu seinem Gefolge.[184] Herzog Otto hatte Grund, alles zu unterlassen, was als Unbotmäßigkeit gegenüber dem neuen Herrscher ausgelegt werden konnte – wäre es diesem doch ein Leichtes gewesen, die Schwierigkeiten zu vermehren, die der Gemahl der Pfalzgräfin Beatrix in seiner neuen burgundischen Herrschaft zu bewältigen hatte. So scheint sich Herzog Otto VII. nach seiner Abreise aus Rom im Oktober 1209 in die Freigrafschaft Burgund begeben zu haben, um gegen Graf Stephan von Auxonne Krieg zu führen.[185] Graf Stephan stammte wie Herzog Ottos Gemahlin Beatrix von dem 1102 verstorbenen Grafen Stephan von Mâcon, genannt Tête-Hardi ab; er hatte seinen Sohn Johann mit Beatrix zu verheiraten gesucht und machte, nachdem ihm dies nicht gelungen war, jetzt Ansprüche auf die Pfalzgrafschaft mit der Begründung geltend, sein Familienzweig stamme – anders als bei Beatrix der Fall – in ununterbrochener männlicher Linie von jenem Grafen Stephan Tête-Hardi ab.[186]

Die Kämpfe mit dem Grafen dürften sich über längere Zeit hingezogen haben und, wie üblich, weniger in offenen Feldschlachten als vielmehr im Verwüsten und Niederbrennen des gegnerischen Landes bestanden haben. Erst am 18. Oktober 1211 konnte der Herzog von Burgund in seiner Hauptstadt Dijon zusammen mit dem Erzbischof von Besançon und dem Bischof von Langres einen Frieden vermitteln. Der Friedensvertrag war eher von der Erschöpfung der Mittel geprägt, als daß er die Probleme wirklich zu lösen imstande gewesen wäre. Herzog Otto VII. von Meranien verzichtete auf Schadenersatz und erklärte darüber hinaus, die in der Freigrafschaft gelegenen Güter des Grafen nicht zurückfordern zu wollen. Auch könne Johann, der Sohn Graf Stephans, seine Burgen und Befestigungen behalten. Sollte der Graf aber durch Angehörige der Freigrafschaft – wohl wegen der im Krieg verursachten Schäden – vor dem Kaiser belangt werden, so würde sich Herzog Otto VII. beim Kaiser für den Grafen verwenden und ohne das Einverständnis des Grafen keinen Frieden in dieser Angelegenheit mit dem Kaiser schließen. Bemerkenswert war der Zusatz, daß Otto von Meranien seine Freigrafschaft nur mit Zustimmung des Grafen Stephan verkaufen, verpfänden oder vertauschen dürfe.[187] Solche Bestimmungen wurden bei Friedensschlüssen normalerweise nicht in die Vertragsurkunde aufgenommen. Umso mehr könnten sie daher ein Hinweis auf andere Pläne des Andechsers sein, die es nötig machten, sich den Rükken in Burgund freizuhalten. Tatsächlich scheint Herzog Otto seine burgundische Herrschaft bald verlassen zu haben. Es mochten ihm Nachrichten aus Deutschland zugegangen sein, die seine Anwesenheit in den Stammlanden der Andechser erforderten.

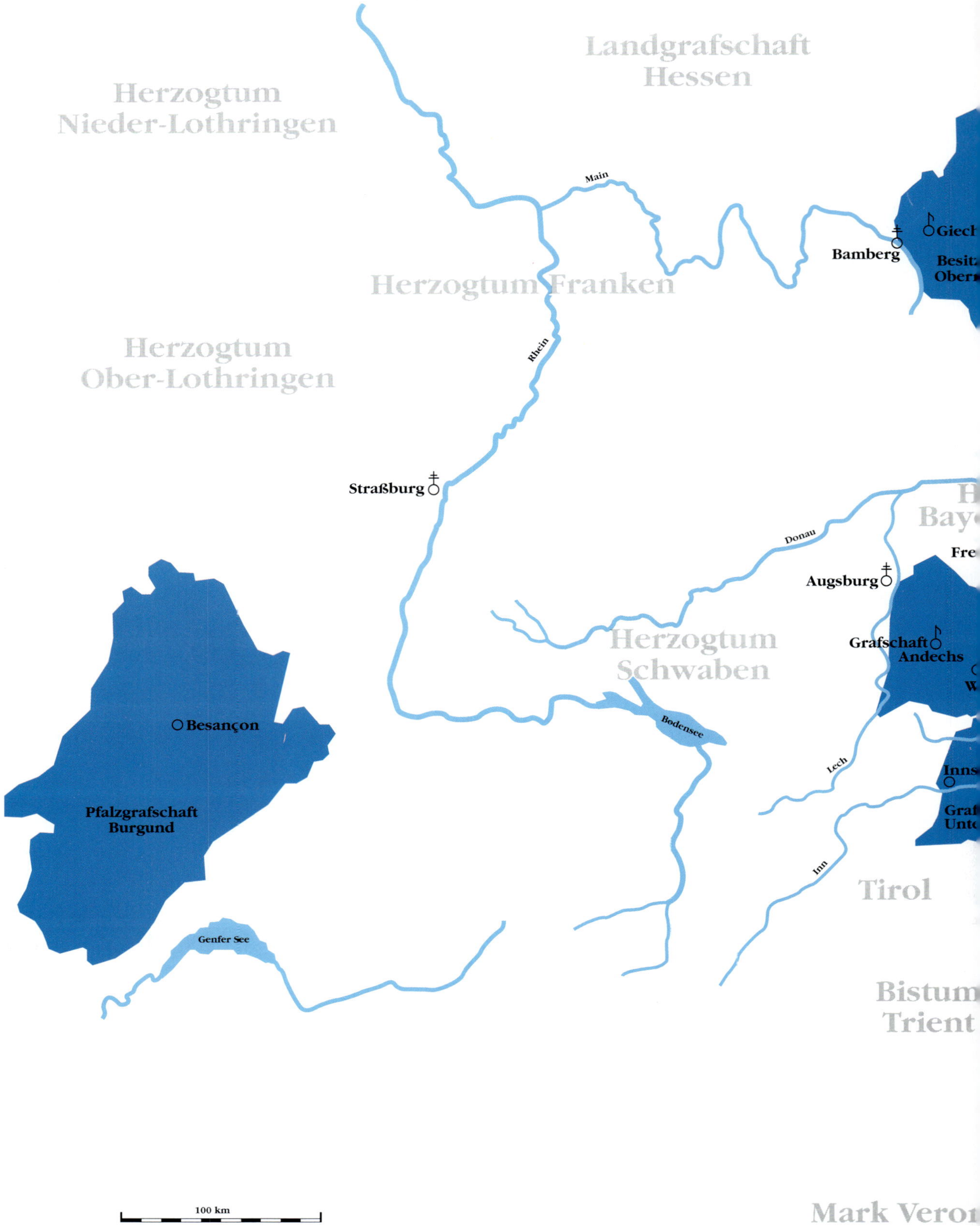
Landgrafschaft Hessen
Herzogtum Nieder-Lothringen
Main
Bamberg
Herzogtum Franken
Herzogtum Ober-Lothringen
Rhein
Straßburg
Donau
Augsburg
Herzogtum Schwaben
Grafschaft Andechs
Besançon
Bodensee
Lech
Pfalzgrafschaft Burgund
Inn
Tirol
Genfer See
100 km

Herrschaftsbereiche der
Andechs-Meranier in Europa

Bistum
Erzbistum
Burg

Im September 1211 hatten sich nämlich auf Anraten des Papstes in Nürnberg Reichsfürsten versammelt, die Kaiser Otto IV., der sich immer noch in Italien befand und das unteritalienische Königreich bekriegte, für abgesetzt erklärten und den jungen Staufer Friedrich II. aufforderten, nach Deutschland zum Empfang der Königskrone zu kommen. Als Kaiser Otto IV. – er stand mit seinen Truppen gerade in Kalabrien und war im Begriff, nach Sizilien überzusetzen – die Nachricht von dem Aufstand erhielt, kehrte er sofort nach Deutschland zurück.[188]

Der junge Stauferkönig, der nach den ursprünglichen Plänen des Papstes eigentlich nicht auf den römischen Königs- und Kaiserthron hätte gelangen dürfen, nahm das Angebot der deutschen Fürsten an. Anfang 1212 verließ er sein unteritalienisches Königreich, fand sich noch einmal beim Papst in Rom ein und zog dann weiter nach Norden, um Mitte September über den Comer See, Chur und St. Gallen nach Konstanz zu gelangen.[189] Kaiser Otto IV. war über das Kommen seines Gegners unterrichtet. Von Thüringen aus zog er im August seinem Konkurrenten entgegen und traf im September in Überlingen ein. Aber es war zu spät, denn der Staufer hatte schon Aufnahme im wohlbefestigten Konstanz gefunden. Auch ein zweiter Versuch, den Gegner bei Breisach zu stellen, mißlang. Friedrich II. fand, unterstützt von den staufischen Parteigängern in Schwaben und am Oberrhein, rasch Anerkennung in weiten Teilen Süddeutschlands. Am 5. Dezember ließ er sich in Frankfurt erneut zum König wählen, am 9. Dezember in Mainz durch den Erzbischof krönen.[190]

Auf dem Hoftag, den Friedrich für Ende Februar 1213 in Nürnberg einberufen hatte, fand sich auch Herzog Otto VII. von Meranien ein.[191] Seither war Otto VII. ein treuer Parteigänger seines Verwandten. Als er sich im Juni 1214 bei König Friedrich II. in Eger aufhielt,[192] war das Königtum des Staufers zwar immer noch nicht allgemein anerkannt, doch sollte sich Kaiser Ottos IV. Schicksal bald entscheiden: nicht im Kampf mit König Friedrich II., sondern auf dem Schlachtfeld bei Bouvines in Frankreich. Dort stießen wenige Wochen später die Heere König Philipps II. von Frankreich und König Johanns von England aufeinander. Johann wurde vernichtend geschlagen, mit ihm aber auch sein Neffe, Kaiser Otto IV., der dem Onkel mit eigenen Truppen zu Hilfe geeilt war. Der Reichsadler fiel dem französischen König in die Hände, der ihn seinem Verbündeten, König Friedrich II., zusandte.[193] Der geschlagene Kaiser aber zog sich zuerst nach Köln, dann in seine sächsischen Stammlande zurück. Seine Rolle als Herrscher, mochten seine Anhänger es auch nicht sogleich wahrhaben, war damit zu Ende gegangen. Drei Jahre später, am 19. Mai 1218, starb Otto.[194]

König Friedrich II. hatte, obgleich er selbst nicht auf dem Schlachtfeld war, in Bouvines einen Sieg über seinen Rivalen errungen. Nun galt es, das unverhoffte Glück zu nutzen und die Anhänger des Gegners in raschen Feldzügen niederzuringen. Auch der Herzog von Meranien war wieder zur Stelle. Er nahm am Kriegszug teil, der Mitte August an den Niederrhein führte, besuchte im November den Reichstag zu Basel, auf dem vornehmlich burgundische Angelegenheiten verhandelt wurden, und zog zu Beginn des Jahres 1215 mit dem König in die sächsischen Lande. Als sich Friedrich II. im Sommer 1215 in Aachen erneut krönen ließ, war Herzog Otto wiederum in seinem Gefolge. Seither wurde er in den Urkunden des Staufers nicht nur als Herzog von Meranien, sondern auch als Pfalzgraf von Burgund bezeichnet. Offensichtlich war er am Krönungstag des Königs, der altem Brauch folgend bei dieser Gelegenheit bedeutsame Regierungshandlungen vorzunehmen pflegte, förmlich mit seiner burgundischen Freigrafschaft belehnt worden.[195]

Noch einmal, im Frühjahr 1218, nahm Otto an einem Kriegszug seines Herrn – er führte diesmal nach Lothringen – teil.[196] Damit hatte er seine militärischen Pflichten am Königshof erfüllt, doch auch in Zukunft war ihm kein ruhiges Leben beschieden. Schon im Sommer 1217 hatte er sich zusammen mit seinem Bruder Ekbert im Gefolge seines Schwagers, des ungarischen Königs, auf den Kreuzzug begeben, von dem er allerdings bereits Anfang 1218 wieder zurückkehrte. Das Unternehmen war schlecht organisiert gewesen und ohne größere Erfolge geblieben. Auch hatte es König Andreas vorgezogen, bei seinem Verwandten Bohemund von Antiochien Feste zu feiern und den Kampf gegen die moslemischen Machthaber seinen Untergebenen, insbesondere dem Schatzmeister Dionys, zu überlassen. Immerhin hatte Herzog Otto damit ebenso wie sein Bruder Ekbert das Kreuzzugsgelübde erfüllt, das er bei der Aachener Krönung Friedrichs II. zusammen mit vielen anderen Reichsfürsten abgelegt hatte.[197]

Die Pfalzgrafschaft Burgund

Was den Herzog vor allem beanspruchte, war das burgundische Erbe seiner Frau. Es verging kaum ein Jahr, in dem er sich nicht über Monate hinweg in dem so weit von seinem angestammten Besitz entfernten Land aufhalten mußte. Aber so sehr er sich bemühte, Ordnung in jener südwestlichen Ecke des Heiligen Römischen Reiches zu schaffen und die Rechte des Herrn der Freigrafschaft zu wahren: ein dauerhafter Erfolg wollte sich nicht einstellen. Graf Stephan von Auxonne und dessen Sohn Johann liessen sich nicht bezwingen, auch standen beide mit dem Grafen Heinrich von Vienne, ebenfalls einem Abkömmling jenes Grafen Stephan Tête-Hardi, im Bunde. Zum Schluß – es muß im Jahr 1225 gewesen sein – sah der Meranier ein, daß es eines Herrn bedurfte, der gefürchteter war als er, sollte endlich Ruhe im Land einkehren. Dieser fand sich in der Person Theobalds, des Grafen von der Champagne, eines Lehensmanns des französischen Königs.[198]

Mit ihm schloß Otto im Januar 1226 einen Vertrag, in dem sich der Graf verpflichtete, dem Herzog gegen seine Feinde beizustehen. Dazu wurde die Ehe zwischen Otto, dem unmündigen Sohn des Herzogs, und Blanche, der Tochter des Grafen von der Champagne, verabredet. Sobald Herzog Ottos Sohn das 14. Lebensjahr erreicht hatte, sollte die Hochzeit stattfinden, bei der diesem auch die Freigrafschaft mit sämtlichen Rechten und Einkünften übergeben werden mußte. Lediglich eine jährliche Rente in Höhe von 300 Pfund sowie eine nicht stark befestigte Burg für eine Tochter des Herzogs sollten davon ausgenommen sein.[199] Die Folgen dieses Bündnisses zeigten sich bald. Im Juni 1227 wurde ein Frieden geschlossen, den der Kardinaldiakon von Sant'Angelo, Romanus, zustandegebracht hatte. Graf Stephan mußte Lehensmann des Herzogs werden und damit als Vasall seinem Lehensherrn die Treue halten. Der Ausgleich mit dem Grafen von Vienne aber wurde bezeichnenderweise dem Schiedsspruch des Grafen von der Champagne anheimgestellt.[200]

Anfang November 1227 war schließlich auch die Bezahlung der Kriegskosten geregelt. Die Klöster Vaux-sur-Poligny und Baume-les-Messieurs erhielten für die erlittenen Schäden eine Wiedergutmachung. Dem Grafen von der Champagne wurde die Freigrafschaft in vollem Umfang für 15 000 Pfund Stephaner Pfennige, der dort gültigen Währung, als Pfand übergeben. Der Graf sollte sie zusammen mit ihren Einkünften verwalten, wobei er zwei Drittel der ihm zufließenden Gelder als Ersatz für die laufenden Unkosten behalten durfte, während das restliche Drittel zur Abzahlung der Schuldsumme verwendet werden mußte. Damit waren letztlich Verzinsung und Tilgung der Kriegsschulden des Herzogs gesichert, auch wenn das aufgrund des kirchlichen Zinsverbotes in den Urkunden nicht deutlich zum Ausdruck kam.[201] Wie lange der Graf von der Champagne die Freigrafschaft als Pfand besaß, ist nicht bekannt; wenn nicht alles täuscht, scheint die Pfandschaft bis 1242 gedauert zu haben. Die im Januar 1226 verabredete Ehe wurde im übrigen nicht geschlossen. Blanche, die Tochter des Grafen, heiratete später den König von Portugal, während Ottos Sohn, Herzog Otto VIII., sich mit Elisabeth, der Tochter Graf Alberts von Tirol, vermählte. Doch das änderte nichts daran, daß die Freigrafschaft seit dem

Spätherbst des Jahres 1227 über lange Zeit hinweg dem Haus Andechs nicht zu Gebote stand.[202]

Es ist müßig zu fragen, ob das burgundische Erbe wirklich die Anstrengungen lohnte, die Herzog Otto VII. darauf verwandte. Gewiß hatte der Meranier sein Geld und seine Kräfte über Jahre hinweg für eine Herrschaft verwendet, über die er zu guter Letzt nicht mehr bestimmen konnte; auch hatte er es darüber sogar zum Streit mit dem Erzbischof von Besançon kommen lassen, der ihn 1222 exkommunizierte: ein Glücksfall übrigens, wie es scheint, für eine Reihe fränkischer und bayerischer Klöster, in denen der Herzog und die Herzogin – offenbar als Buße für ihren Ungehorsam gegenüber dem Erzbischof – am 23. Oktober 1223 einen Jahrtag stifteten.[203] Trotzdem wird man behaupten dürfen, daß die burgundische Mitgift ein Gewinn für das Andechser Geschlecht war. Abgesehen vom Besitz des vornehmen Titels, der in der adeligen Gesellschaft eine hohe Wertschätzung hatte, ist auf das Erbe, das Alice, eine der Töchter des Herzogs, nach dem Tod ihres Bruders Otto VIII. antreten konnte, zu verweisen.[204]

Andechser Kirchenfürsten

In jenen Jahren, in denen der Herzog von Meranien seine burgundische Herrschaft zu ordnen versuchte, erfuhr das Haus Andechs – ein letztes Mal – in der Person Bertholds V., des jüngsten Sohnes Herzog Bertholds IV., einen Zuwachs an Macht und Ansehen. Berthold V. hatte sein Glück in Ungarn, an der Seite seiner Schwester Getrud, versucht. Auf das Betreiben der Königin hin war er Ende 1205 oder Anfang 1206 zum Erzbischof von Kalocsa gewählt worden; Innozenz III. bestätigte die Wahl allerdings erst nach langem Zögern, wobei nicht nur das jugendliche Alter, sondern mehr noch Bertholds unzureichende Kenntnisse eine Rolle gespielt hatten. Dem neuen Erzbischof war möglicherweise dieser Mangel bewußt: Er begab sich zum Studium nach Vicenza. Nach seiner Rückkehr aus Oberitalien Anfang 1209 wurde er Ban von Kroatien, Dalmatien und Slawonien, 1212 Wojewode von Siebenbürgen und 1213 Graf von Bacs und Bodrog. Auch führte er in jenen Jahren bei Abwesenheit des Königs zusammen mit seiner Schwester die Regierungsgeschäfte. Als Gertrud infolge der Bevorzugung der in ihrer Umgebung lebenden Deutschen den Unmut des ungarischen Adels auf sich zog und schließlich am 28. September 1213 einem Anschlag einheimischer Magnaten zum Opfer fiel, konnte sich ihr Bruder offenbar nur mit knapper Not in Sicherheit bringen.[205] An welchen Orten Berthold sich in den nächsten Jahren aufhielt, ist nicht bekannt. Es dauerte geraume Zeit, bis sich für den vertriebenen Erzbischof von Kalocsa ein neues Beschäftigungsfeld auftat. Wenige Wochen nach dem Tod des Patriarchen Wolfger von Aquileja am 10. Februar 1218 wurde Berthold von Papst Honorius III. – zweifellos im Einvernehmen mit Friedrich II. – zum Patriarchen von Aquileja ernannt.[206]

Berthold erwies sich als eine der tatkräftigsten Persönlichkeiten auf dem Patriarchenstuhl. Er arbeitete von Anfang an zielstrebig darauf hin, die landesherrliche Macht des Patriarchen zu mehren und zu festigen. Er verlegte den Sitz seiner Kirchenprovinz von Aquileja nach Udine, war häufig in Kämpfe mit den Städten und mit dem niederen Adel verwickelt, konnte sich aber in seinem Bemühen um den Ausbau der Landeshoheit der Unterstützung durch Friedrich II. sicher sein.[207] Der staufische Herrscher hatte freilich allen Grund, die Bestrebungen des Andechser Kirchenfürsten zu unterstützen. Denn das Territorium des Patriarchen – ein Gebiet, in dem deutsche, italienische und slawische Einflüsse zusammenkamen – war angesichts der zunehmenden Feindschaft der lombardischen Städte gegenüber jeglicher königlichen oder kaiserlichen Gewalt für Friedrich II. insofern wichtig, als man von hier aus die Möglichkeit hatte, nach Deutschland zu gelangen, auch wenn die Städte in der Poebene die westlichen und mittleren Alpenpässe gesperrt hatten. Außerdem war das Land des Patriarchen

Kat.Nr. 59
Das ungarische Königspaar Andreas II. und Gertrud von Andechs, die Eltern der hl. Elisabeth, ist in dem zwischen 1211 und 1213 wohl in Hildesheim im Auftrag der thüringischen Landgräfin Sophia entstandenen »Landgrafenpsalter« abgebildet (fol. 175v).

von Aquileja – ein weiterer Vorteil – auch zur See von Unteritalien her bequem zu erreichen. Friedrich II. bestätigte im November 1220 dem neuen Kirchenfürsten all jene Rechte und Freiheiten, die dessen Vorgänger erworben hatten. In der Urkunde, die Berthold, der den Staufer zur Kaiserkrönung nach Rom begleitet hatte, darüber ausgestellt wurde, fehlte im übrigen auch nicht der Hinweis auf den Besitz der Markgrafschaft Istrien.[208]

Während der Herzog von Meranien und, seit 1218, auch sein Bruder, der Patriarch von Aquileja, in bestem Einvernehmen mit dem Hof standen, hielt sich Ekbert fern von den Reichsgeschäften und führte ein für einen Fürsten seines Ranges eher bescheidenes Leben. Seine Wiedereinsetzung als Bamberger Oberhirte im Juni 1211 hatte ihn nicht bewegen können, sich häufiger in seiner Bischofsstadt oder seinem Bistum zu zeigen; er zog offensichtlich den Aufenthalt auf den Kärntner Besitzungen seines Hochstifts, vielleicht auch auf den Gütern seines Bruders Heinrich vor. Erst ab der zweiten Hälfte des Jahrzehnts scheint er sich in stärkerem Maß persönlich um die Belange seines Amtssprengels gekümmert zu haben.[209]

Auch in Friedrichs II. Umgebung war Ekbert in diesen Jahren nur selten anzutreffen. Zwar nahm er wie sein Bruder Otto an den Krönungsfeierlichkeiten im Juli 1215 in Aachen teil und fand sich in den folgenden Jahren gelegentlich am Hof ein, zumal wenn dieser sich in seiner Diözese aufhielt. Die Interessen seines Standes wahrnehmend, war er im April 1220 in Frankfurt anwesend, als Friedrich II. gegenüber den geistlichen Fürsten auf die Ausübung wichtiger Rechte des Herrschers in den geistlichen Territorien verzichtete.[210] Das ihnen damals verliehene Privileg – man bezeichnet es herkömmlicherweise als »Confoederatio cum principibus ecclesiasticis«, als »Bündnis mit den Kirchenfürsten« – war der Lohn für die Wahl seines unmündigen Sohnes Heinrich zum König. Dieser sollte, vorerst unter der Vormundschaft Erzbischof Engelberts von Köln stehend, die königliche Gewalt in Deutschland verkörpern, nachdem der Vater das Land für lange Zeit verließ, um die Kaiserkrone zu erlangen und sich im Anschluß daran der Wiederherstellung geordneter politischer Verhältnisse in Italien zu widmen.[211]

Kurz bevor Friedrich II. aufbrach, hielt sich Ekbert zweimal – zunächst im Juni in Worms, dann in den letzten Augusttagen in Augsburg – am Hof auf.[212] Er dürfte weniger freiwillig als vielmehr einem Wunsch des zukünftigen Kaisers gefolgt sein, der ihn offensichtlich ermahnte, sich fortan jeglicher Umtriebe gegen ihn zu enthalten. Das läßt das Schreiben vermuten, das der Papst am 20. August 1220 an Ekbert richtete.[213] Der Bischof scheint diese letzte Warnung beherzigt zu haben. Näheres über die Meinungsverschiedenheiten zwischen dem Staufer und seinem Andechser Verwandten ist nicht zu erfahren. Es könnten ungelöste Fragen des Bamberger Kirchengutes gewesen sein; möglicherweise spielte aber auch Friedrichs II. Untätigkeit, was die verweigerte Rückgabe des beschlagnahmten Andechser Familienbesitzes betraf, eine nicht unerhebliche Rolle. Dabei waren dem Staufer freilich gerade in dieser Hinsicht die Hände gebunden. Sein wittelsbachischer Bundesgenosse, wenngleich ein unsicherer Freund, war doch zu mächtig, als daß es ratsam erschienen wäre, ihn mit derartigen Forderungen zu belangen.

So verging noch eine Reihe von Jahren, bis sich Ekbert wieder, vornehmlich die Kärntner Belange seines Bistums wie nicht zuletzt auch die Interessen seiner Familie im Auge, an der Reichspolitik beteiligte. Bei einem Fürstentag auf Einladung Herzog Leopolds VI. von Österreich im Frühjahr 1224 in Friesach, auf dem unter anderem ein Zerwürfnis zwischen Herzog Bernhard von Kärnten und Markgraf Heinrich von Istrien beigelegt werden sollte, war Ekbert anwesend.[214] Sein gutes Einvernehmen mit Leopold nutzend, setzte er sich für eine Ehe des jungen Königs Heinrich VII. mit dessen Tochter Margarete ein.[215] In dieser Zeit kam es schließlich zu einer

Kat.Nr. 52
Das Fragment einer Engelsfigur und der Kopf einer Königsfigur stammen vom Grabmal der 1213 ermordeten ungarischen Königin Gertrud von Andechs (unten rechts Rekonstruktion des Grabmals).

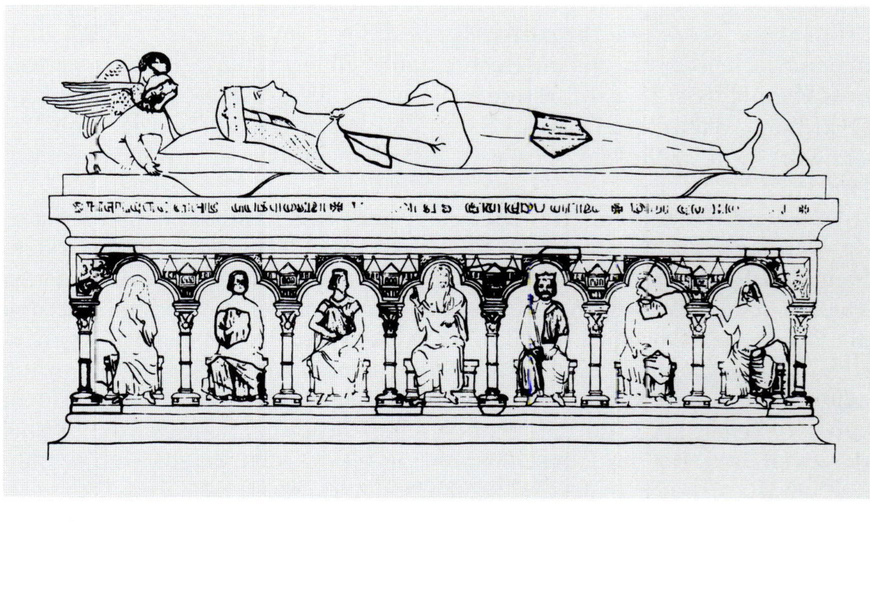

Kat.Nr. 43
Die Gnadenpforte des Bamberger Domes zeigt v.l.n.r. Bischof Ekbert von Bamberg, den Erbauer des Doms, die Heiligen Georg und Petrus, in der Mitte die thronende Maria mit Kind, Kaiser Heinrich II., Begründer des Bistums, und seine Frau, Kaiserin Kunigunde, sowie Bischof Poppo II. von Bamberg, der wie Ekbert aus der Familie der Andechser stammte. Zu Füßen Mariens kniet ein Ritter, bei dem es sich um den Andechser Herzog Otto VII. handeln könnte.

Annäherung zwischen ihm und Herzog Ludwig I. von Bayern, der nach der Ermordung Erzischof Engelberts von Köln 1226 von Friedrich II. zum Vormund König Heinrichs VII. bestellt wurde.

Aber nicht der zunehmende Einfluß des bayerischen Herzogs war es, der den andechsisch-wittelsbachischen Gegensatz milderte; zum Abbau der Spannungen trugen vielmehr die reichen, noch aus der Zeit Kaiser Heinrichs II. stammenden Bamberger Kirchengüter an der Donau bei, auf die Herzog Ludwig sein Augenmerk richtete. Sie befanden sich damals – teilweise widerrechtlich – in Händen der Grafen von Bogen und Hals, die mit ihnen in einer Weise verfuhren, daß ihr dauernder Verlust für das Hochstift zu befürchten stand.[216] Der Bischof hatte versucht, sie für seine Kirche mit gerichtlichen Mitteln zu sichern, als sich der Wittelsbacher als Lehensträger und Helfer anbot. Herzog Ludwig ließ in der Tat nichts unversucht, das Wohlwollen Ekberts zu erringen. Daß seine Bemühungen sich erfolgversprechend anließen, konnte man schon 1224 daran erkennen, daß es ihm gelang, einen Streit zwischen dem Bamberger und dem Passauer Bischof zu schlichten. Wenn nicht alles täuscht, ließ er es in den nächsten Jahren auch nicht an Gunsterweisen für Bamberger Eigenklöster wie Aldersbach und Gleink oder für die meranische Spitalstiftung am Pyhrn fehlen.[217] Im August 1228 sah Herzog Ludwig sich am Ziel seiner Wünsche angelangt: Er erhielt von Bischof Ekbert die Belehnung mit dem ganzen Bamberger Besitz, soweit ihn Graf Albert von Bogen, Herzog Ludwigs eigener Stiefsohn, sowie die Grafen Alram und Albert von Hals in Händen hielten.[218]

Markgraf Heinrich IV. von Istrien

Ekberts Bereitschaft, das Besitzstreben des Wittelsbachers zu unterstützen, dürfte nicht zuletzt dadurch gefördert worden sein, daß Herzog Ludwig I. seinerseits die Absicht kundtat, dem Bruder seines neuen Lehensherrn in der Frage der Andechser Besitzungen in seinem Herzogtum entgegenzukommen. Markgraf Heinrich von Istrien war, wie schon erwähnt, in den zurückliegenden Jahren nur selten in der Öffentlichkeit erschienen. Er hatte zwar Friedrich II. – wohl im Gefolge seines Bruders, des Patriarchen von Aquileja – nach Rom zur Kaiserkrönung begleitet und war Zeuge der großen Privilegienbestätigung für den Patriarchen gewesen, womit er die Verleihung seiner Markgrafschaft an die Kirche von Aquileja anerkannte. In der von der kaiserlichen Kanzlei ausgestellten Urkunde hieß er »Markgraf Heinrich von Andechs«, und diese Bezeichnung wurde nicht nur in allen späteren Kaiserdiplomen beibehalten, sondern auch von anderen, sogar von seinen Verwandten, übernommen.[219] Aus dieser Bezeichnung konnte

Kat.Nr. 53 a
Die romanische Doppelkapelle in Stein ist eines der wenigen erhalten gebliebenen Bauwerke aus der andechs-meranischen Herrschaftszeit in Slowenien.

der Schluß gezogen werden, der kaiserliche Hof betrachte Heinrichs Verurteilung von 1208 als ungerechtfertigt und habe, nachdem seine frühere Markgrafschaft Istrien in der Zwischenzeit anderweitig vergeben war, seine altbayerischen Grafschaften zur Markgrafschaft Andechs erhoben. Aber dieser Schluß war keineswegs zwingend. Man konnte sich nämlich auch auf den Standpunkt stellen, der Markgraf sei in früheren Jahren zu Recht verurteilt worden und somit aller Würden und Besitzungen entkleidet. »Heinrich von Andechs« – so konnte auch ein Unfreier bezeichnet werden – sei später, nachdem er gnadenhalber Verzeihung für seine Freveltat erlangt hatte, ein Markgrafentitel verliehen worden, der keinerlei weitere Rechte beinhaltete. Das hieß wiederum, daß die Bestätigungen, die Friedrich II. dem bayerischen Herzog sowie dem Patriarchen von Aquileja erteilte, nicht zu beanstanden seien. Man hatte somit am Kaiserhof einen Ausgleich gefunden, der an das heikle Problem der Rechtmäßigkeit des Vorgehens Ottos IV. nicht rührte und den Kaiser der Pflicht enthob, das Unrechtsurteil seines Vorgängers aufzuheben. Es war damit ins Belieben der Nutznießer des damaligen »Justizirrtums« gestellt, ob sie bereit wären, das unrechtmäßig erworbene Gut zurückzugeben. Herzog Ludwig I. von Bayern war jetzt um den Gewinn eines wertvolleren Besitzes halber dazu bereit.

Verhandlungen wurden allem Anschein nach schon im Frühjahr 1225 geführt, da es in dem am 4. Juni 1225 vereinbarten Frieden zwischen König Andreas von Ungarn und Herzog Leopold VI. von Österreich ausdrücklich hieß, der ungarische König werde sich bemühen, den Babenberger Herzog sowie Markgraf Heinrich von Istrien mit Herzog Ludwig I. von Bayern zu versöhnen.[220] Wenige Wochen später unterrichtete man den kaiserlichen Hof darüber, wie Markgraf Heinrichs Besuch bei Friedrich II. im Sommer des Jahres in Unteritalien vermuten läßt. Der Andechser begleitete dabei im übrigen seinen Bruder Ekbert, der dem Kaiser die Bamberger Güter in der Ortenau, ebenfalls alter Besitz aus Heinrichs II. Zeiten, um 4000 Mark Silber verkaufte, um den Weiterbau des Bamberger Doms zu ermöglichen.[221]

Knapp drei Jahre später wurde der Ausgleich zwischen dem bayerischen Herzog und seinem Andechser Gegner bekanntgegeben. Markgraf Heinrich fand sich zusammen mit vielen anderen Reichsfürsten – unter ihnen auch seine Brüder Otto und Ekbert – am 14. Mai 1228 in Straubing ein, um am Fest teilzunehmen, das der bayerische Herzog aus Anlaß der Schwertleite seines Sohnes und Nachfolgers, des zukünftigen Herzogs Otto II. von Wittelsbach, ausrichtete.[222] Wieviel der bayerische Herzog dem Markgrafen zugestanden hatte, läßt sich nur ungefähr aufgrund späterer Hinweise erahnen: Wolfratshausen und Starnberg, dazu Dießen mit der Vogtei über das Kloster und wohl einiges Gut in der näheren Umgebung scheinen dazugezählt zu haben. Vielleicht hatte man auch Abmachungen über die Besitzungen im Inntal getroffen, sofern der Wittelsbacher damals überhaupt noch Rechte dort geltend machen konnte. Fraglich ist, ob die Andechser Güter am unteren Inn, die aus der Formbacher Hinterlassenschaft stammten, dem Markgrafen schon jetzt übergeben wurden oder erst im folgenden Jahr an die Andechser fielen.[223] Von Andechs selbst ist in diesem Zusammenhang nichts bekannt. Die Burg war höchstwahrscheinlich 1209 aufgrund der Reichsacht dem Erdboden gleichgemacht worden – wie dies auch mit dem wittelsbachischen Stammsitz bei Aichach geschehen war. Aus den Händen König Heinrichs VII. erhielt der Markgraf damals als Reichslehen offensichtlich die Vogtei über Benediktbeuern zurück, während die Tegernseer Mönche sich zunächst weigerten, den Andechser als Vogt wieder anzunehmen.[224]

Markgraf Heinrich konnte sich seines neuen Besitzes nicht mehr lange erfreuen. Er stattete seinen Klöstern Dießen und Benediktbeuern noch einmal einen Besuch ab und ließ ihnen Vermächtnisse zukommen, dann kehrte er zurück in seine alpenländische Heimat, wo er in Windischgraz am 18. Juli 1228 starb.[225] Seine Ehe mit Sophie von Weichselburg war kinderlos geblieben. So fiel das Erbe des Verstorbenen an seine Brüder. Inwieweit auch Heinrichs Schwestern bedacht wurden, ist nicht bekannt. Auf die Mitgift, die die Witwe Heinrichs in die Ehe gebracht hatte, besaßen die Andechser Erben allerdings keinen Anspruch. Darüber konnte Sophie nach ihrem Gutdünken verfügen. Da sie ihr Leben zurückgezogen im Kloster Admont verbringen wollte – wo sie 1256 starb –, war sie bereit, ihr väterliches Erbe in den Krainer Landen zu veräußern. Diese Gelegenheit ergriff ihr Schwager, Herzog Otto VII., der damit sicherstellte, daß der Andechser Besitz bewahrt blieb. Wieviel der Herzog seiner Schwägerin für ihre Mitgift zu bezahlen hatte, entzieht sich unserer Kenntnis; bekannt ist lediglich, daß sie aus der Kaufsumme 300 Pfund Augsburger Pfennige an das Kloster Dießen stiftete. Das Stift verwendete die Gabe der Markgräfin zum Erwerb fester Einkünfte aus meranischem Besitz in Oberfranken und im Regnitzland, worüber der Herzog eine Urkunde ausstellte, die als einzige erhaltene Quelle Auskunft über die Vorgeschichte des Geschäfts gibt.[226]

Auf den Besitz des Markgrafen, soweit er Andechser Herkunft war, hatten dagegen die Brüder ein Anrecht zu gleichen Teilen. So wurde das restliche Gut in den östlichen Alpenländern vermutlich aufgeteilt, während man bei den Tiroler Besitzungen fürs erste offenbar auf eine Sonderung der Erbmasse verzichtete. Die altbayerischen Besitzungen des Markgrafen einschließlich seiner Reichslehen gingen wohl ungeteilt an Herzog Otto VII., wobei sich von selbst verstand, daß dieser seine Brüder dafür zu entschädigen hatte. Der Herzog machte seine Besitzrechte insbesondere am altbayerischen Hausgut bald deutlich, indem er nicht nur Schenkungen an Benediktbeuern und Dießen gab, sondern darüber hinaus Bestimmungen über die Rechtsverhältnisse zwischen seinem Markt und dem Kloster Dießen traf.[227]

Die Andechser im Reichsdienst

Das Einvernehmen, das kurze Zeit zwischen den Andechser Brüdern und Herzog Ludwig I. von Bayern geherrscht hatte, blieb nicht ungetrübt; es hatte in der Zwischenzeit vielmehr ein tiefes Zerwürfnis gegeben, das diesmal nichts mit wittelsbachischem Gewinnstreben zu tun hatte, sondern in den unterschiedlichen Ansichten über die Pflichten eines Reichsfürsten begründet lag. Kaiser Friedrich II. hatte nämlich Anfang September 1227 den von ihm schon lange der Kurie zugesicherten Kreuzzug von Brindisi aus angetreten. Doch mußte er das Unternehmen bereits nach drei Tagen wieder abbrechen, da in seinem Heer eine Seuche ausgebrochen war, der unter anderem der Landgraf von Thüringen, der Ehemann der hl. Elisabeth, zum Opfer fiel. Papst Gregor IX., weitaus härter als sein Vorgänger Honorius III., sah in dem Abbruch eine Verletzung gegebener Zusagen und verhängte über den Kaiser den Kirchenbann, den dieser jedoch unbeachtet ließ. Friedrich II. schiffte sich zu Beginn des Sommers 1228 erneut ein, um Anfang September in Akkon an Land zu gehen und im Februar 1229 einen Vertrag mit dem Sultan von Ägypten zu schließen, der – ohne Blutvergiessen zustandegebracht – den Christen Jerusalem sowie einige andere Orte öffnete. In der Zwischenzeit hatte freilich der Papst die Abwesenheit des Kaisers benutzt, um ein päpstliches Heer nach Unteritalien zu schicken und Teile des Königreichs zum Abfall von Friedrich II. zu bewegen.[228]

Auch in Deutschland arbeiteten päpstliche Boten gegen den Kaiser, und wieder glaubte Herzog Ludwig I. von Bayern, im raschen Wechsel des Herrn seinen Vorteil finden zu können. Er täuschte sich diesmal. Bischof Ekbert und Berthold von Aquileja gingen nach Ungarn, um ihren Schwager, König Andreas, von einer Unterstützung des Papstes abzuhalten. Der inzwischen volljährige König Heinrich VII. war seit Weihnachten 1228 mit seinem ehemaligen Vormund Ludwig I. von Bayern verfeindet und überzog die wittelsbachischen Besitzungen an der Donau mit Krieg. Von Westen her marschierten meranische Truppen – wohl unter dem Kommando Herzog Ottos VII. – gegen den Wittelsbacher, der bereits im August 1229 um Frieden bitten mußte.[229]

Dieser Friedensschluß hatte für die Andechser insofern Bedeutung, als ihnen vielleicht erst jetzt die Formbacher Güter am unteren Inn ausgeliefert werden mußten.[230] Dort blieben sie freilich nicht lange; noch im gleichen Jahr gelangten sie zusammen mit dem angekauften und ererbten Krainer Besitz als Mitgift an Agnes, die Tochter Herzog Ottos VII., anläßlich ihrer Heirat mit Friedrich, dem Sohn Herzog Leopolds VI. von Österreich, die ebenfalls 1229 gefeiert wurde.[231] Herzog Leopold VI., ein alter Freund der Andechser, konnte um die gleiche Zeit den Freisinger Bischof bewegen, ihn mit den Besitzungen seiner Kirche in Krain, die Markgraf Heinrich von Istrien bislang besessen hatte, gegen Zahlung von 1500 Mark Silber zu belehnen. Ein neues Zentrum babenbergischer Macht schien sich damit im östlichen Alpenraum abzuzeichnen, was nicht zuletzt auch im Titel »dominus Carniolae«, »Herr von Krain«, zum Ausdruck kam, den der Gemahl der Andechserin, der seinem Vater 1230 im Herzogtum folgte, seitdem führte.[232]

Als die andechsisch-babenbergische Hochzeit gefeiert wurde, war Kaiser Friedrich II. wieder in Unteritalien eingetroffen. Auf die Kunde vom päpstlichen Einfall in seinem Königreich hatte er Palästina verlassen, um bereits im Juni 1229 in Brindisi zu landen und die in Feindeshand gefallenen Provinzen binnen kurzem zurückzuerobern. Von einem Einfall in den Kirchenstaat nahm er Abstand; vielmehr bot er dem Papst Verhandlungen an, die im Sommer 1230 zum Frieden führten. Daß der Ausgleich mit der Kirche so rasch gelang, lag an der nachgiebigen Haltung des Kaisers und dem Verhandlungsgeschick, das Hermann von Salza, der Hochmeister des Deutschen Ordens, bewies. Aber auch die Andechser hatten ihren Anteil daran: Otto und Berthold fanden sich zusammen mit anderen Reichsfürsten zu Beginn des Jahres 1230 beim Kaiser ein, um mit päpstlichen Vertretern die Bedingungen für die Befreiung des Kaisers vom Bann auszuhandeln.[233]

Auch in der Folgezeit rief der Kaiser die Andechser Fürsten immer wieder an seinen Hof. Friedrichs Sohn, König Heinrich VII., betrieb durch die Begünstigung des niederen Adels und der Reichsministerialität, nicht zuletzt auch durch die Förderung der Selbständigkeitsbestrebungen der Bischofstädte eine Politik, die ihn in Konflikt mit den Reichsfürsten brachte. Friedrich II., der in seinem unteritalienischen Königtum ähnliche Ziele, wenngleich mit anderen Mitteln verfolgte, konnte mit Rücksicht auf seine oberitalienische Politik ein solches Verhalten nicht hinnehmen und lud seinen Sohn daher 1231 auf einen Hoftag nach Ravenna, um die Mißhelligkeiten zu bereinigen. Der Ort des Treffens, auf halbem Weg zwischen Deutschland und Unteritalien gelegen, war nicht von ungefähr gewählt; von hier aus konnte man sich nämlich bei einem etwaigen Angriff lombardischer Truppen rasch im nahen Patriarchenstaat in Sicherheit bringen.[234] Der Aufenthalt beim Kaiser – alle drei Andechser hatten sich eingefunden – dauerte länger als geplant. König Heinrich VII. ließ sich erst auf das Drängen der Reichsfürsten hin bewegen, im April 1232 in Aquileja vor den Kaiser zu treten. Die Fürsten vermittelten eine Aussöhnung zwischen Heinrich und seinem Vater, die freilich eher einer Kapitulation glich. Der König mußte beeiden, dem Vater in Zukunft zu gehorchen. Die Fürsten aber schworen dem Kaiser, ihm gegen seinen Sohn beizustehen, wenn dieser seine Zusagen nicht einhalte.[235]

In dieser Zeit wurden auch Fragen entschieden, die die Andechser Brüder betrafen. Der Patriarch erhielt ein kaiserliches Privileg, in dem alles für ungültig erklärt wurde, was Bertholds Untertanen zum Schaden seiner Herrschaft verübt hatten.[236] Herzog Otto VII. nutzte die Zeit, um mit Bischof und Domkapitel von Brixen wegen der Kirchenlehen zu verhandeln, die seit den Zeiten seines Großvaters, Markgraf Bertholds III., im Besitz der Familie waren, nach König Philipps Ermordung seinem Bruder jedoch aberkannt worden waren. Diese Gespräche führten dazu, daß der Herzog auf seiner Rückreise vom kaiserlichen Hof – wohl im Juni 1232 – in Brixen von Bischof Heinrich mit den Grafschaften im unteren Inntal sowie im Pustertal belehnt wurde und außerdem alles wieder erhielt, was schon sein Vater und sein Bruder besessen hatten.[237]

Allein die Verleihung der Vogtei über das Hochstift Brixen machte Schwierigkeiten, da sie sich mittlerweile in Händen Graf Alberts III. von Tirol befand; doch sollte darüber ein Schiedsgericht befinden. Herzog Otto VII. mußte sich als Gegenleistung dafür verpflichten, dem Hochstift seinen Markt Innsbruck und das Dorf Amras zu übereignen oder ersatzweise 250 Mark Silber zu zahlen. Diese Zusage war freilich ohne Wissen der Brüder gemacht worden, die später offenkundig nicht bereit waren, auf ihre Rechte an den Ortschaften zu verzichten. So mußte der Herzog dem Bischof die vereinbarte Summe zahlen.[238] In den Besitz der Hochstiftvogtei scheint Herzog Otto VII. nicht mehr gekommen zu sein. Aber soviel dürfte sicher sein, daß Verhandlungen zwischen ihm und dem Grafen von Tirol in der Folgezeit stattfanden. Graf Albert III. von Tirol war für den Herzog nicht zuletzt deshalb ein gefragter Verhandlungspartner, als dieser lediglich zwei Töchter hatte, die nach seinem Tod zu gleichen Teilen erben würden. Der Herzog aber hatte neben vielen Töchtern einen noch unmündigen Sohn. So ist anzunehmen, daß bereits damals der Plan gefaßt wurde, Otto, den Sohn des Herzogs, mit Elisabeth, der Tochter des Grafen, zu verehelichen. Vielleicht war dabei auch schon für den Fall des Todes von Herzog Otto VII. der zukünftige Schwiegervater Ottos zu einem seiner Vormünder bestimmt worden.[239] Der Andechs-Tiroler Ehehandel könnte im übrigen der Grund dafür gewesen sein, daß sich Herzog Otto VII. im Februar 1234 ein letztes Mal an den Hof König Heinrichs VII. begab, ehe er am 7. Mai 1234 starb. Seine letzte Ruhestätte fand er wie seine 1231 verstorbene Frau Beatrix nicht in Dießen, sondern im Kloster Langheim.[240]

Herzog Otto VIII. konnte dank der Umsicht des Verstorbenen das väterliche Erbe sowohl in Franken als auch in den Alpenländern ohne Schwierigkeiten antreten. Lediglich in den altbayerischen Gebieten gab es Probleme. Den Anfang machten, wie es scheint, die Mönche von Tegernsee, die sich auf ihr Recht beriefen, selbst einen Vogt bestellen zu dürfen; sie zogen es vor, anstatt des jungen Meraniers und seines nahen Tiroler Vormunds den Kaiser im fernen Unteritalien als Beschützer zu wählen. Von Andechser Seite wollte man diese Bestrebungen zunächst nicht hinnehmen, gab sich aber zufrieden, als das Kloster vom Kaiser einen Schutzbrief erhielt.[241] Die Mönche von Benediktbeuern erklärten sich dagegen mit der neuen Herrschaft einverstanden. Aber sie ließen sich, um Übergriffe des zukünftigen Vogts von vornherein zu unterbinden, durch den jungen Andechser und seine beiden Vormünder, Bischof Ekbert und Graf Albert von Tirol, eine Urkunde erteilen, in der alle Rechte des Vogts genau beschrieben waren und das Kloster für seine Waren Zollfreiheit in Wolfratshausen eingeräumt erhielt.[242]

Bischof Ekbert dürfte die Vormundschaft über seinen Neffen Otto weitgehend dem Grafen von Tirol überlassen haben, da er sich in den folgenden Jahren fast ausschließlich Belangen der Reichspolitik zu widmen hatte. Die Aussöhnung zwischen dem Kaiser und seinem Sohn Heinrich VII., im Frühjahr 1232 zustandegekommen, war nämlich nicht von langer Dauer. Der König hatte mehrmals versucht, entgegen den Vorstellungen des Vaters die städtefreundliche Politik früherer Jahre wiederaufzunehmen. Das Mißtrauen Friedrichs II. wuchs. Als der Papst König Heinrich VII. schließlich auf Antrag des Kaisers im Juni 1234 bannte, schien der Bruch nahe. Bischof Ekbert fand sich in jenen kritischen Sommerwochen noch einmal am Hof des Königs ein und wurde schließlich zusammen mit dem Erzbischof von Mainz zu einem letzten Vermittlungsversuch an den kaiserlichen Hof gesandt. Als die beiden Reichsfürsten im November 1234 bei Friedrich II. in Foggia ankamen, war ihr Auftrag bereits überholt. Heinrich VII. hatte sich zum offenen Aufruhr gegen den Vater entschlossen und sich mit den erklärten Feinden des Kaisers, den lombardischen Städten, verbündet. Nach 15 Jahren Abwesenheit kehrte Friedrich II. nun nach Deutschland zurück.[243]

Auch Ekbert war unter den Fürsten, die den Staufer im Mai 1235 in Aquileja begrüßten. Durch das Friaul und die Steiermark zog Friedrich nach Regensburg. Wenige Wochen später war der Aufruhr des kaiserlichen Sohnes niedergeschlagen. Am 2. Juli 1235 ergab sich der König seinem Vater. Als Heinrich in den folgenden Wochen keine Anstalten zeigte, auf sein Königtum zu verzichten, ließ ihn der Kaiser gefangensetzen und durch Herzog Otto II. von Wittelsbach bewachen, im Januar 1236 aber – ein Zeichen seines Vertrauens – von Bischof Ekbert und dem Patriarchen nach Apulien bringen.[244]

Nach seiner Rückkehr aus Unteritalien scheint sich Ekbert wieder zum Kaiser begeben zu haben. Wie dieser nahm er am 1. Mai 1236 an der Erhebung der Gebeine seiner Nichte Elisabeth von Thüringen teil und begleitete ihn anschließend nach Augsburg, wo die Ächtung Herzog Friedrichs II. von Österreich verkündet wurde,[245] der sich die Feindschaft vieler mächtiger Herren zugezogen hatte. Der Babenberger war beim Kaiser angeklagt und von diesem zum Mainzer Reichstag im August 1235 vorgeladen worden. Weil er der Ladung keine Folge geleistet hatte, kam Herzog Friedrich II. von Österreich in Reichsacht. Nun fielen seine Gegner in kaiserlichem Auftrag von allen Seiten in sein Land ein: König Wenzel von Böhmen in das nördliche Niederösterreich, der Herzog von Bayern und der Bischof von Passau in das Land ob der Enns, von Süden her die meranischen Brüder Ekbert und Berthold. Zwar wurde Widerstand durch die Anhänger des Herzogs geleistet, aber bald waren große Teile der Babenberger Herrschaft in die Hand der kaiserlichen Achtvollstrecker gelangt.[246]

Als der Kaiser Anfang Januar 1237 in Wien zusammen mit seinen Fürsten einziehen konnte, erhielt die Stadt die Reichsfreiheit. In Wien wurde

Kat.Nr. 43
Das bedeutendste Kunstdenkmal, das eng mit den Andechs-Meraniern verknüpft ist, stellt der von Bischof Ekbert initiierte Neubau des Bamberger Doms dar.

im Februar auch der kaum 9jährige Sohn des staufischen Herrschers, Konrad, zum Nachfolger Heinrichs VII. gewählt. Aber nicht nur an Konrads Erhebung zum König war Bischof Ekbert beteiligt. Nachdem der Kaiser im Frühjahr 1237 wieder nach Italien zurückkehrte, blieb Ekbert als sein Vertreter in den Babenbergischen Landen zurück, wo er als »Pfleger des Reiches in Österreich und der Steiermark« fungieren sollte.[247] Aber Ekberts Tage waren gezählt. Der Bischof mochte mit seinem Tod schon im Vorjahr gerechnet haben, als er aus dem Erbe seines verstorbenen Bruders Heinrich das Kloster Griffen in Kärnten gründete. Ekbert starb am 5. Juni 1237 in Wien. Noch vor seinem Tod war der Dom zu Bamberg vollendet worden. An seiner Weihe teilzunehmen, war dem Erbauer jedoch nicht mehr vergönnt gewesen.[248]

Über die Nachfolge Ekberts scheinen im Domkapitel von Bamberg Unstimmigkeiten geherrscht zu haben. Es gab offenbar zwei Parteien, die sich nicht einigen konnten, so daß man schließlich auf den Ausweg verfiel, einen älteren Geistlichen zum Bischof zu erheben, um nach dessen vermutlich nicht allzu langer Regierungszeit erneut zur Wahl schreiten zu können. Die Leitung des Bistums wurde dem Propst von St. Gangolf, Siegfried, aus dem Haus der Grafen von Öttingen, anvertraut. Siegfried wurde die bischöfliche Würde aber bald zur Bürde. Bereits wenige Wochen später verzichtete er auf sein Amt.[249] Sein Nachfolger wurde Dompropst Poppo, der Onkel Bischof Ekberts. Poppo stand, als er das Bischofsamt annahm, bereits in fortgerücktem Alter; er war den Aufgaben, die die Leitung des Bistums mit sich brachte, zweifellos nicht mehr gewachsen. Sein Hochstift litt unter einer drückenden Schuldenlast, die nicht nur vom Dombau, son-

Kat.Nr. 54
Der Patriarch Berthold V. von Aquileja nutzte im Rahmen einer expansiven Geldpolitik die Münzstätten von Aquileja und Windischgraz.

dern auch von Ekberts langjähriger Tätigkeit im Reichsdienst herrührte. So mußten hochstiftische Güter verpfändet werden, um Zins und Tilgung der hinterlassenen Schulden sicherzustellen.[250]

Poppos Schwierigkeiten mehrten sich, als der Kaiser im Frühjahr 1239 erneut vom Papst gebannt wurde. Der Ausschluß aus der Kirche war diesmal – eindeutiger noch als zwölf Jahre zuvor – allein um politischer Ziele willen verhängt worden.[251] Wieder brauchte der Kaiser verläßliche Leute, die wie zu König Philipps Zeiten dem staufischen Herrn die Treue hielten. Jüngere Kräfte mochten dieser Aufgabe gewachsen sein; Poppo fühlte sich dazu nicht mehr imstande. Als feindliche Truppen im Herbst 1239 den Durchzug durch das hochstiftische Land forderten, ließ er sie gewähren. Ein Teil der Domherren verzieh ihm das nicht und wandte sich vielleicht schon damals an König Konrad IV. mit der Bitte um Abhilfe.[252]

Im Lauf des Jahres 1241 muß Poppo sich entschlossen haben, das bischöfliche Amt niederzulegen. Um die Jahreswende fand er sich noch einmal beim König in Nürnberg ein, verpfändete bei dieser Gelegenheit die Stadt Amberg an den Markgrafen von Hohenburg und legte wohl zur gleichen Zeit den Bogener Besitz seiner Kirche, den Ekbert 1228 an Herzog Ludwig I. von Bayern gegeben hatte, in König Konrads IV. Hände; befand sich doch Ludwigs Nachfolger, Herzog Otto II., wieder einmal auf päpstlicher Seite. Die Überlassung der Bogener Lehen an den Staufer mochte eine der letzten Amtshandlungen des Bischofs gewesen sein.[253] Es folgte der Verzicht auf das Bistum, und wenige Monate später bestieg ein Vertrauter Friedrichs II., der kaiserliche Notar und Dekan von Aachen, Heinrich, den Bamberger Bischofsstuhl. Poppo, der am 2. Dezember 1245 starb, hat sich nie darum bemüht, die bischöfliche Weihe aus den Händen des Papstes zu erlangen. Er war als Kirchenfürst kein Feind der Staufer gewesen, auch wenn er den kaiserlichen Befehlen nicht in allem Folge geleistet hatte.[254] Was die Motive für seinen Rücktritt angeht, so hatte ihn vielleicht sein Neffe Berthold von Aquileja, dessen Lage damals in manchem jener seines Onkels glich, bestärkt.

Berthold von Aquileja hatte in den zurückliegenden Jahren mehrmals den kaiserlichen Hof aufgesucht; Anfang 1237 war er in den Babenberger Landen bei Friedrich II.; vom Juli bis in den Oktober 1238, während die kaiserlichen Truppen vergeblich die Stadt Brescia belagerten, zählte er zum Gefolge des Kaisers. Auch nachdem Gregor IX. im Frühjahr 1239 erneut den Bann über den Staufer ausgesprochen hatte, fiel Berthold nicht vom Kaiser ab. Er feierte mit ihm wenige Wochen später das Pfingstfest in Vicenza und zog sich damit, ohne daß es eines besonderen richterlichen Spruchs bedurft hätte, den Ausschluß aus der Kirche zu, der nach herr-

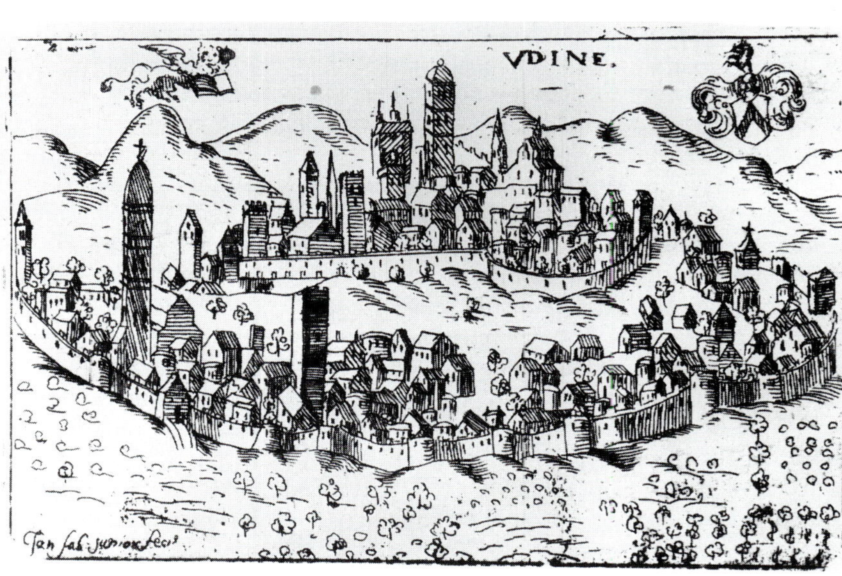

Kat.Nr. 55
Unter Berthold V. wurde Udine zum Zentrum des Patriarchats von Aquileja ausgebaut.

Kat.Nr. 45
Die älteste überlieferte Bestätigungsurkunde für das Stadtrecht der Andechser Gründung Innsbruck stammt vom 9. Juni 1239.

schendem Recht nicht nur den Täter, sondern auch dessen Helfer traf.[255] Aber der Patriarch – als Herr über ein Land, das Meer und Gebirge verband – hatte unter den Auswirkungen des Banns nicht zu leiden. Man suchte vielmehr, ihm den Weg ins kirchliche Lager zu ebnen und bot ihm die Absolution an, nachdem sein Schwager, König Andreas von Ungarn, als Fürsprecher an der Kurie tätig geworden war. Berthold von Aquileja nahm die Absolution an. Er sagte sich zwar nicht vom Kaiser los, gehörte allerdings auch nicht zu den Feinden der Kurie und wurde so – vielleicht durchaus im Einvernehmen mit Friedrich II. – zum Vermittler zwischen den verfeindeten Kräften.[256]

Die Zeiten wurden freilich bedrohlicher, als im Juni 1243 Sinibaldo Fiesco, ein Graf von Lavagna, als Innozenz IV. den päpstlichen Thron bestieg, fest entschlossen, die Macht des staufischen Hauses zu brechen. Er berief für den Sommer 1245 ein Konzil nach Lyon ein, auf dem er dem Kaiser alle Rechte und Würden aberkannte.[257] Umsonst waren die Einwände gewesen, die der Großhofrichter Taddaeus von Suecia und der kaiserliche Protonotar Petrus de Vinea zu seinen Gunsten vorgebracht hatten, umsonst auch das Eintreten des Patriarchen von Aquileja für den Staufer. Berthold mußte sich vor versammeltem Konzil sogar den Vorwurf anhören, ein unehrliches Spiel zu treiben und im Geheimen ein Helfer des Staufers zu sein.[258] Jetzt brach ein kompromißloser Kampf aus. Doch der Patriarch von Aquileja ließ sich nicht dazu bewegen, seine Haltung aufzugeben. Er hatte in früheren Jahren den Vermittler gespielt und wollte auch weiterhin keiner Partei verbunden sein. So erhielt er noch im Juli 1246 von Friedrich II. ein Privileg.[259] Dann wurde es still zwischen den beiden Herren.

Es folgten Jahre, in denen der Kaiser auf der Hut vor seinen Feinden sein mußte, die ihm – teilweise mit Wissen des Papstes – nach dem Leben trachteten. Die Kämpfe mit den lombardischen Städten zogen sich hin, ohne daß ein Ende abzusehen war. Im Frühjahr 1249 verließ Friedrich II. schließlich die oberitalienischen Gegenden, um in sein unteritalienisches

Königreich zu gehen, das ihm nach dem Urteil der Kirche nicht mehr gehörte.[260] Nun entschied sich Berthold von Aquileja, in das Lager des Papstes zu wechseln. Im Mai 1249 schloß er ein Bündnis mit dem Markgrafen von Este und dem Grafen von San Bonifacio sowie mit den Städten Brescia, Mantua und Ferrara, das ihn vor den Angriffen kaiserlicher Anhänger schützen sollte. Auch der Papst beeilte sich, dem Kirchenfürsten seine Hilfe zuteilwerden zu lassen: Er wies im Sommer 1250 Bertholds Nachfolger auf dem erzbischöflichen Stuhl zu Kalocsa und alle Prälaten der ungarischen Kirche an, den Patriarchen jährlich mit 2000 Mark Silber zu unterstützen, solange der Kampf gegen den staufischen Anhang dauere.[261]

Die ungarischen Prälaten hatten an dieser Last nicht lange zu tragen. Der Tod des Kaisers am 13. Dezember 1250 ließ ein baldiges Ende der Kämpfe erwarten. Im übrigen überlebte Berthold seinen früheren Herrn nur um wenige Monate. Als er am 23. Mai 1251 starb, ging mit ihm jene Epoche zu Ende, in der Söhne aus deutschen Adelsfamilien den Patriarchenthron besaßen.[262] Bei seinem Tod war freilich auch der Besitz seiner Familie bereits zum Zankapfel der Erben geworden. Diese Entwicklung war völlig unerwartet gekommen; hatte es zunächst doch den Anschein gehabt, als würde es unter der Herrschaft seines Neffen, Herzog Ottos VIII. von Meranien, noch einmal zu einer Ausweitung andechsischer Macht kommen.

Das Ende des Hauses Andechs-Meranien

Herzog Otto VIII. dürfte 1236 volljährig geworden sein und in dieser Zeit Elisabeth, die Tochter seines Vormunds, Graf Alberts III. von Tirol, geheiratet haben. Seinem jugendlichen Alter wird man es wohl zuschreiben dürfen, daß er vorerst offenbar keinerlei Anteil an der Reichspolitik nahm, sondern stattdessen seine Besitzungen in Süddeutschland verwaltete.[263] Wenn die wenigen Nachrichten, die aus diesen Jahren erhalten sind, einen Schluß zulassen, so hat er sich vornehmlich in Innsbruck aufgehalten, an dem Ort, dem er am 9. Juni 1239 ein wichtiges Privileg erteilte. Mit ihm wurden den Einwohnern alle Freiheiten bestätigt, die sie von seinen Vorfahren erhalten hatten; auch sollte in der Stadt die einzige Warenniederlage zwischen Ziller und Melach bestehen; die Bürger sollten außerdem von einem Teil der Zölle in der Herrschaft des Meraniers befreit sein und das Recht besitzen, bei der Bestellung des Stadtrichters wie auch bei ihrer Besteuerung mitwirken zu dürfen. Dazu wurde ihnen das Münzrecht eingeräumt, das sie nach dem Augsburger Vorbild ausüben konnten.[264]

Bemühte sich der Herzog, wie diese Privilegierung zeigt, Handel und Wirtschaft in seinen südlichen Besitzungen zu fördern, so scheint er seiner bayerischen Güter wegen in Konflikt mit Herzog Otto II. von Bayern geraten zu sein. Wenn man Aufzeichnungen aus dem Kloster Schäftlarn, die noch aus der 2. Hälfte des 13. Jahrhunderts stammen, Glauben schenken darf, begannen die meranisch-wittelsbachischen Kämpfe, die regelmäßig von Verwüstungen des feindlichen Gebietes begleitet waren, im Dezember 1238, um sich mit längeren Unterbrechungen bis in das Jahr 1246 hinzuziehen. Die Auseinandersetzungen hatten eher den Charakter örtlich wie zeitlich begrenzter Fehden, die sich um Wolfratshausen, später um Starnberg konzentrierten, um schließlich 1246 zum gänzlichen Verlust des Andechser Besitzes um Ammer- und Starnberger See zu führen.[265] Der Grund für die Auseinandersetzungen dürfte wohl weniger, wie man vermutete, in der Parteinahme des Wittelsbachers für den Papst gelegen haben; eher wird der bayerische Herzog die jugendliche Unerfahrenheit des Andechsers genutzt haben, um die Güter, auf die sein Vater 1228 verzichtet hatte, wieder in seine Gewalt zu bringen.[266]

In die Verhältnisse seiner Freigrafschaft griff Herzog Otto VIII. nur wenig ein. Er war seit Anfang 1241 zwar für längere Zeit auf seinen burgundischen Besitzungen, da die Verpfändung des Landes an den Grafen von

Kat.Nr. 62 ▷
Der Stammbaum der Tiroler Landesfürsten von 1612 erinnert daran, daß die Ausbildung der Grafschaft Tirol auf die Geschlechter der Grafen von Tirol, der Grafen von Andechs und der Grafen von Görz zurückgeht.

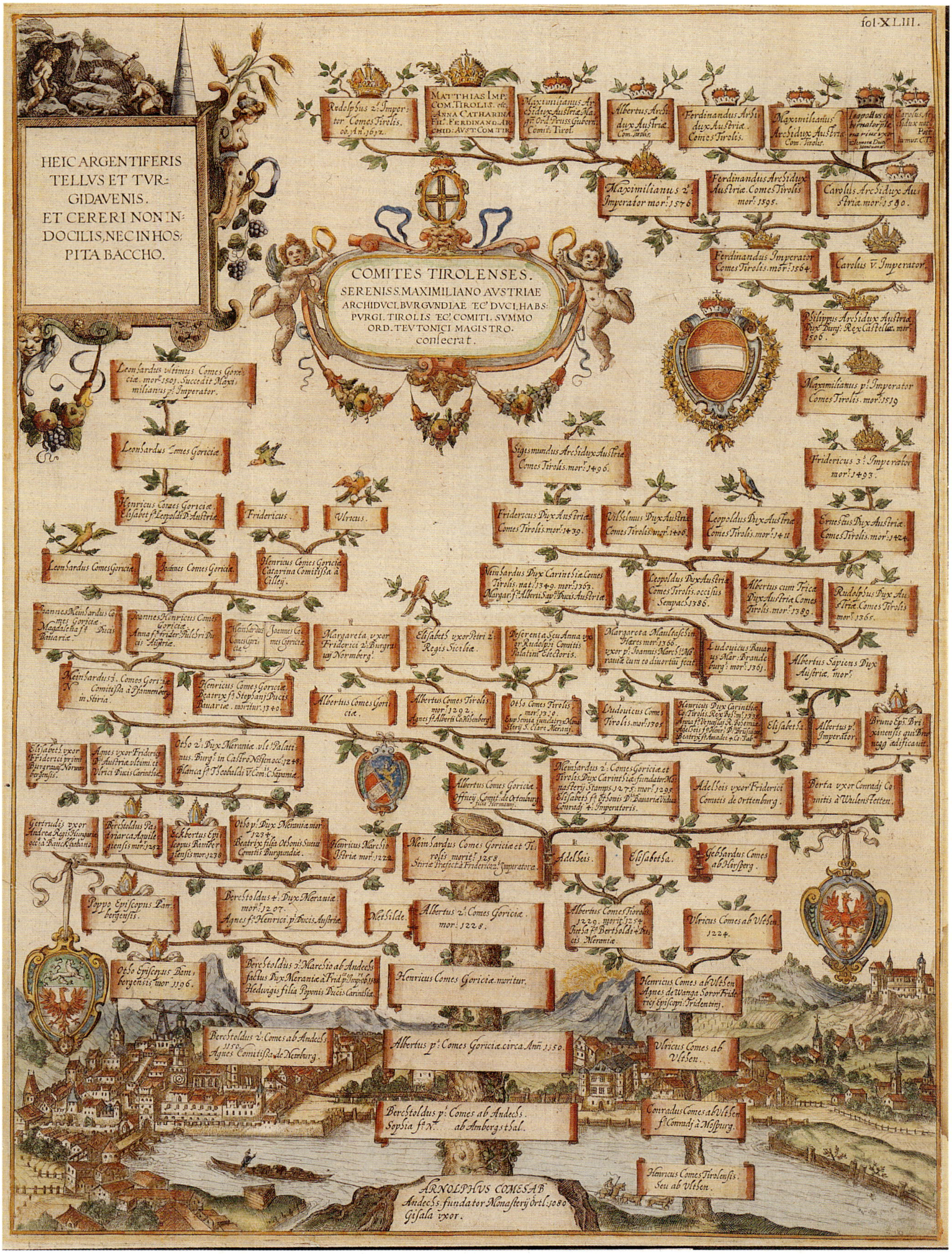
fol. XLIII.
HEIC ARGENTIFERIS TELLVS ET TVR: GIDAVENIS. ET CERERI NON IN: DOCILIS, NEC IN HOS: PITA BACCHO.
COMITES TIROLENSES.
SERENISS. MAXIMILIANO AVSTRIAE ARCHIDVCI. BVRGVNDIAE ETC. DVCI. HABSPVRGI. TIROLIS ETC. COMITI. SVMMO ORD. TEVTONICI MAGISTRO.
consecrat.
Maximilianus 2. Imperator mor. 1576
Carolus V. Imperator
Henricus Comes Goriciæ moritur.
ARNOLPHVS COMES AB Andechs fundator Monasterij Ortl. 1080 Gisala vxor.

der Champagne offenbar zu Ende ging, überantwortete aber bereits im April 1242 das Land für zunächst vier Jahre Herzog Hugo IV. von Burgund, der ihm dafür eine angemessene Summe, deren Höhe allerdings nicht bekannt ist, zu bezahlen bereit war.[267] Diese Abmachung wurde im Sommer 1244, als sich Herzog Otto VIII. offenbar noch einmal in Burgund aufhielt, durch einen Vertrag ersetzt, demzufolge der Herzog von Burgund die Freigrafschaft bis Allerheiligen 1248 innehaben sollte; die Besteuerung der freigräflichen Untertanen durfte jedoch nur mit Zustimmung dreier Lehensleute des Meraniers erfolgen.[268] Diese entstammten dem einheimischen Adel; daneben hatte der Herzog einen Vertrauensmann – offenbar einen gebürtigen Oberfranken –, der den Titel eines »Landrichters« und »Verwalters« trug – man nannte ihn wohl nach französischem Vorbild »baillivus« und »ordinator« – und die Ansprüche seines Herrn in der Freigrafschaft vertrat. Mit dieser Aufgabe war der langjährige Mitarbeiter Ottos VIII., Heidenreich von Rubendorf, betraut, der in burgundischen Urkunden wohl seines für französische Ohren so fremdartig klingenden Namens wegen als »Henri Theutons« oder »Henri l'Aulemant« – »Heinrich, der Deutsche« – bezeichnet wurde.[269]

Während Herzog Otto VIII. zu Beginn des Jahres 1241 in seine burgundische Freigrafschaft reiste, verlieh der Nachfolger Bischof Heinrichs von Brixen, der Erwählte Egno, dem Grafen von Tirol und dessen abwesendem meranischen Schwiegersohn für 700 Mark Silber sämtliche Brixener Kirchenlehen, die die beiden bislang getrennt besaßen, zu gemeinsamer Hand.[270] Dieser Vorgang läßt erkennen, daß der Herzog mit seinem Schwiegervater allem Anschein nach einen Erbvertrag geschlossen hatte, der ihm nach dem Tod des Grafen einen Teil des Tiroler Erbes sichern sollte. Graf Albert wurde dafür die Möglichkeit eröffnet, nicht nur seine eigenen Besitzungen, sondern auch die meranischen Güter im Gebirge bis an sein Lebensende verwalten zu können. Das Abkommen war wohl zu beider Nutzen geschlossen worden. Graf Albert, der ohne Söhne war, erhielt dadurch ein weiteres Betätigungsfeld; gleichzeitig aber war der Meraner Besitz im Inntal fürs erste der wittelsbachischen Begehrlichkeit entzogen.[271]

Eine Folge dieses Vertrags war, daß sich der Herzog, nachdem er im Herbst 1242 aus Burgund zurückgekehrt war, nun fast ausschließlich in seinen fränkischen Landen aufhielt.[272] Herzog Otto VIII. verließ sein Land in den folgenden Jahren nur noch zweimal für längere Zeit: einmal 1244 zu einem mehrere Monate dauernden Besuch in der Freigrafschaft,[273] ein zweites Mal im Frühjahr 1245, als er sich – wie sein Onkel Berthold V. – auf dem Reichstag in Verona bei Friedrich II. einfand.[274] Was der Meranier damals mit dem Kaiser und dessen Räten zu besprechen hatte, läßt sich nur vermuten. Führte er Klage über den Raub seiner altbayerischen Besitzungen durch Herzog Otto II. von Wittelsbach? Oder berichtete er dem Kaiser vom Verrat, der sich in seiner fränkischen Heimat anbahnte? Auch das ist nicht auszuschließen.

Bischof Heinrich von Bamberg, der als Vertrauensmann des Kaisers dem Großonkel Herzog Ottos VIII. in der Leitung des Bistums gefolgt war, schickte sich an, auf die Seite des Papstes zu treten. Vielleicht war er, während sich der Herzog in Verona und Turin beim Kaiser aufhielt, schon auf dem Weg zu Innozenz IV., von dem er Anfang Oktober 1245 die bischöfliche Weihe empfing. Unversehens hatte sich damit – nur wenige Monate nach dem Konzil von Lyon – eine starke Gegnerschaft gegen den Kaiser am Main gebildet.[275] Denn nicht nur Bischof Heinrich von Bamberg gehörte jetzt zu den Anhängern des Papstes; auch der Erzbischof von Mainz und der Bischof von Würzburg hatten sich von Friedrich II. und König Konrad IV. abgewandt. Ihr Bündnis konnte einem kleineren Herrn wie dem Meranier durchaus gefährlich werden, wenn sich die geistlichen Fürsten gegen ihn verschworen.

Herzog Otto VIII. wird dies befürchtet haben, so daß er sich noch im Lauf des Jahres 1246 entschloß, ebenfalls ins Lager des Papstes zu wechseln. Der Schritt des Andechsers hatte zur Folge, daß der Kaiser ihm seine

Grafschaft am unteren Inn sowie das Reichslehen zu Besançon aberkannte. Innozenz IV. hingegen verlieh ihm die Gnade, von niemandem außer dem päpstlichen Stuhl gebannt werden zu können; Heinrich Raspe, der Landgraf von Thüringen, den eine Minderheit unter den Reichsfürsten am 22. Mai 1246 zum Gegenkönig gewählt hatte, stellte ihm dazu eine Summe Geld in Aussicht. Nutzen und Schaden hielten sich so die Waage.[276]

Herzog Otto VIII. wird seinen neuen Freunden kein sonderlich wichtiger Helfer gewesen sein. Die oberfränkischen Besitzungen waren zu klein, als daß sein Seitenwechsel eine Veränderung im beiderseitigen Kräfteverhältnis bewirkt hätte. Von einer Beteiligung an den Kämpfen zwischen dem Gegenkönig und dessen Feinden in der Folgezeit ist nichts überliefert. Zudem stand es mit der Gesundheit des Meraniers um diese Zeit wohl nicht mehr zum besten. Anfang Juni 1248 verschlechterte sich der Zustand des Herzogs so sehr, daß man mit seinem baldigen Tod rechnen mußte. Noch einmal wurden fromme Stiftungen zugunsten der Klöster getätigt, mit denen das Haus Andechs-Meranien sich seit jeher verbunden wußte. Langheim und Banz in Franken, Dießen in Oberbayern zählten dazu; dem Bamberger Domstift wurden Besitzungen zurückgegeben, die der Herzog, wie er jetzt glaubte, zu Unrecht besessen hatte.[277] Zum Andenken an seine Eltern sowie zu ihrem und seinem Seelenheil stiftete er am 15. Juni in Poligny in seiner burgundischen Herrschaft ein Chorstift für zwölf Geistliche. Mit dem Vollzug dieser letzten Verfügung betraute er seine Schwester Alice und deren Gemahl Hugo sowie Hugos Vater, den Grafen Johann von Chalon. Sein Kaplan und Notar Hermann, der ihm lange Zeit treu gedient hatte, erhielt eine Chorherrnstelle an dem Stift.[278] Wenige Tage später, am 19. Juni 1248, starb Herzog Otto VIII. Wie seine Eltern wurde er im Kloster Langheim begraben.[279]

Nach Herzog Ottos VIII. Tod verbreitete sich – was häufig der Fall war, wenn fürstliche Personen unerwartet starben – das Gerücht vom gewaltsamen Ende des Andechsers. Im Kloster Schäftlarn glaubte man zu wissen, daß der Herzog vergiftet und erdrosselt worden sei; in Franken hieß es dagegen seit dem 14. Jahrhundert, der letzte Herzog von Meranien sei einem Mord zum Opfer gefallen – erdolcht von seinem eigenen Dienstmann Hager, wie die Sage später berichtete.[280]

Kat.Nr. 63
Ein Zeugnis für das Weiterleben von Legenden um das Ende der Andechs-Meranier ist dieses um 1700 in Oberfranken entstandene Gemälde, das die angebliche Ermordung Herzog Ottos VIII. von Andechs-Meranien vor seiner Burg Niesten darstellt.

Das Erbe der Andechser

Herzog Ottos VIII. Ehe mit Elisabeth von Tirol war kinderlos geblieben. So galt es nun, seine Hinterlassenschaft zu verteilen. Der letzte Meranier Herzog hatte darauf verzichtet, seine Güter zu verkaufen oder zu verschenken, was ihm durchaus möglich gewesen wäre; nach seinem Willen sollten sich vielmehr seine nächsten Verwandten – das waren seine Schwestern und deren Ehemänner – das Erbe nach seinem Tod teilen. Allerdings hatte er, wie es scheint, von vornherein davon Abstand genommen, ein Testament zu hinterlassen. Er stellte es den Angehörigen anheim, sich nach seinem Ableben über die Aufteilung des Erbes einig zu werden. Dieses Verhalten mag auf den ersten Blick als Ausdruck sträflichen Leichtsinns erscheinen. In Wirklichkeit dürfte aber der Grund für das Fehlen einer letztwilligen Verfügung Herzog Ottos VIII. darauf zurückzuführen sein, daß zu Lebzeiten des Herzogs nicht feststand, wie groß das Erbe sein würde, das die Verwandten nach seinem Tod beanspruchen könnten. Diese merkwürdige Situation war entstanden, weil zum Meranier Erbe nicht nur Eigenbesitz gehörte, über den allein die Andechser Familie zu bestimmen hatte, sondern weil auch ein nicht unbeträchtlicher Teil des Vermögens Lehensgut war, über das nur mit Zustimmung des Lehensherren verfügt werden konnte.

Das galt insbesondere für die Bamberger Kirchenlehen, bei denen es spätestens seit dem Verzicht Bischof Poppos auf das Bistum im Jahr 1242 keineswegs mehr feststand, daß ein Nachfolger die Andechser Lehen nach

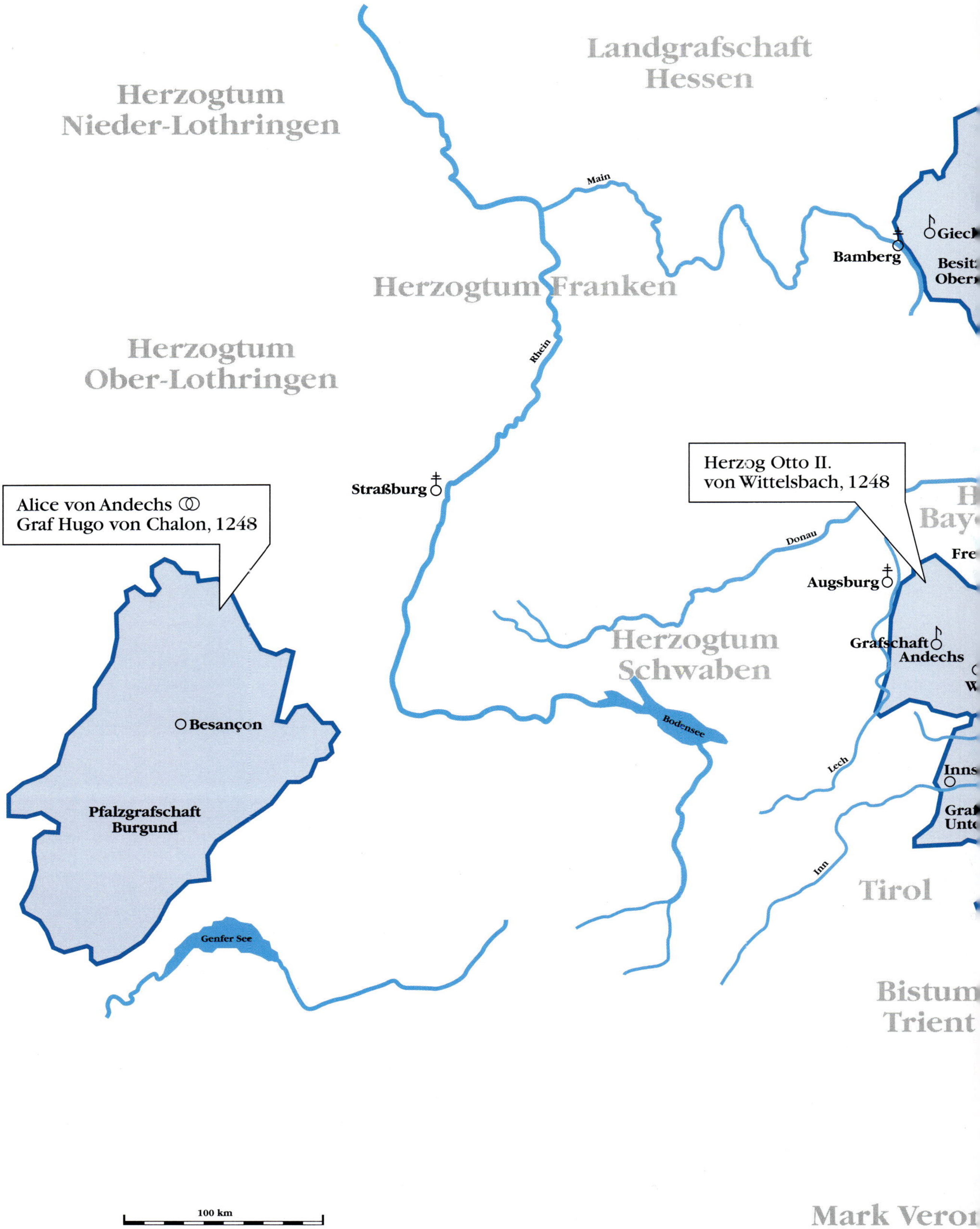
Landgrafschaft
Hessen
Herzogtum
Nieder-Lothringen
Main
Bamberg
Herzogtum Franken
Rhein
Herzogtum
Ober-Lothringen
Straßburg
Herzog Otto II.
von Wittelsbach, 1248
Alice von Andechs
Graf Hugo von Chalon, 1248
Donau
Augsburg
Grafschaft
Andechs
Herzogtum
Schwaben
Besançon
Bodensee
Lech
Pfalzgrafschaft
Burgund
Inn
Tirol
Genfer See
Bistum
Trient
100 km

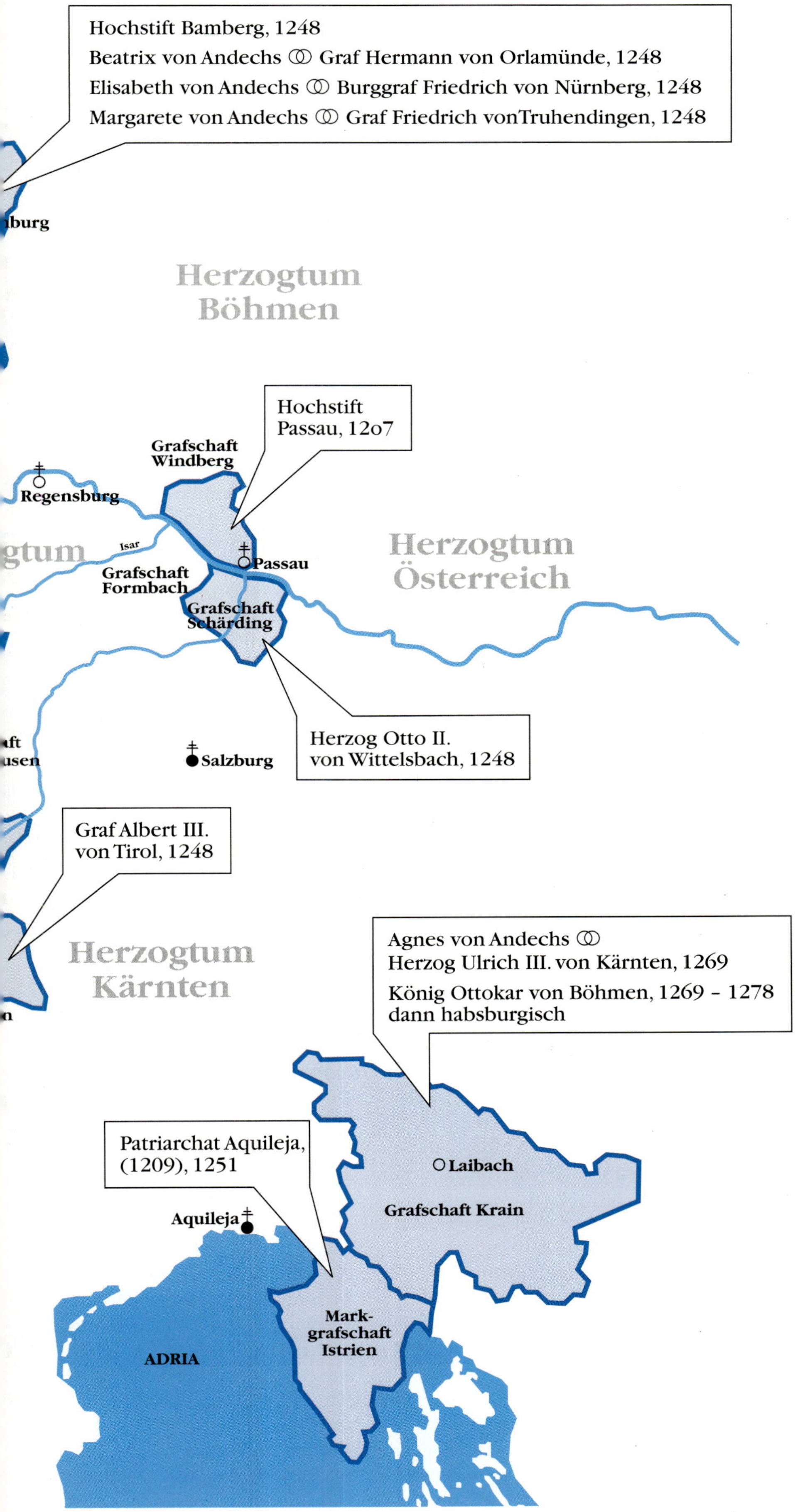

Die Rechtsnachfolger der Andechs-Meranier

Bistum
Erzbistum
Burg

dem Tod Herzog Ottos VIII. an dessen nächste Verwandte weiterverleihen würde. Schließlich besaß der Bamberger Oberhirte auch das Recht, frei gewordene Lehen an sein Hochstift zurückzunehmen und nicht wieder auszugeben. Ähnliches galt für die Freigrafschaft Burgund, die, obgleich durch Heirat an das Andechser Haus gelangt, vom Reich zu Lehen ging und daher letztlich auch nur im Einvernehmen mit der Krone von Seitenverwandten des bisherigen Inhabers erworben werden konnte. Die Möglichkeit aber, Verhandlungen mit den einzelnen Lehensherren zu führen und den Schwestern des Herzogs noch zu dessen Lebzeiten ein Recht auf die Nachfolge in den Andechser Reichs- und Kirchenlehen zu verschaffen, war gerade damals weitgehend illusorisch. Denn angesichts der unsicheren politischen Verhältnisse, die seit der erneuten Exkommunikation Kaiser Friedrichs II. im Jahr 1239 und insbesondere seit dessen Absetzung auf dem Konzil von Lyon 1245 herrschten, mußte stets damit gerechnet werden, daß einmal erzielte Abkommen – sei es durch den Tod oder den Parteiwechsel eines Lehensherrn oder sei es auch aufgrund sonstiger Veränderungen in den machtpolitischen Verhältnissen im Reich – jederzeit hinfällig würden.

Angesichts dieser nur schwer abwägbaren Umstände hatte man es daher offenbar schon Anfang der 40er Jahre in der Andechser Familie für das Beste gehalten, die erbrechtlichen Probleme, die eine möglicherweise kinderlos verbleibende Ehe des Herzogs aufwerfen würde, nicht weiter zu verfolgen, sondern sich um ihre Lösung erst nach dem Eintreten des Erbfalles zu bemühen. Daher war bereits 1242 mit Herzog Hugo IV. von Burgund vereinbart worden, daß dieser bei einem kinderlosen Tod Herzog Ottos VIII. die ihm damals überlassene Freigrafschaft Burgund so lange in Händen halten solle, bis feststünde, wer die Nachfolge in dieser Herrschaft antreten würde.[281]

Auch der Erbvertrag, den Herzog Otto VIII. um die gleiche Zeit mit seinem Schwiegervater, Graf Albert III. von Tirol, schloß, könnte mit den erwähnten erbrechtlichen Überlegungen oder Familienbeschlüssen in Verbindung gestanden haben.[282] Diesem Erbvertrag war es zu verdanken, daß das Schicksal der »inter montana«, der »im Gebirge« gelegenen Andechser Güter beim Eintritt des Erbfalls im Juni 1248 von vornherein unstrittig war. Sie fielen an Graf Albert III. von Tirol, der bislang nur über wenig Besitz nördlich des Brenners verfügt hatte. Als dieser 1253 starb, fiel dessen Erbe zu gleichen Teilen an seine beiden Töchter. Nun erhielt Herzog Ottos VIII. Witwe Elisabeth, die inzwischen den aus Franken stammenden Grafen Gebhard von Hirschberg geheiratet hatte, die Besitzungen nördlich der Prienner Brücke bei Landeck sowie nördlich der Holzbrücke bei Oberau-Franzensfeste im Eisacktal. Ihrer Schwester Adelheid, die mit Graf Meinhard III. von Görz verheiratet war, wurden dagegen die südlich davon gelegenen Güter und Rechte zugesprochen. Da aber auch Elisabeths Ehe mit dem Hirschberger kinderlos blieb, sollten diese Güter nach ihrem Tod im Jahr 1256 an ihre Schwester Adelheid und deren Görzer Gemahl fallen. Auf diese Weise hatte die Kinderlosigkeit Herzog Ottos VIII. von Meranien entscheidend dazu beigetragen, daß im Lauf des 13. Jahrhunderts im Alpenraum aus Tiroler, Andechser und Görzer Besitzungen jene Herrschaft entstehen konnte, die man bald als das »Land Tirol« bezeichnete.[283]

Wie den Geschwistern Herzog Ottos VIII. nach dessen Tod keine Rechte an den ehemaligen Besitzungen ihrer Ahnen im unteren Inntal und südlich des Brenners zustanden, so konnten sie auch keine Ansprüche auf den altbayerischen Besitz des Hauses geltend machen. Die Güter am unteren Inn, um Schärding und Neuburg, waren zusammen mit den Besitzungen in der Steiermark und in Krain bereits Ende der 20er Jahre als Mitgift an ihre Schwester Agnes gegeben worden, die 1229 Friedrich den Streitbaren, den Sohn Herzog Leopolds VI. von Österreich, geheiratet hatte. Nachdem diese Ehe 1243 geschieden worden war, und Agnes 1248 eine Ehe mit dem späteren Herzog Ulrich III. von Kärnten einging, gelangte dieser Besitz mit Ausnahme des Schärdinger Teils, den Friedrich der Streit-

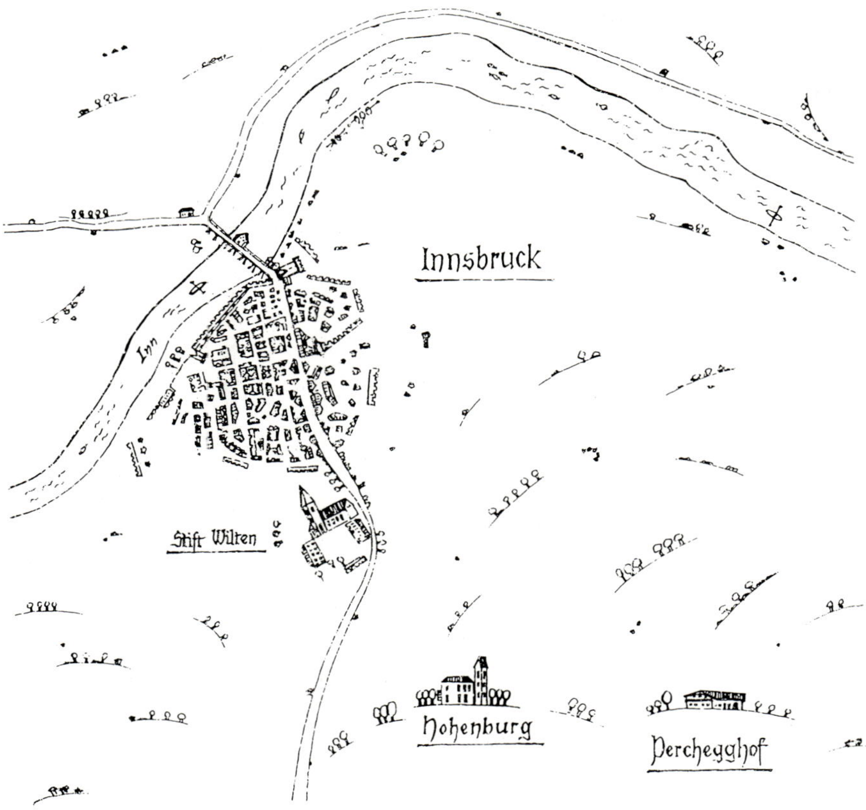

Kat.Nr. 47
Der seit Mitte des 13. Jahrhunderts nachweisbare »Perchegghof« auf altem Andechser Eigenbesitz oberhalb von Innsbruck war wahrscheinlich der Sitz einer Andechser Ministerialenfamilie aus dem oberbayerischen Ort Perchting. Später wechselten die »Perchtinger« auf den nahegelegenen Ansitz Hohenburg.

bare nicht herausgab, an die Familie des zweiten Gemahls der Meranierin. Da auch diese Ehe, wie schon die erste Verbindung, kinderlos blieb, sollte König Béla IV. von Ungarn, der Sohn der Andechserin Gertrud, die Mitgift seiner Cousine erben. Doch setzte sich Herzog Ulrich III. über dieses Vermächtnis seiner Gattin hinweg, so daß schließlich König Ottokar II. Přemysl von Böhmen, den der Kärntner zu seinem Erben eingesetzt hatte, in den Genuß der Andechser Besitzungen kam.[284]

Dem Zugriff der meranischen Erben blieben auch die Besitzungen des Hauses in Oberbayern entzogen, da diese schon zu Lebzeiten Herzog Ottos VIII. von dessen wittelsbachischem Gegner, Herzog Otto II. von Bayern, beschlagnahmt worden waren.[285] Als erfolglos bei der Gewinnung Andechser Besitzes erwies sich der Wittelsbacher lediglich bei der Übernahme der Vogtei über Benediktbeuern. Das seit über hundert Jahren unter Andechser Schirmherrschaft stehende Reichskloster konnte sich nämlich noch bis weit in das 14. Jahrhundert hinein dergleichen Ansprüchen von seiten der Wittelsbacher erwehren.[286] Aber auch bei der Eingliederung des Klosters Dießen scheint es Schwierigkeiten gegeben zu haben, die offenbar erst unter Herzog Ludwig II. von Bayern, dem Sohn und Nachfolger Herzog Ottos II., endgültig beseitigt werden konnten. 1258 dürfte die Andechser Gründung schließlich den Rang eines landständischen bayerischen Klosters erhalten haben, wie Herzog Ludwigs II. Privileg von diesem Jahr erkennen läßt. In ihm erklärte der Herzog nämlich, er bestätige den Chorherren zu Dießen alle Rechte, die das Stift von seinen Gründern, den Herzögen von Meranien, Pfalzgrafen von Burgund und Markgrafen von Andechs sowie von allen anderen Adeligen und Ministerialen »in unserer Landesherrschaft« – »terre nostre« hieß es – in früheren Zeiten erhalten hatte.[287] Waren die Andechser aber als Grafen von Dießen und Wolfratshausen jemals Vasallen der bayerischen Herzöge gewesen? Der Wittelsbacher behauptete das in seinem Privileg von 1258 nicht ausdrücklich. Aber man merkte es der Urkunde doch deutlich an, daß Herzog Ludwig II. einen solchen Anschein zu erwecken versuchte, und daß er alles tat, um nur ja keinen Zweifel am rechtmäßigen Erwerb seiner Andechser Besitzungen aufkommen zu lassen.

Der Kampf um das Andechser Erbe brach angesichts dieser Verhältnisse zunächst lediglich in Franken aus, wo Bischof Heinrich von Bamberg bereits im Februar 1249 die Grafschaft im Radenzgau mit dem Landgericht in der Bamberger Diözese sowie die Burgen Giech, Niesten und Lichtenfels als Kirchenlehen, die durch den Tod ihres bisherigen Inhabers frei geworden waren, einzuziehen versuchte.[288] Das Bestreben des Bischofs, den von seinen Vorgängern an die Andechser verliehenen Besitz nicht wieder auszugeben, sondern zum Aufbau einer geistlichen Landesherrschaft zu verwenden, führte zu jahrelangen Kämpfen, die das Hochstift vor allem mit Burggraf Friedrich von Nürnberg, dem Mann der Andechserin Elisabeth, und Graf Friedrich von Truhendingen, der mit Margarete von Andechs verheiratet war, zu bestehen hatte. Als man sich schließlich zu einigen vermochte, konnte das Hochstift die Grafschaft im Radenzgau sowie die Vogtei über die Klöster Banz und Langheim behaupten. An die Truhendinger Erben kamen dagegen die Juragüter mit Giech und Scheßlitz sowie die Burgen Neuhaus und Arnstein, westlich des Mains auch die Burg Stufenberg und der Markt Baunach. Die Burggrafen von Nürnberg erhielten dagegen die Herrschaft Bayreuth, dazu das Regnitzland, das sie freilich bald an die Vögte von Weida verlieren sollten. Zu den Nutznießern des Erbschaftsstreits zählten auch die Grafen von Orlamünde, deren bereits 1247 verstorbener Vater Hermann mit Beatrix, ebenfalls einer Schwester Herzog Ottos VIII. von Meranien, verheiratet gewesen war. Sie erhielten die Herrschaft Plassenburg mit Kulmbach; dazu kamen mit Berneck, Goldkronach, Wirsberg, Trebgast, Pretzendorf und Mittelberg Burgen und Güter im Frankenwald und im Fichtelgebirge.[289]

Konnte in Franken das meranische Erbe nur unter großen Mühen und nicht ohne Verluste behauptet werden, so bereitete demgegenüber die burgundische Hinterlassenschaft zunächst offensichtlich keine Schwierigkeiten. Die Freigrafschaft war beim Tod Herzog Ottos VIII. von Meranien noch in Händen Herzog Hugos IV. von Burgund, der sie einem Abkommen von 1244 zufolge bis Allerheiligen 1248 verwalten und nutzen durfte. Nach Ablauf des Vertrags trug er offenbar keine Bedenken, sie an Alice, ebenfalls eine Schwester Herzog Ottos VIII., zu übergeben.[290] Alice war seit den 30er Jahren mit Hugo, dem Sohn jenes Grafen Johann von Chalon, vermählt, der nach den Plänen seines Vaters, Graf Stephans von Auxonne, ursprünglich Beatrix, die Erbtochter des im Jahr 1200 verstorbenen Pfalzgrafen Ottos I., hätte heiraten sollen, die dann aber bekanntlich mit Herzog Otto VII. von Meranien die Ehe schloß. Die Verbindung zwischen Alice und Hugo, noch durch Herzog Otto VII. verabredet, stellte somit gewissermaßen eine kleine Entschädigung für die in früheren Jahren durch König Philipp II. von Schwaben verhinderte Ehe zwischen Johann und der Stauferin dar. Eine Übergabe des Landes an Alice und ihren Mann Hugo lag Ende 1248 auch insofern nahe, als die Schwester des Verstorbenen nicht nur ihre Einkünfte in der Freigrafschaft besaß, sondern sie dort auch schon in den zurückliegenden Jahren gelebt hatte und daher auch nicht mit Schwierigkeiten von seiten des einheimischen Adels zu rechnen war.[291]

So konnten Alice und Hugo ihre freigräflichen Rechte zunächst tatsächlich unangefochten wahrnehmen.[292] Allerdings hatte sich ihr Schwager, Burggraf Friedrich von Nürnberg, bereits 1249 von König Wilhelm von Holland alle Reichslehen – und dazu zählte auch die Freigrafschaft Burgund – verleihen lassen, die Herzog Otto VIII. zu Lebzeiten besessen hatte.[293] Burggraf Friedrich von Nürnberg und seine Frau Elisabeth waren daher die ersten, die wenige Jahre später Ansprüche auf das burgundische Erbe geltend machten. Dabei war ihnen der Vater Pfalzgraf Hugos, Graf Johann von Chalon, behilflich. Dieser hatte aus seiner zweiten Ehe mit Isabella von Courtenay einen Sohn namens Johann, der 1255 mit Adelheid, der Tochter Burggraf Friedrichs und Elisabeths, vermählt werden sollte.

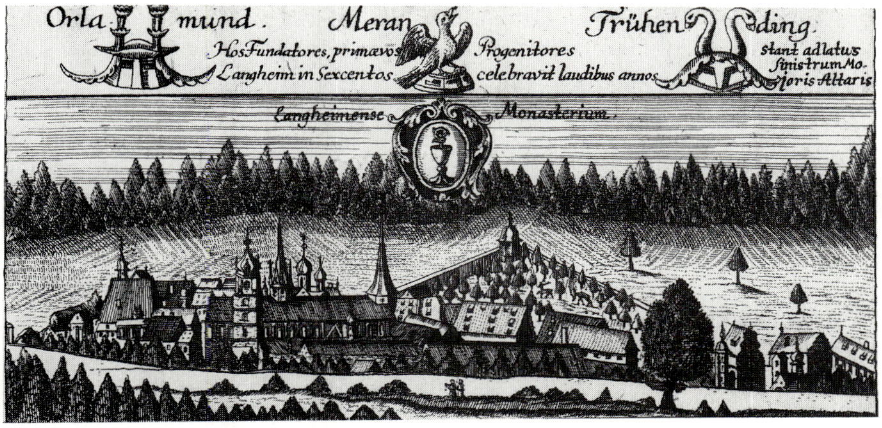

Kat.Nr. 40
Noch im 18. Jahrhundert wurde in Langheim das Geschlecht der Andechs-Meranier fälschlich als das der Gründer des Klosters verehrt. Ihm zur Seite gestellt wurden die Grafen von Orlamünde und Truhendingen, die die Nachfolge der Andechser in Oberfranken angetreten hatten.

Als Adelheids Mitgift wurden 7000 Mark Silber vereinbart, die jedoch nicht, wie üblich, von ihren Eltern erlegt werden mußten, sondern in diesem Fall vom Vater des Bräutigams bereitzustellen waren, dem zuvor die burggräflichen Ansprüche auf die Freigrafschaft um die gleiche Summe verkauft worden waren.[294] König Wilhelm von Holland bestätigte dieses Heiratsabkommen noch im gleichen Jahr; doch kam die Ehe zwischen Johann von Chalon und Adelheid von Nürnberg nicht zustande. Da Pfalzgraf Hugo und seine Gemahlin Alice entschlossen waren, ihre Rechte auf die Freigrafschaft notfalls auch mit Waffengewalt zu behaupten, wurde der Ehevertrag bereits 1256 für ungültig erklärt. Die Ansprüche des burggräflichen Hauses an die tatsächlichen Inhaber der Freigrafschaft, an Hugo und Alice also, wurden für 1040 Mark Silber verkauft.[295] Mit Geld konnten diese wenige Jahre später auch Graf Friedrich von Truhendingen und dessen Frau Margarete entschädigen, die 1262 für 400 Mark Silber auf ihre Ansprüche verzichteten.[296]

Damit blieben nur mehr die Forderungen der Orlamünder Verwandten abzugelten. Diese Aufgabe gestaltete sich insofern schwieriger, als die verwitwete Gräfin Beatrix von Orlamünde ihre Ansprüche 1265 für 20000 Mark Silber an Herzog Hugo IV. von Burgund abgetreten hatte. Doch war dieser drei Jahre später bereit, auf seine Rechte zu verzichten. Dafür mußten ihm allerdings die Pfalzgräfin Alice und deren Sohn Ottenin – Pfalzgraf Hugo war in der Zwischenzeit verstorben – 11000 Pfund Vienneser Pfennige bezahlen; zudem hatten sie ihm ihre freigräflichen Orte Dôle und Rochefort zu übergeben und diese als Lehen des Herzogtums Burgund wieder aus seinen Händen entgegen zu nehmen.[297]

Bei der Abtretung der Orlamünder Ansprüche an den Herzog von Burgund hatte Gräfin Beatrix im Jahr 1265 auch eine Urkunde übergeben lassen, die durch die Bischöfe von Straßburg und Speyer ausgestellt worden war. In ihr erklärten die beiden Kirchenfürsten, sie hätten vom Bamberger Bischof erfahren, daß Herzog Otto VIII. von Meranien seiner Schwester Beatrix ausdrücklich ein Recht auf das freigräfliche Erbe zugesichert habe.[298] Diese Urkunde war ein eher dürftiges Zeugnis, da aus ihr nämlich nicht hervorging, ob die Aussteller des Dokuments ihre diesbezüglichen Kenntnisse noch von dem in den 40er Jahren regierenden Bischof Heinrich von Bamberg oder erst von dessen Nachfolger Berthold, der seit 1260 das Bistum leitete, erhalten hatten. Auch blieb unklar, ob das der Gräfin von Orlamünde angeblich zugesicherte Recht die ganze Freigrafschaft betraf oder es sich dabei lediglich um Teilansprüche handelte, wie sie auch von den beiden anderen Schwestern geltend gemacht worden waren.

Ende der 60er Jahre, als sich Herzog Hugo IV. von Burgund seine Ansprüche auf die Freigrafschaft abkaufen ließ, wurde diese Urkunde der Pfalzgräfin Alice und ihrem Sohn Ottenin ausgehändigt. Sie war als Rechtstitel damit zwar wertlos geworden, sollte aber Anlaß zur Anfertigung eines weiteren Dokuments geben. Die Tatsache, daß die Inhaber der

Kat.Nr. 41
Das Portal der Katharinenkapelle im Kloster Langheim ist das einzige Baurelikt aus der romanischen Gründungszeit.

Freigrafschaft Verwandte hatten, die ihre Ansprüche auf den burgundischen Erbteil nicht allein mit dem Hinweis auf ihre Abstammung vom meranischen Haus geltend gemacht, sondern sich auch auf angebliche oder tatsächliche Zusagen des letzten Meraniers berufen hatten, ließ nämlich allem Anschein nach am freigräflichen Hof bald den Wunsch aufkommen, ein eindeutiges Zeugnis dafür zu besitzen, daß die Herrschaft über die Freigrafschaft Burgund allein der Pfalzgräfin Alice und ihren Nachkommen zustünde.

So fertigte man, nachdem die Verwandten in Deutschland mit Geld abgefunden worden waren, zu guter Letzt noch eine Urkunde auf den Namen des verstorbenen Herzogs Otto VIII. von Meranien an, die das Datum des 23. Mai 1248 trug. Mit ihr wurde die Pfalzgräfin Alice als seine Erbin eingesetzt und zur größeren Sicherheit auch noch von ihm adoptiert. Um aber keinerlei Zweifel an den Absichten des verstorbenen Herzogs aufkommen zu lassen, ließ man ihn in der Urkunde ausdrücklich erklären, daß niemand anderem als Alice die gesamte Freigrafschaft mit allen Rechten und in vollem Umfang gehöre, während ihren Schwestern, die – ein bemerkenswertes Argument – der burgundischen Sprache nicht mächtig seien, das Erbe in Deutschland zufallen sollte.[299]

Damit hatte die Geschichte des Hauses Andechs-Meranien ihren Abschluß gefunden. An ihrem Ende stand ein Zeuge, der vorgab, den Willen des letzten männlichen Angehörigen der Familie zu kennen. Es sollte aber nur ein paar Generationen dauern, bis Gewährsleute von ähnlicher Glaubwürdigkeit auftraten und Wundersames über die ruhmreichen Anfänge eines frommen und mächtigen Geschlechts zu berichten wußten.[300]

Anmerkungen

1 Apian, Declaratio, S. 38, 58 und 59.
2 Zum Aussterben der Andechser vgl. oben S. 96ff.
3 Vgl. Apian, Declaratio; dazu auch Schober 1991, S. 30.
4 Zu dem im 11. Jh. lebenden Grafen Rasso vgl. im folgenden S. 41 mit Anm. 27f. Die Anfänge der Legende vom hl. Rasso im späten 14. Jh. erstmals in den »Fundationes monasteriorum Bavariae« (älteste Überlieferung: BayStB München, clm 14594; vgl. Leidinger 1899, S. 685f.) und im »Andechser Missale« (BayStB München, clm 3005; vgl. Bauerreiß 1929, S. 84) nachweisbar. Zur Weiterentwicklung der Legende im 15. Jh. vgl. die älteste Andechser Chronik aus der 1. Hälfte 15. Jh. bei Kraft 1937–40, S. 583ff.; weitere Ausschmükkung in der zweiten Bearbeitung der Andechser Chronik aus dem Anfang der 70er Jahre des 15. Jh.; vgl. dazu die Angaben unten S. 181 mit Anm. 8 sowie GW 1639–1642; eine Lebensbeschreibung aus der Feder des Dießener Dekans I. Keferloher in: Acta Sanctorum, Juni, Bd. 3, S. 892–902; vgl. auch Bibliotheca Sanctorum 11 (1968), Sp. 55f. sowie Regesten Bischöfe Augsburg, Bd. 1, S. 73 Nr. 122.
5 Die Anfänge der Legende im späten 14. Jh. in »Fundationes monasteriorum Bavariae« (vgl. Leidinger 1899, S. 685) und »Andechser Missale« (vgl. Bauerreiß 1929, S. 63); zur Überlieferung im späten 15. Jh. vgl. Notae Diessenses, S. 329; eine spätere Lebensbeschreibung in Acta Sanctorum, August, Bd. 2, S. 354f.; vgl. auch Bibliotheca Sanctorum 11 (1968), Sp. 58–61; zu Bischof Hanto von Augsburg vgl. Regesten Bischöfe Augsburg, Bd. 1, S. 21 Nr. 21.
6 Zu den im Dießener Nekrolog erwähnten Personen vgl. S. 44 mit Anm. 29ff.; die Anfänge der Legende in »Fundationes monasteriorum Bavariae« (Leidinger 1899, S. 685) und im »Andechser Missale« (vgl. Bauerreiß 1929, S. 63); zu einer Nachricht des späten 15. Jh. vgl. Notae Diessenses, S. 329.
7 Zu den »Fundationes monasteriorum Bavariae« vgl. Leidinger 1899, S. 608ff.; zum »Andechser Missale« vgl. Bauerreiß 1929.
8 Vgl. etwa Veit Arnpeck, Chronica Baioariorum, S. 123f. und S. 208f. sowie Johannes Aventinus, Annales, Bd. 2, S. 306ff. und ders., Bayerische Chronik, Bd. 2, S. 163f.
9 Vgl. Übersicht bei Kempfler 1906 sowie die Hinweise unten S. 178 mit Anm. 60.
10 Zur Geschichte der Andechser immer noch grundlegend Oefele 1877; die ältere Literatur verzeichnet bei Herrmann 1975, S. 6f. und Fried 1988; neuerdings auch Bosl 1993 mit nicht immer zutreffenden Angaben; auf Berücksichtigung mußte aus redaktionellen Gründen verzichtet werden. Zu den Mitgliedern der Familie vgl. den Stammbaum bei Oefele 1877, S. 11; die genealogischen Übersichten bei Trotter 1931 und Tyroller 1962–69 teilweise hypothetisch; die Zusammenstellung bei Kist 1967 wenig hilfreich.
11 Fried 1988, S. 5.
12 Zum Dießener Nekrolog vgl. Necr. 1, S. 7–32; zur Entstehung der Quelle vgl. jetzt Borgolte 1990, S. 244ff.
13 BayStB München, clm 5515, f. 128r;

Druck: Notae Diessenses, S. 328, Z. 15–28.
14 Borgolte 1990, S. 243 ff.
15 Vgl. die Übersicht bei Oefele 1877, S. 50 ff.; vgl. auch Prinz 1967, S. 66 ff.; Burkhard 1965, S. 67 ff.
16 Die Überlegungen bei Tyroller 1952 und 1958 zur Frühgeschichte der Familie weithin spekulativer Natur.
17 Oefele 1877, S. 47 ff.
18 Oefele 1877, S. 49 f.
19 Oefele 1877, S. 47–49; Klebel 1951, S. 1 ff.; Albrecht 1952, S. 1 ff.
19 D Heinrich II. Nr. 364; noch ungewisser ist die Zugehörigkeit bei dem zu 957–972 erwähnten Grafen Arnold; vgl. dazu Traditionen Freising, Bd. 2, S. 93 f. Nr. 1171.
20 Traditionen Tegernsee, S. 1 f. Nr. 1 und S. 37 f. Nr. 46 sowie Traditionen Freising, Bd. 2, S. 319 f. Nr. 1469.
21 D Heinrich II. Nr. 54.
22 Traditionen Tegernsee, S. 5 f. Nr. 5; Traditionen Freising, Bd. 2, S. 237 f. Nr. 1370; zu den Rechten am Inn vgl. D Konrad II. Nr. 105.
23 D Kunigunde Nr. 2.
24 Hundt 1871, S. 136 f.
25 Beck 1914, S. 90; auf ihn auch der Hinweis bei Traditionen Tegernsee, S. 32 f. Nr. 40 bezüglich.
26 Beck 1914, S. 89.
27 Traditionen Freising, Bd. 2, S. 456 Nr. 1612.
28 Vgl. Necr. 1, S. 20.
29 D Heinrich III. Nr. 334 und 360.
30 Oefele 1872, S. 8–10 Nr. 2.
31 Der Todestag eines Grafen Friedrich ist im Nekrolog von Dießen zu Januar 24 vermerkt; Erwähnungen in weiteren Totenverzeichnissen bei Hlawitschka 1987, S. 122 mit Anm. 34; die Fälschung für Kloster Attl gedruckt bei Oefele 1877, S. 230 ff. Nr. 5; Abb. bei Noichl 1990, S. 11; die im Dießener Nekrolog zu März 7 eingetragene Gräfin Kunizza erst im Nachtrag der 1. Hälfte des 13. Jh. als Gemahlin eines Grafen Friedrich bezeichnet; vgl. Necr. 1, S 13; die Fragen zur »Schluchseeschenkung« und zu den verwandtschaftlichen Beziehungen der Andechser zum schwäbischen Hochadel, insbesondere zu den Welfen (vgl. Genealogia Welforum, S. 76, und Historia Welforum, S. 12), noch nicht zufriedenstellend gelöst; vgl. dazu Hlawitschka 1987, S. 111 ff. sowie Wolf 1991, S. 76 ff.
32 Zum Besitz der Grafschaft Wolfratshausen seit Mitte des 11. Jh. vgl. Traditionen Brixen, S. 40 Nr. 98; zur Nennung nach Thanning vgl. Traditionen Freising, Bd. 2, S. 319 f. Nr. 1469.
33 Vgl. Eintrag im Nekrolog Dießen zu Januar 30: Necr. 1, S. 10.
34 Traditionen Freising, Bd. 2, S. 315 f. Nr. 1464; zum Besitz in Niederösterreich vgl. auch Oefele 1877, S. 66 sowie Weissensteiner 1983, S. 131.
35 Codex diplomaticus Austriaco-Frisingensis, Bd. 3, S. 11 Nr. 6.
36 Traditionen Brixen, S. 118 f. Nr. 341 und S. 119 Nr. 343 sowie den in Anm. 35 genannten Beleg.
37 Vgl. Traditionen Brixen, S. 104 f. Nr. 292, 294 und 295 sowie Riedmann 1985, S. 328 und 351; Hye 1989, S. 48 f.
38 Riedmann 1985, S. 311.
39 D Heinrich IV. Nr. 483.
40 Zu den Welfenbeziehungen vgl. Oefele 1877; zu seinem Tod vgl. den Eintrag zu April 24 im Dießener Nekrolog: Necr. 1, S. 16; zu dem dort fälschlich angegebenen Todesjahr 1122 vgl. auch Weissensteiner 1983, S. 117.
41 Moritz 1833, S. 96 ff.
42 Bernhardi 1883, S. 56 f.
43 Thoma 1985, S. 177 f.
44 Vgl. die Belege bei Oefele 1877, S. 16 f., Anm. 1.
45 Heinrich von Tegernsee, Passio S. Quirini, S. 276 f.
46 Zum Erwerb der Tegernseer Vogtei vgl. Störmer 1973, S. 444 f. und Weissensteiner 1983, S. 111 f.
47 Weissensteiner 1983, S. 106 ff.; Codex Falkensteinensis, Einleitung, S. 73 ff.
48 Vgl. die Belege bei Weissensteiner 1983, S. 110 f.
49 Vgl. dazu die bei Traditionen Tegernsee, S. 340 verzeichneten Nachrichten.
50 Heinrich von Tegernsee, Passio S. Quirini, S. 280.
51 Weissensteiner 1983, S. 113 ff.
52 Vgl. Urkunde Kaiser Heinrichs V. für Bischof Otto von Bamberg von 1121 März 25, in der als Zeuge Graf Berengar von Sulzbach genannt wird; Stumpf Nr. 3168; Druck: Monumenta Boica, Bd. 29 a, S. 240–242, Nr. 445.
53 Traditionen Freising, Bd. 2, S. 319 f., Nr. 1469 und S. 485 f., Nr. 1664; im Dießener Nekrolog sein Tod zu Februar 8 mit Hinweis auf Begräbnis im Kloster Attel angegeben; vgl. Necr. 1, S. 11. Seine Gemahlin Gisela zu Februar 22 verzeichnet; vgl. Necr. 1, S. 12; von Oefele 1877, S. 13 f. fälschlich mit einem in Benediktbeurer Quellen genannten Grafen Arnold gleichgesetzt, der zu Benediktbeuern begraben wurde und dessen Gemahlin Irmgard hieß; vgl. dazu Benediktbeurer Traditionsbuch, S. 10, Anm. 2; Breviarium Gotscalchi, S. 223 sowie die Epitaphinschrift, Notae Buranae, S. 320; da in der Epitaphinschrift als Vater des Benediktbeurer Grafen Arnold ein Graf Meginhart genannt ist, wurde von Oefele 1877, Stammtafel, S. 11, irrtümlich als Vater des Grafen Arnold von Dießen der oben S. 40 f. mit Anm. 19 f. genannte Graf Meginhart von Reichersbeuern bzw. Gilching angenommen, wofür jedoch keine Veranlassung besteht; die gleiche irrige Annahme auch bei Trotter 1931, S. 20.
54 D Heinrich IV. Nr. 306.
55 Vgl. Burkhard 1965, S. 68 f.; Störmer 1973, S. 293.
56 Vgl. Guttenberg, 1927, S. 122 ff.
57 Vgl. dazu ausführlich Noichl 1990, S. 6 ff.
58 Zum Besitz Bertholds II. am Inn vgl. Burkhard 1965, S. 70 ff.; zu Bertholds II. Onkel Konrad vgl. die Belege bei Oefele 1877, S. 15. Da in einer Tegernseer Traditionsnotiz über ein zwischen 1092 und 1113 erfolgtes Rechtsgeschäft Konrad als der Bruder eines Grafen »Berthold des Älteren« bezeichnet wird (vgl. Traditionen Tegernsee, S. 93 f. Nr. 120), glaubte Tyroller 1952, S. 5 für die erste Hälfte des 12. Jahrhunderts zwei Andechser Grafen mit Namen Berthold annehmen zu müssen (vgl. auch Tyroller 1962–69, S. 150 f. Nr. 18 und S. 153 f. Nr. 30). Dieser Schluß ist jedoch unzulässig, nachdem die erwähnte Notiz erst in der 2. Hälfte des 12. Jahrhunderts in das Tegernseer Traditionsbuch eingetragen wurde (vgl. Traditionen Tegernsee, Vorbemerkung zu Nr. 120), als Berthold II. bereits verstorben war und sein Sohn Berthold III. an der Spitze des Hauses stand (vgl. zu ihm oben S. 60 ff.). Da Berthold III. aber bis Anfang der 70er Jahre dem Grafenstand angehörte (vgl. dazu oben S. 65 mit Anm. 22), bezeichnete der Tegernseer Schreiber der 2. Hälfte des 12. Jahrhunderts Graf Berthold II. offenbar deshalb als »den Älteren«, um eine Verwechslung mit dem zur Zeit der Niederschrift lebenden gleichnamigen Sohn, Berthold III., auszuschließen. Zu gemeinsamem Besitz Graf Bertholds II. mit seinem Onkel Jakob vgl. Traditionen Weihenstephan, S. 57 f., Nr. 70.
59 Die Heirat Bertholds II. mit Sophie wird berichtet in Historia Welforum, c. 15, S. 24; vgl. dazu auch Mell 1888, S. 57 ff.; zu Schenkungen von Krainer Besitzungen durch Sophie an Dießen vgl. Älteste Besitzliste und Urbar Dießen, Bd. 2, S. 289, Nr. 1.
60 Störmer 1973, S. 454 f.; Hemmerle 1991, S. 201.
61 Vgl. dazu Hemmerle 1991, S. 201 ff.
62 Vgl. die Angaben in Traditionen und Urkunden Dießen, S. 29, Vorbemerkung zu Nr. 21.
63 Vgl. die Einzelheiten in Traditionen und Urkunden Dießen, Einleitung, S. 63–67.
64 Vgl. dazu Traditionen und Urkunden Dießen, Einleitung, S. 75 ff.
65 Mois 1963, S. 200 ff.; Traditionen und Urkunden Dießen, Einleitung, S. 63 bis 67; Weinfurter 1975, S. 100 f.
66 Vgl. Traditionen und Urkunden Diessen, S. 102–105, Nr. 2.
67 Weinfurter 1975, S. 11 ff.
68 Mois 1963, S. 229 ff.
69 Vgl. dazu den Eintrag im Dießener Nekrolog zu Mai 16: Necr. 1, S. 18.
70 Necr. 1, S. 19; ihre Zugehörigkeit zur Andechser Familie wohl durch die Eintragung in Notae Diessenses, S. 328 anzunehmen.
71 Zu Mechthild vgl. das päpstliche Schreiben in Traditionen und Urkunden Dießen, S. 105 f., Nr. 3; ihr Tod im Dießener Nekrolog vermerkt zu Mai 31: Necr. 1, S. 19; zu ihrer um 1200 verfaßten Vita vgl. Bayerschmidt 1936, S. 113 ff.; vgl. auch die Hinweise bei Mois 1963, S. 202 ff.

72 Zu Euphemia vgl. Eintrag ihres Todes im Dießener Nekrolog zu Juni 18: Necr. 1, S. 20; weitere Quellen fehlen.
73 Staber 1966, S. 33f.; Hausberger 1989, S. 108ff.
74 Vgl. Historia Welforum, c. 19, S. 32; zu Heinrichs Vorgänger Kuno vgl. Staber 1966, S. 32; Hausberger 1989, S. 78ff.
75 Historia Welforum, c. 19, S. 34; vgl. auch Classen 1960, S. 59.
76 Vgl. die Darstellung in Historia Welforum, c. 19, S. 34.
77 Historia Welforum, c. 19, S. 34–36 und c. 22, S. 40–42.
78 Vgl. Historia Welforum, c. 22, S. 42.
79 Zu Heinrichs Erzkanzleramt vgl. Bresslau [4]1969, Bd. 1, S. 483; zu seiner Parteinahme für Konrad III. vgl. Reindel 1981, S. 338f.
80 Staber 1966, S. 33f.; Hausberger 1989, S. 110f.
81 Vers 17187, S. 391.
82 Ottos V. Haft beschrieben in Historia Welforum, c. 22, S. 40/42; zu seiner Teilnahme am Italienzug des Kaisers vgl. D Lothar III Nr. 97 sowie unten Anm. 83.
83 Zum Tod Ottos V. vgl. Historia Welforum, c. 23, S. 44; Annalista Saxo zu 1136, S. 771; Heinrich von Tegernsee, Passio S. Quirini, S. 283; auch erwähnt in späteren Dießener Traditionen; vgl. Traditionen und Urkunden Dießen, S. 31, Nr. 21 b; im Dießener Nekrolog zu November 10 vermerkt: Necr. 1, S. 29; weitere Belege verzeichnet bei Oefele 1877, S. 27.
84 Weissensteiner 1983, S. 132f.; Traditionen Tegernsee, S. 154, Nr. 193.
85 Reindel 1981, S. 339.
86 Otto von Freising, Gesta Friderici, Lib. 1, c. 26, S. 43f.; vgl. dazu auch Regesten Friedrich I., S. 5, Nr. 16.
87 Heinrich von Tegernsee, Passio S. Quirini, S. 283ff.; Weissensteiner 1983, S. 134ff.
88 Die Bezeichnung Ottos von Freising in einem Schreiben der Tegernseer Briefsammlung überliefert; Druck: Pez 1739, S. 55f.; vgl. dazu Weissensteiner 1983, S. 136.
89 Zur Erhebung Ruperts vgl. Weissensteiner 1983, S. 135ff.; das kaiserliche Diplom für das Kloster D Friedrich I., Nr. 160.
90 Heinrich von Tegernsee, Passio S. Quirini, S. 285f.; dazu Weissensteiner 1983, S. 140.
91 Die letztwilligen Stiftungen Heinrichs II. verzeichnet bei Oefele 1877, Nr. 318–329.
92 Zur Stiftung an Dießen vgl. Traditionen und Urkunden Dießen, S. 28–31, Nr. 21; die Stiftung an Tegernsee in Traditionen Tegernsee, S. 218–220, Nr. 290; der Tod des Grafen zu Mai 2 verzeichnet im Nekrolog Dießen: Necr. 1, S. 17; weitere Belege bei Oefele 1877, S. 26; zur Beschreibung bei Heinrich von Tegernsee, Passio S. Quirini, S. 287 vgl. Weissensteiner 1983, S. 140f.
93 Zur Andechser Territorialpolitik in Franken vgl. die Darstellungen bei Guttenberg 1925, S. 64ff.; Guttenberg 1952, Einleitung, S. 43ff. und Hartmann 1956, S. 4ff.; Herrmann 1973, S. 43ff. und 1979, S. 5ff.
94 Oefele 1877, S. 113, Nr. 34.
95 Frühester Nachweis als »Graf von Plassenburg« 1135 Dezember 30; vgl. Oefele 1877, Nr. 37 a; zu den Andechser Ministerialen vgl. Guttenberg 1927, S. 436ff.; zur Schenkung an St. Getreu vgl. Oefele 1877, Nr. 37 c; vgl. auch Lenker 1986, S. 20ff.
96 Nachweise zu seiner Tätigkeit als Benediktbeurer Vogt vgl. in Benediktbeurer Traditionsbuch, S. 66; zu Dießen vgl. Traditionen und Urkunden Dießen, S. 124.
97 Zur Übergabe Kunigundes vgl. MDC, Bd. 2, S. 276f., Nr. 704f.; zu einem in Admont lebenden Sohn Graf Ottos von Eurasburg vgl. Germania Pontificia, Bd. 1, S. 397.
98 Vgl. die zahlreichen Belege bei Oefele 1877, S. 27.
99 D Konrad III Nr. 44, 65–68, 105f., 147, 149.
100 Vgl. die Belegstellen bei Oefele 1877, S. 21f.; bezeichnenderweise wurde Kunizzas Vater Reginboto auch im Diessener Nekrolog zu Mai 17 vermerkt: Necr. 1, S. 18.
101 Zu ihrer Mitgift vgl. Guttenberg 1925, S. 66ff.; Meyer 1963, S. 17ff.
102 Die Ehescheidung erwähnt in Urkunde Bischof Egilberts von 1142; Druck: Oesterreicher 1832, S. 85f., Nr. 6; vgl. dazu auch Guttenberg 1937, Bd. 1, S. 140.
103 Der 1. Giechburgvertrag gedruckt bei Oesterreicher 1832, S. 87f., Nr. 7; vgl. auch Guttenberg 1925, S. 67f.
104 Der Tod und das Begräbnis Poppos I. vermerkt im Nekrolog Dießen zu Dezember 11: Necr. 1, S. 31; weitere Belege bei Oefele 1877, S. 21.
105 Zu Heinrichs Tätigkeit vgl. Oefele 1877, S. 28 sowie im folgenden S. 124ff.; der 2. Giechburgvertrag gedruckt bei Oesterreicher 1832, S. 88–91, Nr. 8; vgl. auch Guttenberg 1937, Bd. 1, S. 150.
106 Zur Bestätigung durch Kaiser Friedrich Barbarossa vgl. D Friedrich I. Nr. 304; zur päpstlichen Bestätigung vgl. Germania Pontificia, Bd. 3, S. 279, Nr. 96.
107 Bertholds II. Tod im Dießener Nekrolog zu Juni 27 vermerkt: Necr. 1, S. 21; weitere Belege bei Oefele 1877, S. 16.
108 Vgl. dazu oben S. 58f.
109 Oefele 1877, S. 56ff.
110 Oefele 1877, S. 17f.; Tyroller 1951, S. 147.
111 Regesten Friedrich I., S. 11f. Nr. 61; vgl. auch Goez 1992, S. 70.
112 Vgl. die Übersicht bei Oefele 1877, S. 127–132.
113 Vgl. die Übersicht bei Oefele 1877, S. 132ff.
114 Belege bei Guttenberg 1937, Bd. 1, S. 156f.
115 Sparber 1968, S. 67.
116 Riedmann 1985, S. 318.
117 Zur fehlenden Bischofsweihe vgl. oben S. 66 mit Anm. 132; Riedmann 1985, S. 318; zu Beziehungen zwischen Bischof Hartmann und den Grafen von Andechs vgl. auch die Traditionen und Urkunden Dießen, S. 93f., Nr. 87f., S. 324 genannten Altarweihen von 1150 und 1158.
118 Zur Hochstiftsverwaltung vgl. die Belege in Traditionen Brixen, S. 172ff., Nr. 492ff.; zu den Brixener Vogteien vgl. Urkunden Neustift, S. 42–46, Nr. 9/10 und S. 47–50, Nr. 12 sowie Traditionsbuch Neustift, S. 87f., Nr. 109 und S. 94f., Nr. 121; Riedmann 1985, S. 318f. und S. 330.
119 Hye 1989, S. 49.
120 Hye 1989, s. 49.
121 Druck der Urkunde: Ausgewählte Urkunden zur Verfassungs-Geschichte, S. 35–37, Nr. 21.
122 Härtel 1992, S. 342f.; erste Erwähnung als Markgraf in Urkunde des Patriarchen von Aquileja von 1174 Januar 5; vgl. Oefele 1877, Nr. 194 d.
123 Oefele 1877, S. 66ff.
124 Zum Reichsfürstenstand vgl. die Hinweise bei Werle 1956, S. 245f.
125 Zum Herzogtitel Konrads von Dachau vgl. Herlitz 1909, S. 10ff.; Reindel 1981, S. 340f.; Werle 1956, S. 275ff.; Berthold IV. als Herzog erstmals in Urkunde für Kloster Formbach von 1181 Januar 9 genannt; vgl. Oefele 1877, Nr. 360 sowie Herrmann 1975, S. 8ff.
126 Zur Verleihung des Herzogtums an die Wittelsbacher vgl. Kraus 1980, S. 165ff.
127 Erwähnt in Annales Mellicenses: Continuatio Zwetlensis altera zu 1180, S. 541; vgl. auch Herlitz 1909, S. 17f.
128 Regesten Heinrich VI., Nr. 6, 7, 12, 13.
129 Oefele 1877, Nr. 156–158, 197, 237, 239, 252, 345f., 351f., 360–362.
130 Oefele 1877, Nr. 347, 350, 363f., 371f.
131 Die Quellen verzeichnet bei Guttenberg 1937, S. 157.
132 Zu erschließen aufgrund der Anwesenheit Ottos am kaiserlichen Hof; vgl. dazu D Friedrich I. Nr. 727–729 von Anfang Januar 1178; zu seiner Weihe auf dem 3. Laterankonzil vgl. Germania Pontificia 3, S. 278, Nr. 93; zu den Gründen für die Verzögerung der Wahl vgl. das Schreiben ebd. S. 278, Nr. 92 von 1178.
133 Zu Bischof Ottos Tätigkeit im Reichsdienst vgl. die Übersicht bei Guttenberg 1937, S. 157ff.; zu seiner Teilnahme an der Krönung Kaiser Heinrichs VI. vgl. Regesten Heinrich VI. Nr. 141, 144, 147f., 150.
134 Beck-Büttner 1937, S. 284f. und 322 sowie Guttenberg 1937, S. 159.
135 Zur Heiligsprechung vgl. Petersohn 1989, zur Gründung des Spitals am Pyhrn 1190 vgl. Urkunden-Buch des Landes ob der Enns, Bd. 2, S. 423–425, Nr. 289–292; Babenberger Urkundenbuch, Bd. 1, S. 107f., Nr. 79; zum Hospitalwesen vgl. die bemerkenswerten Überlegungen bei Meyer 1992.

136 Regesten Heinrich VI. Nr. 502.
137 Vgl. die Belege zu Tod und Begräbnis bei Guttenberg 1937, S. 160.
138 Bertholds III. Tod im Nekrolog Dießen zu Dezember 14 vermerkt: Necr. 1, S. 31; weitere Belege bei Oefele 1877, S. 22.
139 Zu Vorgeschichte und Verlauf des Kreuzzugs vgl. Mayer 1985, S. 135 ff.
140 Vgl. die Belege im einzelnen bei Oefele 1877, Nr. 382–406; zum Reiseweg vgl. Opll 1978, S. 97 ff.
141 Opll 1992, S. 169 f.; Opll 1978, S. 108 f.
142 Die Ankunft Herzog Bertholds IV. vor Akkon erwähnt bei Magnus von Reichersberg, S. 517; zur Eroberung der Stadt vgl. Mayer 1985, S. 132 f.
143 Regesten Heinrich VI. Nr. 162.
144 Zur schiedsrichterlichen Tätigkeit vgl. die Urkunden bei Herrmann 1975, S. 20 f., Nr. 6 und S. 28–30, Nr. 18 f.; zum Erwerb der Vogteien über Banz und Langheim vgl. Kuhn 1963; Heid 1963, S. 25 ff. sowie Dippold 1989, S. 349.
145 Regesten Heinrich VI. Nr. 487 a.
146 Regesten Heinrich VI. Nr. 614 a.
147 Vgl. dazu die Darstellung bei Hucker 1990, S. 22 ff.
148 BFW Nr. 26 f., 41, 43, 45 a, 60, 65; die Wahlanzeige der Anhänger Philipps von Schwaben an Papst Innozenz III. in RNI, S. 33–38, Nr. 14.
149 Vgl. das Schreiben in RNI, S. 54–59, Nr. 20; vgl. ebd., S. 152, Nr. 61 das Schreiben der Anhänger Philipps an den Papst von Anfang 1202, das ebenfalls von Herzog Berthold mit ausgestellt wurde.
150 Vgl. dazu unten S. 145 ff.
151 Vgl. dazu Cartellieri, Bd. 3, 1910, S. 129 ff. und Bd. 4, 1921–22, S. 80 ff.
152 Cartellieri, Bd. 4, 1921–22, S. 82 f.
153 Vgl. Huber 1884, S. 163 ff.; Hóman 1943, S. 11 ff.
154 Vgl. die Belege bei Oefele 1877, S. 174 ff.; da Herzog Berthold IV. 1197 Oktober 31 einen Vertrag mit Bischof Ekkehard von Gurk mit Zustimmung seines Sohnes Otto schloß, scheint dieser schon vor dem Tod des Vaters ein Mitspracherecht am Besitz des Hauses gehabt zu haben; vgl. Mell 1888, S. 69.
155 Vgl. Angaben in NDB 8, S. 360 f. sowie oben S. 76 ff. Auch Markgraf Heinrich IV. scheint schon zu Lebzeiten Bertholds IV. einen Teil der Andechser Güter wenigstens zur Verwaltung übertragen bekommen zu haben, da er in der Urkunde seines Vaters für Kloster Raitenhaslach (undatiert, wohl von 1194) als mitwirkend genannt wird; Druck: Urkunden Raitenhaslach, S. 42, Nr. 44; vgl. auch Urkunde König Philipps II. von 1207 über Verkauf der Grafschaft Windberg durch Herzog Otto VII. von Meranien an Bischof von Passau: BFW 168.
156 Guttenberg 1937, S. 164 ff.
157 Vgl. dazu Paschini 1919, S. 1 ff. und 1920, S. 1 ff. sowie ders. 1953, S. 291 ff.
158 Das päpstliche Schreiben an Berthold IV. in RNI S. 253–255 Nr. 98; sein Tod im Dießener Nekrolog zu August 12 vermerkt: Necr. 1, S. 24; vgl. weitere Belege bei Oefele 1877, S. 28.
159 Hucker 1990, S. 78 ff.
160 Hucker 1990, S. 90 ff.
161 Mariotte 1963, S. 64 ff.; Clerc 1870, S. 341 ff.; Rey-Fiétier 1981, S. 330 ff.
162 Clerc 1870, S. 404 ff.
163 BFW 176–178.
164 Vgl. die Quellen dazu bei Winkelmann 1873, S. 464 ff. und S. 536 ff.
165 Vgl. dazu das Schreiben des Kardinals an den Papst von Anfang Juli 1208: RNI, S. 347–349, Nr. 152.
166 Winkelmann 1873, S. 476 f.
167 Huber 1884, S. 166.
168 Zu Ottos IV. Anerkennung vgl. Hucker 1990, S. 96 ff.; die Quellen zum Frankfurter Reichstag vgl. BFW 240 d-243.
169 BFW 240 d.
170 Vgl. dazu Kraus 1980, S. 180 ff.
171 Spindler 1937, S. 112 f.
172 Zur Übergabe des Andechser Besitzes an Ludwig I. von Bayern vgl. BFW 243; zu Dießen vgl. Traditionen und Urkunden Dießen, S. 43 f., Nr. 32; zu Tegernsee vgl. Winkelmann 1873, S. 476 f.; vgl. auch Spindler 1937, S. 36 ff.; zur Rückgabe Istriens an den Patriarchen von Aquileja: BFW 259; Schmidinger 1954, S. 142.
173 Zum Inntal-Besitz vgl. Das älteste bayerische Herzogsurbar, Einleitung S. 110 ff.; zur Brixener Hochstiftsvogtei vgl. Tiroler Urkundenbuch I, 2, S. 71 f., Nr. 594.
174 Zum Aufenthalt der beiden Andechser vgl. vor allem die Urkunde König Andreas' II. von Ungarn von 1209, mit der er dem Propst Adolf ein ursprünglich Bischof Ekbert verliehenes Gut in der Zips schenkt, da der Empfänger in früheren Zeiten in seinen Diensten beim Papst und beim Kaiser (damit konnte nur Otto IV. gemeint sein) zugunsten Bischof Ekberts, des Markgrafen Heinrich und ihres Bruders Berthold tätig gewesen war; Huber 1884, S. 166 f.
175 Vgl. das Schreiben des Papstes von 1209 Januar 21 an König Andreas von Ungarn: Potthast Nr. 3612; zu dem in Aussicht genommenen geistlichen Verfahren vgl. auch die Vollmacht des Papstes für seine nach Deutschland reisenden Legaten von 1209 Januar 16: RNI, S. 393, Nr. 183.
176 Vgl. das Schreiben an Kaiser Otto IV. von 1209 November 13: Potthast Nr. 3841.
177 Vgl. die Schreiben an die Erzbischöfe von Mainz und Salzburg sowie andere Kirchenfürsten: Potthast Nr. 3842 f.
178 Hucker 1990, S. 142 ff.; zur Wiedereinsetzung Ekberts vgl. BFW 10726 b.
179 Vgl. Oefele 1877, Nr. 630.
180 Vgl. die in Anm. 174 erwähnte Urkunde des ungarischen Königs.
181 Vgl. die Nachweise bei Oefele 1877, S. 201 ff.
182 Vgl. dazu unten S. 122 f.
183 Vgl. Schreiben des Papstes an deutsche Reichsfürsten: RNI, S. 357 f., Nr. 158.
184 Zu Ottos Aufenthalt im Gefolge des Kaisers vgl. BFW 252, 287 a, 294–296, 300, 306.
185 Richard 1954, S. 210 f.; Clerc 1870, S. 406 f.
186 Richard 1954, S. 209 f.; Petit 1889, Bd. 3, S. 213 ff.
187 Der Vertrag mit dem Grafen gedruckt in: Trente-sept documents Bourguignons, S. 498–501, Nr. 11; vgl. auch Clerc 1870, S. 407; Petit 1889, Bd. 3, S. 216.
188 Zur Wahl Friedrichs II. vgl. Hucker 1990, S. 291 ff.; Stürner 1992, S. 126 ff.; BFW 646 b; zur Rückkehr des Kaisers vgl. BFW 447 d.
189 BFW 659 a ff.; Stürner 1992, S. 137 ff.
190 BFW 680 a/b; Stürner 1992, S. 154 f.
191 BFW 694.
192 BFW 735.
193 Duby 1973.
194 Hucker 1990, S. 319 ff.; Stürner 1992, S. 166 ff.
195 Zu Ottos VII. Aufenthalt am staufischen Hof vor seiner Belehnung mit der Freigrafschaft Burgund vgl. BFW 745–747, 752–755, 758–762, 766, 773, 778, 782 f., 785 f.; erstmals als Pfalzgraf in Urkunde Friedrichs II. für die Stadt Aachen von 1215 Juli 29 genannt: BFW 814; zu weiteren Aufenthalten vgl. BFW 827 f., 834 f., 840, 842, 856, 859, 863, 877, 880, 882 f., 886 f., 890.
196 BFW 922, 924, 935 a.
197 Vgl. Hóman 1943, S. 17 ff.
198 Clerc 1870, S. 417 ff.; Petit 1891, Bd. 4, S. 25 ff.
199 Druck des Vertrags in Cartulaire des comtes de Bourgogne, S. 10–12, Nr. 11; vgl. auch Petit 1891, Bd. 4, S. 28 ff.; Richard 1954, S. 212.
200 Vgl. den Friedensvertrag in Cartulaire des comtes de Bourgogne, S. 13 f., Nr. 13; Clerc 1870, S. 419 f.; Petit 1891, Bd. 4, S. 32 ff.
201 Druck des Vertrags mit dem Grafen von Champagne in Cartulaire des comtes de Bourgogne, S. 14–17, Nr. 14; zu den Urkunden für die geistlichen Empfänger vgl. die Nachweise bei Oefele 1877, S. 188, Nr. 545, 547; vgl. auch Clerc 1870, S. 421.
202 Vgl. dazu im folgenden oben S. 96 ff. mit Anm. 267 ff.
203 Zur Exkommunikation vgl. den Text in Trente-sept documents Bourguignons, S. 511–513, Nr. 21; die Jahrtagsstiftungen verzeichnet bei Oefele 1877, Nr. 527–531; vgl. auch Rey-Fiétier 1981, S. 356 ff.
204 Vgl. dazu oben S. 104 ff. mit Anm. 290 ff.
205 Vgl. dazu Huber 1884, S. 163 ff.
206 BFW 6272.
207 Schmidinger 1954, S. 88 ff.
208 BFW 1229, 1252, 1253; Schmidinger 1954, S. 91.
209 Looshorn 1888, Bd. 2, S. 601 ff.
210 BFW 814, 828 f., 886 f., 890, 922, 935, 1083; zu Ekberts Anwesenheit am Hof im Frühjahr 1220 vgl. auch BFW 1114 f., 1126.
211 Const. 2, S. 86–91, Nr. 73; Stürner 1992, S. 235 ff.

212 BFW 1136f., 1144, 1146, 1151.
213 Vgl. Epistolae saeculi XIII, Bd. 1, S. 97, Nr. 132.
214 Vgl. die Nachweise in MDC 3, S. 139–144, Nr. 1871.
215 Lechner 1976, S. 215; Zöllner 1984, S. 75.
216 Spindler 1937, S. 64ff.
217 BFW 4114–4116; Spindler 1937, S. 65; Hofmann 1967, S. 191ff.
218 BFW 4114–4116; Spindler 1937, S. 65.
219 BFW 1608, 1228f., 1241, 2144; zu seiner Nennung als Markgraf vgl. die Nachweise bei Oefele 1877, S. 202ff.
220 Lechner 1976, S. 214f.
221 BFW 1576; als Zeuge auch genannt in BFW 1571, 1574; vgl. auch unten S. 124ff. mit Anm. 60ff.
222 Vgl. die Quellen in BFW 4103 a.
223 Juritsch 1894, S. 508; Lechner 1976, S. 215; Zöllner 1984, S. 75.
224 Zu den Beziehungen des Markgrafen zu Benediktbeuern vgl. seine letztwilligen Verfügungen aus dem Sommer 1228 (vgl. Anm. 225). Für Tegernsee fehlen bezeichnenderweise solche Verfügungen.
225 Vgl. die letztwilligen Verfügungen bei Oefele 1877, Nr. 469–651 a; Heinrichs Tod im Nekrolog von Dießen zu Juli 18 eingetragen: Necr. 1, S. 22; weitere Belege bei Oefele 1877, S. 32.
226 Zur Hinterlassenschaft der verwitweten Markgräfin vgl. die Urkunde Herzog Ottos VII. für Dießen von 1230 November 6: Traditionen und Urkunden Dießen, S. 135–138, Nr. 17; ausführlich auch beschrieben im Dießener Nekrolog zu Februar 28: Necr. 1, S. 12; zur Erwähnung im ungedruckten Epytaphium des Albert von Dießen vgl. unten S. 114 mit Anm. 18.
227 Oefele 1877, Nr. 584; zum Besitz im Ostalpenraum vgl. Urkunde Bischof Ekberts für das von ihm gegründete Kloster Griffen: MDC Bd. 4, S. 234f., Nr. 2123; zu den Tiroler Gütern vgl. Anm. 228; zu den altbayerischen Rechten vgl. Oefele 1877, Nr. 553ff.
228 Schaller 1971, S. 33ff.; Haller 1952, Bd. 4, S. 60ff.
229 Zu den Kämpfen gegen Herzog Ludwig I. vgl. Bericht in Annales Scheftlarienses maiores zu 1229, S. 339; auch BFW 4137 a, 4138 a.
230 Vgl. oben S. 89 mit Anm. 223.
231 Haider 1987, S. 71.
232 Babenberger Urkundenbuch, Bd. 2, S. 114f., Nr. 280.
233 Zur Beteiligung der Andechser an den Verhandlungen vgl. BFW 1776 a-1783, 1796 a, 1799, 1800–1807 sowie Aktenstücke San Germano, S. 24ff.
234 Schaller 1971, S. 49ff.
235 BFW 1912–1988.
236 Schmidinger 1954, S. 94.
237 Oefele 1877, Nr. 611; Tiroler Urkundenbuch, Bd. I, 3, S. 25, Nr. 964f.
238 Dem Rechtsakt zu Brixen war bereits eine – offensichtlich nicht beurkundete – Belehnung am Kaiserhof Ende 1231 / Anfang 1232 vorangegangen; vgl. dazu BFW 1928, 1933.
239 Vgl. dazu oben S. 92 mit Anm. 242.
240 Zu Ottos VIII. letztem Aufenthalt am Hof Heinrichs VII. vgl. BFW 4300, 4302, 4306; sein Tod im Nekrolog zu Dießen zu Mai 7 vermerkt: Necr. 1, S. 18; weitere Belege bei Oefele 1877, S. 31.
241 BFW 2069f.: beide von 1234 Dezember 31; vgl. auch Holzfurtner 1985, S. 22f.
242 Druck: Tiroler Urkundenbuch, Bd. I, 3, S. 57f., Nr. 1004.
243 Schaller 1971, S. 51ff.
244 Vgl. die Quellen in BFW 2089 c und 4383 g.
245 BFW 2153, 2173ff.
246 BFW 2174 b/c; vgl. auch Haider 1987, S. 72f.
247 Zur Wahl Konrads IV. vgl. BFW 2226 a; zu Ekberts Tätigkeit in Österreich vgl. BFW 2215–2243 a sowie 11207.
248 Guttenberg 1937, S. 169; zur Vollendung des Bamberger Doms vgl. unten S. 123f.
249 Vgl. die Belege bei Guttenberg 1937, S. 170f.
250 Vgl. die Quellen bei Guttenberg 1937, S. 171–173.
251 Schaller 1971, S. 63ff.; Haller 1952, Bd. 4, S. 114ff.
252 Vgl. dazu das im Juni 1242 von Kaiser Friedrich II. verkündete Urteil: BFW 3305.
253 BFW 4448; vgl. auch BFW 3305; Spindler 1937, S. 66.
254 Zu Poppos II. Nachfolger vgl. die Belege bei Guttenberg 1937, S. 173ff.; zu Poppos Tod vgl. Guttenberg 1937, S. 173; im Nekrolog von Dießen zu Dezember 2 lediglich als Dompropst erwähnt: Necr. 1, Nr. 31.
255 BFW 2215–2232 a, 2372–2397, 2439 c.
256 BFW 7280, 7311.
257 Schaller 1971, S. 68ff.; Haller 1952, Bd. 4, S. 160ff.
258 BFW 7574 a/b.
259 Die Urkunde ist nicht mehr erhalten; vgl. aber BFW 3571.
260 Schaller 1971, S. 75ff.; Haller 1952, Bd. 4, S. 216ff.
261 BFW 8236, 13709, 13712.
262 Schmidinger 1954, S. 162ff.
263 Vgl. die Belege bei Oefele 1877, S. 207ff.
264 Druck der Urkunde: Ausgewählte Urkunden zur Verfassungs-Geschichte, S. 80–82, Nr. 37; vgl. dazu Hye 1980, S. 16f.
265 Zu den Kämpfen vgl. die Berichte in Annales Scheftlarienses maiores zu 1238–1246, S. 341f.
266 Der zeitliche Ablauf der Auseinandersetzungen zwischen dem Meranier und dem Wittelsbacher ist nicht mehr im einzelnen festzustellen, da die Schäftlarner Nachrichten, die in Abschrift aus der 2. Hälfte des 13. Jh. überliefert sind, verschiedentlich Nachrichten zu falschen Jahren bringen; vgl. etwa den Hinweis auf den Tod Herzog Ottos VIII. zum Jahr 1246, S. 342.
267 Die nur in alten Drucken vorliegenden Urkunden verzeichnet bei Oefele 1877, Nr. 674–676; vgl. dazu auch Richard 1954, S. 216 sowie Petit 1891, Bd. 4, S. 101ff.
268 Vgl. die Urkunde von Juli 1244 bei Oefele 1877, Nr. 680; vgl. auch Richard 1954, S. 216f.
269 Oefele 1877, Nr. 676 und 680; Clerc 1870, S. 433.
270 Druck: Tiroler Urkundenbuch, Bd. 3, S. 167–170, Nr. 1127.
271 Zu den Wirkungen des Vertrags vgl. oben S. 102 mit Anm. 282f.
272 Vgl. die Nachweise bei Oefele 1877, Nr. 678ff.
273 Vgl. die Nachweise bei Oefele 1877, Nr. 680–680 b.
274 BFW 3476 a, 3479.
275 Die Quellen bei Guttenberg 1937, S. 176f. verzeichnet.
276 Vgl. Registres Innocent IV, Nr. 3694f. Die oben S. 105 mit Anm. 295 erwähnte Urkunde König Wilhelms von Holland läßt vermuten, daß der Herzog bereits dem Gegenkönig Heinrich Raspe den Treueeid geleistet hat.
277 Zu den letzten Verfügungen des Herzogs vgl. Oefele 1877, Nr. 697–702.
278 Druck der Stiftungsurkunde in Cartulaire des comtes de Bourgogne, S. 28f., Nr. 24; zur Errichtung des Stifts durch die Pfalzgräfin Alice vgl. auch Urkunde Urbans IV. von 1263 Mai 7 für Alice: Actes Pontificaux, Bd. 2, S. 47, Nr. 1191; zu möglichen Zusammenhängen zwischen der Ablaßverleihung und dem gleichzeitig geführten Heiligsprechungsprozeß Hedwigs vgl. unten S. 160.
279 Herzog Ottos VIII. Tod im Nekrolog zu Dießen zu Juni 18 vermerkt: Necr. 1, S. 20; vgl. dazu die weiteren Belege und Überlegungen bei Oefele 1877, S. 39.
280 Der älteste Hinweis auf ein gewaltsames Ende des letzten Meraniers in den Annales Scheftlarienses maiores zu 1246, S. 342 (vgl. dazu oben S. 96 mit Anm. 266); die weiteren Belege bei Oefele 1877, S. 104 mit Anm. 3; vgl. auch Lenker 1986, S. 25f.
281 Vgl. dazu oben S. 96ff. mit Anm. 267ff.
282 Vgl. dazu oben S. 98 mit Anm. 270ff.
283 Riedmann 1985, S. 338ff.
284 In den Benediktbeurer Urkunden lange Zeit kein Hauptvogt genannt. 1330 erhielt das Kloster zusammen mit anderen oberbayerischen Klöstern und Stiften von Kaiser Ludwig dem Bayern die niedere Gerichtsbarkeit verliehen; vgl. Urkunden und Urbare Schäftlarn, S. 125f., Nr. 115. Karl IV. bestätigte aber 1350 dem Hochstift Augsburg das Diplom Lothars III. von 1125 über Besitz des Klosters; vgl. D. Lothar III., Nr. 3 und Regesten Karl IV., Nr. 1296. Erst 1393 Juni 24 erhielt Benediktbeuern von den bayerischen Herzögen eine Privilegienbestätigung; Original: München, BayHStA, KU Benediktbeuern o. Nr. Die Angaben bei Hemmerle 1991, S. 191ff. nicht in allen Punkten zutreffend.
285 Vgl. oben S. 96 mit Anm. 265f.

286 Lechner 1976, S. 410 und S. 415; Fräss-Ehrfeld 1984, S. 255, 316, 320.
287 Traditionen und Urkunden Dießen, S. 163 f., Nr. 36.
288 Vgl. die Urkunde des Bischofs bei Aufseß 1870, S. 8, Nr. 1.
289 Vgl. dazu Aufseß 1870, S. 3 ff.; Guttenberg 1925, S. 89 ff.
290 Vgl. dazu oben S. 96 ff. mit Anm. 297 f.
291 Vgl. das Heiratsabkommen von 1231 in Cartulaire des comtes de Bourgogne, S. 20 f., Nr. 18; Richard 1954, S. 210; Resmini 1980, S. 37 ff.
292 Zu ihren Verwaltungsmaßnahmen vgl. Cartulaire des comtes de Bourgogne, S. 29 ff., Nr. 25 ff. sowie Clerc 1870, S. 439 ff.; Richard 1954, S. 217.
293 D Wilhelm Nr. 81.
294 Cartulaire des comtes de Bourgogne, S. 63–67, Nr. 66–68.
295 Die Bestätigung durch König Wilhelm von Holland vgl. in Cartulaire des comtes de Bourgogne, S. 65, Anhang zu Nr. 67; zur Abtretung der Rechte an Alice und Hugo vgl. Cartulaire des comtes de Bourgogne, S. 77–85, Nr. 81–84, S. 87–90, Nr. 86–90 und S. 92, Nr. 93; vgl. auch Clerc 1870, S. 463 ff.; Petit 1894, Bd. 4, S. 68 ff.
296 Cartulaire des comtes de Bourgogne, S. 127 f., Nr. 143.
297 Cartulaire des comtes de Bourgogne, S. 163 f., Nr. 190, S. 168, Nr. 195, S. 193 f., Nr. 224, S. 200–205, Nr. 234 f. und 237; zu weiteren Überlieferungen vgl. Layettes du trésor des chartes, Bd. 4, S. 146, Nr. 5080 f., S. 163, Nr. 5122, S. 166, Nr. 5128–5130, S. 405 f., Nr. 6511 und S. 433–435, Nr. 5678 f.; vgl. auch Richard 1954, S. 219 ff.; vgl. auch Clerc 1870, S. 463 ff. Petit 1894, Bd. 4, S. 68 ff.
298 Cartulaire des comtes de Bourgogne S. 162 f., Nr. 189 und Layettes du trésor des chartes, Bd. 4, S. 145 f., Nr. 5078.
299 Vgl. den Druck in Layettes du trésor des chartes, Bd. 4, S. 28, Nr. 3661; vgl. Resmini 1980, S. 38 mit Anm. 4.
300 Vgl. dazu unten S. 165 ff.

III Kunst und Literatur im Umkreis der Andechser

Der Kardinaldiakon Lothar von Segni, der spätere Papst Innozenz III., schrieb um das Jahr 1194/95 ein Buch mit dem Titel: »Über das Elend des menschlichen Daseins«. In ihm schilderte der damals 35jährige Verfasser die Bedingungen des Lebens in den düstersten Farben.[1] Aus Staub, Kot und Asche sei der Mensch gemacht; er lebe, um zu arbeiten, sich zu ängsten und zu leiden. Bei seiner Geburt schon schreie er angesichts des Elends, das ihn erwarte; nackt betrete er die Welt und nackt verlasse er sie. Er führe ein Leben, angefüllt mit Verfehlungen, und kaum einer finde sich, der sich nicht wälze in seinem eigenen Dreck. Erzeuge der Lebende Läuse und Ungeziefer, so der Tote Würmer und Fliegen. Am Ende aber stehe das Gericht, erwarteten ihn Trauer, Geheule und Qualen, Schwefel und glühendes Feuer in alle Ewigkeit.[2]

Lothar von Segni hatte mit dieser Schrift den Geschmack der Zeitgenossen wie auch späterer Generationen getroffen. Das Buch erlangte rasch Verbreitung und fehlte am Ende des Mittelalters in keiner der großen Bibliotheken. Schließlich waren der Gedanke an die Vergänglichkeit der Welt und die Vorstellung von der Dürftigkeit des Daseins im Mittelalter weit verbreitet. Die Armut, unter der ein beachtlicher Teil der Bevölkerung litt, erinnerte ständig daran. »Die Armen«, schrieb Lothar zweifellos zu Recht, »leiden Mangel, sie stöhnen unter Trübsal, Hunger, Durst, Kälte und Blöße; man hält sie für wertlos, achtet sie für gering und läßt sie verkommen. Nichts ist elender als das Los eines Bettlers. Seine Forderungen sind begleitet von der Scham, und wenn er nichts fordert, richtet ihn alsbald der Hunger zugrunde«.[3]

Weltverachtung und Weltschmerz waren freilich nur die eine Seite mittelalterlichen Denkens. Ebenso wußte man Feste auszurichten und Reichtum zur Schau zu stellen. Als der spätere Papst seine Schrift über das menschliche Elend verfaßte, war es erst zehn Jahre her, daß Kaiser Friedrich Barbarossa in Mainz eines der glänzendsten Hoffeste seiner Zeit abgehalten hatte.[4] In der Ebene zwischen Main und Rhein war zum Pfingstfest 1184 eine riesige Stadt aus Hütten und Zelten errichtet worden, um den zahlreichen Teilnehmern, die aus ganz Europa herbeiströmten, eine Unterkunft zu bieten. Dem vielleicht etwas übertriebenen Bericht eines Zeitgenossen zufolge sollen der König von Böhmen mit 2000 Rittern, Erzbischof Philipp von Köln mit 1700, der Erzbischof von Mainz, der Pfalzgraf bei Rhein und der Landgraf von Thüringen mit jeweils 1000, der Herzog von Österreich mit 500 Rittern erschienen sein. Auch zahlreiche Bischöfe – unter ihnen Markgraf Bertholds III. von Istrien Bruder, Bischof Otto II. von Bamberg – sowie die angesehensten weltlichen Reichsfürsten hatten sich eingefunden. Am Pfingstsonntag fand die Krönung des Kaiserpaars, eine bei feierlichen Anläßen wiederholt vorgenommene »Festkrönung«, statt mit einem anschließenden Festmahl, bei dem die Reichsfürsten den Herrscher bedienten.[5]

Am Pfingstmontag nach der Frühmesse folgte die Verleihung des Schwertes an die beiden Kaisersöhne, König Heinrich VI. und Herzog Friedrich von Schwaben, die mit dieser »Schwertleite« für volljährig erklärt wurden und zum Zeichen ihrer neuen Stellung reiche Geschenke verteilten. Ihrem Beispiel folgten der Kaiser und die Fürsten, indem sie die Ritter und Spielleute sowie andere Teilnehmer des Festes mit Gold und Silber, mit Pferden, Kleidern und anderen bei solchen Gelegenheiten üblichen Geschenken überhäuften. Waffenspiele schlossen sich an, die auch am folgen-

Kat.Nr. 75
Aus Michelsberg stammt das um 1170 angefertigte Graduale und Missale des Bamberger Doms. Das Kanonbild zeigt eine Kreuzigungsgruppe; ein kniender Priester fängt das Blut Christi in einem Kelch auf (fol. 149^{v}).

den Tag fortgesetzt wurden, bis schließlich ein Unwetter am Nachmittag dem Treiben ein Ende setzte. Der Aufwand, der an diesen Tagen getrieben wurde, das überreiche Angebot an Speise und Trank, die Pracht und die Verschwendung waren unbeschreiblich, und sie wurden vereinzelt auch von geistlichen Schriftstellern getadelt.[6] Aber darüber sollte man nicht vergessen, daß die Zurschaustellung von Macht und Reichtum in dieser Zeit gewissermaßen zu den Standespflichten der hohen Adeligen zählte. Man erwartete von ihnen, daß sie sich freigiebig zeigten, »milte«, wie man es nannte, übten.[7] Der Herrscher hatte sich, umgeben von einer Schar hoher Reichsfürsten, an den hohen kirchlichen Festen mit geziemendem Aufwand dem Volk zu zeigen. Es galt als Schande für den Herrscher, wenn er nicht in der Lage war, die hohen Kirchenfeste prunkvoll zu begehen; nicht ohne Grund behaupteten daher die Gegner Kaiser Heinrichs IV. im Investiturstreit, er habe den Weihnachtstag oder andere große Heiligenfeste häufig in armseliger Umgebung verbracht.[8]

Die Orte, an denen die Herrscher ihren Repräsentationspflichten nachkamen, waren bis in das 12. Jahrhundert hinein vornehmlich die Bischofssitze und Reichsabteien, deren Inhaber für den Unterhalt des Hofes zu sorgen hatten. Hier fanden sich auch geeignete Gebäude für die Unterbringung des Herrschers und seiner Umgebung; die kirchlichen Räume und Hallen boten außerdem den festlichen Rahmen für die Feiern des Hofes. Zugleich nutzte man diese Gelegenheiten, um wichtige Rechtsgeschäfte – etwa die Verleihung von Bistümern oder Abteien – zu tätigen.[9]

Die Bischofssitze und vor allem die großen Reichsabteien wie die Reichenau, St. Gallen, Fulda oder Tegernsee waren aber auch Zentren künstlerischen und handwerklichen Schaffens, deren Dienste die Herrscher häufig in Anspruch nahmen. Die Reichenauer Prachthandschriften, die Kaiser Heinrich II. dem von ihm gegründeten Bistum Bamberg schenkte, lassen das ebenso erkennen wie jenes Schreiben Kaiser Friedrich Barbarossas an den Abt von Tegernsee, in dem er um die Anfertigung eines Missale und eines Lektionars bat, »nachdem wir gehört haben, daß in deinem Kloster gute Schreiber tätig sind«, wie es in dem Brief hieß.[10] Aber auch die Annehmlichkeiten, die diese Klöster ihren Bewohnern im täglichen Leben boten – warme Gemächer, eine stets ausreichende Versorgung mit Nahrungsmitteln, die Möglichkeit, ein Bad zu nehmen und sich ordentliche Kleidung zu besorgen –, machten sie zu einem bevorzugten Aufenthaltsort des Kaisers und seines Gefolges.[11]

Wie der Herrscher die Dienste der Reichsstifte in Anspruch nahm, so verfuhr auch der hohe Adel mit den von ihm bevogteten und beherrschten Klöstern. Als sich Gräfin Adelheid von Sulzbach nach dem Tod ihres Mannes Berengar Ende 1125 hochschwanger zu ihrem Bruder, Graf Otto III. von Wolfratshausen, begab, fand sie Aufnahme in Tegernsee.[12] Kurze Zeit später nahm auch ihre Schwägerin Lauritta, die Frau Graf Ottos III., im Kloster Aufenthalt, wo sie, wenn man den Tegernseer Mönchen glauben darf, ihren Gastgebern bald durch ihre vielen Besucher und ihr herrisches Auftreten zur Last fiel.[13]

Die Klöster hatten ihren Vögten allerdings nicht nur Räumlichkeiten zur Verfügung zu stellen und für die Verpflegung ihrer Angehörigen zu sorgen; an sie wandte man sich auch, wenn man hochwertige Güter benötigte. Die Klöster waren im Mittelalter nicht nur landwirtschaftliche »Großbetriebe«, sondern auch Zentren des Handwerks und der Künste. Diese Vielfalt kam dem Adel zunutze. So bat Markgraf Berthold III. in den 70er Jahren oder Anfang der 80er Jahre Abt Rupert von Tegernsee um ein Pferd, offenbar einen Zelter, für eine seiner Töchter.[14] Auch die Geschenke, die die Andechser ihren Freunden und Verwandten oder anderen geistlichen Stiftungen machten, könnten – wenigstens zum Teil – aus den Werkstätten des Tegernseer Klosters gestammt haben.[15] Dabei galt jedoch der Grundsatz, daß jede Gabe eine angemessene Gegengabe erfordert. Wir wissen nicht viel über solche Geschenke, da man in den Klöstern zwar zumeist den Grundbesitz sorgfältig verzeichnete, die Stifter von Kunstgegenständen

Kat.Nr. 76
Der illuminierte Psalmenkommentar des Petrus Lombardus stammt aus der Schreibschule des Benediktinerklosters Michelsberg in Bamberg. Dem Kommentar vorausgestellt ist eine Bildergeschichte zum Leben Davids in insgesamt 28 Szenen. Das biblische Geschehen wird hier in die Wirklichkeit des 12. Jahrhunderts übertragen (fol. 2^{v} / 3^{r}).

wie kirchlichen Gefäßen und Gewändern oder anderen Kostbarkeiten aber seltener vermerkte.[16] Daß Gräfin Adelheid von Sulzbach kurz vor ihrem Tod dem Kloster Tegernsee ein mit zwölf Gemmen besetztes Goldstück schenkte, aus dem später ein Kelch gefertigt wurde, dazu ein silbernes Rauchfaß, zwei Kerzenleuchter und verschiedene kostbare Tuche, war dort allerdings noch im 14. Jahrhundert bekannt.[17]

Nicht minder wertvoll dürften die Geschenke gewesen sein, die hundert Jahre später Sophie, die Frau Markgraf Heinrichs IV. von Istrien, den Dießener Chorherren zukommen ließ. Neben 300 Pfund Augsburger Pfennigen erhielten sie liturgische Kleidungsstücke, darunter ein wertvolles seidenes Meßgewand, außerdem ein Missale, ein Matutinale und einen Psalter, einen Kelch und ein sogenanntes »Fastentuch« zum Verhängen des Altars während der Fastenzeit.[18]

Zu den großen Wohltätern des Andechser Hausklosters zählte im übrigen auch Bischof Otto II. von Bamberg. Er weihte 1182 den schon von Propst Hartwig begonnenen Neubau neben der St. Stephanskirche ein und übergab bei dieser Gelegenheit, wie es scheint, dem Stift einen großen Teil

des Grundbesitzes, den er als väterliches und mütterliches Erbe bis dahin besessen hatte, vier kostbare purpurfarbene Mützen, die später bei der Auffindung des Andechser Heiltumsschatzes eine Rolle spielen sollten, und einen wertvollen Kelch, der allerdings nicht mehr erhalten ist.[19] Dieser Kelch gehörte möglicherweise zum Dießener Kirchenschatz, der um 1270 von zwei Goldschmieden und einem Maler geraubt wurde, die die Edelsteine aus ihren Fassungen brachen und die goldenen und silbernen Teile einschmolzen.[20] Doch wird er ähnlich kunstvoll gearbeitet gewesen sein wie jener Kelch des Klosters Wilten aus der 2. Hälfte des 12. Jahrhunderts, der auf seinem Fuß die Umschrift trägt: »Verschone, Christus, jene, die dir diesen Kelch entgegengebracht haben auf Bitten Bertholds, dem du, Mildester, gnädig sein mögest!«. Dieser Kelch wurde, wie der Name in der Umschrift vermuten läßt, von Markgraf Berthold III. oder seinem Sohn, Herzog Berthold IV., dem Kloster geschenkt. Ob das, wie eine späte Wiltener Überlieferung wissen will, anläßlich der Überlassung des Platzes auf dem rechten Innufer für die Innsbrucker Marktgründung geschah, sei dahingestellt. Um eine ansprechende Vermutung handelt es sich dabei aber auf jeden Fall.[21]

Kat.Nr. 66
Auf fol. 247^{v} des Tegernseer Evangeliars (um 1120) ist der Evangelist Johannes dargestellt.

In den großen Klöstern häuften sich freilich nicht nur kostbare liturgische Geräte. Hier wurden auch geistliche und weltliche Literatur, historisches und theologisches Schrifttum gepflegt. Als Zentren des Unterrichts besaßen sie in ihren Bibliotheken die Texte antiker Dichter und Schriftsteller, dazu die Werke mittelalterlicher Autoren vornehmlich zur Theologie und zum Kirchenrecht; aber auch neue Werke wurden an diesen Orten geschaffen. In Tegernsee verfaßte – wohl um 1165/75 – ein Dichter, der sich nur unter dem Pseudonym Metellus zu erkennen gibt, ein Werk zur Klostergeschichte, das – nach St. Quirin, dem Heiligen des Ortes, als »Quirinalia« bezeichnet – bald darauf von dem gelehrten Mönch Heinrich in Prosa gesetzt wurde. Auch ein Epos über den Ersten Kreuzzug stammt aus der Feder des Metellus.[22] In Tegernsee könnte um die gleiche Zeit auch jenes berühmte »Spiel vom Antichrist« entstanden sein, in dem der Kampf eines Kaisers der Endzeit um die Weltherrschaft beschrieben wird.[23]

Aus Benediktbeuern, das ebenfalls unter der Vogtei der Andechser stand, sind aus dem 12. Jahrhundert volkssprachliche Texte wie das »Benediktbeurer Gebet zum Meßopfer«, das »Benediktbeurer Glauben und Beichten«, die »Benediktbeurer Ratschläge und Gebete« sowie das »Benediktbeurer Rezeptar« überliefert.[24] Hier fand man auch Gefallen an höfischer Literatur. So wurde die Hymne, die Heinrich von Rugge unter dem Eindruck des Todes Kaiser Friedrich Barbarossas auf dem Dritten Kreuzzug schrieb, kurze Zeit später auf den freigebliebenen Seiten einer älteren kirchenrechtlichen Handschrift des Klosters eingetragen.[25] Aus dem 13. Jahrhundert ist der Besitz einer Handschrift überliefert, die neben der Erzählung von »Aristoteles und Phyllis« die älteste Fassung von Hartmann von Aues höfischer Verslegende »Der arme Heinrich« enthielt.[26] Auch die »Carmina Burana«, die »Benediktbeurer Lieder«, sind zu erwähnen, die als Sammlung vorwiegend weltlicher Lieder um 1225/30 am Hof des Sekkauer Bischofs entstanden und auf bislang unbekanntem Weg in die Bibliothek des Klosters gelangten.[27]

In Tegernsee besaß man dagegen schon im 12. Jahrhundert die Erzählung von »Herzog Ernst«, der beim Kaiser in Ungnade gefallen war und nach der Ermordung seines Verleumders geächtet die Heimat verlassen mußte. Auf der Fahrt nach Jerusalem durch einen Seesturm in die fremdartige Welt des Orients verschlagen, hatte er abenteuerliche Heldentaten zu vollbringen und kämpfte schließlich im Heiligen Land gegen die Heiden. In die Heimat zurückgekehrt, erlangte er wieder die Huld des Kaisers und mit ihr sein Herzogtum.[28] Das Werk, das neben vielen anderen Berichten insbesondere die Geschichte von Kaiser Konrad II. und seinem Stiefsohn, Herzog Ernst von Schwaben, als Vorlage besaß, ist aus der Tegernseer Bibliothek nicht erhalten geblieben. Bekannt ist nur der Wortlaut eines Schreibens aus der großen Briefsammlung des Klosters, in dem ein mit »R« bezeichneter Absender darum bat, man möge ihm das »deutsche Buch vom Herzog Ernst« überlassen, damit er es abschreiben lassen und anschließend

Kat.Nr. 67
Dieses aus der Schreibschule des Klosters Tegernsee stammende Evangeliar war vermutlich für das Kloster Benediktbeuern bestimmt. Beide Klöster standen im 12./13. Jahrhundert unter der Vogtei der Andechser. Die Abbildung zeigt den Evangelisten Matthäus und den Anfang des Evangeliums (fol. 15a^{v} / 1^{r}).

wieder zurückgeben könne.[29] Als Verfasser dieses Schreibens gilt seit langem Markgraf Berthold III. von Istrien. Trifft diese Vermutung zu, dann besitzen wir in diesem Schriftstück den ältesten Beleg für die Pflege höfischer Literatur am Andechser Hof. Doch ist dies nicht ganz sicher, nachdem in letzter Zeit die Verfasserschaft des Markgrafen mit überlegenswerten Hinweisen in Frage gestellt wurde.[30]

Als Zeugnis literarischer Schöpfungen im Umkreis der Andechser wurde auch das Epos »König Rother« angesehen. Das über 5000 Verse umfassende Werk ist ein Beispiel für die in dieser Zeit beliebten »Brautwerbungssagen«, in denen der Held auf gefahrvollen Wegen um seine Braut wirbt. Die Erzählung führt nach Konstantinopel, wo König Rothers Vasallen – unter ihnen sieben Söhne des Herzogs Berchter von Meran – vergeblich um die Tochter des Königs werben, gefangengenommen und schließlich von ihrem Herrn befreit werden.[31] Der Leser des 13. Jahrhunderts mag durchaus an Herzog Berthold IV. von Andechs gedacht haben, der nicht nur als Reichsfürst häufig am kaiserlichen Hof weilte, sondern auch als Anführer eines kaiserlichen Heerhaufens auf dem Dritten Kreuzzug Ruhm und Ansehen erwarb.[32] Doch es ist fraglich, ob er das Vorbild für den Herzog Berchter des »König Rother« war, denn die Erzählung scheint schon bald nach der Mitte des 12. Jahrhunderts entstanden zu sein, als die Andechser noch keineswegs die Herzogswürde von Meranien besaßen.[33]

Aus dem »König Rother« scheint die Gestalt des Herzogs Berchter zu Beginn des 13. Jahrhunderts in das Epos von »Wolfdietrich« übernommen worden zu sein. Dort wird von einem jungen Königssohn aus Konstantinopel, Wolfdietrich, berichtet, der von seinem Vater Hugdietrich ausgesetzt, von den Wölfen aber unbehelligt gelassen wurde und schließlich bei dem getreuen Berchtung von Meran Aufnahme findet. Die Sage von »Wolfdiet-

Kat.Nr. 69
Dieses Missale aus der Mitte des 11. Jahrhunderts gehört zu den wenigen mit Miniaturen ausgestatteten Handschriften aus dem Kloster Andechs. Es dürfte mit den Tegernseer Mönchen in der Mitte des 15. Jahrhunderts auf den »Heiligen Berg« gekommen sein (fol. 80v/81r).

Kat.Nr. 70
Ein Homiliar enthält die Lesungen der Kirchenväter, die das Evangelium auslegen. Es wurde in den Klöstern in der dritten Nokturn gelesen. Fol. 4^r dieses Homiliars bayerischer Provenienz zeigt die fünf Kirchenväter mit dem hl. Gregor in der Mitte.

rich« fand bald großen Anklang, wie die zahlreichen Fassungen und Umarbeitungen zeigen. Doch wird man auch hier bei der Zuordnung des getreuen Vasallen Berchtung zu einem Mitglied des Andechser Hauses zurückhaltend sein müssen.[34]

Dagegen könnte mit dem im Epos über die »Kreuzfahrt Landgraf Ludwigs des Frommen« öfter erwähnten Herzog Berthold von Meran tatsächlich der 1204 verstorbene Andechser Fürst gemeint gewesen sein.[35] Diese Vermutung liegt umso näher, als das Werk am Hof Herzog Bolkos I. von Schlesien, eines Nachfahren der hl. Hedwig, verfaßt wurde.[36] In dem zu Beginn des 14. Jahrhunderts entstandenen Werk werden die angeblichen Heldentaten des 1190 verstorbenen Landgrafen Ludwigs III. von Thüringen bei der Belagerung von Akkon beschrieben.

Zur Zeit der Entstehung des »Wolfdietrich« schrieb ein fränkischer Dichter, Wirnt von Grafenberg, den Ritterroman »Wigalois, der Ritter mit dem Rade«. Er schilderte darin die Taten des jungen Wigalois, der an den Hof König Artus' kommt und dort vom Schicksal der Königin Larie hört, die aus ihrem Land Korntin durch Roaz vertrieben wurde. In der für den Artusroman typischen Abfolge muß Wigalois eine Reihe von gefährlichen Abenteuern bestehen, bis er Larie die Rückkehr in ihr Land erkämpft und die Herrschaft in ihrem Land antreten kann.[37] Wirnt von Grafenberg, der in der ersten Hälfte des 13. Jahrhunderts lebte, könnte in Diensten Herzog Bertholds IV. oder seines Sohnes, Herzog Ottos VII., gestanden haben, denn in seinem Epos beschreibt er die Trauer, die zu seiner Zeit über das Hinscheiden eines Meranierfürsten im Lande herrschte:

»vür wâr ich iu ein mære sage:
ich wil gelîchen dirre nôt
eines vil edeln vürsten tôt
von Merân, dâ ich jâmer sach
und von klage den ungemach
von der werlte wunne,
ez möhte diu liehte sunne
ir schîn dâ von verlorn hân;
daz tâten vrouwen wol getân
geboren von der hœhsten art
diu ie in der werlte wart.
dâ was solch jâmer unde klage,
ob ich mîn herze hie gancz trage,
daz ich des niht gelouben mac.
ich hôrte dâ mangen grôzen krac
von reiner vrouwen herzen;
diu truogen jâmers smerzen
umb des edeln vürsten tôt.
sî sîn sêle in deheiner nôt,
dâ nim si ûz, vil reiner Krist!«[38]

Kat.Nr. 73 (links)
Diese Handschrift aus Andechser Bestand ist Ende des 12. Jahrhunderts in Franken entstanden, vermutlich in Bamberg. Der Anfang des Colosserbriefes ist mit der Initiale »P«, die den Apostel Paulus darstellt, verziert (fol. 119v).

Kat.Nr. 68
Wohl aus der Tegernseer Malschule stammt dieser Hohelied-Kommentar des Honorius Augustodunensis. Die Illustration zeigt Mandragora, die hier als Symbol für die Ungläubigen steht, die zu Christus bekehrt werden. Christus überreicht der Mandragora anstelle des abgeschlagenen Hauptes des Antichrist einen Kopf mit Kreuznimbus als Zeichen Christi (fol. 77v).

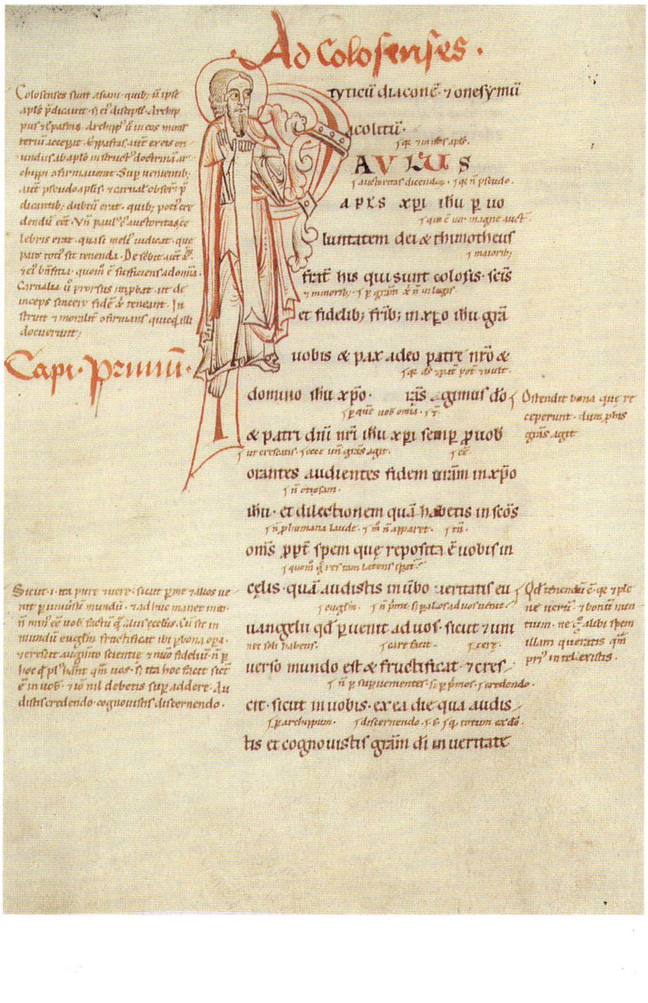

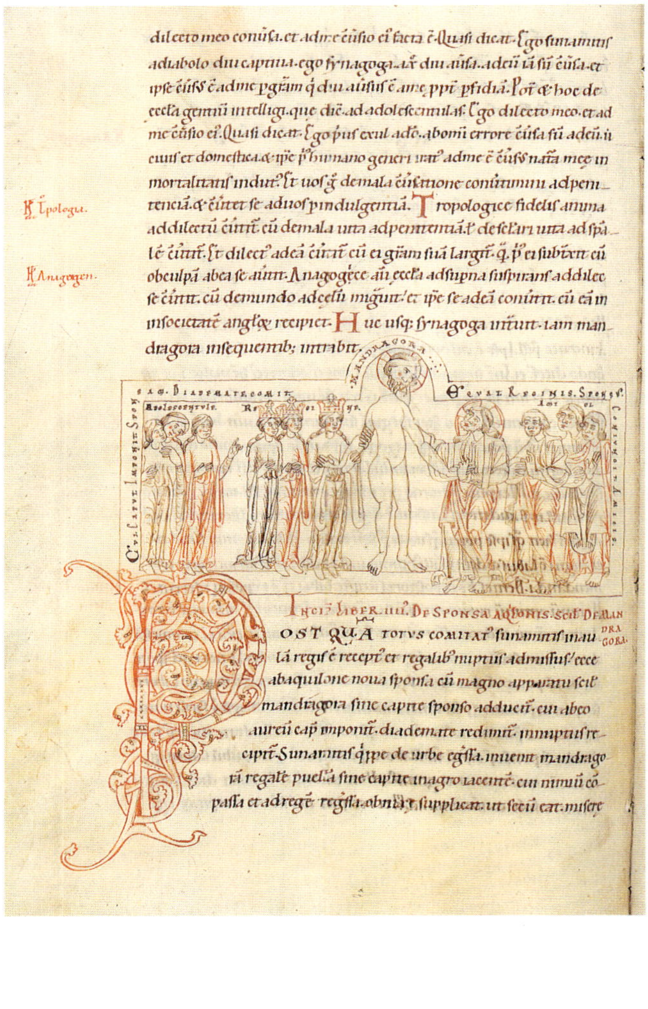

Kat.Nr. 72
Diese um 1130 entstandene Handschrift beinhaltet Paulusbriefe mit Glossen. Die Illustration zeigt den Apostel Paulus als Lehrer der Völker: Die Halbfiguren mit Mützen (rechts) bezeichnen die Juden, die anderen stellen die Griechen dar (fol. 1^{v}).

Der fränkische Sänger war freilich nicht der einzige, der die Andechser in seinem Werk pries. Auch Walther von der Vogelweide erfuhr die Freigebigkeit der Familie. Um 1170 geboren, verbrachte Walther seine Jugend am Babenberger Hof, bis mit dem Tod Herzog Friedrichs I. von Österreich 1191 für ihn die Zeit des »Wanderlebens« begann. Hatte er sich früher vor allem der Minnedichtung gewidmet, so stand nun die Spruchdichtung im Dienste der Krone im Mittelpunkt seines Schaffens. Zunächst auf seiten Philipps von Schwaben, wechselte er – darin Herzog Otto VII. von Meranien gleich – zu König Otto IV. über, um wenige Jahre später wieder den Anschluß an den Staufer Friedrich II. zu suchen. Hatte er im Herbst 1203 von Bischof Wolfger von Passau, dem späteren Patriarchen von Aquileja, fünf lange Schilling Pfennige für einen Pelzrock zum Geschenk erhalten, so war Walthers Auskommen endlich gesichert, als er 1220 von seinem staufischen Herrn ein »Lehen«, wohl ein Zinsgut, in Würzburg zum Geschenk erhielt.[39] In dieser Zeit – in den Jahren von 1219 bis 1223 – brachte er seinen Dank an Berthold V. von Andechs, den Nachfolger des Patriarchen Wolfger von Aquileja, zum Ausdruck:

»Die wîle ich weiz drî hove sô lôbelicher manne,
so ist mîn wîn gelesen und sûset wol mîn pfanne.
der biderbe patrîarke missewende frî,
der ist ir einer, so ist mîn höfischer trost zehant da bi.«[40]

Während der von Walther von der Vogelweide gepriesene Kirchenfürst in Aquileja residierte, führte sein Bruder, Markgraf Heinrich IV. von Istrien, das Leben eines Fürsten, der zwar reich begütert war, politisch aber keinen Einfluß besaß. Der Markgraf verstand es allerdings, die Muße, die ihm ein ungünstiges Schicksal aufgezwungen hatte, zu nutzen. Er hielt Hof auf seinen Besitzungen in den Alpenländern, widmete sich der Pflege der Literatur und verfaßte – wohl als einziger unter den Andechsern – selbst Minnelieder. Von Markgraf Heinrichs Dichtungen ist nichts überliefert. Bekannt ist dagegen das Werk seines Knappen Ulrich von Lichtenstein, eines jungen steiermärkischen Adeligen.[41] Sein um 1255 entstandener »Frauendienst« stellt gewissermaßen eine Autobiographie dar, in der ihr Verfasser sein bisheriges Leben im Minnedienst schildert. Er erzählt von dem treuen Dienst, den er seit frühester Jugend einer ungenannt bleibenden verheirateten Dame leistete, von dem Boten, der ihr seine Lieder überbrachte, den Turnieren, an denen er in ihrem Dienst teilnahm. Auf einer »Venusfahrt«, einem Turnierzug, der ihn von Norditalien über die Steiermark bis nach Böhmen führte, verkleidete er sich als »Frau Venus« und trug Kämpfe mit vielen angesehenen Herren aus. In dem Buch wird auf viele politische Ereignisse Bezug genommen: Erwähnt ist der Tod Herzog Friedrichs II. des Streitbaren von Österreich im Jahr 1246; auch das große Turnier wird geschildert, das 1224 in Friesach auf Einladung Herzog Leopolds VI. von Österreich stattfand, um den Streit zwischen Herzog Bernhard von Kärnten und Markgraf Heinrich von Istrien zu schlichten.[42]

Markgraf Heinrich muß ein guter Lehrmeister gewesen sein. Das läßt das Lob erkennen, das der Lichtensteiner seinem »herren«, wie er ihn nennt, gleich am Anfang des »Frauendienstes« spendete:

»Der was vil hôher tugende rîch,
der hiez der margrâf Heinrîch:
von Ysterrîch was er genant,
von sînen tugenden wît erkant.«[43]

Dann schildert er das ritterliche Verhalten Heinrichs von Istrien:

»Er was der vrowen dienstmann,
mit rehten triuwen undertân:
er was in holt, er sprach in wol,
alsô ein islîch ritter sol.
er was milte, er was guot,
er was küene, hôch gemuot,
mit tumben tump, mit wîsen wîs:
dâ von sô het er lobes prîs.«[44]

Auch auf die Not, in die Markgraf Heinrich unverschuldet geraten war, spielt Ulrich an:

»Er het umb êre ungemach,
sin munt nie bœsez wort gesprach,
er was blîde, er was palt,
sin zuht diu was manicvalt,
er was stæte, er was getriu,
den friunden sleht, niht iteniu,
er minnet got von herzen gar:
sus lebt der fürste sîniu jâr.«[45]

Kat.Nr. 65
In seiner um 1255 entstandenen Dichtung »Frauendienst« erzählt Ulrich von Lichtenstein von seiner ritterlichen Erziehung am Hof Markgraf Heinrichs von Istrien (fol. 2^v).

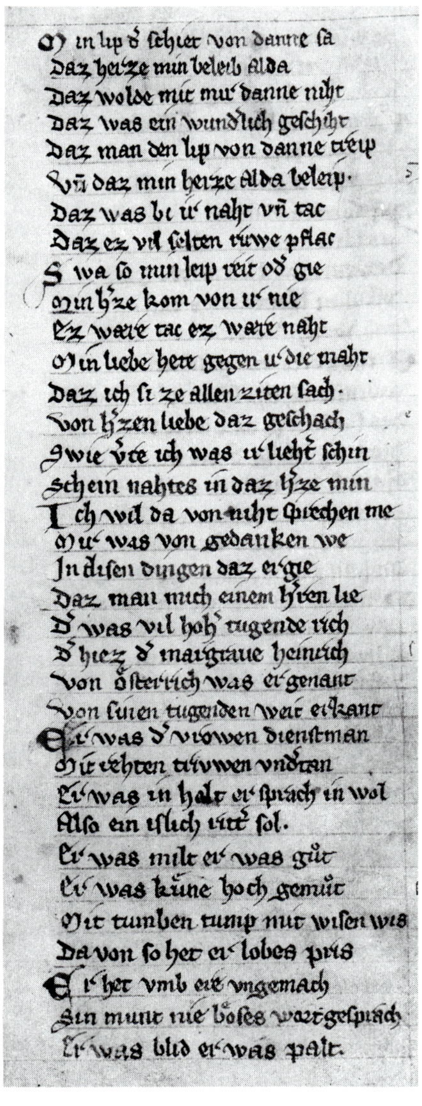

Schließlich stellt er den Markgrafen als seinen Lehrer vor:

»Der selbe werde herre mîn
sagt mir daz ûf die triwe sin,
swer werdecliche wolde leben,
der solde sich für eigen geben
einer reinen vrowen guot:
dâ von sô würd er hôch gemuot.
er sprach ›ez wart nie werder man,
er wære den vrowen undertân‹.«[46]

Zuletzt folgt ein Lob, wie es ein Schüler seinem Lehrer nicht besser aussprechen kann:

»Swaz er mir sagt, und het ich daz
ervollet mit den werken baz,
ich wære werder denne ich pin.«[47]

Es war ein später Dank, den Ulrich von Lichtenstein seinem Lehrer und Wohltäter aus früheren Jahren damit abstattete.

Um die gleiche Zeit erinnerte sich auch ein Dichter, der nur unter dem Namen »der Tannhäuser« bekannt ist, der Freigebigkeit der Andechser. Ihm verdanken wir einen »Fürstenpreis«, den er in eine Klage über den Niedergang höfischer Festlichkeit kleidete.[48] Darin bedauert er den Verfall des Reichs, der auch zu einem Verfall höfischer Geselligkeit geführt habe. Zu den fürstlichen Förderern der alten Zeit – allen voran der Stauferkaiser Friedrich II. und seine Söhne Heinrich VII. und Konrad IV. – zählte der Tannhäuser auch einen Andechser:

»Ein junger fürste von Meran
und ouch ein Welf von Swaben,
die willeclichen manegem man
vil richer kleider gaben.«[49]

Der schwäbische Herr, den der Tannhäuser hier pries, war sicher Herzog Welf VI., der nach dem Tod seines Sohnes den Besitz verkaufte und seitdem ein höfisch-geselliges Leben führte.[50] Wen meinte der Tannhäuser aber mit dem jungen Fürsten von Meran? Man dachte an Herzog Berthold IV., der etwas jünger als Herzog Welf VI. war. Aber auch sein Sohn, Herzog Otto VII., könnte damit gemeint sein. Oder wurde hier vielleicht der letzte Andechser, Herzog Otto VIII., gepriesen, der 1248 in noch jugendlichem Alter kinderlos starb? Hatte sich Otto VIII. vielleicht, dem Beispiel Herzogs Welf VI. folgend, mit Spielleuten umgeben und sich fahrenden Sängern freigebiger als üblich erwiesen?
An einen weiteren Andechser erinnerte der Tannhäuser:

»Von Bamberc bischof Egebreht,
den wil ich gerne grüezen;
er was an allen tugenden reht,
er kund wol kumber büezen.«[51]

Bischof Ekbert war nach allem, was wir von ihm wissen, literarisch nicht hervorgetreten. Er erwarb sich Verdienste um die Verbreitung des Kults der Kaiserin Kunigunde, der Gemahlin Kaiser Heinrichs II., die im Jahr 1200 heiliggesprochen wurde.[52] Ekberts Nichte Elisabeth von Thüringen, die seit dem 15. Jahrhundert – ob zu Recht, mag dahingestellt bleiben – als die Stifterin zweier wertvoller Handschriften – eines Buches Erzbischof Egberts von Trier und eines Psalters der landgräflichen Familie – an den Patriarchen Berthold von Aquileja oder dessen Domkapitel gilt, fand bei ihm auf seiner Burg zu Pottenstein Zuflucht.[53] Ob er an ihrer Heiligsprechung mitwirkte, ist nicht bekannt; doch könnte die frühe Überlieferung der Aussagen, die Elisabeths Dienerinnen vor den päpstlichen Kommissaren machten, in einer Benediktbeurer Handschrift auf ihn oder auf die Vermittlung eines anderen Andechser Familienmitgliedes zurückgehen.[54]

Kat.Nr. 51
Unter Abt Heinrich II. von Millstatt entstand eine leistungsfähige klösterliche Schreibschule, wie das »Millstätter Sakramentar« beweist. Die Abbildung zeigt den hl. Gregor (590–604) als Schreiber (fol. 7^{v}).

Was aber als Ekberts herausragende Leistung angesehen werden muß, war der Bau des Bamberger Doms. Allerdings war er nicht der erste Andechser, der Bedeutendes auf dem Gebiet der Baukunst förderte. Schon sein Verwandter Heinrich, der Sohn Graf Poppos I. – von 1166 bis wenigstens 1177 Abt in Millstatt in Kärnten – trat als Bauherr hervor. Er führte den von seinen Vorgängern begonnenen Kreuzgang fort und war wohl auch der Auftraggeber des Westturmpaares der Klosterkirche. Im Tympanon des Westportals der Stiftskirche wurde er vor dem segnenden Christus kniend dargestellt. »Abt Heinrich – Rüdiger schuf mich« lautet die Umschrift, die Abt und Künstler nennt.[55]

Wenige Jahre nach dem Tod Abt Heinrichs von Millstatt brannte in Bamberg – im Juli oder August 1185 – der von Kaiser Heinrich II. erbaute und 1012 eingeweihte Dom ab.[56] Es war nicht das erste Mal, daß die Bischofskirche ein solches Unglück traf. Schon im April 1081 war sie ein Opfer der Flammen geworden.[57] Wie damals ging man auch jetzt rasch daran, den Brandschaden zu beheben. Um die dafür benötigten Geldmittel aufzubringen, überließ Bischof Otto II. einem bischöflichen Amtmann namens Walther und dessen Frau das Dorf Beumenrode auf Lebenszeit, wofür ihm diese 50 Mark Silber bezahlten, die, wie es in der Urkunde hieß, »für den Aufbau der Domgebäude« bestimmt waren.[58] An einen Neubau scheint Otto II., der im übrigen in den 90er Jahren die Domkantorei einrichtete, nicht gedacht zu haben.[59]

Dieser Aufgabe unterzog sich erst sein Neffe, Bischof Ekbert. Die Arbeiten dürften Anfang der 20er Jahre begonnen haben, da der Bischof 1225 die Bamberger Güter in der Ortenau an Kaiser Friedrich II. für 4000 Mark Silber verkaufte. Diese Summe war, wie es in der kaiserlichen Urkunde – dem ersten sicheren Nachweis zum Bau der Kathedrale übrigens – ausdrücklich hieß, »für die Errichtung seiner [Ekberts] Kirche« bestimmt.[60] Die Arbeiten an dem Gebäude scheinen in den nächsten Jahren zügig vorangegangen zu sein, im Sommer 1229 war bereits der Südflügel des westli-

Kat.Nr. 50
Das Tympanon am Westportal der ehemaligen Millstätter Stiftskirche zeigt den segnenden Christus und einen knienden Mönch mit Kirchenmodell, der mit Abt Heinrich II. von Millstatt aus dem Haus Andechs-Giech identifiziert wird. In der Inschrift heißt es: »HEINRICVS ABBAS RVDGER(VS) ME FECIT«.

Kat.Nr. 77
Dieses Lektionar, das die Schriftlesungen beim Gottesdienst enthält, ist um 1170 in Michelsberg verfaßt worden. Die Abbildung zeigt das Pfingstwunder (fol. 85^{v}).

chen Querhauses weitgehend fertiggestellt. Das läßt sich daran ersehen, daß Ekbert am 15. August 1229, dem Fest Mariä Himmelfahrt, in diesem Teil des Doms einen Marienaltar einweihen konnte. Zu diesem Anlaß schenkte er dem Altar jährliche Einkünfte in Höhe von zwei Pfund Bamberger Pfennigen aus dem Zoll der Stadt. Die Urkunde, die er über diese Stiftung ausstellte, ist umso wertvoller, als in ihr auch Magister Wortwin, einer der Baumeister, erwähnt wird.[61]

Zwei Jahre später scheint der Bau schon so weit fortgeschritten zu sein, daß man an seinen baldigen Abschluß denken konnte und die Neueinweihung am 6. Mai 1232, dem Jahrestag der ersten Domweihe, ins Auge faßte. Das läßt die Urkunde Papst Gregors IX. vom 6. Januar 1232 erkennen, mit der dieser den Gläubigen, die die Kirche an diesem Tag sowie an allen folgenden Jahrtagen besuchten, einen Ablaß von 20 Tagen verlieh.[62]

Die Vollendung des Doms verzögerte sich allerdings noch um mehrere Jahre, ohne daß der Anlaß dafür bekannt ist. Nachdem Papst Gregor IX. am 5. Juli 1235 erneut einen Ablaßbrief für die Kirchenbesucher ausgestellt hatte, der jenem von 1232 weitgehend glich,[63] wurde der Bamberger Dom schließlich am 6. Mai 1237 neu geweiht.[64] Binnen weniger Jahre war damit

Kat.Nr. 74
Der um 1230/1240 geschaffene Bamberger Psalter ist aufgrund seiner überaus prachtvollen Ausstattung vermutlich für die private Andacht einer hochgestellten Persönlichkeit bestimmt gewesen. Die Illustrationen zeigen die Geburt Christi (fol. 8r) und die Anbetung der Könige (fol. 8v).

ein Bauwerk entstanden, das sich mit seiner Doppelchoranlage eng an den Vorgängerbau Kaiser Heinrichs II. anschloß und im 13. Jahrhundert wohl schon recht altertümlich gewirkt haben muß. Die Arbeiten waren von Osten nach Westen fortgeschritten. Unmerklich hatten sich aber während der Bauzeit die äußeren Formen gewandelt. So wurde aus dem ursprünglich im spätromanischen Stil begonnenen Bau eine frühgotische Kathedrale.[65]

Als die Bischöfe von Würzburg, Eichstätt, Naumburg und Merseburg im Frühjahr 1237 den Dom feierlich einweihten, war sein Erbauer nicht anwesend. Ekbert hielt sich damals als Vertreter Kaiser Friedrichs II. in Österreich auf.[66] Die Erinnerung an ihn und seine Familie wird aber noch heute wachgehalten durch das Tympanon über dem Portal im Nordostturm des Doms, das seit dem 16. Jahrhundert als »Gnadenpforte« bezeichnet wird.[67] Es zeigt Maria mit dem Kind, umgeben von den Patronen der Kirche, dem hl. Petrus und dem hl. Georg, sowie ihren Stiftern, Kaiser Heinrich II. und Kunigunde. Diese Gruppe wird links durch einen Bischof und rechts durch einen Diakon begrenzt. Dabei handelt es sich ohne Zweifel um Bischof Ekbert, den Erbauer, und sehr wahrscheinlich um seinen Onkel, den Dompropst Poppo. Der spätere Nachfolger Ekberts auf dem Bamberger Bischofsstuhl dürfte nämlich nicht nur als Propst von St. Jakob mit der Erneuerung des dortigen Nordostturms, des »Meranierturms«, begonnen haben, sondern auch während der Abwesenheit seines Neffen dem Bau des Doms sein Augenmerk gewidmet haben.[68] Er hatte bereits 1231 zu seinem sowie seines Vaters, Markgraf Bertholds III., Seelenheil das von ihm gegründete Dorf Oberkonnersreuth an die Domkirche geschenkt. Diese Stiftung ist nicht zuletzt deshalb bemerkenswert, weil in der Schenkungsurkunde der Ort Bayreuth erstmals als Stadt erwähnt wird.[69]

Kat.Nr. 74
Der Einband des Bamberger Psalters stellt eine ungewöhnliche Arbeit dar: Der mit einem illuminierten Pergamentblatt überzogene Holzdeckel ist mit durchsichtigen Hornplatten geschützt, die der Miniatur einen emailartigen Schmelz verleihen.

Zu Füßen Mariens auf der Gnadenpforte kniet ein Ritter. Er trägt über dem Kettenpanzer das Kleid eines Kreuzfahrers. Bei ihm könnte es sich ebenfalls um einen Andechser handeln. Herzog Otto VII., der Bruder des Bischofs und der Neffe des Dompropstes, war einer der mächtigsten Herren am Obermain. Er hatte 1217 einen Kreuzzug in das Heilige Land unternommen. Vielleicht zählte auch er zu den Förderern des monumentalen andechsischen Bauwerks.[70]

Anmerkungen

1 Innozenz III. De miseria condicionis humanae; zur Schrift vgl. Fuhrmann ²1983, S. 16.
2 Innozenz III., Vom Elend des menschlichen Daseins, S. 42, 46f., 91, 94, 107.
3 Innozenz III., Vom Elend des menschlichen Daseins, S. 52.
4 Vgl. dazu die Darstellung bei Fleckenstein 1971, S. 1023ff.
5 Vgl. dazu insbesondere Gisleberti Chronicon Hanoniense, S. 141ff.; zur Teilnahme Bischof Ottos II. von Bamberg vgl. D Friedrich I, Nr. 855 und 857.
6 Fleckenstein 1971, S. 1025.
7 Vgl. dazu Bumke 1986, S. 416ff.
8 Vgl. dazu etwa die Beispiele in Bertholdi Annales zu 1074, S. 276, zu 1077, S. 288 oder zu 1078, S. 306; ähnlich auch Bernoldi Chronicon zu 1084, S. 439 oder zu 1089, S. 448.
9 Schaller 1974, S. 1ff.
10 D Friedrich I., Nr. 1014.
11 Vgl. die Darstellung bei Goetz 1986, S. 100ff.
12 Nachweise bei Weissensteiner 1983, S. 113f.
13 Vgl. die ausführliche Schilderung bei Heinrich von Tegernsee, Passio S. Quirini, S. 281f.; vgl. auch Weissensteiner 1983, S. 131.
14 Vgl. das Schreiben bei Pez 1729, Bd. 6/2, S. 17, Nr. 71; vgl. dazu auch Rosenfeld 1965, S. 109.
15 Zum Tegernseer Kunsthandwerk im 12. Jh. vgl. Tabor 1935, S. 115ff.
16 Vgl. dazu die Zusammenstellung der Texte in Mittelalterliche Schatzverzeichnisse 1967, Bd. 1.
17 Vgl. die Nachweise bei Weissensteiner 1983, S. 113.
18 Vgl. dazu den Eintrag im Dießener Nekrolog zu Februar 28: Necr. Bd. 1, S. 12; zu den 300 Pfund Augsburger Pfennigen vgl. auch die Urkunde Herzog Ottos VII. für das Kloster von 1230 November 6 in Traditionen und Urkunden Dießen, S. 135–138, Nr. 17; darauf bezüglich auch Hinweis in ungedrucktem Bericht bei Albert von Dießen, Epytaphium Prelatorum in Dẙzzen, München, BayHStA, KLit Dießen 37, fol. 63ʳ sowie Traditionen und Urkunden Dießen, Bd. 1, S. 48–51, Nr. 36 und Bd. 2, S. 99–102, Nr. 27 und 29.
19 Die Stiftungen des Bischofs ausführlich beschrieben bei Albert von Dießen, Epytaphium Prelatorum in Dẙzzen, München BayHStA, KLit Dießen 37, fol. 57ʳ/ᵛ (vgl. unten S. 176 mit Anm. 51); vgl. auch Eintrag im Dießener Nekrolog zu Mai 2: Necr., Bd. 1, S. 17 sowie die urkundlichen Nachrichten in Traditionen und Urkunden Dießen, S. 36–38, Nr. 27, S. 95, Nr. 89 und Bd. 2, S. 92f., Nr. 6; zu seinem Beinamen »Largus« – »der Freigebige« vgl. Guttenberg 1937, S. 157.
20 Ausführlich beschrieben im ungedruckten Bericht bei Albert von Dießen, Epytaphium Prelatorum in Dẙzzen, München, BayHStA, KLit Dießen 37, fol. 59ʳ.
21 Vgl. die Beschreibung bei Atz 1909, S. 319–325 sowie Kunsthistorisches Museum Wien 1988, S. 128.
22 Vgl. dazu Weissensteiner 1983, S. 15ff. und S. 28ff.
23 Vgl. dazu jetzt Riedmann 1973, S. 16ff.
24 Vgl. zu den Texten die Angaben in VL 1 Sp. 688–693.
25 Vgl. den Text in Des Minnesangs Frühling 1977, Bd. 1, S. 196–200; zur Überlieferung vgl. ebd., Bd. 2, S. 57.
26 Erstmals bekanntgemacht von Rosenfeld 1969, S. 40ff. (Fragmente des »Armen Heinrich«) und Rosenfeld 1970, S. 321ff. (Fragmente von »Aristoteles und Phyllis«).
27 Zu der wohl bekanntesten Benediktbeurer Handschrift vgl. Bischoff in Einleitung zu Carmina Burana. In der bald nach 1250 entstandenen, insgesamt 267 Handschriften vermerkenden Bücherliste des Klosters wird die Sammlung nicht erwähnt; vgl. Mittelalterliche Bibliothekskataloge, Bd. 3, S. 74–77, Nr. 23.
28 Vgl. dazu De Boor ²1955, S. 257ff.; zur Überlieferung vgl. auch Behr 1979.
29 Vgl. das Schreiben bei Pez 1729, Bd. 6/2, S. 13, Nr. 7,2.
30 Vgl. dazu die von Rosenfeld 1965 gegen Neumann 1964 vorgebrachten Einwände.
31 Vgl. dazu De Boor ²1955, S. 252ff.
32 Vgl. dazu Herlitz 1909, S. 92; Gottschalk 1964, S. 70; Urbanek 1976, S. 109ff.
33 Vgl. dazu Frings in Einleitung zu König Rother, S. 218; Mewes 1976, S. 69ff. sowie Störmer 1980, S. 551ff.; jetzt auch Störmer 1992, S. 587ff.
34 Vgl. dazu De Boor 1953, S. 206ff. sowie Haymes 1984.
35 Vgl. dazu De Boor ⁴1973, S. 210ff. sowie Bumke 1979, S. 202ff.
36 Zur Datierung vgl. Naumann in Einleitung zu Die Kreuzfahrt des Landgrafen Ludwig, S. 193f.
37 Zum Inhalt vgl. Kapteyn in Einleitung zu Wirnt von Gravenberc, S. 77–91; zur Entstehung des Werkes vgl. jetzt auch Bertelsmeier-Kierst 1992.
38 Wirnt von Gravenberc, Verse 8062–8080, S. 340f.
39 Zu Walthers Leben und Werken vgl. die Darstellung bei De Boor 1953, S. 292ff.
40 Walther von der Vogelweide, Gedichte Nr. 34–37, S. 46f.; vgl. dazu auch Bumke 1979, S. 193.
41 De Boor 1953, S. 337ff.; vgl. auch Bumke 1979, S. 192f.; zu Ulrichs Herkunft vgl. auch Dopsch 1973, S. 93ff.
42 Zu dem nur hier berichteten Turnier vgl. Ulrich von Lichtenstein, Frauendienst, S. 62, Z. 13 – S. 97, Z. 8; vgl. dazu auch MDC, Bd. 4, S. 139–144, Nr. 1871 sowie Fräss-Ehrfeld 1984, S. 319.
43 Ulrich von Lichtenstein, Frauendienst, S. 8, Z. 17–20.
44 Ulrich von Lichtenstein, Frauendienst, S. 8, Z. 21–28.
45 Ulrich von Lichtenstein, Frauendienst, S. 8, Z. 39 – S. 9, Z. 4.
46 Ulrich von Lichtenstein, Frauendienst, S. 9, Z. 5–12.
47 Ulrich von Lichtenstein, Frauendienst, S. 9, Z. 29–31.
48 De Boor 1953, S. 370ff.; Bumke 1979, S. 176ff.
49 Der Tannhäuser, Leich 6 bei Siebert 1934, S. 105.
50 Vgl. dazu Feldmann 1971, S. 97f. sowie Fried 1992, S. 107.
51 Der Tannhäuser, Leich 6 bei Siebert 1934, S. 108. Von Tannhäusers Leich 4 hat sich eine Melodie im Conductus »Sion egredere« in der Dießener Handschrift, München, BayStB clm 5539 (geschrieben unter Propst Konrad von Dießen 1316–1351) erhalten; vgl. dazu Lomnitzer-Müller 1973, S. 59ff.; zur Musikpflege in Dießen unter Propst Konrad vgl. die ungedruckte Darstellung bei Albert von Dießen, Epytaphium Prelatorum in Dẙzzen, München, BayHStA, KLit Dießen 37, fol. 62ᵛ.
52 Vgl. dazu Klauser 1957, S. 202; die von Bumke 1979, S. 194 geäußerte Vermutung, die Überlieferung der Viten Heinrichs II. und Kunigundes in der Dießener Handschrift, München, BayStB, clm 1076 gehe auf Ekbert oder dessen Onkel Poppo II. zurück, sollte noch näher überprüft werden, da die Abschrift vielleicht erst nach dem Tod der beiden Andechser angefertigt wurde.
53 Zu Elisabeths Aufenthalt in Pottenstein vgl. unten S. 137 mit Anm. 41; die beiden Handschriften – der sogenannte Egbertcodex und der Elisabethpsalter – heute in Cividale del Friuli, Museo Archeologico, ms. CXXXVI und ms. CXXXVII; die Schenkervermerke erst aus späterer Zeit; vgl. dazu auch Durazzano 1983 und Gaberscek 1985.
54 München, BayStB, clm 4631; vgl. dazu unten S. 142 mit Anm. 1.
55 Vgl. dazu Weinzierl-Fischer 1951, S. 110 sowie Deuer 1988; zu Heinrichs Bautätigkeit vgl. Demus 1975, S. 169ff. und Pippal 1985, S. 1ff.; zu der vom Abt geförderten Verehrung des legendären Karantanenherzogs Domitian vgl. Wadl 1981 und Nikolasch 1990.
56 Reitzenstein 1934/35, S. 144f., Nr. 19f.; Neumüllers-Klauser 1979, S. 30.
57 Reitzenstein 1934/35, S. 142, Nr. 14f.; Neumüllers-Klauser 1979, S. 30.
58 Reitzenstein 1934/35, S. 145, Nr. 21; Neumüllers-Klauser 1979, S. 30.
59 Vgl. dazu die Angaben bei Guttenberg 1937, S. 159.
60 BFW Nr. 1576; Reitzenstein 1934/35, S. 148, Nr. 33; Neumüllers-Klauser 1979, S. 32f. Die BFW Nr. 1577 verzeichnete Urkunde Kaiser Friedrichs II. für Bischof Ekbert wohl ebenfalls im Zusammenhang mit dem Verkauf der Ortenau-Güter zu sehen; die von Fiedler 1980,

S. 107 ff. geäußerte Vermutung über den bereits 1200/1203 erfolgten Baubeginn nicht haltbar; vgl. dazu auch Suckale 1987, S. 163.

61 Reitzenstein 1934/35, S. 149, Nr. 35; Neumüllers-Klauser 1979, S. 33.

62 Reitzenstein 1934/35, S. 150, Nr. 38; Neumüllers-Klauser 1979, S. 34.

63 Reitzenstein 1934/35, S. 150, Nr. 39; Neumüllers-Klauser 1979, S. 34.

64 Zu der nur in Erfurter Quellen überlieferten Nachricht vgl. Reitzenstein 1934/35, S. 151, Nr. 41; Neumüllers-Klauser 1979, S. 35.

65 Vgl. dazu Sauerländer 1976, S. 167 ff.; Winterfeld 1979, Bd. 1, S. 64; Neumüllers-Klauser 1979, S. 35 sowie Baumgärtel-Fleischmann 1987, S. 22.

66 Vgl. dazu oben S. 93 mit Anm. 247 f.

67 Vgl. dazu die Untersuchungen von Wagner 1965.

68 Vgl. dazu Mayer 1955, S. 142. Möglicherweise stand der 1219 erfolgte Verkauf des Dorfes Langeln durch das Kapitel von St. Stephan an den Deutschen Orden mit den Bauarbeiten an St. Stephan zusammen; vgl. Reitzenstein 1934/35, S. 148, Nr. 32.

69 Reitzenstein 1934/35, S. 150, Nr. 37; Neumüllers-Klauser 1979, S. 34; Druck der Urkunde bei Herrmann 1973, S. 76, Nr. 10.

70 Zu der erstmals von Rensig 1950, S. 74 geäußerten Vermutung vgl. auch Boeck 1960, S. 12 sowie Wagner 1965, S. 79 f.; die Gleichsetzung mit dem Andechser Herzog Otto VII. auch übernommen bei Dehio 1979, S. 76.

Kat.Nr. 83
In diesem vielteiligen Simultanbild vor einer spätgotischen Stadtarchitekturkulisse wird die »Legende der hl. Elisabeth« dargestellt. Unter anderem speist sie Verkrüppelte, pflegt Kranke und Aussätzige und besucht Gefangene.

IV Elisabeth, Landgräfin von Thüringen

Aus der Familie der Andechs-Meranier ging mit Elisabeth von Thüringen eine Heilige hervor, die in Deutschland zu den am meisten verehrten Personen zählte und häufig Gegenstand künstlerischer Darstellung wurde.[1] Elisabeth wurde 1207 als Tochter König Andreas' II. von Ungarn und seiner Gemahlin Gertrud von Andechs geboren. Béla, Elisabeths ein Jahr älterer Bruder, war Ende 1206 in Anwesenheit seines Onkels, Bischof Ekberts von Bamberg, getauft worden; im Jahr 1235 folgte er als König Béla IV. seinem Vater in der ungarischen Herrschaft. Vermutlich im Herbst 1204 war Maria, Elisabeths ältere Schwester, geboren worden, die später den Bulgarenzaren Iwan Asen II. heiratete.[2]

Auf Elisabeths Erziehung dürfte ihre Mutter Gertrud, die sich den ungarischen Staatsgeschäften aufs nachhaltigste widmete, kaum bestimmenden Einfluß ausgeübt haben; vielmehr scheint das Kleinkind, wie an Fürstenhöfen üblich, bald nach seiner Geburt einer Amme übergeben worden zu sein. Diese hatte für sein körperliches wie seelisches Wohl zu sorgen. Für Elisabeth könnte diese Rolle jene ungarische Gräfin übernommen haben, die mit ihrem Mann, einem Grafen Berthold, 1211 die damals vierjährige Königstochter an den thüringischen Hof brachte.[3] Dort wurde sie gemeinsam mit den Kindern Landgraf Hermanns I. erzogen. Volljährig geworden, heiratete Elisabeth den Nachfolger des Landesherrn, Landgraf Ludwig IV., nachdem ursprünglich wohl eine Ehe mit dessen älterem Bruder Hermann geplant gewesen war, der – zum Nachfolger Landgraf Hermanns I. bestimmt – jedoch noch vor diesem im Jahr 1216 starb.[4]

Mit der 1211 in Aussicht genommenen ungarisch-thüringischen Eheverbindung sollte allem Anschein nach, wie so häufig bei adeligen Heiraten, ein politisches Anliegen gefördert werden: Man wollte den ungarischen König als Bundesgenossen jener staufisch gesinnten Reichsfürsten gewinnen, die sich gegen den welfischen Kaiser Otto IV. verschworen hatten. Zu ihnen zählte neben Erzbischof Siegfried von Mainz, König Ottokar I. von Böhmen und Herzog Leopold VI. von Österreich auch Landgraf Hermann I. von Thüringen. Bischof Ekbert von Bamberg, der sich damals als Flüchtling am ungarischen Königshof zusammen mit seinem Bruder Markgraf Heinrich von Istrien aufhielt und Nutznießer dieses antiwelfischen Bündnisses werden sollte, könnte am Zustandekommen des Heiratsvertrags beteiligt gewesen sein, wenngleich sich dafür keine Belege finden.[5]

Über Elisabeths Kindheit am landgräflichen Hof gibt es nur wenige Nachrichten. Bekannt ist, daß die ungarische Königstochter als Mitgift 1000 Mark Silber – einen ansehnlichen, aber durchaus nicht unüblichen Betrag – mitbrachte, dazu kamen eine große Menge goldener und silberner Gefäße, wertvolle Stoffe und Kleider, Schmuck und sonstiges Gerät.[6] Begleitet wurde Elisabeth auf ihrer Reise nach Deutschland von dem erwähnten Grafen Berthold und dessen Frau, die über ein Jahr lang am thüringischen Hof blieben und erst abreisten, nachdem sich das Kind in seiner neuen Umgebung eingewöhnt hatte.[7] Erleichtert wurde Elisabeth dies durch eine Gefährtin namens Guda, die später ihre Hofdame wurde. Diese gab anläßlich des Heiligsprechungsprozesses später zu Protokoll, daß Elisabeth bei Gewinnspielen den zehnten Teil ihres Gewinns an ärmere Mädchen verteilte und den von ihr Beschenkten zur Auflage machte, eine bestimmte Anzahl von »Vaterunser« und »Ave-Maria« zu beten. Man kann in diesem und ähnlichem Treiben die Anzeichen kindlicher Frömmigkeit erblicken, aber auch Rollenspiele, bei denen die zukünftige Stellung der Be-

Kat.Nr. 88
Das nur fragmentarisch erhaltene Köpfchen aus weißgrauem Ton stellt die hl. Elisabeth in Witwen- oder Nonnentracht dar. Es dürfte um 1430/1440 in Hessen entstanden sein.

teiligten vorweggenommen und eingeübt wurde.[8] Die Beschreibung der Wesenszüge und Handlungen Elisabeths in den erhaltenen Heiligsprechungsakten ist allerdings unter dem Vorbehalt zu sehen, daß hier auch rollengemäße, einem »heiligen« Leben entsprechende Vorstellungen ihren Niederschlag finden konnten.

Die Erziehung der ungarischen Königstochter wurde am thüringischen Hof der als fromm geltenden Landgräfin Sophie, einer Schwester Herzog Ottos I. von Bayern, übertragen. Das Kind wird wohl von den Festen am landgräflichen Hof beeindruckt worden sein, wo Dichter und Sänger gastliche Aufnahme fanden; es könnte auch das lärmende Treiben »bei Tag und bei Nacht« verfolgt haben, wie es Walther von der Vogelweide einmal beschrieb.[9] Mit 14 Jahren und damit nach fränkischem Recht heiratsfähig wurde Elisabeth mit dem Landgrafen Ludwig IV., der später den Beinamen »der Heilige« erhielt, verehelicht.[10]

Die thüringische Herrschaft war ursprünglich zweigeteilt. Ludwigs Vorfahren waren im 11. Jahrhundert aus Mainfranken nach Thüringen eingewandert und hatten eine kleine Grundherrschaft am Nordrand des Thüringer Waldes erworben. Bereits 1080 gehörte ihnen die Wartburg, 1085 gründeten sie das Familienkloster Reinhardsbrunn, seit 1131 führten sie den Titel eines Landgrafen von Thüringen. Zu Beginn des 12. Jahrhunderts waren die Ludowinger, wie das Geschlecht nach seinem Leitnamen auch genannt wird, außerdem als Erben des Grafen Giso IV. in den Besitz von Gütern an der oberen Lahn um Marburg sowie am Rhein gelangt, und sie hatten die Grafschaft Hessen an der unteren Eder erwerben können.[11] Während die rheinischen Güter in den 80er Jahren des 12. Jahrhunderts an die Erzbischöfe von Köln veräußert wurden, blieben die hessischen und thüringischen Besitzungen in einer Hand vereinigt. Das lag daran, daß die jeweils jüngeren Brüder des Landgrafen – es waren das die Grafen Heinrich Raspe I., II. und III. –, die die westlichen Ländereien entweder direkt besaßen oder als Gemeinschaftsgut des Hauses verwalteten, keine Söhne hatten. Auch Landgraf Ludwig III., den Kaiser Friedrich Barbarossa zum Pfalzgrafen von Sachsen erhoben hatte, war 1190 auf der Rückreise vom Kreuzzug ohne männliche Erben gestorben. So konnte dessen jüngerer Bruder, Landgraf Hermann I., der zunächst zusammen mit Ludwig regiert hatte, seinem Sohn ein ungeteiltes Erbe hinterlassen.[12]

Elisabeths Ehemann, Landgraf Ludwig IV., begann seine Regierung mit einem verheerenden Kriegszug gegen die Mainzer Verbündeten in Hessen, in dessen Verlauf er von Erzbischof Siegfried von Mainz mit dem Kirchenbann belegt wurde. Obwohl 1219 durch Vermittlung der Äbte von Fulda und Hersfeld ein Frieden zustandekam, brach der Konflikt bereits im folgenden Jahr wieder aus. Doch scheint der Landgraf bald darauf zur Einsicht gelangt zu sein, daß der Mainzer Erzbischof mit seinen territorialpolitischen Vorstellungen einer Ausdehnung seiner Herrschaft im Westen im Weg stehen würde, so daß Ludwig künftig eine Auseinandersetzung mit dem Erzbistum vermied.[13]

Zu diesem Entschluß dürfte beigetragen haben, daß er seit dem Tod seines Schwagers, Markgraf Dietrichs von Meißen, am 17. Februar 1221 die Vormundschaft über dessen Sohn, Markgraf Heinrich den Erlauchten, ausübte. Seitdem suchte Ludwig seine politischen Ziele vornehmlich im mitteldeutschen Raum zu verwirklichen; für den Fall eines frühen Todes seines Mündels arbeitete er auf die Schaffung einer Herrschaft hin, zu der neben den hessischen und thüringischen Gebieten seines Hauses auch die Markgrafschaft Meißen und die Niederlausitz gehören sollten. Als treuer Anhänger Kaiser Friedrichs II. scheint er sogar dazu ausersehen gewesen zu sein, zusammen mit dem Deutschen Orden das heidnische Preußen zu erobern.[14]

Wenige Wochen nach der Übernahme der Vormundschaft über Markgraf Heinrich den Erlauchten von Meißen hatte der Landgraf die Ehe mit der ungarischen Königstochter geschlossen. Als seine Gemahlin wird sie erstmals in einer für das Kloster Ichtershausen ausgestellten Urkunde vom

Kat.Nr. 60
Unter den Reliquien des Andechser Heiltumsschatzes fand man auch diese Textilie, die auf einem beiliegenden Zettel als Krönungsmantel Königin Gertruds von Ungarn bzw. als Brautkleid der hl. Elisabeth von Thüringen ausgewiesen war.

Kat.Nr. 90
Das aus der Landshuter Schule stammende Altarbild »Die barmherzigen Werke der hl. Elisabeth« (um 1510/1520) bezeugt die weite Verbreitung der Elisabeth-Verehrung.

9. September 1221 genannt.[15] Wie üblich wurde bei der Heirat die Witwenversorgung der Frau geregelt. Elisabeth erhielt zu den 1000 Mark Silber, die sie als Mitgift in die Ehe eingebracht hatte, vom Landgrafen einen Betrag in gleicher Höhe, so daß ihr für den Fall ihrer Witwenschaft 2000 Mark Silber zur Verfügung stehen würden. Da diese Summe, die nicht veräußert werden durfte, gewissermaßen »mündelsicher« angelegt werden mußte, wurden ihr anläßlich der Hochzeit Liegenschaften überschrieben, deren Erträge ihr ein standesgemäßes Leben ermöglichen würden.[16]

Ob Elisabeth Einfluß auf die politischen Entscheidungen ihres Mannes nahm, ist nicht bekannt. In Urkunden des Landgrafen wurde sie vereinzelt neben ihrer Schwiegermutter Sophie und ihren Schwägern, den Landgrafen Heinrich IV. Raspe und Konrad, ausdrücklich genannt, was zeigt, daß Verfügungen des Landgrafen bisweilen ihrer Zustimmung sowie der seiner nächsten Verwandten bedurften.[17] Sie begleitete ihren Mann gelegentlich zu Reichstagen; wenige Monate nach seiner Hochzeit stattete das landgräfliche Paar dem ungarischen Königshof einen Besuch ab. Dieser Besuch war nur von kurzer Dauer: Am 29. September 1221 brach man von Thüringen auf, um bereits Ende des Jahres wieder in die Heimat zurückzukehren.[18] Wenige Wochen danach brachte Elisabeth ihren ersten Sohn zur Welt, der auf den Namen seines Großvaters väterlicherseits getauft wurde. Hermann, der nach dem frühen Tod seines Vaters unter der Vormund-

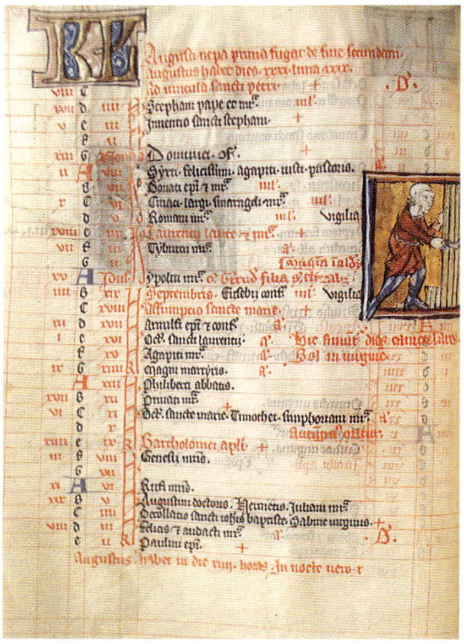

Kat.Nr. 78
Das Totenverzeichnis der Ludowinger in diesem Psalterium der Äbtissin Gertrud von Altenberg (gest. 1297) verzeichnet auch den Todestag ihrer Großmutter, Gertrud von Andechs (fol. 10v).

schaft seines Onkels Heinrich IV. Raspe stand, regierte seit 1238 als Landgraf Hermann II. gemeinsam mit seinem Onkel. Er starb bereits 1241, ohne Erben zu hinterlassen.

Aus der Ehe des landgräflichen Paars gingen noch zwei weitere Kinder hervor. Am 20. März 1224 wurde Sophie geboren, die spätere Frau Herzog Heinrichs II. von Brabant. Sie wurde zur Stammutter der späteren Landgrafen von Hessen, nachdem es ihr in langwierigen Erbauseinandersetzungen gelungen war, nach dem Aussterben der Ludowinger in männlicher Linie – mit dem Tod Heinrichs IV. Raspe 1247 – ihrem Sohn Heinrich wenigstens die hessischen Besitzungen zu erhalten.[19] Das jüngste Kind Elisabeths, Gertrud, wurde am 29. September 1227, also nach dem Tod seines Vaters, geboren. Gertrud kam in das Prämonstratenserstift Altenberg bei Wetzlar, wo sie später Äbtissin wurde.[20]

Elisabeths Leben als Frau des Landgrafen dürfte sich kaum von dem anderer Fürstinnen ihrer Zeit unterschieden haben. Sie hatte repräsentative Pflichten wahrzunehmen, besaß wohl auch ein wichtiges Mitspracherecht in Angelegenheiten des Hofes, der sich seit 1224 vornehmlich auf der Wartburg aufgehalten haben dürfte.[21] Was Elisabeths Leben von dem anderer Landesherrinnen unterschied, war ihre Frömmigkeit. Sie verwandte viel Zeit, berichten ihre Hofdamen Isentrud und Guda, auf das Gebet, ließ sich häufig auch nachts zum Gebet wecken, und legte sich, den Gepflogenheiten der Zeit entsprechend, körperliche Bußen auf, fastete und geißelte sich.[22] Dieses Verhalten war für sich genommen nicht außergewöhnlich. Was die thüringische Landgräfin aber auszeichnete, war ihre für die damalige Zeit beispiellose Fürsorge für Arme und Kranke. Isentrud, die um 1222 in ihre Dienste getreten war, schilderte anläßlich des Heiligsprechungsprozesses Elisabeths karitative Tätigkeit: So war die Landgräfin bemüht, nicht nur akute Not zu lindern, sondern durch vernünftiges Wirtschaften Notsituationen vermeiden zu helfen. Kamen prächtig gekleidete Frauen zu Besuch, so versuchte sie, diese zu einem weniger aufwendigen Lebensstil zu überreden. Sie selbst trug an Wochentagen nur einfache Kleider; sie spann mit ihren Mägden Wolle, nähte selbst die Kleidung armer Täuflinge und übernahm die Patenschaft für sie. Ihre Kinder brachte sie nicht in großem Prunk zur Taufe in die Kirche, sondern nach dem Beispiel Mariens in leinenen Kleidern, die sie dann an arme Frauen verschenkte. Wurden Reiche bestattet, achtete sie darauf, daß diese nicht in neuen Tüchern und Totenhemden begraben wurden, sondern in alten, damit die besseren Stücke den Armen gegeben werden konnten.[23]

Wer seine Lage aus eigenen Kräften verbessern konnte, erhielt von ihr Werkzeug für die Arbeit oder das für die Anschaffung nötige Geld. Bisweilen verteilte sie auch Schmuck mit der Auflage, ihn zu verkaufen und mit dem Erlös Arbeitsgerät zu erwerben. Schien dagegen eine Besserung der wirtschaftlichen Lage aufgrund von Verschuldung aussichtslos, übernahm sie die Zahlungsverpflichtungen der Armen.[24] Elisabeth scheute auch den persönlichen Umgang mit Kranken und Elenden nicht. Oft suchte sie deren armselige Behausungen auf. Von einem Bettler, der an einer ekelerregenden Krankheit litt, ist überliefert, daß sie ihm die Haare schnitt, seinen Kopf wusch und die Geschwüre pflegte.[25]

Zur »Erretterin der Verhungernden«, wie ihr Beichtvater, Magister Konrad von Marburg, später an Papst Gregor IX. schrieb, wurde Elisabeth bei der großen Hungersnot 1226.[26] Landgraf Ludwig IV. war gerade am kaiserlichen Hof in Italien, als eine verheerende Hungersnot in ganz Deutschland ausbrach. Elisabeth, die allem Anschein nach für ihren abwesenden Gatten die Regierung führte, ließ die landgräflichen Kornspeicher öffnen und die Vorräte an die Hungernden verteilen. Auch Schmuck und Kleidung gab sie zum Ankauf von Lebensmitteln weg. Am Fuß der Wartburg, in Eisenach, ließ Elisabeth ein Hospital einrichten, das sie zweimal am Tag aufsuchte, um beim Pflegedienst selbst mitzuwirken. Nicht nur Erwachsene fanden dort Aufnahme, auch elternlose Kinder wurden untergebracht, denen Elisabeths besondere Liebe gehörte.[27]

Kat.Nr. 86
Der spätmittelalterliche Bildteppich zeigt Episoden aus den letzten vier Lebensjahren Elisabeths von Thüringen, unter anderem die Auszahlung ihres Witwengutes von 2000 Mark Silber.

Die Brüder vom Orden des hl. Franz von Assisi behaupteten später, einer der ihren – Bruder Rüdiger, der später Guardian in Halberstadt wurde – habe Elisabeth als geistlicher Leiter für das Ideal der Keuschheit, Demut und Geduld begeistert und sie zum Gebet und zu den guten Werken hingeführt.[28] Aber dies ist wenig wahrscheinlich; sicher ist nur, daß Elisabeth vom Armutsideal der Franziskaner wußte und den Heiligen aus Assisi verehrte; und daß die Franziskaner sich nicht zuletzt dank ihrer Mithilfe in den 20er Jahren in Eisenach niederlassen konnten.[29] Größeren Einfluß als die Ideen der Franziskaner dürfte der erwähnte Magister Konrad von Marburg auf die junge Landgräfin ausgeübt haben. Konrad hatte, wie sein Titel zeigt, an einer Universität kirchliches und weltliches Recht studiert; spätestens seit 1215 trat er in päpstlichem Auftrag als Werber für den Kreuzzug auf und war wohl auch an Ketzerprozessen beteiligt. Ende 1225 oder Anfang 1226 wurde er Beichtvater und geistlicher Leiter Elisabeths – eine Aufgabe, die er bis zu ihrem Tod wahrnehmen sollte.[30]

Wie sehr Elisabeth sich Konrads Führung anvertraute, zeigt sich nicht zuletzt darin, daß sie – wohl im Frühjahr 1226 – in seine Hand das Gelübde ablegte, nach dem Tod ihres Mannes nicht wieder zu heiraten. Außerdem versprach sie, sich in geistlichen Dingen Konrads Anordnungen fügen zu wollen, soweit davon nicht die Rechte ihres Mannes berührt würden. Ludwig IV. gab seine Einwilligung zu diesem Gelöbnis, wie er im übrigen seit jeher das wohltätige Tun seiner Frau guthieß. So billigte er nachträglich, daß seine Frau 1226 die landgräflichen Vorräte verteilt und ein Spital in Eisenach errichtet hatte.[31] In Anbetracht dessen ist es durchaus denkbar, daß Landgraf Ludwigs IV. Spitalgründung in Gotha – offenbar etwas früher als jene in Eisenach erfolgt – auf die Initiative seiner Frau zurückging.[32]

Die Verbindung zwischen Elisabeth und Ludwig fand durch den frühen Tod des Landgrafen ein jähes Ende. Der thüringische Landgraf war einer jener Fürsten, die der Kaiser für die Teilnahme an dem Kreuzzug gewonnen hatte, den er anläßlich seiner Krönung 1215 in Aachen gelobt hatte.[33] Schon 1223 hatte der Kaiser dem Landgrafen dafür 4000 Mark Silber versprochen, später die Summe auf 5000 Mark erhöht, und ihm schließlich die Eventualbelehnung mit der Markgrafschaft Meißen erteilt, die der Thüringer Herr nur als Vormund für seinen Neffen verwaltet hatte.[34] In den letzten Sommerwochen des Jahres 1227 sollten die Kreuzfahrer von Unteritalien aus auf dem Seeweg nach Palästina aufbrechen. Am 24. Juni nahm der Landgraf in Schmalkalden Abschied von seiner Familie. Durch Franken, Schwaben und Bayern zog er mit großem Gefolge über den Brenner nach Italien. Anfang August traf man in Troia auf den Kaiser. Am 16. August langte man in Brindisi an, von wo aus die Überfahrt angetreten werden sollte. Das Unternehmen war jedoch unzureichend vorbereitet worden, Unterkünfte und Verpflegung waren schlecht. Im Heer brach eine Seuche aus. Auch der Landgraf erkrankte. Trotzdem trat er am 9. September mit dem Schiff die Reise nach Palästina an. Am 11. September starb Ludwig IV. von Thüringen. Das Schiff kehrte nach Otranto zurück, seine Leiche wurde an Land gebracht und begraben. Ein Teil der landgräflichen Begleitung setzte die Reise ins Heilige Land fort, ein anderer Teil kehrte mit der traurigen Nachricht nach Thüringen zurück.[35]

Zum Schmerz über den Tod ihres Mannes kam für Elisabeth bald der Streit mit den Geschwistern des Toten. Es ist anzunehmen, daß sich die Brüder des Landgrafen rasch mit den rechtlichen wie auch den wirtschaftlichen Folgen auseinandersetzten, die der frühe Tod ihres Bruders für sie hatte. Unverhofft waren sie zu den Herren in der Landgrafschaft geworden. Vermutlich haben sie sich mit dem Gedanken getragen, ihre Schwägerin nach Ablauf der Trauerzeit wieder zu verehelichen. In diesem Fall wären ihr Neffe Hermann und die Nichten Sophie und Gertrud in der landgräflichen Familie geblieben, da dem älteren Bruder, Heinrich IV. Raspe, von Rechts wegen die Vormundschaft über Elisabeths Kinder zukam. Der Witwe aber hätte man die Mitgift in Höhe von 1000 Mark Silber auszahlen müssen. Einem solchen Plan wäre zwar fürs erste das Gelöbnis Elisabeths, sich nicht wieder zu verheiraten, entgegengestanden; das wäre jedoch kein unüberwindliches Hindernis gewesen, da der Papst sie davon hätte befreien können.[36]

Blieb Elisabeth dagegen im Witwenstand, bedeutete das, daß ihr die Güter, die ihr bei der Hochzeit vom Landgrafen als Witwengut überschrieben worden waren, zu übergeben waren. Weder Heinrich IV. Raspe noch sein Bruder Konrad wollten ihrer Schwägerin den Teil der landgräflichen Güter, auf die sie Anspruch besaß, aushändigen. Sie waren lediglich bereit, für Elisabeths Unterhalt in einem gemeinsamen Haushalt zu sorgen. Damit war jedoch Elisabeth nicht einverstanden. Sie fühlte sich zum einen an das ihr von Konrad von Marburg auferlegte Speisengebot gebunden – danach durfte sie nur zu sich nehmen, was vom Hof rechtmäßig erworben war –, das sie unter solchen Umständen nicht oder nur schwer einhalten würde können; zum anderen wollte sie wohl auch über die ihr zustehenden Einkünfte frei verfügen. So kam es zum Streit zwischen ihr und den Landgrafen sowie deren Beamten, in dessen Verlauf sie schließlich die Wartburg zusammen mit ihren Hofdamen verlassen mußte: von den Dienstleuten ihres Mannes vertrieben, wie Isentrud später erklärte.[37]

Für die Witwe folgten schwere Zeiten. Elisabeth begab sich nach Eisenach, wo sie fürs erste gezwungen war, bei einem Schankwirt zu übernachten, in einem Abstellraum, in dem auch die Schweine untergebracht waren. Noch war ihr Mut ungebrochen: Am Morgen begab sie sich zu den Minoriten und ließ das »Te Deum« singen. Schließlich kam sie mit ihren Dienerinnen, Hofdamen und mit ihren Kindern, die sie von der Wartburg hatte bringen lassen, bei einem armen Geistlichen unter.[38] Wie lange sie dort blieb, ist nicht bekannt. Doch scheint der landgräfliche Hof Anstoß an ihrem Aufenthaltsort genommen zu haben. So suchte man eine Wohnung in einem vornehmeren Haus. Vielleicht mußte sie schon bei dieser Gelegenheit – nicht so sehr aus eigenem Entschluß, sondern vielmehr auf Veranlassung Landgraf Heinrichs IV. Raspe – ihre Kinder in fremde Familien geben.[39] Hilfe fand sie schließlich bei ihren Andechser Verwandten. Landgraf Ludwig IV. und Elisabeth hatten in den vergangenen Jahren zweifellos in freundschaftlicher Beziehung zu den Andechser Verwandten gestanden: So war Elisabeths Onkel, Herzog Otto VII. von Meranien, 1224 in thüringischen Streitigkeiten als Schiedsrichter angerufen worden.[40]

Anfang 1228 kam Elisabeths Tante Mechthild, Äbtissin von Kitzingen, nach Eisenach, um die Nichte zusammen mit deren Hofstaat nach Bamberg zu Bischof Ekbert zu bringen. Elisabeths Onkel versuchte zunächst, seine Nichte mit dem Gedanken an eine Wiederverheiratung vertraut zu machen, mußte aber bald einsehen, daß Elisabeth fest entschlossen war, ihr Leben ganz der Frömmigkeit, der Askese und dem Dienst am Nächsten zu widmen. So wies er ihr seine Burg Pottenstein als vorläufigen Wohnsitz an.[41]

Im Frühjahr 1228 kam Konrad von Marburg nach Deutschland zurück, dem Papst Gregor IX. wohl schon im Herbst des vergangenen Jahres, angesichts des unerwarteten Todes des Landgrafen, die Sorge um Elisabeth anvertraut hatte. Elisabeth bat ihn um Erlaubnis, ihr weiteres Leben als Bettlerin verbringen zu dürfen. Als der Beichtvater ihr diesen Wunsch nicht erfüllen wollte, suchte sie am Karfreitag die Minoritenkirche in Eisenach auf, um dort, die Hände auf dem entblößten Altar, ihren eigenen Willen, ihre Kinder und Verwandten sowie alles, was sie mit dieser Welt verband, in Gottes Hände zu legen. Dieser Schritt war rechtlich belanglos. Daß Konrad ihn in seiner Lebensbeschreibung der Landgräfin eingehend schilderte, hatte seinen Grund darin, daß die Verzichterklärung Elisabeths dem Versprechen der Franziskanerregel nachempfunden war. Konrad hoffte mit der Schilderung dieses Vorfalls, sich Gregor IX., den Freund und Förderer des Minoritenordens, geneigter zu machen.[42]

Wesentlich wichtiger war demgegenüber, daß Konrad von Marburg Elisabeth davon abhalten konnte, auf ihre Witwengüter zu verzichten. Das geschah, wie er später schrieb, in der Absicht, die Elisabeth zustehenden Einkünfte den Armen und Kranken zugutekommen zu lassen, sowie die Witwe in die Lage zu versetzen, durch Messen und andere fromme Werke zum Seelenheil ihres verstorbenen Mannes beizutragen.[43] Ob dies tatsächlich der Grund war, der Konrad bewog, Elisabeth von einem solchen Schritt abzuhalten, sei dahingestellt; vernünftig war es auf jeden Fall, hätte der Verzicht auf das Witwengut doch nur dem landgräflichen Hof genützt.

So nüchtern wie Konrad von Marburg dachte wohl auch Ekbert von Bamberg, der in den letzten Apriltagen des Jahres 1228 seine Nichte wieder nach Bamberg geleiten ließ. Um diese Zeit näherte sich nämlich der Zug mit den sterblichen Überresten des Landgrafen der fränkischen Bischofsstadt. Ludwigs Gefolge, das die Reise in das Heilige Land fortgesetzt hatte, war zu Beginn des Jahres zurückgekehrt, hatte die Leiche des Landgrafen ausgegraben und den Körper in siedendes Wasser gelegt, um die Knochen für den Transport in die Heimat lösen zu können.

Nach den Trauerfeierlichkeiten im Dom von Bamberg kehrte Elisabeth mit den thüringischen und hessischen Herren, die den Sarg des Landgrafen begleitet hatten, nach Thüringen zurück, um dort Anfang Mai an der Bestattung des Landgrafen im Kloster Reinhardsbrunn teilzunehmen. Sie hatte den thüringischen Kreuzzugsteilnehmern ihre Lage geschildert und sich deren Hilfe versichert.[44]

Was in den nächsten Wochen und Monaten geschah, entzieht sich unserer Kenntnis. Elisabeths Hofdame Isentrud behauptete später, die thüringischen Herren hätten, nach Hause zurückgekehrt, ihr Versprechen nicht eingelöst, so daß Elisabeth auf Konrads Anraten nach Marburg gegangen sei und dort ein Hospital gegründet habe.[45] Man sollte dieser Aussage nicht allzu viel Glauben schenken; sie zeigt lediglich, daß Isentrud – und wohl auch Elisabeth selbst – an den Verhandlungen mit dem landgräflichen Hof nicht unmittelbar beteiligt waren. In Wirklichkeit hatte Bischof Ekbert den

Kat.Nr. 87
Die Holzfigur, die die hl. Elisabeth mit einem Kirchenmodell zeigt, dürfte im schwäbischen Raum um 1490 entstanden sein.

Kat.Nr. 82
Die Goldminiatur dieses »Laytpuchs« des Nürnberger Heilig-Geist-Spitals illustriert Werke der Barmherzigkeit, die die hl. Elisabeth als Patronin des Spitalwesens an Christus ausübt.

landgräflichen Adeligen das Versprechen abgenommen, sich nach der Rückkehr in die Heimat für die Rechte der verwitweten Landgräfin einzusetzen.[46] So dürften bald nach Ludwigs Beerdigung Gespräche mit Elisabeths Schwagern stattgefunden haben, bei denen sowohl die Form als auch die Höhe der Einkünfte ausgehandelt wurden, die Landgraf Heinrich IV. Raspe und sein Bruder Konrad ihrer Schwägerin Elisabeth zu überlassen hätten. Wenige Monate später war wohl nicht zuletzt unter maßgeblicher Beteiligung Konrads von Marburg ein Ausgleich gefunden: Elisabeth erhielt von seiten des landgräflichen Hofs 2000 Mark Silber sowie ein Grundstück in Marburg zur Erbauung eines Hospitals zur Verfügung gestellt.[47]

Damit schien beiden Seiten gedient zu sein. Die Summe entsprach dem Wert jener Liegenschaften, die Elisabeth bei ihrer Hochzeit von Landgraf Ludwig als Witwengut überschrieben worden waren. Dessen Brüder erfüllten damit die Verpflichtungen, die für sie als Rechtsnachfolger Ludwigs IV. gegenüber der Witwe bestanden. Aber auch Elisabeth konnte mit dieser Regelung zufrieden sein. Sie war nun in der Lage, ein möglicherweise schon zu Lebzeiten ihres Mannes geplantes Hospital in Marburg zu gründen und mit der nötigen Einrichtung zu versehen, zudem Liegenschaften und andere Rechte zu erwerben, mit deren Erträgen sowohl die Pflege der Kranken als auch der Unterhalt des Personals sichergestellt waren. In den letzten Monaten des Jahres 1228 scheint das Spital so weit gediehen zu sein, daß man an die Aufnahme des Betriebs denken konnte. Das Hospital wurde dem hl. Franz von Assisi geweiht, der erst vor kurzem heiliggesprochen worden war. Elisabeth erhielt zusammen mit ihrer Gefährtin Guda aus den Händen Konrads von Marburg das »graue Kleid«, ohne damit freilich dem Franziskanerorden beizutreten.[48]

Da Landgraf Ludwigs IV. Gothaer Hospitalstiftung wenige Monate später, im Februar 1229, auf Elisabeths Verwendung hin vom Papst die Erlaubnis zur Errichtung einer Kirche und eines Friedhofs sowie zur Anstellung eines Kaplans erhielt[49], ist anzunehmen, daß sich Konrad von Marburg Ende 1228 an die Kurie begeben hatte, um eine ähnliche Vergünstigung auch für das Marburger Spital zu erlangen. Ein weiterer Umstand spricht für Konrads Abwesenheit von Marburg in den ersten Wochen des Jahres 1229: die Tatsache nämlich, daß Elisabeth mit dem ihr vom landgräflichen Hof ausbezahlten Geld nicht sachgemäß umging. Mit ihrem Witwengut hätte Elisabeth das Hospital reich mit Einkünften ausstatten und damit eine solide wirtschaftliche Grundlage für die Stiftung schaffen können, um bei der Pflege der Kranken nicht vom Almosen der Wohlhabenden abhängig zu sein. Elisabeth aber holte alle Bettler und Armen aus Stadt und Umgebung, um an einem einzigen Tag 500 Mark Silber unter sie zu verteilen.[50]

Ihre Hofdamen sahen in diesem Vorfall später vor den päpstlichen Kommissaren eine hochherzige Tat der Landgräfin. Aber das war keineswegs der Fall, wie nicht zuletzt Konrads von Marburg Verhalten zeigt, der dieses Ereignis in seinem Bericht an Gregor IX. wohlweislich verschwieg. Die Weggabe einer so beträchtlichen Summe war nicht statthaft gewesen: Denn wie Elisabeth die ihr von ihrem Mann verschriebenen Güter nicht hätte veräußern dürfen, da diese nach ihrem Tod an ihre Kinder bzw. die landgräfliche Erbengemeinschaft zurückgefallen wären, so war sie auch nicht berechtigt, das ihr zur Gründung eines Hospitals übergebene Geld nach Gutdünken zu verschenken. Die 2000 Mark Silber waren ihr letztlich nur treuhänderisch übergeben worden: zum Nutzen eines Spitals, das nach ihrem Tod – nicht anders als die damit abgegoltenen Witwengüter – wieder an ihre Kinder und Verwandten zurückfallen würde.[51]

In den folgenden Jahren opferte sich die verwitwete Landgräfin im Dienst an den Kranken auf, ohne ihre Gesundheit zu schonen. Konrad von Marburg schilderte anläßlich des Heiligsprechungsprozesses dem Papst Elisabeths entsagungsvolles Leben; er wußte zu erzählen, wie sie Arme an ihren Tisch holte und sich nicht scheute, niedrigste Dienste zu verrichten; wie sie eine gelähmte Waise, die offenbar an der Bluterkrankheit litt, zur Nachtzeit neben sich bettete und bisweilen bis zu sechsmal aufstehen mußte; wie sie eine Aussätzige pflegte, bis ihr Konrad aus Furcht vor einer Ansteckung das verbot und sie daraufhin ein über und über mit Grätze bedecktes Kind mit eigenen Händen wusch.[52]

Für die Sicherung der wirtschaftlichen Grundlagen des Marburger Spitals dagegen fühlte sich Konrad verantwortlich. Um die Einkünfte aus Spenden zu erhöhen, wandte er sich an den Papst, der bereits im April 1229 allen Besuchern des Hospitals einen Ablaß erteilte.[53] Außerdem wurde den Spitalbediensteten Lohnarbeit vermittelt; sie mußten für das Kloster Altenberg gegen Bezahlung Wolle spinnen: eine Tätigkeit, an der sich auch Elisabeth beteiligte – zum Erstaunen jenes ungarischen Grafen, der sie im Auftrag ihres Vaters besuchte und bei dieser Arbeit antraf.[54]

Besonders schmerzlich war für Elisabeth, daß Konrad von Marburg nicht nur ihren Hofstaat auflöste, sondern auch ihre Hofdamen Isentrud und Guda aus ihrer Umgebung entfernte. Damit sollte, wie die beiden Damen später behaupteten, Elisabeths Hinwendung zur Gottesliebe gefördert werden. Doch stand hinter dieser Maßnahme gewiß auch die Befürchtung Konrads, die beiden Vertrauten der landgräflichen Witwe könnten diese dahingehend beeinflussen, daß sie ihr entbehrungsreiches Dasein im Hospital gegen ein angenehmeres Leben vertauschte.[55]

Anstelle der beiden Frauen, mit denen Elisabeth die Erinnerung an schönere Zeiten teilte, wurde ein Laienbruder angestellt, der für die täglichen Besorgungen, insbesondere wohl für die Erledigung der laufenden Verwaltungsaufgaben im Hospital, zuständig war, außerdem eine Magd, eine »despektierliche Person«, wie Konrad später schrieb, sowie eine ältere Witwe, die nach Konrads Worten von »herbem Charakter« war. Sie hatten Elisabeth zu dienen, gehorchten aber ihrem Beichtvater, dem sie meldeten, wenn die Landgräfin wieder einmal ihrem Mitleid mit den Hungernden und Kranken freien Lauf gelassen und über das ihr zugestandene Maß an Wohltätigkeit hinaus Almosen verteilt hatte. Dann setzte es nicht selten

Kat.Nr. 89
Zu den seltenen überlieferten Bronzeschlüsseln aus der Romanik zählt der ungewöhnlich große Prunkschlüssel aus der Marburger Elisabethkirche.

Kat.Nr. 85
Aus dem 2. Viertel des 13. Jahrhunderts stammt dieses Schwert, das vermutlich im Besitz Landgraf Konrads von Thüringen war. Konrad förderte als Hochmeister des Deutschen Ordens maßgeblich die Heiligsprechung seiner Schwägerin Elisabeth.

Hiebe für die Wohltäterin, waren Bußübungen angesagt, die, obgleich im Zusammenhang mit der damaligen Bußpraxis zu sehen, wohl auch den Charakter einer Prügelstrafe trugen.[56] Die Notwendigkeit, eisern zu sparen, erlebten auch Besucherinnen wie Isentrud und Guda, denen Elisabeth aus Furcht vor ihrem Beichtvater nicht den kleinsten Bissen anzubieten wagte.[57]

Elisabeth von Thüringen starb nach kurzer Krankheit in der Nacht vom 16. auf den 17. November 1231.[58] Auf die Nachricht von ihrem Tod hin eilten die Leute in Scharen zum Hospital, so daß man sich entschloß, sie erst am 19. November zu bestatten. In ihr graues Gewand gekleidet, das Gesicht von Tüchern umhüllt, lag Elisabeth aufgebahrt. Die Verstorbene galt, noch ehe sie in der Kirche des Spitals begraben war, als Heilige. Man schnitt Fetzen von ihrem Kleid ab und machte selbst vor ihrem Leichnam nicht halt, um eine Reliquie von ihr nach Hause nehmen zu können.[59] Am Tag nach ihrem Begräbnis soll bereits ein erstes Wunder an ihrem Grab geschehen sein: Ein Zisterziensermönch wurde von einer Krankheit geheilt, an der er über 40 Jahre lang gelitten hatte.[60] Diesem Wunder sollten bald weitere folgen: Blinde erhielten das Augenlicht, Stumme konnten wieder sprechen, Gelähmte gehen, Epileptiker fanden Heilung, auch von der »Wiedererweckung« Ertrunkener war die Rede.[61] Es lag auf der Hand, daß man sich angesichts solcher Heilungen im Kreis der früheren Vertrauten Elisabeths bald mit dem Gedanken trug, die Verstorbene heiligsprechen zu lassen. Konrad von Marburg brachte das Verfahren in Gang.

Der Beichtvater Elisabeths hatte sich in den Monaten vor ihrem Tod an der Kurie aufgehalten. Während Konrads Abwesenheit scheint Elisabeth ihr Hospital für den Fall ihres Todes dem Johanniterorden vermacht zu haben. Zu einer solchen Übertragung war sie zwar nicht berechtigt, da sie – wie die Landgrafen später zu Recht betonten – an ihrer Stiftung nur ein Nutzungsrecht, nicht aber das Eigentum besaß.[62] Da die Johanniter aber nicht bereit waren, auf ihre in gutem Glauben erworbenen Ansprüche zu verzichten, bestimmte der Papst, an den sich neben dem Orden allem Anschein nach auch Konrad von Marburg – wohl im Auftrag des thüringischen Hofes – gewandt hatte, drei Speyerer Geistliche als Richter, die den Streit in seinem Auftrag entscheiden sollten. Der Prozeß um das Spital wurde im Sommer 1232 entschieden; um eine Weiterführung des Verfahrens in einer höheren Instanz zu verhindern, wurde Konrad von beiden Parteien als Schiedsrichter bestimmt. Am 2. August 1232 aberkannte er erwartungsgemäß dem Johanniterorden jegliches Recht am Spital.[63]

Konrad von Marburg hatte während seines Aufenthalts an der Kurie offensichtlich auch mit einem der päpstlichen Pönitentiare, einem gewissen Frater R., der nicht eindeutig zu bestimmen ist, die Aussichten für ein Heiligsprechungsverfahren erkundet. Dieser gab ihm den Rat, dem Papst einen vorläufigen Bericht über die Wunder an Elisabeths Grab zuzusenden.[64] Vor allem mußte Konrad einen Weg finden, den Mainzer Erzbischof als den für Marburg zuständigen Oberhirten einzubeziehen, obwohl es erhebliche politische Spannungen zwischen den Landgrafen von Thüringen und dem Mainzer Kirchenfürsten gab. Eine Gelegenheit dazu bot sich, als der Erzbischof am 10. August 1232 in Marburg zwei Altäre in der Spitalkirche weihte. Konrad forderte bei der kirchlichen Feier in seiner Predigt unvermittelt die zahlreich erschienene Bevölkerung auf, am folgenden Tag vor dem Erzbischof über die Wunder zu berichten, die sich an Elisabeths Grab ereignet hatten[65]. Am 11. August 1232 fand sich vor den kirchlichen Würdenträgern eine beträchtliche Zahl von Gläubigen ein, die über Wunder zu berichten wußten. Sie veranlaßten den Erzbischof, einen Bericht an den Papst, in dem 60 Wunder erwähnt wurden, anfertigen und mit seinem Siegel sowie den Siegeln weiterer Prälaten, auch jenem Konrads von Marburg, beglaubigen zu lassen. Konrad sandte diesen Bericht zusammen mit seiner Lebensbeschreibung Elisabeths an den Papst.[66] An der Kurie handelte man rasch. Bereits im Oktober 1232 erging an den Mainzer Erzbischof, den Abt von Eberbach und an Konrad von Marburg der Auftrag,

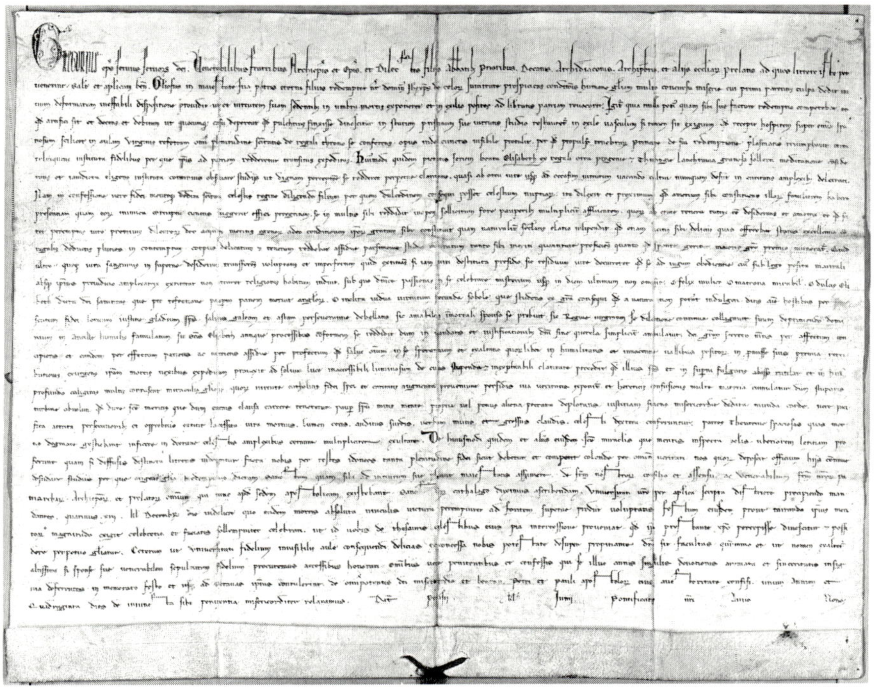

Kat.Nr. 81
Bereits wenige Jahre nach ihrem Tod wurde Elisabeth von Thüringen von Papst Gregor IX. heiliggesprochen. Insgesamt sind noch elf Originalausfertigungen der Heiligsprechungsurkunde erhalten. Das abgebildete Exemplar stammt aus dem Deutschordenshauptarchiv Mergentheim und ist auf den 1. Juni 1235 datiert.

Erkundigungen über das Leben der Verstorbenen sowie über die an ihrem Grab geschehenen Wunder einzuholen und der Kurie zu übersenden.[67] Die päpstlichen Kommissare erledigten diesen Auftrag zügig. Schon 1233 konnten sie an Gregor IX. über 106 Wunder berichten; auch hatten sie Zeugen zu Elisabeths Leben befragt und deren Aussagen aufzeichnen lassen.[68] Ihre Unterlagen dürften zusammen mit Konrads Darstellung in den nächsten Monaten von päpstlichen Beamten an der Kurie geprüft worden sein. Doch scheint das Verfahren mit dem Tod Konrads von Marburg 1233 ins Stocken geraten zu sein.[69]

Nach Konrads Tod war Landgraf Konrad von Thüringen und mit ihm der Deutsche Orden die treibende Kraft im Heiligsprechungsprozeß. Landgraf Konrad hatte im Todesjahr seiner Schwägerin die Verwaltung der hessischen Besitzungen des Hauses übernommen und bald darauf den Kampf mit dem Mainzer Erzbischof aufgenommen. Konrad kam aber – vielleicht auf Drängen seines älteren Bruders, Landgraf Heinrichs IV. Raspe – zu dem Entschluß, den weltlichen Stand zu verlassen und dem Deutschen Orden beizutreten. Aus diesem Anlaß erhielt der Orden, den Konrad nach dem Tod Hermanns von Salza als Hochmeister leiten sollte, neben jährlichen Einkünften in Höhe von 300 Mark Silber auch das von Elisabeth gegründete Spital Marburg samt den dazugehörenden Besitzungen. Gregor IX. wie auch Kaiser Friedrich II. bestätigten diese Schenkung dem Orden Anfang Juli 1234 in Rieti.[70]

Wenige Wochen später, im Oktober 1234, trat der Heiligsprechungsprozeß in seine letzte Phase. Der Bischof von Hildesheim sowie die Äbte von Georgenthal und Hersfeld wurden erneut mit der Untersuchung der an Elisabeths Grab geschehenen Wunder beauftragt.[71] Bereits Anfang 1235 erhielt der Papst den Bericht über die Heilungen und ein Protokoll über die Aussagen, die Elisabeths Hofdamen Isentrud und Guda sowie die Dienerinnen Irmentrud und Elisabeth aus dem Marburger Hospital vor den päpstlichen Kommissaren gemacht hatten.[72]

Nachdem diese Schriftstücke geprüft und im Konsistorium vom Papst und den Kardinälen für ausreichend erachtet worden waren, wurde die thüringische Landgräfin zu Pfingsten, am 27. Mai 1235, von Papst Gregor IX. im Dominikanerkloster zu Perugia zur Heiligen erhoben.[73] Die Heiligsprechungsurkunden wurden teilweise unter dem Datum des 1. Juni 1235 in der päpstlichen Kanzlei ausgefertigt.[74]

Kat.Nr. 84
Der Schild Landgraf Konrads von Thüringen (gest. 1240), des Schwagers der hl. Elisabeth, stammt aus dem berühmten Bestand der mittelalterlichen Totenschilde, die im Chor der Marburger Elisabethkirche aufgehängt waren.

Der Deutsche Orden, der durch Elisabeths Schwager Konrad die Heiligsprechungsfeierlichkeiten in Perugia ausgerichtet hatte, förderte die Verehrung Elisabeths tatkräftig. Er beauftragte den Zisterziensermönch Caesarius von Heisterbach, einen angesehenen Schriftsteller, eine Lebensbeschreibung der Heiligen auf der Grundlage der Aussagen ihrer Dienerinnen anzufertigen.[75] Anstelle der alten Spitalkirche ließ Konrad ein größeres Gotteshaus erbauen. Am 14. August 1235 wurde der Grundstock zur jetzigen Elisabethkirche, einem der frühesten und bedeutendsten gotischen Bauten in Deutschland, gelegt.[76] Am 1. Mai 1236 wurde – noch in der alten Anlage – Elisabeths Grab in Anwesenheit Kaiser Friedrichs II. geöffnet, der der Verstorbenen eine Krone aufsetzte. Der Kaiser stiftete bei dieser Gelegenheit ein prächtiges ottonisches Trinkgefäß aus seiner Schatzkammer, das bis ins 16. Jahrhundert die Kopfreliquie barg.[77] Das Gefäß wird heute im Historischen Museum Stockholm aufbewahrt.

1249, vielleicht auch erst Anfang 1250, war der neue Bau so weit vollendet, daß man die Gebeine Elisabeths aus der alten, bald darauf abgerissenen Franziskuskirche in den vollendeten Ostchor übertragen konnte.[78] Über Jahrhunderte war ihr Grab das Ziel zahlloser Wallfahrer, bis ein später Nachfahre der Heiligen, Landgraf Philipp von Hessen, am Beginn der Reformation ihre Gebeine dem Grab entnehmen ließ, um der Verehrung ein Ende zu setzen.[79] Der Verbleib der Gebeine ist unbekannt, ihr Haupt – früher in Mergentheim – wird in Wien aufbewahrt. Zahlreiche bildliche Darstellungen aus alter und neuer Zeit legen Zeugnis von der weitverbreiteten Verehrung der Heiligen ab. Elisabeth gilt heute vor allem als Patronin karitativ tätiger Vereinigungen.

Anmerkungen

1 Zur Geschichte der Landgräfin vgl. die Darstellungen bei Huyskens 1908; Sankt Elisabeth 1981; Dinkler-von Schubert 1982 und Heinemeyer 1983; zu den Quellen vgl. insbesondere das Schreiben Konrads von Marburg an Papst Gregor IX. bei Huyskens 1908, S. 155 ff. sowie die Aussagen der Hofdamen und Mägde Elisabeths vor den päpstlichen Kommissaren im Libellus; zur Überlieferung des Libellus vgl. auch Meerssemann 1979; die verlorenen Aufzeichnungen Bertholds, des Kaplans Landgraf Ludwigs IV. von Thüringen, wurden benützt bei Dietrich von Apolda, in der Cronica Reinhardsbrunnensis sowie bei Friedrich von Köditz; vgl. dazu auch VL 1, Sp. 805–807; die urkundlichen Quellen zum großen Teil gedruckt in Urkundenbuch der Deutschordens-Ballei Hessen, Bd. 1; vgl. auch die Übersicht bei Schmidt 1981.

2 Hóman 1943, S. 11 ff.; Csuday 1900, S. 231 ff.; zur Teilnahme Bischof Ekberts an der Taufe Bélas vgl. Schreiben Papst Innozenz' III. von 1206 November 29: Potthast Nr. 2924.

3 Vgl. Urkunde König Bélas IV. von Ungarn für Franco und Stephan, Söhne des Grafen Berthold, von 1230, in Regesta Thuringiae, Bd. 3, S. 32, Nr. 152.

4 Heinemeyer 1983, S. 31.

5 Heinemeyer 1983, S. 30 f.; zur möglichen Beteiligung Ekberts und Heinrichs vgl. oben S. 78 ff.

6 Zu ihrer Mitgift vgl. Dietrich von Apolda, Lib. 1, c. 1, S. 118 f.; Cronica Reinhardsbrunnensis, S. 577; kurz erwähnt auch im Libellus, S. 44.

7 Vgl. oben S. 131 mit Anm. 3.

8 Vgl. den Bericht im Libellus S. 10 ff.; zu ihrer Gefährtin und späteren Hofdame Guda vgl. ebd. S. 9 f. und S. 15.

9 Vgl. Heinemeyer 1983, S. 31; Dinkler-von Schubert 1982, S. 514.

10 Dinkler-von Schubert 1982, S. 514.

11 Patze 1962, S. 143 ff.

12 Patze 1962, S. 249 ff.

13 Patze 1962, S. 262 ff.

14 Patze 1962, S. 264 f.

15 Regesta Thuringiae, Bd. 2, Nr. 1976.

16 Heymann 1909, S. 3 ff.

17 Vgl. oben S. 134 mit Anm. 21.

18 Zur Teilnahme an Reichstagen vgl. den Hinweis im Libellus, S. 20; die Reise nach Ungarn geschildert in: Cronica Reinhardsbrunnensis irrtümlich zu 1222, S. 597; die Rückkehr aus Ungarn wohl noch Ende 1221 erfolgt, da der Landgraf sich bald nach Mitte Januar 1222 in der Markgrafschaft Meißen aufhielt; vgl. Regesta Thuringiae, Bd. 2, Nr. 1995; vgl. auch die Anmerkung zu Regesta Thuringiae, Bd. 2, Nr. 2020 sowie Heinemeyer 1983, S. 32.

19 Heinemeyer 1983, S. 31 f.

20 Heinemeyer 1983, S. 67 f.

21 Zu Elisabeths Beteiligung an den Regierungsgeschäften ihres Mannes vgl. die Urkunden in: Regesta Thuringiae, Bd. 2, Nr. 1976, 2001, 2137 und 2246; zum Aufenthalt des Hofes auf der Wartburg vgl. Heinemeyer 1983, S. 36.

22 Vgl. die Darstellung im Libellus, S. 21 f.

23 Vgl. die Berichte im Libellus, S. 23–25 und S. 31.

24 Libellus, S. 25 und 30.

25 Libellus, S. 17 und S. 26.

26 Vgl. das Schreiben Konrads von Marburg an Gregor IX. bei Huyskens 1908,

S. 157; die Quellen zur Hungersnot von 1226 vgl. bei Curschmann 1900, S. 171 f.

27 Vgl. die Berichte im Libellus, S. 27–29 sowie Schreiben Konrads von Marburg an Gregor IX. bei Huyskens 1908, S. 156 f.

28 Chronica fratris Jordani, S. 29.

29 Vgl. Schreiben Konrads von Marburg bei Huyskens 1908, S. 157 über Gründung des Franziskanerkonvents zu Eisenach; zu Franz von Assisi als Patron des Marburger Hospitals vgl. oben S. 139 mit Anm. 53.

30 Konrads Tätigkeit als Beichtvater Elisabeths erwähnt in dessen Schreiben von Gregor IX. bei Huyskens 1908, S. 156; im Libellus, S. 17 f. demgegenüber nur das Gehorsamsversprechen Elisabeths erwähnt.

31 Elisabeths Gelübde, nach dem Tod des Landgrafen nicht mehr zu heiraten, nur im Libellus, S. 17 erwähnt; zu dem ihr von Konrad auferlegten Speisengebot vgl. oben S. 136 mit Anm. 37; zur Einwilligung des Landgrafen vgl. Konrads Schreiben an Gregor IX. bei Huyskens 1908, S. 157, sowie Libellus, S. 32.

32 Vgl. dazu die undatierte Urkunde Landgraf Ludwigs IV. von ca. 1223, in der die Zustimmung seiner Mutter, seiner Frau und seiner Brüder erwähnt wird: Regesta Thuringiae, Bd. 2, Nr. 2118.

33 BFW 810 b.

34 Patze 1962, S. 269 f.

35 Die Reise des Landgrafen zu Kaiser Friedrich II. und sein Tod ausführlich aufgrund verlorengegangener zeitgenössischer Berichte in Cronica Reinhardsbrunnensis zu 1227, S. 611 f. beschrieben.

36 Vgl. dazu auch oben S. 137 mit Anm. 41.

37 Zur vorgeschlagenen gemeinsamen Haushaltsführung vgl. den wohl auf Elisabeths Erzählungen beruhenden Bericht im Libellus, S. 63; zu dem von Konrad von Marburg auferlegten Speisengebot vgl. Libellus, S. 18–21; Isentruds Aussage über die »Vertreibung« der Heiligen im Libellus, S. 33.

38 Libellus, S. 33 f.

39 Libellus, S. 34 f.

40 Er hatte 1224 in der Auseinandersetzung Landgraf Ludwigs mit Jutta, der Stiefschwester des Landgrafen, bei der es um die Vormundschaft über Heinrich den Erlauchten und damit über den politischen Einfluß in der Mark Meißen und der Niederlausitz ging, einen Frieden zustandebringen können; vgl. dazu Patze 1962, S. 265.

41 Libellus, S. 37–39.

42 Vgl. dazu das Schreiben Konrads von Marburg an Gregor IX. bei Huyskens 1908, S. 156; im Libellus fehlt ein Bericht; man vgl. aber, daß Elisabeths Hofdame Isentrud Ähnliches in zeitlich späterem Zusammenhang berichtet; vgl. Libellus, S. 46 f.; darauf vielleicht auch der Bericht in Libellus, S. 74 f. zu beziehen.

43 Vgl. Konrads Schreiben an Gregor IX. bei Huyskens 1908, S. 157 f.

44 Vgl. die Schilderung im Libellus, S. 39 f. sowie Cronica Reinhardsbrunnensis zu 1228, S. 612 f.

45 Libellus, S. 41.

46 Kurzer Hinweis im Libellus, S. 40; so auch in Cronica Reinhardsbrunnensis zu 1228, S. 613.

47 Die Überlassung von 2000 Mark Silber erwähnt in Libellus, S. 43 f.

48 Da Erzbischof Siegfried von Mainz schon 1227 die Trennung der Marburger Kirche von der Pfarrei Oberweimar bestätigte (Druck: Urkundenbuch der Deutschordens-Ballei Hessen, Bd. 1, S. 15, Nr. 16) und die Brüder des verstorbenen Landgrafen später ihr Patronatsrecht über die Marburger Kirchen dem Hospital schenkten (vgl. die Bestätigung Gregors IX. von 1231 März 11; ebd. S. 19 f., Nr. 22), scheint die Marburger Spitalgründung schon in früheren Jahren ins Auge gefaßt worden zu sein; die Verleihung des grauen Kleides berichtet in Libellus, S. 43.

49 Regesta Thuringiae, Bd. 3, S. 10 f., Nr. 50 von 1229 Februar 21.

50 Die Weggabe eines Teiles der Witwenausstattung beschrieben in Libellus, S. 44 und S. 57 f.

51 Vgl. dazu auch das oben S. 140 mit Anm. 62 erwähnte Schreiben der Landgrafen Heinrich und Konrad an Gregor IX.

52 Schreiben Konrads von Marburg an Gregor IX. bei Huyskens 1908, S. 158 f.; ähnliche Aussagen auch im Libellus, S. 51 ff.

53 Vgl. den Ablaßbrief des Papstes von 1229 April 19, mit dem den Besuchern des Franziskushospitals am Fest des hl. Franziskus, des Patrons der Stiftung, ein 40tägiger Ablaß verliehen wurde: Urkundenbuch der Deutschordens-Ballei Hessen, Bd. 1, S. 16 f., Nr. 18.

54 Libellus, S. 64 f. und S. 68.

55 Kurz erwähnt im Schreiben Konrads an Gregor IX. bei Huyskens 1908, S. 158; ausführlich im Libellus, S. 47–49.

56 Vgl. Schreiben Konrads an Gregor IX. bei Huyskens 1908, S. 158 sowie Libellus, S. 47–49; die Ohrfeigen erwähnt im Libellus, S. 50; die späteren Aussagen der neuen Dienerinnen im Libellus, S. 51 ff.

57 Libellus, S. 50

58 Vgl. dazu den Bericht Konrads im Schreiben an Gregor IX. bei Huyskens 1908, S. 159 f. sowie die Angaben in dem unmittelbar nach Elisabeths Tod verfaßten Brief ebd. S. 148 f.; Hinweise auch bei Caesarius von Heisterbach, S. 380.

59 Vgl. den Bericht im Libellus, S. 79 f.

60 Vgl. den Bericht über die ersten Wunder am Grab Elisabeths bei Huyskens 1908, S. 150.

61 Zu den Wundern, die sich in den folgenden Wochen ereigneten, vgl. den in Anm. 60 erwähnten Bericht sowie das unten mit Anm. 66 erwähnte Schreiben aus dem Sommer 1232.

62 Druck: Urkundenbuch der Deutschordens-Ballei Hessen, Bd. 1, S. 22, Nr. 25.

63 Vgl. dazu die Erklärung Erzbischof Siegfrieds von Mainz von 1232 Juli 27 (Druck: Urkundenbuch der Deutschordens-Ballei Hessen, Bd. 1, S. 23, Nr. 26) sowie die Urkunde der vom Papst bestellten geistlichen Richter von 1232 August 2 mit dem dort aufgenommenen Urteilsspruch Konrads von Marburg (Druck: ebd. S. 23–25, Nr. 27).

64 Vgl. die Einleitung des Schreibens Konrads an Gregor IX. bei Huyskens 1908, S. 155. Da in den 30er Jahren des 13. Jahrhunderts an der Kurie mehrere Pönitentiare tätig waren, mit denen die Sigle »R« in Verbindung gebracht werden kann, darf Konrads von Marburg Ansprechpartner nicht von vornherein mit dem berühmten Dominikaner Raymund von Peñaforte gleichgesetzt werden; vgl. dazu Göller 1907, S. 129 ff.

65 Vgl. dazu den Bericht im Schreiben Konrads an Gregor IX. bei Huyskens 1908, S. 156; zu den politischen Spannungen, die zwischen dem Mainzer Erzbischof und den Landgrafen herrschten, vgl. Patze 1962, S. 272 ff.

66 Vgl. den durch den Erzbischof und andere Geistliche besiegelten Brief an den Papst aus dem Sommer 1232 in: Urkundenbuch der Deutschordens-Ballei Hessen, Bd. 1, S. 25–29, Nr. 28; das Schreiben Konrads vgl. bei Huyskens 1908, S. 155–160.

67 Vgl. dazu das Schreiben des Papstes an den Mainzer Erzbischof, den Abt von Eberbach und Konrad von Marburg von 1232 Oktober 13 mit dem Auftrag, Erkundigungen über die Wunder einzuziehen (Registres Grégoire IX, 1, Nr. 911; Urkundenbuch der Deutschordens-Ballei Hessen, Bd. 1, S. 30, Nr. 31) sowie das Schreiben des Papstes vom folgenden Tag an die gleichen Empfänger, Nachforschungen über den Lebenswandel der verstorbenen Landgräfin einzuziehen (Registres Grégoire IX, Nr. 910; Urkundenbuch der Deutschordens-Ballei Hessen, Bd. 1, S. 31, Nr. 32); die Anweisungen zur Zeugenvernehmung vgl. in Registres Grégoire IX, Nr. 913; vgl. auch den Ablaßbrief Gregors IX. von 1232 Oktober 12 für die Besucher des Hospitals: Urkundenbuch der Deutschordens-Ballei Hessen, Bd. 1, S. 29, Nr. 29; vom gleichen Tag ein weiterer Ablaßbrief des Papstes für die Besucher der Kirche des Hospitals am Tag ihrer Einweihung: ebd. S. 30, Nr. 30; 1232 Oktober 14 ernannte der Papst außerdem Konrad von Marburg zum Defensor des Spitals: ebd. S. 31, Nr. 33.

68 Vgl. das Schreiben der päpstlichen Kommissare an die Kurie mit den Zeugenprotokollen bei Huyskens 1908, S. 155–239.

69 Vgl. Patschovsky 1981, S. 71.

70 Die Weiterverfolgung des Heiligsprechungsprozesses durch den Deutschen Orden berichtet bei Caesarius von Heisterbach, S. 369; vgl. auch ebd. Anm. 1; zum Übertritt Landgraf Konrads in den Deutschen Orden vgl. auch das unten mit Anm. 73 erwähnte Schreiben des Papstes; zur Übereignung des Marburger Spitals an den Deutschen Orden vgl. die Urkunden Gregors IX. von 1234 Juli 1 (Urkundenbuch der Deutschordens-

Ballei Hessen, Bd. 1, S. 38–41, Nr. 40f.) und Friedrichs II. von 1234 Juli (ohne Tagesangabe) (ebd. S. 41f., Nr. 42); die päpstliche und kaiserliche Bestätigung auch erwähnt bei Caesarius von Heisterbach, S. 368f.; zur Rentenzusage vgl. die Urkunde Landgraf Heinrich Raspes IV. von 1234 Oktober 13 (Urkundenbuch der Deutschordens-Ballei Hessen, Bd. 1, S. 43, Nr. 44).

71 Vgl. das Mandat Gregors IX. von 1234 Oktober 11 (Druck: Epistolae saeculi XIII, Bd. 1, S. 486, Nr. 599); vgl. dazu auch das Schreiben des Papstes an Bischof Konrad von Hildesheim, mit dem er ihn zum Defensor des Spitals ernennt (Druck: Urkundenbuch der Deutschordens-Ballei Hessen, Bd. 1, S. 35f., Nr. 36).

72 Das Antwortschreiben der päpstlichen Beauftragten nicht erhalten; vgl. jedoch die Aussagen der Hofdamen und Dienerinnen im Libellus, S. 9ff. sowie die Zeugenverhöre über die Wunder bei Huyskens 1908, S. 243ff.

73 Vgl. dazu den sogenannten »Processus et ordo canonizationis beate Elyzabet« bei Huyskens 1908, S. 142ff. sowie die Darstellung bei Caesarius von Heisterbach, S. 386. Im Schreiben Gregors IX. an die Königin Beatrix von Kastilien, eine Tochter König Philipps von Schwaben, von 1235 Juni 7 wird nicht nur auf Elisabeths Heiligsprechung Bezug genommen, sondern es wird auch darauf verwiesen, daß diese ihren Schwager, Landgraf Konrad, zu einem heiligmäßigen Leben bekehrt habe; vgl. Epistolae saeculi XIII, Bd. 1, S. 537f., Nr. 643; ähnlich auch Caesarius von Heisterbach, S. 368.

74 Vgl. den Text bei Santifaller 1967, S. 79ff.; zur Überlieferung vgl. ebd., S. 74ff.

75 Vgl. die Vorrede bei Caesarius von Heisterbach, S. 344f.

76 Zur Finanzierung des Baus vgl. den Ablaßbrief Gregors IX. von 1235 Mai 30 für alle, die zum Bau der Elisabethkirche beitragen (Druck: Urkundenbuch der Deutschordens-Ballei Hessen, Bd. 1, S. 50f., Nr. 53); vgl. auch Ablaßbrief Erzbischof Siegfrieds von Mainz von 1238 April 24, ebd. S. 58, Nr. 59 sowie den Ablaßbrief des Papstes von 1238 Dezember 12, ebd. S. 58f., Nr. 60.

77 Beumann 1981, S. 151ff.; Franke 1981, S. 167.

78 Franke 1981, S. 163.

79 Zur spätmittelalterlichen Elisabethverehrung vgl. auch die bei Reber 1963 zusammengestellten schriftlichen Zeugnisse des Kults.

V Hedwig, Herzogin von Schlesien

Es waren die Frauen der Andechser, die durch ihre Herkunft und ihr Erbe zum Aufstieg des Hauses maßgeblich beitrugen. Die Frauen waren es aber auch, die den Ruf des »frommen Geschlechts« begründeten. Mechthild von Dießen galt schon im 12. Jahrhundert als Heilige; ihr folgte – alle weit überragend – Elisabeth von Thüringen; zuletzt, als die Andechser Familie in männlicher Linie schon ausgestorben war, wurde Hedwig, die Herzogin von Schlesien, heiliggesprochen.[1]

Hedwig, die Tochter Herzog Bertholds IV. von Meranien, dürfte in den 70er Jahren, vielleicht auch erst zu Beginn der 80er Jahre des 12. Jahrhunderts geboren worden sein. Ihre Kindheit scheint sie teilweise bei den Benediktinerinnen in Kitzingen verbracht zu haben. Das Kloster, das Heinrich II. dem Bistum Bamberg 1007 geschenkt hatte, unterstand – obwohl im Würzburger Kirchensprengel gelegen – damals Hedwigs Onkel, Bischof Otto II. von Bamberg. In Kitzingen scheint eine ihrer Erzieherinnen eine Nonne namens Petrissa gewesen zu sein, die später die erste Äbtissin des Klosters Trebnitz wurde.[2]

In den 90er Jahren, vielleicht auch erst gegen Ende des Jahrhunderts, als Hedwig das heiratsfähige Alter erreicht hatte, wurde sie von ihrer Familie mit Heinrich, dem Sohn Herzog Boleslaus' des Langen von Schlesien, vermählt. Sie soll damals – ihrer erst um 1300 verfaßten Lebensbeschreibung zufolge – 12 Jahre alt gewesen sein; aber dieser Nachricht ist ebensowenig Glauben zu schenken wie dem Hinweis der gleichen Quelle, wonach sie mit 13 Jahren und 13 Wochen erstmals schwanger wurde und folglich im Alter von 14 Jahren ihr erstes Kind zur Welt brachte.[3] Der mittelalterliche Mensch war viel zu sehr von der Bedeutung der Zahl gerade auch für das Heilsgeschehen überzeugt, als daß man aus solchen Angaben nähere Schlüsse auf die Wirklichkeit ziehen dürfte. Die 12 Stämme Israels, der 12jährige Jesus im Tempel, die 12 Apostel, die 13 Söhne Davids, die 13 Ellen des Tempeltores, die Opferung des Paschalammes am 14. Tag des ersten Monats, das Purimfest am 14. Tag des 12. Monats, die dreimal 14 Generationen des Stammbaums Christi: all das kannte man in geistlichen wie auch in weltlichen Kreisen, und solche Zahlen verwandte man gern in frommen Lebensbeschreibungen.[4]

Die Ehe eines Piastenfürsten mit einer Dame aus dem bayerischen Hochadel hatte nichts Außergewöhnliches an sich. Seit jeher wählte man in den östlichen Ländern – in Polen nicht anders als etwa in Böhmen oder Ungarn – die Frauen für die königlichen Prinzen nicht aus dem Kreis der einheimischen Magnaten, sondern warb vielmehr um die Hand ausländischer Prinzessinnen. Als ebenbürtig galten die Töchter der Přemysliden in Böhmen und der Arpaden in Ungarn; aber auch aus dem Großfürstentum Kiew, aus Byzanz, Frankreich, Italien und Deutschland kamen die zukünftigen Fürstinnen.[5]

Für die Andechserin bedeutete die Ehe mit dem schlesischen Fürsten, daß sie nicht nur in eines der ältesten Geschlechter Europas einheiratete, sondern auch Mitglied einer Familie wurde, deren Geschichte aufs engste mit jener des polnischen Staates verbunden war.[6] Die Anfänge dieser Herrschaft reichen bis in die Mitte des 10. Jahrhunderts zurück. Um diese Zeit gelang es wohl Miesco (gest. 992), dem ältesten bekannten Piasten, die bislang selbständigen slawischen Stämme im Warthe- und Weichselland unter seiner Herrschaft zu vereinen. Er ließ sich 966 taufen und tat seitdem alles, um sein Land dem lateinischen Christentum und der westlichen Kultur zu

◁
Kat.Nr. 79
Das Psalterium Nocturnum, ein wichtiges Zeugnis der schlesischen Buchmalerei, entstand um 1230/1240 im Skriptorium des Zisterzienserklosters Leubus. Es gehörte zur Erstausstattung des Klosters Trebnitz. Die Doppelseite zeigt die Taufe Christi (fol. 7^{v}) und die Versuchung Christi (fol. 8^{r}).

Kat.Nr. 98
Die Darstellung aus der Freytagschen Handschrift zeigt Herzog Heinrich II., den Sohn der hl. Hedwig, der 1241 in der Schlacht von Liegnitz gegen die Mongolen fiel. Rechts oben ist zu erkennen, wie Engel seine Seele in den Himmel bringen (fol. 6r).

öffnen. Unter ihm und seinem nicht minder erfolgreichen Sohn Boleslaus Chrobry, Boleslaus dem Tapferen (gest. 1025), gewann der junge polnische Staat rasch an Ausdehnung. Die pommerschen Gebiete wurden unterworfen; Schlesien, das bislang den böhmischen Přemysliden unterstanden war, wurde jetzt polnisch. Mit der Unterwerfung der Stämme zwischen oberer Weichsel und Oder entstand so eine Herrschaft, die im Süden bis zu den Sudeten und im Westen bis zur Queis-Bober-Oder-Linie reichte. In dieser Zeit wurde Gnesen geistlicher Mittelpunkt der piastischen Herrschaft, das mehrere Bistümer, darunter auch Breslau, als Suffraganbereiche unter sich hatte. Dieses Aufbauwerk fand am Ende der Regierungszeit Boleslaus Chrobrys mit dessen Königskrönung 1025 seinen Abschluß.[7]

Nach Boleslaus' Tod geriet die piastische Herrschaft in eine Krise. Sein Nachfolger verzichtete auf den Königstitel; die Lausitz und das Milzener Land, von Boleslaus erst erworben, kamen wieder an Deutschland, auch im Osten gab es Verluste gegenüber dem Großfürstentum Kiew. Boleslaus' Enkel, Kasimir I., wurde von einer heidnischen Opposition aus dem Land vertrieben, und es schien, als wäre die piastische Macht gänzlich vernichtet. Aber Kasimir I. gelang es mit ausländischer Hilfe – Kiew, Ungarn und auch Kaiser Heinrich III. unterstützten ihn –, seit dem Ende der 40er Jahre schrittweise seine Macht wiederzugewinnen. Das Zentrum des neuen polnischen Königreichs wurde nun Krakowien, das Land um Krakau, mit dem östlich davon gelegenen Land Sandomir. Man bezeichnete dieses Gebiet als Kleinpolen im Gegensatz zu dem um Gnesen liegenden Großpolen.[8]

Die Herrschaft der Piasten hatte weit mehr als die Reiche im Westen den Charakter eines Familienbesitzes, der teilbar war, und in der Folgezeit auch – keineswegs zum Vorteil Polens – häufig geteilt wurde. Diese letztlich unheilvolle Entwicklung zeigte sich bereits 1097, als König Wladislaus Hermann (gest. 1102) gezwungen war, seine Herrschaft mit seinen Söhnen, Zbigniew und Boleslaus (gest. 1138), zu teilen. Zbigniew erhielt Großpolen, Boleslaus Kleinpolen und Schlesien, Wladislaus selbst behielt sich Masowien mit den Hauptstädten Gnesen und Krakau vor. Boleslaus, der seit 1107 allein regierte, erließ im Einverständnis mit der Kirche und dem polnischen Adel kurz vor seinem Tod eine Erbfolgeordnung. Sie sah vor, daß das jeweils älteste Mitglied des Hauses die Würde eines Großfürsten oder Seniors besaß, der die Außen-, Verteidigungs- und Kirchenpolitik koordinierte, der auch Garant der Einheitlichkeit von Justiz, Verwaltung und Münzwesen war. Das polnische Gebiet wurde unterteilt: Schlesien fiel an seinen ältesten Sohn Wladislaus; ein weiterer Sohn erhielt Masowien und Kujawien, ein dritter Großpolen, dem vierten fiel das östliche Kleinpolen mit dem Land Sandomir zu. Die Oberhoheit über die pommerschen Fürsten sowie Krakau mit dem westlichen Kleinpolen war dagegen dem jeweiligen Senior vorbehalten.[9]

Diese Senioratsverfassung, die es in ähnlicher Form auch im Großfürstentum Kiew sowie in Ungarn und Böhmen gab, schien sinnvoll zu sein, da sie jedem Mitglied der Großfamilie die Möglichkeit einräumte, einmal das Seniorat und die Großfürstenwürde übernehmen zu können. In Wirklichkeit aber kam durch diese Regelung ein Moment ständiger Unruhe in das öffentliche Leben: Die jeweils jüngeren Herzöge versuchten, das Seniorat zu übernehmen, während der Senior – das hatte die Entwicklung in Ungarn gezeigt – zumeist bestrebt war, die Großfürstenwürde nach seinem Tod nicht an seine Verwandten aus anderen Familienzweigen, sondern nach Möglichkeit an seine eigenen Söhne gelangen zu lassen. So trug die zwar gut gemeinte, aufgrund der moralischen Qualitäten, die zu ihrer Verwirklichung nötig waren, letztlich jedoch unkluge Senioratsordnung von 1138 nicht unwesentlich zur Destabilisierung der politischen Verhältnisse, schließlich sogar zum Auseinanderfallen Polens in nahezu selbständige Herzogtümer bei.[10]

Die Nachteile dieser Regelung mußte als erster Wladislaus von Schlesien erfahren. 1138 als Senior eingesetzt, sah er sich bald der Opposition seiner Brüder gegenüber, die ihn 1146 absetzten und aus seinem schlesischen Herzogtum vertrieben. Er suchte bei seinen Verwandten in Deutschland, vor allem bei König Konrad III., Schutz. Ohne Hoffnung auf eine baldige Rückkehr in seine Heimat, nahm er als einer der wenigen polnischen Adeligen am Zweiten Kreuzzug teil und starb 1159 in der Fremde.[11]

Vier Jahre später, 1163, erhielten seine Kinder aufgrund des Eingreifens Friedrich Barbarossas ihre schlesischen Lande zurück. Wladislaus' Söhne regierten zunächst gemeinsam, teilten dann aber – der Zeitpunkt ist nicht bekannt – ihren Besitz, wobei Miesco die Gebiete um Ratibor und Teschen, das spätere Oberschlesien, bekam, während an Boleslaus den Langen die Gebiete um Liegnitz, Breslau und Oppeln fielen, dazu die Vormundschaft über seinen im Kloster Fulda erzogenen Bruder Konrad und dessen Glogauer, Saganer und Krossener Land.

Als Herzog Boleslaus 1201 starb, erhielt sein Sohn Heinrich I., verheiratet mit Hedwig von Andechs, zuerst nur die mittel- und niederschlesischen Gebiete. Am Beginn seiner Herrschaft mußte er eine Niederlage im Kampf mit seinem Onkel Miesco von Oberschlesien hinnehmen. Dieser hatte nach dem Tod Boleslaus' des Langen das Land Oppeln besetzt und Heinrich mußte in einem Vertrag vom 25. November 1201 diesen Raub des Onkels gutheißen, sich zudem zur Zahlung von 1000 Mark Silber an Miesco verpflichten und auf jegliche zukünftige Erbansprüche auf Oberschlesien verzichten. Das war der Anfang der eigenständigen Entwicklung Oberschlesiens.[12]

Heinrich war tatkräftig und entschlossen; er nutzte die Möglichkeiten, die ein weitgehend destabilisiertes polnisches Reich ihm bot, und erlangte im Lauf mehrerer Jahrzehnte eine beherrschende Rolle unter seinen piastischen Verwandten. Es waren insbesondere die großpolnischen und kleinpolnischen Familienzweige, in deren Streitigkeiten er eingriff. So gewann er, wohl auf friedlichem Weg, zwischen 1201 und 1206 einen Teil der großpolnischen Besitzungen um Kalisch; zu Weihnachten 1208 brachte er auf einem piastischen Familientag in Glogau eine Einigung unter seinen Verwandten zustande. Seit 1218 gehörte ihm das bislang großpolnische Land Lebus westlich der Oder; 1229 konnte er Krakau zu seiner Herrschaft zählen, 1230 die Regentschaft in Oberschlesien und 1232 jene im Land Sandomir antreten. Ein Feldzug im Jahr 1234 gegen Herzog Wladislaus Odonicz von Großpolen brachte ihm das gesamte linke Wartheufer mit Posen und Kalisch ein. Herzog Heinrich war damit der mächtigste Fürst unter den piastischen Herzögen geworden. Ob er, wie eine spätere polnische Überlieferung zu berichten weiß, für seinen Sohn Heinrich II.

die polnische Königskrone anstrebte, sei dahingestellt.[13] Daneben unterhielt Heinrich enge Beziehungen zum Deutschen Orden, kämpfte zusammen mit Herzog Konrad von Masowien 1222/23 gegen die heidnischen Preußen und spielte wohl eine wichtige Rolle bei der Übereignung des Kulmer Landes an den Ritterorden durch seinen masowischen Verwandten.[14]

Herzog Heinrich I. erwarb sich auch Verdienste um die Urbarmachung seiner teilweise sehr dünn besiedelten Lande. Dem Beispiel seines Vaters folgend, der Einwanderer aus dem Westen auf den Gütern des Zisterzienserklosters Leubus sowie auf Herzogsland angesiedelt hatte, förderte er den Zuzug auswärtiger Kolonisten. Waldrodungen wurden in Angriff genommen, neue Städte gegründet und die Ausweitung von Handel und Gewerbe gefördert.[15] Dieser Zuzug von Personen unterschiedlichen Standes und Berufs, die zum weitaus größten Teil aus den westlichen Nachbargegenden stammten, mußte im Lauf der Zeit einen Wandel auf bevölkerungspolitischem Gebiet bewirken, insbesondere zu Veränderungen in der Struktur des Landes führen, die ihren Ausdruck am augenfälligsten in der Sprache fanden, aber auch Neuerungen im Wirtschafts- und Rechtsleben, im Bereich der materiellen Kultur sowie der Literatur und Kunst mit sich brachten.[16] Diesem Vorgang kam kein singulärer Charakter zu: Eine ähnliche Entwicklung läßt sich um die gleiche Zeit auch in den westlich des Rheins gelegenen, an Frankreich grenzenden Gebieten feststellen, wo angesichts einer schwachen deutschen Zentralgewalt und der teilweise dadurch bedingten Hinwendung der Landesfürsten zur kapetingischen Monarchie nicht nur das Vordringen der französischen Sprache sowie französischer Lebensart und Kultur begünstigt wurde, sondern auch wirtschaftliche wie politische Abhängigkeiten geschaffen wurden.[17]

Das Zusammenleben von Bevölkerungsgruppen unterschiedlicher Herkunft führte – das galt für die Gebiete am Niederrhein und im lothringischen Raum ebenso wie für die schlesischen Lande – zunächst nicht zu gesellschaftlichen oder staatlichen Krisen. Daß ein aus dem luxemburgischen Grafenhaus stammender Kaiser Heinrich VII., um ein Beispiel aus etwas späterer Zeit zu bringen, das Französische besser beherrschte als die deutsche Sprache, und er seine Akten teils lateinisch, teils französisch führen ließ, tat seiner Autorität keinen Abbruch.[18]

Ähnlich dürfte das Miteinanderwirtschaften und Miteinanderleben der eingesessenen und zugewanderten Bevölkerung zunächst auch unter Herzog Heinrich I. in Schlesien ausgesehen haben. Am Ende seiner Herrschaft kam Heinrich I. allerdings aufgrund seines Strebens, mit der Förderung des wirtschaftlichen Aufbaus seines Landes die landesherrliche Gewalt stärken zu wollen, in Konflikt mit den Amtsträgern der polnischen Kirchenprovinz.[19] Den ausschlaggebenden Anlaß zu diesen Streitigkeiten bildete die Frage, ob der zum größten Teil aus piastischem Vermögen stammende Kirchenbesitz frei von den ursprünglich auf ihm lastenden Dienstbarkeiten sei, oder ob diese nach dem Übergang in kirchlichen Besitz weiterhin in vollem Umfang bestünden. Nach polnischem Gewohnheitsrecht änderte der Erwerb eines solchen Gutes durch die Kirche nichts an der bestehenden Dienstleistungspflicht – eine Anschauung, die von seiten der Kirche natürlich strikt abgelehnt wurde. Herzog Heinrich I. tat alles, um diesem Grundsatz, an den sich allem Anschein nach auch andere Piastenfürsten hielten, in seiner Herrschaft Geltung zu verschaffen und verzichtete dabei bisweilen auch nicht auf gewaltsames Vorgehen gegen widerstrebende Geistliche.[20]

Da weder die kirchlichen Autoritäten noch der Herzog ihre Standpunkte aufgaben, erhob der Bischof von Breslau Anfang 1236 vor dem Papst Klage über Heinrich I. In einem päpstlichen Schreiben wurde der Herzog daraufhin aufgefordert, von der Bedrückung der Breslauer Kirche und ihrer Geistlichen Abstand zu nehmen. Er solle in Zukunft den Klerus nicht mehr zur Beherbergung und Verköstigung seiner Jäger und Falkner heranziehen, auf die Besteuerung kirchlicher Güter verzichten, die Hörigen der geistlichen Grundherrschaft nicht zum herzoglichen Burgenbau

Kat.Nr. 100
An den bayerisch-salzburgischen Typus der sitzenden »schönen Madonnen« schließt sich diese Hedwigsfigur an, die in einer Passauer Bildhauerwerkstattt um 1430/1440 geschaffen wurde.

verpflichten, auch das Bergwerksrecht auf kirchlichem Grund und Boden nicht beanspruchen und dergleichen mehr.[21] Der Streit verschärfte sich: Der Erzbischof von Gnesen hatte an der Kurie vorgebracht, Herzog Heinrich habe bei seinem Feldzug 1234 der Gnesener Kirche Schaden zugefügt, außerdem den durch ihn und den Bischof von Posen vermittelten Frieden mit Wladislaus Odonicz verletzt. Dabei ging es dem Erzbischof nicht nur um das Wohlergehen seiner Kirche. Vielmehr versuchte er als einer der Hauptparteigänger Wladislaus Odonicz' den für diesen ungünstigen Frieden von 1234 zu revidieren. Der Erzbischof hatte mit seinen Plänen fürs erste insofern Erfolg, als es ihm gelang, durch den päpstlichen Legaten Wilhelm von Modena den Kirchenbann über Herzog Heinrich verhängen zu lassen.[22]

Ob der Herzog von Schlesien damit wirklich aus der Kirche ausgeschlossen war, war allerdings strittig. Der Herzog behauptete nämlich später an der Kurie, er habe noch vor der Verkündigung des Bannes Berufung an den Papst eingelegt, so daß die Exkommunikation von vornherein ungültig gewesen sei, während der Erzbischof von Gnesen erklärte, Heinrich habe erst nach der Verhängung des Kirchenbanns den Papst angerufen.[23] Da man sich an der Kurie keine Klarheit in dieser Frage verschaffen konnte, beauftragte man am 29. September 1237 den Abt von Strahov sowie den Dompropst und Archidiakon von Prag mit der Untersuchung dieses Problems. Die Beauftragten erhielten Vollmacht, den Herzog »vorsorglich« vom Bann zu lösen, sofern der Spruch des Legaten gültig gewesen sein sollte. Sie machten von dieser Vollmacht Gebrauch – allerdings nicht in eigener Person, sondern durch Vertreter. Dazu aber waren sie nicht befugt; die »vorsorgliche Absolution« war somit ungültig.[24] Die Lage blieb verworren, der Streit in der Schwebe. Er sollte auch noch unentschieden sein, als Heinrich im März 1238 starb.[25] Er wurde in der Klosterkirche zu Trebnitz begraben. War er christlich gestorben, konnte er dort die letzte Ruhe finden; war er hingegen im Bann verstorben, würden ihm die kirchlichen Autoritäten kein Grab in geweihter Erde zubilligen und auf seine Exhumierung dringen. Auf diese Möglichkeit verwies auch der Papst, als er im Mai des gleichen Jahres den Sohn des Verstorbenen aufforderte, das Unrecht des Vaters schleunigst wiedergutzumachen. Herzog Heinrich II. scheint sich der Forderung des Papstes rasch gebeugt zu haben.[26]

Wie beurteilte aber Hedwig das Verhalten ihres Mannes und das ihres Sohnes Heinrich, der, seit den späten 20er Jahren an der Regierung beteiligt, in dieser Auseinandersetzung die Position seines Vaters vertreten hatte[27]? Versuchte sie im Streit mit den kirchlichen Autoritäten zu vermitteln, vielleicht sogar eine gütliche Einigung herbeizuführen? Hatte Hedwig überhaupt Einfluß auf die Gestaltung des öffentlichen Lebens oder war ihr jegliches Mitspracherecht in politischen Dingen verwehrt? Es liegt an der Ungunst der Quellen, daß diese und ähnliche Fragen nicht zu beantworten sind. So deutlich der Herzog als politische Gestalt vor uns steht, so schemenhaft tritt uns seine Gemahlin entgegen.

Hedwig gehörte nicht zuletzt dank ihrer fürstlichen Stellung zu den bekanntesten Frauengestalten Polens; dennoch ist fast nichts über ihre Rolle als Herzogin von Schlesien überliefert. Fest steht, daß bei der Gründung des Klosters Trebnitz in den Jahren 1202/03 ihr Onkel, Dompropst Poppo von Bamberg, und ihr Bruder, Bischof Ekbert von Bamberg, anwesend waren.[28] Das könnte darauf hindeuten, daß die Errichtung der Zisterzienserniederlassung in einem heute nicht mehr näher faßbaren Zusammenhang mit Hedwigs Heirat stand, wie auch der Gedanke, daß bei ihrer Einheirat in das Piastenhaus die kolonisatorischen Pläne ihres Mannes möglicherweise eine gewisse Rolle spielten, nicht ganz von der Hand zu weisen ist. Immerhin konnten die Andechser auf Erfolge bei der Rodung verweisen, und die Überlegung, daß man sich auf piastischer Seite eine Unterstützung von seiten der Verwandtschaft der jungen Frau, möglicherweise durch die Überlassung von Fachkräften, versprach, ist zumindest bedenkenswert.[29] Bekannt sind die Namen von sechs Kindern Hedwigs.[30] Auch wissen wir, daß sie am Treffen der Piastenfürsten in Glogau 1208 teilnahm, wo eines der Kinder von einem der großpolnischen Verwandten aus der Taufe gehoben wurde.[31]

Über Hedwigs Mitgift und das ihr von piastischer Seite zur Verfügung gestellte Gut sind keine Nachrichten überliefert; doch scheint es, daß zu ihrem Lebensunterhalt das Gebiet von Lähn bestimmt war; denn in späteren Jahren mußte bei Verfügungen, die dieses Gut betrafen, regelmäßig ihre Zustimmung eingeholt werden.[32] Für diese Vermutung könnte auch sprechen, daß die dortigen Pfarrechte ein Geistlicher namens Heinrich »der Bayer« ausübte, der gleichzeitig herzoglicher Kaplan und spätestens seit den 30er Jahren Domherr in Breslau war. Vielleicht hatte der Geistliche, der aus Hedwigs bayerischer Heimat stammte und wohl in ihren Diensten

Kat.Nr. 96
Kurz nach 1300 entstand die »Legenda maior«, jene ausführliche Lebensbeschreibung über das Wirken der hl. Hedwig. Die Abbildung (fol. 2^v) zeigt den Beginn der Legende mit der Prachtinitiale S(plendoris).

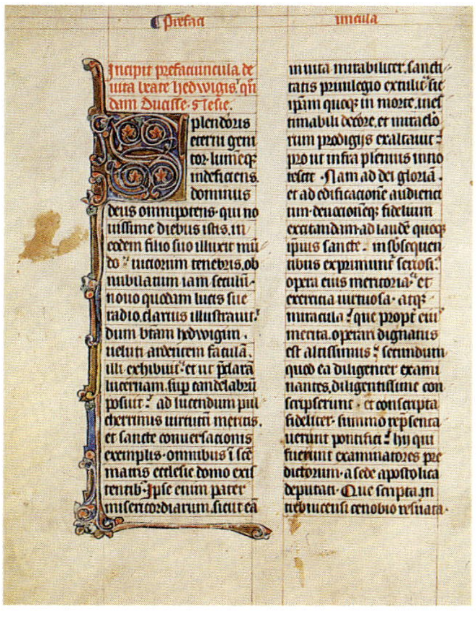

Kat.Nr. 98
Die Freytagschronik von 1451 zeigt Szenen aus dem Leben der hl. Hedwig: Die Heilige küßt die Füße von Aussätzigen und schilt einen nachlässigen Diener (oben); unten findet sich die Klage über den Tod ihres Ehemannes Heinrich I. von Schlesien.

stand, die Aufgabe, im herzoglichen Rat die Belange seiner Herrin zu vertreten.[33]

Neben dem Lähner Gebiet, vielleicht im Tausch dafür, besaß die Herzogin spätestens seit den 30er Jahren das Gut Schawoine, das ihr von ihrem Mann mit ausdrücklicher Zustimmung ihres Sohnes Heinrich zur freien Verfügung überlassen worden war.[34]

Damit sind nahezu alle Nachrichten aufgezählt, die urkundlichen Quellen aus Hedwigs Zeit entstammen. Was ansonsten über das Leben der schlesischen Fürstin bekannt ist, beruht vor allem auf Zeugenaussagen, die

20 Jahre nach ihrem Tod, Anfang der 60er Jahre, im Zusammenhang mit ihrem Heiligsprechungsprozeß vor dem Bischof von Leslau und dem Provinzial der böhmischen und polnischen Dominikanerprovinz gemacht wurden.[35]

Die Angaben dieser Zeugen, die Hedwig größtenteils noch persönlich gekannt hatten, nahmen die beiden Geistlichen zu Protokoll und sandten sie unter ihrem Siegel an die Kurie. Da die Wege an die Kurie gefahrvoll waren, man also mit einem Verlust der Unterlagen auf der Reise rechnen mußte, hatten die päpstlichen Kommissare eine Zweitausfertigung der Protokolle erstellen lassen und diese, ebenfalls besiegelt, im Kloster Trebnitz hinterlegt. Sie waren noch am Ende des 13. Jahrhunderts dort vorhanden und dienten dem Geistlichen, der die erste große Lebensbeschreibung Hedwigs, die »Legenda maior«, verfaßte, als wichtige Quelle.[36]

Der anonyme Autor dieses Werkes – ob Mönch oder Weltkleriker muß dahingestellt bleiben – scheint in Mystikerkreisen verkehrt zu haben, kannte jedenfalls jene religiöse Bewegung, die vom hl. Franz von Assisi neu belebt, die Begegnung mit Gott weniger im verstandesmäßigen Begreifen als vielmehr im mystischen »Schauen«, im »Sich-Versenken« in die göttliche Wirklichkeit zu finden hoffte.[37] Was den Verfasser der Hedwigsvita auszeichnet, ist die Offenheit, mit der er die Mängel seines Werkes nannte. Er unterließ im Gegensatz zur üblichen Praxis jeglichen rühmenden Hinweis auf seine Leistung und wies darauf hin, daß er keine Nachrichten aus erster Hand besaß. Seine Gewährsleute waren Personen, wohl schon vorgerückten Alters, die sich um die Jahrhundertwende – wenngleich vermutlich recht lückenhaft – noch an die Heiligsprechungsfeierlichkeiten erinnern konnten.[38] Dazu kam eine Lebensbeschreibung der Herzogin, die, heute verloren, von einem Leubuser Zisterzienser Engelhard verfaßt worden war,[39] schließlich die erwähnten Protokolle der Zeugenaussagen.

Diese amtlichen Berichte waren eine recht einseitige Quelle. An der Kurie benötigte man für ein Heiligsprechungsverfahren in erster Linie Nachrichten über Hedwigs persönliche Lebensführung, ihre Gottesliebe und Frömmigkeit sowie ihr Verhalten gegenüber den Mitmenschen; Herkunft und Verwandtschaft interessierten weniger, Fragen der großen Politik spielten eine gänzlich untergeordnete Rolle. Denn es ging nicht darum, in welcher Form sie am öffentlichen Leben teilnahm, sondern darum, ob ihre Mitwirkung an den Regierungsgeschäften mit den Grundsätzen einer christlichen Lebensführung zu vereinbaren war.[40]

Absicht des Verfassers war es freilich auch nicht, eine ausgewogene Lebensbeschreibung im heutigen Sinn vorzulegen. Sein Bestreben war – er sagt das selbst in der Vorrede – darauf gerichtet, ein Werk »zur Ehre Gottes und zur Erbauung der Zuhörer, zur Stärkung der Frömmigkeit der Gläubigen und zum Lob der Heiligen« zu schaffen. Er wollte die Liebe der Heiligen zur Keuschheit, ihre Demut und Geduld, die Strenge ihrer Lebensführung, ihre Frömmigkeit und Nächstenliebe, ihr Wunderwirken und ihre Gabe der Weissagung darstellen.[41] Vorbild war hier zweifellos der Aufbau der Heiligsprechungsurkunde.[42]

Bei seinen Schilderungen dürfte er sich im allgemeinen – häufig wohl sogar wörtlich – an den Text der Vorlagen gehalten haben. Einzelne Nachrichten, so etwa die Hinweise auf Hedwigs Vater, der Markgraf von Baden und Graf von Tirol gewesen sein soll, sind falsch, lassen aber erkennen, daß er von der politischen Situation seiner Zeit ausging und aus fehlenden oder unzureichenden Nachrichten falsche Schlüsse zog.[43] Aus dem gleichen Grund wird man ihm auch bei seinen Zeit- und Zahlenangaben nicht immer folgen dürfen.[44] Ob er auch auf die hagiographische Literatur seiner Zeit zurückgriff, mag dahingestellt bleiben. Daß er eine Lebensbeschreibung der hl. Elisabeth kannte, darf jedoch mit gutem Grund vermutet werden.[45] Was an seiner Darstellung auffällt, ist ein gewisser lehrhafter, die pastorale Absicht verratender Ton, mit der er den Berichten über Hedwigs frommes Handeln eigene Zusätze hinzufügt. Doch tut das seiner ansonsten sehr bildhaften Schilderung keinen Abbruch.

Kat.Nr. 93
Aus einer regensburgisch-salzburgischen Werkstatt stammt dieses romanische Weihrauchfaß. Es gehört zu der von der hl. Hedwig gestifteten Erstausstattung für das Kloster Trebnitz.

Hedwig war für ihn eine Frau, die Gott in Demut diente. Sie kleidete sich zumeist in graues Tuch, trug ihre Kleider erst, wenn sie von anderen bereits getragen und fadenscheinig waren. Bei ihren Aufenthalten in Trebnitz legte sie die weltlichen Kleider ab, um die Tracht der Klosterfrauen anzuziehen. Sie verehrte die Nonnen, wusch den Armen und Aussätzigen die Füße, spendete Almosen, scharte Arme um sich, trank aus ihrem Becher erst, nachdem ein Armer daraus getrunken hatte, und nahm bei ihren Klosteraufenthalten keine besseren Speisen als die Armen zu sich. Sie ging sogar soweit, den Armen die Speisen, die diese von den Klöstern erhalten hatten, abzukaufen und selbst zu verzehren.[46] Hedwig führte ein streng asketisches Leben. Sie fastete täglich, ausgenommen an Sonntagen und hohen Festen, sie nahm kein Fleisch zu sich und keine mit tierischem Fett zubereiteten Speisen und trank fast nur Wasser. Sie legte keinen Wert auf schöne Kleider, ging meist barfuß, trug aber immer Schuhe mit sich, damit sie diese anziehen konnte, wenn sie höhergestellten Personen begegnete. Sie trug ein Bußhemd und einen Bußgürtel und schlief auf einem harten Lager. Hedwig zeichnete sich durch große Frömmigkeit aus. Sie ließ mehrfach am Tag die Messe lesen, besaß Reliquien, die sie verehrte. Sie machte fromme Stiftungen für Kirchen und Klöster und ließ das Volk in der Religion unterweisen. Auch den Herzog soll sie viele Gebete gelehrt haben.[47]

Ihre Ehe war dem Bericht der Legende nach von langjähriger Enthaltsamkeit geprägt. »Durch das Eheband verpflichtet«, schreibt ihr Biograph, »bemühte sie sich gemäß der Lehre des Apostels, dieses Bündnis in Ehren und in jeder Hinsicht makellos zu bewahren und Pflichten und Rechte der Ehe sorgfältig einzuhalten. Sie ... wollte aber auch durch Keuschheit Gottes Wohlgefallen erringen und gelobte deshalb mit Zustimmung ihres Gemahls Enthaltsamkeit, soweit die Ehe es erlaubte. Fühlte sie, daß sie ein Kind empfangen hatte, blieb sie voll Ehrfurcht dem Gemach ihres Gatten und dem ehelichen Umgang fern und hielt daran fest bis nach der Geburt des Kindes. ... Nachdem sie drei Söhne, Boleslaus, Konrad, Heinrich und drei Töchter, Agnes, Sophie und Gertrud, geboren hatte, führte sie ein völlig enthaltsames Leben. ... Sie bemühte sich nicht nur, ... nach jeder Empfängnis enthaltsam zu leben, sondern veranlaßte auch durch heilsame Ratschläge und Ermahnungen ihren edlen Gemahl dazu, mit ihr zusammen freiwillig Enthaltsamkeit zu üben und zwar jedes Jahr den ganzen Advent hindurch und in der Fastenzeit, an allen Quatembertagen, an jedem Freitag, an den Vigilien und Festen der Heiligen und an den Sonntagen. ... Daher lebte sie mit ihrem Gemahl oft einen Monat lang, bisweilen auch sechs, ja sogar acht Wochen hindurch völlig enthaltsam, obgleich sie nicht voneinander getrennt zur Ruhe gingen. ... Und weil diese glücklichen Eheleute frommen Sinnes und mit dem Beistand Gottes fortwährend tugendsame Enthaltsamkeit übten, ... durften sie eine noch größere Fülle göttlicher Gnade erfahren: in vollem Einverständnis legten sie unter dem feierlichen Segen des Bischofs das Gelübde immerwährender Keuschheit ab. Durch Gottes Geist gestärkt führten sie nun bei getrenntem Lager ungefähr dreißig Jahre hindurch ein enthaltsames Leben, das sich durch wunderbare Keuschheit auszeichnete. ... Sie mied den Umgang und das Gespräch mit ihrem Gemahl in solchem Maße, daß sie ihn nur aufsuchte und mit ihm redete, wenn sie fromme Werke oder die Angelegenheiten von Mönchen und Armen fördern wollte. Und auch dies tat sie nur an einem allgemein zugänglichen Ort oder in der Kirche und wenn mehrere oder mindestens zwei Personen von gutem Ruf dabei waren, die oft auch ihre Gespräche hören konnten. Lag ihr Mann krank zu Bett, so besuchte sie ihn nur mit ihrer Schwiegertochter Anna und in Begleitung anderer Frauen. War sie in Trebnitz, so ruhte sie oft nachts im Schlafsaal der Schwestern. Sie tat dies, um sich ganz der Andacht weihen zu können und um ein weithin leuchtendes Beispiel der Ehrbarkeit zu geben. So wahrte sie den guten Ruf, auf den sie für sich selbst sorgfältig achtete, auch in den Augen der Mitmenschen«.[48]

Besonders tat sich Hedwig durch ihre Nächstenliebe hervor. Sie schenkte dem Kloster Trebnitz ihr Gut Schawoine. Den Armen und Kranken erwies sie viele Wohltaten; groß war ihre Sorge um die Gefangenen und zum Tode Verurteilten. Beim Herzog trat sie für die Belange der Witwen und Waisen ein. Unter den Armen teilte sie oft Geld aus ihren eigenen Einkünften aus, bei einer Hungersnot öffnete sie ihre Vorratskammern. Auch pflegte sie an ihrem Hof stets 13 Kranke stellvertretend für Christus und die 12 Apostel.[49] Sie verzichtete zum Mißfallen ihrer Diener auf viele Forderungen gegenüber ihren Hörigen, erließ ihnen bisweilen die Geldbußen, die ihre Richter verhängten, und wies ihren Notar Ludolf einmal an, beim Steuereintreiben nicht zu hart vorzugehen. Sie wohnte des öfteren den Gerichtsverhandlungen ihrer Richter bei und ließ den Richterspruch nicht durch den Richter oder einen ihrer Kämmerer, sondern durch einen ihrer Kapläne vollstrecken.[50]

Es war eine Fülle von Nachrichten, die der Autor vor seinen Lesern ausbreitete, und er konnte sicher sein, daß seine Geschichten Anklang finden würden. Waren es doch letztlich die »bürgerlichen« Tugenden – Fleiß, Sparsamkeit, Genügsamkeit, Mitmenschlichkeit – , die er hier beschrieb. Damit konnte Hedwig jedem als Vorbild dienen, dem Reichen ebenso wie dem Armen, dem Adeligen ebenso wie dem Bürger und Bauern. Und vielleicht beruhte ein Teil der Beliebtheit, deren sich die Heilige seit dem 14. Jahrhundert in weiten Kreisen erfreute, nicht zuletzt auf diesem »volkstümlichen« Auftreten.

Hedwig war aber keineswegs nur die Frau, die Gott durch Gebet, Askese und fromme Werke diente. Sie war nicht minder, wenngleich das in der Lebensbeschreibung nicht deutlich hervortritt, Fürstin und Landesherrin, die alle mit dieser Stellung verbundenen Rechte und Pflichten wahrzunehmen gewillt war. Nur beiläufig sind in ihrer Vita ihre kostbaren Pelze und prächtigen Kleider erwähnt, die sie in Fülle besaß und bei festlichen Gelegenheiten tragen mußte.[51] Wir kennen ihren Hofstaat, dessen Angehörige teils deutsche, teils polnische Namen trugen, hören von ihren Kaplänen, Notaren und Richtern, die ihren Besitz verwalteten, und lernen sie kennen als resolute Wirtschafterin, die den Unterhalt für sich und ihren Hofstaat offensichtlich nicht durch Zuwendungen aus der herzoglichen Kasse bestritt, sondern – wenigstens teilweise – selbst erwirtschaftete.[52]

Kat.Nr. 91
Die hl. Hedwig schenkte dem Konvent in Trebnitz ihr Gut Schawoine, das 400 Hufen (1 Hufe = 80–120 Ar) besten Ackergutes umfaßte. Die Urkunde vom 24. August 1242 trägt ihr Siegel.

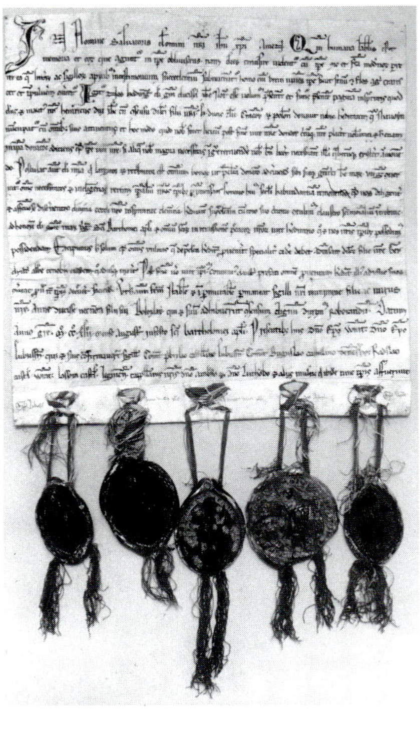

Kat.Nr. 97
Die Federzeichnung aus der oberschwäbischen Hedwigsvita um 1460 stellt den von der hl. Hedwig veranlaßten Bau des Klosters Trebnitz dar (fol. 48r).

Auch ihre karitative Tätigkeit, die der fromme Biograph als Ausdruck ihrer persönlichen Heiligkeit verstanden wissen wollte, hatte ihren Grund zum Teil in den gesellschaftlichen Verpflichtungen, die Hedwig als Herzogin wahrzunehmen hatte. Dazu dürfte insbesondere das häufig beschriebene Almosengeben gehört haben.[53] Schutz und Unterstützung der Armen, Witwen und Waisen zählten ja von jeher zu den Aufgaben eines christlichen Herrschers. In damaliger Zeit waren diese Aufgaben an den größeren Höfen einem eigenen Beamten, dem Elemosinar, übertragen, konnten aber auch von einem anderen Mitglied des Hofes, etwa der Landesherrin, wahrgenommen werden. Zu den Personen, die auf Almosen gewissermaßen Anspruch hatten, gehörten bezeichnenderweise neben den Armen die Kleriker und Ordensleute, dazu auch unterstützungsbedürftige Studenten, die zu dieser Zeit häufig die Weihen niederer Kleriker besaßen. Deren Förderung hatte freilich nur wenig mit der Linderung unverschuldeter Not, sondern mehr mit der Förderung zukünftiger Staatsbeamter zu tun, wie auch das in der Hedwigsvita rühmend erwähnte Geschenk von ¼ Mark Silber zeigt, das die Herzogin einem Studenten machte: eine Zuwendung, die weitaus mehr als eine milde Gabe darstellt. Diese Summe, die heute mehrere tausend Mark betragen würde, kam einem Stipendium gleich, das dem Empfänger eine Laufbahn ermöglichte, die ihm schließlich Kanonikate in Gnesen und Leslau einbrachte.[54] Auch Hedwigs Sorge um die Gefangenen und die zum Tode Verurteilten ist in diesem Zusammenhang zu sehen. Denn wie das Almosenverteilen zu den Aufgaben der Herzogin gehört haben dürfte, könnte sie auch mit der Verwaltung des herzoglichen Begnadigungsrechts betraut gewesen sein.[55]

Über all dem sollte man freilich einen Zug im Wesen der Heiligen nicht übersehen: die Unerbittlichkeit sich selbst und ihren Mitmenschen gegenüber. Die Herzogin war eine energische Frau, die ihren Hofstaat mit Strenge leitete und ihren Besitz mit Umsicht bewirtschaftete. Ihre Durchsetzungskraft nahm bisweilen, vielleicht auch altersbedingt, eigensinnige Züge an. Wer ihr einen guten Rat zu geben wagte, mußte mit einer schroffen Antwort rechnen. Dem Breslauer Archidiakon, der ihr Vorhaltungen wegen ihrer unzureichenden Ernährung machte, antwortete sie: »Ich esse, was mir genügt«; den Frauen, die sie baten, sich wärmer anzuziehen, beschied sie: »Ich werde es tun, wenn ich es für richtig finde«. Selbst ihr Sohn mußte zugeben: »Durch keinerlei gutes Zureden kann ich meine Mutter dazu bringen, sich zu mäßigen«.[56]

Als Heinrich am 19. März 1238 – wahrscheinlich auf der Burg Krossen – starb und im Kloster Trebnitz begraben wurde, trauerten die Nonnen um ihren Wohltäter. »Da trat Hedwig trockenen Auges vor sie und gebot der weiblichen Schwäche Einhalt mit den Worten: ›Was betrübt ihr euch? Wollt ihr, daß etwas gegen den Willen Gottes geschehe? Dies ziemt sich nicht für euch, meine Liebsten‹.«: So nahm die Fürstin Abschied von ihrem Gemahl.[57] Mit dem Tod Heinrichs war die Herzogin ihrer Pflichten als Landesherrin ledig geworden. Ihre Schwiegertochter Anna nahm nun ihren Platz ein. Hedwig zog – ohne jedoch dem Orden beizutreten – in das Kloster Trebnitz, das ihre Tochter Gertrud als Äbtissin leitete.[58]

In dieser Zeit begann sich der Niedergang des Herzogtums Schlesien bereits abzuzeichnen. Man wußte im Abendland seit längerem, daß sich im Osten eine Macht zusammengeballt hatte, die über kurz oder lang den Westen bedrohen könnte. In den Jahren 1237 bis 1240 waren die russischen Fürstentümer erobert, zuletzt auch Kiew in Schutt und Asche gelegt worden. Anfang 1241 zogen die Mongolen nach Ungarn; ein Heerhaufen ihrer Streitmacht fiel in Polen ein. Der Vormarsch der Tataren, wie sie in Europa genannt wurden, war nicht aufzuhalten. Ein kleinpolnisches Heer, das sich ihnen in den Weg gestellt hatte, wurde geschlagen; dann ging es von Oppeln aus über Brieg oderabwärts, an Breslau vorbei, dessen Einwohner ihre Häuser in Brand gesteckt und sich in der Burg auf der Dominsel verschanzt hatten. Bei Liegnitz traf man auf das christliche Heer, das – aus dem schlesischen und großpolnischen Adel, den Resten der kleinpolnischen Ritterschaft sowie Angehörigen der Templer, Johanniter und Deutschherren gebildet –, verstärkt von Bergwerksknappen und Bauern, unter der Führung Herzog Heinrichs II. den Ansturm der Mongolen erwartete. Die herzogliche Familie war auf der Burg Krossen in der nordwestlichen Ecke Schlesiens in Sicherheit gebracht worden, von wo aus man gegebenenfalls rasch nach Westen fliehen konnte. Die christlichen Truppen waren gut gerüstet, den Mongolen aber an Zahl weit unterlegen. Am 9. April kam es zur Schlacht; sie endete mit einem schwer errungenen Sieg der Mongolen und der fast völligen Vernichtung des christlichen Heeres. Auch Herzog Heinrich II. war gefallen. Das Land wurde, wenngleich verwüstet, von den Mongolen nicht besetzt. Sie wandten sich zunächst nach Westen, kehrten dann aber unvermutet nach Ungarn zurück, wo ihr Hauptheer zwei Tage nach der Liegnitzer Schlacht einen Sieg über König Béla IV. von Ungarn errungen hatte.[59]

Die Herzoginwitwe konnte wieder nach Trebnitz in ihr Kloster zurückkehren, dem sie im August 1242 ihr Gut Schawoine übereignete. Die Erträge der Schenkung sollten allerdings, solange ihre Tochter Gertrud lebte, dieser und nicht den Klosterfrauen zugutekommen; damit wurden – das war sicher der Sinn dieser Verfügung – die Aufwendungen erstattet, die der Äbtissin durch den Aufenthalt der Mutter entstanden.[60] In jenen Monaten muß Gertrud mit der Mutter über ihr Begräbnis gesprochen haben. Die

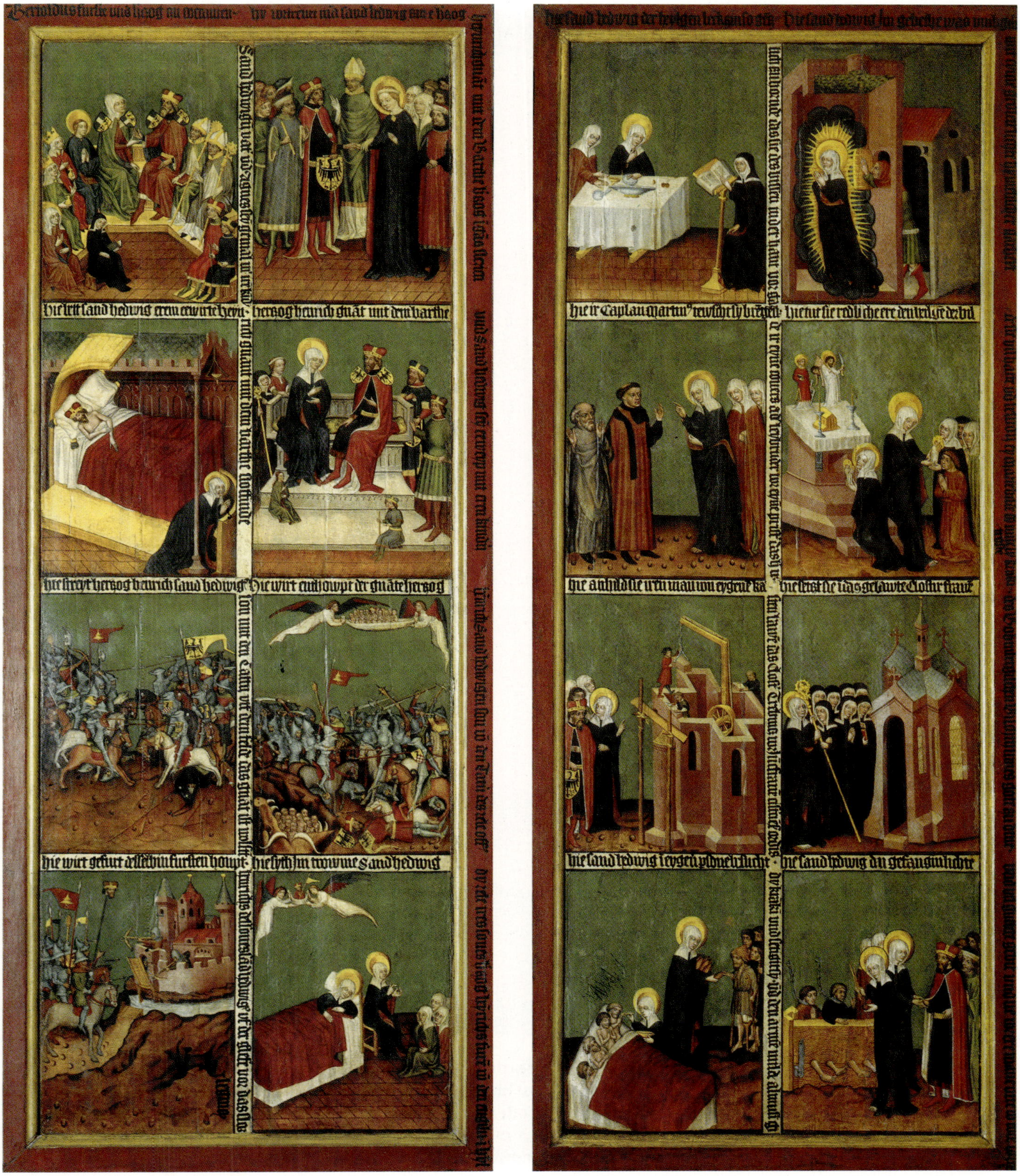

Kat.Nr. 101
Die gotische Hedwigstafel aus der Breslauer Bernhardin-Kirche ist ein Werk des Meisters des Langendorfer Marientodes. Die beiden Seitentafeln des Altars befinden sich jetzt im Warschauer Nationalmuseum.

Kat.Nr. 95
Diese Miniatur der hl. Hedwig ist im Grossen Liegnitzer Privilegienbuch (um 1425/1430) enthalten. Liegnitz, vor dessen Stadttoren 1241 Heinrich II., der Sohn der hl. Hedwig, in der Schlacht gegen die Mongolen fiel, bildete seit dem 14. Jahrhundert ein wichtiges Zentrum der schlesischen Hedwigsverehrung.

Tradition erforderte es, daß die Herzogin ihr Grab in der Klosterkirche an der Seite des Herzogs fände. Doch Hedwig lehnte das entschieden ab: »Wenn ich in der Kirche beerdigt sein soll, so beschwöre ich dich bei Gott und bitte dich inständig, liebe Tochter, daß du mich nicht im Grab deines Vaters beisetzest, von dessen Lager ich viele Jahre getrennt war. Ich will nicht im Grabe mit einem Toten vereinigt sein, mit dem ich aus Liebe zur Keuschheit so lange keine eheliche Gemeinschaft mehr hatte.«[61] Gertrud erfüllte den Wunsch der Mutter. Als Hedwig am 14. Oktober 1243 nach längerer Krankheit starb, wurde sie im Chor der Kirche vor dem Altar des hl. Bartholomäus bestattet.[62]

Die Andechserin hatte in einem langen Leben gute und schlechte Tage erlebt. Als Landesfürstin Schlesiens war sie Zeugin des glanzvollen Aufstiegs eines Hauses gewesen; am Ende ihres Lebens hatte sie den beginnenden Zerfall der schlesischen Herrschaft miterleben müssen. Denn das Reich, das Hedwigs Gemahl aufgebaut und der Sohn, dem Vater nicht unähnlich, mit fester Hand zusammengehalten hatte, zerfiel binnen weniger Jahre, bis schließlich nur mehr die nieder- und mittelschlesischen Gebiete übrigblieben, die Heinrich I. am Beginn des Jahrhunderts von seinem Vater Boleslaus dem Langen ererbt hatte.

Die Schuld an dieser Entwicklung traf gewiß nicht nur den Enkel Hedwigs, Boleslaus den Kahlen, der 1242 für volljährig erklärt wurde. Doch die politische Unerfahrenheit und die verschwenderische Wirtschaft des jungen Fürsten trugen erheblich dazu bei, daß bald unruhige Zeiten für das Land wie auch für die herzogliche Familie anbrachen. Boleslaus regierte das Erbe Heinrichs II. fünf Jahre lang allein; dann erzwang ein Teil der schlesischen Ritterschaft die Einsetzung seines jüngeren Bruders Heinrich zum Mitregenten, 1248 kam es schließlich zur Teilung der Herrschaft. Boleslaus erhielt Niederschlesien, Heinrich III. Mittelschlesien, die jüngeren Brüder, Konrad und Wladislaus, die beide für den geistlichen Stand bestimmt waren, besaßen als Mitregenten jeweils eines der älteren Brüder ebenfalls ein Mitspracherecht bei der Leitung des Landes. Konrad wurde an Boleslaus' Herrschaft beteiligt; Heinrich III. nahm Wladislaus zu sich. Während Heinrich III. und Wladislaus ihr Land in gegenseitigem Einvernehmen regierten, brachen in Niederschlesien Kämpfe zwischen Boleslaus und Konrad aus, die wenige Jahre später zu einer engen politischen Zusammenarbeit der mittelschlesischen Fürsten mit König Ottokar II. von Böhmen führten.[63]

Ottokar, um 1230 geboren, war 1247 von seinem Vater, König Wenzel I. von Böhmen, als Markgraf von Mähren eingesetzt worden; er hatte 1251 durch seine Heirat mit Margarete, der Schwester des letzten Babenbergerherzogs Friedrichs des Streitbaren (gest. 1246), Ober- und Niederösterreich sowie Teile der Steiermark erworben und war 1253 seinem Vater auf dem přemyslidischen Thron gefolgt. Einem Herrscher, der in kurzer Zeit eine solche Machtfülle erlangt hatte und der seine Herrschaft bis an die Küsten der Adria auszudehnen gedachte, der sich Einfluß an der Ostsee verschaffen wollte und auch nach der römischen Königskrone strebte, konnte ein böhmisch-schlesisches Zusammengehen nur recht sein, denn es war abzusehen, daß sich die Auseinandersetzung mit den ungarischen und deutschen Gegnern dieser Politik nicht vermeiden lassen würde. In diesem Fall war es von Vorteil, nicht nur Bundesgenossen zu haben, sondern auch die Grenze im Rücken in Sicherheit zu wissen.[64]

Als König Ottokar II. sich Ende 1254 auf einen Kriegszug gegen die heidnischen Preußen begab – man wählte dafür gern die Winterzeit, da dann die Sümpfe im feindlichen Gebiet gefroren und leichter zu durchqueren waren –, feierte er Weihnachten, umgeben von allen Piastenfürsten, wohl nicht ohne Absicht in Breslau. Zwei Jahre später ernannte er Heinrichs III. Bruder Wladislaus zum Propst auf dem Višehrad und Kanzler des Königreichs Böhmen. Angesichts dieser Allianz war es selbstverständlich, daß wenige Jahre später schlesische Truppen an seinem Feldzug gegen Ungarn teilnahmen, der ihm mit seinem Sieg zu Kroissenbrunn am 12. Juli 1260 die bislang von König Béla IV. besetzte Steiermark einbrachte.[65]

Um diese Zeit, zwanzig Jahre nach Hedwigs Tod, setzten Bestrebungen ein, die schlesische Herzogin heiligsprechen zu lassen. Interesse daran hatte neben dem Trebnitzer Konvent vor allem wohl Hedwigs Enkel Wladislaus, der die geistliche Laufbahn eingeschlagen hatte und 1265 Erzbischof von Salzburg wurde. Das Wissen um Hedwigs Frömmigkeit wird – zumindest bei den Klosterfrauen – die Jahre über wachgeblieben sein, wenngleich der Ruf ihrer Heiligkeit wohl nicht allzu weit über die Klostermauern hinausgereicht haben dürfte. 1252 hatte der Konvent vom Generalkapitel des Zisterzienserordens die Erlaubnis erhalten, die Jahrtage des Gründerpaares und seiner Kinder, Herzog Heinrichs II. und der Äbtissin Gertrud, feiern zu dürfen; auch waren in den folgenden Jahren den Besu-

Kat.Nr. 94
Die Fragmente dieser in der Mitte des 13. Jahrhunderts entstandenen Kasel stammen aus dem schlesischen Zisterzienserkloster Heinrichau. Eine späte Überlieferung verbindet sie mit der hl. Hedwig.

▷
Kat.Nr. 99
Zu den eindrucksvollsten Verbindungen zwischen Trebnitz und Bamberg gehört dieses romanische Tympanonrelief mit der Darstellung von David und Bethsabe, das stilistisch mit den Skulpturen der Bamberger Gnadenpforte verwandt ist.

chern der Kirche durch den Papst sowie durch mehrere Bischöfe Ablässe erteilt worden, ohne daß man dabei aber der verstorbenen Herzogin gedacht hätte.[66]

Papst Urban IV., dem Hedwigs Name vielleicht nicht unbekannt war, weil er sich Ende der 40er Jahre als päpstlicher Legat in Schlesien aufgehalten hatte, zeigte sich dem Heiligsprechungsprozeß aufgeschlossen und betraute Kardinalbischof Odo von Tusculum, einen gelehrten Zisterziensermönch, der in früheren Jahren Kanzler der Universität Paris gewesen war, mit der Leitung des Verfahrens. Im Mai 1262 stattete der Bischof von Ermland in päpstlichem Auftrag dem Trebnitzer Konvent einen Besuch ab, um dort erste Nachforschungen anzustellen. Kurze Zeit später erhielten der Bischof von Leslau sowie der für Böhmen und Polen zuständige Dominikanerprovinzial von Urban IV. den Befehl, Zeugen für das Verfahren ausfindig zu machen und diese über das Leben der Herzogin zu befragen.[67]

Die Kosten des Prozesses hatten die Antragsteller zu tragen. Sie mußten auch Vertreter an den päpstlichen Hof senden, deren Aufgabe es war, den Heiligsprechungsprozeß voranzutreiben, strittige Fragen in direkten Verhandlungen mit dem das Verfahren leitenden Kardinalbischof zu klären; dazu waren sie gehalten, ihm sowie seinen Mitarbeitern einen angemessenen Lohn zu bezahlen. Sie hatten auch dafür Sorge zu tragen, daß Papst und Kardinäle das Verfahren mit Wohlwollen verfolgten und keine Intrigen den Fortgang des Vorhabens in Frage stellten. Der Archidiakon Salomon von Krakau sowie Propst Engelbert vom Višehrad, ein Beamter des böhmischen Königs Ottokar, übernahmen diese Aufgabe, die politisches Geschick, Fingerspitzengefühl und Geld erforderte.[68]

Der Prozeß um die Heiligsprechung ließ sich gut an. Am 7. November 1262, am 25. Februar 1263 und am 17. März 1264 fanden im Kapitelsaal im Kloster Trebnitz, am 26. März 1264 im Dominikanerkloster Breslau Befragungen statt. Am 12. August 1264 wurden Zeugen persönlich an der Kurie vernommen. Damit war die Beweisaufnahme abgeschlossen.[69] Doch sollte es noch über zwei Jahre dauern, bis das Verfahren beendet werden konnte. Anfang 1267 kam man zu einem positiven Schluß. Der Kardinalbischof von Tusculum legte das Ergebnis seiner Untersuchung dem Papst und den Kardinälen vor, die es billigten und den 26. März als Tag der Heiligsprechung bestimmten.[70]

Auf die feierliche Kanonisation durch Papst Klemens IV., dem Nachfolger Urbans IV., folgte am 17. August 1267 in Trebnitz die Erhebung der Gebeine Hedwigs. »Das Grab, das mit Mörtel und Steinen fest verschlossen war, mußte unter großer Mühe mit eisernen Instrumenten geöffnet werden, was in Gegenwart der hochwürdigsten Äbte Nikolaus von Leubus und Moritz von Kamenz geschah. ... Zum Fest der Erhebung des heiligen Leichnams strömte aus verschiedenen Gegenden der Welt eine fast unzählbare Menschenmenge zusammen. Fürsten und Landesherren, Prälaten und Pfarrer und viele Religionen verschiedener Orden verschönten durch ihre Anwesenheit das Fest. Es kamen Ottokar, der erlauchte König von Böhmen, Wladislaus, der Herzog von Schlesien und Erzbischof von Salzburg, und dessen Brüder, die Herzöge von Schlesien, die Enkel der Heiligen, mehrere Herzöge von Polen, jeder mit einem adeligen Gefolge, das der Würde ihres Standes und dem Ruhm, den sie erworben hatten, entsprach«, schreibt der Verfasser des Hedwigslebens.[71]

Hedwigs Verehrung als Heilige fand rasch große Verbreitung. Wurde ihre Heiligsprechung schon in einer Reihe zeitgenössischer Geschichtswerke erwähnt,[72] so entstand um 1300 jene ausführliche Lebensbeschreibung, der wir die meisten Nachrichten zu ihrem Leben und Wirken verdanken. Sie erhielt den Namen »Legenda maior« oder »Größere Legende«, um sie von einem »Legenda minor« oder »Kleinere Legende« genannten Auszug unterscheiden zu können, der wohl um die gleiche Zeit und durch den gleichen Verfasser für die Lesungen des kirchlichen Breviers entstand.[73] Nicht viel später erstellte ein unbekannter Schriftsteller einen Stammbaum der Heiligen, der nicht nur die mütterlichen Vorfahren Hedwigs aufführte,

sondern – insofern eine wichtige Quelle für die Kenntnis der Mitglieder des schlesischen Piastenhauses – auch ihre Kinder und deren Nachkommen nennt.[74]

Waren zunächst wohl vor allem die schlesischen Fürsten die Förderer des Hedwigskults, so wurde die Ausbreitung ihrer Verehrung im Lauf des 14. Jahrhunderts in erheblichem Maß durch Karl IV. begünstigt. Er betraute Meister Theoderich von Prag, einen der bedeutendsten Maler seiner Zeit, mit der Anfertigung eines Hedwigsbilds für seine Burg Karlstein; aus seiner Zeit stammt auch eine frühe alttschechische Übersetzung des Hedwigslebens.[75] Den Einflüssen des luxemburgischen Hofes könnte es auch zu verdanken sein, daß Herzog Ludwig I. von Liegnitz und Brieg (gest. 1398), ein Nachfahre Hedwigs, 1353 den berühmten Schlackenwerther Codex in Auftrag gab.[76] Die Prachthandschrift, von einem fähigen Kalligraphen geschrieben und mit 65 Illustrationen ausgeschmückt, enthält neben den erwähnten Texten auch eine Abschrift der Kanonisationsurkunde, dazu den Wortlaut einer Predigt, die Papst Klemens IV. anläßlich der Heiligsprechung Hedwigs gehalten haben soll.[77] Diese Predigt taucht erstmals in dieser Handschrift auf, bietet sachlich nichts Neues und dürfte daher wohl eine Fälschung sein, die man um die Mitte des 14. Jahrhunderts nach dem Vorbild der bekannten Ansprachen des damaligen Papstes Klemens VI. (1342–1354) angefertigt hatte.[78] Wie der Prachtcodex von 1353 in späteren Jahrzehnten als Vorbild für weitere Bilderhandschriften diente, führte die Hedwigsverehrung auch zu Meisterleistungen auf literarischem Gebiet, insbesondere aber in der Plastik und Tafelmalerei.

War die im Kloster Trebnitz aufbewahrte Heiligsprechungsurkunde von 1267 lediglich an den Erzbischof und die Bischöfe der Gnesener Kirchenprovinz gerichtet, so verbreitete sich Hedwigs Verehrung, wie Festkalender und Patrozinien zeigen, bald über weite Teile Europas. Hedwigskirchen im Deutschordensstaat sowie in Böhmen und Ungarn, im süddeutschen Raum bis nach Italien, dazu in den mittel- und norddeutschen Gegenden bis nach Köln und Antwerpen legen eindrucksvoll Zeugnis davon ab. Wie bei vielen mittelalterlichen Heiligen brachten auch hier die Reformation, später die staatlichen Reformen unter Kaiser Joseph II. sowie die Säkularisation einen deutlichen Rückgang ihres Kultes.[79]

Zu einer Wiederbelebung der Verehrung sollte es erst wieder in den 20er Jahren unseres Jahrhunderts kommen. So ließ 1925 Kardinal Bertram, Fürstbischof von Breslau, Hedwigs Haupt einen Knochen entnehmen, der in ein Reliquienkreuz gefaßt als Geschenk an das Kloster Andechs gelangte. 1929 wurde anläßlich der Errichtung des Bistums Berlin – es gehörte bis dahin zur Breslauer Diözese – die 1773 erbaute Hedwigskirche in Berlin durch das neu gegründete Domkapitel zur Kathedrale bestimmt. Anläßlich der 700. Wiederkehr von Hedwigs Todestag 1943 erhob Pius XII. die Klosterkirche in Trebnitz zur päpstlichen Basilika und verlieh ihr damit einen Status, den ansonsten nur die römischen Hauptkirchen, dazu einige ältere Dome und bekanntere Wallfahrtsorte besaßen.

Nach dem Zweiten Weltkrieg rückte das Kloster Andechs in den Mittelpunkt der Hedwigsverehrung.[80] Als Mitte der 60er Jahre in der Folge des Zweiten Vatikanischen Konzils von seiten des polnischen Episkopats erste Schritte in Richtung auf eine Annäherung zwischen Deutschland und Polen unternommen wurden, lag es daher nahe, an Hedwig als eine Heilige zu erinnern, die von beiden Völkern verehrt wurde. So schrieben die polnischen Bischöfe am 18. November 1965 an ihre deutschen Amtsbrüder: »Es kamen aus dem Westen zu uns Apostel und Heilige... Ihr segensreiches soziales Wirken spüren wir noch heute. Zu den bekanntesten zählen wir die heilige Hedwig, Herzogin von Schlesien, aus Andechs gebürtig.« Im Antwortbrief der deutschen Bischöfe vom 5. Dezember 1965 wurde darauf mit den Worten Bezug genommen: »Es berührt uns tief, daß wir in der Verehrung der heiligen Hedwig vereint sind, die deutscher Herkunft und doch, wie Sie schreiben, die größte Wohltäterin des polnischen Volkes im 13. Jahrhundert ist.«[81]

▷
Kat.Nr. 102
Der Hedwigs-Codex von 1353, auch als Schlackenwerther Codex bezeichnet, bildet die wichtigste Quelle für die mittelalterliche Hedwigsikonographie. Herausragend ist die Ganzfigur der hl. Hedwig (fol. 12^v).

Anmerkungen

1 Zur Geschichte Hedwigs grundlegend Gottschalk 1964; zur wichtigsten literarischen Quelle, der Legenda maior, vgl. unten S. 152 mit Anm. 37; die urkundlichen Quellen zur Geschichte Hedwigs liegen im Schlesischen Urkundenbuch, Bd. 1–4 in mustergültiger Form vor.
2 Legenda maior, c. 1, S. 72 f.; ihre Erzieherin Petrissa ebd. c. 6, S. 97 genannt; vgl. auch Gottschalk 1964, S. 91 f.
3 Legenda maior, c. 1, S. 73 f.; Gottschalk 1964, S. 93. Da die Geburtsjahre ihrer Kinder (vgl. S. 150 mit Anm. 30) nicht bekannt sind, lassen sich über das Datum der Heirat sowie das Geburtsjahr Hedwigs – entgegen der herrschenden Meinungen – keine Angaben machen. Dieses Problem bedarf noch einer eingehenderen Untersuchung.
4 Belege dazu bei Meyer-Suntrup 1987, Sp. 620 ff., Sp. 646 ff. und Sp. 649 ff.
5 Vgl. dazu die Angaben bei Gottschalk 1964, S. 94 ff.
6 Gieysztor 1972, S. 51 ff.
7 Gieysztor 1972, S. 58 ff.; Hoensch 1983, S. 16 ff.; Rhode 1965, S. 7 ff.; Randt 1988, S. 73 ff.
8 Gieysztor 1972, S. 68 ff.; Hoensch 1983, S. 24 ff.; Rhode 1965, S. 21 f.; Randt 1988, S. 79 f.
9 Gieysztor 1972, S. 82 ff.; Hoensch 1983, S. 26 ff.; Rhode 1965, S. 22 ff.; Randt 1988, S. 80 ff.
10 Hoensch 1983, S. 30 f.; Rhode 1965, S. 41.
11 Gieysztor 1972, S. 85 ff.; Hoensch 1983, S. 33 ff.; Rhode 1965, S. 41 ff.; Randt 1988, S. 83 ff.
12 Hoensch 1983, S. 34 ff.; Randt 1988, S. 86 ff.
13 Rhode 1965, S. 54 f.; Randt 1988, S. 91 ff.
14 Bookmann 1981, S. 66 ff.; Kluger 1987, S. 54 ff.; Gieysztor 1972, S. 121 ff.; Hoensch 1983, S. 40 f.; Rhode 1965, S. 52 f.; Randt 1988, S. 94.
15 Menzel 1977, S. 118 ff.; Kuhn 1968, S. 15 ff.; Randt 1988, S. 102 ff.
16 Gieysztor 1972, S. 105 ff.; Hoensch 1983, S. 42 ff.; Rhode 1965, S. 56 ff.; Loesch 1988, S. 257 ff.; Aubin 1988, S. 326 ff.
17 Kern 1910, S. 56 ff.; Kienast ²1974/75, S. 537 ff.
18 Cognasso 1973, S. 46 ff.; französische Texte aus der Reichsverwaltung Heinrichs VII. vgl. in Const. 4, S. 1150 ff., Nr. 1151 ff.
19 Randt 1988, S. 99 ff.
20 Hoensch 1983, S. 41 f.
21 Vgl. Schreiben Gregors IX. von 1236 März 24: Schlesisches Urkundenbuch, Bd. 2, S. 75–77, Nr. 113.
22 Vgl. die Schreiben Gregors IX. an den Legaten von 1236 Juni 17: Schlesisches Urkundenbuch, Bd. 2, S. 77 f., Nr. 114 f.
23 Vgl. Schreiben Gregors IX. von 1237 September 29 und 1237 Oktober 6 und 23: Schlesisches Urkundenbuch, Bd. 2, S. 85–89, Nr. 133–135.
24 Vgl. dazu das unten in Anm. 26 genannte Schreiben des Papstes.
25 Randt 1988, S. 100.
26 Schlesisches Urkundenbuch, Bd. 2, S. 98 f., Nr. 153.
27 Randt 1988, S. 105 ff.
28 Druck der Urkunde in Schlesisches Urkundenbuch, Bd. 1, S. 54–58, Nr. 83; vgl. auch Appelt 1937.
29 Zur Verbindung von Klostergründung und Rodung vgl. Menzel 1977, S. 121.
30 Sechs Kinder genannt in Legenda maior, c. 1, S. 73 f.; vgl. auch Gottschalk 1964, S. 110 ff. Ob Hedwig und Herzog Heinrich I. einen weiteren, ansonsten nicht genannten Sohn hatten, wie angenommen wird, ist nicht sicher, da nicht entschieden werden kann, ob es sich bei dem in den beiden Urkunden von 1208 Dezember 25 (vgl. Anm. 31) erwähnten Sohn, der an Weihnachten 1208 getauft wurde, um ein in der Legenda maior genanntes oder um ein – möglicherweise bald wieder verstorbenes – Kind der herzoglichen Familie handelte.
31 Als Zeugin erwähnt in zwei Urkunden von 1208 Dezember 25: Schlesisches Urkundenbuch, Bd. 1, S. 85–87, Nr. 116 f.
32 Vgl. Urkunde Herzog Heinrichs I. für Kloster Trebnitz von 1228 April 22: Schlesisches Urkundenbuch, Bd. 1, S. 210 f., Nr. 287 sowie Urkunde des Bischofs von Breslau von 1228 April 27, ebd., S. 211 f., Nr. 288.; vgl. auch Gottschalk 1964, S. 7 f., 116, 153.
33 Schlesisches Urkundenbuch, Bd. 1, S. 117 f., Nr. 164; vgl. auch Gottschalk 1964, S. 7 f., 116, 153.
34 Schlesisches Urkundenbuch, Bd. 2, S. 141 f., Nr. 234; vgl. auch Gottschalk 1964, S. 242 ff.
35 Vgl. dazu oben S. 158 ff.
36 Legenda maior, Vorrede, S. 71.
37 Zum Verfasser der Legenda maior vgl. Gottschalk 1964, S. 14 ff. sowie Walter 1985; auf Kenntnis mystischer Strömungen deutet wohl seine Darstellung der Frömmigkeit und des Gebets der Heiligen hin; vgl. Legenda maior, c. 5, S. 89 ff.
38 Legenda maior, Vorrede, S. 71 f.
39 Legenda maior, Vorrede, S. 72.
40 Klauser 1954; Plöchl 1955, Bd. 2, S. 322 ff.
41 Vgl. den Schluß der Vorrede zur Legenda maior, S. 72.
42 Schlesisches Urkundenbuch, Bd. 4, S. 18–23, Nr. 15.
43 Legenda maior, c. 1, S. 72.
44 Vgl. dazu Legenda maior, c. 6, S. 97, wo die Schenkung des Gutes Schawoine an Trebnitz (vgl. dazu S. 150 mit Anm. 34) im Zusammenhang mit der Erstausstattung des Klosters genannt wird.
45 Man beachte vor allem die Übereinstimmung zwischen Libellus, S. 18, Z. 471–477 und Legenda maior, c. 4, S. 82.
46 Legenda maior, c. 2, S. 76 ff.
47 Legenda maior, c. 4, S. 82 ff. und c. 5, S. 89 ff.
48 Legenda maior, c. 1, S. 73 ff.
49 Legenda maior, c. 6, S. 96 ff.
50 Legenda maior, c. 6, S. 102.
51 Gottschalk 1964, S. 203 ff.
52 Gottschalk 1964, S. 115 ff.
53 Legenda maior, c. 2, S. 79 f.; c. 6, S. 196 ff.
54 Legenda maior, c. 6, S. 100.
55 Legenda maior, c. 6, S. 99.
56 Legenda maior, c. 4, S. 84 f., 88.
57 Legenda maior, c. 3, S. 81.
58 Legenda maior, c. 2, S. 77.
59 Zur Schlacht bei Liegnitz vgl. jetzt die Beiträge in Schmilewski 1991.
60 Schlesisches Urkundenbuch, Bd. 2, S. 141 f., Nr. 234.
61 Legenda maior, c. 8, S. 114 f.
62 Gottschalk 1964, S. 213 f.
63 Vgl. dazu vor allem Randt 1988, S. 91 ff.
64 Zu König Ottokar II. vgl. jetzt vor allem Hoensch 1989; Quellen und ältere Literatur ebd. S. 285 ff.
65 Hoensch 1989, S. 49 ff.; zum Preußenzug vgl. ebd. S. 74 ff.
66 Die Urkunde von 1252 gedruckt in Schlesisches Urkundenbuch, Bd. 3, S. 46, Nr. 53; weitere Urkunden vgl. ebd. S. 61 f., 267 f., Nr. 78 f., 400 f.; zur Erwerbung des Salzburger Erzbistums durch den Enkel Hedwigs vgl. Wagner 1983, S. 437 ff. und Hoensch 1989, S. 154 f.
67 Vgl. die Urkunden in Schlesisches Urkundenbuch, Bd. 3, S. 265, Nr. 396 und S. 267 f., Nr. 399–401; zu Urbans IV. Legatentätigkeit vgl. Schlesisches Urkundenbuch, Bd. 2, S. 204–220, Nr. 346–349.
68 Die beiden Unterhändler genannt in Legenda maior, c. 11, S. 152.
69 Vgl. dazu die Hinweise in der Heiligsprechungsurkunde, Schlesisches Urkundenbuch, Bd. 4, Nr. 15, hier S. 23 sowie in Legenda maior, c. 10, S. 151; zu einer möglichen Vorladung der Pfalzgräfin Alice von Burgund, der Nichte Hedwigs, als Zeugin vgl. den Ablaßbrief Papst Urbans IV. von 1263 Mai 7 für das auf Anordnung Herzog Ottos VIII. von Meranien gegründete Chorherrenstift zu Poligny oben S. 99 mit Anm. 278.
70 Vgl. das Datum der Heiligsprechungsurkunde; in Legenda maior, c. 12, S. 153 irrtümlich 1267 November 14 genannt.
71 Die Feierlichkeiten beschrieben in Legenda maior, c. 12, S. 153 f.
72 Gottschalk 1964, S. 278 f.
73 Zu dieser Schrift vgl. Gottschalk 1964, S. 17 f.
74 Gottschalk 1964, S. 18 f.
75 Gottschalk 1964, S. 292 ff.
76 Krása/Kratzsch 1972, S. 12 ff.
77 Gottschalk 1964, S. 12; zur Überlieferung vgl. Moraw 1972, S. 55, 177.
78 Mollat 1964, S. 89 ff.; Wood 1989, S. 211 ff.
79 Hettwer 1971, S. 64 ff.
80 Hettwer 1971, S. 69 ff.; vgl. auch Hettwer 1975, S. 326.
81 Hettwer 1971, S. 79 f.

VI Der Andechser Heiltumsschatz

Das Erlöschen des Hauses Andechs-Meranien um die Mitte des 13. Jahrhunderts blieb für das politische Geschehen der Zeit ohne Folge. Die Familienbesitzungen, vor Jahrzehnten schon geschmälert, lagen zu weit verstreut, zu zahlreich waren die Erben. Der Nachlaß war daher bald verteilt. Nur die Erinnerung an die Andechs-Meranier blieb bestehen. Hoch über dem Main ragte weithin sichtbar der Bamberger Dom empor, ein Denkmal andechsischen Kunstsinns und staufischen Machtbewußtseins. Die Grafen von Orlamünde führten das Andechser Emblem in ihrem Wappen, und wie diese erwiesen sie sich als Wohltäter des Klosters Langheim.[1] Dort gedachte man noch lange der Andechser: Seitdem die Bamberger Bischöfe versuchten, das Kloster mit seinen reichen Besitzungen unter ihre Herrschaft zu bringen, wurde man nicht müde, vor dem kaiserlichen Gericht wieder und wieder zu betonen, nicht den Bamberger Bischöfen, sondern dem Haus Andechs verdanke man seine Gründung. Es war ein vergebliches Unterfangen; denn zum Schluß sprach der alternde Kaiser Karl IV. dem Bamberger Oberhirten trotzdem die Schirmherrschaft über das Kloster Langheim zu.[2]

Auch in den oberbayerischen Landen wurde das Andenken an die fürstliche Familie gepflegt. Die Chorherren in Dießen feierten Jahr für Jahr die Todestage der Gründer und ihrer Nachkommen.[3] Anders dachte man am Hof in München. In den herzoglichen Besitzverzeichnissen wurde zwar in späterer Zeit ein »Meraner Amt« erwähnt; aber wenn die Herzöge Verfügungen der Andechser als deren Rechtsnachfolger zu bestätigen hatten, vermieden sie es, den Namen der Familie zu erwähnen. Fast schien es, als sollte die Erinnerung an ein Haus, dem man übel mitgespielt hatte, für immer ausgelöscht werden.[4] Zuletzt trug man auch keine Bedenken, auf die von den Andechsern übernommenen Rechte an den beiden Pfarrkirchen in Erling zu verzichten. So gelangte zu einem nicht näher bekannten Zeitpunkt die St. Martinskirche an die Chorherren in Polling, während die St. Vituskirche 1317 durch Ludwig den Bayern an das Kloster Ebersberg geschenkt wurde. Da zur St. Vituspfarrei auch die Kapelle auf dem Andechser Berg gehörte, waren die Benediktiner in Ebersberg seitdem Patronatsherren einer der beiden Erlinger Pfarreien und gleichzeitig die Besitzer der Kirche auf der nahen Anhöhe.[5] Das Kirchlein war als geweihter Ort vielleicht der Zerstörung der Burg in den ersten Jahrzehnten des 13. Jahrhunderts entgangen; möglicherweise war es aber auch erst nach der Schleifung der befestigten Anlage als Sühnekapelle errichtet worden. Als Patron hatte es den von den Andechsern verehrten hl. Nikolaus von Myra.[6]

Die Erinnerung an das gräfliche und herzogliche Geschlecht dürfte zu Anfang des 14. Jahrhunderts kaum mehr sehr lebendig gewesen sein. Das Denken und Reden der Menschen galt den Kriegen und Hungersnöten, der Pest, die um die Mitte des Jahrhunderts wütete und ganze Landstriche entvölkerte. Scharen von Büßern und Geißlern zogen durch das Land; und man war aufgeschlossen für seltsame Wundergeschichten. So verbreitete sich zu Beginn der 80er Jahre in Windeseile die Nachricht von einem aufsehenerregenden Wunder in Wilsnack in der Mark Brandenburg. Dort war im Verlauf einer Fehde die Pfarrkirche in Schutt und Asche gelegt worden. Am folgenden Tag hatte der Pfarrer inmitten der rauchenden Trümmer eine geweihte Hostie gefunden, auf der das Zeichen des Gekreuzigten und sein Blut erschienen. Bald zogen Scharen von Pilgern aus allen Teilen des Landes zu den als wundertätig geltenden Hostien in Wilsnack.[7]

Kat.Nr. 117
Bleikapsel für die Andechser Hostien und Holzfutteral.

Kurze Zeit später waren plötzlich auch die Grafen von Andechs wieder in aller Munde. Wir können sogar den Tag benennen, an dem die Erinnerung an sie zu neuem Leben erwachte: Es war der 26. Mai 1388. An diesem Tag wurde in der Kapelle auf dem Andechser Berg unter dem Altar eine Kiste entdeckt, die Reliquien von größter Seltenheit und höchster Wundermächtigkeit enthielt.[8] Zu diesem »Andechser Heiltumsschatz«, wie der Fund bald genannt wurde, zählten drei Hostien, von denen eine das Bild des Erlösers trug, die beiden anderen Spuren von Blut und Fleisch des Herrn aufwiesen; zwei hatte Papst Gregor der Große, die dritte Papst Leo IX. geweiht. Daneben enthielt die Kiste Teile vom Tischtuch des Letzten Abendmahls, von der Dornenkrone Christi und vom Kreuzesstamm, Stücke vom Rock Mariens, von ihrem Gürtel und ihrem Tischtuch, das Meßgewand des hl. Petrus und die Stola des hl. Nikolaus, dazu das Brautkleid der hl. Elisabeth sowie ein Kreuz, das Karl dem Großen von Engeln zum Kampf gegen die Ungläubigen überbracht worden sein soll und seitdem als »Siegeskreuz Karls des Großen« gilt.[9]

Es handelte sich zweifellos um einen bedeutenden Fund, der an Wert die meisten Reliquienschätze in den Kirchen des Landes überragte; lediglich in Rom oder in den Kirchen Konstantinopels gab es kostbare Reliquien in noch größerer Fülle. Aber gerade diese Einmaligkeit konnte sich als verhängnisvoll erweisen: Mußte es nicht seltsam anmuten, daß so bedeutende Reliquien überhaupt in Vergessenheit geraten waren? Daß sie über Generationen hinweg unbeachtet in einer verlassenen Kapelle verborgen bleiben konnten? In der Tat wurden bald Zweifel an der Echtheit der Reliquien laut.[10] Sie waren nur durch Reliquienzettel, auf denen ihr Name stand, gekennzeichnet. Ein unverdächtiger Zeuge mußte deshalb gefunden werden, mit dessen Hilfe das Alter und die Glaubwürdigkeit des Fundes bewiesen werden konnten.

Diese Aufgabe sollte dem »Andechser Missale« zufallen. Das Meßbuch – zu Beginn des 10. Jahrhunderts an einem unbekannten Ort geschrieben – war im Lauf der Zeit durch häufigen Gebrauch unansehnlich geworden; einzelne Teile waren später verloren gegangen und hatten ersetzt werden müssen. Als man seine altertümliche Notenschrift nicht mehr lesen konnte, diente es offensichtlich dazu, den Pergamentbedarf seines Besitzers zu dekken, wie die vielen Blätter zeigen, deren unbeschriebene Ränder herausgeschnitten waren.[11]

Kat.Nr. 108
In dieser Truhe aus Eiche wurde der Andechser Heiltumsschatz gefunden.

Liturgische Handschriften enthielten im Mittelalter nicht nur Texte für den Gottesdienst; häufig trug man auch Inventarlisten kirchlicher Gegenstände, Verzeichnisse von Reliquien, bisweilen sogar historische Notizen und Abschriften wichtiger Urkunden ein. Diesem Zweck diente jetzt auch das Missale. Seit langem eine wertlose Handschrift, schien es gerade seines hohen Alters wegen geeignet, Texte aufzunehmen, die über das Schicksal der Andechser Reliquien in früherer Zeit erschöpfend Auskunft geben sollten. Die Aufzeichnungen, die drei Schreiber um das Jahr 1388 oder wenig später anfertigten, waren ebenso eindrucksvolle wie phantastische Geschichten.[12]

Vom ersten Schreiber stammt ein Brief, den Bischof Otto der Heilige von Bamberg angeblich 1102, zu Zeiten eines Königs Konrad, an seinen Vater, Graf Berthold von Andechs, und an seinen Bruder, Markgraf Berthold von Istrien, geschrieben hatte; in ihm wurde von einem Papst Leo berichtet, der einst an Kaiser Heinrich II. ein von Papst Gregor I. geweihtes Altarsakrament übersandt hatte, das überall dort, wo es hingebracht wurde, Not und Elend vertrieb und nun den Andechser Verwandten des Bischofs zum Nutzen ihres Landes und ihrer Leute dienen sollte.[13] Dazu erfuhr man von der Anordnung eines Bischofs Hermann von Augsburg aus dem Jahr 1128, mit der die Bewohner der umliegenden Dekanate verpflichtet wurden, jeweils am Dienstag nach dem Pfingstfest zu den Reliquien auf dem Andechser Berg zu wallfahrten und eine Abgabe zu entrichten.[14]

Ein zweiter Schreiber übernahm wenig später die Aufgabe, über die Herkunft der Reliquien und das Schicksal des Andechser Berges zu erzählen. Man las von der Gründung eines Klosters in Grafrath durch Graf Rasso von Andechs sowie der Flucht der Mönche mit den von ihrem Wohltäter gesammelten Reliquien auf den Andechser Berg, als Herzog Arnulf der Böse die geistliche Stiftung zerstörte. Die Rede war auch von einem Grafen Leupold von Andechs, dessen Sohn 1066 die Tochter Kaiser Konrads II. heiratete und der als Kaiser Heinrich III. zur Herrschaft gelangte. Dazu wurde von der zweimaligen Stiftung eines Benediktinerklosters auf dem Andechser Berg gesprochen, einmal durch jenen Kaiser Heinrich III., ein zweites Mal durch Graf Berthold von Andechs. Außerdem wurde von Wallfahrten berichtet, die Andechser Familienangehörige angeordnet hatten, sowie von der Vergrabung der Reliquien, den Kämpfen der Andechser mit den Grafen von Scheyern und der Vergiftung Markgraf Heinrichs IV. von Istrien, des angeblich letzten Andechsers.[15] Über die Herkunft des Missale hieß es, daß es zur Zeit Herzog Rudolfs I. von Bayern, am Ende des 13. oder zu Beginn des 14. Jahrhunderts also, durch Bruder Konrad von Hornstein, einen Mönch des Klosters auf dem Petersberg bei Rosen-

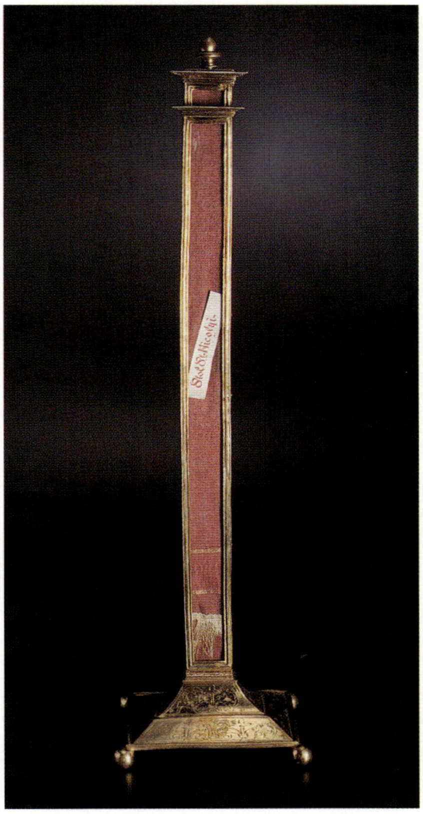

Kat.Nr. 114
Reliquiar für die Stola des hl. Nikolaus.

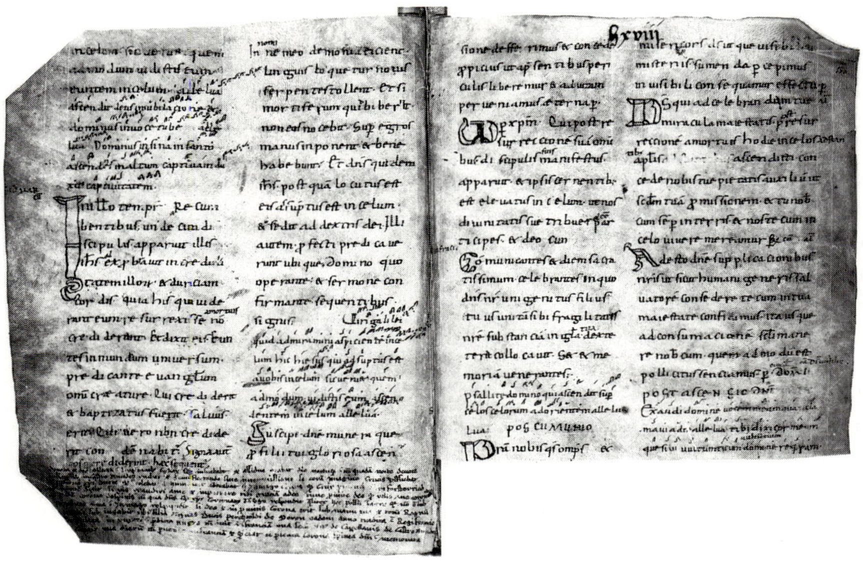

Kat.Nr. 103
In diese Handschrift des 10. Jahrhunderts, das »Andechser Missale«, wurde am Ende des 14. Jahrhunderts die Geschichte des Andechser Heiltumsschatzes eingetragen (fol. 157v und 158r).

Kat.Nr. 106
Zwei Flügel des Andechser Heiltumsaltars von 1494 zeigen die Päpste Gregor den Großen (590–604) und Leo IX. (1049–1054), die die Andechser Hostien segnen.

heim, nach Andechs gebracht worden sei, nachdem ein Vorfahre Konrads das Buch zu seinem Seelenheil vor langer Zeit erworben hatte.[16] Auch eine Gründungsgeschichte des Dießener Stifts sowie ein Bericht über die Dießener Klostergründer und ihre Nachkommen fanden neben vielen anderen Erzählungen und Urkunden Aufnahme in das Missale.[17]

Einem dritten Schreiber blieb es schließlich überlassen, neben einem Schutzbrief Herzog Ludwigs des Strengen aus den 80er oder 90er Jahren des 13. Jahrhunderts eine Bestätigungsurkunde Kaiser Ludwigs des Bayern für die Kapelle auf dem Berg einzutragen. Daraus ging hervor, daß der Kaiser und seine Ratgeber noch in den 30er oder 40er Jahren des 14. Jahrhunderts von den Heiltümern und ihrer Geschichte gewußt hatten, auch wenn ihnen ihr Versteck nicht mehr bekannt gewesen war. Zuguterletzt hieß es, Kaiser Ludwig habe befohlen, all das in das Missale einzutragen, damit auch seine Nachkommen den Berg zu Andechs in Ehren hielten.[18]

Diese Berichte, Urkunden und Briefe waren zerstreut über das Missale verteilt, weil man offensichtlich den Eindruck zu erwecken suchte, als wären die Eintragungen über einen langen Zeitraum hinweg von verschiedensten Personen gemacht worden. Entscheidend aber war, daß die Berichte zusammengenommen eine in sich geschlossene Geschichte des Sakraments und der Reliquien erzählten. Wer den Aufzeichnungen Glauben schenkte, mußte annehmen, daß es sich bei dem Schatz in der Kapelle nicht um einen verdächtigen Zufallsfund handelte, sondern daß man einen Schatz geho-

ben hatte, der zwar seit langem verschollen und in Vergessenheit geraten war, von dem man aber noch am Beginn des Jahrhunderts, zu Zeiten Kaiser Ludwigs des Bayern, gewußt hatte. Es war eine wichtige Erkenntnis, die das Missale vermittelte; denn war der vergrabene Schatz auf dem Andechser Berg noch Kaiser Ludwig dem Bayern bekannt gewesen, als er den Mönchen in Ebersberg die Kapelle auf der Anhöhe übereignete, dann konnten seine Nachkommen, die wittelsbachischen Herzöge, natürlich keine Ansprüche an den Fund stellen. Insbesondere konnten sie nicht behaupten, ihr Vorfahre hätte das Gotteshaus auf der Höhe des Berges nicht weggegeben, hätte er von dem Schatz unter dem Altar gewußt. Jetzt stand fest, daß die Mönche in Ebersberg die wahren Hüter des Schatzes und damit auch die Betreuer der zukünftigen Wallfahrer zu sein hatten.[19]

Um zu diesem Ergebnis zu gelangen, hatte man erhebliche Mühen auf sich genommen. Da es keinerlei echte Dokumente zur Kapelle und ihrem Schatz gab, auch keine Berichte aus früheren Jahrhunderten überliefert waren, hatte man die Urkunden im Missale fälschen und die Erzählungen frei erfinden müssen.[20] Ein Teil der Quellen, die der Fälscher zu Rate zog, ist bekannt. Dazu zählen, um nur einige zu nennen, die Chronik des Mönches Ekkehard von Aura[21], die von einem unbekannten Autor stammende »Welfengeschichte«[22] sowie das »Pantheon« genannte Werk Gottfrieds von Viterbo[23]. Zudem scheint der Verfasser der Eintragungen im Missale neben einem Papstprivileg für ein Benediktinerkloster Urkunden Ludwigs des Bayern aus dessen Kaiserzeit gekannt zu haben. Auch eine Lebensbeschreibung der hl. Elisabeth könnte ihm zugänglich gewesen sein[24], daneben eine Sammlung von Predigten des 1272 verstorbenen Franziskaners Berthold von Regensburg, einem der bekanntesten Redner seiner Zeit.[25]

Insbesondere aber benötigte man Nachrichten über die Geschichte des Andechsischen Hauses. Unter den Aufzeichnungen des Ebersberger Klosters fand sich ein Hinweis, wonach Graf Berthold II. von Andechs den Mönchen einmal ein Gut geschenkt hatte, um ihnen einen zugefügten Schaden zu ersetzen.[26] Aber das war zu wenig. Daher wandte man sich an die Chorherren in Dießen, die freilich auch kaum Angaben zur frühen Geschichte der Grafen von Andechs und Wolfratshausen besaßen. Von ihnen erhielt der Fälscher ein Verzeichnis mit den Namen wichtiger Mitglieder der Stifterfamilie im 12. und 13. Jahrhundert sowie Aufzeichnungen über die legendären Klostergründungen des Priesters Rathard und der Gräfin Kunizza zu Dießen.[27] Auch waren die Chorherren offenbar bereit, dem Fälscher Einblick in ihr Totenverzeichnis vom Beginn des 13. Jahrhunderts zu gewähren und ihm Nachrichten aus ihren Urkunden, nicht zuletzt ihrem Papstprivileg von 1132, zukommen zu lassen.[28] Selbst über ihre Kunstschätze scheinen sie ihm Auskunft gegeben zu haben.[29]

Der Fälscher hatte dem Entgegenkommen der Dießener Chorherren zweifellos viel zu verdanken. Seine ausführliche Verwendung von Nachrichten aus diesem Kloster führte dazu, daß man ihn im Kreis der dortigen Geistlichen vermutete. Aber dieser Schluß dürfte voreilig gezogen worden sein; denn es gab das ganze Mittelalter hindurch einen regen Nachrichtenaustausch zwischen den Klöstern, der sich umso unproblematischer gestaltete, je weniger wirtschaftliche Interessen dabei eine Rolle spielten. Die gerade in den 80er Jahren angelegte Sammlung bayerischer Klostergeschichten, die »Fundationes monasteriorum Bavariae«, legt davon ein beredtes Zeugnis ab.[30]

Kat.Nr. 112
Reliquiar für Partikel der Dornenkrone Christi.

Kat.Nr. 113 (rechts)
Spottzepter Christi.

Da der Nutznießer der Aufzeichnungen im Missale das Kloster Ebersberg war, können nur die dortigen Mönche als Auftraggeber und Verfasser in Frage kommen.[31] Daß der Ebersberger Konvent in diesen Einträgen weitgehend im Hintergrund blieb, hat nicht viel zu bedeuten. Denn die Ebersberger Benediktiner hatten die Kapelle auf dem Andechser Berg erst zu einem Zeitpunkt erhalten, zu dem nach Auskunft des Missale die Eintragungen bereits abgeschlossen waren. Daher wäre es verdächtig gewesen, hätte man im Missale allzusehr auf Beziehungen zwischen den früheren Besitzern des Berges und dem späteren Eigentümer ihrer Kapelle verwiesen. Ganz wollte man freilich darauf nicht verzichten: Man schrieb daher das Kloster, das zu Andechser Zeiten auf dem Berg angeblich gegründet worden war, dem Benediktinerorden zu und hob die Verwandtschaft der Gräfin Kunizza von Andechs mit der legendären Gründerin der Klöster Ebersberg, Kühbach und Geisenfeld hervor.[32]

Kat.Nr. 109
»Elisabethkreuz«, um 1400.

Im übrigen zählte die Chronik Ekkehards von Aura am Ende des 14. Jahrhunderts nachweislich zum Bestand der Ebersberger Klosterbibliothek.[33] Als Vorlage für die Hadriansurkunde des Andechser Missale dürfte dagegen das Privileg Papst Alexanders III. von 1179 für die dortigen Mönche gedient haben.[34] Der Hinweis im Meßbuch auf die von Papst Gregor I. angeordnete Abhaltung feierlicher Gottesdienste zu Ehren des Sakraments könnte schließlich auf ein Ebersberger Papstverzeichnis des 12. Jahrhundert zurückgehen, in dem die Nachricht allerdings nicht Papst Gregor I. zugeschrieben, sondern mit dem 100 Jahre später lebenden Papst Gregor II. in Verbindung gebracht wurde.[35] So spricht, genau betrachtet, nichts gegen, sondern alles für die Ebersberger Herkunft der Missalenachrichten. Aus Ebersberg dürfte dann aber auch das Missale selbst gekommen sein.

Der Fälscher der Einträge hatte zweifellos gute Arbeit geleistet. Er hatte seinen Lesern eine Erzählung geboten, die schlüssig war und die, obgleich voller Fehler und Verwechslungen, mit den damals zur Verfügung stehenden Mitteln kaum als Fälschung zu entlarven war. Er hatte freilich eines nicht bedacht: die Begehrlichkeit der Obrigkeit. Der Fund vom 26. Mai 1388 in der Andechser Kapelle besaß einen so großen Wert, daß die bayerischen Herzöge, die Brüder Stephan III., Friedrich I. und Johann II., Ansprüche auf den Schatz geltend machten. Sie fühlten sich als Rechtsnachfolger der Andechser in deren altbayerischen Herrschaften, und sie waren die Landesherren, denen nach damaliger Rechtsauffassung auch die Bodenschätze gehörten. Ihr Drängen, den Andechser Schatz in ihre Hände zu bekommen, scheint so heftig geworden zu sein, daß der Abt von Ebersberg sich entschloß, den Fund in sein Kloster bringen zu lassen. Als Eigentümer der Kirche war er dazu zweifellos berechtigt; und in Ebersberg war der Fund fürs erste auch vor einem unvorhergesehenen Zugriff der Wittelsbacher sicher.[36] Der Hof in München war jedoch nicht gewillt, dieses, wie er es sah, eigenmächtige Vorgehen der Ebersberger Mönche hinzunehmen. Er zwang den Abt, das Sakrament mit den Reliquien wieder an seinen Fundort zurückbringen zu lassen. Da die kleine Kapelle auf dem unbewohnten Berg angeblich nicht als würdige und sichere Aufbewahrungsstätte geeignet war, taten die Herzöge das, was sie dem Ebersberger Abt verwehrt hatten. Sie setzten einen schon längst gefaßten Plan in die Tat um: Anfang Dezember 1389 wurden die Heiltümer nach München geholt[37] und fürs erste in der St. Lorenzkirche aufbewahrt, wo sie wenige Monate später – wahrscheinlich am 31. Juli 1390, dem Sonntag nach dem Jakobstag – öffentlich vorgezeigt wurden.[38]

Da sich zu diesem Ereignis offenbar eine große Menschenmenge einfand, scheint man am wittelsbachischen Hof zu dem Entschluß gelangt zu sein, das Sakrament und die Reliquien jedes Jahr an dem auf das Jakobsfest folgenden Sonntag ausstellen zu lassen. Die Anziehungskraft eines kirchlichen Festes konnte gesteigert werden, wenn man den Gläubigen die Möglichkeit bot, bei dieser Gelegenheit einen Ablaß zu gewinnen. So reiste Herzog Stephan III. noch im Herbst des gleichen Jahres nach Rom, um an den Feierlichkeiten des Jubeljahres teilzunehmen, das Papst Urban VI. aus-

Kat.Nr. 107
Großes Heiltumsblatt.

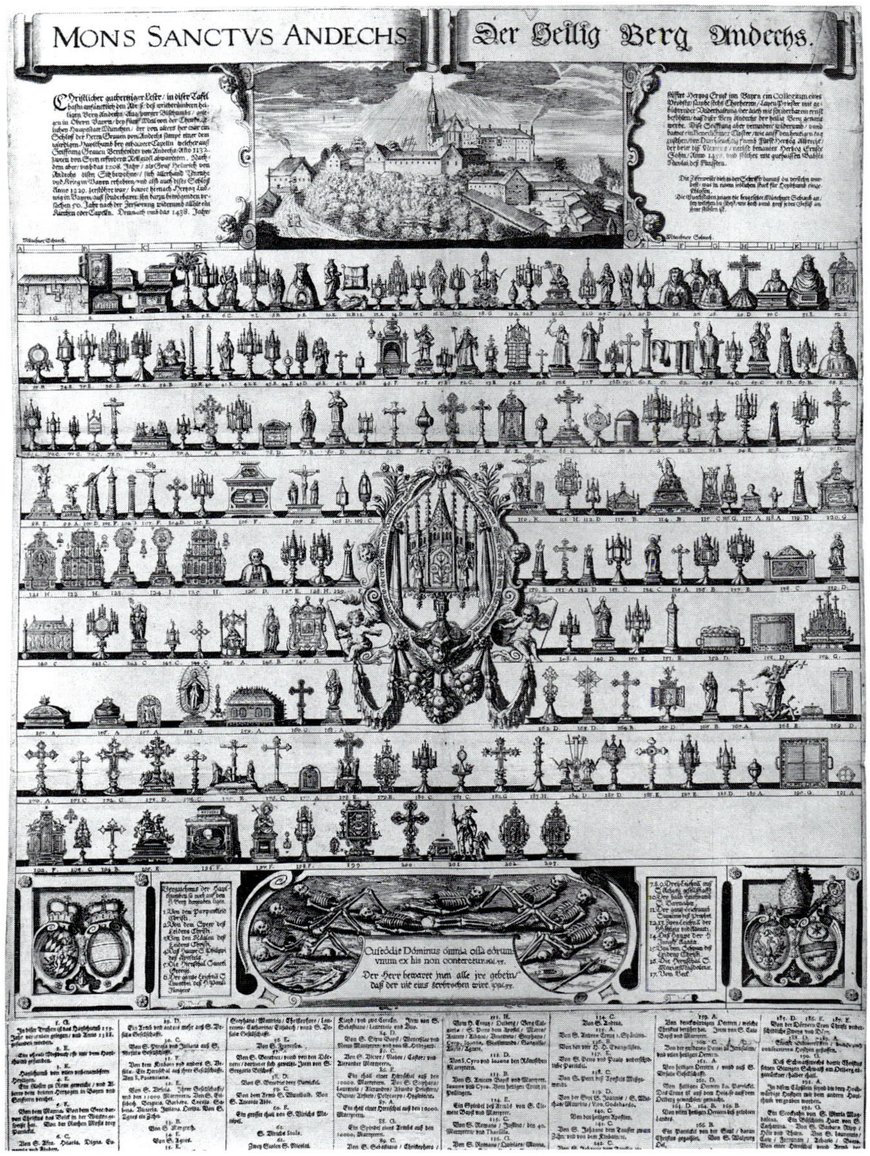

geschrieben und sein Nachfolger, Bonifaz IX., jetzt abhielt.[39] Der Erlangung eines Ablaßbriefes für die Heiltümer in München schien nichts im Wege zu stehen. Schließlich war Stephan III. der Schwiegervater des französischen Königs, den der Papst mit wittelsbachischer Hilfe als Freund und Verbündeten zu gewinnen suchte. Auch stellte der Herzog seinen frommen Sinn insofern unter Beweis, als er durch den Papst das morgendliche Gebetläuten in seinen Landen einführen ließ.[40] Im übrigen hatte man in München – wohl schon vor der Abreise des Herzogs – bedacht, daß sich die Kurie über die Herkunft des Fundes und die Umstände seiner Entdekkung gegebenenfalls unterrichten wollte, und deshalb bei dem Theologieprofessor Johannes Dominici aus Gubbio, der sich damals als Kreuzzugsprediger in Deutschland aufhielt, ein Gutachten über den Heiltumsschatz in Auftrag gegeben. In ihm wurden nicht nur die Gründe dargelegt, die für die Echtheit des Fundes sprachen, sondern gleichzeitig die Verdienste des wittelsbachischen Hauses um die christliche Religion gebührend hervorgehoben. Von Ebersberger Ansprüchen auf die Heiltümer war verständlicherweise nicht die Rede. Man konnte das Gutachten also unbedenklich den päpstlichen Behörden vorlegen.[41]

Von Ebersberger Rechten war auch im Ablaßbrief nicht die Rede, den der Papst am 11. Juli 1391 den bayerischen Herzögen erteilte.[42] Dort hieß es, in der Nikolauskapelle in Andechs, die in der Herrschaft der Wittelsbacher liege, seien viele verehrungswürdige Reliquien gefunden worden, insbesondere drei Hostien, ein großer Teil der Dornenkrone sowie ein Teil des Kreuzes Christi. Der Papst verleihe allen, die nach Empfang des Bußsakraments an der Vorzeigung der Heiltümer mit frommem Sinn teilnähmen, einen Ablaß von sieben Jahren. Ob der Ablaßbrief des Papstes auf Zeit oder auf Dauer ausgestellt war, blieb unbestimmt. Am Schluß der Urkunde hieß es lediglich, der Gnadenerweis solle so lange gültig sein, als nicht von dritter Seite ein Ablaßbrief in gleicher Angelegenheit vorgewiesen würde, der früheren Datums sei oder das Datum der vorliegenden Urkunde trage. Dieser Zusatz war ungewöhnlich: Er besagte, daß nach Meinung der Kurie das Verfügungsrecht der Herzöge über den Schatz nicht unbestritten war; daß es vielmehr neben ihnen Personen gab, die ein gleiches, wenn nicht sogar ein älteres Recht an den Heiltümern besaßen. Das konnten aber nach Lage der Dinge nur die Mönche in Ebersberg sein. Diese hatten demnach der Wegnahme ihres Fundes durch die Wittelsbacher nicht tatenlos zugesehen. Sie hatten sich, wie es scheint, an den Papst um Hilfe gewandt und die Herzöge möglicherweise auf die Herausgabe der Reliquien verklagt.

An der Kurie hatte man es jedoch verstanden, die einander ausschließenden Interessen der beiden Bittsteller in Einklang zu bringen. Einerseits war man den Wittelsbachern mit der Ausstellung eines Ablaßbriefes entgegengekommen, andererseits waren die Bestrebungen der Ebersberger berücksichtigt worden, indem man die Wirksamkeit des Ablaßbriefes von ihrem Stillhalten abhängig machte. Diese Lösung mochte den päpstlichen Beamten umso leichter gefallen sein, als im Sommer 1391 abzusehen war, daß der Ebersberger Konvent den wittelsbachischen Ablaß- und Wallfahrtsplänen – zumindest für die nächste Zeit – keine Hindernisse in den Weg legen würde. Wenige Monate zuvor, am 24. April 1391, hatte nämlich der herzogliche Viztum in Oberbayern, Otto von Pienzenau, Abt Philipp von Ebersberg und seinem Konvent ein Darlehen von 800 Gulden gewährt, für das ihm und seinen Erben ein »Ewiggeld«, jährliche Einkünfte, in Höhe von 50 Gulden zugesagt worden waren. Diesen Betrag mußte das Kloster jedoch nicht ausbezahlen; davon sollten vielmehr 12 Gulden an den Abt und 18 Gulden an die Mönchsgemeinschaft fließen, der Rest wurde zu Ehren der hl. Jungfrau Maria und des hl. Sebastian verwendet.[43] Damit war – formal gesehen – ein Rechtsgeschäft zustandegekommen, das für beide Seiten Pflichten wie Rechte beinhaltete. In Wirklichkeit aber hatte der Viztum, dessen Familie im übrigen ihre Begräbnisstätte in der dortigen Klo-

Kat.Nr. 115
Reliquiar mit Fragmenten des Meßgewandes des hl. Petrus.

sterkirche besaß, dem Ebersberger Konvent einen stattlichen Betrag überwiesen, für den der Empfänger – dem Wortlaut der Urkunden zufolge – nur eine geringe Gegenleistung zu erbringen hatte. Ob der Pienzenauer die 800 Gulden aus eigenen Mitteln aufbrachte oder ob diese aus der herzoglichen Kammer stammten, war unerheblich. Wichtig war allein, daß die Vorzeigung der Heiltümer am 30. Juli 1391 durch die Ebersberger nicht gestört würde.

Abt Philipp und seine Mönche ließen die Herzöge auch im folgenden Jahr gewähren, als diese mit päpstlicher Erlaubnis in München vom 17. März bis zum 1. August 1392 ein Jubeljahr nach dem Vorbild des römischen von 1390 abhielten. Wer damals nicht nach Rom hatte reisen können, fand nun die Möglichkeit, mit einem »vollkommenen Ablaß« den Nachlaß aller zeitlichen Sündenstrafen zu erlangen, wenn er die Pfarrkirchen zu Unserer Lieben Frau und zu St. Peter sowie die Kapelle des Heilig-Geist-Spitals und die St. Jakobskirche bei den Klarissen an sieben Tagen besuchte. Außerdem hatte er nach Anweisung seines Beichtvaters jenen Betrag, den er bei einem Besuch des römischen Jubeljahres aufgewendet hätte, in einer der Münchner Kirchen zu opfern. Von diesem Betrag sollte die eine Hälfte in München bleiben, während die andere Hälfte – so hatten es die Herzöge mit dem Papst vereinbart – nach Rom abgeliefert werden mußte. Zudem wurden an drei Tagen in der Woche die Heiltümer dem Volk gezeigt.[44]

Das Münchener Jubeljahr wurde ein großer Erfolg. Aus Bayern, aus Österreich und aus Böhmen strömten die Gläubigen herbei. Anstatt der 15 Beichtväter, die ursprünglich vorgesehen waren, mußten 40 Geistliche eingesetzt werden, die den Pilgern die Beichte abnahmen, die Höhe des Betrags und die Kirche bestimmten, an der das Opfer zu entrichten war. Bis zu 60000 Pilger hielten sich an manchen Wochen in der Stadt auf. Im nahen Augsburg aber sah man mit scheelen Augen auf die Gelder, die so reichlich flossen. Zwischen Pfingsten und dem Jakobstag, meinte man dort, sei kein Tag vergangen, an dem die Pilger nicht einen ganzen Augsburger Metzen voll Regensburger Pfennige in München gelassen hätten.[45] Nachdem das Jubeljahr zu Ende gegangen war, wurden die Reliquien ein letztes Mal am Sonntag nach dem Michaelitag, dem 6. Oktober 1392, vorgezeigt, damit auch jene Gläubigen, die wegen Erntearbeiten am Sonntag nach dem Jakobstag nicht an der Ausstellung des Heiltumsschatzes hatten teilnehmen können, den Ablaß von sieben Jahren gewinnen könnten. So hieß es in einem neuen Ablaßbrief, den die Herzöge – wiederum mit einschränkender Klausel – am 24. April 1392 vom Papst erlangt hatten.[46]

Nach diesem Fest wurde es für lange Zeit still um den Andechser Schatz. Der Herzöge hatten die Heiltümer wieder an sich genommen, und über Jahre hinweg wurden sie nicht mehr gezeigt. Das allein war schon merk-

Kat.Nr. 116
Rahmenreliquiar für den Schleier der Maria (Vorder- und Rückseite).

Kat.Nr. 105
Blutenburger Heiltumstafel.

würdig genug; hatten die Wittelsbacher doch bislang geistlichen Nutzen mit wirtschaftlichem Vorteil zu verbinden gewußt. Noch erstaunlicher aber war, daß sich die Münchner Bürger nach Abschluß des Jubeljahres weigerten, die dem Papst zustehenden Gelder in voller Höhe zu überweisen, so daß Bonifaz IX. gezwungen war, gegen die verantwortlichen Ratsherren mit geistlichen Strafen vorzugehen.[47]

Die Schuld für diese Auseinandersetzung lag zweifellos beim herzoglichen Hof. Denn die Stadt hätte es nicht gewagt, gegen die Abmachungen der Herzöge mit dem Papst zu verstoßen, wenn sie sich nicht der stillschweigenden Zustimmung ihrer Landesherren sicher gewesen wäre. Zwischen den Herzögen und dem Papst mußte es deshalb nach dem Jubeljahr zu Mißhelligkeiten gekommen sein, deren Anlaß wir nur vermuten können. Es waren offensichtlich die Ebersberger Ansprüche auf den Heiltumsschatz, die wieder laut wurden. Das Kloster hatte nicht verhindern können, daß die Herzöge sich seines Schatzes bemächtigten. Es hatte in der Folgezeit zusehen müssen, wie andere Nutzen aus seinem Fund zogen, wenngleich es wenigstens teilweise für den entgangenen Gewinn »entschädigt« worden war. Nachdem die Herzöge, ihre Stadt und auch die Kurie ihren Vorteil erlangt hatten, war es recht und billig, wenn nun endgültig entschieden würde, wem der Schatz wirklich gehöre. Das Urteil darüber stand dem Papst zu, der den Ebersbergern – der genaue Zeitpunkt ist nicht bekannt – das Eigentum an ihrem Fund zuerkannte.[48] Die Wittelsbacher wären jetzt verpflichtet gewesen, die Heiltümer, die sie widerrechtlich an sich genommen hatten, herauszugeben. Die Herzöge mißachteten jedoch den Spruch des Papstes, ohne dafür belangt zu werden. Die Kurie war nicht bereit, dem päpstlichen Urteil mit geistlichen Strafen Geltung zu verschaffen. Der Streit war wohl zu unbedeutend und der Einfluß der Herzöge zu groß. Das Nachsehen hatten die Ebersberger Mönche.

Kat.Nr. 110
»Siegeskreuz Karls des Großen«, Mitte 12. Jahrhundert (Fuß spätere Ergänzung).

Anfangs war man davon ausgegangen, daß der Brief des Bamberger Bischofs von 1102 und die Verordnung des Augsburger Oberhirten von 1128 genügen würden, um eine Wallfahrt auf den Andechser Berg begründen zu können.[49] Als wenig später Zweifel an der Echtheit des Schatzes laut geworden und die Begehrlichkeit des Hofes immer deutlicher zu Tage getreten war, hatte man sich – wohl im Lauf des Jahres 1389 – entschlossen, durch einen zweiten Schreiber jene Berichte eintragen zu lassen, die Auskunft über das frühe Schicksal der Heiltümer zu geben vermochten. Zugleich sollten sie eine Warnung für alle – insbesondere für die Wittelsbacher – sein, die an eine Wegnahme des Schatzes dachten.[50]

Auch Freunde hatte man sich mit Hilfe des Missale zu schaffen gesucht, indem man den Besitz benachbarter Klöster ebenfalls in den Stand wertvoller Reliquien erhob. Die Dießener Chorherren besaßen wertvolle Mützen – ein Geschenk Bischofs Otto II. von Bamberg – sowie ein Marienbild in einem kostbaren Rahmen, dazu zahlreiche Reliquien, die in prächtigen Monstranzen aufbewahrt waren. Um 1270 wurden die Fassungen geraubt. Die Diebe hatten es nur auf Gold und Silber sowie auf die Edelsteine abgesehen und die Reliquien sowie das Bild achtlos in der Kirche zurückgelassen. Die Erinnerung an diese Vorgänge war in den 60er Jahren des 14. Jahrhunderts in Dießen noch lebendig. Auch der Fälscher des Missale wußte wohl noch davon. Im Missale wurde den Dießenern nun bescheinigt, daß sie ein Bild der Muttergottes besaßen, das der Evangelist Lukas gemalt haben soll, dazu die Hälfte ihres Gürtels sowie zwei Kappen, die ih-

Kat.Nr. 111
Kreuzreliquiar mit Zweig von der Dornenkrone Christi.

nen die hl. Elisabeth übersandt hatte.[51] Ähnlich großzügig wurden die Eintragungen im Andechser Missale auch gegenüber den Pollinger Chorherren gehandhabt, die die Inhaber der Erlinger St. Martinskirche waren.[52] In ihrer Kirche in Forstenried stand ein um 1200 gefertigtes Kreuz, das – nach dem Missale – aus der Andechser Burgkapelle stammte, wo es Blut geschwitzt und wundertätig gewesen sein soll.[53] Auf diese Weise schuf man sich Freunde und hielt sich Neider vom Leib.

Freilich war es nicht gelungen, die Herzöge zu besänftigen. Nachdem diese Ende 1389 den Schatz nach München verbracht hatten, mußten im Missale ein drittes Mal Einträge hinzugefügt werden. Nun sollten Urkunden, die angeblich Herzog Ludwig II. der Strenge und sein Sohn, Kaiser Ludwig der Bayer, für die Andechser Kapelle ausgestellt hatten, beweisen, daß der Landesherr selbst noch von den Heiltümern gewußt hatte, als er die Kapelle auf dem Berg an die Ebersberger Mönche gab.[54] Damit war das Meßbuch zu einem Zeugnis geworden, in dessen Einträgen aus dem 14. Jahrhundert sich der Streit der Herzöge mit der klösterlichen Gemeinschaft in Ebersberg für denjenigen widerspiegelte, der es verstand, seine unterschiedlichen Schriften zu deuten. Am herzoglichen Hof hatte man die Nachrichten des Missale zur Kenntnis genommen, sie zum Teil sogar durch den gelehrten Dominikanerprofessor Johannes Dominici verwerten lassen; aber zu beeindrucken waren die Herzöge mit diesen pergamentenen Zeugnissen nicht gewesen.[55] Und auch jetzt deutete nichts darauf hin, daß sie ihren Sinn ändern würden.

Im Kloster Ebersberg fügte man sich in sein Schicksal. Abt und Konvent traten – wohl um das Jahr 1400 – in Verhandlungen mit dem Münchener Hof; als man sich einig geworden war, ging man an die Kurie und bat den Papst, er möge seine Verfügungen zugunsten der Ebersberger Mönche aus den 90er Jahren zurücknehmen. Am 22. Dezember 1402 kam Bonifaz IX. diesem Wunsch schließlich nach.[56] Jetzt sahen sich die Wittelsbacher wieder in der Lage, die Reliquien, die in der herzoglichen Schatzkammer aufbewahrt waren, den Gläubigen vorzuzeigen. Noch war kein Jahr seit der Entscheidung des Papstes vergangen, als ein Teil der Reliquien zum Kirchweihfest auf den Andechser Berg zurückgebracht wurde.[57]

Der Streit der Wittelsbacher mit den Ebersberger Mönchen hatte ein Ende genommen. Doch es bleibt zu fragen, ob die bayerischen Herzöge mit dem Reliquienschatz wirklich alten Andechser Besitz erlangt hatten. Man mag das bejahen, zumal ein Teil der Reliquien nachweislich aus Andechser Zeit stammt, wie das Meßgewand des hl. Petrus, die Stola des hl. Nikolaus oder das Brautkleid der hl. Elisabeth, die aus Stoffen gefertigt wurden, die im 11. oder 12. Jahrhundert in Ägypten, auf Sizilien oder in Byzanz gewebt worden waren. Auch das wohl um 1140 in Oberschwaben entstandene »Siegeskreuz Karls des Großen« läßt sich hier anführen.[58] Wenn aber diese Reliquien aus dem Besitz der Andechser stammen, dann waren die Einträge im Missale – das mußte die Folgerung sein – nur deshalb angefertigt worden, weil man in Ebersberg für einen unzulänglich ausgewiesenen Fund eine sinnvolle Erklärung benötigte. Dann handelte es sich bei den phantasievollen Berichten des alten Meßbuchs um eine »pia fraus«, um »fromme Betrügereien«, wie sie im Mittelalter häufig vorkamen, wenn es galt, alte Rechte zu verteidigen, für die es keine Urkunden gab.[59]

Man sollte in dieser Angelegenheit freilich nicht vorschnell urteilen. Obwohl am Ende des 14. Jahrhunderts Tuche arabischen oder byzantinischen Ursprungs im Westen nur mehr selten anzutreffen waren, gab es in dem einen oder anderen alten Kloster noch solche Webereien. Auch bestand das ganze Mittelalter hindurch ein schwunghafter Handel mit Reliquien, an dem christliche Händler ebenso wie arabische und persische, später auch osmanische Kaufleute gut verdienten. Das Alter des Schatzes beweist daher im Grunde genommen nichts. Der Fund vom 26. Mai 1388 könnte ebensogut kurz vor seiner Auffindung zusammengetragen und der Erde anvertraut worden sein, mit dem Zweck, ihn »aufzufinden« und anschließend zur Verehrung auszustellen.

Für diese Annahme würde nicht zuletzt sprechen, daß sich aus Andechser Zeit kein einziger Hinweis erhalten hat, der auf einen Reliquienschatz im Besitz der Familie schließen ließe.[60] Aber auch die beiden Hostienzettel, die die Herkunft des Sakraments aus den Zeiten Gregors I. und Leos IX. bezeugen sollen, können das angeblich hohe Alter des Fundes nicht erweisen: Ihre Aufschriften stammen erst aus der Zeit der Entdeckung des Schatzes, während das Pergament, auf dem sie geschrieben sind, ursprünglich zu einer Urkunde gehörte, die wohl bald nach der Mitte des 14. Jahrhunderts angefertigt worden war.[61] Es dürfte nicht mangelnde Ehrfurcht vor dem Sakrament gewesen sein, die den Schreiber des Hostienzeugnisses bewog, sich solch eines profanen Beschreibstoffes zu bedienen; hier ist vielmehr die gleiche Sparsamkeit festzustellen, die schon bei der Verwendung des alten Missale zu beobachten war.[62]

Sparsamkeit und haushälterisches Wirtschaften aber waren zur Zeit, als der Schatz auf dem Andechser Berg gehoben wurde, gerade bei den Ebersberger Mönchen angesagt. Dort hatte sich in den zurückliegenden Jahren durch die Mißwirtschaft der Äbte Meinhard und Stephan eine riesige Schuldenlast angehäuft. Die Einkünfte in Österreich waren veräußert worden, und Abt Philipp, der 1385 – wohl noch als jüngerer Mönch – die Lei-

Kat.Nr. 104
Abt Philipp von Ebersberg (1385–1412) spielte eine entscheidende Rolle bei der Auffindung des Andechser Heiltumsschatzes.

Blick in die Heiltumskapelle in Andechs.

tung der Gemeinschaft übernahm, sah sich schließlich gezwungen, die Herrschaft Kundl in Tirol zu verkaufen. Das Kloster hatte sich zwar ein Wiederkaufsrecht vorbehalten, aber nichts deutete darauf hin, daß es dieses Recht jemals in Anspruch würde nehmen können.[63]

Abt Philipp war – seine Akten belegen es – ein guter Wirtschafter.[64] Er mußte sich nach neuen Einkünften umsehen, und er wird auch von jenem bereits erwähnten aufsehenerregenden Wunder in Wilsnak in der Mark Brandenburg gehört haben, das sich zu Beginn der 80er Jahre ereignet hatte.[65] Wenige Jahre später schien sich Ähnliches in Andechs zu wiederholen. Doch der Andechser Heiltumsschatz war zu wertvoll, als daß man ihn hätte halten können. Der Entschluß zum Verzicht auf ihre Ansprüche wurde Abt und Konvent von Ebersberg zuletzt jedoch erleichtert. Sie erhielten ein, wie es schien, weit wertvolleres Geschenk als es die fromme Stiftung des Viztums Pienzenauer gewesen war.[66]

In Ebersberg bewahrte man seit langem die Hirnschale des hl. Sebastian auf. Sie bildete den Mittelpunkt einer Reliquiensammlung, zu der Heiltümer zählten wie Gebeine von den 10000 Jungfrauen in Köln, die in nahezu jedem größeren Reliquienschatz enthalten waren. Am Ende des 15. Jahrhunderts besaß das Kloster aber auch seltenere Kostbarkeiten: Teile vom Kleid der Jungfrau Maria, vom Rock Christi, von der Geißelsäule und dem Kreuz Christi, Stücke von den fünf Gerstenbroten, mit denen der Herr die Menge gesättigt hatte, und vom Stab Moses', dazu einen größeren Teil der Dornenkrone.[67] Von wem aber hatten die Ebersberger Mönche diese Heiltümer bekommen, die zur gleichen Zeit auch im Andechser Schatz vorhanden waren, teilweise sogar schon am Ende des 14. Jahrhunderts im Andechser Missale erwähnt wurden? Sie waren ihnen zweifellos aus einem besonderen Grund geschenkt worden. Schließlich stellten Reliquien im Mittelalter ein wertvolles Gut dar, das man sorgsam hütete. Der Anlaß für ihre Übergabe dürfte zweifellos der Ausgleich zwischen dem Kloster und dem wittelsbachischen Hof im Jahr 1402 gewesen sein.

Der weitaus größte Teil des Fundes von 1388 blieb allerdings weiterhin in herzoglicher Hand. Er fand erst mehrere Jahrzehnte später seinen Weg nach Andechs zurück, nachdem anstelle der schlichten Kapelle eine geistliche Stiftung auf dem Berg entstanden war.[68] Hier wurde er dann über Jahrhunderte hinweg zur Erinnerung an das christliche Heilsgeschehen verehrt. Als bedeutendes Zeugnis spätmittelalterlicher Volksfrömmigkeit verdient er auch heute noch Beachtung.

Anmerkungen

1 Zum Andechser Wappen vgl. Dippold 1989, S. 352; zu Schenkungen der Grafen von Orlamünde vgl. die Urkunden bei Schultes 1798, S. 84f., 87–93, 96–98, 101–104, Nr. 15, 19f., 22, 24, 28, 32, 34, 37; Schenkungen der Grafen von Truhendingen ebd. S. 83f., 86, 88–94, Nr. 14, 17, 21, 23, 27, 29; vgl. auch Dippold 1989, S. 339.

2 Vgl. die Urkunden Ludwigs des Bayern für Langheim von 1329 und 1331 bei Schultes 1798, S. 94–96, Nr. 30f. sowie die Urkunden Karls IV. von 1354–1365 in Regesten Karl IV. Nr. 1797, 1798, 2417, 3023, 3405f., 4131; vgl. auch Germania Pontificia, Bd. 3, S. 296 und Dippold 1989, S. 348ff.; die Übertragung der Schirmherrschaft über das Kloster durch Karl IV. 1378 März 23 vgl. in Regesten Karl IV., Nr. 5892.

3 Vgl. neben den Einträgen im Dießener Nekrolog: Necr. Bd. 1, S. 7–32 etwa auch die beiden dort nicht berücksichtigten Anniversarienverzeichnisse des 15. Jahrhunderts, München, BHStA, KLit Dießen 7.

4 Zum »Meraner Amt« vgl. Angaben in Monumenta Boica, Bd. 36,1, S. 250–252; zum Verschweigen der Andechser vgl. etwa die Urkunden der Wittelsbacher für das Stift Dießen von 1261 April 9, 1300 Juli 5 oder 1318 Februar 4 in Traditionen und Urkunden Dießen, S. 166–168, Nr. 39, S. 187–190, Nr. 57, S. 228–230, Nr. 90.

5 Zur Verleihung der Erlinger St. Vituspfarrei vgl. die beiden nur abschriftlich erhaltenen Urkunden Ludwigs des Bayern von 1317 September 16 und 1329 Dezember 29 für Kloster Ebersberg; Text der bislang ungedruckten Urkunden in Abschrift 2. Hälfte 15. Jahrhundert in München, BayHStA, KLit Andechs 1, fol. 162^{r} und fol. 162$^{r/v}$ überliefert; »Lvdwicus dei gratia Romanorum rex semper augustus universis presentes litteras inspecturis gratiam suam et omne bonum. Quamquidem temporalium largicione donorum etiam sperantur assequi premia meritorum, nos in huiusmodi consideracione pie devocionis animum occupantes honorabilibus et religiosis viris, abbati et conventui monasterii in Ebersperch ordinis sancti Benedicti dyocesis Frisingensis, devotis nostris dilectis, de ipsorum pocius quam de nostris propriis apud deum confisi meritis et suffragiis adiuvari, iuspatronatus ecclesie in Erlingen Augustensis diocesis, quod nobis pertinere dinoscitur, in nostrorum progenitorum animarum remedium et ad nostram nostrorumque successorum, ducum Bauarie, salutem facilius impetrandam ex innate nobis pietatis affectu, quem ad prefatos abbatem et conventum propter celibis vite sue fraglanciam gerimus liberaliter de certa nostra scientia conferimus et donamus tenendum et possidendum perpetuo pleno iure. In cuius rei testamentum has litteras conscribi et nostre maiestatis sigillo iussimus communiri. Datum Monaci XVI. kalendas Octobris anno domini millesimo trecentesimo septimo decimo, regni vero nostri anno tercio« (fol. 162^{r}). »Lvdwicus dei gratia Romanorum imperator semper augustus universis presentes litteras inspecturis presentibus et futuris suis et imperii fidelibus gratiam suam et omne bonum. Piis locis et religiosis viris propter augmentum cultus divini, quem semper fundamentum omnium agendorum nostrorum ponimus, favorem gratiosum gerimus et nos ad eorum vota benigne offerimus, ut eorum intercessiones apud deum nobis salubriter subveniant et succurrant. Huiusmodi pietatis zelo ducti religiosis viris, abbati, conventui et monasterio in Ebersperch ordinis sancti Benedicti ius advocatie parrochialis ecclesie in Erlingen et in dotibus et incolis suis remittimus et liberaliter tribuimus de gratia nostra speciali, volentes, quod abhinc inantea dicta parrochialis ecclesia in Erlingen, dotes et incole ipsius ab omni iure advocaticio sint ammodo perpetuo libere et exempte. Nulli ergo officiatorum nostrorum condicionis cuiuscumque liceat hanc nostre concessionis seu donacionis gratiam infringere vel ei ausu temerario contraire, sicut indignacionem nostram voluerit studiosius evitare. Datum in Tridento anno domini millesimo trecentesimo vigesimo nono die XXVIIII mensis decembris, regni nostri anno sextodecimo, imperii vero secundo« (fol. 162$^{r/v}$).

Da die beiden Texte vom Wortlaut der im Original erhaltenen Urkunden Ludwigs des Bayern an vielen Stellen abweichen, während jedoch die Ausstellungsorte – München und Trient – für das jeweilige Ausstellungsdatum zutreffen (vgl. Regesten Ludwig des Bayer, Nr. 269 und 1072), kann davon ausgegangen werden, daß es sich bei den hier gedruckten Texten um nachträgliche Verfälschungen echter Urkunden Ludwigs des Bayern handelt, die wohl bald nach der Mitte des 15. Jahrhunderts – im Anschluß an die Veräußerung der Ebersberger Rechte auf die St. Vituspfarrei an das Kloster Andechs (vgl. dazu unten mit Anm. 67) – vorgenommen wurden. Da in beiden Urkunden ein Hinweis auf die Andechser Burgkapelle fehlt, könnten bei der nachträglichen Verfälschung die darauf bezüglichen Hinweise in den Originalurkunden getilgt worden sein. Zu den Ebersberger Rechten auf die Burgkapelle vgl. jedoch die Urkunde Papst Innozenz' VII. von 1405 Juni 28 für Kloster Ebersberg unten mit Anm. 56 sowie den Hinweis in Redaktion II der Andechser Chronik: München, BayHStA, KLit Andechs 1, fol. 18v: »Abbas monasterii in Ebersperg ordinis sancti Benedicti, ad quem provisio capelle in Anndess ... tunc de iure pertinebat. Nam parrochialis ecclesia in Erling, per cuius plebanum capella in Andess (!) in divinis providebatur, ad dictum monasterium in Ebersperg spectabat, sed modo monasterio novo in Andess legitime incorporata existit«; zu den verschiedenen Überlieferungen der Andechser Chronik vgl. unten mit Anm. 8; zu den Ebersberger Rechten auf die Burgkapelle vgl. auch unten mit Anm. 31 und Anm. 67; die Verleihung der Erlinger Pfarrkirche mit der Kapelle auf dem Burgberg auch vermerkt in der unten mit Anm. 67 genannten Ebersberger Prachthandschrift; vgl. dazu auch Bauerreiß 1931, S. 390; zu den Pollinger Rechten an der Erlanger St. Martinspfarrei vgl. Zöpfl 1955, S. 432; zur Übertragung der Pfarrechte an das Kloster Andechs nach Mitte 15. Jahrhundert vgl. die Urkunden bei Kraft 1937–40, S. 202ff.; vgl. auch Braun 1823, Bd. 1, S. 362f. und Bd. 2, S. 344.

6 Zu Nikolauspatrozinien im Andechser Umfeld vgl. Traditionen und Urkunden Dießen, S. 19f., Nr. 14 sowie Riedmann 1985, S. 35. Ob die im Dießener Traditionsbuch vermerkte Übergabe genannter Personen an eine Kirche oder einen Altar mit Nikolauspatrozinium (vgl. Traditionen und Urkunden Dießen Bd. 1, S. 19f., Nr. 14: als Empfänger dort lediglich auf »beato Nicolao confessori« Bezug genommen) sich unzweifelhaft auf die Andechser Burgkapelle bezieht, wie teilweise angenommen wird (vgl. Vorbemerkung ebd. sowie Kraft 1937–40, S. 370ff.), bedarf einer näheren Untersuchung.

7 Zum Wilsnacker Hostienwunder vgl. Wentz 1933, S. 7ff. und S. 116ff.; Schultze 1961, S. 181.

8 Der Tag der Auffindung des Heiltumschatzes im Gutachten des Johannes Dominici aus Gubbio bei Brackmann 1929, S. 27 (vgl. zu dieser Schriften unten mit Anm. 41) sowie in Redaktion II der Andechser Chronik: München, BayHStA, KLit Andechs 1, fol. 18r und fol. 72v genannt; zur Entstehung der Andechser Wallfahrt vgl. insbesondere Bauerreiß 1929, Brackmann 1929 und Kraft 1937–40; neuerdings auch Hlawitschka 1993, dessen Darstellung aus redaktionellen Gründen in vorliegender Arbeit nicht mehr berücksichtigt werden konnte; zur Arbeitsweise von Kraft 1937–40 vgl. auch Angaben unten in Anm. 31; zu den zwei Überlieferungen der Andechser Chronik vgl. die Übersicht bei Brackmann 1929, S. 32ff.; Kraft 1937–40, S. 6ff. sowie die Hinweise in VL 1, Sp. 334f.; den Text der Redaktion I der Andechser Chronik vgl. bei Kraft 1937–40, S. 583–600; zu Redaktion II vgl. die ungedruckten Texte in München, BayHStA, KLit Andechs 1, fol. 11r–20v (lateinisch und fol. 62v–76v (deutsch); auf Redaktion II die gedruckten Ausgaben von Anfang der 70er Jahre des 15. Jahrhunderts beruhend; vgl. dazu GW 1639–1642.

9 Zu den Teilen des Heiltumsschatzes vgl. die Berichte im »Andechser Missale« sowie die Angaben im Gutachten des Johannes Dominici aus Gubbio bei Brackmann 1929, S. 25ff.; die Reliquien auch erwähnt in den päpstlichen Ablaßbriefen von 1391 Juli 11 (vgl. unten Anm. 42) und 1392 April 24 (vgl. unten Anm. 46) sowie in den späteren Heiltumsverzeichnissen; vgl. dazu Der Schatz vom Heiligen Berg Andechs 1967, S. 78, Nr. 77 und Kraft 1937–40, S. 22ff.

10 Vgl. dazu die Anspielungen im Gutachten des Johannes Dominici aus Gubbio bei Brackmann 1929, S. 27.

11 Die Handschrift heute in München, BayStB, clm 3005. Kurze Beschreibung in Der Schatz vom Heiligen Berg Andechs, S. 18, Nr. 1; zu Ort und Zeit ihrer Entstehung vgl. Bischoff ²1960, Bd. 1, S. 55f.

12 Vgl. dazu die Übersicht bei Brackmann 1929, S. 28–31 (mit Angabe der Druckorte); die Einträge unvollständig gedruckt bei Bauerreiß 1929, S. 56–90; ältere Teildrucke vgl. in Monumenta Boica, Bd. 8, S. 581ff. sowie bei Finauer 1782, S. 114ff.; zur Zuverlässigkeit der Edition von Bauerreiß vgl. Brackmann 1929, S. 28.

13 Vgl. Brackmann 1929, S. 28, Nr. 1; Druck bei Bauerreiß 1929, S. 56–58, Nr. 1.

14 Vgl. Brackmann 1929, S. 30f., Nr. 16; Druck bei Bauerreiß 1929, S. 80–82, Nr. 18; vgl. auch Regesten Bischöfe von Augsburg, Bd. 1, S. 271, Nr. 459.

15 Vgl. dazu die bei Brackmann 1929, S. 28–31 der »Hand II« zugewiesenen Texte; die Bestimmung der Schreiber teilweise abweichend von der bei Bauerreiß 1929, S. 54ff. angenommenen.

16 Brackmann 1929, S. 28, Nr. 2; Druck bei Bauerreiß 1929, S. 61, Nr. 3; zu St. Peter am Madron vgl. Schwarz 1990.

17 Brackmann 1929, S. 29, Nr. 6; Druck bei Bauerreiß 1929, S. 62–66, Nr. 5f.

18 Vgl. den Wortlaut der beiden Urkunden bei Bauerreiß 1929, S. 77–80, Nr. 16f.; der Hinweis auf den Befehl bei Finauer 1782, S. 143–145 (fehlt bei Bauerreiß 1929); vgl. auch Brackmann 1929, S. 30, Nr. 13–15.

19 Diese Zusammenhänge wurden bislang nicht erkannt; vgl. dazu auch die ansonsten kritische Darstellung bei Brackmann 1929, S. 3: »Selbst bei genauester Prüfung ist kein System und keine Ordnung darin zu entdecken«; zum Zeitpunkt der Niederschrift der Einträge vgl. Brackmann 1929, S. 4, der die Schrift der Einträge zweifellos zutreffend auf Ende 14./Anfang 15. Jahrhundert datiert (die Vermutung von Bauerreiß 1929, S. 55, die Texte seien zu Beginn bzw. um die Mitte des 14. Jahrhunderts eingetragen worden, nicht zutreffend); zu Abbildungen einzelner Missaleeinträge vgl. Brackmann 1929, Tafel 2 und 3; vgl. auch unten mit Anm. 33 den Hinweis auf die Ebersberger Handschrift; eine genauere Datierung der Texte anhand der Buchstabenformen nicht möglich. Der Zeitpunkt der Niederschrift daher nur aufgrund inhaltlicher Kriterien näher zu bestimmen; die von »Hand I« eingetragenen Stücke (vgl. oben mit Anm. 13 und 14) wohl um die Zeit der Auffindung des Heiltumsschatzes niedergeschrieben; die von den übrigen Schreibern aufgezeichneten Texte wahrscheinlich bald darauf als Hilfsmittel im Kampf des Klosters mit dem wittelsbachischen Hof um den Besitz des Reliquienschatzes in das Missale aufgenommen (vgl. dazu unten mit Anm. 49–54); nach Brackmann 1929 die Einträge etwas später als oben angenommen eingetragen; vgl. dazu Brackmann 1929, S. 13; allerdings berücksichtigt Brackmann nicht die wittelsbachisch-Ebersberger Auseinandersetzung, sondern geht vielmehr von der Dießener Herkunft der Missaleeinträge aus (vgl. dazu unten mit Anm. 30). Der Versuch von Kraft 1937–40, S. 324ff., die Erwähnungen in den Missaleeinträgen eines zur Zeit der Andechser gegründeten Benediktinerklosters auf dem Berg als Antwort auf die von Herzog Johann II. von Bayern um 1391 geplante oder in Angriff genommene Gründung eines Benediktinerklosters auf dem Andechser Berg (vgl. dazu Hinweis in Redaktion I der Andechser Chronik bei Kraft 1937–40, S. 585 sowie die weiteren Hinweise ebd. S. 155ff.) zu betrachten und die betreffenden Texte daher auf 1391 und die folgenden Jahre zu datieren, allein schon aus methodischen Gründen nicht haltbar. Der Entschluß des herzoglichen Hofes, auf dem Andechser Berg ein dem Benediktinerorden angehörendes Kloster zu gründen, dürfte nämlich nicht, wie Kraft glaubt, die Ursache der »Benediktinereinträge« im Missale, sondern vielmehr eine Folge dieser Texte gewe-

sen sein, auf die Ebersberger Mönche gegenüber dem wittelsbachischen Hof in den zurückliegenden Monaten zweifellos hingewiesen haben werden. Die Datierung der Einträge bei Bauerreiß in Einleitung zu Der Schatz vom Heiligen Berg Andechs, S. 10 auf »ca. 1390« wohl in Anlehnung an Kraft 1937–40 erfolgt.

20 Vgl. dazu schon die Bemerkung der Herausgeber in Monumenta Boica, Bd. 8, S. 588: »Quot verba tot fere ridendae fraudis indicia«; ebenso Germania Pontificia, Bd. 2, 1, S. 62: »Falsa quoque sunt omnia documenta, quae in eodem libro missali et in chronicis Andecensibus leguntur, ficta ad fidem reliquiarum probandam«; vgl. auch Hinweis bei Brackmann 1929, S. 28.

21 Aus diesem Werk dürfte ein großer Teil der Angaben im angeblichen Brief Bischof Ottos I. von Bamberg von 1102 (vgl. Druck bei Bauerreiß 1929, S. 56–58, Nr. 1; vgl. auch Brackmann 1929, S. 28, Nr. 1) genommen sein. Bei Ekkehard von Aura zu 1102, S. 182 die Erhebung Ottos zum Bamberger Bischof berichtet; zur Hungersnot und den Seuchen in der Andechser Herrschaft vgl. die Nachrichten ebd. zu 1097 und 1099, S. 126 und 158; zur Reise Papst Leos an den Hof Kaiser Heinrichs vgl. ebd. die Berichte zu 1052, S. 196 (dort auch der Aufenthalt des Kaisers und Papstes in Bayern erwähnt); die Nennung eines König Konrads im angeblichen Brief Bischof Ottos möglicherweise auch auf Ekkehard zurückgehend, da dort zu 1101, S. 162 der Tod König Konrads, des Sohnes Kaiser Heinrichs IV., vermerkt ist, der 1088 zum König erhoben wurde, 1093 jedoch zu den Feinden seines Vaters überging. Auf Benutzung Ekkehards könnte auch der Bericht über die angebliche Bestätigung der Besitzungen des Klosters Andechs durch Markgraf Heinrich IV. hinweisen (vgl. Druck bei Bauerreiß 1929, S. 69–71, Nr. 1; vgl. dazu auch Brackmann 1929, S. 29, Nr. 17): Die dort erwähnte Heirat des Grafen Heinrich von Andechs, der später angeblich Kaiser Heinrich III. wird, mit einer Tochter Kaiser Konrads im Jahr 1066 könnte mit der Nachricht bei Ekkehard zu 1067, S. 199 über die Heirat König Heinrichs IV. mit Bertha im Jahr 1066 zusammenhängen. Zu der im gleichen Bericht erwähnten Verjagung der Spielleute vom Hof Heinrichs III. vgl. Ekkehard zu 1044, S. 196; die gleiche Nachricht allerdings auch bei Gottfried von Viterbo, Pantheon, Particula 23, c. 36, S. 247 (vgl. unten Anm. 23). Eine eingehendere Untersuchung der Vorlagen der Andechser Fälschungen, die im Rahmen des vorliegenden Aufsatzes nicht erfolgen kann, wäre wünschenswert.

22 Vgl. dazu die Hinweise auf die Belagerung der Burg Andechs durch einen sächsischen Herzog im Bericht des Konrad von Hornstein (Druck bei Bauerreiß 1929, S. 76–78, Nr. 15; vgl. auch Brackmann 1929, S. 30, Nr. 12) und in der angeblichen Urkunde Kaiser Ludwigs des Bayern (Druck bei Bauerreiß 1929, S. 78–80, Nr. 17; vgl. auch Brackmann 1929, S. 30, Nr. 14), die wohl auf Historia Welforum c. 19 und c. 22, S. 34 und 42 zurückgehen dürften. Zur Nachricht von der Gründerin der Klöster Ebersberg, Geisenfeld und Kühbach (Druck bei Bauerreiß 1929, S. 63, Nr. 5; vgl. auch Brackmann 1929, S. 29, Nr. 6) vgl. Historia Welforum c. 7, S. 12 sowie oben S. 37f. mit Anm. 6.

23 Bei Gottfried von Viterbo, Pantheon, Particula 23, c. 34, S. 243 erstmals die in der angeblichen Urkunde eines Papstes Hadrian (Druck in Acta pontificum Romanorum, Bd. 3, S. 186–189, Nr. 175; vgl. auch Brackmann 1929, S. 28, Nr. 3), im Bericht über die Bestätigung der Besitzungen des Klosters Andechs durch Markgraf Heinrich IV. (Druck bei Bauerreiß 1929, S. 69–71, Nr. 9; vgl. auch Brackmann 1929, S. 29, Nr. 10) und im gefälschten Schutzprivileg Kaiser Ludwigs des Bayern (Druck bei Bauerreiß 1929, S. 78–80, Nr. 17; vgl. auch Brackmann 1929, S. 30, Nr. 14) erwähnte Geschichte von Graf Leupold und seinem Sohn, dem späteren Kaiser Heinrich III., berichtet.

24 Vgl. dazu den Hinweis auf das Gewand der hl. Elisabeth, in das die Andechser Reliquien angeblich gehüllt wurden, sowie die Nachricht von der Übersendung zweier Kappen an die Dießener Chorherren (Druck bei Bauerreiß 1929, S. 69, Nr.8; vgl. auch Brackmann 1929, S. 29, Nr. 8), die möglicherweise auf die Erzählung bei Dietrich von Apolda, Lib. 1, c. 2, S. 1119 zurückgehen.

25 Vgl. dazu den einem Konrad von Hornstein zugeschriebenen Bericht bei Bauerreiß 1929, S. 76f., Nr. 15; vgl. auch Brackmann 1929, S. 30, Nr. 12.

26 Oefele 1877, S. 116f., Nr. 60.

27 Das Verzeichnis der Andechser Familienmitglieder vgl. bei Bauerreiß 1929, S. 65f, Nr. 6; die Vorlage vgl. in Notae Diessenses S. 328, Nr. 2; die Verwendung dieser Nachrichten an vielen Stellen des Missale; vgl. dazu etwa die Erwähnung Graf Bertholds II. als Vater und Markgraf Bertholds III. von Istrien als Bruder Bischof Ottos I. von Bamberg im Brief von 1102 (vgl. oben Anm. 21), bei der der Verfasser des Schreibens den in diesem Zusammenhang genannten Bruder Markgraf Bertholds III., Bischof Otto II. von Bamberg (gest. 1196) (vgl. zu ihm oben S. 66ff. mit Anm. 131ff.), mit seinem gleichnamigen Vorgänger (gest. 1139) verwechselte; zu den Gründungsgeschichten vgl. die Texte bei Bauerreiß 1929, S. 62f., Nr. 5; vgl. auch Brackmann 1929, S. 29, Nr. 5; zu ihrer Überlieferung in den »Fundationes monasteriorum Bavariae« vgl. oben S. 38 mit Anm. 7; die Gründungsgeschichte von Bauerreiß 1929, S. 434ff. und Kraft 1937–40, S. 275ff. als ein Werk Alberts von Dießen gehalten; die Zuweisung an den Mitte des 14. Jh. lebenden Dießener Stiftsherren allerdings ungewiß; vgl. dazu die Hinweise in VL 1, Sp. 121f.

28 Der Eintrag im Dießener Nekrolog zu Mai 28: »Otto comes, post monachus factus, fundator loci istius, sepultus Sewen« (vgl. Necr. Bd. 1, S. 19) dürfte wohl den Berichten im Andechser Missale über den Grafen Berthold zugrunde liegen, der angeblich Mönch zu Seeon wurde; vgl. dazu die Texte bei Bauerreiß 1929, S. 58–60, Nr. 2 und öfter. Die Erwähnung des Grafen in einem Verzeichnis der in Seeon begrabenen Wohltäter des Klosters (vgl. Monumenta Boica, Bd. 2, S. 162) dürfte wohl auf die Andechser Fälschungen und die auf ihnen fußenden chronikalischen Berichte zurückgehen; vgl. dazu auch Oefele 1877, S. 16; die irrige Bezeichnung Markgraf Heinrichs IV. als letzten männlichen Angehörigen der Andechser Familie (vgl. die Texte bei Bauerreiß 1929, S. 69, Nr. 8, S. 69–71, Nr. 9 sowie S. 78–80, Nr. 17; vgl. auch Brackmann 1929, S. 29f., Nr. 8, 10, 14) vielleicht auf Einträge im Dießener Nekrolog zu Februar 28, Mai 7 und Juli 18 (Necr. Bd. 1, S. 12, 18 und 22) zurückgehend; vgl. dazu auch das Verzeichnis der Andechser Familienangehörigen (Druck bei Bauerreiß 1929, S. 65f., Nr. 6; vgl. dazu Brackmann 1929, S. 29, Nr. 6), in dem Markgraf Heinrich IV. an letzter Stelle der männlichen Nachkommen Herzog Bertholds IV. aufgeführt wird; zum Papstprivileg für Dießen vgl. Druck in Traditionen und Urkunden Dießen, S. 102–105, Nr. 2; zur Benutzung der Urkunde im Andechser Missale vgl. etwa die Texte bei Bauerreiß 1929, S. 72ff., Nr. 11, 14, 24 und 25; vgl. dazu auch Brackmann 1929, S. 29ff., Nr. 9, 10, 11 und 22. Da in den Einträgen des Andechser Missale zwar mehrmals Gräfin Justicia, die Frau Graf Ottos II., genannt wird (vgl. etwa die Texte bei Bauerreiß 1929, S. 58–60 Nr. 2 oder S. 72f., Nr. 11; vgl. auch Brackmann 1929, S. 28f., Nr. 3 und 10), die im Papstprivileg von 1132 als Dießener Stifterin genannte Gräfin Lauritta, Frau Graf Ottos III. von Wolfratshausen, nicht erwähnt wird, scheint der Fälscher den Wortlaut der Urkunde allerdings nicht besessen zu haben.

29 Vgl. dazu oben S. 169 mit Anm. 51.

30 Zur angeblichen Herkunft der Missaleeinträge aus Dießen vgl. Brackmann 1929, S. 6f. sowie Kraft 1937–40, S. 274ff.; zu den »Fundationes monasteriorum Bavariae« vgl. Schmid 1987.

31 Bei Brackmann 1929, S. 12 die Rechte des Klosters Ebersberg an der Andechser Burgkapelle nur beiläufig erwähnt, da nach seiner Meinung die Einträge im Missale auf Betreiben der Dießener Chorherren hin erfolgt; vgl. dazu oben S. 170 mit Anm. 30. Der Versuch von Kraft 1937–40, S. 126ff., eine Beteiligung des Klosters Ebersberg am Heiltumsfund auszuschließen, muß als mißlungen bezeichnet werden. Kraft 1937–40, S. 128 geht fälschlich davon aus, daß die Andechser Kapelle nicht von der Erlinger St. Vitus-Pfarrei abhängig war, wobei er sich – ob wissentlich oder unwissentlich, mag da-

hingestellt bleiben – eines falschen Zitats aus der unten mit Anm. 56 angeführten Urkunde Papst Innozenz' VII. von 1405 für Ebersberg bediente (Kraft 1937–40, S. 128: »decimae parochiales in Erlingen et [Hervorhebung durch Kraft] s. Nicolai ... in monte Andex« – Original: »decimas parrochialem in Erlingen et sancti Nicolai ... in monte Andex«); die Singularform bei »parrochialem« wichtig für die Kennzeichnung der kirchenrechtlichen Verhältnisse. – Falsch auch der Hinweis bei Kraft 1937–40, S. 127f., wonach Ebersberg zwar aus Erling, nicht aber aus der Burgkapelle Einkünfte bezog (»Wahrscheinlich wurde deshalb bis 1405 auch kein Zehnt an die Abtei Ebersberg abgegeben ... Zudem verzeichnet das Ebersberger Stiftsbüchel von 1387–1413, ebenso jenes von 1414ff. und das Zehntverzeichnis von 1407 keine Einkünfte aus Andechs«), da die Angabe ebd. S. 128 Anm. 1: »KLit Ebersberg des HM (= München, BayHStA) Nr. 9, 12 und 13. Erling begegnet in Nr. 12, Bl. 3r« unzutreffend. An der zuletzt genannten Stelle werden nämlich Einkünfte aus einem heute offenbar abgegangenen Ort »Etling« (von wenig späterer Hand daneben »Ettling[en]« vermerkt) in Höhe von 25 Pfennigen vermerkt; da »Etling« unter den Einkünften des Klosteramts Ebersberg verzeichnet wurde, muß der Ort in der unmittelbaren Umgebung des Klostersitzes gesucht werden. Im übrigen ergab eine Durchsicht der aus dem 14. und frühen 15. Jahrhundert erhaltenen Ebersberger Wirtschaftsakten, daß in keiner der Unterlagen die dem Kloster inkorporierten Pfarreien verzeichnet wurden. – Unerheblich der Hinweis bei Kraft 1937–40, S. 126ff., das Kloster Ebersberg habe kein Interesse an dem Heiltumsfund besitzen können, da durch eine Wallfahrt nach Andechs nur seine eigene Wallfahrt zur Hirnschale des hl. Sebastian und seinen anderen Reliquien Schaden erlitten hätte.

32 Zur Zugehörigkeit der angeblichen Klostergründung zum Benediktinerorden vgl. die Texte in Acta pontificum Romanorum Bd. 3, S. 186–189, Nr. 175 sowie bei Bauerreiß 1929, S. 77f., Nr. 16; vgl. dazu auch Brackmann 1929, S. 28, Nr. 3 und S. 30, Nr. 13; zur Verwandtschaft der Gräfin Kunizza vgl. den Eintrag bei Bauerreiß 1929, S. 63, Nr. 5; Brackmann 1929, S. 29, Nr. 6.

33 Vgl. dazu die Auszüge aus Ekkehard von Aura in München, BayStB, clm 5896 fol. 1r ff. Der Ende des 14. Jahrhunderts geschriebene Text weist an den Rändern Verbesserungen auf, die von einer gleichzeitigen Hand eingetragen wurden. Ob dieser Nachtragsschreiber die von Brackmann 1929, S. 28ff. der »Hand I« zugewiesenen Texte im Andechser Missale eintrug, sollte noch näher untersucht werden. Zur Überlieferung der Werke Gottfrieds von Viterbo in Ebersberg vgl. München, BayStB, clm 5895 fol. 1r ff. Ob die von 1475/76 stammende Abschrift auf einem älteren Ebersberger Text oder auf einer fremden Vorlage beruht, muß allerdings dahingestellt bleiben. Zu den mittelalterlichen Bibliotheksverhältnissen in Ebersberg vgl. Mittelalterliche Bibliothekskataloge Bd. 4, S. 612ff.

34 Zum angeblichen Hadrianprivileg vgl. Acta pontificum Romanorum, Bd. 3, S. 186–189, Nr. 175; vgl. auch Brackmann 1929, S. 28, Nr. 3. Der Wortlaut teilweise übereinstimmend mit Ebersberger Papstprivileg; Druck: Acta pontificum Romanorum Bd. 2, S. 375f., Nr. 427; vgl. dazu auch Germania Pontificia Bd. 1, S. 353, Nr. 21; ein angeblicher Ablaßbrief Papst Alexanders III. erwähnt im Andechser Missale; vgl. dazu Bauerreiß 1929, S. 86f., Nr. 25; Brackmann 1929, S. 29, Nr. 9; zu einem angeblichen Privileg Papst Alexanders III. für einen Grafen Heinrich von Wolfratshausen vgl. auch die Angaben bei Brackmann 1929, S. 15f. Man beachte auch, daß sowohl die Hadrianurkunde für Andechs als auch das Ebersberger Papstprivileg den Lateran als Ausstellungsort nennen.

35 Vgl. dazu den Eintrag im Papstkatalog, München, BayHStA, KLit Ebersberg 2 fol. ar/v zu Gregor II.: »Hic in Germania per beatum Bonifacium archiepiscopum verbum salutis predicavit et ut in quadragesimali tempore ieiunium V. feriae atque missarum celebritas fieret, quod non agebatur, instituit«; zum Eintrag im Andechser Missale vgl. Brackmann 1929, S. 29, Nr. 7; Druck bei Bauerreiß 1929, S. 66–68, Nr. 7.

36 Die Überführung der Reliquien nach Ebersberg in beiden Redaktionen der Andechser Chronik erwähnt; vgl. zu Redaktion I Kraft 1937–40, S. 596f.; zu Redaktion II vgl. München, BayHStA, KLit Andechs 1, fol. 18v und fol. 73r; nach beiden Überlieferungen angeblich mit Erlaubnis des herzoglichen Hofes geschehen; diese Angabe allerdings angesichts des späteren Verlaufs der Auseinandersetzung unglaubwürdig (vgl. dazu insbesondere die Vorbehalte in den unten mit Anm. 42 und 46 genannten Ablaßbriefen); die Aufnahme dieses Hinweises in die Andechser Chronik zweifellos nur erfolgt, um den Anschein zu erwecken, als wäre der herzogliche Hof von Anfang an im unangefochtenen Besitz der Heiltümer gewesen; im Gutachten des Johannes Dominici fehlt bezeichnenderweise ein Hinweis auf die – zweifellos ohne herzogliche Zustimmung erfolgte – Verbringung der Reliquien nach Ebersberg.

37 Kurz erwähnt im Gutachten des Johannes Dominici aus Gubbio bei Brackmann 1929, S. 27; vgl. auch Redaktion I der Andechser Chronik bei Kraft 1937–40, S. 597 und Redaktion II in München, BayHStA, KLit Andechs 1 fol. 18v und 73r; in Redaktion I ohne Nennung des Tages.

38 Da im Ablaßbrief von 1391 Juli 11 (vgl. oben S. 172 mit Anm. 42) davon gesprochen wird, daß die Reliquien am Sonntag vor dem Jakobstag öffentlich gezeigt werden und sich dabei eine große Menge Leute aus Nah und Fern einfinde, wird man annehmen dürfen, daß sich diese Aussage auf eine bereits stattgefundene Heiltumszeigung bezog; für eine solche Heiltumsweisung im Sommer 1390 könnte im übrigen auch sprechen, daß Bischof Berthold von Freising schon 1390 April 6 einen Ablaß für die Besucher der Kapelle in der Burg zu München ausstellte; Original: München, BayHStA Kurbayern Nr. 823 (bei Kraft 1937–40, S. 39ff. nicht erwähnt); vgl. dazu auch Veit Arnpeck, Chronica Baioariorum, Lib. 5, c. 15, S. 212, der hier – abweichend von seiner Vorlage, der gedruckten Andechser Chronik aus dem Anfang der 70er Jahre des 15. Jahrhunderts (vgl. dazu Leidinger in Einleitung zu Veit Arnpeck, S. 46f.) – eine Ausstellung der Reliquien am 18. März 1390 erwähnt.

39 Riezler 1889, Bd. 3, S. 152ff.; Straub 1988, S. 232f.

40 Zu Herzog Stephans III. Beziehungen zu Frankreich und der Kurie vgl. Straub 1988, S. 228ff.; zur Einführung des Angelusläuten vgl. Urkunde Papst Bonifaz' IX. von 1391 April 24: Monumenta Boica, Bd. 35,2, S. 163f., Nr. 30.

41 Zu Johannes Dominici vgl. die Angaben bei Brackmann 1929, S. 11f.; sein in Form einer Denkschrift abgefaßtes Gutachten bei Brackmann 1929, Anhang I, S. 23–27; das Gutachten nach Brackmann 1929, S. 8 mit Anm. 2 in der Zeit zwischen Ende 1389 und Ende 1392 entstanden; nach Brackmann 1929, S. 9 verfolgte der Verfasser damit die Absicht, »die Wahrheit der Andechser Reliquien zu erweisen und die Herzöge zu verherrlichen« (vgl. ebd. S. 11: »mit seinem Bericht, den er den Herzögen über die lange glänzende Vorgeschichte der Reliquien erstattete, schuf er die Grundlage für die Verehrung der Reliquien in breitester Öffentlichkeit«). Von Kraft 1937–40, S. 8f. zweifellos richtig erkannt, daß die Arbeit des Johannes Dominici (»als autoritäre Empfehlung der gefundenen Reliquien wie als Verherrlichung der nutznießenden Herzöge von Bedeutung«) in Zusammenhang mit dem »Plan der finanziellen Nutzbarmachung der Heiltümer« stand; seine Datierung auf 1391 aber insofern willkürlich, als der betreffende Plan nicht erst im Laufe des Jahres 1391 gefaßt wurde, als sich der wittelsbachische Hof wegen der Abhaltung eines Jubeljahres an den Papst wandte (vgl. unten mit Anm. 44 und 45), sondern solche Bestrebungen schon im Zusammenhang des römischen Aufenthaltes Herzog Stephans III. und des 1391 Juli 11 erteilten Ablaßbriefes (vgl. unten mit Anm. 42 und 43) erkennbar waren. Auf eine Verwendung des Gutachtens in den Verhandlungen mit der Kurie könnte auch hinweisen, daß in der Schrift zwar mehrfach auf Nachrichten des Missale Bezug genommen wird (vgl. die Hinweise bei Brackmann 1929,

S. 13 f.), daß dabei aber an keiner Stelle päpstliche Urkunden erwähnt werden. Das Fehlen dieser Angaben mag ein Zufall sein; doch könnte dafür auch das Bestreben des herzoglichen Hofes verantwortlich gewesen sein, der Kurie keinen Anlaß zu bieten, Untersuchungen über die Echtheit der Missaleeinträge und damit die Vorgeschichte des Fundes in die Wege zu leiten. Diese Vermutung liegt um so näher, als man in der päpstlichen Verwaltung seit jeher gegenüber älteren Papsturkunden, die zur Bestätigung eingereicht oder im Verlauf eines Prozesses als Beweismittel vorgelegt wurden, ein gewisses Mißtrauen an den Tag legte.

42 Vgl. Druck bei Simonsfeld 1896, S. 308 f., Nr. 21.

43 Vgl. Urkunde Ottos von Pienzenau für Kloster Ebersberg, Original: München, BayHStA, KU Ebersberg 171 (die Gegenurkunde Abt Philipps für Otto von Pienzenau in Abschrift des späten 15. Jahrhunderts in München, BayStB, cgm 227, fol. 22[r/v]: »vnd geben durch fleizziger pet willen vnd an grozzer anligender not acht hundert guldein vngrisch vnd pehamisch gut von golt vnd swår an rechten gewicht ... vnd darvmb han ich und mein erben ... von im vnd seinem gotzhaus gechaufft fůnftzigk gulden geltz ewiger gůld ... auz der obgenannten hofmarch zu Chůntl di gelegen ist in der graschaft zu Ratenwerch vnd waz dar zu gehort ... vnd auz den obengesch[riben fůn]ftzik gulden geltz han ich vnd mein erben gemacht dreysichk gulden geltz ewiger gult: zwelf gulden geltz in dy abtey vnd achtzehen gulden geltz vngrisch guldein guter dem conuent in ir oblay ... vnd dy vbrigen zwainkgtz gulden geltz han ich vnd mein erben vnd nachchomen geaygent [vnd] gemacht dem obengenanten herrn vnd sein nachchomen in dy abtey zu einer ewigen gult in den eren der edln junchfrawn Marie vnd in den eren dez lieben herrn sand Sebastian der hauswird ist seins obgenanten gotzhaws vnd durch hailz willen meiner [sel] vnd all meiner vodern vnd nachchomen sel vnd ze hilf allen gelaubigen seln« (Text in Klammern ergänzt, da Original beschädigt).

44 Vgl. den Druck bei Kraft 1937–40, S. 579–582.

45 Vgl. Chronik der Stadt Augsburg von 1368–1406, S. 95; Veit Arnpeck, Chronik S. 403 f. sowie die Schreiben in Monumenta Boica, Bd. 35,2, S. 172 f., Nr. 136 f.; vgl. auch Riezler 1889, Bd. 3, S. 835 ff.; Solleder 1938, S. 409 f.; Rädlinger 1992, S. 104.

46 Druck bei Simonsfeld 1896, S. 308 f., Nr. 21; teilweise gleichlautend mit dem oben S. 172 mit Anm. 42 genannten Ablaßbrief von 1391 Juli 11; die Varianten ebd. S. 308, Anm. 2–13 und S. 309, Anm. 1–16 vermerkt.

47 Vgl. dazu Jansen 1904, S. 147 ff.; Solleder 1938, S. 486 ff.; Esch 1969, S. 338 sowie Rädlinger 1992, S. 105; vgl. auch die Schreiben des Papstes an die Stadt München in Monumenta Boica, Bd. 35, 2, S. 176, Nr. 140 und bei Simonsfeld 1896, S. 314, Nr. 29.

48 Vgl. dazu das oben S. 178 mit Anm. 56 erwähnte Privileg Papst Innozenz' VII. von 1405 Juni 28, in dem dieser erklärt, daß sein Vorgänger Bonifaz IX. 1402 Dezember 22 eine in früheren Jahren zugunsten des Klosters Ebersberg erlassene Verfügung ausdrücklich für ungültig erklärte. Das Fehlen dieses zweifellos noch in den 90er Jahren des 14. Jahrhunderts ergangenen Urteils wie im übrigen auch der Urkunde von 1402 hängt damit zusammen, daß die Ebersberger Mönche die beiden Urkunden anläßlich ihres Ausgleichs mit dem Herzogshof (vgl. dazu oben S. 178) die beiden Papsturkunden an die Wittelsbacher auszuliefern hatten, die diese dann, wie in solchen Fällen üblich, vernichten ließen; vgl. einen ähnlichen Fall bei Schütz 1984, S. 130.

49 Vgl. dazu oben S. 167.

50 Vgl. dazu oben S. 167 f.

51 Zur Übersendung des Marienbildes vgl. den Text bei Bauerreiß 1929, S. 60, Nr. 2; vgl. auch Brackmann 1929, S. 29, Nr. 4; die Schenkung zweier Mützen durch die hl. Elisabeth von Thüringen an Diessen erwähnt im Bericht bei Bauerreiß 1929, S. 69, Nr. 8; vgl. dazu Brackmann 1929, S. 29, Nr. 8; zu den durch Bischof Otto II. von Bamberg nach Dießen gegebenen Mützen vgl. oben S. 115 mit Anm. 19. Das angeblich durch den Evangelisten Lukas gemalte Marienbild möglicherweise durch den Dießener Konversen Hermann von Geretshausen kurz vor der Mitte des 13. Jahrhunderts geschaffen; vgl. dazu Traditionen und Urkunden Dießen, S. 66 f., Nr. 56; zum Raub des Dießener Kirchenschatzes vgl. die Schilderung im ungedruckten Werk des Albert von Dießen, Epytaphium prelatorum in Dẙzzen, München, BayHStA, KLit Dießen 37, fol. 59[r]: fol. 58[v]/59[r]: »Anno domini M° CC LXIII Hainricus, huius ecclesie canonicus, in regimen prelature fuit constitutus. Hic non ambulavit in viis antecessorum suorum [vgl. Psalm 100,6], sed minus provide vivere cepit ... Idcirco locus iste sui temporis regimine maximi iacturam dampni, proch dolor, incurrisse non ignoratur. Nam cum in die nativitatis dominit otus thezaurus ecclesie in auro et argento gemmisque preciosis pro ornatu publici altaris fuisset allatus et finitis vesperis ad sacristiam minime deportaretur, sed in armario iuxta publicum altare ob tediosam inprovidenciam reponeretur, quidam fures pessimi, duo videlicet aurifabri et unus pictor, rem considerantes, qui propterea venerant, quia fur non venit, nisi ut furetur [vgl. Johannes 10,10], pater vero familias non vigilavit [vgl. Lucas 12,39], ergo perfoderunt armarium et abstulerunt thezaurum. Fregerunt itaque ymagionem beate virginis et plenaria cum ceteris monstranciis sumptuose fabricatis, aurum quidem et argentum cum gemmis preciosis secum deportaverunt, reliquias vero sanctorum in ipsis reconditas prope tylias sub sepe relinquentes abierunt. Unus autem ex ipsis postmodum in oppido Schongaẘ cum furto deprehensus et morti adiudicatus terciam partem gemmarum nobis restitui procuravit, que apud nos usque adhuc studiosius conservatur.«

52 Zu den Pollinger Rechten an der Erlinger St. Martinspfarrei vgl. oben S. 165 mit Anm. 5.

53 Zur Übereignung der Forstenrieder Kirche an das Stift Polling vgl. Urkunde Bischof Ottos II. von Freising von 1195 in Monumenta Boica, Bd. 10, S. 44 f., Nr. 7; vgl. auch die Angaben bei Mayer 1880, Bd. 2, S. 499 ff. sowie D Friedrich I. Nr. 549; das sogenannte Forstenrieder Kreuz als angeblich alter Andechser Besitz erwähnt in den Einträgen bei Bauerreiß 1929, S. 82 ff., Nr. 19 f. sowie S. 89 f., Nr. 27; vgl. auch Brackmann 1929, S. 31, Nr. 17 und 24.

54 Vgl. dazu oben S. 168 mit Anm. 18 f.

55 Vgl. Text bei Brackmann 1929, S. 25 ff.

56 Vgl. dazu das Privileg Papst Innozenz' VII. für das Kloster Ebersberg von 1405 Juni 28, mit dem der Papst den Empfängern »omnes libertates et immunitates a predecessoribus nostris Romanis pontificibus sive per privilegia sive alias indulgentias preterquam per felicis recordationis Bonifatium VIIII., predecessorem nostrum, XI. kalendas Januarias pontificatus sui anno quartodecimo revocatas vobis et monasterio vestro concessas necnon libertates, exemptiones secularium exactionum a regibus et principibus vel aliis Christi fidelibus vobis et eidem vestro monasterio indultas, specialiter autem decimas parrochialem in Erlingen et sancti Nicolai sita (!) in monte Andex nuncupato Augustensis diocesis, ecclesias, terras, possessiones, iura, iurisdictiones et quedam alia bona vestra cum pertinentiis suis, sicut ea iuste et pacifice possidetis« bestätigte; Original: München, BayHStA, KU Ebersberg 205 (vor »sancti Nicolai« ein »de capella« oder ein ähnlicher auf »sita« bezüglicher Ausdruck vom Schreiber der Papsturkunde versehentlich ausgelassen).

57 Vgl. dazu Der Schatz vom Heiligen Berg Andechs 1967, S. 78, Nr. 77.

58 Vgl. dazu die Hinweise in Der Schatz vom Heiligen Berg Andechs 1967, S. 20 ff., Nr. 4, 5, 8, 12. Dort noch weitere ältere Bestandteile des Schatzes verzeichnet, die jedoch teilweise in den Einträgen des Andechser Missale nicht erwähnt werden.

59 Vgl. dazu Schreiner 1966; zum mittelalterlichen Fälschungsunwesen vgl. jetzt auch die Beiträge in Fälschungen im Mittelalter 1988.

60 Vgl. dazu die Regesten Bischöfe Augsburg, Bd. 1, S. 271, Nr. 459 verzeichnete Literatur, die trotz fehlender Quellen von einem hochmittelalterlichen Wallfahrtswesen nach Andechs grundlos ausgeht; neuerdings auch Bosl 1993, S. 33.

61 Vgl. dazu Brackmann 1929, S. 21 sowie S. 40 mit Tafel 1. Die Behauptung von Kraft 1937–40, S. 143 f., die Hostienzet-

tel seien erst in der 1. Hälfte des 15. Jahrhunderts angefertigt worden und entsprächen somit »weder formell noch sachlich jenen..., die 1388 mit dem Sakrament gefunden worden sind«, wird man, da keinerlei ernstzunehmende Gründe dafür angeführt werden (die Hinweise ebd. S. 319f. erweisen sich als unerheblich), am ehesten als Versuch werten dürfen, ein wichtiges, gegen die Herkunft des Schatzes aus Andechser Zeit sprechendes Indiz unter den Tisch zu kehren.

62 Vgl. dazu oben S. 166 mit Anm. 11.

63 Die wirtschaftliche Situation des Klosters geschildert in der oben mit Anm. 43 genannten Urkunde Ottos von Pienzenau von 1391: »von grozzer gelt schuld darhinder dez erwirdigen herrn, herrn Philippen, abt dez gotzhawss zu Ebersperkch, pey abt Månhartten vnd pey abt Stephan salign, sein vorvarn, chomen waz, darvmb er seinz gotzhawzz hofmarch zu Chüntl her hannsem dem jagermaister verchauffen můst auf ein widerchauff von dez vorgenanten Herrn abt Manhårtz schuld wegen vnd der vorgenant herr abt Stephan seliger auch seinz gotzhawzz gult ze Osterreich Jacoben dem Smidchnecht, purger zu Stayn, verchauft het auch auf ein widerchauff, di der vorgenant herr abt Philipp noch sein gotzhawzz paidenthalben nich widerchauffen mocht«.

64 Vgl. dazu die Ebersberger Wirtschaftsakten aus der Zeit Abt Philipps: München, BayHStA, KLit Ebersberg 9, 13–15.

65 Vgl. dazu oben S. 165 mit Anm. 7.

66 Vgl. dazu oben S. 173f. mit Anm. 43.

67 Das Verzeichnis der Ende des 15. Jahrhunderts verehrten Reliquien in der Ebersberger Prachthandschrift des Historischen Vereins von Oberbayern (2° Cod. 104; aufbewahrt im Stadtarchiv München als Zimelie 123) f. 16^r–22^v; vgl. zur Handschrift auch Riehl 1896, S. 112ff.; Bauerreiß 1931. Da Papst Innozenz VII. 1405 Juni 28 dem Kloster Ebersberg zwar die Zehntrechte der Erlinger St. Vitus Pfarrei und der Andechser Burgkapelle bestätigte, dabei aber nicht das Ebersberger Patronatsrecht erwähnte (vgl. oben mit Anm. 56), ist nicht auszuschließen, daß 1402 bereits ein Verzicht des Klosters Ebersberg auf die Andechser Burgkapelle ins Auge gefaßt oder vielleicht sogar schon vereinbart wurde. Zum herzoglichen Patronatsrecht vgl. die an Herzog Ernst als »duci Bavariae, comiti palatino, patrono capelle sancti Nicolai in Andezz« gerichtete Urkunde Papst Martins V. von 1427 Dezember 25, mit der der Kapelle »omnes libertates, indulgentias et immunitates a predecessoribus nostris, Romanis pontificibus, sive per privilegia vel alias indulgentias tibi seu dicte capelle concessas necnon libertates et exemptiones secularium exactionum a regibus aut principibus seu aliis Christifidelibus tibi et progenitoribus tuis, etiam eiusdem capelle patronis (!), ac dicte capelle indultas, sicut eas iuste obtines« bestätigt wurden; Original: München, BayHStA, KU Andechs 9. Zur Ablösung der Ebersberger Rechte auf die St.-Vituspfarrei durch das kurz nach Mitte des 15. Jahrhunderts gegründete Kloster Andechs vgl. Zöpfl 1955, S. 432 sowie die Urkunden bei Kraft 1937–40, S. 198ff.

68 Vgl. dazu jetzt Störmer 1993.

Katalog

Die Geschichte des Klosters Andechs

Die Benediktinerabtei Heiligenberg

Die Versorgung der Wallfahrt auf dem Heiligen Berg war, nachdem die Ansprüche der Ebersberger Mönche endgültig ausgeräumt waren, in die Hände der Augustiner-Chorherren von Dießen gelangt.

Diese begannen 1420 mit dem Bau einer gotischen Anlage, die am Kirchenbau heute noch nachvollziehbar ist. 1439 legte der bayerische Herzog Ernst die Betreuung der Wallfahrt in die Hände eines Kollegiatstiftes mit sechs Kanonikern und einem Propst. Allerdings erwies sich die Verbindung von bepfründeten Chorherren mit der Wallfahrtsseelsorge als wenig förderlich. Sein Sohn und Nachfolger Albrecht III. sollte den Heiligen Berg zum Hauskloster und zur Grablege der Wittelsbacher machen.

Nach Beratung mit dem Kardinallegaten Nikolaus von Kues erreichte Albrecht III. 1455 eine Besiedelung von Andechs mit Benediktinern aus dem Kloster Tegernsee. Nikolaus von Kues, der den päpstlichen Auftrag hatte, die Klosterzucht zu erneuern, war bereits vorher Andechs und dem reformfreudigen Herzog entgegengekommen, als er 1453 höchst diplomatisch die Andechser Reliquien approbierte, obwohl er in anderen Fällen von Hostienwundern wie dem von Wilsnack in der Mark Brandenburg mit unbestechlicher Schärfe vorgegangen war.

Nach dreijähriger Konsolidierungszeit wählte die junge Abtei mit Eberhard Stöckl ihren ersten Abt. Geistliche Förderung und wirtschaftliche Prosperität gingen in der Folgezeit Hand in Hand. Die Amtszeit des zweiten Abtes, Johannes Hausmann, brachte erhebliche Stiftungen und eine beachtliche Erweiterung der wirtschaftlichen Grundlage. 1499 kam Andechs in den Besitz eines Münchener Stadthauses, der ehemaligen Synagoge. Das in der Gasse der 1442 vom Herzog aus München vertriebenen Juden gelegene Grufthaus mit angeschlossener Kirche wurde nun bis zur Säkularisation von Andechser Mönchen versorgt.

Hatte das ausgehende 15. Jahrhundert für die Abtei Heiligenberg zunehmendes Ansehen und Aufschwung gebracht, so war die Zeit der Reformation für Andechs wie bei vielen vergleichbaren Klöstern eine Periode des Verfalls, des disziplinären wie wirtschaftlichen Niedergangs. Schließlich wurde der Personalstand des Klosters für die Prälatenwürdigkeit zu gering, die Vorsteher waren Administratoren. Erst mit der Berufung David Aichlers aus Ottobeuren zum Abt in Andechs 1588 kam es zu einem neuerlichen Aufschwung. Mit ihm stand dem Kloster ein administrativ erfahrener, gelehrter Mann vor. Sein Einsatz für die Verbesserung der klösterlichen Disziplin wurde ein Fundament für den folgenden wirtschaftlichen Aufschwung, der von zahlreichen herzoglichen Dotationen begleitet war. Durch den Verkauf von Streubesitz konnte sein Nachfolger, Abt Sauter, die nahegelegenen Hofmarksgüter Kerschlach und Vorderfischen erwerben.

Nachfolger des im Jahr 1600 zum Reichsabt von Ottobeuren berufenen Alexander Sauter wurde der aus Kempten stammende Michael Einslin – von P. Willibald Mathäser als bedeutendster Andechser Abt bezeichnet. Einslin war in den Jahren 1619, 1623 und 1637 Mitglied des Universitätspräsidiums der 1617 von den Benediktinern übernommenen Salzburger Universität. Aber nicht nur ihn, auch viele andere gelehrte Patres schickte das Kloster an die von Fürsterzbischof Markus Sittikus gegründete katholische Universität in Salzburg, was auf den Stellenwert der gelehrten Bildung in Andechs Auswirkungen zeigte.

Unter Abt Michael Einslin sollte die Wallfahrt nach Andechs trotz oder gerade wegen des Dreißigjährigen Krieges ganz erheblichen Aufschwung erleben. Allein zwischen 1622 und 1626 wurde über eine halbe Million Pilger gezählt. Und Abt Michael Einslin war es, der das Zustandekommen einer bayerischen Benediktinerkongregation vorantrieb – ein Ansinnen, das vom Augsburger Bischof erfolgreich vereitelt werden konnte, das dem Andechser Abt 1631 sogar eine Inhaftierung einbrachte, der er nur durch kurfürstliche Unterstützung entkam. Erst 1682 sollte ein bayerischer Zusammenschluß der Benediktiner gelingen.

Dennoch war die Zeit des Dreißigjährigen Krieges auch für den Heiligen Berg eine Zeit der Wirrnisse. 1632 mußten die Reliquien nach München, später nach Burghausen verbracht werden. Der Pfarrer von Erling und spätere Abt auf dem Heiligen Berg, Maurus Friesenegger, war mehr als einmal gezwungen, sich mit den Erlinger Bauern im Kiental zu verstekken. Seuchen und Hungersnöte kamen hinzu. 1628 brach die Pest in Erling aus, 1632 erreichten die Schweden plündernd und raubend das Dorf und das Kloster, 1633 kam es infolge einer Mißernte zu einer großen Hungersnot. Auch marodierende Soldaten der spanisch-burgundischen Armee forderten ihren Tribut.

Die dem Dreißigjährigen Krieg folgenden Jahrzehnte der Andechser Geschichte waren gekennzeichnet von einer wachsenden Pflege der Wissenschaften, die mit Persönlichkeiten verbunden war wie Cölestin Probst, der als vormaliger Professor in Salzburg 1655 zum Abt gewählt wurde, oder Maurus II. Rambeck, der 1666 Abt wurde, ein wissenschaftsorientierter Mann, den Johannes Mabillon in seinem »Iter germanicum« eine »lebende Bibliothek« nannte.

Die Bemühungen des Konvents, sich in wirtschaftlicher Hinsicht allmählich zu verbessern, erlebten indes 1669 einen jähen Rückschlag: Eine aufgrund eines Blitzschlags in den Turm der Wallfahrtskirche ausgebrochene Feuersbrunst zerstörte große Teile der Kirche sowie das Klostergebäude. Die in der Kapelle aufbewahrten Reliquien blieben dank der starken Eisenbewehrung unversehrt.

Mit der Wiedererrichtung der wichtigsten wirtschaftlichen Bauten konnten die anfänglich auf die Nachbarklöster verteilten Konventualen bald nach Andechs zurückkehren und den Neuaufbau vorantreiben. Die Konventgebäude, ursprünglich aus Holz, wurden nun in solidem Stein errichtet. Als 1676 das Achteck des Turms auf dem mittelalterlichen Unterbau fertiggestellt war, konnte der Brandschaden als restituiert betrachtet werden und die erneute Weihe erfolgen.

Die Gewandtheit des zwanzigsten Abtes Maurus III. Braun, der bis 1746 über 40 Jahre lang dem Heiligen Berg vorstand, führte das Kloster durch den spanischen wie den österreichischen Erbfolgekrieg Schritt für Schritt einer Zeit hoher Blüte entgegen. Anläßlich der bevorstehenden Dreihundertjahrfeier entschied sich das Kapitel 1751 für die Ausgestaltung und leichte bauliche Veränderung der Anlage im Stil des Rokoko. Bereits 1721 waren die Fenster der gotischen Wallfahrtskirche erweitert worden. Johann Baptist Zimmermann übernahm mit seinen Gehilfen die wandfeste Ausstattung, Franz Xaver Schmädl und andere arbeiteten für die bewegliche. Die Dreihundertjahrfeier wurde 1755 in der Woche vor dem St. Michaelstag feierlich begangen. Festpredigten und theologische Disputationen lösten einander ab. Der Andechser Pater Gregor Schreyer hatte für jeden Tag eine Messe komponiert, die mit eigens aus München gekommenen Musikern aufgeführt wurde. Über 80000 Menschen seien in dieser Woche nach Andechs gepilgert und nicht selten hätten 30 Priester zugleich Kommunion austeilen müssen, wird überliefert. Die Säkularfeiern des 18. Jahrhunderts sind als Selbstbestätigung zu verstehen, als Ausdruck der Vereinigung von Religion, Künsten und Wissenschaft im Sinne einer der göttlichen Schöpfung vergleichbaren Ganzheit. Auch die jüngste Niederlassung der Benediktiner in Bayern, Andechs, erhob diesen Anspruch, wie den Homilien der Festwoche zu entnehmen ist. Stand doch Kloster Andechs mit der Einrichtung einer mathematisch-physikalischen sowie einer Mineralien-Sammlung und der theologischen Bildung seiner Patres, die als Professoren an der Universität in Salzburg lehrten, sowie der Pflege der Musik ganz im Zeichen der Aufklärung.

Das Ende der Abtei Heiligenberg

Zugleich nahmen auf diesem Höhepunkt der Klosterkultur staatliche Repressionen gegen die Klöster immer mehr zu. Die Auswirkungen des Reichsdeputationshauptschlusses, der die Aufhebung der bayerischen Klöster 1803 ermöglichte, trafen Andechs nach Sondierungen im Vorfeld im März 1803 in der Person des Kommissärs von Göhl, der den Klosterrichter und die Dienerschaft ihres Eides entband und den Abtransport der klostereigenen Pretiosen beaufsichtigte. Von Göhl löste den Klosterverband auf; auf dem Heiligen Berg wohnen zu bleiben, sollte den Konventualen aber vorerst erlaubt sein. Sie setzten ihr klösterliches Leben fort, so gut es ging. Der böhmische Tuchfabrikant Joseph Lukkas erwarb 1804 Klostergebäude, Brauerei mit Bäckerei und Werkstätten sowie die Ökonomie mit allen Feldern, Äckern und Wiesen für 25 000 Gulden, scheiterte aber an der Errichtung einer regionalen Industrie. Nach mehrmaligem Besitzwechsel ging das ehemalige Kloster Heiligenberg 1834 an den Freiherrn von Jordan, der das ehemalige Klostergut erfolgreich bewirtschaftete. Er bot die Andechser Klosterökonomie in den vierziger Jahren König Ludwig I. an, der für die materielle Versorgung des von ihm schon seit 1837 verfolgten Projektes eines Benediktinerklosters in München eine passende landwirtschaftliche Ökonomie suchte. Im März 1846 erwarb König Ludwig I. das ehemalige Klostergut für 65 000 Gulden aus seinen Privatmitteln.

Andechs als Priorat von St. Bonifaz in München

Als »ideale Vereinigung von Religion, Wissenschaft und Kunst« befand König Ludwig I. den Benediktinerorden. Er hatte unter anderem 1830 Kloster Metten wiedererrichtet, 1837 Scheyern und 1842 Weltenburg, gemäß dem Konkordat von 1817. Mit der Stiftungsurkunde vom 4. November 1850 wurde das Wirtschaftsgut der ehemaligen Abtei zur materiellen Versorgung der im selben Jahr neubegründeten Abtei St. Bonifaz unterstellt und damit das Kloster Andechs als Priorat der Stadtniederlassung wiedereingerichtet. Paulus Birker, der erste Abt von St. Bonifaz und Andechs, legte das Noviziat auf den Heiligen Berg. Die ersten Administratoren in Andechs waren Patres aus der Abtei Metten. Sie hatten in heruntergekommenen Gebäuden und einer veralteten Brauerei manches Kunststück der Wirtschaftsführung zu vollbringen, zumal nach dem Rücktritt Ludwigs I. der Rückgriff auf die Kabinettskasse versperrt blieb. Unter Bonifaz Haneberg, der von 1854 bis 1872 Abt beider Klöster war und 1876 nach vierjähriger Amtszeit als Bischof von Speyer starb, erhielt Andechs 1856 neben seiner Bestimmung als Ökonomie die Aufgabe, ein »Rettungs- und Erziehungshaus für verwahrloste und gefährdete Jugendliche« auf dem Heiligen Berg einzurichten, das mit unterschiedlichem Erfolg und teilweise gegen den Widerstand staatlicher Kulturpolitiker arbeitete.

Die Grundlage für die Wirtschaftlichkeit der Andechser Klosterbetriebe – nicht zuletzt bis heute – legte P. Magnus Sattler zwischen 1858 und 1900. Die Hauptlebensgrundlage stellte bis weit ins 20. Jahrhundert hinein die klostereigene Landwirtschaft dar, die Brauerei war nur ein Nebenbetrieb, der Rohstoffe verarbeitete und dessen Abfälle der Landwirtschaft wieder als Futtermittel zur Verfügung standen. Der Betrieb des Bräustüberls war auf die Räumlichkeit des heutigen Grützner-Stüberls beschränkt.

Mit der Errichtung der siebenstöckigen Mälzerei im neubarocken Stil 1907 – auch zur Sicherung des abrutschenden Osthangs des Berges –

Blick in die Klosterkirche Andechs.

wurde das Bräustüberl in die ehemalige Malztenne verlegt. Zwei Jahre zuvor hatte Abt Gregor Danner die Schwaige Rothenfeld erworben und hier in den folgenden Jahren eine den Ansprüchen der Zeit genügende Fürsorgeanstalt für Jugendliche zwischen 14 und 20 Jahren installieren können. Seit 1879 nahm Andechs auch straffällig gewordene Jugendliche auf. Nicht nur wirtschaftlich strapazierte die Bewahranstalt mit Lehrwerkstätten den Konvent; Abt Bonifaz Wöhrmüller hob sie 1933 auf und verkaufte Rothenfeld.

Den Zweiten Weltkrieg überstanden die Gebäude des Klosters Andechs unbeschadet, im Gegensatz zu St. Bonifaz. Die Stadtabtei wurde hinsichtlich der Ernährung vom Landpriorat über Wasser gehalten. Während des Krieges arbeiteten im Bräustüberl eine Münchener Großbank und eine Firma für Zahntechnik. Das Bräustüberl wurde 1952 wieder geöffnet und erfreute sich in den folgenden Jahrzehnten wachsenden Zuspruchs. Es wurde zur wirtschaftlichen Stütze des Klosters.

Der sachverständigen ökonomischen Weitsicht des Zellerars P. Daniel Gerritzen wie dem Wagemut des seit 1964 regierenden Abtes Odilo Lechner hat der Heilige Berg das gesunde wirtschaftliche Fundament zu verdanken, auf welchem er seit den 70er Jahren steht. Nun avancierte die Brauerei zum wirtschaftlichen Hauptzweig der Klosterbetriebe, und die

Klostergutsverwaltung sah sich am Scheideweg zwischen Brauereimodernisierung oder der Suche nach Versorgungsalternativen. Was die zunehmende Mobilisierung seit der Jahrhundertmitte einleitete, führte die Vernetzung im Nahverkehr, die in Zusammenhang mit den Olympischen Spielen von 1972 in München entstand, fort – Andechs rückte in das hauptstädtische Umland. Und es verlegte seine Brauerei aus der Enge des Berges auf die grüne Wiese in einen organischen Neubau, der beinahe die Finanzkraft des Klosters gesprengt hätte. Die Brauerei erreicht einen Jahresausstoß von ca. 80 000 hl, wovon ca. 10 000 hl im hauseigenen Ausschank aufgehen, der Rest im Vertrieb. Der Rückgang der Zahl an Ordensleuten zog eine verstärkte Anstellung von Laien nach sich, 1992 waren es 150. Die Brauerei ist jedoch nicht auf Gewinnmaximierung angelegt. Andechs will der Modernität behäbig aufgeschlossen sein und trotzdem nichts von seiner Atmosphäre einbüßen.

Der Heilige Berg ist heute ein Ort der Begegnung von Menschen aller Schichten, aber auch aller Konfessionen, er ist Tagungsort und Treffpunkt für Freunde der Kirchenmusik, geistig-geistliches Zentrum seines Landkreises. Nicht zuletzt ist der Heilige Berg ein Benediktinerkloster, eine Heimat für Mönche, die die Geschichte zum verantwortlichen Umgehen mit einer über 600 Jahre währenden Wallfahrt und einem über 500 Jahre bestehenden Kloster verpflichtet.

P. Anselm Bilgri OSB

Im Dezember 1992 wurde das Stiftergrab der Andechser in der Dießener Basilika geöffnet. An der Kopfseite ist das bayerische Herzogswappen zu erkennen.

Die Grablege der Andechser im Kloster Dießen

Das um 1110/20 gegründete Augustinerchorherrenstift Dießen war die erste gemeinsame Grablege der Grafen von Dießen-Andechs und Wolfratshausen. Die Gruft lag im »Capitulum«, dem Kapitelhaus oder Kapitelsaal des Klosters. Das Gedenken an die Stifterfamilie wurde auch nach deren Aussterben weiter gepflegt, und noch in der heutigen, zwischen 1720 und 1739 gänzlich neu errichteten Dießener Klosterkirche lebt die Erinnerung an die Dießen-Andechser fort. Ihre Mitglieder werden mit ihren kirchlichen Stiftungen im Zyklus der barocken Deckengemälde verherrlicht, über den Säulen der Vierung erscheinen ihre Wappen und in der Mitte des östlichen Schiffsjochs, vor den Stufen zum Chor bezeichnet eine schlichte Rotmarmorplatte mit der Inschrift »SEPULCRUM FUNDATORUM« (Grab der Stifter) den Ort, an dem sich nun die sterblichen Überreste von Grafen und Gräfinnen aus dem Haus Dießen-Andechs befinden.

Unter dem Marmorstein – in einem in den Boden gesenkten rechteckigen Ossuarium – liegen die Gebeine von 13 Erwachsenen und mehreren Kindern, allseitig umschlossen von Rotmarmorplatten mit Wappenreliefs. Diese Reliefsteine und eine aus Rotmarmor gehauene Grabplatte mit dem Bild eines geharnischten Ritters, die heute in die Nordwand der Kirche eingelassen ist, sind Teile eines spätmittelalterlichen Hochgrabs, das man 1518 in der alten Klosterkirche »mitten im Chor« vor dem Hochaltar errichtet hatte. Eine Inschrift am Rand der einstigen Deckplatte über der Tumba nennt die Namen der hier bestatteten Dießener Grafen und den Dießener Propst Hieronymus Vitti (1512–1535), der den Bau veranlaßt hatte: »hie liegent begraben die hochgepor / here vnd Graffen Graf berchtold von andechs berchtold / markgraf zuo ystren und Herczog berchtold zuo mera[n] unser / stiffter mit Andrn hern der wappen hie gehaut send de got gn [15]18 Jeronimuo pr. d. z. g.«. Eine Inschrift auf der Spange am Brustpanzer weist den auf der Deckplatte dargestellten Ritter als »Gra[f] percht[o]ld v[on] and[echs]« aus (Graf Berthold II., gest. 1151), den das Kloster als seinen eigentlichen Stifter und Vater der sel. Mechthild besonders verehrte. Die in der Inschrift genannten »gehaut[en] Wappen«, die an den Seitenwänden der Tumba angebracht waren, dienen nun zur Auskleidung des Sepulcrums vor den Chorstufen. Auf der rechten Seite finden sich die Wappen von zwei Söhnen Bertholds II.; das durch Inschrift »otto bischof z bapeñper« dem Bamberger Bischof Otto II. (gest. 1196) zugewiesene Wappen – eigentlich das Wappen des Hochstifts Bamberg, das als »Amtswappen« der Bamberger Fürstbischöfe erst in spätmittelalterlicher Zeit nachzuweisen ist – zeigt im ersten und dritten Feld je einen zur Schildmitte schreitenden Löwen mit mißverstandenem, als schärpenartiges Band dargestelltem Schrägbalken bzw. Schrägfaden, im zweiten und vierten Feld jeweils einen Adler über einem schreitenden Löwen, beide nach links gewandt. Das Wappen daneben gehört »berichto Graf zu istriê« (Berthold III., gest. 1188): Erstes und drittes Feld sind leer, zweites und viertes mit einem Doppelpokal belegt. Der Herzschild zeigt wiederum den Adler über dem Löwen, abermals nach links gewandt.

Die Steinplatte gegenüber trägt das Wappen der Wolfratshauser Linie mit einem hinter Gittern sitzenden Löwen und der Inschrift: »ott^{o} d elt Graf zu w^{o}lferczha^{v}sen« (Otto der Ältere) sowie das Wappen von »bertold herzog zu meran« (Berthold IV., gest. 1204). Dessen viergeteilter Wappenschild trägt im ersten und dritten Feld den nach links blickenden Adler, in Feld zwei und vier Adler und Löwe nach links gewandt, übereinander.

Der schreitende Löwe über einem Adler gilt als Wappen der Andechs-Meranier. Es wurde sowohl als Wappen des Klosters Diessen wie auch in heutiger Zeit als Wappen des Landkreises Starnberg übernommen.

Zwischen den Wappenschilden erscheinen Engelsfiguren als Schildhalter. An den Stirnseiten des Sepulcrum findet sich das Klosterwappen von Diessen mit Adler über dem Löwen und gegenüber – zum Hochaltar gerichtet – das quadrierte wittelsbachische Herzogswappen, neben dem Drachen mit geringelten Schwänzen eine schmale Kartusche mit Inschrift »obern« und »pairhan« (Baiern) halten. Der Künstler dieser Bilderhauerarbeit aus der Frührenaissance ist unbekannt; er gehört wohl in den oberbayerisch-schwäbischen Raum.

Während das aus den erhaltenen Teilen rekonstruierbare Stifterhochgrab durch Inschrift und Wappen fünf Grafen unter den sonst ungenannten »Andrn hern« des Geschlechtes hervorhebt, findet sich in einer etwa gleichzeitig mit der Tumba entstandenen und noch vor 1520 abgeschlossenen Klosterchronik des Dießener Chorherren Sebastian Meckenloher ein Verswerk, das sicher in unmittelbarem Bezug zur Stiftertumba, vielleicht als Entwurf für eine Grabinschrift, entstand. Es nennt ausgehend von älteren Nekrologen des Klosters den Markgrafen Berthold III. (gest. 1188) und seine Gemahlin Hedwig, Berthold II. (gest. 1151) mit seiner ersten Gemahlin Sophie, einen Kanoniker Konrad, die Grafen Heinrich II. (gest. 1157) und Otto V. (gest. 1136) von Wolfratshausen, Herzog Berthold IV. (gest. 1204) mit Agnes und deren Sohn Heinrich IV., Markgraf von Istrien (gest. 1228).

Da bekannt ist, daß Bischof Otto II. 1196 in Bamberg starb und auch dort in der Ostkrypta des Doms beigesetzt wurde, wird deutlich, wie freizügig man mit den geschichtlichen Überlieferungen umging. Auch entspricht das dem Bischof zugeordnete Wappen nicht historischen Fakten, und ähnlich dürfte es sich auch mit den übrigen Wappen verhalten, die als freie heraldische Nachschöpfungen spätmittelalterlicher Zeit zu gelten haben. Die Intention der Dießener Kleriker des 16. Jahrhunderts war vielmehr, das neue Stiftergrab als monumentales »Stifterdenkmal« zu gestalten; an diesem sollte mit der Nennung Ottos II. auch an den Bischof, der 1182 die feierliche Konsekration der ersten Dießener Stiftkirche vorgenommen hatte, erinnert werden.

Nachdem die alte Dießener Klosterkirche im 18. Jahrhundert durch einen Neubau ersetzt worden war, ließ Propst Herkulan Karg (1728–1755) das Hochgrab 1739 abtragen, die Gebeine der Stifter heben und in die neue Kirche vor den Chorstufen beisetzen. Die Verehrung der Stifter gebot zudem, auch das alte Grabgehäuse als wichtige Inkunabel der Klostergeschichte in die neue Kirche zu überführen. Doch löste man den spätmittelalterlichen Grabaufbau auf, versetzte die Deckplatte in die Mechthildiskapelle und benutzte die wappengeschmückten Seitenwände als Auskleidung des neuen Ossuariums im Boden der Kirche. Dort gerieten die Wappentafeln bald in Vergessenheit und wurden erst 1907 wiederentdeckt; 1992 öffnete man die Gruft erneut, um ihren Inhalt zu dokumentieren.

Dagmar Dietrich

Literatur
P. Fried, Die Geschichte der Grafen von Dießen-Andechs, in: Ders./H. Winterholler, Die Grafen von Dießen-Andechs, München/Zürich 1988; E. v. Oefele, Geschichte der Grafen von Andechs, Innsbruck 1877; D. Dietrich, Das Stiftergrab der Grafen von Dießen-Andechs, in: Andechs. Der Heilige Berg, hg. v. K. Bosl u.a., München 1993, S. 46–52.

Wappen Ottos von Wolfratshausen (links) und Herzog Bertholds IV. (rechts).

Der »Dießener Himmel« und seine Heiligen

Der höchste gesellschaftliche Rang, den die Familie der Dießen-Andechser Grafen erwarb, war der von »Herzögen von Meranien«. Der lebendige Nachruhm der Familie war jedoch von den Mitgliedern getragen, die als Selige und Heilige verehrt wurden. Diese Auszeichnung herausragender Menschen ist Bestandteil einer heilsgeschichtlichen Deutung des Geschichtslaufs; sie für Familienmitglieder zu erreichen, war das höchste Streben mittelalterlicher Herrschaftsfamilien. Diese Dießen-Andechser Seligen und Heiligen werden uns in einem Dokument des 18. Jahrhunderts vor Augen gerückt, dem Kuppelfresko der Dießener Klosterkirche. Anbetend um den auferstandenen Christus sind dort – auf Wolkenbänken sitzend – sämtliche Mitglieder des Hauses und der mit ihm unmittelbar verwandten Geschlechter zu sehen.

Diese Bildform ist nicht »historisch« in unserem Sinn, sondern sie erhebt die Gestalten verschiedener Generationen in die Vision eines überzeitlichen Himmels. Man muß dazu erwähnen, daß über viele Jahrhunderte der Kirchenbau und seine Bildausstattung programmiert waren auf die Darstellung der umfassenden Heilsgemeinschaft »Kirche« (so wie die zeitenüberspannende »una sancta ecclesia« im Glaubensbekenntnis gemeint ist). Unsichtbare Präsenz der Glaubenszeugen aller Jahrhunderte wird in den visionären Durchblicken des Bildschmucks dem Auge vorstellbar gemacht. Fragen der Chronologie und der Abbildgenauigkeit treten demgegenüber zurück.

Eine dramatische Beziehung zwischen den historischen Relikten und der verklärenden Apotheose ist in Dießen durch die Verortung des Stiftergrabes mit den Gebeinen der Dießen-Andechser Grafen unter dem Scheitel der Chorkuppel gegeben. Die umlaufende Inschrift auf dem Saum der Kuppel besagt: »Gloria Sanctorum Beatorum Que Diessensium Et Andecensium«. Das Fresko wurde vermutlich 1736 – gleichzeitig mit den datierten beiden anderen Deckenbildern – von Johann Georg Bergmüller, dem Augsburger Akademiedirektor, und seinen Schülern ausgeführt. Sein Programm dürfte wie das der übrigen Bilder des Kirchenneubaus von Propst Herculan Karg festgelegt worden sein. Die historischen Quellen dafür dürften in den erwähnten »Fundationes monasteriorum Bavariae« bzw. im »Andechser Missale« des späten 14. Jahrhunderts zu suchen sein. Sie stellen eine Verbindung historischer Überlieferungen mit legendenhaften Ausschmückungen dar, die ihrerseits wieder mit der Auffindung des Schatzes im Jahr 1388 in Zusammenhang stehen.

»Heiligkeit« und »Seligkeit« setzen seit dem 13. Jahrhundert kirchliche Heilig- und Seligsprechungsverfahren voraus. Insbesondere an bestimmten Verehrungsstätten wird das Andenken an die historischen oder als historisch angenommenen Personen weiter gepflegt. Diese können in ihren Taten Vorbilder des Handelns und in ihrer Zugehörigkeit zur überweltlichen »Kirche« Fürbitter und Schutzpatrone sein. Im Sinne des mittelalterlichen Weltverständnisses haben die Andechs-Meranier tatsächlich viele und teilweise bedeutende Heilige vorzuweisen, auch wenn man die im 14. Jahrhundert hinzugekommenen legendären Figuren Rathard, Rasso und Kunizza wegläßt.

Geht man die Darstellungsgruppen des Dießener Heiligenhimmels durch, die auf Wolkenbänken zusammengeordnet sind, so ergibt sich eine Ordnung nach Haupt- und Nebenfamilien. Die Andechs-Meranier sind aufgegliedert in die ältere Gruppe der Dießener Grafen (zu Füßen Christi),

Detail aus dem Kuppelbild (rechts): Kaiser Heinrich II., hl. Kunigunde, sel. Gisela, hl. Adelheid, hl. Konrad.

Detail aus dem Kuppelbild (links): Kaiser Karl der Große mit seiner dritten Gemahlin, der sel. Hildegard.

links daneben erst die Andechser und dann die Dießen-Wolfratshauser, rechts anschließend die Hohenwarter Grafen. Als nächste Gruppe folgt die Familie der sächsischen Könige und Kaiser und der zur Welfenfamilie gehörige hl. Konrad, ein Sohn der Atha von Hohenwart.

Alle diese Heiligen sind Mitglieder von Herrscherfamilien. Das Gottesgnadentum, das Könige zu Statthaltern Christi machte, rückte weltliche Macht, Heilkraft und Heiligkeit nahe zusammen. Dies erklärt, daß inmitten der Andechser plötzlich Karl der Große mit Kaiserkrone und Reichsapfel erscheint. Dessen dritte Gemahlin Hildegard, Enkelin des alemannischen Herzogs Gottfried, wurde durch die Legende als Angehörige des Dießen-Andechser Geschlechts in Anspruch genommen. Auch die genealogisch-spekulative Hereinnahme des hl. Stephan, des Königs von Ungarn und Schwagers Heinrich II., und des heiliggesprochenen deutschen Kaisers Heinrich II. und seiner Frau Kunigunde, der sel. Königin Gisela (Frau Stephans von Ungarn) und der hl. Adelheid (Frau Kaiser Ottos I.) beschwört vor allem den feudalen Rang des Andechser Hauses.

In den mittelalterlichen Jahrhunderten kommen Heiligsprechungen den Mitgliedern der Herrscherfamilien so überwiegend zu wie die Vergabe geistlicher Würdenämter. Den Bischofswürden für Grafen und Herzöge entspricht das Wirken der unverheirateten Andechser Grafen- und Herzogstöchter als Äbtissinnen. Zu diesen zählen die 1160 gestorbene sel. Mechthild in Edelstetten, die 1180 gestorbene Euphemia in Altomünster, die 1297 gestorbene sel. Gertrud, Tochter der hl. Elisabeth und Äbtissin von Altenberg. Als weitere Beispiele dieses Typus hochadeliger kirchlicher Würdenträger sind im Dießener Fresko die Verwandten aus der Hohenwarter Grafenfamilie vorgestellt: der sel. Ulrich als Bischof von Lausanne, die sel. Adela als Stifterin des Klosters Göß, die sel. Wiltrudis als Äbtissin des Klosters Hohenwart und der Einsiedler Romedius aus Burg Hohenwart. Spekulative Familienverbindungen nehmen die hl. Adelinde (als Gemahlin des fränkischen Statthalters und Gründerin des Frauenstifts Buchau) und die gleichzeitige sel. Hildegard (als legendäre Stifterin der Benediktinerabtei Kempten) für die Andechser mit in Anspruch.

Fresko in der Chorkuppel der Klosterkirche Dießen am Ammersee: »Anbetung des Auferstandenen durch die Seligen und Heiligen der Dießen-Andechser Grafen und ihrer Verwandten«, ausgeführt von Johann Georg Bergmüller und Gehilfen, wahrscheinlich 1736.

Der hochherrschaftliche Rang, die Befugnis zu wichtigen Entscheidungen und die Wertung frommen Wirkens waren nicht voneinander zu trennen. Die Heiligsprechung für Frömmigkeit und segensreiches Wirken kommt in der Feudalgesellschaft vornehmlich den Standespersonen zu, die zugleich die Inhaber der miteinander verflochtenen kirchlichen und staatlichen Positionen waren und auch in ihren kirchenpolitischen Leistungen bewertet wurden. Fürst Stephan der Heilige als Christianisierer Ungarns oder der auf Kreuzfahrt gestorbene Landgraf Ludwig IV. von Thüringen geben solche Beispiele ebenso wie die hl. Hedwig als gute und tatkräftige Fürstin und Förderin des Klosters Trebnitz. Ihr rollengerechtes, »offizielles« Verhalten läßt keine Trennung zwischen Aufgabenerfüllung und persönlichen Entscheidungen zu. Auch die Begründung für den Heiligsprechungsprozeß bewegt sich in Formeln, die das besondere Menschliche, das in moderner Auffassung »Heilige« verbergen. Die Wirkungsgeschichte, die Tradition von Verehrung und Frömmigkeit geben angesichts dessen das einzige Argument von Gewicht.

Die Heiligen des Dießener Kuppelfreskos sind die hervorragenden Menschen einer ferngerückten Feudalordnung, die den Herrschaftsanspruch ihrer Familien und Nachkommen legitimieren. Eine Andechser Heilige ist jedoch auch im moderneren Sinn als überragender Mensch zu erfassen: Elisabeth, die Tochter Andreas' II. von Ungarn und der Gertrud von Andechs-Meranien. Ihr Streben nach freiwilliger Armut und ihr asketischer Krankendienst in dem von ihr gestiftetem Hospital gingen über die konventionelle Rollenausfüllung hoher Standespersonen demonstrativ hinaus. Nicht zufällig rückte Marburg zeitweilig zum viertgrößten Wallfahrtsort der christlichen Welt auf. Die Verehrung Landgraf Ludwigs IV. von Thüringen, ihres Gemahls, die Frömmigkeit und die spätere Heiligsprechung ihrer Tante Hedwig von Schlesien, die Seligsprechung ihrer Tochter Gertrud und die Heiligsprechung der Elisabeth von Portugal, ihrer Großnichte, können nicht ohne ihr ausstrahlendes Vorbild verstanden werden. In diesem Segment des Dießener Gemäldes tritt eine ganz persönliche Bewährung hervor, die sich von der Fürstenrolle und den Legendenformeln trennt und unmittelbar geschichtsmächtig geworden ist.

Claus Grimm

Literatur
H. Bauer, Der Himmel im Rokoko, Regensburg 1965; D. Dietrich, Ehem. Augustiner-Chorherren-Stift Dießen am Ammersee, München/Zürich 1985; A. Kaiser, Andechs – ein neuer Teich Bethesda, in: Andechs. Der Heilige Berg, hg. von K. Bosl u.a., München 1993, S. 144–148.

Zur Gestaltung

Ausstellungen bedingen eine spezifische Form der »Besichtigungsarchitektur«, die es ermöglicht, den Blick des Betrachters zu kanalisieren, zu leiten oder gänzlich zu verändern. Diese Art der Architektur, die es in vielfältigen, immer raffinierteren Formen gibt, ritualisiert das Gesehene. Es entsteht eine Aura der Präsentation – unabhängig davon, ob die Besichtigungsarchitektur etwa den Eindruck einer Schatzkammer erwecken, ob sie historische Formelemente nachbilden oder ob sie einen zurückhaltenden, »zeitlosen« Rahmen geben will.

Mit der Ausstellung »Herzöge und Heilige« werden die barocken Repräsentationsräume des Klosters Andechs zum erstenmal dem Publikum zugänglich gemacht. Man betritt die zentralen Konventräume über den neu überdachten Innenhof – ein Außenraum ist damit zum regengeschützten Innenraum geworden; über eine neue Stahltreppe gelangt man in den ersten Stock. Durch diese beiden – als reversibel eingefügten – Baumaßnahmen ist der Konventbau für ein zahlreiches Publikum zugänglich gemacht. Diese bauliche Vorgabe findet die Ausstellung vor und kann sie für sich nutzen.

Das Gestaltungskonzept der Ausstellung will sich klar von der kostbaren barocken Ausstattung absetzen und den historischen Räumen in bewußtem Kontrast begegnen. Vitrinen, Schautafeln, Stelen und Leuchten unterlie-

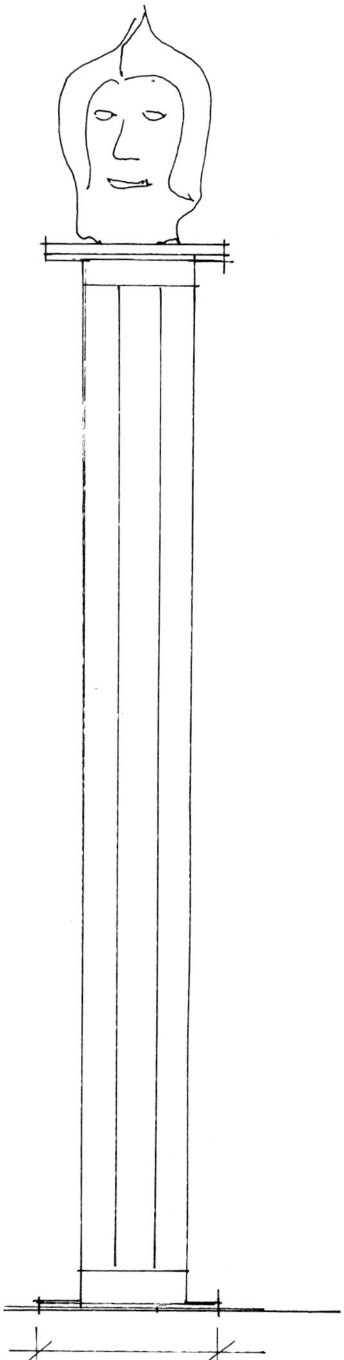

gen einheitlichen Gestaltungskriterien. Industriell gefertigte Stahlprofile wurden verschweißt, sie bilden einen ruppigen Gegensatz zu der reichen barocken Hülle. Moderne Industrieformen, einheitlich asphaltgrau gestrichen, sollen den filigran ausgearbeiteten Stuck und die zarte Farbigkeit der Decken kontrastieren und damit betonen. Um die Wirkung der Exponate nicht zu beeinträchtigen, wurden die Vitrinen mit naturfarbenem Stoff ausgeschlagen.

Der erste Raum der Ausstellung – dem Thema »Mittelalterliches Weltbild« gewidmet – wurde, da er baulich nicht von größerem Interesse ist, textil verhängt. Es entstanden Flächen, auf denen in Zitaten und Darstellungen ein Bild des sozialen mittelalterlichen Gefüges entworfen wird. In den übrigen Räumen im 1. Stock wird auf Schautafeln und in Vitrinen die Geschichte des Geschlechts der Andechs-Meranier dokumentiert.

Über die alte Konventtreppe gelangt man in den 2. Stock und betritt als erstes das Fürstenzimmer, in dessen Mitte mittelalterliche Prachthandschriften in 14 Vitrinen gruppiert sind. Hohe Stehleuchten geben indirektes Licht zur Wand und hüten wie strenge Wächter die kostbaren Bücher. Die weiteren drei Klosterräume sind dem Leben der Heiligen Elisabeth und Hedwig gewidmet.

In der neu restaurierten Klosterkapelle kann der Andechser Heiltumsschatz in der ihm angemessenen Umgebung besichtigt werden. Ein Videofilm über das Leben im Mittelalter wird am Ende des Rundgangs an einem »medialen« Ort, im ehemaligen Bibliothekssaal, gezeigt.

Das Konzept der Ausstellungsgestaltung war davon bestimmt, dem Besucher durch zurückhaltend präsentierte Objekte auch die Atmosphäre der historischen Klosterräume erlebbar zu machen. Auf temporäre Einbauten wurde verzichtet, um einen weitgehend unverfälschten Eindruck der erstmals zugänglichen Räume geben zu können. Die Gestaltung stand vor der Aufgabe, sowohl den herausragenden Ausstellungsexponaten einen angemessenen Rahmen zu geben als auch den Ausstellungsort in seinem historischen Ambiente zu erhalten und zum »Objekt« werden zu lassen.

Karin E. Rabausch / Rudl Endriß

Zur Restaurierung

Klima und Licht

Bei der Planung von Ausstellungen spielen konservatorische Probleme eine immer größere Rolle, vor allem wenn es sich um Ausstellungen in historischen Räumen wie dem Konventbau des Klosters Andechs handelt. Für die Objekte unterschiedlichster Materialien ist es notwendig, eine den einzelnen Exponaten angepaßte Klimalandschaft zu schaffen. Eingeschränkt durch die historische Beschaffenheit der Räume und die dadurch nötige architektonische Gestaltung der Vitrinen war es nur bedingt möglich, eigenständige Klimavitrinen herzustellen. Mit dem Einbau einer gesplitteten Klimaanlage und der Pufferung von Einzelvitrinen wurde ein Miteinander von verschiedenen Möglichkeiten der Klimatisierung angestrebt. Die heutigen technischen Möglichkeiten erlauben es, in den Fensternischen, die aus lichttechnischen Gründen (Mischlicht) zugebaut werden mußten, Kleinklimageräte ohne Eigenwärmeerzeugung zu installieren.

Die zur Be- und Entfeuchtung sowie zur Erzeugung von Kühlluft nötigen Aggregate wurden außerhalb der Ausstellungsräume plaziert und mittels Kupferrohren und Schläuchen mit den Raumgeräten verbunden. Um bei einer möglichen technischen Störung (Stromausfall etc.) eine abrupte Klimaänderung in den Vitrinen zu vermeiden, sind in allen luftdicht verschlossenen Vitrinen Behältnisse mit Silikagel eingebaut. Diese Technik hat sich bereits in der Ausstellung »Glanz und Ende der alten Klöster« in Benediktbeuern 1991 bestens bewährt.

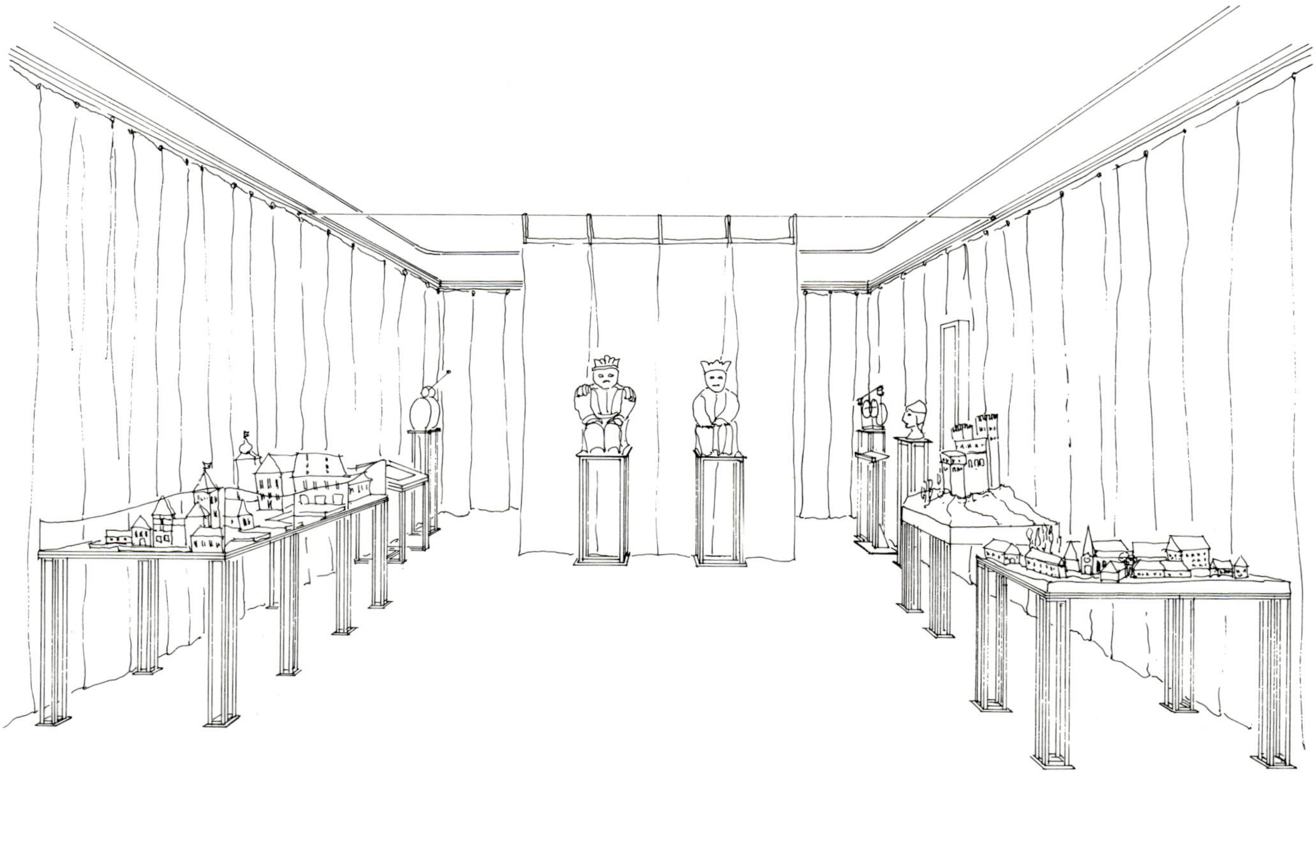

Die über Raumsonden gesteuerten Klimageräte garantieren auch bei großem Besucherandrang sowie starkem Witterungsumschwung, das Raumklima nahezu stabil zu halten. Die im Ausstellungsbereich angestrebten Klimawerte liegen bei 55%–60% RLF bei ca. 20–22° C Graden. Diese Werte stehen ca. vier Wochen vor Ausstellungsbeginn zur Verfügung und garantieren bereits bei der Aufstellung der Objekte optimale Klimabedingungen.

Lichtschäden an musealen Objekten treten zumeist durch Tageslicht sowie durch hohe konstante Beleuchtungsstärke auf. Um diese Schäden zu vermeiden, wurde in einigen Vitrinen 2-Scheiben-Sicherheitsglas (VSG 8) mit UV absorbierender Schicht verwendet. Als weitere Maßnahme zur Vermeidung von UV-Schäden ist ein direkter Überzug der Leuchtmittel vorgesehen. Als Leuchtmittel kommen Leuchtstofflampen von 8 bis max. 36 Watt (Lichtfarbe 21) zum Einsatz. Diese Lampen wurden gewählt, um möglichst wenig Strahlungsschäden und Eigenwärme zu erzeugen. Als Beleuchtungsstärke werden 50–100 Lux im Abstand von 0,3 bis 1 m zugrundegelegt.

Für die Raumbeleuchtung werden ebenfalls Leuchtstofflampen verwendet. Sie sind ausreichend in Leuchtstelen als Grundbeleuchtung für Raum und Objekte bemessen. Bei der Vitrinengestaltung wurden die Leuchtmittel so in Hohlprofile eingebaut, daß – ohne den Betrachter zu blenden – eine nahezu reflexionsfreie, durch die Vitrinenverglasung hindurch optimale Beleuchtung der Exponate möglich ist.

Zur Restaurierung des Heiltumsschatzes und der Bernhardin-Tafel

Die mittelalterlichen Reliquiare des Andechser Heiltumsschatzes, der einen hohen kirchengeschichtlichen Wert darstellt, waren durch ihren lang andauernden Gebrauch und ihre wechselvolle Geschichte im Erhaltungszustand stark beeinträchtigt. An den zum Teil qualitätvollen Arbeiten waren vielfältige Umarbeitungen sowie unsachgemäße Reparaturen und stilfremde Ergänzungen unter Verwendung von Teilen fremder Herkunft vorgenommen worden. Dabei wurde auch die Stabilität mancher Reliquiare beeinträchtigt. Ebenso gingen im Lauf der Zeit Teile verloren, die nicht ergänzt oder ersetzt wurden. Schwerpunkt der Restaurierung waren neben der erforderlichen Reinigung somit die Stabilisierung sowie die Entfernung schlecht ausgeführter Reparaturen und Ergänzungen aus ungeeignetem Material.

Bereits ältere Restaurierungen an beiden Altarflügeln des Triptychons »Die hl. Hedwigs-Legende« brachten keine durchgreifende substantielle Besserung. Bei der Vorbesichtigung eines polnisch-deutschen Restauratorenteams stellte sich zudem heraus, daß der rechte Flügel in seiner Stabilität stärker beeinträchtigt war und eine Ausleihe aus Transportgründen nicht in Frage kam. Neben grundlegenden konservatorischen Maßnahmen wie der Festigung der Malschicht, der Abnahme versprödeter Kittungen und dem Auftrag eines neuen Firnisses waren erneuerte Retuschen am linken Flügel, die einen verbesserten optischen Eindruck vermitteln, vonnöten. Die Tafel wurde anschließend in ihren ebenfalls restaurierten Rahmen wieder eingesetzt. Die Ausführung dieser Arbeiten geschah durch die zuständigen Restauratoren des Warschauer Nationalmuseums.

Zur Restaurierung der Freytags-Handschrift

Ausgewählte Blätter der Freytags-Handschrift aus der Universitätsbibliothek Breslau (vgl. Kat.Nr. 98) waren bereits seit Ende Januar in München, um hier restauriert zu werden. Die Seiten der Chronik wurden im Beisein des Leiters der Restaurierungswerkstätten der Universitätsbibliothek Breslau restauriert. Dieser Erfahrungsaustausch ermöglichte es dann dem polnischen Restaurator, den Rest der Handschrift sowie andere beschädigte Handschriften der Universitätsbibliothek nach modernsten Verfahren zu konservieren. Von dieser für alle Seiten befriedigenden Lösung profitiert vor allem auch der Ausstellungsbesucher in Andechs: Da die Handschrift für die Restaurierung auseinandergenommen werden mußte, kann nicht nur eine Seite der Chronik, sondern auch eine repräsentative Auswahl der wichtigsten Illustrationen dieses wertvollen Buches gezeigt werden.

Eine gründliche Untersuchung der Pergamentblätter ergab, daß die Federzeichnungen durch Wasserschaden nur gering beschädigt waren. An der Tinte des Textes sind jedoch meist große Verluste eingetreten, die bei einer früheren Behandlung teilweise nachgeschrieben wurden. Die äußersten Lagen wiesen im Falz erhebliche Verschmutzungen und Risse auf. Es wurden vorerst nur schonendste Trockenreinigungsmaßnahmen durchgeführt und anschließend alle alten Klebstoffreste im Falz abgelöst. Die Pergamentblätter wurden in einer Klimavitrine auf einer Schutzschicht aus Gore-Tex schonend ausgerichtet und anschließend geglättet. Für die Behandlung der Risse fanden Japanpapier und Kleister als Klebstoff Verwendung.

Ernst Bielefeld Alfred Stemp Manfred Wunderskirchner

Das Computerspiel

Am Ende des Ausstellungsrundgangs bietet ein Computerquiz dem Besucher die Möglichkeit, sein Wissen zu überprüfen. 15 Fragen zu Themenschwerpunkten der Ausstellung und zu zentralen Ausstellungsgegenständen sollen insbesondere Jugendlichen helfen, das im Rahmen der Ausstellung vermittelte Wissen spielerisch zu vertiefen. In aufeinanderfolgenden Schritten, aber auch ganz gezielt, können 15 Quizfragen auf einem Computerbildschirm aufgerufen werden. Zu jeder Frage sind drei Antworten vorgegeben, von denen nur eine richtig ist. Wird eine falsche Antwort gewählt, so kann die Frage wiederholt werden. Erläuterungen zu den gewählten Lösungen – warum eine Antwort falsch bzw. richtig ist – unterstützen den Fragenden. Der spielerische Charakter des Quiz steht im Vordergrund, eine Bewertung der Ergebnisse ist nicht vorgesehen.

Das Computerquiz ist als »Multi-Media-System« ausgelegt; bildliche Darstellungen (Grafik, Videoclips) und akustische Informationen ergänzen die textlichen Aussagen. Auf eine Tastatur für die Bedienung des Systems durch die Besucher wurde verzichtet: Auf dem Computerbildschirm werden bestimmte Bereiche (z. B. in Form von Schalterflächen, »buttons«, für die möglichen Antworten) angezeigt, deren Berührung eine Reaktion des Programms, wie die Anzeige der gewählten Antwort, auslöst.

Bei der verwendeten Hard- und Software handelt es sich um Standard-Systeme; der Programmablauf und die Gestaltung wurden – nach inhaltlichen Vorgaben – von einem auf derartige Multi-Media-Anwendungen spezialisierten Grafikbüro erstellt. Als Hardware wurde IBM PS MULTIMEDIA PREMIUM LINE 9577-INA (4861DX2, 66 MHz) eingesetzt, ergänzt um einen 17-Zoll-Tastbildschirm. Bei der Software handelt es sich um IBM AVC (Audio Video Connection); OS/2. Hard- und Software wurden von der Firma JWP Information Systems, Gersthofen bei Augsburg, Fachbereich Multimedia, geliefert. Die Multi-Media-Show wurde von der Kuhn und Ehrengruber GmbH, Neusäß bei Augsburg, erstellt. Die Geräte stellte freundlicherweise das Kulturprogramm der Volksbanken und Raiffeisenbanken in Bayern zur Verfügung.

Rudolf Misera

Kat.Nr 102
Vorlage für das Familienbild aus der Breslauer Freytagshandschrift (vgl. Kat.Nr. 2, Abb. S. 20) ist diese Darstellung aus dem Schlackenwerther Codex von 1353 (vgl. Kat.Nr. 102, fol 10ᵛ). In der Freytagshandschrift fehlt allerdings Markgraf Heinrich IV. von Istrien (ganz rechts).

I Zum mittelalterlichen Herrschaftssystem

1 [Abb. S. 24]

Figuren König Philipps von Schwaben und Königin Irenes

a) König Philipp von Schwaben
Regensburg, um 1207
Kalksteinrelief, Krone ergänzt, Attribut der linken Hand abgebrochen, 85 × 38 × 43
Regensburg, Museen der Stadt (AB 25)

b) Königin Irene [Abb. S. 24]
Regensburg, um 1207
Kalksteinrelief, Oberfläche durch Verwitterung ausgewaschen, 82 × 38 × 49
Regensburg, Museen der Stadt (AB 26)

Eine in der Fußplatte angebrachte Inschrift – P(H)ILIP(PUS) R(E)X ROMA(NORUM) – weist die im Hochrelief gearbeitete Sitzfigur als König Philipp von Schwaben (1198–1208) aus. In der rechten Hand, der Schwurhand, trägt er ein Reliquiar als Symbol für einen geleisteten Eid. Der Gegenstand in der linken Hand ist nicht mehr zu identifizieren. Die Skulptur König Philipps wurde, zusammen mit derjenigen seiner Frau, Königin Irenes von Byzanz, an der Nordseite des mittleren Turms der Steinernen Brücke in Regensburg angebracht. Auftraggeber dürfte die Regensburger Bürgerschaft gewesen sein, die von dem Stauferkönig Philipp am 9. April 1207 Steuerprivilegien erhielt. Die Aufstellung beider Figuren darf als Dank für diese die wirtschaftliche Position der Stadt stärkende Maßnahme gewertet werden.
Das Schicksal des Stauferkönigs Philipp von Schwaben ist mit dem des Andechser Herzogshauses eng verknüpft: Bei der Hochzeit seiner Nichte, Beatrix von Burgund, mit Otto VII. von Andechs-Meranien, die am 21. Juni 1208 in Bamberg stattfand, wurde König Philipp von Pfalzgraf Otto von Wittelsbach im Bischofspalast ermordet. Der Verdacht der Mittäterschaft fiel – ungerechtfertigterweise – auf den Gastgeber, Bischof Ekbert von Bamberg aus dem Haus Andechs und auf seinen Bruder, Markgraf Heinrich von Istrien, der wohl für die Sicherheit des Königs zuständig war. Über die beiden Andechser, die zu ihrer Schwester, Königin Gertrud von Ungarn, geflohen waren, wurde Anfang 1209 auf einem Reichstag zu Augsburg die Reichsacht verhängt. Ihrer Besitzungen bemächtigte sich großteils der Wittelsbacher Herzog. Trotz der späteren Rehabilitierung Ekberts und Heinrichs konnten sich die Andechser nicht mehr gegen den großen Konkurrenten Wittelsbach behaupten; der Königsmord von 1208 an Philipp von Schwaben hatte den politischen Aufstieg der Andechs-Meranier abrupt beendet. K. M.

Lit.: Wittelsbach und Bayern 1980, Nr. 94.

2 [Abb. S. 20]

Familienbild der Andechs-Meranier

Hedwigslegende von 1451
(Freytagsche Handschrift)
Pergament / Feder, 120 Bll., 29,7 × 20,5
Breslau / Wrocław, Universitätsbibliothek (IV F 192, fol. 5r)

Auf fol. 5r dieser Breslauer Sammelhandschrift (vgl. Kat. Nr. 98) ist die Familie der Andechs-Meranier dargestellt, wie sie sich auf dem Höhepunkt ihrer Macht präsentierte. Das Bild zeigt in der Mitte Herzog Berthold IV. von Andechs-Meranien (gest. 1204), den ersten Inhaber des meranischen Titelherzogtums, zusammen mit seiner Frau Agnes von Rochlitz und ihren Nachkommen.
Von links nach rechts: Elisabeth (gest. 1231), Landgräfin von Thüringen, Gertrud, Königin von Ungarn und Mutter der hl. Elisabeth (gest. 1213), Agnes (gest. 1201), Königin von Frankreich, Hedwig (gest. 1243), die mit dem Piastenfürsten Heinrich I. verheiratete Herzogin von Schlesien. Zu ihren Füßen sitzt ihre Schwester Mechthild, Äbtissin von Kitzingen (gest. 1254). Nach dem Elternpaar beginnt die Reihe der Söhne mit Berthold V., Patriarch von Aquileja (gest. 1251), wie sein Bruder Ekbert (gest. 1237), Bischof von Bamberg, mit Bischofshut gekennzeichnet. Den Schluß bildet Herzog Otto VII. von Meranien (gest. 1234).
Fol. 10r des sogenannten Schlackenwerther-Codex (vgl. Kat. Nr. 102), der die Bildvorlage zu dieser Hedwigslegende von 1451 lieferte, zeigt neben Herzog Otto VII. zusätzlich Markgraf Heinrich IV. von Istrien (gest. 1228).
K.M.

Lit.: vgl. Kat. Nr. 98.

3 [Abb. S. 25]

Kopf eines Gerüsteten um 1235

Sandstein, 31,5 × 20,5 × 23
Bamberg, Historisches Museum, Sammlungen des Historischen Vereins Bamberg e. V. (HV 291 a)

Der Kopf zeigt einen bärtigen Mann mit einer Kettenhaube und einem Eisenhelm. Er ist vermutlich das Fragment einer ganzfigurigen Ritterdarstellung aus Sandstein des aus der staufer-zeitlichen Bildhauerwerkstatt stammenden Figurenprogramms am Bamberger Dom. Möglicherweise stellt er den hl. Mauritius oder den hl. Georg dar. Schon durch den Bistumsgründer Heinrich II. wurde in Bamberg eine Verbindung zu Mauritius hergestellt. Die Westkrypta des seit 1004 errichteten Heinrichsdoms war dem hl. Mauritius geweiht; 1012 wurden im Kreuzaltar Mauritiusreliquien niedergelegt. Spätmittelalterlicher Überlieferung zufolge ließ Herzog Otto VII. von Andechs-Meranien, veranlaßt durch

seinen Bruder, Bischof Ekbert von Bamberg, aus dem Kloster Saint-Marais-en-Valais in Burgund die Hirnschale des hl. Mauritius nach Kloster Langheim verbringen. 1220 wurde sie auf Bitten König Friedrichs II. nach Magdeburg weitergegeben.
Seit dem 13. Jahrhundert trat der hl. Georg als bevorzugter Patron der Ritterschaft an die Stelle des hl. Mauritius. Mauritiusdarstellungen wurden nun mit dem hl. Georg identifiziert, dessen Verehrung seit dieser Zeit stark zunahm. Auch seine herausragende Funktion als Sekundärpatron des Bamberger Doms unterstützt die Annahme, den vorliegenden Ritterkopf als Teil einer Darstellung des hl. Georg ansehen zu können. L. He.

4 [Abb. S. 26f., 35]

Petrus de Ebulo, Liber ad honorem Augusti sive de rebus Siculis

Unteritalien (Palermo?), 1195/97
Pergament/Handschrift, 53 Bll., 33 × 20 (R)
Bern, Burgerbibliothek (Cod. 120 II)

»Dieses Buch verfaßte ich zu Ehren der kaiserlichen Majestät«, schrieb Magister Petrus de Ebulo auf der letzten Seite seines Versepos, in welchem er den Übergang der Herrschaft über Sizilien an die Staufer und die Italienzüge Kaiser Heinrichs VI. verherrlichte. Der Codex wurde wohl im Umkreis des Hofes in Palermo geschrieben, um 1195–1197, ausgestattet mit 53 sehr lebendig gestalteten Bildseiten in byzantinischem Stil, die vor allem auch als Bildquelle für die Kulturgeschichte des Hochmittelalters wichtig sind. Der Codex kam sehr wahrscheinlich mit der Sammlung des humanistischen Gelehrten und Diplomaten Jacques Bongars (1554–1612) in die Burgerbibliothek Bern.

4

5

Die ausgestellten Seiten zeigen:
107^{r}: Friedrich Barbarossa auf dem Zug ins Heilige Land (oben). Friedrichs Tod im Saleph (wenig später blau übermalt) (Mitte). Der Einzug Heinrichs VI. in Sizilien (unten).
123^{r}: Graf von Acerra bestürmt die Stadt Capua. M. St.

Lit.: Schramm/Mütherich ^{2}1982.

5 [Abb. S. 32]

Modell der Steinernen Brücke in Regensburg

Nach Plänen von Adolf Schmetzer (1854–1943)
Regensburg, 1900/1910
Holz, Papier, Kork, Gips, farbig gefaßt, 409 × 95 × 46
Regensburg, Museen der Stadt (KN 1993 / 5)

Die Steinerne Brücke zählt mit dem Dom zu den bedeutendsten Wahrzeichen der Stadt Regensburg. Im Mittelalter galt sie als »Wunder der Baukunst«, Hans Sachs preist sie in einem Lobgedicht: »Der Brucken gleicht keine in Teutschland«. Wohl unter Verwendung von älteren Überlieferungen nennt er die Bauzeit von 1135 bis zur Fertigstellung 1146. Neben einer Urkunde des benachbarten Stadtamhofer Klosters St. Mang wird der Baubeginn durch Überlieferungen belegt, nach denen der Sommer des Jahres 1135 derart trocken und heiß war, daß »Wälder sich entzündeten und die Donau bis in die Tiefe seicht wurde«. Durch Umleitung der verbliebenen Wassermenge in eines der beiden Strombette der Donau an dieser Stelle konnten die ursprünglichen 15 Pfeiler fundamentiert werden, über die sich die Brücke mit ihren 16 Rundbögen spannte. Der Knick in der Brückenachse ist bedingt durch die individuelle Pfeilerstellung, die den unterschiedlichen Strömungsrichtungen Rechnung trägt. Schon unter Karl dem Großen soll etwa 100 Meter stromabwärts, an der Stelle der Porta Praetoria des römischen Castells Castra Regina, eine Schiffsbrücke errichtet worden sein. In der Fundamentierung der Steinernen Brücke griff man auf eine römische Technik zurück, wie sie unter anderem durch die Römerbrücke in Trier überliefert ist.
Die Bauherrschaft der Brücke war zwischen dem bayerischen Herzog und dem Kaiser umstritten. Da sie im Mittelalter den einzigen befestigten Donauübergang zwischen Ulm und Wien bildete, darf ein sehr großes Interesse der Regensburger Kaufleute an diesem wirtschaftlichen Vorteil vorausgesetzt werden, das sich sicher in einer entsprechenden finanziellen Unterstützung des Brückenbaus niederschlug.
Das Modell zeigt noch das ursprüngliche Bild mit der Befestigung durch drei Türme, dem Schwarzen Turm auf dem nördlichen Widerlager, dem Mittelturm auf dem zwölften Pfeiler und dem Brückturm auf der reichsstädtischen Seite, der sich als einziger erhalten hat. An seiner Nordseite befinden sich heute die Abgüsse (Originale im Museum der Stadt) der Herrscher, die

6

der Stadt die bedeutendsten Freiheitsrechte verliehen: Philipp von Schwaben mit seiner Gemahlin Irene von Griechenland und Kaiser Friedrich II.

M. A.

Lit.: Paulus 1987, S. 35–65 (mit Zusammenfassung der wichtigsten Literatur); Paulus 1993; Bauer [4]1988, S. 192–197.

7

6

Modell der Michelsburg

Modell: Jean-François Grillet, 1993
Holz, lasiert
Maßstab 1:200
Wiss. Beratung: Johannes Erichsen
München, Haus der Bayerischen Geschichte

Die im Südtiroler Pustertal oberhalb der Gemeinde St. Lorenzen bei Bruneck gelegene, gut erhaltene Michelsburg stammt in ihrer ältesten Bausubstanz aus dem 12. Jahrhundert; das heutige Aussehen ist von der Architektur des gotischen Ausbaus bestimmt. Die Michelsburg, für die im 13. Jahrhundert mehrmals die Bezeichnung »urbs« auftaucht, ist als Verwaltungszentrum der Andechser Grafschaft im Pustertal anzusehen. Die Herrschaft der Andechser in den Grafschaften des Pustertals, des Inn- und Wipptals sowie die Vogtei über das Bistum Brixen sind verknüpft mit dem Amtsantritt Ottos von Andechs als Bischof von Brixen im Jahr 1165. Während seines nur fünfjährigen Episkopats belehnte Otto seinen Bruder Berthold III. von Andechs (gest. 1188) mit den oben genannten Grafschafts- und Vogteirechten im Tiroler Raum. Den von den Andechsern mit der Burg belehnten Ministerialen wurde auch die Ausübung der grafschaftlichen Gerichtsbarkeit im Umfang des späteren Landgerichts St. Michelsburg übertragen. Diese und ähnliche für den herzoglichen Landesausbau wesentlichen Aufgaben ermöglichten den sozialen Aufstieg von Ministerialengeschlechtern.

Als Reaktion auf die Existenz der Andechser Burg im Pustertal und die damit verbundene herzogliche Territorialpolitik kann die Gründung des Marktes Bruneck zu Füßen der Burg durch den Brixener Bischof betrachtet werden. Herzogsburg und Bischofsmarkt spiegeln den territorialpolitischen Interessenskonflikt zwischen Andechser Lehensträger und bischöflichem Lehensherrn wider. Mit der Ächtung der Andechser 1209 war unter anderem der Verlust der Pustertaler Grafschaftsrechte verbunden, so daß die Andechser Ministerialen der Michelsburg ab 1210 in den Diensten der neuen Herren des Pustertals, der Grafen von Tirol, zu finden sind. Auch nach der erneuten Übertragung der Pustertaler Grafschaftsrechte an die Andechser im Zug ihrer Rehabilitierung 1232 blieben die Michelsburger Ministerialen Dienstleute der Grafen von Tirol – ein Indiz dafür, daß die Andechs-Meranier nicht mehr in der Lage waren, die Grafschaftsrechte durch die Einsetzung abhängiger Dienstmannen effizient zu nutzen. Das Modell gibt die Bausubstanz des späten 15. Jahrhunderts wieder.

K. M.

Lit.: Bitschnau 1980, Kat. Nr. 503; Hye 1989, S. 47–53.

7

Modell des Klosters Langheim in der Zeit um 1800

Modell: Andreas Schnappauf, 1982
Holz, 15 × 110,5 × 80,5
Lichtenfels, Filialkirchenstiftung »St. Michael« Klosterlangheim

Das Zisterzienserkloster Langheim wurde 1132/33 als Tochterkloster von Ebrach gegründet. Die notwendige Ausstattung stiftete ein Ministeriale (oder drei Brüder aus dem Ministerialenstand). Auf dem von ihnen zur Verfügung gestellten Grund errichtete Bischof Otto I. der Heilige von Bamberg (gest. 1139) mit hohem Aufwand ein Kloster, dem er das »predium« Trieb im Maintal übertrug. Zu den frühesten Förderern der Zisterze zählte Kunizza, die Frau des Grafen Poppo I. von Andechs-Plassenburg, die dem Kloster, wohl zwischen 1137 und 1139, Besitz übertrug. Von 1180 bis ins 14. Jahrhundert erhielt Langheim umfangreiche Schenkungen, deren bedeutendste von Andechs-Meraniern kamen: von Bischof Otto II. von Bamberg, von Herzog Otto VII. (gest. 1234) und seinem Sohn Otto VIII. (gest. 1248). Letztere sowie die Frau Ottos VII., die Stauferin Beatrix (gest. 1231), wurden in der Langheimer Klosterkirche beigesetzt.

Nach dem Aussterben der Andechs-Meranier, die wohl für mehrere Jahrzehnte die Herrschaft über das Kloster innegehabt hatten, machte das Hochstift Bamberg alte Ansprüche auf den Schutz (defensio, tuitio) und den größten Teil des langheimischen Besitzes geltend. Daraus leiteten die Bischöfe im folgenden die weltliche Herrschaft über Langheim ab, obwohl das Kloster die Rechte besessen hätte, ein eigenes Territorium auszubilden. Trotz mehrerer Versuche gelang es der Zisterze nicht, sich aus dem Hochstift Bamberg zu lösen und die Reichsunmittelbarkeit zu erringen. 1741 erkannte Abt Stephan Mösinger den Bamberger Bischof endgültig als Landesherrn an.

Wohl um den Herrschaftsanspruch Bambergs nicht unnötig zu stützen, bestritt Langheim spätestens seit dem 17. Jahrhundert die Gründerschaft des hl. Otto; vielmehr nahm man im Kloster die Andechs-Meranier sowie die mit ihnen verwandten Truhendinger und die Grafen von Orlamünde als Gründer in Anspruch. Noch im späten

18. Jahrhundert bezeichneten Langheimer Autoren ihre Abtei als »ducale monasterium«.
Der Wohlstand der Zisterze – Langheim war das reichste Kloster der Diözese Bamberg – und das Selbstbewußtsein der Langheimer Äbte und Konventualen spiegelten sich in den klösterlichen Bauwerken wider. Von 1681 bis in die 40er Jahre des 17. Jahrhunderts wurde der Neubau des Klosters vorangetrieben; auch unter den beiden letzten Äbten (1774–1803) ist eine rege Bautätigkeit festzustellen. Der von Balthasar Neumann geplante Neubau des Münsters kam nicht zustande – die Errichtung der Wallfahrtskirche Vierzehnheiligen hatte die Klosterfinanzen zu sehr beansprucht –, so daß die alte, wohl dem 14. Jahrhundert entstammende Kirche bis 1802 bestehen blieb; ihr wurde lediglich um 1780 eine Fassade vorgeblendet. Ein Brand in der Nacht vom 6. auf den 7. Mai 1802 verwüstete große Teile der Klosteranlage. Nach der Aufhebung der Zisterze im folgenden Jahr wurde die Ruine des Münsters abgetragen, in der sich ein Grabdenkmal des 16. Jahrhunderts für die drei vorgeblichen Gründerfamilien befunden hatte; 1804 ließ man erhebliche Teile des Abtei- und des Konventbaus abbrechen.
Das ausgestellte Modell zeigt die Situation um 1800. Die Vorlage bilden Ansichten des Klosters, die der Konverse Alanus Bittermann (1763–1801) gezeichnet hat. G. D.

Lit.: Geldner ²1990; Dippold 1989, S. 339–358; Dippold 1990, S. 81–121; Machilek (in Planung).

8 [Abb. S. 30]

Falkensteiner Codex Rechtsaufzeichnungen der Grafen von Neuburg-Falkenstein

Stift Herrenchiemsee, 1166 – um 1196
Handschrift / Pergament, 40 Bll., Holzdeckeleinband mit Lederrücken, 25 teils mehrfarbige Federzeichnungen, 27,3 × 17,7 (R)
München, Bayerisches Hauptstaatsarchiv (KL Weyarn 1)

Der Codex Falkensteinensis stellt ein einzigartiges Dokument zur Erforschung der Geschichte eines hochmittelalterlichen Adelsgeschlechts dar; denn im Unterschied zu den sonst bekannten Codices dieser Art, die sämtlich aus Klöstern und Stiften stammen, handelt es sich hierbei um das einzige überlieferte Traditionsbuch und das älteste Urbar (Einkünfteverzeichnis) einer weltlichen Grundherrschaft in Süddeutschland. Die Falkensteiner, mit Besitzungen im Chiemseegebiet, waren im 12. Jahrhundert Lehensträger der Andechser; diese sind im Verzeichnis der Falkensteiner Passivlehen genannt (fol. 7^{v}).
Neben fünf Miniaturen weist die Handschrift zahlreiche, meist in Rot und Braun gehaltene Randillustrationen auf. Häufig finden sich Zeichnungen im Urbar als bildhafte Erläuterung der einzelnen Kategorien von Abgaben. Interessant ist der Falkensteiner Codex vor allem auch deshalb, weil hier nicht nur die Gruppe des herrschenden Adels gezeigt wird, die die Abgaben einnahm, sondern auch die Untertanen, die die Abgaben zu leisten hatten. So ist ein Bauer abgebildet, der gerade ein Schwein schlachtet (fol. 11^{v}), weitere Bauern werden bei der Käsezubereitung gezeigt (fol. 5^{v}, 8^{r}, 12^{r}). Die Zinszahlung wird durch Männer mit Geldstücken illustriert, die Arbeit in einem Weinberg durch zwei Bauern mit Hacke und Messer, vor dem Hintergrund der niederösterreichischen Burg Hernstein, die sich im Besitz der Grafen von Neuburg-Falkenstein befand (fol. 14^{v}). K. M.

Lit.: Noichl 1978; Aus 1200 Jahren, 1980, S. 76.

9

Das mittelalterliche Herrschaftssystem

Illustrationen: Hans Wiedemann
Zitatauswahl: Alois Schütz
München, Haus der Bayerischen Geschichte

In der mittelalterlichen Staatenwelt spielte der deutsche König eine herausragende Rolle. Er wurde als Beschützer der Kirche vom Papst zum Kaiser gekrönt und nahm so den höchsten Rang ein. Ihm zur Seite standen kirchliche und weltliche Reichsfürsten. Die kleine Oberschicht bildeten die Freien, d. h. der Adel, der Grund und Boden besaß. Gewicht hatte auch die Geistlichkeit, die aber vom Waffentragen ausgeschlossen war. Aus der breiten Schicht der Halb- oder Unfreien gelang im Lauf des Mittelalters zwei Gruppen der soziale Aufstieg: Die Ministerialen errangen fast adelsgleichen Status, und die Bürger der Städte konnten sich aus der Leibeigenschaft befreien. Die große Masse der Bevölkerung war abgabepflichtig und hatte teilweise Frondienst zu leisten.
Illustrationen und zeitgenössische Zitate sollen dieses System anschaulich machen:
Kaisertum: »Die göttliche Allmacht hat uns, ihrem Gesalbten, ... das Königtum und Kaisertum ... übertragen und den Frieden der Kirchen den kaiserlichen Waffen anvertraut.« (Schreiben Kaiser Friedrich Barbarossas von 1157 an Papst Hadrian IV.)
Mönche: »Müßiggang ist ein Feind der Seele. Daher sollen sich die Brüder ... mit Handarbeit und ... mit heiliger Lesung beschäftigen.« (Aus der Regel des hl. Benedikt von Nursia, gest. um 560)
Bauern: »Dem Menschengeschlecht ist durch göttliche Fügung die Strafe der Knechtschaft auferlegt worden.« (Aus der Gesetzessammlung Bischof Burchards von Worms, 1008–1012)
»Arme hält man für wertlos, man achtet sie für gering und läßt sie verkommen.« (Aus dem Buch von Papst Innozenz III. »Über das Elend des menschlichen Daseins«, 1193/94)
Bürger: »Kein Richter darf ohne ihre Zustimmung über sie gesetzt, keine Steuer ohne ihre Zustimmung von ihnen erhoben werden; von niemand anderem dürfen sie gepfändet werden.« (Aus der Stadtrechtsbestätigung für Innsbruck, 1239)
Ministerialen: »Der Stand der Ministerialen, die auch Ritter genannt werden, besitzt einen solch vornehmen und wehrhaften Ruf, daß man seine Angehörigen schon beinahe als Freie bezeichnen kann.« (Chronik des Klosters Ebersheimmünster im Elsaß, 1. Hälfte des 13. Jahrhunderts)
Fürsten: »Wie das Haupt auf den stattlichen Gliedern ruht, wird unsere kaiserliche Herrschaft durch die Fürsten und Großen gestützt.« (Aus dem Gesetz Kaiser Friedrichs II. für die Landesherren von 1232) J. K.

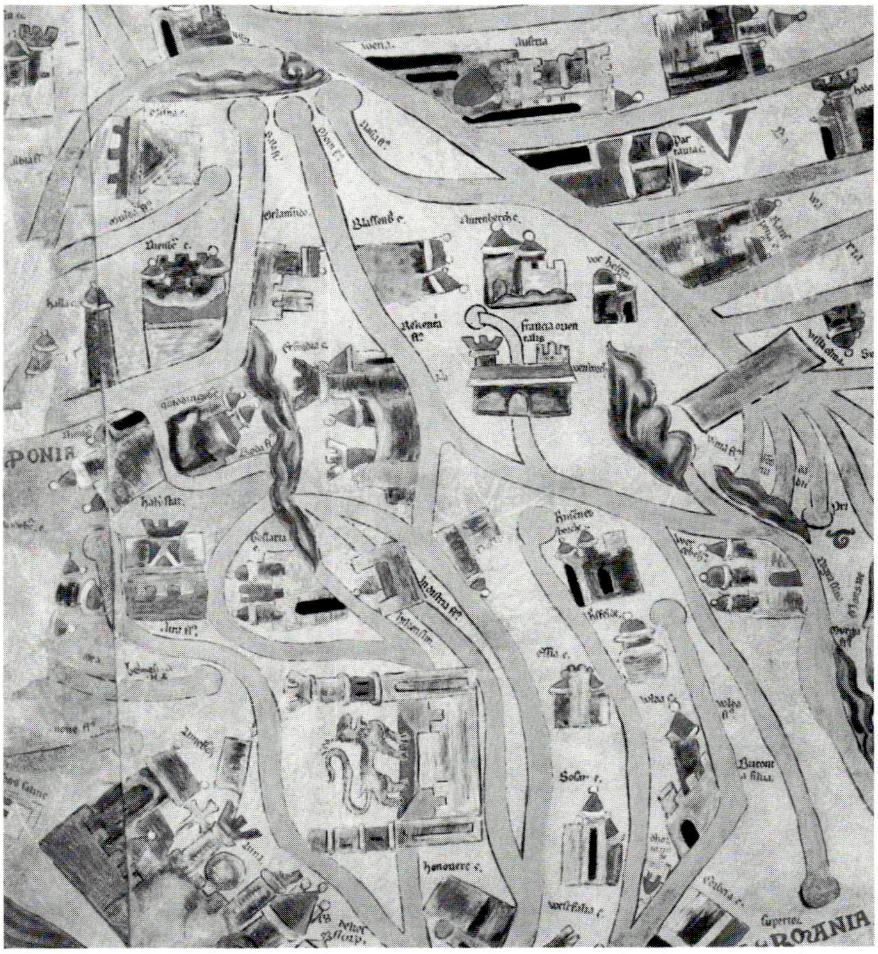

10

10 [Abb. S. 29]

Ebstorfer Weltkarte

Faksimile: Rudolf Wieneke, 1954
nach dem Original um 1235
Ziegenpergament, 30 zusammengenähte Bll., ∅ ca. 360
Kulmbach, Landschaftsmuseum Obermain

Die Ebstorfer Weltkarte – mit 1224 Eintragungen die größte und inhaltsreichste erhaltene Karte des Mittelalters – bietet eine eindrucksvolle Erläuterung mittelalterlicher Weltsicht. Die Karte, die auf einer Fläche von 12,74 m² 534 Städte, Klöster, Grabdenkmäler, Bauwerke, 162 Flüsse, Seen und Meere, über 120 Inseln und Berge sowie zahlreiche Figuren aus Mythologie und Sage, verschiedene Menschentypen und Tiere darstellt, ist an zwei Stellen beschädigt. Als Entstehungsort wird das südlich von Lüneburg gelegene Kloster Ebstorf vermutet, wo die Karte zusammengerollt 1830 gefunden wurde. Seit 1835 in Hannover aufbewahrt, wurde die Karte bei einem Bombenangriff 1943 zerstört. Nachbildungen existieren in Ebstorf, Hannover, Lüneburg und auf der Plassenburg bei Kulmbach.

Die Anlage der Ebstorfer Weltkarte, die dem Typus der mittelalterlichen Radkarte entspricht, verrät Kenntnis der »Otia Imperialia« betitelten Schrift des englischen Klerikers Gervasius von Tilbury (um 1140–1220). Die kreisförmige Erdfläche wird vom Weltmeer umflossen, in T-förmiger Gestalt werden die Erdteile Asien (oberer Teil), Europa und Afrika voneinander durch das Mittelmeer und die Nebenmeere getrennt. Die Welt erscheint als Körper Christi, der sie zugleich umfaßt. Ebenso spiegeln die Zentralposition Jerusalems, die Einbeziehung der Arche Noah oder des im Osten, in unmittelbarer Nähe des Kopfes Christi gelegenen Paradieses die heilsgeschichtliche Konzeption des Aufbaus wider. Im Gegensatz zu heutigen Karten ist die Ebstorfer Weltkarte nicht nach Norden, sondern nach Osten ausgerichtet. Entsprechend liegt Deutschland in der linken unteren Hälfte der Karte. Neben den großen Bischofs- und Reichsstädten ist auch die andechsische Plassenburg verzeichnet. K. M.

Lit.: Popp o. J.; Wolf 1957, S. 204–215; Brincken 1968, S. 118–187; Oberfranken im Bild alter Karten 1983; Zwischen Oder und Riesengebirge 1987, S. 157.

11 [Abb. S. 33]

Türmeruhr mit Stundenschlag

Nürnberg, 1. Hälfte 15. Jahrhundert
Eisen, geschmiedet, gefeilt, teilweise bemalt, 42 × 29 × 25
Nürnberg, Germanisches Nationalmuseum (WI 999)

Die Einführung von Räder- bzw. Schlaguhren ermöglichte erstmals eine exakte Messung der Zeit. Richtete sich in der agrarisch orientierten Wirtschaft das Leben nach dem Ablauf der Tages- und Jahreszeiten, so erforderte die Wertbemessung der handwerklichen Arbeit in den Städten eine genauere Zeitmessung.

In der Reichsstadt Nürnberg war es die Türmeruhr von St. Sebald, die jeweils als erste der städtischen Uhren die Stunde schlug und damit die »amtliche« Zeit angab. Erst unmittelbar nach dem jeweiligen Schlag der städtischen Uhr durfte der Türmer von St. Sebald die Kirchenglocke, die »Orglogck«, betätigen.

Die bei einer Restaurierung im 19. Jahrhundert im Nordturm von St. Sebald entdeckte eiserne Türmeruhr hat ein von Gewichten angetriebenes Uhrwerk. Ein Hämmerchen, das oben auf der Uhr fixiert ist, schlägt zur vollen Stunde. Das bunt bemalte Zifferblatt ist in 16 Stundenpunkte eingeteilt, deren Position durch runde Noppen zusätzlich markiert ist. An der Stelle der heutigen 12. Stunde befindet sich ein spitzer Dorn. Noppen und Dorn dienten als Zählhilfe beim Ablesen in der Nacht. Auf diese Weise konnte man die bei offenem Licht bestehende Brandgefahr vermeiden. K. M.

Lit.: Maurice 1976; Kühnel 1984, S. 9–16; Focus Behaim Globus 1992, S. 622–624 (mit weiterer Literatur).

12

Das astronomische Lehrgerät des Wilhelm von Hirsau

Regensburg, 1060/70 (?),
12. Jahrhundert (?)
Stein, Gesamthöhe 255; mittlere Breite ca. 50 (Abguß)
Regensburg, Museen der Stadt (Klostermuseum Hirsau)

Der von 1069 bis 1091 als Abt in Hirsau fungierende Wilhelm von Hirsau kam schon als Knabe in das Kloster St. Emmeram nach Regensburg. Er widmete sich besonders den Künsten der Astronomie und der Musik. Aufgrund seiner astronomischen Studien baute er ein astronomisches Lehrgerät und entwickelte neue Geräte. Das hier gezeigte »Mittelalterliche Lehrgerät« aus St. Emmeram, das unter der Bezeichnung »Astrolabium« im Regensburger Stadtmuseum aufbewahrt wird, wird von der lokalen Überlieferung Wilhelm von Hirsau zugeschrieben. Aufbau und Gewand der knienden Figur sprechen allerdings für eine Datierung in das 12. Jahrhundert.

In kunstgeschichtlichen Abhandlungen wird die Bildsäule irreführend als »Regensburger Astrolab« bezeichnet. Ein Astrolab ist eine handliche Messingscheibe mit der Projektion der Himmelskreise auf die Horizont-, nicht auf die Meridianebene. Wilhelms Gerät hingegen diente lediglich dem astronomischen Unterricht zur Erlernung der Himmelseinteilung.

Es besteht aus einem Sockel und einer sich darüber erhebenden Bildsäule aus Kalkstein, die in einer Scheibe endet, vor der ein zur Sonne blickender Jüngling kniet, der als der griechische Gelehrte Aratos gilt. Die lateinische Inschrift auf der dem Jüngling zugekehrten Seite der Platte lautet: »Der Sterne Lauf hat Aratos mit dem Stab gemessen.« Der Stab des Aratos versinnbildlicht den Unterricht in der Astronomie. Die Inschrift auf der anderen Seite besagt: »Die Breitenkreise, die Hauptpunkte des Himmels, Lage und Grenzen des Tierkreises [Sonnenwendpunkte], alles dies wird beim Blick auf die Stifte offenbar.« Innerhalb dieser Inschrift ist der Meridianschnitt des Himmels in den Stein eingeritzt: die waagrechte Horizontlinie, die senkrechte Zenitlinie, schräg die Weltachse und dazu senkrecht die Schnittlinien der Polar- und Wendekreise, des Äquators sowie des Tierkreises. (Der Weltachse in der Ptolemäischen Astronomie entspricht die Rotationsachse der Erde in der Kopernikanischen Astronomie: Die Richtung dieser Achse im Raum ist die Richtung des Polstabes moderner Sonnenuhren.) Wichtige Schnittpunkte der in den Stein geritzten Linien wiesen Löcher auf, in die vermutlich Metallstifte oder durchlochte Visierscheibchen (sogenannte Lochabsehen) gesteckt wurden, über die man die Hauptkreise und Linien an den Himmel projizieren konnte.

Wird die Bildsäule so aufgestellt, daß der Jüngling zur Sonne nach Süden schaut, zeigt die Weltachse zum Nordpol des Himmels, d. h., die Rotationsachse zeigt in Richtung des Polarsterns. Dann konnte ein visierender Blick vom Stift in der Mitte zu den Stiften am Rand die Lage der Himmelskreise erkennen lassen.

Die in den Stein geritzten Linien entsprechen völlig der Figur in der lateinischen Handschrift Nr. 14689 der Bayerischen Staatsbibliothek, die aus St. Emmeram stammt und Wilhelms Arbeiten in einer Abschrift des 11. Jahr-

12

hunderts enthält; sogar das vom Endpunkt der Äquatorlinie auf den Horizont gefällte Lot zur Darstellung der Äquatorhöhe ist vorhanden. Die in der Regensburger Figur eingeritzte Lotlinie ergibt die Polhöhe von Regensburg, die mit 49° 1′ 10″ exakt der geographischen Breite der Stadt entspricht.

Die Regensburger Bildsäule ist insofern einzigartig, als sie in keiner antiken Tradition steht. Die einzige Verbindung zur Antike stellt die erwähnte Inschrift mit dem Hinweis auf den griechischen Dichter Aratos von Soloi dar, dessen »Phainomena« und »Diosemeia« um 270 v. Chr. entstanden. Es handelt sich um Beschreibungen des Fixsternhimmels, um Sternsagen und Wetterzeichen, die Aratos in die populäre Form von Lehrgedichten brachte.

A. G.

Lit.: Schott 1958; Zinner 1972; Bayern. Kunst und Kultur 1972, Nr. 77; Gerl 1989; Wiesenbach 1991.

II Die Familie der Andechs-Meranier

13 [Abb. S. 38]

Gemälde des seligen Rasso

Süddeutschland,
3. Viertel 17. Jahrhundert
Öl/Leinwand, 46 × 37,5
München, Privatbesitz

Nach der Legende des späten 14. Jahrhunderts war der sel. Rasso der »mythische Gründer« von Andechs und hat das Kloster Wörth (Grafrath) erbaut. In einem ovalen Bildfeld ist Rasso auf blauem Grund vor rostbrauner Vorhangdraperie dargestellt, im Mittelgrund links eine barocke Kirchenanlage mit Turm. Die Kirche dürfte die Klosterkirche von Andechs darstellen, wenngleich der Stich von Michael Wenig aus der Zeit um 1700 eine andere Haubengestaltung zeigt. Kirche und Turm wurden am 3. Mai 1669 durch Blitzschlag zerstört, die Kirche wurde 1669 neu gedeckt, der Kirchturm 1674/75 wieder errichtet. Der Selige – als Herzog in Rüstung, Hermelinmantel, mit Tellerkrause und Kurhut sowie einer goldenen Halskette mit Medaillon – sitzt an einem Tisch, darauf Münzen. Graf Rasso trägt die Barttracht der Zeit um 1650/60. In seiner Rechten hält er einen Bauplan, der den Grundriß einer frühbarocken Kirche mit seitlichen Anbauten und zwei Kuppeln über dem Schiff zeigt. Der Plan dürfte sich auf Andechs, nicht auf Grafrath beziehen. I. S.–W.

14 [Abb. S. 38]

Gemälde der seligen Kunizza

Kopie nach Johann Ev. Holzer
2. Hälfte 18. Jahrhundert
Öl/Leinwand, 190 × 117
Dießen a. Ammersee, Katholische Pfarrei

Das Bild zeigt die sel. Kunizza von Dießen, die legendäre Gründerin eines Frauenklosters. Die reichen Gewänder, der hermelinbesetzte Mantel, ihr Schmuck und der Purpurhut auf dem Wandtischchen zu ihrer Rechten verweisen auf ihre adelige Abstammung. Sie ist wie Graf Berthold (vgl. Kat.Nr. 17) in einem Phantasie-Interieur mit üppigen Vorhängen, einer Säule und einem Rokoko-Wandtischchen dargestellt. Allerdings ist der Page hier eher als genrehafte Bereicherung der Szene zu sehen. Für beide Bilder (Kat.Nr. 14 und 17) dürfte dem Maler das Porträt des Kurfürsten Clemens August von Georg Demarées auf Schloß Augustusburg in Brühl (1746) als direktes Vorbild gedient haben. M. P.

15 [Abb. S. 39]

Gemälde des seligen Rathard

Johann Ev. Holzer (1709–1740), unbezeichnet
Dießen, um 1737
Öl/Leinwand, 81,5 × 65,5
Dießen a. Ammersee, Katholische Pfarrei

Der sel. Rathard (um 770–850) gilt nach der Legende als Stiftsgründer von St. Georg in Dießen (815). Als Pendant zur sel. Mechthild (vgl. Kat.Nr. 16) schuf Holzer ein halbfiguriges Stifterporträt Rathards mit Kirchengrundriß und Zirkel. Der Oberkörper des jungen Mannes im braunen Mantel ist abgewandt, das Gesicht im Halbprofil wiedergegeben, klare Diagonalen bestimmen die Komposition. Die Meisterschaft des Künstlers zeigt sich auch hier im kontrastreichen Einsatz des Lichts. Möglicherweise handelt es sich um ein Selbstporträt Holzers. Die individualisierten Züge des jungen Mannes mit dem nackenlangen Haar und dem kurzem Bart, der Blick über die abgewandte Schulter, auch die Darstellung mit Planriß und Zirkel deuten darauf hin. M. P.

Lit.: Mick 1984, S. 84f.

16

16 [Abb. S. 39]

Gemälde der seligen Mechthild

Johann Ev. Holzer (1709–1740), unbezeichnet
Dießen, um 1737
Öl/Leinwand, 81,5 × 65,5
Dießen a. Ammersee, Katholische Pfarrei

Mechthild, die Tochter Graf Bertholds II. von Andechs, stand bis 1159 dem Kloster Edelstetten vor und wurde bald nach ihrem Tod (1160) heiliggesprochen. Das halbfigurige Bildnis Holzers zeigt sie im Ornat der Äbtissin mit Krummstab und Hostienkelch. Die Figur ist nah an den Bildrand herangerückt, der Oberkörper ins Halbprofil gedreht. Sie wendet den Blick nach oben und hat die Lippen leicht geöffnet. Durch Mimik und Gestik zeichnet Holzer hier ein lebendiges Bild der Äbtissin im Augenblick des Bekenntnisses. Die zurückgenommene Farbgebung von Ornat und Hintergrund konzentriert den Blick des Betrachters auf die Hauptmotive. M. P.

17 [Abb. S. 39]

Gemälde Graf Bertholds II.

Kopie nach Johann Ev. Holzer
2. Hälfte 18. Jahrhundert
Öl/Leinwand, 190 × 117
Dießen a. Ammersee, Katholische Pfarrei

Die Porträts der sel. Mechthild (vgl. Kat.Nr. 16) und des sel. Rathard (vgl. Kat.Nr. 15) dienten einem unbekannten Maler der 2. Hälfte des 18. Jahrhunderts als Vorlagen für ganzfigurige Stifterbildnisse. Ob es auch für dieses Gemälde ein Vorbild von Holzer gab, ist ungewiß. Die Inschrift rechts unten verweist auf den Gründer des Klosters Dießen, Graf Berthold II. von Andechs, der hier abweichend von der heute üblichen Zählung als Berthold I. bezeichnet wird. Berthold ist mit glänzender Rüstung in Herrscherpose dargestellt. Ein Page, der den Herzogshut mit Hermelinstulp auf einem Samtkissen präsentiert, bereichert die Szene in dem engen Bildraum voll opulenter Draperien; er ist dem Grafen als eine Art herrscherliches Attribut beigegeben. M. P.

17

18 [Abb. S. 40]

Urkunde König Heinrichs II. für einen Grafen Adalbero

Regensburg, 30. Juni 1003
Pergament, 39 × 47,6, mit durchgedrücktem, restaurierten Siegel des Ausstellers
München, Bayerisches Hauptstaatsarchiv (KS 201)

Bevor König Heinrich II. Anfang August 1003 gegen den aufständischen Markgrafen Heinrich von Schweinfurt zu Felde zog, hielt er sich mehrere Wochen in Regensburg auf. In dieser Zeit erteilte er dem Grafen Adalbero das Jagdrecht zwischen Isar und Loisach. Da in der Urkunde als Grund der Verleihung die Dienste des Grafen für den König genannt werden, könnte das Rechtsgeschäft in Zusammenhang mit den Vorbereitungen für den erwähnten Kriegszug gestanden haben. Der Graf, über dessen Herkunft und Tätigkeitsbereich ansonsten nichts bekannt ist, wurde dem königlichen Diplom zufolge ermächtigt, die Jagd vom Zusammenfluß der beiden Flüsse bei Wolfratshausen bis nach Hechenberg, Huppenberg, Königsdorf und Karpfsee auf seinem eigenen Grund und Boden sowie auf den dort gelegenen kirchlichen Besitzungen auszuüben. Den Angaben der Urkunde zufolge lag dieses Gebiet »im Sundergau in der Grafschaft Friedrichs, der in Haching zu Gericht zu sitzen pflegt«.
Da die Nachkommen dieses Grafen Friedrich sich später nachweislich nach Dießen, Thanning und Amras, seit Beginn des 12. Jahrhunderts nach Wolfratshausen benannten, stellt das königliche Diplom vom 30. Juni 1003 das älteste zweifelsfrei mit der Geschichte der gräflichen Familie in Zusammenhang stehende schriftliche Zeugnis dar. A. Sch.

Lit.: D Heinrich II., Nr. 54; Regesten Heinrich II., Nr. 1547; Hirsch 1862, Bd. 1, S. 263 ff.; Ranzi 1939, S. 177.

19 [Abb. S. 41]

Bericht über die Vergabe von Grundbesitz in Landsham (LK München) durch Graf Rasso von Dießen (1039–1053)

Unbeglaubigte Aufzeichnung im Schenkungsbuch des Freisinger Domkapitels (9.–12. Jahrhundert)
Pergament / Handschrift, 318 Bll., 27,8 × 19
München, Bayerisches Hauptstaatsarchiv (HLit Freising 3 b, fol. 237r)

Das Beurkundungswesen war im Mittelalter in den Gebieten nördlich der Alpen nur unzureichend ausgebildet. Insbesondere wurden zwischen dem späten 9. und dem frühen 13. Jahrhundert in Deutschland – von Königs- und Kaiserdiplomen sowie Papst- und Bischofsurkunden abgesehen – nahezu sämtliche Rechtsgeschäfte in mündlicher Form durch rechtssymbolische Handlungen vollzogen. Als Ersatz für fehlende urkundliche Zeugnisse wurden in dieser Zeit vornehmlich an größeren geistlichen Stiften sogenannte Traditions- oder Schenkungsbücher geführt, die vor allem Aufzeichnungen über Grundstücksgeschäfte enthielten. In diesen Texten finden sich zumeist keine Zeitangaben, doch wurden die am Rechtsgeschäft als Zeugen beteiligten Personen vermerkt.
Wie an allen bayerischen Domstiften führte man auch in Freising solche Schenkungsbücher. In diesen Unterlagen findet sich ein Bericht über die Veräußerung von Grundbesitz in Landsham an das Freisinger Domkapitel, die ein Priester Heribert zwischen 1039 und 1053 in Anwesenheit adeliger wie auch unfreier Zeugen vollzog. Da der Priester das von ihm weggegebene Gut jedoch – offenbar erst kurze Zeit zuvor – von seinem Verwandten, dem Grafen »Razo« von Dießen, erhalten hatte, wurde zur Sicherung der Rechte des Domkapitels auch die Übereignung des Landshamer Besitzes an den Priester Heribert durch Graf »Razo« mit den dort anwesenden Zeugen aufgezeichnet.
Wie die Schrift des Eintrags zeigt, wurden die beiden Berichte allem Anschein nach zum Zeitpunkt der Übernahme des Landhamer Gutes durch das Domkapitel oder bald darauf angefertigt. Der Text stellt im übrigen das älteste Zeugnis für einen Grafen Razo oder Rasso in der Andechser Familie dar.
Das unregelmäßige Format der Blätter des Freisinger Traditions- oder Schenkungsbuches läßt erkennen, daß die Handschrift erst zu einem späteren Zeitpunkt aus mehreren, ursprünglich nicht zusammengehörenden Teilen zusammengebunden wurde. A.Sch.

Lit.: Traditionen Freising, Bd. 2, S. 456, Nr. 1612 a/b.

20 [Abb. S. 42, 46]

Karten zu den Andechser Besitzungen in Altbayern im 11. Jahrhundert

Entwurf: Ludwig Holzfurtner
München, Haus der Bayerischen Geschichte

Die erste Karte zeigt die Ausgangslage der Familie, die sich später nach Andechs und Wolfratshausen nannte. Sie war in verschiedenen Zweigen im Besitz mehrerer Grafschaften: Zwischen Lech und Ammersee bzw. der Amper lag die Grafschaft Dießen. Eine zweite Grafschaft lag östlich des Starnberger Sees an der oberen Isar. Eine weitere Grafschaft besaß das Geschlecht höchstwahrscheinlich am Inn südlich des Klosters Gars. Aussagen über die Besitzverhältnisse zwischen Ammersee und Starnberger See müssen aufgrund fehlender Quellen weitgehend hypothetisch bleiben. So könnte diese Grafschaft wie auch die sogenannte Mangfall-Grafschaft im Besitz einer weiteren Linie des Andechser Geschlechts gewesen sein.

Im letzten Drittel des 11. Jahrhunderts wurden erste Veränderungen erkennbar. Die Familie benannte sich nun einheitlich nach Dießen. Graf Arnold und seine Nachkommen besaßen seitdem die Grafschaften um den Ammersee und am Inn, während die Nachkommen Graf Friedrichs I. von Haching die Grafschaft an der oberen Isar mit dem neuen Gerichtsort Thanning innehatten. Ausgestorben waren ferner die Grafen von Gilching; während die Grafschaft um Gilching von der Linie Dießen geerbt und mit der Grafschaft Dießen offenbar vereinigt wurde, ging die Grafschaft an der Mangfall an ein dort aufstrebendes Geschlecht, die Grafen von Weyarn, die ihre neue Herrschaft allerdings nicht in vollem Umfang behaupten konnten. J. K.

21 [Abb. S. 50, 54]

Karten zu den Andechser Besitzungen in Altbayern in der 1. Hälfte des 12. Jahrhunderts

Entwurf: Ludwig Holzfurtner
München, Haus der Bayerischen Geschichte

Einen bedeutenden Machtzuwachs erfuhr das Geschlecht zu Beginn des 12. Jahrhunderts. Die Nachkommen Graf Arnolds übernahmen nach dem Aussterben der Sigimare die Vogtei über Benediktbeuern, während die Erben Friedrichs von Haching die Vogtei über Tegernsee erlangten. Diese Gebietserweiterung führte zur Herausbildung zweier Herrschaftszentren in Andechs und Wolfratshausen, die für die beiden Familienzweige namengebend wurden.

Die Grafschaft am Inn, in Händen der Andechser Linie, dehnte sich, durch verschiedene Erbfälle begünstigt, über den Inn nach Osten aus. Sie fiel an Graf Gebhard, den Sohn Arnolds, der damit zum Begründer eines Nebenzweigs der Familie wurde, deren Zentrum später Burg und Stadt Wasserburg bildeten. Wieder vereint wurden dagegen die Grafschaften Andechs und Wolfratshausen im Jahr 1157, als mit dem Tod Heinrichs II. die Wolfratshauser Linie ausstarb. L. H. / J. K.

22 [Abb. S. 52]

Urkunde Papst Innozenz' II. für das Stift Dießen

Cluny, 6. Februar 1132
Pergament, 38 × 42, Bleibulle abgerissen
München, Bayerisches Hauptstaatsarchiv (KU Dießen 1)

Seitdem um die Mitte des 11. Jahrhunderts im Gefolge der beginnenden Kirchenreform und des Investiturstreits die Vorstellung vom sakralen Charakter des Königtums zu verblassen begann, bürgerte es sich ein, neu gegründeten Klöstern, die in früheren Zeiten unter dem Schutz der Krone und damit im Rang von Reichsklöstern waren, stattdessen ein päpstliches Schutz- und Bestätigungsprivileg zu verschaffen. Das von den Grafen Berthold II. und Otto III. von Wolfratshausen sowie deren nächsten Angehörigen um 1120 gegründete Kloster in Dießen erhielt eine solche Urkunde im Jahr 1132 von Papst Innozenz II. Dieser verlieh der neuen Stiftung damit den päpstlichen Schutz, anerkannte ihren Besitz an Gütern und Zehnten, billigte die Verlegung des Konvents von der St. Georgskirche nach dem günstiger gelegenen Platz bei St. Stephan und bestimmte zugleich, daß die Kirche in Amperwörth, dem späteren Grafrath, in Zukunft nicht mehr zu St. Georg, sondern zu St. Stephan gehören solle. Zudem verlieh er dem Konvent das Recht der freien Propstwahl. Unerwähnt blieben dagegen die Vogteiverhältnisse, nachdem sich die Klostergründer dieses Amt vorbehalten hatten.

Das päpstliche Privileg von 1132, das während eines Aufenthalts des Papstes im Kloster Cluny ausgestellt wurde, stellt die älteste im Original erhaltene Urkunde des Augustinerstifts dar. Die erste Zeile des Textes ist in einer die Oberlängen der Buchstaben betonenden Schrift eingetragen, die als sogenannte Elongata bezeichnet, sich in ähnlicher Form in älteren Königs- und Kaiserurkunden findet und auf byzantinische Vorbilder zurückgeht. Das Siegel des Papstes, das – wiederum nach griechischem Vorbild – nicht aus Wachs, sondern aus Blei gefertigt wurde, hing ursprünglich an den noch in Resten vorhandenen Fäden. Wie der Umbug am unteren Urkundenrand, die sogenannte Plika, erkennen läßt, wurde für die Urkunde ein Pergament verwendet, bei dem nur die Schriftseite eine feinere Bearbeitung erfuhr, während auf der Rückseite die Poren der Tierhaut sichtbar blieben. Die Unterschrift des Papstes zwischen der sogenannten Rota links, die seinen Wahlspruch wiedergibt, und dem Monogramm rechts, das aus den Buchstaben BENE VALETE (»Lebe wohl«) gebildet wurde – zwei für feierliche Papsturkunden typische Erscheinungen –, ist nicht eigenhändig; sie stammt von dem die Urkunde schreibenden Notar der päpstlichen Kanzlei. A. Sch.

Lit.: Brackmann 1923, Bd. 2/1, S. 61, Nr. 1; Traditionen und Urkunden Dießen, S. 102–105, Nr. 3.

23

Urkunde Markgraf Bertholds III. von Istrien für das Stift Dießen

Undatiert (1173–1181)
Pergament, 38 × 12, Reitersiegel des Ausstellers an Pergamentstreifen
München, Bayerisches Hauptstaatsarchiv (KU Dießen 2)

Grundstücksgeschäfte wurden bis zum Beginn des 13. Jahrhunderts häufig nur in mündlicher Form getätigt, da bei späteren gerichtlichen Auseinandersetzungen zumeist der durch Zeugenaussagen erbrachte Nachweis des rechtmäßigen Erwerbs sowie die Tatsache des langjährigen ungestörten Besitzes genügten, um die Eigentumsrechte zu behaupten. Als das Stift Dießen in den 70er oder 80er Jahren des 12. Jahrhunderts von den Andechser Ministerialen Heinrich von Schallenkam und Lazarius von Wolfratshausen sowie den Brüdern Bernhard und Gozwin von Kirchheim deren Eigentumsanteile an der Saline in Reichenhall erwarb, wofür es ihnen mehrere Höfe in Tirol und Oberbayern auf Lebenszeit überließ, wurde über dieses Tauschgeschäft – abweichend von der sonstigen Gewohnheit – durch Markgraf Berthold III. von Istrien, den Herrn der Verkäufer und den Vogt des Erwerbers, eine Urkunde ausgestellt. Damit erhielten die Dießener Chorherren ein schriftliches Zeugnis, mit dessen Hilfe sie ihre Eigentumsrechte an den in der Urkunde genannten Höfen jederzeit beweisen konnten, auch wenn die Nutzung dieser Güter über längere Zeit hinweg in fremden Händen lag.
Auffallend ist, daß nachträglich ein Zusatz angebracht wurde, demzufolge dem Andechser Ministerialen Heinrich von Schellenkam von seiten des Stifts nicht nur drei Höfe in Tirol, sondern ein vierter in Thanning (LK Wolfratshausen) als Ersatz für dessen Reichenhaller Salinenanteil ausgehändigt wurde. Ob es sich bei diesem Nachtrag um einen verfälschenden Zusatz handelte, mag dahingestellt bleiben. Wie wenig Sorgfalt man auf die Ausstellung der Urkunde verwandte, zeigt sich im übrigen daran, daß das Siegel des Markgrafen verkehrt angebracht wurde. A. Sch.

Lit.: Oefele 1877, S. 139 f., Nr. 207; Traditionen und Urkunden Dießen, S. 108f., Nr. 5.

24 [Abb. S. 49]

Traditionsbuch des Chorherrenstifts Dießen

Dießen, Anfang 13. Jahrhundert
Pergament/Handschrift, 60 Bll., 28 × 20,5
München, Bayerische Staatsbibliothek (Clm 1018; fol. 35v: Stifterbild)

Die Handschrift vereinigt drei Textteile: Kalender mit Nekrologeinträgen (Sterbetage), die weiter hinten in der Handschrift fortgesetzt wurden; die Augustinerregel – Dießen wurde als Augustiner-Chorherrenstift gegründet – und Traditionsnotizen, die die Stiftungen für das Kloster und damit den Klosterbesitz festhalten. Diesen vorangestellt ist ein Bild, das Mitglieder der andechsischen Stifterfamilie zeigt: Graf Heinrich von Wolfratshausen, Bischof Otto II. von Bamberg, Bischof Heinrich von Regensburg und Markgraf Berthold III. von Andechs, die vor der Gottesmutter knien.
Die liturgischen Gesänge, die am Ende der Handschrift angefügt sind und starke Benutzungsspuren aufweisen, sprechen dafür, daß aus dem Buch häufig gelesen wurde. Wohl nach Art eines Kapiteloffiziumsbuches wurden daraus regelmäßig Abschnitte der Regel vorgetragen und das Gedächtnis (Memoria) der Verstorbenen lebendig gehalten, wozu auch das Gedenken an die Stifter gehörte.
Dieser Memoria-Gedanke, die Sorge, daß man über den Tod hinaus nicht vergessen würde, lag dem mittelalterlichen Menschen sehr nahe. Mit dem Wachhalten der Erinnerung an die Stifter wurde jedoch auch an ihre Stiftungen erinnert, wodurch dieses Buch zugleich eine rechtssichernde Funktion erhielt. H. H.

Lit.: Traditionen und Urkunden Dießen; Johanek 1977; Die Kuenringer 1981, Nr. 186; Klemm 1988, Nr. 273.

25 [Abb. S. 67]

Genealogie des Hauses Andechs-Meranien – »Genealogia S. Ottonis«

Bamberg, nach 1610
Öl/Leinwand, 270 × 175
Bamberg, Bürgerspital

Der im frühen 17. Jahrhundert entstandene Stammbaum stellt im Zentrum Bischof Otto I. von Bamberg (1102–1139) dar, der allerdings nicht aus dem Haus Andechs stammte. Diese jahrhundertelang gebräuchliche Zuordnung Ottos I. beruhte auf einer gefälschten Urkunde von 1102. Aufgrund der Verwechslung Ottos I. mit seinem Nachfolger, dem Andechser Bischof Otto II. von Bamberg, gelangten 1477 Reliquien des hl. Otto I. vom Bamberger Michelskloster in das 1455 gegründete Kloster Andechs mit der Begründung, Otto I. stamme aus dem Geschlecht der Andechs-Meranier.
Neben der Zentralfigur Ottos I. verweist die »Genealogia S. Ottonis« auf die seit dem 14. Jahrhundert bekannten legendären Andechser. Auf der rechten Seite ist die Verzweigung der Familienmitglieder zu sehen, fälschlich auch die Gründer des Bamberger Bistums, Kaiser Heinrich II. und Kaiserin Kunigunde, die im übrigen im barocken Dießener Heiligenhimmel den Andechsern zugeordnet sind. Auf der linken Seite finden sich, von Michelsberg ausgehend, die Kirchenstiftungen Ottos I. dargestellt. K. M.

Lit.: Bauer 1970, S. 185–205; Machilek 1989, S. 9–35.

26 [Abb. S. 56]

Stammbaum der Grafen von Andechs: »ARBOR STEMATOGRAPHICA«

Süddeutsch, 1724 (?)
Öl / Leinwand, 185,5 × 111
Dießen a. Ammersee, Katholische Pfarrei

Das wohl aus dem Jahr 1724 stammende Gemälde zeigt den Stammbaum der Andechs-Meranier. Am Fuß des Baums befinden sich zwei Wappen, ein nach links blickender Adler und ein nach links schreitender Löwe, die Wappentiere der Andechser. Die an den vier Seiten von Engeln gehaltenen Tafeln beschreiben die Gründungsgeschichte St. Georgs bei Dießen (oben links), des Augustiner-Chorherrenstifts in Dießen (oben rechts), die Herrschaftsbereiche der Grafen von Andechs und Herzöge von Meranien (unten rechts) sowie Anlaß und Entste-

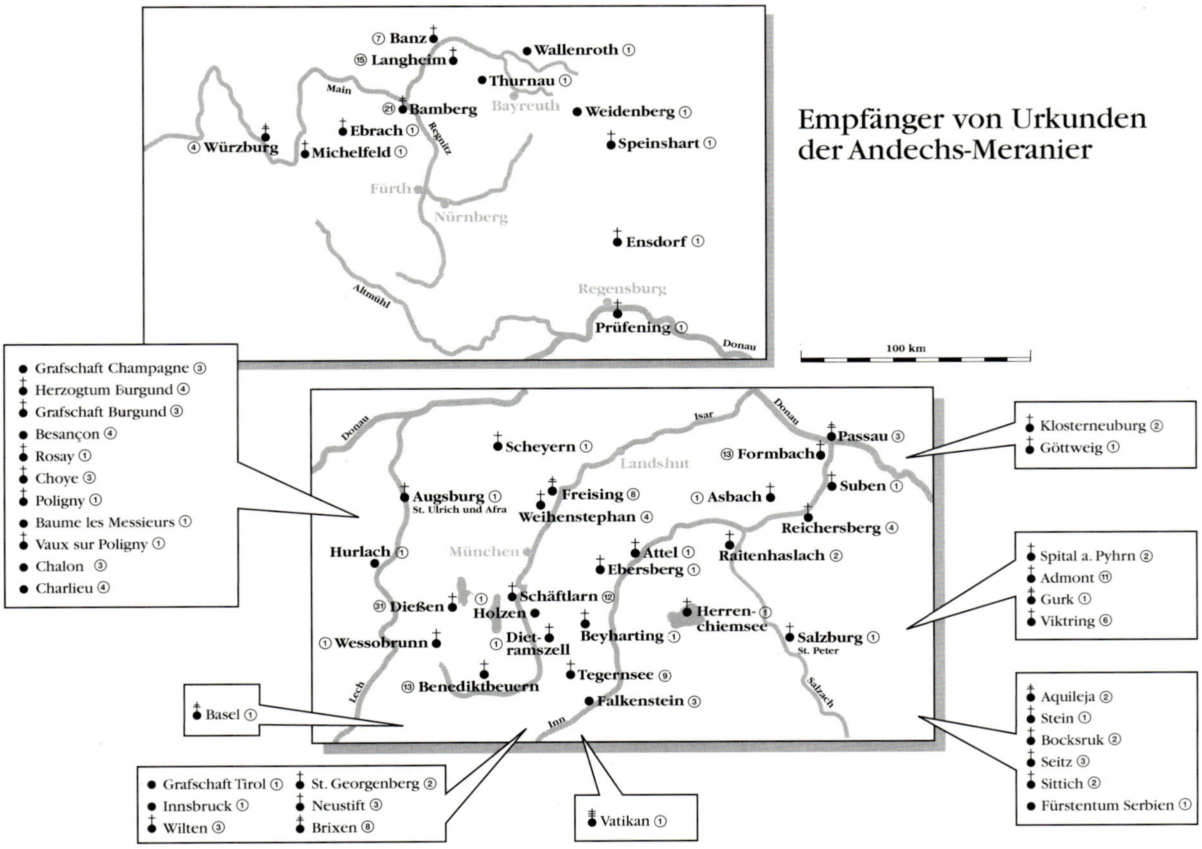

Empfänger von Urkunden der Andechs-Meranier

hungszeit der Genealogie (unten links).
Am Fuße des Stammbaums ist eine schlafende Ritterfigur dargestellt, im Vordergrund Herrschaftszeichen der in den Stammbaum aufgenommenen Personen. Über den beiden Wappen setzt die Genealogie ein mit »Hildebrand comes de Andechs et Diessen«, dessen Tochter »Regardis comitissa de Andechs« den Schwabenherzog Hildebrand aus dem Geschlecht der Welfen heiratete. Von Interesse ist vor allem die fälschliche Anknüpfung der Andechser an das karolingische Kaisergeschlecht. Denn Hildegard (gest. 783), die dritte Ehefrau Kaiser Karls des Großen, Tochter des fränkischen Grafen Gerold (gest. 799), wird im Dießener Stammbaum als Gräfin von Andechs bezeichnet. Daraus erklärt sich, daß die Nachkommen Karls des Großen – Ludwig der Fromme, Ludwig der Deutsche, Karlmann und Arnulf – in der Genealogie der Andechser erscheinen. Dieser Versuch, die bayerische Grafenfamilie an das karolingische Herrschaftshaus zu binden, spiegelt zum einen die Absicht wider, die Andechs-Meranier als eine der ersten Familien im Reich zu etablieren und ihre politische Bedeutung durch die Verwandtschaft mit den Karolingern zu erklären und herauszuheben. Zum anderen wird dabei – wohl initiiert durch die Dießener Chorherren – auf die Hochrangigkeit des Gründergeschlechtes des Dießener Augustiner-Chorherrenstifts verwiesen. K. M.

27

Stammtafel der Andechs-Meranier

Entwurf: Alois Schütz
München, Haus der Bayerischen Geschichte

Diese Genealogie unterscheidet sich vor allem in den frühen Nennungen des 11. und 12. Jahrhunderts von bisherigen Stammbäumen der Grafen von Dießen und Andechs. Aufgenommen wurden hier nur Familienmitglieder, die eindeutig in zeitgenössischen Belegen erwähnt sind. Bewußt wurde darauf verzichtet, nicht nachzuweisende Verwandtschaftsbeziehungen oder die Abstammung von bedeutenden frühmittelalterlichen Geschlechtern zu konstruieren bzw. legendäre Figuren vor allem des 14. Jahrhunderts einzubeziehen. Das älteste quellenmäßig nachzuweisende Familienmitglied der Andechser ist somit Graf Friedrich von Haching, der als Begründer der sogenannten Wolfratshausener Linie gelten kann. Ebenfalls in der ersten Hälfte des 11. Jahrhunderts lebten ein Graf Rasso von Dießen und Graf Arnold, deren Verwandtschaftsverhältnis ungeklärt ist. Graf Arnold ist als Begründer des Andechser Familienzweigs anzusehen. Die Zählung der einzelnen Personen erfolgt in der üblichen Weise; Ehebeziehungen und Todesdaten werden – soweit bekannt – in der Stammtafel angegeben. A. Sch. / J. K.

28 [Abb. S. 70]

Die Herrschaftsgrundlagen der Andechser in Oberbayern im Vergleich mit wittelsbachischem, Freisinger und welfischem Besitz

Entwurf: Ludwig Holzfurtner
München, Haus der Bayerischen Geschichte

Die Karte zeigt, aus welchen Teilen sich die flächendeckende Herrschaft der Andechser in der Zeit um 1200 zusammensetzte: zum einen aus grafschaftlichen Rechten, erkennbar in den alten, immer noch als Gerichtsstätten dienenden Schrannen, zum anderen aus umfangreichen Besitzungen und zum dritten aus der Ausübung der Vogtei über bedeutende Klöster, nämlich Tegernsee und Benediktbeuern. Als Kontrast wird die Position der Welfen und der Wittelsbacher in der Karte dargestellt: Die wittelsbachische Herrschaft war wohl an den Rändern des andechsischen Gebiets einigermaßen gefestigt, im eigentlichen Machtraum der Andechser aber noch sehr schwach. Eine Verselbständigung des Andechser Machtkomplexes hätte demzufolge unweigerlich den Verlust des ganzen Gebietes für die wittelsbachischen Herzöge bedeutet. L. H.

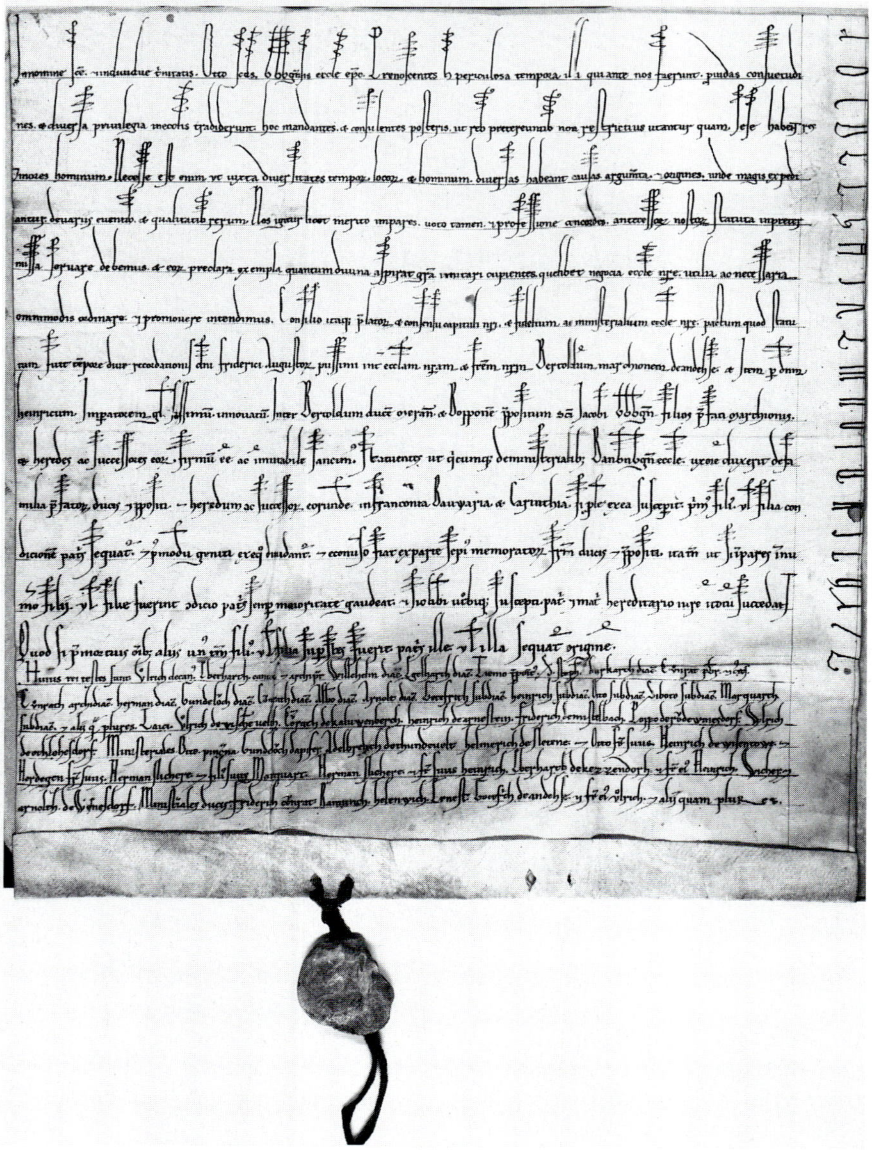

30

29 [Abb. S. 215]

Empfänger von Urkunden der Andechs-Meranier

Entwurf: Thomas Lindner
München, Haus der Bayerischen Geschichte

Schriftliche Bestätigungen von Rechtsgeschäften gewannen im 12. Jahrhundert wieder an Bedeutung. In Städten und an Adelshöfen entstanden Kanzleien, zu deren Hauptaufgaben die Ausstellung von Urkunden und die Rechnungsführung zählten.
Aufbewahrungsort wichtiger Urkunden der Andechser war vermutlich deren Hauskloster Dießen. Neben wenigen Nachrichten aus Klöstern stellen die erhaltenen Urkunden die aufschlußreichsten Quellen zur Geschichte der Andechs-Meranier dar. Insgesamt sind mehr als 700 Urkunden der Familie erhalten, die Nennung von Andechsern in anderen Urkunden einbezogen. Sie geben Aufschluß über Besitz, Tätigkeit und Aufenthaltsorte der Andechser.
Die Karte versucht aufzuzeigen, in welchem Umfang die Familie der Andechs-Meranier Rechtsgeschäfte abschloß und andere Institutionen wie Klöster oder Einzelpersonen privilegierte. Als Grundlage dienten die bei Oefele edierten Regesten der Urkunden der Andechs-Meranier. Die regionale Verteilung der Adressaten belegt die Herrschaftszentren der Andechser in Oberbayern und Franken sowie ihren Einfluß vor allem in Kärnten, Tirol und im burgundischen Raum. Th. L.

Lit.: Oefele 1877.

30

Urkunde Bischof Ottos II. von Bamberg für seinen Bruder Poppo, Propst von St. Stephan in Bamberg, und seinen Neffen, Herzog Berthold IV. von Meranien

Undatiert (wohl bald nach 7. Juni 1192)
Pergament, 33 × 35,5, Siegelrest an grünen Schnüren
München, Bayerisches Hauptstaatsarchiv (KU Dießen 3)

Zu den wesentlichen Merkmalen der mittelalterlichen Gesellschaft gehörte die Vererblichkeit der Freiheit bzw. Unfreiheit der Eltern. Daher war es bei der Heirat von Personen unfreier Herkunft, die verschiedene Herren besaßen, notwendig, daß Abmachungen über die Zugehörigkeit der Kinder aus solchen Ehen getroffen wurden. Wie der vorliegenden, wohl 1192 ausgestellten Urkunde Bischof Ottos II. von Bamberg zu entnehmen ist, war die Zugehörigkeit von Kindern, deren Eltern teils Bamberger, teils Andechser Ministerialenfamilien entstammten, bereits in früheren Zeiten aufgrund einer Vereinbarung geregelt worden, die Kaiser Friedrich Barbarossa namens des Bamberger Domstifts mit Markgraf Berthold III. von Istrien getroffen und dessen Nachfolger, Kaiser Heinrich VI., am 7. Juni 1192 zusammen mit Herzog Berthold IV. von Meranien und Dompropst Poppo II. von Bamberg als den Vertretern der Andechser Familie erneuert hatte. Diese Übereinkunft wurde mit der ausgestellten Urkunde – wohl bald darauf – durch Bischof Otto II. als Inhaber des Bamberger Bischofsstuhls bestätigt.

Dem vom Kaiser mit den Andechsern geschlossenen Vertrag zufolge sollte das jeweils erste Kind aus einer solchen Ehe stets dem Stand und der Abhängigkeit des Vaters folgen, während die jüngeren Geschwister zu gleichen Teilen zwischen den beiden Herrschaften aufzuteilen waren. Bei ungerader Kinderzahl sollte die Mehrheit jedoch stets auf seiten des Vaters sein. Auch sollten die Kinder aus solchen Ehen beide Elternteile beerben können.

Bemerkenswert sind die am rechten Rand der Urkunde angebrachten unteren Hälften der Großbuchstaben des Alphabets, bei denen allein die Buchstaben »V« und »W« fehlen, die häufig als »U« und »UU« geschrieben wurden. Diese Buchstabenreste zeigen, daß die Abmachungen zwischen dem Bischof und seinen Andechser Verwandten in der Form eines sogenannten Chirographs beurkundet worden waren. In diesen Fällen – sie sind nicht sehr zahlreich – wurde ein Vertragstext zunächst auf einem Pergament in doppelter Ausfertigung niedergeschrieben; dann wurden zwischen den beiden Texten Buchstaben, Namen oder auch ganze Sätze angebracht und anschließend bei der Durchtrennung des Pergaments der Schnitt durch den betreffenden »Zusatztext« geführt.

Während die von den Vertragspartnern des Bischofs für das Hochstift Bamberg ausgestellte Urkunde verlorenging – dort wurde nur die erwähnte Urkunde Kaiser Heinrichs VI. aufbewahrt –, gelangte die Urkunde Bischof Ottos II. in das Archiv des Stiftes Diessen, das von den in ihr geregelten Rechtsverhältnissen nicht betroffen war. Die Überlieferung der Urkunde zeigt jedoch, daß die Andechser – wie im übrigen viele mittelalterliche Adelsgeschlechter – wichtige Dokumente in ihrem Hauskloster aufbewahren ließen.

A. Sch.

Lit.: Oefele 1877, S. 169, Nr. 409; Looshorn 1888, Bd. 2, S. 564f.; Regesten Heinrich VI., Nr. 223; Traditionen und Urkunden Dießen, S. 109–112, Nr. 6.

31

Urkunde Herzog Ottos VIII. von Meranien für das Stift Dießen

Lichtenfels, 1. Dezember 1242
Pergament, 19 × 11, Siegel fehlt
München, Bayerisches Hauptstaatsarchiv (KU Dießen 12)

31

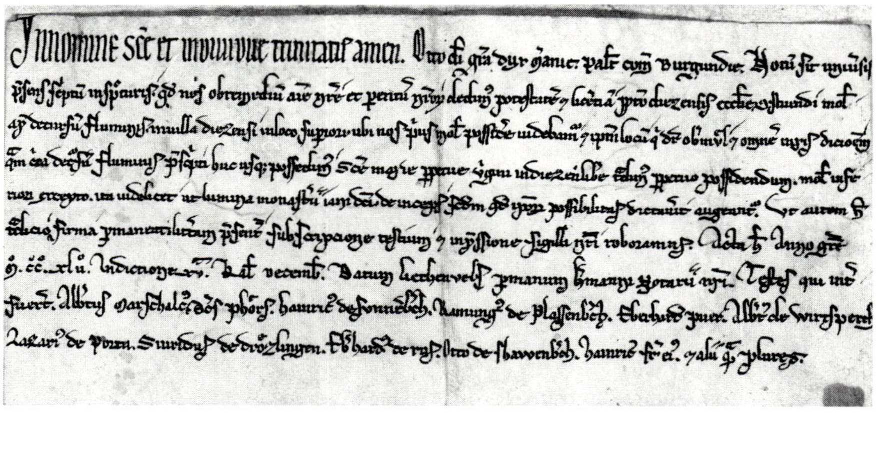

Als Herzog Otto VIII. im November 1242 aus der Freigrafschaft Burgund, in der er sich seit dem Frühjahr 1241 aufgehalten hatte, wieder nach Franken zurückkehrte, scheint er auf der Rückreise dem Stift Dießen einen Besuch abgestattet zu haben. Das läßt seine am 1. Dezember 1242 in Lichtenfels ausgestellte Urkunde vermuten, mit der er den Chorherren den Platz am Oberlauf des Dießener Baches schenkte, auf dem er selbst früher eine Mühle besessen hatte. Da Mühlen ebenso wie Tafernen, Badstuben, Backöfen und Schmieden grundherrschaftliche »Bannbetriebe« oder »Monopolanstalten« waren, deren sich die Untertanen zu bedienen hatten, erteilte er dem Stift die ausdrückliche Erlaubnis, auf dem »Obermevl« genannten Platz wieder eine Mühle zu errichten, wobei die Einkünfte daraus für die »Beleuchtung des Klosters« – in erster Linie also wohl für den Kerzenschmuck der Kirche – verwendet werden sollten.

Die Beurkundung dieses Rechtsgeschäfts war dem Wortlaut der Urkunde zufolge dem herzoglichen Notar Hermann übertragen worden. Dieser war wie viele Angehörige seines Berufs ein Geistlicher, der dem Herzog nicht nur als Verwaltungsbeamter, sondern auch als Kaplan diente. Da er offenbar zu Lebzeiten seines Herrn keine kirchliche Pfründe erhalten hatte, aus deren Einkünften er nach Beendigung seines Dienstes hätte leben können, sollte er ein Kanonikat an jenem Chorherrenstift in Poligny in der Freigrafschaft Burgund erhalten, dessen Gründung Herzog Otto VIII. am 15. Juni 1248, wenige Tage vor seinem Tod, testamentarisch anordnete. Da die Testamentsvollstrecker – zu ihnen zählten Herzog Ottos VIII. Schwester, Pfalzgräfin Alice, sowie deren Mann Hugo – die Errichtung des Stifts allem Anschein nach erst in den 60er Jahren in Angriff nahmen, ist nicht sicher, ob der Kaplan und Notar des letzten Andechser Herzogs jemals in den Besitz der versprochenen Pfründe gelangte.

A. Sch.

Lit.: Oefele 1877, S. 84 u. S. 213, Nr. 678; Traditionen und Urkunden Dießen, S. 143f., Nr. 22; Cartulaire des comtes de Bourgogne, S. 28f., Nr. 24; Layettes du Trésor, Bd. 4. S. 61, Nr. 4841; Actes Pontificaux, Bd. 2, S. 47, Nr. 1191.

32 [Abb. S. 74]

Die Andechser in Franken

Entwurf: Ludwig Holzfurtner
München, Haus der Bayerischen Geschichte

Die Karte zeigt die Herrschaftsgrundlage der Andechser in Franken. Sie bestand aus umfangreichen Eigengütern, die über die Grafen von Giech an sie gekommen waren, einigen Lehen des Hochstifts Bamberg sowie den Vogteien über die Klöster Banz und Langheim; weniger bedeutend war die Vogtei über die Zelle St. Getreu in Bamberg. Deutlich sind die Herrschaftsgrenzen um Scheßlitz, Kulmbach, Bayreuth und Lichtenfels auszumachen, die jeweils von einem regelrechten Ring von Ministerialenburgen umgeben waren, während die Andechser direkt um Bamberg kaum Fuß fassen konnten. L. H.

33

Giechburgvertrag

a) Forchheim, 1149 (Sommer oder Herbst) [Abb. S. 62]
Pergament mit durchgedrücktem Siegel Bischof Eberhards II. von Bamberg, 61 × 42
Bamberg, Staatsarchiv (Bamberger Urkunden, Nr. 247)

b) Karte zum Giechburgvertrag [Abb. S. 61]
Entwurf: Thomas Lindner
München, Haus der Bayerischen Geschichte

Nachdem die Grafen von Andechs im Obermaingebiet seit dem Ausgang des 11. Jahrhunderts Fuß gefaßt hatten – zunächst im Raum um das heutige Bayreuth (Altentrebgast, Altenstadt), im weiteren Verlauf auch im Herrschaftsgebiet der Walpoten mit der älteren Veste Plassenburg (Blassenberg) auf dem Buchberg und dem frühestens um 1130 gegründeten Markt Kulmbach als Zentren – gewannen sie durch die Verbindung Graf Poppos I. (gest. 1148) mit Kunizza (gest. 1142), der Tochter des Grafen Reginboto von Wertheim (gest. um 1138), einen in Kontaktnähe zur Bischofsstadt Bamberg liegenden, ursprünglich aus der Besitzmasse der

33 a

Grafen von Schweinfurt stammenden Güterkomplex mit den Burgen Giech und Lichtenfels hinzu. Die Expansion und der Machtanstieg der Andechser im Ratenzgau hatten in den 40er Jahren des 12. Jahrhunderts heftige Auseinandersetzungen mit den Bamberger Bischöfen um die Herrschaftsrechte in diesem Gebiet zur Folge. Die im Lauf des Streits zwischen den Parteien, zum Teil mit ausdrücklicher Billigung König Konrads III. (1138–1152), getroffenen Vereinbarungen gingen schließlich in den Giechburgvertrag von 1149 ein, der den Andechsern bis zu ihrem Aussterben ein Jahrhundert lang Besitz- und Herrschaftsrechte im westlichen Ratenzgau sicherte.
Bischof Eberhard II. (1146–1170) anerkannte mit dieser Urkunde die zwischen seinem Vorgänger, Bischof Egilbert (1139–1146), und Graf Poppo I. im Jahr 1143 sowie die von ihm selbst mit Graf Poppos Bruder Berthold III. (gest. 1188) bzw. mit Graf Friedrich von Beichlingen 1149 getroffenen Vereinbarungen. Der in den Vertrag von 1149 aufgenommene 1. Giechburgvertrag von 1143 läßt zusammen mit einigen Anhaltspunkten in anderen Quellen erkennen, daß Bischof Egilbert versucht hatte, der Bamberger Kirche das Erbe Kunizzas zu sichern, aufgrund der auf einer Diözesansynode ausgesprochenen und mit zu naher Verwandtschaft zwischen Poppo I. und Kunizza begründeten Trennung der Ehe. Poppo, der die Güter für sich und den aus der Ehe mit Kunizza hervorgegangenen Sohn Heinrich beanspruchte und Bischof Egilbert mit Waffengewalt befehdete, mußte im 1. Giechburgvertrag zwar die Übergabe der Erbschaft Kunizzas an die Bamberger Kirche erneuern, konnte aber im Gegenzug zugleich die Belehnung mit der Giechburg und der halben Burg Lichtenfels samt Zugehörungen für sich, seinen Sohn Heinrich und seinen Bruder Berthold III. auf Lebenszeit durchsetzen.
Nachdem Heinrich spätestens 1147 Mönch im steirischen Benediktinerkloster Admont geworden und Poppo I. 1148 auf dem Zweiten Kreuzzug in Konstantinopel gestorben war, kam es wohl auf Betreiben Bertholds III., der nun als alleiniger Lehensträger übriggeblieben war, nach Ankauf des an Graf Friedrich von Beichlingen gefallenen Teils der Giechburg im Sommer oder Herbst 1149 auf dem Fürstentag zu Forchheim in Gegenwart König Konrads III. zum Abschluß des erweiterten Giechburgvertrags (sogenannter 2. Giechburgvertrag) zwischen den Andechsern und den Bamberger Bischöfen. Die Vereinbarungen von 1143 wurden bestätigt. Bischof Eberhard II. kam es vor allem darauf an, die Errichtung fester Stützpunkte durch die Andechser zu verhindern. Beide Vertragspartner wollten fortan auf die Besetzung ihrer Burgen mit der Gegenseite feindlich gesinnten Ministerialen verzichten. Die hohe Zahl von andechsischen Ministerialen unter den Zeugen des Vertrags zeigt an, daß die Dynastie der Andechser bereits über eine außerordentlich breite Machtbasis in Franken verfügte.
Nicht in den Giechburgverträgen angesprochen ist die möglicherweise bereits 1143 oder bald danach erfolgte Auftragung der Grafschaft im Ratenzgau an die Grafen von Andechs. Die beiden Giechburgverträge zeigen »das ungestüme und oft wenig zimperliche Zugreifen eines neuen Geschlechts, das sich nun am Obermain Einfluß und Besitztitel sichern wollte, und vor Abalienationen bambergischen Gutes (wie im Falle von Mistelfeld) nicht zurückschreckte« (Herrmann 1973). F. M.

Lit.: Guttenberg 1927, S. 122–124, 243 f.; Geldner 1949, S. 81 f.; Herrmann 1973, S. 71 f.; Meyer 1973, S. 137 f.; Voit 1988, S. 33 f., 36 f., Abb. V; Dippold 1992, S. 12–15.

34 [Abb. S. 58]

Plassenburg von Osten vor der Zerstörung im Jahre 1554

David de Necker
Augsburg, 16. Jahrhundert
Holzschnitt, 66 × 53 (R)
München, Bayerische Verwaltung der Staatlichen Schlösser, Gärten und Seen

Im Vordergrund des Holzschnittes von David de Necker ist die »Hohe Bastey« (links), im Hintergrund der ehemalige mittelalterliche Bergfried zu sehen. Die Baustruktur der Plassenburg, der größten Burg- und Festungsanlage am Obermain, bestand im Mittelalter aus einem schmalen Rechteck. Der höher gelegene Westteil war über eine Treppe mit dem tieferen Ostteil verbunden (Bildhintergrund). Diese Zweiteilung der Burg dürfte bis in die Zeit der Andechser zurückreichen. Ein Hinweis dafür ist die Tatsache, daß sich der lebenswichtige Brunnen im vorgelagerten, tieferen Ostteil befand. Die Plassenburg, eines der Zentren der Andechs-Meranier am Obermain, kam nach dem Tod Ottos VIII. an die Grafen von Orlamünde. Als Erbe 1340 an die Hohenzollern gefallen, wurde die Plassenburg zur Zeit der Herrschaft von Markgraf Albrecht Alcibiades 1554 zerstört. K. M.

Lit.: Kunstmann 1975.

35

Urkunde Bischof Ottos II. von Bamberg für Kloster Prüfening

Bayreuth, 9. November 1194
Pergament, 27 × 36, das Siegel früher an roten und hellbraunen Fäden
München, Bayerisches Hauptstaatsarchiv (KU Prüfening 35)

Bischof Otto II. von Bamberg zählte nicht nur zu den eng mit der staufischen Politik verbundenen Reichsfürsten; er erwarb sich auch Verdienste um den Ausbau der landesherrlichen Grundlagen des Bamberger Hochstifts. Sein Augenmerk galt der Kultivierung und kirchlichen Organisation des Frankenwaldes, die er mit Hilfe der Langheimer Zisterzienser sowie der Bamberger Eigenklöster Prüfening und Ensdorf in Angriff nahm. Dem Anfang des 12. Jahrhunderts auf Grund und Boden der Alten Kapelle in Regensburg errichteten Kloster Prüfening übertrug der Bischof 1194 einen Teil seines Waldes bei Kronach mit der Auflage, das Gebiet zu roden und 80 Höfe darauf zu errichten. Für den Fall, daß das angewiesene Gelände dafür nicht ausreichen sollte, versprach er dem Kloster weiteren Grund. Auch sollte die Kirche, die die Mönche im dortigen Gebiet zu errichten hatten, dem Kloster gehören; darüber hinaus erhielt es das Recht, für das gerodete Land einen Vogt seiner Wahl zu bestimmen.

Die Schenkung des Bischofs an das Kloster Prüfening fand, wie es in der Urkunde heißt, am 9. November 1194 zu »Baierrute« statt. Da der unter Andechser Herrschaft stehende Ort, dessen Name noch die Herkunft seiner ersten Bewohner aus dem altbayerischen Siedlungsgebiet verrät, hier zum erstenmal genannt wird, stellt die Prüfeninger Urkunde Bischof Ottos II. von Bamberg ein wichtiges Zeugnis zur Geschichte der späteren Stadt Bayreuth dar. A. Sch.

Lit.: Hermann 1973, S. 74f., Nr. 7 und 1979, S. 10ff.; Guttenberg 1937, S. 159; Dietrich 1958, S. 40ff.

35

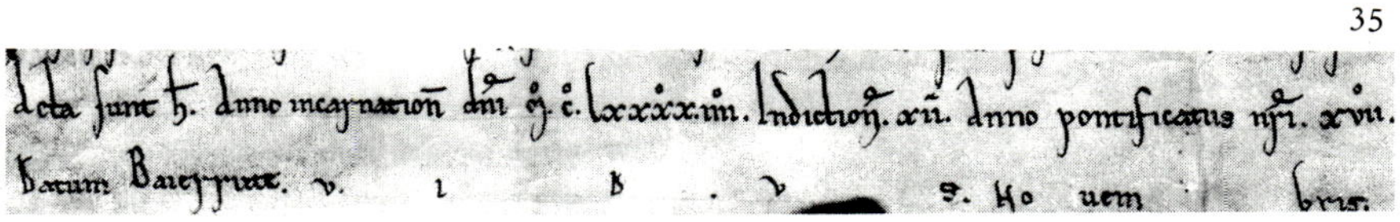

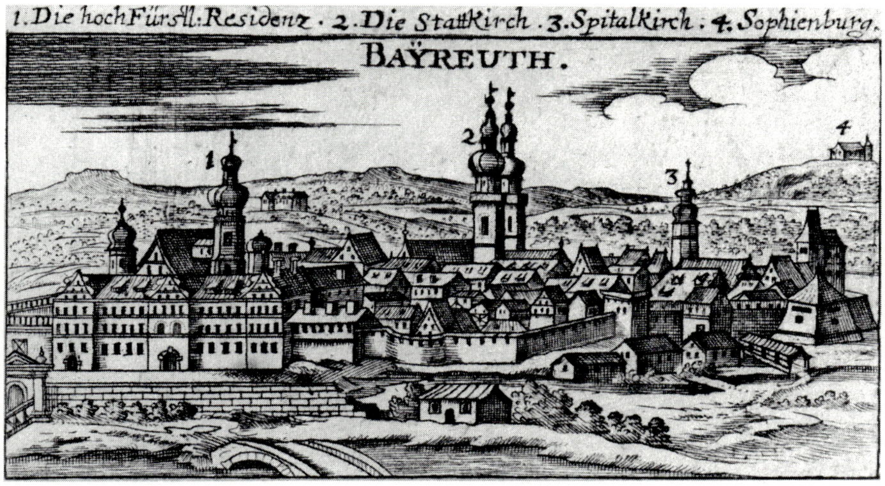

36

36

Ansicht der Stadt Bayreuth von Norden

Nürnberg, 1686
Kupferstich, 7,3 × 13 (R)
Bayreuth, Stadtmuseum

Das kleine Blatt ist die älteste druckgraphische Ansicht von Bayreuth. Es zeigt die Stadt stark vereinfacht, der Betrachter blickt über den inneren Mainarm im Vordergrund auf die nach Norden gerichtete Schauseite von Bayreuth. Die beherrschenden Bauten sind die Stadtkirche mit ihren Zwiebeltürmen (Nr. »2«) und das Alte Schloß (Nr. »1«), dessen hier dargestellte Nordfassade bei einem Brand im Januar 1753 zerstört wurde. Das Gebäude besteht noch in seiner alten, unregelmäßigen Vierflügelanlage, die an der Wende des 17. zum 18. Jahrhundert durch zwei neue Flügel und einen zum Marktplatz hin geöffneten Ehrenhof erweitert wurde. Im Innenhof sind der große achteckige Turm, bis heute ein Wahrzeichen der Stadt Bayreuth, und zwei kleine Treppentürme zu erkennen, die kurz nach der Entstehung dieses Kupferstichs abgebrochen wurden.

Das Blatt diente als Illustration des 1686 anonym in Nürnberg erschienenen »Getreuen Reisegefährten«. Es wurde bis ins 20. Jahrhundert immer wieder in den verschiedensten Techniken kopiert und reproduziert und dürfte die bekannteste aller Stadtansichten Bayreuths sein. S. H.

Lit.: Müller 1964, S. 161–201.

37

Urkunde Herzog Ottos VII. von Meranien für Kloster Banz

1232

Pergament, 20,5 × 25,5, beschädigtes Reitersiegel an Pergamentstreifen

Bamberg, Staatsarchiv (Bamberger Urkunden, Nr. 559)

Das Benediktinerkloster Banz wurde in der 2. Hälfte des 11. Jahrhunderts durch Alberada, Tochter des 1057 verstorbenen Herzogs Otto von Schweinfurt und Schwester Giselas, der Frau Graf Arnolds von Dießen, gegründet. Die Vogtei über das Kloster gelangte unter Bischof Otto II. von Bamberg an das Haus Andechs. Im Jahr 1232 entschied Herzog Otto VII. von Meranien einen Streit zwischen Eberhard, dem Sohn Heinrichs von Streitberg, und dem Kloster Banz. Diese Auseinandersetzung ging darauf zurück, daß der einer Andechser Ministerialenfamilie angehörende Eberhard Anspruch auf einen gewissen Bermann erhob, der seinen Angaben zufolge als Eigenmann nicht den Banzer Benediktinermönchen, sondern dem St. Petersaltar in Kronach gehörte und damit ihm als Vogt dieses Altars unterstand. Der Abt von Banz ließ daraufhin unter den nächsten Verwandten Bermanns eine Befragung durchführen und erhielt auf einer Gerichtssitzung, die Herzog Otto VII. am 16. Juli 1232 in Lichtenfels abhielt, den Eigenmann zugesprochen.

Die für das Kloster Banz ausgestellte Gerichtsurkunde des Herzogs wurde von einem Schreiber angefertigt, der etwas nachläßig arbeitete, wie das nachgetragene Wort »quod« zwischen Zeile 4 und 5 sowie das in Zeile 8 fälschlich vermerkte »altario« für »altari« erkennen lassen. Die Schrift der Urkunde macht aufgrund der Verzierungen der Buchstaben »f« und »s« sowie der Kürzungszeichen einen etwas altertümlichen Eindruck. Da der Schreiber offenkundig den für die Urkunde benötigten Schriftraum nicht richtig eingeschätzt hatte, konnte man am unteren Urkundenrand keinen Umbug, eine sogenannte Plika, anbringen und war daher gezwungen, die zur Befestigung des Siegels dienenden Streifen durch übereinander angebrachte Einschnitte im Pergament zu führen.

A. Sch.

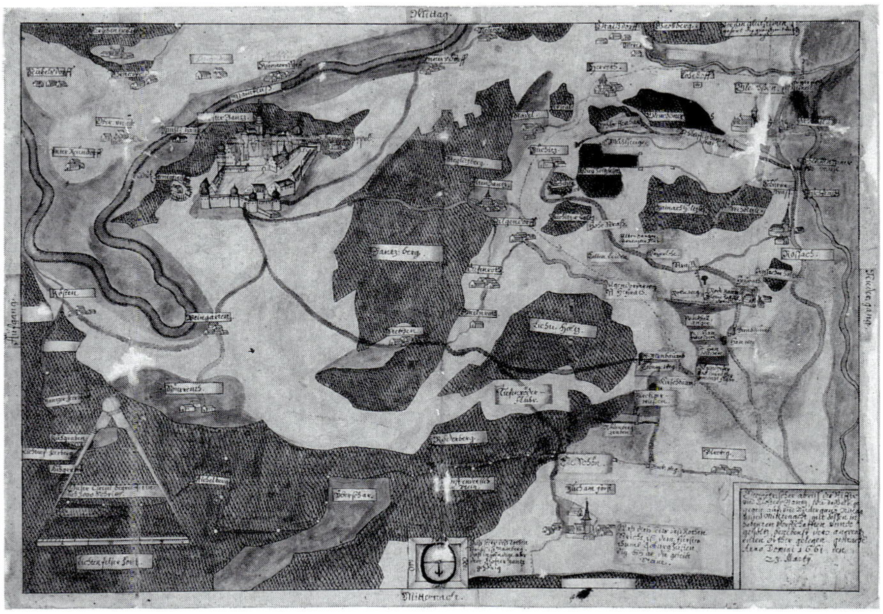

38

Lit.: Oefele 1877, S. 197, Nr. 613; Hirsch 1919; Hemmerle 1970, S. 57 ff.

38

Kloster Banz mit seinen Dörfern

Dat. 23. März 1661

Papier/Feder, koloriert, 42 × 59 (R)

Bamberg, Staatsarchiv (A 240, T 1783)

Die Zeichnung ist als »Geometrischer Abriß des Stiffts und Closters Bantz ... mit dessen inhabenden Dorffschaften und gehöltz« betitelt. Angelegt wurde sie von einem unbekannten Kartographen im Zusammenhang mit Streitigkeiten zwischen Kloster Banz und dem Herzogtum Sachsen-Coburg über die Hochgerichtsgrenzen. Die Kombination von Grundriß- und Schrägansichten weist die Tafel in kartographischer Hinsicht als fortschrittlich aus. Das gezeigte Banzer Klosteramt dehnt sich von der Mainschleife zwischen Nedensdorf, der Kirche von Vierzehnheiligen und Kösten im Südosten über den Lichtenfelser Forst im Nordosten bis zum Itzgrund im Westen aus. Diese Landtafel von 1661 ist eine der ältesten Darstellungen der vorbarocken Anlage von Kloster Banz, das hier überproportional groß erscheint. Banz gehörte im Mittelalter zu den von den Andechs-Meraniern bevogteten Klöstern. K. M.

Lit.: Oberfranken im Bild alter Karten 1983, S. 54–57; Winkler 1990, S. 15–68.

39

Urkunde Herzog Ottos VIII. von Meranien für Kloster Langheim

1237

Pergament, 33,5 × 46,5, restauriertes Reitersiegel des Ausstellers an grünen und blaßlila Fäden

Bamberg, Staatsarchiv (Bamberger Urkunden, Nr. 586)

Das Zisterzienserkloster Langheim wurde in den 30er Jahren des 12. Jahrhunderts durch Bischof Otto I. den Heiligen von Bamberg unter Mitwirkung dreier Ministerialen des Hochstifts gegründet und mit Mönchen aus Ebrach besiedelt. Zu den frühen Wohltätern des Klosters zählte auch Kunizza, die später von Graf Poppo I. von Andechs geschiedene Frau. Unter Bischof Otto II. von Bamberg gelangte die Langheimer Vogtei an dessen Verwandte, bei denen sie bis zum Aussterben des Geschlechts blieb. In den 30er Jahren des 13. Jahrhunderts konnte das Kloster, das damals eine wirtschaftliche Blüte erlebte, unter anderem Andechser Lehensgut erwerben. Im Jahr 1237 beurkundete Herzog Otto VIII., daß sein Ministeriale Heinrich von Streitberg und dessen Frau Hedwig dem Kloster neben Eigengut auch Grundbesitz und Einkünfte überlassen hatten, die sie bislang von ihm als ihrem Lehensherrn innehatten. Wie es in der Urkunde weiter hieß, konnte der Lehensbesitz für den Fall, daß Heinrich vor seiner Frau sterben sollte, von seinen Kindern oder vom Herzog selbst um 100 Pfund vom Kloster zurückgekauft werden; sollte dagegen die Frau des Streitbergers vor diesem sterben, so hatte dieser, um wieder in den Besitz der Lehensgüter zu gelangen, dem Kloster lediglich jährliche Einkünfte in Höhe von 4 Pfund zu verschaffen. Von dieser Möglichkeit wurde jedoch nicht Gebrauch gemacht, da der Nachfolger Bischof Ekberts von Bamberg, der nur wenige Monate regierende Bischof Siegfried, am 4. September 1237 dem Kloster Langheim das Eigentum an den genannten Lehensgütern bestätigte. Der Urkunde des Bischofs ist auch zu entnehmen, daß es sich bei diesen Besitzungen um Eigengut des Bamberger Hochstifts handelte, das an die Andechser als Lehen gegeben war, die es wiederum an ihre Ministerialen weiterverliehen hatten. Zur Sicherung seines Eigentums ließ sich das Zisterzienserkloster im übrigen 1247 noch einmal durch Herzog Otto VIII. eine Urkunde erteilen, in der ihm dieser die Übertragung ausdrücklich bestätigte.

A. Sch.

Lit.: Oefele 1877, S. 208, Nr. 663; Looshorn 1888, Bd. 2, S. 666f.; Guttenberg 1927, S. 410; Urbar Langheim, S. 16, 156, 190.

40 [Abb. S. 105]

Ansicht des Klosters Langheim

Johann Peter Demleutner
1. Drittel des 18. Jahrhunderts
Kupferstich, 26,1 × 16,7 (R)
Bamberg, Staatsarchiv (Kloster Langheim [B 106] Nr. 8/I, S. 70)

Das Kloster Langheim war seit seiner Gründung eng mit der Familie der Andechser verbunden, deren letzte Mitglieder dort sogar ihre Grabstätte fanden. Nach dem Aussterben des meranischen Hauses wurde die Zisterzienserstiftung durch die Grafen von Truhendingen und Orlamünde, die das Erbe des Geschlechts am Obermain teilweise übernehmen konnten, beschenkt. Obwohl die Klöster des Zisterzienserordens weitgehend frei von bischöflichen wie grundherrlichen Ansprüchen waren und sie zumeist, unter dem unmittelbaren Schutz des Herrschers stehend, die im Zisterzienserorden übliche Vogtfreiheit genossen, versuchten die Bamberger Bischöfe, die bis zur Mitte des 13. Jahrhunderts aufgrund der Andechser Machtpositionen am Aufbau eines geschlossenen Territoriums gehindert worden waren, das Kloster mit seinen reichen Besitzungen ihrer Herrschaft zu unterwerfen. Da von seiten Bambergs dabei auf die Gründung des Klosters durch Bischof Otto I. verwiesen – Langheim somit in gewisser Weise als bischöfliches Eigenkloster betrachtet werden konnte –, stellten die Mönche demgegenüber durch die Betonung ihrer angeblichen Gründung und Ausstattung durch die Andechser die Bamberger Ansprüche als haltlos hin. In der bis über die Mitte des 14. Jahrhunderts hinaus geführten Auseinandersetzung schien zunächst Langheim erfolgreich zu sein, bis Karl IV. im Jahr 1378 das Kloster dem Bamberger Bischof unterstellte.

Obwohl spätere Versuche des Klosters, die frühere Reichsunmittelbarkeit wiederzuerlangen, keinen Erfolg hatten, blieb im Kloster doch die Erinnerung an die frühere Unabhängigkeit und die Verbundenheit mit den Andechsern und ihren Rechtsnachfolgern lebendig. Das zeigt nicht zuletzt der von Johann Peter Demleutner gefertigte Kupferstich, der neben den Andechs-Meraniern die Grafen von Orlamünde und von Truhendingen als Gründer des Klosters Langheim nennt.

A. Sch.

Lit.: Urbar Langheim, Einleitung, S. 16ff.

41 [Abb. S. 105]

Portal der Katharinen-Kapelle im Kloster Langheim

Fotografie
Staatliche Museen zu Berlin, Skulpturensammlung (AE 373)

Die Katharinen-Kapelle ist das einzige Bauwerk der einstigen Klosteranlage von Langheim, das noch aus der Zeit der Andechs-Meranier stammen dürfte. Die Kapelle, erstmals 1307 erwähnt, ist den Bauformen zufolge wohl in der ersten Hälfte des 13. Jahrhunderts errichtet worden. Das kleine Gotteshaus diente als Pfortenkapelle, in der Gottesdienste für Laien, etwa für die Bediensteten des Klosters, zelebriert wurden. Auch die Einwohner des benachbarten Dorfes Mistelfeld besuchten hier die Messe, zumindest im 18. Jahrhundert. Nach der Aufhebung des Klosters wurde die Kapelle an einen benachbarten Schreiner verkauft. Seither dient sie als Scheune und Garage.

Die landwirtschaftliche Nutzung führte im 19. Jahrhundert zu Verlusten an Bausubstanz: Die Besitzer entfernten das Gewölbe; um die Kapelle erweitern zu können, wurde die Apsis abgerissen; in die Westseite des Baus wurde ein Tor gebrochen. Am 1. Dezember 1907 brannte die einstige Kapelle ab. Da der Eigentümer die Mittel für eine Wiederherstellung nicht aufbringen konnte und auch der Tausch gegen eine Scheune des Forstamtes scheiterte, verkaufte er im Oktober 1908 das Portal der Kapelle an den Berliner Antiquitätenhändler Hans Vogler. Von diesem erwarb es Arnold Wilhelm Bode für die Sammlung des Kaiser-Friedrich-Museums, in dessen Skulpturensammlung sich das Portal noch heute befindet.

Seit 1912 haben kommunale Stellen immer wieder erwogen, die Katharinen-Kapelle zu erwerben. Bisher ist es bei Ankündigungen geblieben.

G. D.

Lit.: Libor 1966/67, S. 49–72; Geldner [2]1990, S. 156, 192f.; Dippold 1992, S. 56–65, hier S. 58f.; Dippold (in Planung).

42

Urkunde Herzog Ottos VIII. von Meranien und seiner Vormünder, Bischof Ekberts von Bamberg und Graf Alberts III. von Tirol, für Kloster Benediktbeuern

Undatiert (1234/35)
Pergament, 11,5 × 31, mit beschädigtem Siegel Herzog Ottos VIII. an roten und gelben Fäden (die Siegel des Bischofs und Grafen verloren)
München, Bayerisches Hauptstaatsarchiv (KU Benediktbeuern 35)

Die sogenannten Reichsklöster, die als Teil der Reichskirche unter dem besonderen Schutz des Herrschers standen, besaßen fast ausnahmslos das Privileg, sich Abt und Vogt nach eigenem Gutdünken wählen zu dürfen. Dieses Recht wurde zwar – wie die Erblichkeit der Vogtei über solche Klöster in einzelnen Familien zeigt – häufig mißachtet; nach dem Tod Herzog Ottos VII. im Jahr 1234 machten die Mönche von Tegernsee insofern davon Gebrauch, als sie nicht mehr den Sohn des Nachfolgers, Herzog Otto VIII., sondern Kaiser Friedrich II. selbst zum Vogt wählten. Der Konvent von Benediktbeuern wandte sich dagegen an den Hof König Heinrichs VII., um sich dort sein Vogtwahlrecht bestätigen zu lassen, und betraute anschließend Herzog Otto VIII. mit diesem Amt. Doch traf er mit ihm und seinen Vormündern, Bischof Ekbert von Bamberg und Graf Albert III. von Tirol, Vereinbarungen, die den Einfluß des Vogtes auf die Angelegenheiten des Klosters stark einschränkten. Außerdem ließ er sich Zollfreiheit in Wolfratshausen und in der Herrschaft des Herzogs im Gebirge zusichern. An der nicht sehr sorgfältig ausgefertigten Urkunde hängt heute nur mehr das zerbrochene, stark beschädigte Siegel Herzog Ottos VIII. A. Sch.

Lit.: Oefele 1877, S. 207, Nr. 659; Tiroler Urkundenbuch, Bd. 3, S. 57f., Nr. 1004; vgl. auch D Friedrich I, Nr. 106; BFW Nr. 1779.

43 [Abb. S. 87, 93]

Bamberger Dom und Tympanon der Gnadenpforte

Fotografien: Ingeborg Limmer, Bamberg und Bildarchiv Foto Marburg

Der Bamberger Dom, ein Hauptwerk der deutschen spätromanischen und frühgotischen Baukunst, wurde über dem von Heinrich II. initiierten, durch Brand zerstörten Vorgängerbau errichtet. Bischof Ekbert von Bamberg ist der Bauherr des jetzigen Doms, der in dessen Todesjahr 1237 geweiht wurde. Der Dom ist eine doppelchörige Anlage mit vier Türmen und westlichem Querschiff. Die in der Zeit von 1220 bis 1240 geschaffenen Bildwerke des Doms gehören zu den wichtigsten Zeugnissen deutscher Plastik im 13. Jahrhundert. Dabei wird zwischen einer älteren und einer jüngeren Werkstatt unterschieden. Die ältere zeichnet u. a. verantwortlich für das Tympanon der Gnadenpforte (um 1235). Auf dieser Plastik sind dargestellt (v.l.n.r.): der Stifter Bischof Ekbert, der hl. Georg, der hl. Petrus, die hl. Maria mit Kind, Kaiser Heinrich II., Kaiserin Kunigunde und vermutlich Dompropst Poppo, ebenfalls ein Andechser. Die zu Füßen Marias kniende Figur, mit einem Kreuz auf dem Mantel, ist unbestimmt; vielleicht handelt es sich um den Kreuzzugsteilnehmer Herzog Otto VII. von Andechs-Meranien.

K. M.

Lit.: Winterfeld 1979.

44

44 [Abb. S. 73]

Ansicht der Stadt Bamberg

Kolorierter Holzschnitt aus der Schedelschen Weltchronik
1487/93
46,3 × 64 (R)
Bamberg, Historisches Museum
(F. 26 a)

Die Schedelsche Weltchronik enthält unter anderem Holzschnitte der im ausgehenden Mittelalter bekanntesten mitteleuropäischen Städte. Darunter befindet sich auch die Stadt Bamberg, die mit dem Dom als Mittelpunkt dargestellt ist. Da die Zeichnung, die dem Holzschnitt zugrunde liegt, sehr realitätsnah ist, kann angenommen werden, daß der Künstler Bamberg gekannt hat. Eine ähnliche zeichnerische Lösung der Darstellung Bambergs findet sich 1483 im Apostelabschied von Wolfgang Katzheimer d. Ä. (1478–1508 urkundlich in Bamberg nachweisbar).

K. M.

Lit.: Symbol – Objekt – Motiv 1987, S. 74.

45 [Abb. S. 95]

Stadtrechts-Bestätigungsurkunde für Innsbruck

ausgestellt von Herzog Otto VIII. von Andechs-Meranien
Innsbruck, 9. Juni 1239
Pergament, 26 × 38,5
Reitersiegel des Ausstellers, Naturwachs restauriert, an grüner Seidenschnur ∅ 7,5
Innsbruck, Stadtarchiv (Urk.Nr. 3)

Die wohl bedeutendste Stadtgründung der Andechs-Meranier ist Innsbruck. In der ausgestellten Urkunde erklärt Herzog Otto VIII. von Meranien, daß er hiermit seiner Stadt Innsbruck und ihren Bürgern jene Rechte zu ewigem Besitz überträgt bzw. erneuert, die sie von seinen »Vorgroßvätern« – Berthold III. und Berthold IV. – verliehen erhalten und seither erbrechtlich innehaben (»... civitati nostre Insbruke et universis civibus in ea manentibus ius subscriptum, a proavis nostris iure hereditario ad tempora nostra deductum conferimus«). Darauf folgt – vermutlich in chronologischer Reihung – die Erneuerung der einzelnen Privilegien, jedoch ohne Nennung der Daten der Ersterleihung. Den Anfang macht das »niderlaz«- (Niederlags-) Monopol Innsbrucks in der Grafschaft zwischen Melach und Ziller, dessen Ersterleihung vor der Stadtgründung um 1187/1204 erfolgt sein muß, da Innsbruck darin lediglich als Markt tituliert erscheint. Es folgen Zollregelungen für den Warentransport per Saumtier sowie die Verfügung, daß die Innsbrukker Innbrücke bzw. die hier durchführende Landstraße für Mensch, Tier und Wagen offenzuhalten ist (dies ist auch die erste Nennung von Wagen im Tiroler Raum). Die weiteren Bestimmungen gelten der Gemeindeweide, der Wahl des Stadtrichters, Fragen des Steuer- und Handelsrechts, der Innsbrucker Münzstätte (»moneta civitatis predicte«) sowie dem Strafrecht. Abschließend wird – neben Fragen des Erbrechts – das Verhältnis von zugezogenen Neubürgern zu ihren ehemaligen Herren dahingehend geregelt, daß letztere ihre Rechte längstens bis Jahresfrist nach Eintritt in die Stadt und Erlangung des Bürgerrechts geltend machen konnten. Als Zeugen wird neben Graf Albert III. von Tirol, dem Schwiegervater Ottos VIII. von Andechs-Meranien, eine Reihe von andechsischen Ministerialen genannt.

F.–H. H.

Lit.: Hye 1980; Hye 1989, S. 47–53; Edition: Ausgewählte Urkunden zur Verfassungs-Geschichte, Nr. 37.

46 [Abb. S. 64]

»Ynsprugg die fürstlich Stat.« Ansicht der Stadt Innsbruck gegen Süden

Aquarellierte Tuschzeichnung aus dem »Schwazer Bergbuch«, 1556
55 × 28,8 (R)
Innsbruck, Tiroler Landesmuseum Ferdinandeum

Die älteste detaillierte Stadtansicht der einstigen Residenzstadt der Tiroler Landesfürsten (ab 1420) legt den Schwerpunkt auf die von der Ringmauer umfaßte »Statt«, die heutige Altstadt, sowie auf deren südliche Umgebung, während der älteste Stadtteil, die Marktanlage von ca. 1165/70 am nördlichen Innufer, das heutige St. Nikolaus, nur mit wenigen Häusern im unmittelbaren Vordergrund des Bildes angedeutet erscheint. Detailliert dargestellt ist die namengebende Innbrücke, über die – wie es im Text über dem Bild heißt – »die recht Lanndtstrassen aus dem Reich Teutscher Nation in Ytalia unnd Venedig« bzw. die Straße von Augsburg nach Italien führte. Links neben dem Inntor am Südende der Brücke ist der Pfahlbau der Metzbank zu sehen, dahinter ein gotischer Wohnturm, heute »Ottoburg« genannt, und rechts vom Tor die alte Andechser Stadtburg, die – verziert mit den Wappen von Österreich und Tirol – seit dem 15. Jahrhundert als innerstädtisches Zeughaus fungierte. Weitere dominante Bauten im Bild sind (v. l. n. r.) zwei Türme der gotischen Hofburg mit dem Zugang »zu Hoff«; innerhalb der Ringmauer die St. Jakobskirche in ihrer spätgotischen Gestalt sowie der um 1442/50 erbaute Stadt- bzw. Rathausturm am Stadtplatz, der hier noch seinen gotischen Turmhelm trägt. Rechts außerhalb der Stadtmauer erhebt sich an der Ecke (Markt-)Graben/Innrain der ehemalige Ansitz »Hechtenburg«, das spätere Ursulinenkloster. Im Hintergrund ist der am Brennerpaß entspringende Sill-Fluß (»Wasser Süll«) zu sehen, flankiert von der Kloster- und Pfarrkirche von Wilten sowie von den zwei Ortskirchen des Dorfes und von der Burg Amras – kurz vor ihrem Umbau zum Renaissance-Schloß. Zu erinnern ist an dieser Stelle, daß die Herrschaft Amras das erste Territorium der Grafen von Andechs im Bereich der späteren Grafschaft Tirol gebildet hat.

F.-H. H.

Lit.: Pfaundler 1972.

47 [Abb. S. 103]

»Percheggfhof« (Perchtingbauer) und Hohenburg bei Innsbruck

Zeichnung: Hans Wiedemann
München, Haus der Bayerischen Geschichte

Oberhalb von Schloß Ambras, südlich der Gemeinde Lans, liegt auf freiem Feld der stattliche »Percheggfhof«, auch Perchtingerhof genannt. Der seit der Mitte des 13. Jahrhunderts nachweisbare Hof ist nach einer Familie aus »Perchting« benannt. Da jedoch im gesamten Innsbrucker Raum der Ortsname Perchting unbekannt ist, wird mit guten Gründen der oberbayerische Ort Perchting bei Starnberg als namengebend für den Hof angesehen.

Eine Traditionsnotiz aus dem 13. Jahrhundert belegt die Stiftung eines Hofes an das Stift Dießen durch die Witwe Friedrichs von Perchting, der vermutlich ein Andechser Ministeriale war. Es wird angenommen, daß diese oberbayerische Familie Perchtinger nach der Wiederbelehnung der Grafen von Andechs mit ihren Gebieten im Inntal 1232 nach Tirol abwanderte und sich bei Lans – in unmittelbarer Nähe von Ambras, dem Kerngebiet der Andechser Herrschaft in Tirol – als deren Ministeriale niederließ. Der Herkunftsname wurde zum Hofnamen.

Nach dem Aussterben der Andechs-Meranier 1248 wurden die Grafen von Görz-Tirol ihre neuen Dienstherren. 1275 erscheint ein Albert Perchtinger als Notar des Grafen Meinhard von Görz-Tirol. 1345 nennt sich Heinrich von Perchtingen erstmals ausdrücklich von »Hohenburg«. Um diese Zeit verlegten die Perchtinger ihren Stammsitz von dem Hof bei Lans auf den repräsentativeren Ansitz oberhalb von Igls. Der Bau einer Burg und die Verlagerung des Sitzes »in die Höhe« können als Zeichen politischen und sozialen Aufstiegs der Perchtinger Ministerialenfamilie gewertet werden.

K. M.

Lit.: Zösmair 1923, Nr. 218f.; Traditionen und Urkunden Dießen, Bd. 1, S. 69f.; Bitschnau 1980, Kat. Nr. 51; Franckenstein 1982, S. 133–138; Hye 1989, S. 47–53;

48 [Abb. S. 65]

Wiltener Kelch mit Patene:

Niedersachsen, um 1160/70
Silber, gegossen und graviert, teilweise vergoldet; Henkelkelch: 16,7, Patene: ∅ 23,5, zwei »fistulae« (liturgische Saugröhrchen), je 19,6 (Replik)
Original: Wien, Kunsthistorisches Museum
Innsbruck, Prämonstratenser-Chorherrenstift Wilten

Auf Kelch und Patene dieser bedeutenden Goldschmiedearbeit sind Darstellungskreise des Alten und Neuen Testaments eingraviert. Als ältere Form des Meßkelchs wurde der Henkelkelch bis in das 13. Jahrhundert liturgisch verwendet.

Die niedersächsische Provenienz des Wiltener Kelchs erklärt sich aus politischen Beziehungen Bertholds III. zu Heinrich dem Löwen, Herzog von Sachsen und Bayern. Der Kelch war vermutlich ein Geschenk Graf Bertholds III. (gest. 1188) an das Stift Wilten, wie die Inschrift an der Außenseite des Fußes nahelegt: »Parce calix iste per qvos datvs est tibi christe Bertoldi Monitis cvi sis mitissime mitis« (Schone

die, durch die dieser Kelch dir, Christus, geschenkt wurde, auf Veranlassung Bertholds. Ihm sei, Mildester, milde).
Die Stiftung war – einer späteren Wiltener Überlieferung zufolge – Teil einer Gegenleistung Bertholds III. für die Abtretung von Wiltener Liegenschaften am Südufer des Inns, die für die Entwicklung Innsbrucks zum Markt- und Handelsplatz wichtig war.
K. M.

Lit.: Schuselka u. a. 1964, S. 25–27; Hye 1989, S. 47–53.

49

Angebliche Urkunde Herzog Bertholds IV. für Stift Wilten

Wilten, 1180
Überarbeitung 1. Hälfte des 13. Jahrhunderts
Pergament, 38,5 × 31
Innsbruck, Prämonstratenser-Chorherrenstift Wilten

Die Anfänge der Stadt Innsbruck liegen weitgehend im Dunkeln. Der hier gezeigten Urkunde des Stifts Wilten zufolge, die angeblich von Herzog Berthold IV. und dessen Söhnen Ekbert, Otto und Heinrich im Jahr 1180 ausgestellt wurde, sollen Markgraf Berthold III. von Istrien und sein Sohn Herzog Berthold IV. von Meranien vom Stift ein Grundstück neben dem Kloster erworben haben, um auf ihm einen Markt zu gründen. Dafür erhielten die Wiltener Chorherren eine gleichwertige Fläche sowie einen Hof in Amras; zusätzlich wurde ihnen die Kirche, die die Andechser Herren im Markt erbauen sollten, übergeben, außerdem wurden ihnen Abgabenfreiheit für ihre Güter in deren Herrschaft zugesichert und sonstige Vergünstigungen gewährt. Inwieweit Markgraf Berthold III., der Gründer des Ortes, solche Zusagen wirklich machte, muß dahingestellt bleiben, da es sich bei dem Wiltener Schriftstück nicht um eine Originalurkunde Markgraf Bertholds III. oder seines Sohnes Herzog Bertholds IV., sondern vielmehr um ein überarbeitetes Schriftstück aus der 1. Hälfte des 13. Jahrhunderts handelt, für das jedoch, wie ein Vergleich des Textes mit anderen Überlieferungen zeigt, echte Vorlagen aus der 2. Hälfte des 12. Jahrhunderts verwendet worden waren.
Da das an der Fälschung hängende Siegel des Herzogs echt ist und das Pergament abgeschabt wurde, ist offensichtlich, daß die Wiltener Chorherren für ihren Vertrag eine echte Urkunde Bertholds IV. benutzt hatten. A. Sch.

Lit.: Ausgewählte Urkunden zur Verfassungs-Geschichte, S. 35–37, Nr. 21 (unzutreffend auf 1188–1204 datiert); Riedmann 1985, S. 341 f.; Hye 1989, S. 49.

50

50 [Abb. S. 124]

Tympanon am Westportal der ehemaligen Millstätter Stiftskirche

Meister Rudgerus
Millstatt, um 1170
Relief, weißer Marmor, 230 × 115
Abguß: Walter Campidell, 1993
München, Haus der Bayerischen Geschichte

Die Bildszene des Tympanons am Westportal der ehemaligen Millstätter Stiftskirche zeigt einen demütig knienden Mönch, der mit Abt Heinrich II. von Millstatt, dem Sohn Graf Poppos I. von Andechs, identifiziert wird, wie er dem segnenden Christus, Patronatsheiligen der Stiftskirche, ein Kirchenmodell stiftet. Die archaisierenden Figuren lassen, zusammen mit den teigigen Faltenbahnen der Gewänder und den gebohrten Pupillen, eine Datierung in das 3. Viertel des 12. Jahrhunderts zu. Ebenso ist die Inschrift »HEINRICVS ABBAS RVDGER(VS) ME FECIT« in die Zeit um 1170 zu bestimmen. Abt Heinrich II. (1166 – nach 1177), Sohn Poppos von Andechs und Kunizzas von Giech, wurde in Stift Admont erzogen und 1166 zum Millstätter Abt gewählt. In seine Regierungszeit fielen Planung und Baubeginn von Kirchenvorhalle, Westportal und Westturmpaar. K. M.

Lit.: Deuer 1988, S. 37–55; Deuer 1984, S. 73–118; Keilhauer 1988, S. 166–173; Leitner 1982, S. 3.

51 [Abb. S. 124]

Millstätter Sakramentar

Millstatt (?), um 1170–1180
Pergament/Handschrift, 294 Bll., Einband: schmuckloses rotes Leder über Holzdeckeln, 21,2 × 16,3 (R)
Klagenfurt, Kärntner Landesarchiv (Hs. 6/35; fol. 7v: Hl. Gregor als Schreiber)

Das Millstätter Sakramentar, eine Handschrift aus den 70/80er Jahren des 12. Jahrhunderts, ist nach den Forschungen P. Winds wohl im Kloster Millstatt entstanden. Dies beweisen unter anderem die deutlichen Schriftunterschiede zu den Schreibschulen Admonts und St. Peters in Salzburg. Außer zum Teil lavierten Tierkreiszeichnungen weist die künstlerische Ausstattung der Handschrift ein Deckfarbenvollbild von hoher technischer und formaler Qualität auf, das den hl. Papst Gregor (590–604) als Schreiber zeigt, eingefügt in eine Scheinarchitektur (fol. 7v).
Das Millstätter Sakramentar und das um 1166 entstandene Millstätter Brevier fallen in die Amtszeit Abt Hein-

richs II. von Andechs (1166 – nach 1177). Deswegen wird dem Andechser Abt eine wichtige Rolle beim Aufbau des leistungsfähigen Skriptoriums zugewiesen, das vielleicht anfangs eine Filiale der Schreibschule Admonts darstellte, später aber – wie das Sakramentar oder auch die Ausstattung der berühmten Millstätter Genesis um 1200 belegen – eine eigenständige Entwicklung nahm.
Heinrich von Andechs, der in Admont erzogen und 1166 zum Millstätter Abt gewählt wurde, bildet nicht nur in Bezug auf die Schreibschulen das Bindeglied zwischen beiden Klöstern. Ebenso verweisen der von Heinrich initiierte Bau des Westturmpaares und der Vorhalle der Millstätter Kirche sowie die wahrscheinlich bereits in seine Regierungszeit fallende Schaffung von Doppelklöstern in Millstatt auf Admonter Vorbild. Ein weiteres Indiz für die Bedeutung Abt Heinrichs von Andechs für Kloster Millstatt und für dessen trotz topographisch ungünstiger Lage rege Kontakte stellt die Aufnahme von Heinrichs Todestag (1. Februar) in den Nekrologen von Millstatt, Admont, Rosazzo, St. Lambrecht, Nonnberg, St. Peter und des Domstifts Salzburg dar. K. M.

Lit.: Unterkircher 1984; Wind 1984; Deuer 1988, S. 37–55.

52 [Abb. S. 86]

Kopf einer Königsfigur und einer Engelsfigur vom Grabmal der Königin Gertrud von Ungarn

Französischer Meister
Ehemalige Zisterzienserabtei
Pilis/Ungarn, um 1230
Kalkstein, 9 × 6,5 × 7,5 und
8,5 × 8 × 9,5
Budapest, Ungarische Nationalgalerie
(90.22.29.M und 90.22.41.M)

In den 1970/80er Jahren wurden bei Ausgrabungen in der Zisterzienserkirche von Pilis mehr als 50 Fragmente eines prunkvollen Sarkophags gefunden. Das Grabmal dürfte nach den historischen Quellen für die im Jahr 1213 ermordete Königin Gertrud aus dem Geschlecht der Andechs-Meranier, die Frau des ungarischen Königs Andreas II., aufgestellt worden sein. Die Seitenwände der Tumba sind mit unter Arkaden sitzenden Figuren geschmückt, auf der Deckplatte lag die fast lebensgroße Ganzfigur der Königin.
Der Kopf der Königsfigur stammt, wie von der gebrochenen Rückseite abzulesen ist, von der Reliefreihe der Seitenwände. Der harmonische Gesichtsausdruck, die sensible Gestaltung der anatomischen Merkmale, die feine Modellierung und präzise Bearbeitung des Haares und des Bartes zeigen die gleiche Höhe der künstlerischen Qualität wie die Auswahl des hervorragenden Grabmaltypus und die Planung der Nischenarchitektur.
Auf der Deckplatte der Tumba, wahrscheinlich neben dem Kopf der Königin waren beidseitig Engelsfiguren angebracht. Zu einer dieser freistehenden Figuren gehörte der an Nase und Kinn beschädigte Kopf. Er fügte sich mit einem Dübel zum Körper. Das feinmodellierte, ovale Gesicht ist mit gewelltem, dichtem Haar umrahmt.
Der Stil des Grabmals wurde von Gerevich mit den klassizisierenden Tendenzen der Kathedralenplastik um 1230 verknüpft. Der Sarkophag wird Villard de Honnecourt, der sich nach Eintragungen seines Skizzenbuchs zu dieser Zeit in Ungarn aufhielt, zugeschrieben. Claussen schätzte die Bruchstücke als Arbeiten eines Skulptors der Nordvorhalle in Chartres ein. Er hat die Möglichkeit der Villard-Zuschreibung nicht ausgeschlossen, allerdings nur für den Fall, daß Villard ein Mitglied der Bauhütte in Chartres war. Nach Meinung von Marosi ist der Künstler der Werkstatt der Südvorhalle der Kathedrale von Chartres zuzurechnen. In jedem Fall hat der Sarkophag als Beispiel zu gelten für das hohe Niveau der ungarischen Hofkunst, die in lebendigen Kontakten zu den Zentren der gotischen Kunst ihrer Zeit stand. I. T.

Lit.: Gerevich 1971, S. 81–105, Abb. 21; Claussen 1975, S. 112f., Abb. 75 a; Gerevich 1977, S. 179–183, Fig. 44, 45; Sankt Elisabeth 1981, S. 334–336; Gerevich 1983, S. 291–293, Abb. 31, 32; Marosi 1984, S. 135f., Abb. 318, 319; Gerevich 1985, S. 128–130, Abb. 21, 22.

53

Erhaltene Bauten der Andechs-Meranier in Slowenien

Fotografien aus: M. Zadnikar, Romanika v Sloveniji, Ljubljana 1982

a) Kamnik-Mali grad [Abb. S. 88]
(Stein-Kleinfeste)

Die romanische (11.–13. Jahrhundert) Doppelkapelle mit Krypta ist neben der Ruine der »Kleinfeste« auf einer Anhöhe mitten in der Stadt Kamnik gelegen. Kamnik war der Sitz der Andechser Herrschaft in Krain. Die Kapelle wird 1250 schon ausdrücklich als zweigeschossig erwähnt: »in capella superiori castri inferioris de Stain«. Ihre jetzige, nicht einheitliche Form besteht aus einer tonnengewölbten Krypta unter dem rechteckigen Presbyterium der einschiffigen unteren Kapelle und der oberen Kapelle mit einer halbkreisförmigen Apsis. Nach einer Hypothese von E. Cevc bestand im 11. Jahrhundert der Kern dieser Anlage lediglich aus der Krypta und einem darüberliegenden Raum in der Tradition der altchristlichen Martyrien. Im 12. Jahrhundert diente sie nach dem Anbau eines Langschiffes sowie dem Aufbau eines Chorturms als Altarraum. Im 13. Jahrhundert wurde eine zweite Kapelle mit halbrunder Apsis anstelle des abgetragenen Chorturms aufgebaut. Zwei romanische Portale und Triumphbögen sowie in der Mauerstärke eingelassene Treppen vervollständigen die Anlage. M. Z.

Lit.: Stelè 1929, S. 70–88; Cevc 1972, S. 397–405; Zadnikar 1982, S. 498–504.

b) Slovenk Gradec-Stari trg [Abb. S. 79]
(Windischgraz-Altenmarkt)
Pfarrkirche des hl. Pankratius

Seit Ende des 11. Jahrhunderts wird eine Festung »Grêz« oder »Graz« (slow. Gradec) auf dem Schloßberg (Grad) über Altenmarkt bei Windischgraz öfters urkundlich erwähnt. Seit 1146 war (Slovenj)Gradec im Besitz der Familie Andechs. Schon 1174 kam eine »ecclesia sancti Pancratii de Graz« namentlich vor. Die erhaltene Pankratiuskirche ist im Kern ein frühgotischer Bau mit einem Einstützenraum auf fast quadratischem Grundriß, ursprünglich ohne Presbyterium. In der Mitte des

Raums steht auf hohem Unterbau eine monolithe, über 5 m hohe (römische?) Marmorsäule mit gedrückter Basis und glattem Kelchkapitell, auf dessen achtseitige Deckplatte sich vier Kreuzrippengewölbe stützen. Dieser frühe Hallenraum ist aufgrund der stilistisch datierbaren Einzelheiten (Basis und Kapitell der Mittelsäule, romanisierendes Hauptportal, Knospenkapitelle usw.) in die Zeit um 1240 zu datieren.
Es ist mit Recht zu vermuten, daß diese – auch im weiteren mitteleuropäischen Raum einmalige – frühe Einstützenhalle der damalige Patriarch von Aquileja, Berthold V. von Andechs (1218–1251), am Sitz seiner Herrschaft in der Untersteiermark errichten ließ. Seine Beziehungen zu den in der Baukunst führenden mitteleuropäischen Ländern – zu denken ist an seinen Bruder Ekbert als Bauherrn des Bamberger Doms – könnten dabei eine Rolle gespielt haben.
Der getrennt stehende Glockenturm (campanile) bewahrt in seinem unteren Teil den Rest eines Bergfrieds der Andechser Burg Graz (Windischgraz).

M. Z.

Lit.: Zadnikar 1956, S. 156–169; Zadnikar 1959, S. 305–308; Zadnikar 1982, S. 504–515.

54 [Abb. S. 94]

Sieben Münzen des Patriarchen Berthold von Aquileja (1218–1251)

Münzstätte Aquileja (1–6) und Windischgraz (7)
München, Staatliche Münzsammlung

1 AR, Denar, ∅ 2,0, 1,1 g
Vs.: BERTO – LDVS P(atriarcha); sitzender Patriarch mit Mitra und Pallium, in der Rechten Kreuzstab, in der Linken Buch.
Rs.: + ·CIVITAS·AQVI·LEGIA·; Büste der Jungfrau Maria mit Heiligenschein und Schleier, beide Hände erhoben.

Lit.: Bernardi 1975, S. 94 Nr. 16; C(orpus) N(ummorum) I(talicorum) VI, 1922, S. 9 Nr. 1 ff.

2 AR, Denar, ∅ 1,9, 1,24 g
Vs.: BERTO – LDVS P; wie Nr. 1.
Rs.: + ·CIVITAS·AQVILEGIA·; wie Nr. 1.

3 AR, Denar, ∅ 1,6, 0,73 g
Vs.: BERTO – LDVS P·; wie Nr. 1.
Rs.: + ·CIVITAS·AQVILEGIA·; wie Nr. 1.

Diese Münze hat ein bedeutend geringeres Gewicht als die beiden vorher genannten. Das Stück mit den gleichen Münzbildern wie Nr. 1 und 2 fällt dadurch sogleich ins Auge, daß der für die Denare dieser Zeit typische Schüsselrand fehlt. Entweder ist das Stück nachträglich beschnitten, oder es handelt sich um einen Hälbling; nach Themessl 1911, S. 27, hat der Patriarch Berthold diese halben Pfennige als erster und für längere Zeit einziger Münzherr des Patriarchats geprägt.

4 AR, Denar, ∅ 2,0, 1,05 g
Vs.: BERTOL – DVS P·; wie Nr. 1.
Rs.: + CIVITAS·AQVILEGIA·; auf einem Zinnentor nach links blickender Adler mit geöffneten Schwingen von vorn.

Lit.: Bernardi 1975, S. 93 Nr. 15; CNI VI S. 10 Nr. 11 ff.

5 AR, Denar, ∅ 1,9, 1,06 g
Vs.: BERTO – LDVS·P·; wie Nr. 1.
Rs.: + CIVITAS·AQVILEGIA; Kastell mit einem Tor und drei Türmen, der mittlere mit drei Zinnen, die Seitentürme mit zwei Zinnen.

Lit.: Bernardi 1975, S. 92 Nr. 14; CNI VI S. 11 Nr. 18 ff.

6 AR, Denar, ∅ 2,0, 1,24 g
Vs.: wie Nr. 4; Rs.; wie Nr. 4.

7 AR, Denar, ∅ 1,8, 1,04 g
Vs.: [+ ·BERTO] – LDVS·P·; sitzender barhäuptiger Priester mit Krummstab in der Rechten und Kreuzstab in der Linken.
Rs.: Dreieckiger Kirchengiebel mit zwei Seitentürmchen, jedes mit einem Ringel auf der Spitze, auf dem Giebel ein Kreuz, unter dem Giebel ein Kopf, daneben rechts und links ein Ringel. Diese Münze ähnelt insbesondere in der Rückseitendarstellung den Friesacher Geprägen.

Lit.: Bernardi 1975, S. 91 m. Abb.; CNI V S. 11 Nr. 21.

Bereits im Römischen Reich der Antike war Aquileja – gegründet 181 v. Chr. als latinische Kolonie – eine bedeutende Münzstätte. Die Patriarchen von Aquileja nahmen gegen Ende des 12. Jahrhunderts die fortlaufende Münzprägung auf, wobei sie sich darauf beschränkten, die von den Salzburger Erzbischöfen seit 1125/1130 in der Münzstätte Friesach in Kärnten emittierten Denare, die im Handelsverkehr weit verbreitet waren, nachzuprägen. Auf Betreiben der Erzbischöfe von Salzburg untersagte Kaiser Heinrich VI. am 1. Juni 1195 auf dem Hoftag in Mailand jegliche Nachprägung der Friesacher Münzen.
Die Münzen Bertholds von Aquileja folgten den in Form und Typ von seinem Vorgänger Wolfger eingeführten Prägungen: Die Stücke sind wie in Oberitalien üblich von schüsselförmigem Typus; der Patriarch ist auf der Vorderseite der Münze mit dem Kreuz in der Hand und nicht mehr mit dem Bischofsstab dargestellt.
Bis etwa 1200 wurden die Münzen in Aquileja nach dem Friesacher Münzfuß geprägt. Die Friesacher Mark hatte ein Gewicht von 231,048 g und kam damit der weit verbreiteten Kölner Mark von 233,856 sehr nahe. Da in der zweiten Hälfte des 12. Jahrhunderts die Bedeutung Venedigs im Handel stark zunahm, übernahm Aquileja für sein Münzsystem die Venetianer Mark, die mit 238,3437 g schwerer war als die Kölner Mark.
Im Rahmen einer expansiven Geldpolitik nutzte Berthold nicht nur die Münzstätte Aquileja selbst, sondern auch diejenige in Windischgraz in der Steiermark, die zu den Besitzungen gehörte, die er von seinem Bruder Markgraf Heinrich IV. von Meranien geerbt hatte.

G. St.

54

55 [Abb. S. 94]

Ansicht der Stadt Udine

Vedutta prospettiva
Johann Faber
Anfang 17. Jahrhundert
Aus: A. Rizzi, Udine tra storia e leggenda nell'arte e nell'iconografia, Udine 1983, S. 174 (R)

Zur Zeit des Patriarchen Berthold von Andechs, der den Bischofsstuhl über mehr als drei Jahrzehnte hinweg (1218–1251) innehatte, wurden die Grundlagen für den späteren Aufstieg Udines gelegt. In die Zeit Bertholds reichen im heutigen Stadtbild aber nur noch wenige Reste zurück, so auf dem Burghügel die Kirche S. Maria di Castello. Die Burganlage selbst, durch Berthold von Andechs zum Patriarchenpalast erweitert, wurde 1511 fast vollständig Opfer eines Erdbebens.
Auch der heutige Dom geht auf eine Gründung des Andechsers zurück. Der gegen 1225 begonnene Bau war ursprünglich dem hl. Ulrich geweiht. Dieses Patronat brachte Berthold aus der Diözese Augsburg (in der Dießen und Andechs liegen) mit. Das heutige Erscheinungsbild des Baus ist durch den langsamen Baufortgang (Weihe 1335) und vor allem durch die Umgestaltung des 18. Jahrhunderts völlig verändert.
Seit ca. 1238 regierte der Patriarch von Aquileja nicht mehr in Cividale, wo er seit der Völkerwanderungszeit residierte, sondern vorzugsweise in Udine, das dadurch zu einem Zentralort des Friaul wurde. Wo auf dem Hügel bereits seit dem 10. Jahrhundert eine Burg bezeugt ist, existierte in der Niederung eine kleine, auf das 12. Jahrhundert zurückgehende Siedlung. Auf dem Burghügel war vielleicht schon in römischer, sicher jedoch in langobardischer Zeit eine Befestigung vorhanden gewesen. Berthold verlieh der Siedlung Markt- und Stadtrecht sowie Steuerbefreiung. Dies verstärkte den Zuzug vieler Kaufleute aus Florenz und aus der Lombardei. L. M.

56

Bekanntgabe der Legitimierung der Kinder König Philipps II. von Frankreich mit Agnes von Andechs durch den Erzbischof von Sens

Sens, Januar 1202 (Tagesangabe fehlt)
Pergament mit Siegel des Ausstellers an Pergamentstreifen (R)
Paris, Archives Nationales (J 362 n° 2)

Seit Beginn des 13. Jahrhunderts nahmen Päpste wie weltliche Herrscher – antiken Einrichtungen folgend – das Recht der Legitimierung unehelich Geborener für sich in Anspruch. Nach kurialer Auffassung hatten auch die Kinder Maria und Philipp aus der Verbindung König Philipps II. von Frankreich mit Agnes von Andechs als illegitim zu gelten, da die Ehe nach Ansicht des Papstes von Anfang an ungültig gewesen war. Innozenz III. erklärte daher auf Wunsch König Philipps am 2. November 1201, wenige Monate nach dem Tod der Andechserin, die beiden Kinder für ehelich. Er kam dabei dem französischen König insofern entgegen, als er in die Legitimationsurkunde – sie ist nur mehr abschriftlich in einer der päpstlichen Registerhandschriften erhalten – die nachweislich falsche Entschuldigung Philipps II. aufnahm, wonach dieser in Unkenntnis der rechtlichen Situation gehandelt habe, als er Agnes von Andechs heiratete.
Für dieses Zugeständnis mußte der König jedoch die Entscheidungen, die Innozenz III. in den zurückliegenden Jahren in Philipps Eheangelegenheit gefällt hatte, als rechtens anerkennen. Zu Beginn des Jahres 1202 ließ der König in den einzelnen Kirchenprovinzen seines Landes Synoden abhalten, auf denen das päpstliche Legitimationsreskript verlesen wurde. Die anwesenden Bischöfe stellten im Anschluß daran jeweils gleichlautende Urkunden aus, mit denen sie – vom kirchenrechtlichen Standpunkt aus betrachtet eigentlich völlig überflüssig – über alle den Kirchenbann verhängten, die der päpstlichen Maßnahme zuwiderhandeln würden.
Unter den 14 heute noch erhaltenen Ausfertigungen befindet sich auch die Urkunde des Erzbischofs Petrus von Sens. Dieser war in früheren Jahren als Professor an der Universität Paris der Lehrer Papst Innozenz' III. gewesen und von ihm als einem offenbar dankbaren Schüler 1199 zum Bischof von Cambrai und im folgenden Jahr zum Erzbischof von Sens erhoben worden. Die Urkunde des Erzbischofs nennt wie alle weiteren Ausfertigungen im Datum das Jahr 1201, da in Frankreich im Mittelalter das Jahr nicht wie in Deutschland mit dem Weihnachtsfest, sondern mit Ostern begann. A. Sch.

Lit.: Layettes du Trésor, Bd. 1, S. 231–233, Nr. 625–638; Davidsohn 1888, S. 173ff.; Cartellieri 1921, Bd. 4/1, S. 80ff.; vgl. auch Potthast, Nr. 1499.

57

Urkunde Herzog Ottos VII. für Herrn Wilhelm von Chay in der Freigrafschaft Burgund

1222
Pergament, Siegel fehlt (R)
Besançon, Archives Départementales du Doubs
(B 402–10)

Während in Deutschland seit dem späteren 11. Jahrhundert und insbesonders seit staufischer Zeit der Ministerialität eine bedeutende Rolle beim Ausbau der Herrschaft zukam, stützten sich in England und Frankreich die Könige wie auch die großen Feudalherren bei der Durchsetzung ihrer Machtansprüche vor allem auf die lehensrechtlichen Bindungen ihrer Vasallen und der von diesen abhängigen Untervasallen. Mit den gleichen Mitteln versuchte auch Herzog Otto VII. sich in der Freigrafschaft Burgund durchzusetzen. So nahm er 1222 Herrn Wilhelm von Chay, einen Adeligen der Freigrafschaft, zu seinem Vasallen an, indem er ihm jährliche Einkünfte in Höhe von 20 Pfund aus seinen Gütern im Burgbezirk Dole anwies. Dafür mußte ihm sein neuer Lehensträger den befestigten Turm zu Salins überlassen, mit dem dieser früher einen gewissen Humbert von »Salinx« belehnt hatte, der damit ebenfalls zu Herzog Ottos VII. Vasall wurde. Gleichzeitig erhielt der Andechser von Wilhelm von Chay die Zusage, daß auch einer seiner Erben in das Verhältnis der Vasallität zum Herzog zu treten habe, sofern er mindestens zwei Nachkommen mit Landbesitz hinterlassen würde. A. Sch.

Lit.: Oefele 1877, S. 181f., Nr. 516; Cartulaire des comtes de Bourgogne, S. 8f., Nr. 8.

58 [Abb. S. 80]

Die europäische Stellung der Andechser

Entwurf: Ludwig Holzfurtner
München, Haus der Bayerischen Geschichte

Die Karte verdeutlicht die größte Ausdehnung der andechsischen Macht: Neben die Herrschaft im oberbayerischen Raum und in den Grafschaften an Donau und Inn waren die Besitzungen und Rechte in Franken und in Tirol getreten. Aus umfangreichen Reichslehen und Eigengütern setzte sich die Herrschaft der Andechser in Istrien (Markgrafschaft Istrien und Krain) zusammen, ebenfalls Reichslehen war die Pfalzgrafschaft Burgund. Das Herzogtum Meranien war ein Titularherzogtum, das den Andechsern keinen Machtzuwachs brachte. L. H.

59 [Abb. S. 85]

Sogenannter Landgrafenpsalter

Hildesheim (?), zwischen 1211 und 1213
Pergament / Handschrift, 181 Bll., 24,5 × 17,5 (R)
Stuttgart, Württembergische Landesbibliothek (HB II 24; fol. 175v: König Andreas II. von Ungarn und Königin Gertrud)

Das wohl im Auftrag der thüringischen Landgräfin Sophia von Wittelsbach entstandene Prachtpsalterium ist nach dem für Psalterhandschriften üblichen Schema angelegt. Um das Kernstück der 150 Psalmen des Alten Testaments gruppieren sich Kalendarium, Lobgesänge, Allerheiligenlitanei und Totenoffizium. Bedeutend ist das wahrscheinlich in Hildesheim geschaffene Werk aufgrund der ganzseitigen, filigran gearbeiteten Miniaturen und wegen seines variantenreichen Initialschmucks.
Das hier gezeigte Blatt 175v stellt König Andreas II. von Ungarn und seine Frau, Königin Gertrud von Andechs-Meranien, dar, die Eltern der hl. Elisabeth. Die Herrscherhäuser Thüringens und Ungarns verbanden sich 1211 durch die Verlobung Elisabeths mit dem künftigen thüringischen Landgrafen. Der Psalter spiegelt diese politische Verbindung wider: Die Abbildung des ungarischen Königspaares folgt unmittelbar auf die des Landgrafenpaares Hermann I. und Sophia. Da Königin Gertrud, die 1213 von ungarischen Magnaten ermordet wurde, im Psalter als noch unter den Lebenden erscheint, läßt sich die Entstehungszeit des Landgrafenpsalters auf die Jahre 1211 bis 1213 eingrenzen. K. M.

Lit.: Sankt Elisabeth 1981, S. 317–319, 350–352 (mit weiterer Literatur).

60 [Abb. S. 132]

Sogenannter Rock der heiligen Elisabeth bzw. Krönungsmantel Königin Gertruds von Ungarn

Byzanz, 11.–12. Jahrhundert
Seidengewebe, Lampas (Pseudo-Damast), monochrom gemustert, 70 × 165 (Schulterbreite: 64)
Andechs-Erling, Pfarrkirchenstiftung St. Vitus

Die zwölf Fragmente dieses beigefarbenen, damastartig gemusterten Seidenstoffes bilden das Vorderteil eines kurzen, tunika-ähnlichen Gewands. Eine ursprüngliche Naht läßt den Schluß zu, daß diese Textilie als Kleidungsstück verwendet wurde. Als Musterung sind reihenweise versetzte Kreise mit Panther- und Greifenpaaren zu erkennen, dazu Vogelpaare in den Zwickeln.
Dieses spezifische Muster ist bei Seidengewändern des 11. und 12. Jahrhunderts häufig zu beobachten. Der früheste nachweisbare Beleg dafür sind die »Caligae« (Pontifikalstrümpfe) Papst Klemens' II. (gest. 1047) im Bamberger Domschatz, der späteste findet sich in den Grabstrümpfen König Philipps von Schwaben (gest. 1208) aus dem Speyerer Dommuseum.
Der Bezug der ausgestellten Textilie zu den Andechs-Meraniern ist erst mit dem Auffinden des Andechser Heiltumsschatzes 1388 gegeben. Bereits im Andechser Missale erwähnt, wird sie in der Heiltumsliste von 1457 – »yren rock halben, daryn mon vorczeyten das heyltumb gefunden hat« – erwähnt. Gleichzeitig soll es sich dabei um den Mantel ihrer Mutter Gertrud von Andechs handeln, die ihn angeblich bei ihrer Krönung zur ungarischen Königin getragen hat, wie das Missale und ein Eintrag im Inventar von 1528 angeben: »Das Grabfarb Stuckh eingefast in den Gruenen Tamast ist ein thail des Rockhs, Sant Elisabethen den sy zu dem gozhaus zu einem Mesgewandt hat gegeben, Darinn auch Ir Muetter gerdrutis ein Khönigin von Hungern gekhröndt ist worden, und auch heylig ist, Item es ist auch der Preidt Rockh gewesen Sant Elisabethen, darinn auch das wirdig Heyligthumb gefunden ist worden«. K. M.

Lit.: Der Schatz vom Heiligen Berg 1967; Sankt Elisabeth 1981, S. 332–334, S. 20.

61 [Abb. S. 100]

Die Rechtsnachfolger der Andechs-Meranier

Entwurf: Josef Kirmeier
München, Haus der Bayerischen Geschichte

Mit dem Tod Herzog Ottos VIII. im Jahr 1248 waren die Andechs-Meranier in männlicher Linie ausgestorben. Die meisten der fränkischen Besitzungen – ein Teil fiel an das Hochstift Bamberg – sowie die Pfalzgrafschaft Burgund und Kärnten gingen in Besitz der Familien über, in die Töchter Ottos VII. eingeheiratet hatten. Die Besitzungen in der Markgrafschaft Istrien fielen an den andechsischen Patriarchen Berthold von Aquileja und nach dessen Tod an das Patriarchat. Das Tiroler Erbe kam an den Schwiegervater Ottos VIII., Graf Albert von Tirol, zurück, wie es im Erbvertrag vereinbart worden war.
Anders war dagegen die Lage bei den oberbayerischen Besitzungen und den Grafschaften Schärding und Formbach. Dieses Besitzes bemächtigte sich

der bayerische Herzog Otto II., wie es bereits 1208 sein Vater Herzog Ludwig der Kelheimer nach der Verhängung der Reichsacht gegen Markgraf Heinrich von Istrien getan hatte. J.K.

62 [Abb. S. 97]

»Comites Tirolenses« bzw. Stammbaum der Tiroler Landesfürsten bis zu Kaiser Matthias und seinem Statthalter in Tirol, Erzherzog Maximilian III. dem Deutschmeister

aus: Antonio Albizio, Principum Christianorum stemmata, Augsburg 1612, fol. XLIII
Dominicus Custos
Augsburg 1612
Kupferstich, koloriert, 55 × 40,5
Innsbruck, Stadtarchiv (B–69)

In diesem Stammbaum wird daran erinnert, daß die Ausbildung der Grafschaft Tirol – im Kern hervorgegangen aus der von ihren Vögten zum eigenen Vorteil genutzten Vogteigewalt der beiden geistlichen Fürstentümer Brixen und Trient – das Werk dreier Dynastien war, nämlich der Grafen von Tirol, der Grafen von Andechs und der Grafen von Görz, zwischen denen auch gezielt familiäre Beziehungen entwickelt wurden. So war Mathilde, die Tochter Bertholds III. von Andechs, verheiratet mit Engelbert von Görz (hier fälschlich als Albert II. bezeichnet); ihr Sohn Meinhard IV. von Görz (in Tirol Meinhard I.) wurde mit Adelheid, einer Tochter Alberts III., des letzten Grafen von Tirol, verheiratet. Ein Enkel dieses Paares war Graf Meinhard II. von Tirol-Görz, dessen Tochter Elisabeth als Frau König Albrechts I. die Stammutter der österreichischen Habsburger wurde; seine Enkelin Margarete (Maultasch) übergab den Habsburgern 1363 die Grafschaft Tirol.
Die Andechser können daher zu Recht als direkte Vorfahren König Albrechts I. von Österreich-Habsburg bezeichnet werden, wobei die Kenntnisse des Antonio Albizio von der genealogischen Forschung unterdessen bestätigt worden sind.
Jedenfalls zeigt dieser Erzherzog Maximilian III. gewidmete Stammbaum, daß das Haus Habsburg-Österreich noch zu Beginn des 17. Jahrhunderts mit Stolz auch auf seine Andechser, Tiroler und Görzer Wurzeln zurückgeblickt hat bzw. sich gerne daran erinnern ließ. F.-H. H.

Lit.: Tyroller 1962, S. 148–164, 304–310.

63 [Abb. S. 99]

Die legendäre Ermordung Ottos VIII. vor der Burg Niesten

Christian Witzel (?)
Kloster Langheim oder Kulmbach, um 1700
Öl/Leinwand, 196 × 170
Bayreuth, Stadtmuseum

Das Bild ist ein Zeugnis für das Weiterleben von Legenden um die Andechs-Meranier bis in das Zeitalter des Barock. Otto VIII. und der angebliche Mörder namens »Hager« agieren vor der mit Wellengiebeln und Rundfenstern verzierten Andechser Burg Niesten, die zur Zeit der Entstehung dieses Bildes längst Ruine war. Otto ist »mittelalterlich« dargestellt mit Kettenhemd und ledergewickelten Beinkleidern, Hager tritt in der Mode des späten 17. Jahrhunderts auf. Die Szene zeigt, wie der letzte Meranier, mit Hermelin und Krone angetan, von dem Mörder zu Boden geworfen wird und nun versucht, sein Leben durch die in das Bild geschriebene Bitte zu retten: »Lieber Hager laß mich leben / ich will dir Nordeck und Nisten geben / Plaßenburg das Neue / es soll dich nicht gereue.« Hager läßt sich durch das großzügige Angebot nicht umstimmen, sondern stößt Otto die Krone vom Kopf und setzt ihm den Degen auf die Brust.
Das Gemälde stammt aus dem Langheimer Klosterhof in Kulmbach. Die naive Darstellungsweise und die unkünstlerische Maltechnik lassen die Zuschreibung an den Zisterziensermönch Christian Witzel glaubwürdig erscheinen. S. H.

Lit.: Sitzmann 1957, S. 588.

III Kunst und Literatur im Umkreis der Andechser

64

Wirnt von Grafenberg: »Wigalois oder der Ritter mit dem Rade«

Süddeutsch (?), 1356
Papier/Handschrift, 75 Bll., rote Initialen, Randzeichnungen und Unterstreichungen in Rot, Ledereinband über Holzdeckel, Schließe fehlt, 21 × 14
Bremen, Staats- und Universitätsbibliothek (Ms. b. 42)

Wirnt von Grafenberg, ein mittelhochdeutscher Epiker des 13. Jahrhunderts, entstammte einem fränkischen Rittergeschlecht, möglicherweise aus Gräfenberg bei Erlangen. In Anlehnung an die Dichter der Artusepik, Hartmann von Aue und Wolfram von Eschenbach, sowie an altfranzösische Romane verfaßte Wirnt von Grafenberg wohl zwischen 1210 und 1220 den Artusroman »Wigalois oder der Ritter mit dem Rade«. Vor allem im Spätmittelalter fand dieses Werk, das 1472 in Prosa übertragen wurde, große Verbreitung. 1493 wurde der »Wigalois« als Volksbuch gedruckt; aus dem Beginn des 16. Jahrhunderts stammt eine Übersetzung ins Jiddische.
Der Minnesänger und Epiker Wirnt von Grafenberg stand in Verbindung mit dem herzoglichen Hof der Andechs-Meranier, vielleicht ist er dort auch aufgewachsen. In den Versen 8060–8068 des »Wigalois« erinnert er mit einer Totenklage an »eines vil edelen vürsten tôt von Merân«, mit der sein Gönner Herzog Berthold IV. von Andechs-Meranien (gest. 1204) gemeint sein dürfte.
Aus dem Nachlaß Melchior Goldasts von Haiminsfeld (1578–1635) gelangte diese spätmittelalterliche Handschrift 1647 in den Besitz der Stadt Bremen.

K. M.

Lit.: Edition: Wigalois der Ritter mit dem Rade von Wirnt von Gravenberc; Cormeau 1977 (mit weiterer Literatur).

65 [Abb. S. 122]

Ulrich von Lichtenstein: »Frauendienst«

Österreich, um 1255
Pergament / Handschrift, 129 Bll., 18,5 × 12,5
München, Bayerische Staatsbibliothek (Cgm 44; fol. 2ᵛ: Nennung des Markgrafen Heinrich)

Um 1200 auf Burg Lichtenstein bei Judenburg in der Obersteiermark geboren, erhielt Ulrich am Hof des Markgrafen Heinrich von Istrien aus dem Haus Andechs-Meranien seine ritterliche Erziehung. Er spricht davon in seinem epischen Werk »Frauendienst«: »In disen dingen daz ergie / Daz man mich einem herren lie / Der was vil hoher tugende rich / Der hiez der margraue heinrich / Von oesterreich was er genant / Von sinen tugenden weit erkant«. Der Gelehrtenstreit, ob Heinrich von Österreich-Mödling oder Heinrich von Istrien sein Herr war, ist wohl inzwischen aufgrund der historischen Gegebenheiten zugunsten der zweiten Deutung entschieden. Im »Frauendienst«, den Ulrich nach eigenen Angaben 1255 abschloß, erzählt er von seinem Minnedienst und den Abenteuern seiner Turnierfahrten, die er in den 20er Jahren des 13. Jahrhunderts unternahm. Er berichtet vor allem von seiner 13 Jahre währenden Werbung um die Gunst einer namentlich nicht genannten, verheirateten Dame, der er seine Minnelieder widmete, ohne erhört zu werden, und von der Wahl einer neuen Dame, die seinem Werben wohl mehr Gehör schenkte. Wer die Verehrten, besonders die erste Geliebte, gewesen sein mochten, hat zu manchen Vermutungen Anlaß gegeben. Es könnte sich um Beatrix, die Tochter des Pfalzgrafen Otto I. von Burgund, Enkelin Kaiser Friedrichs I. Barbarossa, gehandelt haben, die 1208 mit Herzog Otto von Meranien verheiratet wurde. Ulrich von Lichtensteins Dichtung hebt sich insofern von den Werken seiner Zeitgenossen – deren Werke er kannte und deren Technik er beherrschte – ab, als er es verstand, Dichtung und erlebte Wirklichkeit zu verbinden. Er schuf damit erstmals eine Art Autobiographie in der deutschen Dichtung.

H. H.

Lit.: Ulrich von Lichtenstein 1979.

66 [Abb. S. 116]

Evangeliar

Tegernsee, um 1120
Pergament / Handschrift, I + 308 Bll., 37 × 28
München, Bayerische Staatsbibliothek (Clm 828; fol. 247ᵛ/248ʳ: Evangelist Johannes und Evangelienanfang)

Aus der Bildumschrift des Evangelisten Matthäus (23ᵛ) ist zu erfahren, daß ein Adalpertus das Buch einer Kirche mit den Patronen Salvator und Maria stiftete. Die Entstehung der Handschrift in Tegernsee ist nach dem kunstge-

66

schichtlichen Befund nicht zu bezweifeln. Der Stifter Adalpertus ist nicht zu ermitteln, aber bei der Kirche dürfte es sich um das Kloster in Feuchtwangen handeln. Es war in den Ungarnkriegen nahezu vernichtet worden. Bischof Liutold von Augsburg erbat sich vom Tegernseer Abt Gozpert Hilfe für das schon 817 sicher bezeugte Benediktinerkloster. Dieser schickte 993 die Mönche Wigo und Froumund mit einigen Gefährten zum Wiederaufbau nach Feuchtwangen. So war Feuchtwangen ein Tegernseer Filialkloster, als das Evangeliar dorthin gestiftet wurde. Später, vielleicht im Zusammenhang mit der 1563 im Gefolge der Reformation vollzogenen Aufhebung des nachmaligen Kanonikerstifts, gelangte es in die Münchener Hofbibliothek.

Das prächtig ausgestattete Buch zeigt eine hierarchisch abgestufte Buchmalerei. Eine große Zahl vielgestaltiger Initialen und Anfangszeilen markieren die Textabschnitte unter Verwendung von Gold und Silber. Auf neun Seiten gehen den Evangelien Kanontafeln voraus, in leuchtenden Farben und mit Gold und Silber gemalt. Den Beginn der vier Evangelien schmücken jeweils Evangelistenbild und Initialseite. Insgesamt handelt es sich um eine vornehme Handschrift. H. H.

Lit.: Regesten Bischöfe Augsburg, Bd. 1, S. 108f., Nr. 191; Klemm 1988, Nr. 302 (dort weitere Literatur).

67

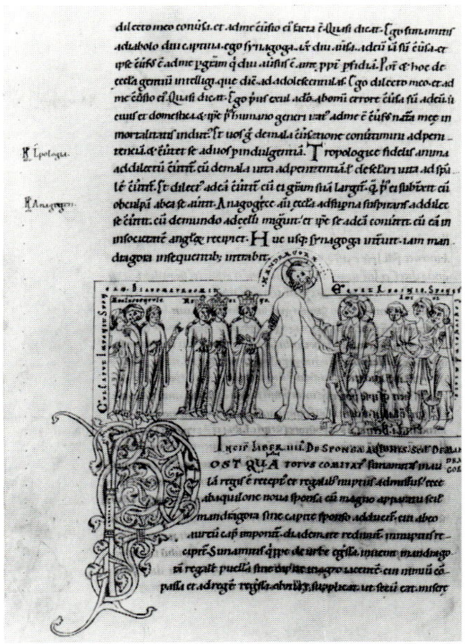

68

67 [Abb. S. 117]

Evangeliar

Tegernsee, gegen 1100
Pergament / Handschrift, I + 186 Bll., 35 × 25
München, Bayerische Staatsbibliothek (Clm 23343; fol. 15a[v]/1[r]: Evangelist Matthäus und Evangelienanfang)

Stilistisch gehört die Handschrift zu den Erzeugnissen der sog. bayerischen Klosterschule des 11. Jahrhunderts. Charakteristisch ist der Evangelist vor dem Architekturhintergrund; darüber im Arkadenbogen als Hinweis auf die Thematik seines Evangeliums die Inschrift: »Carnea membra dei probat os faciesque Mathei«. Die Zierseite gegenüber zeigt das »L« des Textanfangs (Liber generationis) auf Purpurgrund, das in eigenwilliger Weise den Bildrahmen durchbricht.

Die Handschrift, in Tegernsee geschrieben, war vermutlich von Anfang an für ein anderes Kloster, wohl Benediktbeuern, bestimmt. Jedenfalls enthält ein Festverzeichnis aus dem 16./17. Jahrhundert (fol. I[r]) die Translatio (Reliquienfest) der hl. Anastasia, und P. Carl Meichelbeck beschreibt die Handschrift 1751 in seiner Benediktbeurer Chronik. Beide Klöster standen in der Zeit der Entstehung der Handschrift unter dem Patronat der Andechser. H. H.

Lit.: Klemm 1988, Nr. 183.

68 [Abb. S. 120]

Honorius Augustodunensis: Hohelied-Kommentar

Tegernsee, gegen 1200
Pergament / Handschrift, I + 103 Bll., 32,5 × 21
München, Bayerische Staatsbibliothek (Clm 18125; fol. 77[v]: Mandragora)

Die Entstehung dieser Handschrift in Tegernsee ist wahrscheinlich, aber nicht sicher, da vergleichbare Handschriften wegen der in dieser Zeit spärlichen Tegernseer Buchproduktion fehlen. Honorius, der eine zeitlang im Schottenkloster in Regensburg lebte (sein sonstiges Leben liegt weithin im Dunkeln), war einer der einflußreichsten mystischen Theologen des 12. Jahrhunderts. Die hier aufgeschlagene federgezeichnete Illustration zum Hohen Lied lehnt sich eng an den Text an. Nach Honorius vollzieht sich die Erlösung, die Vermählung Christi mit der Menschheit, in vier Schritten, die sich über vier Zeitalter erstrecken. Sie werden durch vier Frauengestalten verkörpert: Filia Pharaonis, Filia Babylonis, Sunamitis und Mandragora. Vom Bräutigam Christus wird der Mandragora anstelle des abgeschlagenen Hauptes des Antichrist, der die Menschheit beherrschte, ein Kopf mit Kreuznimbus (Christus als Haupt der Menschheit) aufgesetzt. Mandragora symbolisiert die Ungläubigen, die zu Christus bekehrt werden. H. H.

Lit.: Klemm 1988, Nr. 24 (dort weitere Literatur).

69 [Abb. S. 118]

Missale

Bayern, Mitte 11. Jahrhundert
Pergament / Handschrift, 189 Bll., 24,5 × 17
München, Bayerische Staatsbibliothek (Clm 3008; fol. 80[v]/81[r]: Präfation und Kanonbild)

Das Meßbuch gehört zu den wenigen mit Miniaturen ausgestatteten Handschriften im Kloster Andechs. Es enthält zahlreiche Nachträge des 15. Jahrhunderts und bezeugt damit, daß es nach der Neubesiedlung des »Heiligen

Berges« durch Benediktiner aus Tegernsee noch in liturgischem Gebrauch war. Die Gesangsteile (Graduale) sind mit linienlosen St. Galler Neumen versehen. Die Sequenzen stammen größtenteils von dem St. Galler Hymnendichter Notker. Über den Entstehungsort ist aus der Handschrift nichts Genaues zu erfahren, aber sie könnte in Tegernsee geschrieben worden sein. Die Kunstgeschichte rechnet nämlich das Missale zu den Werken der bayerischen Malerschule des 11. und 12. Jahrhunderts, in der Tegernsee eine hervorragende Rolle gespielt hat. Weitreichende Beziehungen zu Klöstern in Südwest- und auch in Norddeutschland neben solchen zu den Klöstern im eigenen Bistum führten zu einem regen geistigen und künstlerischen Austausch, besonders seit dem Anfang des 11. Jahrhunderts.

Das hier gezeigte Kanonbild ist für diese Stilrichtung kennzeichnend: Statt des sonst gebräuchlichen Fußbretts ist ein Kelch an den Fuß des Kreuzes gemalt. Sonne und Mond in den Medaillons sowie das Evangelienbuch im Arm des Johannes und dessen hinweisende Geste auf den fleischgewordenen Logos deuten den Erlösungstod als kosmisches Geschehen.

H. H.

Lit.: Bange 1923, S. 74, 139; Kraft 1937, S. 241, 245, 253.

70 [Abb. S. 119]

Homiliar

Bayern, um 1150–1160
Pergament / Handschrift, 261 Bll., 44 × 29,5
München, Bayerische Staatsbibliothek (Clm 4508; fol. 3v/4r: Maiestas Domini und Kirchenväter)

Ein Homiliar enthält jene Lesungen der Kirchenväter, die in der dritten Nokturn, dem dritten Teil des monastischen Nachtgebets, das nur kurz angelesene Evangelium des Tages auslegen. Das hier gezeigte Homiliar war im Gebrauch der Benediktbeurer Mönche. Es ist dort zwar nicht entstanden – denn die Miniaturen finden in Benediktbeuern keine Entsprechung -, muß aber schon früh in den Besitz des Klosters gelangt sein. Vergleiche mit anderen Homiliaren der Zeit konnten bislang die Frage nach der Herkunft nicht beantworten.

Der reiche Initialschmuck zeigt eine klare hierarchische Abstufung von einfachen roten Initialen zu Beginn der Schriftlesung über federgezeichnete Initialen mit farbigen Gründen bei hervorgehobenen Homilien bis hin zu Goldinitialen an den Hochfesten. Der Blickfang aber sind die beiden Miniaturseiten vor dem Beginn des Homiliars: Christus, in der Mandorla thronend, umgeben von vier in Kreuzform angeordneten Medaillons mit den Evangelisten. Auf der gegenüberliegenden Seite, analog geordnet, allerdings in Rauten, fünf Kirchenväter, die Autoren der Homilien in Schreiberpose. Alle sind anonym außer dem hl. Gregor in der Mitte, der an dem Attribut, der auf seiner Schulter sitzenden Geisttaube, zu erkennen ist. H. H.

Lit.: Klemm 1988, Nr. 193.

71

Honorius Augustodunensis: Hohelied-Kommentar

Benediktbeuern, um 1165–75
Pergament / Handschrift, I + 130 Bll., 29 × 19,5
München, Bayerische Staatsbibliothek (Clm 4550; fol. IIv/1r: Christus und seine Braut)

70

Das Titelbild stellt die mystische Vermählung Christi mit seiner Braut, der Kirche, dar – ein beliebtes Motiv in der Geschichte der Hohelied-Auslegung, gleichsam eine Vorwegnahme der kommenden Herrlichkeit, denn die Kirche erscheint gleichzeitig als Kniende vor den Mauern des himmlischen Jerusalem (Ecclesia in hac vita relicta). Christus legt ihr seine Linke unter das Haupt als Zusage seines Beistandes in dieser Weltzeit. Die Darstellung folgt hier eng dem Text des Kommentars (Tract. I cap. 2).

Die Handschrift gehört zu den ältesten Überlieferungen des Kommentars, der vor 1150 anzusetzen ist (zum Autor vgl. Kat. Nr. 68). Die Federzeichnungen entsprechen dem Stil der Regensburg-Prüfeninger Buchmalerei der Zeit. Kein anderer der illustrierten Hohelied-Kommentare des bayerisch-österreichischen Raums besitzt einen so vollständigen Illustrationszyklus wie der hier gezeigte. H. H.

Lit.: Klemm 1988, Nr. 196 (dort weitere Literatur).

72 [Abb. S. 121]

Paulusbriefe mit Glossen

Oberrhein/Benediktbeuern, um 1130
Pergament / Handschrift, VI + 161 Bll., 26,5 × 17,5
München, Bayerische Staatsbibliothek (Clm 4565; fol. 1v/2r: Apostel Paulus als Titelminiatur

Das dem Paulinenkommentar vorausgeschickte Autorenbild zeigt den Apostel Paulus als Lehrer der Völker, ausgewiesen durch das Buch und die Schriftbänder mit Zitaten aus dem Römerbrief. Die Halbfiguren mit den Mützen versinnbildlichen die Juden, die anderen die Griechen. Beiden gilt seine Predigt.

Die Miniatur ist in Deckfarben angelegt mit Goldgründen in den Figurennischen. Der Stil ist für Benediktbeuern fremd und weist eher zum Ober- oder Mittelrhein. Es wäre denkbar, daß die Handschrift auf dem Weg über die vom Schwarzwaldkloster Hirsau ausgehende Klosterreform, die unter den Äbten Konrad (1100–1122) und

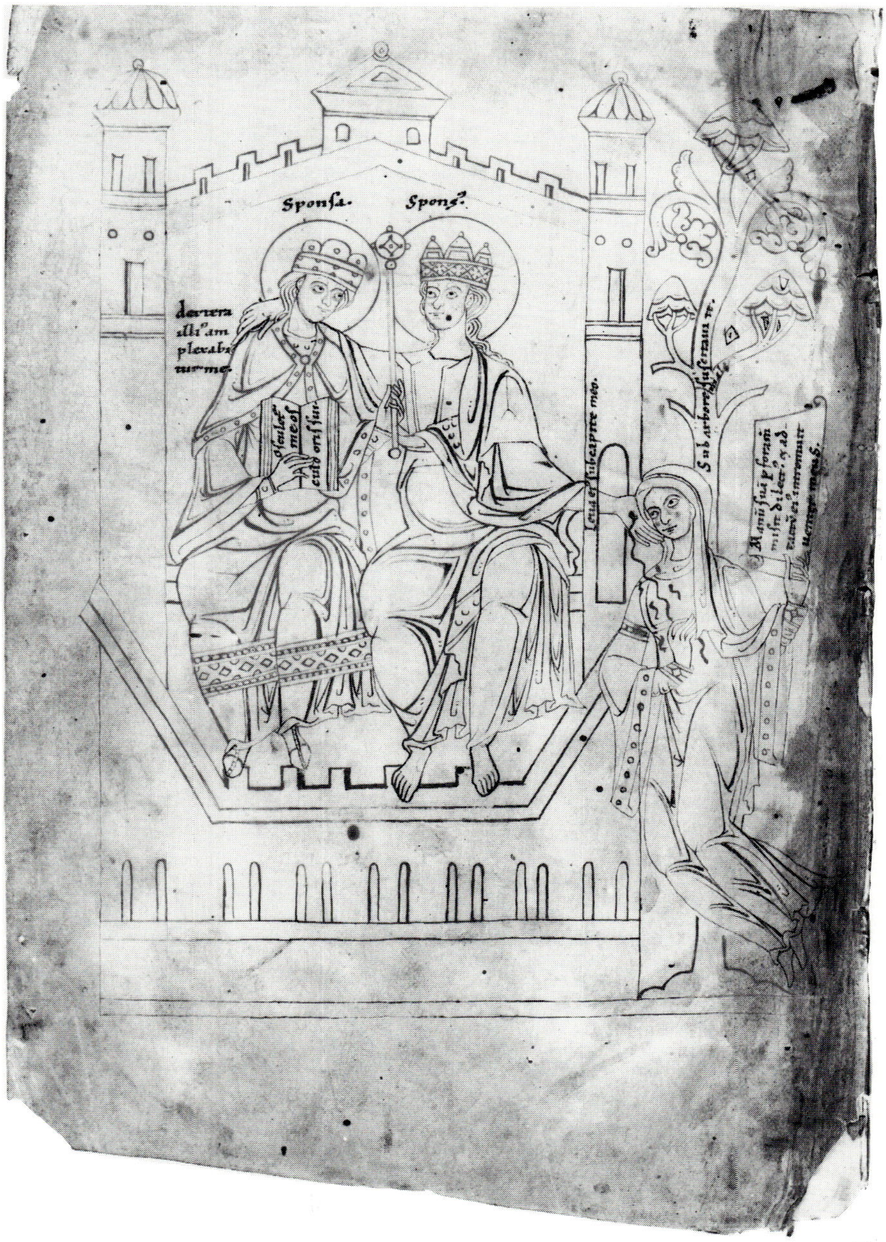

71

73

Paulusbriefe mit Glossen

Franken (Bamberg?), Ende 12. Jahrhundert
Pergament / Handschrift, 174 Bll., 24 × 17
München, Bayerische Staatsbibliothek (Clm 3009; fol. 119^v/120^r: Anfang des Colosserbriefes)

Wann die Paulusbriefe nach Andechs gekommen sind, ist nicht bekannt; entstanden ist die Handschrift dort nicht. Vielleicht war sie eines der »Zehen bucher klain und grozz«, die Jörg der Halder, Pfleger von Pähl, 1403 in einem Inventar der Kirche von Andechs erwähnte. Die Kunstgeschichte verweist die Entstehung der Handschrift aufgrund des Stils der Federzeichnungen nach Franken, möglicherweise Bamberg – eine Vermutung, die angesichts von zwei Angehörigen des Geschlechts der Grafen von Andechs-Meranien auf dem Bischofsstuhl von Bamberg in jener Zeit als durchaus begründet erscheint.
Die Handschrift ist dreispaltig angelegt, der Bibeltext in der Mitte, Glossen in den beiden äußeren Spalten und zwischen den Zeilen. Die großen federgezeichneten Rankeninitialen sind teilweise, wie hier ausgestellt, mit figürlichen Darstellungen aus der Entstehungszeit ausgestattet. Erst im 15. Jahrhundert – das zeigt, wie lange eine Handschrift in Gebrauch sein konnte – hat man rote Überschriften, Kapitelzählungen und Anfangsbuchstaben nachgetragen. H. H.

Lit.: Klemm 1988, Nr. 330.

seinem Nachfolger auch auf Benediktbeuern übergriff, hierher gelangte. In dieser Zeit, als die Andechser Grafen die Vogtei ausübten, wurde auch die Benediktbeurer Kirche im Hirsauer Stil umgebaut, und man warb Künstler für ihre Ausschmückung an. H. H.

Lit.: Klemm 1988, Nr. 215; Hemmerle 1991.

72

74 [Abb. S. 126 f.]

Bamberger Psalter

Bamberg (?), 1230/1240
Pergament / Handschrift, 208 Bll., 25,5 × 18
Bamberg, Staatsbibliothek (Msc. Bibl. 48)

Der Psalter beginnt, einem üblichen Schema folgend, mit einem Kalendar, dann folgt der Text der 150 Psalmen, angereichert ab fol. 168^r mit Cantica, Hymnen, einer Allerheiligenlitanei und

74

verschiedenen Orationen. Er weist eine reiche Ausstattung einheitlicher Planung auf.

Das Kalendar mit Goldinitialen enthält in Medaillons Darstellungen jeweils der Monatsarbeiten und der Tierkreiszeichen. In ihm ist zum 5. Juni die Ermordung des Grafen Gebhard von Hirschberg 1245 nachgetragen, eines Vogtes des Hochstifts Eichstätt.

Den Psalmentext gliedern zehn prächtige ganzseitige Initialen, eine gleichartige steht am Anfang der Cantica. Fünfzehn ganzseitige Miniaturen mit christologischen Themen sind in Fünfergruppen vor dem 1., dem 51. und dem 101. Psalm angeordnet und bewirken so eine zusätzliche Dreiteilung des Psalters. Die Anfänge der Psalmen und einzelne Gebetsabschnitte am Schluß der Handschrift sind durch eine Goldinitiale auf farbigem Grund hervorgehoben. Die Psalmenverse beginnen stets auf neuer Zeile mit Goldmajuskel am Rand.

Ungewöhnlich ist der Einband. Die Holzdeckel sind jeweils mit einem Pergamentblatt mit Miniaturen überzogen; diese werden von durchsichtigen Hornplatten mit Silbermontierung geschützt und erhalten dadurch einen emailartigen Schmelz. Dargestellt sind, jeweils in Mandorla und auf dem Regenbogen, vorn die Maiestas Domini, hinten Maria mit Kind. Beide werden von je vier Medaillons umrahmt – eine virtuose kreuzförmige Anordnung bildend. Christus sind die vier Evangelistensymbole zugeordnet; in den Ecken zwei Cherubim (oben) und die Erzengel Michael und Gabriel (unten). Die Gottesmutter mit dem Kind wird von vier nimbierten Frauenköpfen, Tugenden, umrahmt; in den Ecken drei Propheten und König Salomon, jeweils mit ihren Attributen, die auf die Jungfräulichkeit Mariens deuten: Aaron mit dem blühenden Stab, Jesaja mit dem begrünten Ast (oben), Ezechiel mit der verschlossenen Pforte und König Salomon mit dem Brunnen. Der Einband wurde 1977 restauriert, wobei einige Hornplatten erneuert wurden.

Der Hauptteil der Miniaturen stammt von einer Hand; nur das Jüngste Gericht und die Initialen der Dreiteilung gehören einer stilistisch etwas jüngeren Stilstufe an. Der Psalter ist für die private Andacht einer hochgestellten Persönlichkeit bestimmt gewesen; er kam im Verlauf der Säkularisation aus dem Domschatz in die Kurfürstliche Bibliothek (heute Staatsbibliothek). Die Lokalisierung ist umstritten, doch bleiben Franken bzw. Bamberg noch immer am wahrscheinlichsten. B. Sch.

Lit.: Leitschuh, 1895, Bd. 1/1, S. 42f.; Der Bamberger Psalter, Wiesbaden 1973 (Teilfaksimile); Klemm 1980; Engelhart 1987, passim; Staatsbibliothek Bamberg 1990, Nr. 43.

75 [Abb. S. 112]

Graduale und Missale des Bamberger Doms

Bamberg-Michelsberg, um 1170
Pergament / Handschrift, 342 Bll., 29,5 × 20
Bamberg, Staatsbibliothek
(Msc. Lit. 1[1]; fol. 149^v: Kanonbild)

74

Die Handschrift enthält nach einem Kalendar die Gesänge der Messe und die Meßformulare. Sie entstand im Hauptteil (bis fol. 334^v) nach 1146 und vor 1189 (die Heiligsprechung Bischofs Ottos in diesem Jahr fehlt). Nachträge (ab fol. 336^r) wurden in der ersten Hälfte des 13. Jahrhunderts geschaffen, ein Eintrag zur hl. Elisabeth (fol. 341^v) nach 1235.

Das Graduale weist durchwegs Neumen auf. Initialen zweier verschiedener Maler in künstlich verschlungener Ornamentik sind mit der Feder bei den bedeutenderen Festen gezeichnet. Auf fol. 149^v findet sich als Kanonbild eine Kreuzigungsgruppe mit einem knienden Priester außerhalb des Bildrahmens, der das Blut Christi in einem Kelch auffängt; am Rand von fol. 242^r eine gewandte rote Federzeichnung Kaiser Heinrichs II.

Die Handschrift kam im Verlauf der Säkularisation aus der Dombibliothek in die Kurfürstliche Bibliothek (heute Staatsbibliothek). B. Sch.

Lit.: Leitschuh/Fischer 1898, 1908, Bd. 1/1, S. 151f., Bd. 1/3, Nachträge S. 20; Staatsbibliothek Bamberg, Nr. 40; Suckale-Redlefsen (im Druck).

76 [Abb. S. 114f.]

Petrus Lombardus: Psalmenkommentar

Bamberg-Michelsberg, um 1170
Pergament / Handschrift, 221 Bll., 35 × 23,5
Bamberg, Staatsbibliothek
(Msc. Bibl. 59; fol. 2^v/3^r: Leben Davids)

Petrus Lombardus (um 1095–1160), Lehrer an der Pariser Domschule und später Bischof von Paris, verfaßte zwischen 1135 und 1143 einen Kommentar zu den 150 Psalmen, der sich außerordentlich schnell in ganz Europa ver-

breitete und ein Standardwerk biblischer Exegese im 12. Jahrhundert wurde.
Während derartige Kommentare gewöhnlich nur Initialornamentik aufweisen, geht dem Bamberger eine Bildgeschichte zum Davidleben voraus: auf vier Blättern sieben ganzseitige Illustrationen, jede unterteilt in drei Streifen, leicht kolorierte Federzeichnungen. Die insgesamt 28 Szenen, eine der umfassendsten Bilderfolgen zum Davidleben des 12. Jahrhunderts, stehen in keinem Zusammenhang mit dem Kommentartext. Aus der biblischen Geschichte wurden bestimmte Ereignisse ausgewählt, zudem dort nicht vorkommende oder nur nebenbei erwähnte aufgenommen, so das Hochzeitsmahl.
Die Personen sind bezeichnet, Spruchbänder erläutern nicht selten ihre Handlungen, die Tituli der Streifen interpretieren die Darstellungen. Das biblische Geschehen wird in die Wirklichkeit des 12. Jahrhunderts übertragen. Der Zyklus zeigt unverkennbar höfische Züge; er läßt sich wie ein Ritterepos betrachten.
171 unterschiedlich gestaltete Initialen, die sich sechs Typen zuordnen lassen, schmücken den Text selbst, viele mit Tier- und Menschengestalten, 13 figurierte. Es ist anzunehmen, daß drei verschiedene Maler mit der Ausstattung der Handschrift begannen, daß es im letzten Drittel zu einem Wechsel der Künstler kam und daß schließlich einem mit Figureninitialen bewährten Meister, der vielleicht aus dem Rheinland stammte, der Zyklus übertragen wurde. Das Skriptorium des Benediktinerklosters Michelsberg schuf so eine künstlerisch und entwicklungsgeschichtlich bedeutsame Bildergeschichte. Die Handschrift kam im Verlauf der Säkularisation aus der Dombibliothek in die Kurfürstliche Bibliothek (heute Staatsbibliothek). B. Sch.

76

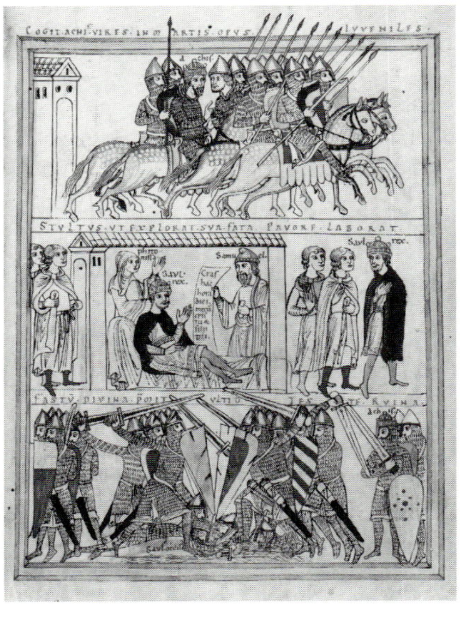

77

Lit.: Leitschuh 1895, Bd. 1/1, S. 49; Suckale-Redlefsen 1986 (Teil-Faksimile); Staatsbibliothek Bamberg 1990, Nr. 39; Suckale-Redlefsen (im Druck).

77 [Abb. S. 125]
Lektionar

Bamberg-Michelsberg, um 1170
Pergament / Handschrift, 179 Bll., 28,5 × 19,5
Bamberg, Staatsbibliothek
(Msc. Lit. 44; fol. 85^{v}: Pfingstwunder)

Das liturgische Buch mit den Schriftlesungen beim Gottesdienst, den Episteln und Evangelien, ist (wie der Vergleich mit verwandten Handschriften zeigt) im Benediktinerkloster Michelsberg entstanden. Einträge fol. 2^{v} und 50^{v} legen nahe, daß der Codex im Besitz Leupolds von Egloffstein war, des Bamberger Bischofs von 1335 bis 1343. Er kam aus der Dombibliothek im Verlauf der Säkularisation in die Kurfürstliche Bibliothek (heute Staatsbibliothek). Der vereinzelt neumierte Text weist Majuskeln auf, außerdem 42 Rankeninitialen zu Kirchenfesten und Heiligentagen, davon 30 in Gold und Silber. Diese Verzierungen lassen sich drei verschiedenen Typen zuordnen. Als Vollbilder enthält die Handschrift fünf Miniaturen, die Maiestas Domini (fol. 2^{v}), die Kreuzabnahme (fol. 65^{v}), die Frauen am Grab (fol. 71^{v}), die Himmelfahrt Christi (fol. 81^{v}) und Pfingsten (fol. 85^{v}). Sie wurden von mindestens zwei verschiedenen Malern geschaffen. Bei den ersten drei wurden Deckfarben mit viel Gold und Silber verwendet, die letzten sind vorwiegend laviert. B. Sch.

Lit.: Leitschuh 1895, Bd. 1/1, S. 188–190; Suckale-Redlefsen 1986, S. 43; Suckale-Redlefsen (im Druck).

78 [Abb. S. 134]
Psalterium der Gertrud von Altenberg

Mittelrheinisch unter französischem Einfluß, 2. Hälfte 13. Jahrhundert
Schafpergament / Handschrift, 178 Bll., 16 × 11,5
Aschaffenburg, Hofbibliothek
(Ms. 5; fol. 10^{v}/11^{r}: Monate August und September)

Gertrud von Altenberg, die am 29. September 1227 auf der Eisenacher Wartburg geboren wurde, war die jüngste Tochter der hl. Elisabeth und des thüringischen Landgrafen Ludwig IV. aus der Familie der Ludowinger. Bald nach der Übersiedlung Elisabeths nach Marburg wurde Gertrud 1229 in das Prämonstratenserinnenstift Altenberg gebracht, wo sie bis zu ihrem Tod blieb. 1248 wurde sie Vorsteherin des Konvents, 1297 starb sie als Letzte des Ludowingergeschlechts.
Das ausgestellte Psalterium beinhaltet eine im Mittelalter gebräuchliche Sammlung lateinischer Bibel- und Gebetstexte für die private Andacht von Personen der höheren Gesellschaft. Das Gebetbuch, ausgestattet mit reichem Miniaturenschmuck, war nachweislich im Besitz Gertruds von Altenberg. Historisch wertvoll ist es jedoch aufgrund der Nekrolognotizen im Kalendarium. Nekrologien listen die Na-

men und die Todestage (nicht die Todesjahre) Verstorbener auf, damit sie in das Gebetsgedenken – zumeist von einer Mönchs- oder Nonnengemeinschaft gepflegt – für ihr Seelenheil am jeweiligen Todestag aufgenommen werden.

Das Aschaffenburger Psalterium enthält ein in dieser Form einzigartiges Totenverzeichnis des Ludowingerhauses. Auf der abgebildeten Seite eingetragen sind unter anderem die Todestage Gertruds von Altenberg, ihres Vaters Landgraf Ludwigs IV. von Thüringen sowie ihrer Großmutter Königin Gertrud von Ungarn aus dem Geschlecht der Andechs-Meranier. Die Andechserin Gertrud ist die einzige in das ludowingische Gebetsgedenken aufgenommene Persönlichkeit aus der mütterlichen Linie; ansonsten wurde streng agnatisch nur der väterlichen Linie der Ludowinger gedacht. K. M.

Lit.: Hofmann/Thurn 1978, S. 12–16; Petersohn 1992, S. 15–19.

79 [Abb. S. 144]

Psalterium Nocturnum

Leubuser Skriptorium
um 1240
Pergament / Handschrift, Deckfarben, 158 Bll., 30,5 × 21,5
Breslau/Wrocław, Universitätsbibliothek (IF 440; fol. 7v und 8r: Versuchung Christi und Taufe Christi)

Das Psalterium Nocturnum (Psalmenbuch für das Nachtgebet), das 1810 im Zug der Säkularisation aus dem Kloster Trebnitz in die Universitätsbibliothek Breslau gelangte, gehört zu den wichtigen Werken der schlesischen Buchmalerei. Es entstand im Skriptorium des der hl. Hedwig eng verbundenen Zisterzienserklosters Leubus und gehörte zur Erstausstattung der Trebnitzer Klosterkirche.

Das Psalterium umfaßt 16 Darstellungen aus dem Leben und der Passion Christi. Stilistisch ist der Psalter mit der sogenannten sächsisch-thüringischen Buchmalereischule der ersten Hälfte des 13. Jahrhunderts verbunden. Dieses Zentrum der spätromanischen Buchmalerei in Deutschland tat sich nach 1200 durch seinen byzantinisierenden »Zackenstil« hervor. Im Leubuser Skriptorium wurden diese Formimpulse in abgeschwächter Weise übernommen: Die zackigen, hart brechenden Saumlinien der Gewänder wirken ruhiger, die Figuren sind volkstümlicher gestaltet, auch in der Maltechnik bestehen, mit den verwaschen wirkenden Goldhintergründen, Unterschiede. Eine ähnliche Formkonstellation prägte übrigens auch das zweite wichtige Werk des Leubuser Skriptoriums, das Graduale Cisterciense (IF 414, Breslau). Die von Kloss (1942) vorgenommene Datierung auf die Jahre um 1240 wurde durch Jażdżewski (1980) bestätigt, der aufgrund präziser paläographischer Untersuchungen die Jahre 1238–1243 vorschlug.

War die Hinwendung zu sächsischen Vorbildern für die junge schlesische Buchmalerei schon aus »kunstgeographischen« Gegebenheiten naheliegend, so werden im Fall des Psalterium Nocturnum auch die engen Beziehungen zwischen der hl. Elisabeth und der hl. Hedwig eine Rolle gespielt haben. So schenkte die hl. Elisabeth ein Hauptwerk der sächsisch-thüringischen Buchmalerei, den zwischen 1200 und 1217 entstandenen sogenannten Elisabethpsalter (jetzt Cividale), ihrem Onkel Berthold, dem Patriarchen von Aquileja und Bruder der hl. Hedwig. Ein ähnliches Geschenk, das als Vorlage und Inspirationsquelle benutzt werden konnte, sollte man auch für das Psalterium Nocturnum vermuten. Das Zisterzienserkloster Leubus, dessen Mönche aus Schulpforta kamen, unterhielt selbst enge Beziehungen zu Sachsen.

Die hier präsentierte Darstellung der Taufe Christi zeigt ein in seinen Grundzügen eher konventionelles ikonographisches Schema: Der ganz von vorn gesehene Christus steht im unvermittelt bergartig ansteigenden, von Fischen belebten Jordan. Im Gegensatz zu den anderen Taufdarstellungen der sächsisch-thüringischen Schule (vgl. Haseloff 1897, S. 106–122) ist die Szene um einige wichtige Elemente (Hand Gottes, zweiter Engel) reduziert worden. Dagegen tritt die »Versuchung Christi« unter den Themen der sächsisch-thüringischen Schule selten auf. Links steht Christus mit dem Spruchband: »Vade Sathanas non temptabis dominum deum tuum« (Weiche Satan, du sollst Gott, Deinen Herrn, nicht versuchen, nach Matth. IV, 10 und Luk. IV, 12), rechts der Teufel mit dem Spruchband: »Dic ut lapides isti panes fiant si filius dei es« (Bist du Gottes Sohn, so sprich, daß diese Steine Brot werden, nach Matth. IV, 3). Der Satan weist mit dem Zeigefinger auf die roten und grünen Steine am Boden.

Die wenig intensiven, scheinbar verwaschenen Farbtöne in dieser Szene kennzeichnen die besondere, von den sächsisch-thüringischen Vorbildern abweichende Farbgebung des Psalters.
S. M.

Lit.: Haseloff 1897, S. 17 ff.; Kloss 1942, S. 12–17, 203 f.; Libor 1967, S. 46–51; Walicki 1971, Bd. 1, S. 769, Bd. 2, S. 217; Kroos 1978, S. 284; Mazal 1978, S. 203; Jażdżewski 1980, S. 109–119; Karłowska-Kamzowa 1991, S. 51 f., 101, 127.

IV Elisabeth, Landgräfin von Thüringen

80

Leben der heiligen Elisabeth von Thüringen

Entstehungsort unbekannt, vor Mitte des 13. Jahrhunderts
Pergament / Handschrift, Sammelband mit 177 Bll., 17,5 × 12
München, Bayerische Staatsbibliothek (Clm 4631, fol. 73r–99v; fol. 84v/85r)

Der Bericht (Libellus) über Leben und Wirken der hl. Elisabeth ist im Zusammenhang mit ihrem Heiligsprechungsverfahren entstanden, das bereits wenige Monate nach ihrem Tod 1231 eingeleitet wurde. Der Bericht beruht zum größten Teil auf den vor der päpstlichen Kommission gemachten Zeugenaussagen ehemaliger Hofdamen und Dienerinnen, vor allem ihrer Vertrauten Guda und Isentrud.

Die aufgeschlagenen Seiten erzählen davon, wie die junge Witwe – von Vasallen ihres Mannes von der Wartburg vertrieben – während des Winters 1227/28 bei ihrer Tante, der Äbtissin Mechthild von Andechs-Meranien, in Kitzingen Aufnahme fand und danach in die Obhut ihres Onkels, des Bischofs Ekbert von Bamberg, gegeben wurde, der sie vorerst auf die Burg Pottenstein bringen ließ. Sie sollte dort festgehalten werden, bis sie sich wieder verheiratet hätte. Doch die Überführung der Gebeine ihres Mannes, Landgraf Ludwigs IV. von Thüringen, der auf einem Kreuzzug in Otranto gestorben war, und deren Beisetzung im Kloster Reinhardsbrunn gaben ihr Gelegenheit, nach Thüringen zurückzukehren.

Der Libellus, ursprünglich selbständig, später mit anderen meist hagiographischen Texten zusammengebunden, ist eine sehr frühe, vor 1250 angefertigte Abschrift des Protokolls der Zeugenaussagen, deren Entstehungsort nicht bekannt ist. Der Sammelband, dessen früheste Schriften dem späten 12. Jahrhundert angehören, war spätestens im 15. Jahrhundert im Besitz des Klosters Benediktbeuern, dessen Vögte die Andechser Grafen gewesen waren. H. H.

Lit.: Huyskens 1908; Nigg 1963 (dt. Übersetzung); Sankt Elisabeth 1981, Nr. 85.

81 [Abb. S. 141]

Urkunde Papst Gregors IX. über die Heiligsprechung der Landgräfin Elisabeth

Perugia, 1. Juni 1235
Pergament, 40,8 × 50,3, Bleibulle verloren
Ludwigsburg, Staatsarchiv (B 249 Nr. 18)

Papst Gregor IX., ein Freund und Förderer des Franziskanerordens und seines Armutsideals, sprach Elisabeth am Pfingstsonntag 1235 – dieser fiel damals auf den 27. Mai – während eines feierlichen Gottesdienstes in der Dominikanerkirche in Perugia heilig. Mit diesem Schritt war ein Heiligsprechungsprozeß zum Abschluß gebracht worden, den zunächst der Beichtvater der Landgräfin, Konrad von Marburg, und nach dessen gewaltsamem Tod im Jahr 1233 der Deutsche Orden – insbesondere Elisabeths Schwager Konrad, der 1234 dem Orden beigetreten war – betrieben hatten. Auf Antrag des Deutschen Ordens ließ Gregor IX. die Erhebung Elisabeths zur Heiligen in der päpstlichen Kanzlei beurkunden. Dabei wurden vor allem Elisabeths karitatives Handeln, ihre Opferbereitschaft und ihr Gehorsam hervorgehoben. Auch bestimmte Papst Gregor IX. in diesem Zusammenhang den Todestag der Heiligen, den 19. November, zu ihrem kirchlichen Festtag und verlieh allen, die ihr Grab an diesem Tag oder in den darauffolgenden acht Tagen besuchten, einen Ablaß von einem Jahr und 40 Tagen.

Von der Heiligsprechungsurkunde sind heute neben einer gleichzeitigen Abschrift in einer päpstlichen Registerhandschrift noch elf Originalausfertigungen mit unterschiedlichen Tagesangaben enthalten. Das hier gezeigte Original stammt aus dem Deutschordenshauptarchiv Mergentheim und ist auf den 1. Juni 1235 datiert. In anderen Originalen finden sich der 25. Mai bzw. der 2., 4. oder 7. Juni als Ausstellungstag genannt. A. Sch.

Lit.: Santifaller 1967; Leinweber 1981.

82 [Abb. S. 138]

»Laytpuch« des Heilig-Geist-Spitals zu Nürnberg

Nürnberg, vor 1401
Pergament/Handschrift, mit glattem Leder überzogene Holzdeckel, je 5 maßwerkdurchbrochene Messingbeschläge mit Buckel, 9 Miniaturen auf Goldgrund, 183 Bll., ca. 34 × 23
Nürnberg, Stadtarchiv (D 2/II Nr. 5)

Die Leitbücher des Nürnberger Heilig-Geist-Spitals sind in vier Exemplaren erhalten. Zwei Ausfertigungen sind mit Miniaturen ausgestattet; sie waren für den Spitalmeister und die Losungsstube, das reichsstädtische »Finanzministerium«, bestimmt. Die beiden Ausgaben ohne Miniaturen dienten dem Kornschreiber und dem Küster des Spitals als »Arbeitsexemplare«. Alle vier Bände enthalten Niederschriften über die Stiftung und Ordnung des Spitals, über Priester, Chorschüler, Jahrtagsstiftungen und Einkünfte, über Aufnahme- und Pflegebestimmungen, Rechte und Pflichten der Siechen, der Pfründner und des Spitalpersonals, über den Kirchenschatz und die Spitalbibliothek. Die Goldminiaturen illustrieren nach Matth. 25, 35–40, die sechs Barmherzigen Werke, die die hl. Elisabeth als Patronin des Spitalwesens an Christus ausübt. Christus als Weltenrichter und Elisabeth mit ihren Heiligenattributen umrahmen den Zyklus. Der ikonographische Duktus der Miniaturen weist in Anlehnung an die Malerei der Zeit König Wenzels (1378–1400) starke böhmische Stilelemente auf. M. D.

Lit.: Lutze/Zimmermann 1932, S. 7–48; Ruf 1961, S. 734–746; 650 Jahre Hospital zum Heiligen Geist in Nürnberg 1989, S. 17–25, S. 111.

83 [Abb. S. 130]

Legende der heiligen Elisabeth

Mittelrheinische Werkstatt
Frankfurt, 1495
Außenseite eines Altarflügels,
Fichtenholz, 138 × 118
Köln, Wallraf-Richartz-Museum
(WRM 365)

83

Die hl. Elisabeth gilt wie die hl. Hedwig als »Heilige der Werke der Barmherzigkeit«. In diesem vielteiligen Simultanbild unternahm der Künstler den Versuch, das Leben der Heiligen in Verbindung mit den ikonographischen Vorgaben der Werke der Barmherzigkeit darzustellen. Er zeigt sechs der sieben Werke – das »die Toten zu begraben« fehlt – vor einer spätgotischen Stadtarchitekturkulisse. Im Vordergrund des Bildes steht Elisabeth im Tertiarinnengewand mit Fürstenhut, darüber ein Spruchband: »S(ancte) Elyzabeth mat(er) paup(er)u(m)«. Eine Dienerin hält die Attribute der Heiligen: den Brotlaib und die Kanne. Elisabeth reicht einem Bettler einen Laib; ein Krüppel und ein Pilger drängen sich in Erwartung der Gaben heran, ein Diener bringt Mäntel und Brote.
Die Gruppe im Vordergrund veranschaulicht die drei ersten Werke der Barmherzigkeit. Im Hintergrund folgen weitere: Elisabeth pflegt Kranke und besucht Gefangene. Die auf der linken Seite dargestellte Szene der Fußwaschung verbindet wohl die Überlieferung, wonach Elisabeth Aussätzige gewaschen hat, mit dem Gebot der Barmherzigkeit, die »Fremden zu beherbergen«. Auf die Geschehnisse ihres Lebens bezieht sich die Darstellung der Vertreibung von der Wartburg (links oben). Vielleicht nimmt auch die rechts plazierte Szene, in der Elisabeth ein Kind führt, Bezug auf den Umstand, daß sie die Wartburg mit ihren Kindern verlassen mußte. Eine befriedigende Deutung der kleinen Szene links oben, in der die Heilige als kleines Mädchen mit einem Gefäß in der Hand dargestellt ist, steht noch aus. Vielleicht soll dies ein Hinweis darauf sein, daß Elisabeth schon als Kind mildtätig war. Falls diese Hypothese zutrifft, müßte man die Figur des Knaben mit einem Teller als Darstellung ihres Verlobten Ludwig deuten.
Das Bild gehörte zu einem größeren, nur fragmentarisch erhaltenen Altarprogramm, zu dessen übrigen Teilen – unter anderem Darstellungen des Felix und des Adauctus, Achatius und des Martyriums der hl. Ursula – sich keine engeren inhaltlichen Bezüge ergeben. Allerdings finden sich Darstellungen mit Elisabeth und Ursula im Rheinland (vgl. Schmoll 1918). Die Datierung dieser Tafeln, die ursprünglich zu einem 1495 in Frankfurt entstandenen Altar gehörten, wird durch eine Inschrift auf der Felix- und Adauctus-Tafel bezeugt (vgl. Beeh 1966). Seit 1829 befanden sich die vier erhaltenen Tafeln in der Sammlung J. P. Weyer in Köln und gelangten mit ihr ins Wallraf-Richartz-Museum. Die Frankfurter Altartafeln werden gemeinhin dem künstlerischen Umkreis des Hausbuchmeisters zugeschrieben. Trotz offensichtlicher Anlehnungen in der Formgebung der Gewänder, in physiognomischen Details und in der Ornamentik ist die Bindung an das Vorbild nicht sehr eng; viele Bildlösungen – wie die bemüht modische Figur des Dieners – gehen darüber hinaus. Den selbstbewußten künstlerischen Anspruch des unbekannten Meisters veranschaulicht vor allem das seltene Motiv der kleinen Statue – über der Tür eines Hauses plaziert – eines auf den Betrachter zielenden Armbrustschützen. Dieses genau im perspektivischen Fluchtpunkt angebrachte Motiv – ein eindrucksvolles Beispiel einer »figura cuncta videntis« (vgl. u. a. Mende 1979) – sollte die vir-

tuose Kunstfertigkeit des Malers demonstrieren. S. M.

Lit.: Hartig 1930/31, S. 202; Beeh 1966, S. 71; Küppers 1967, S. 24–27; Hiller u. a. 1969, S. 55 f.; Die heilige Elisabeth in der Kunst 1983, Kat. Nr. 16, S. 41; Wallraf-Richartz-Museum 1986, S. 31.

84 [Abb. S. 141]

Schild des Landgrafen Konrad von Thüringen

Fotografie
Mitteldeutsch, 4. Jahrzehnt des 13. Jahrhunderts
Lindenholz, beidseitig mit Pergamentbezug, Außenseite mit gepreßtem Relief, aufgenagelt und bemalt, 88 × 72,5
Marburg, Universitätsmuseum für Kunst und Kulturgeschichte (3177)

Der Schild stammt aus dem berühmten Bestand der mittelalterlichen Totenschilde, die jahrhundertelang im Chor der Marburger Elisabethkirche aufgehängt waren. Auf der nahezu dreieckigen Form ist an der Außenseite reliefartig ein steigender Löwe aufgenagelt, der in acht Schrägstreifen rot und weiß bemalt ist. Zwischen seinen Hinterläufen befindet sich ein Deutschordenskreuz. Durch diese Wappenfigur ist der Schild dem Landgrafen Konrad von Thüringen (gest. 1240) beizuordnen, dem Schwager der hl. Elisabeth. Landgraf Konrad trat 1234 in den Deutschen Orden ein, dem er 1239/40 als Hochmeister vorstand. Er setzte sich nachhaltig an der Kurie für die Heiligsprechung seiner Schwägerin Elisabeth ein. Konrad erwirkte die Übertragung des von Elisabeth gestifteten Franziskushospitals in Marburg an den Deutschen Orden und initiierte den Bau der monumentalen Marburger Elisabethkirche. Daneben begründete er die Kommende Marburg des Deutschen Ordens, der er namhafte Schenkungen zukommen ließ.
Die Elisabethverehrung des Deutschen Ordens, deren zweite Patronin sie wurde, und das von Konrad unterstützte neue Zentrum Marburg als Hauptort der Elisabethverehrung erfüllten auch politische Zwecke. Die Bedeutung Marburgs, im Herrschaftsbereich der hessischen Landgrafen gelegen, wurde bewußt ausgespielt gegen den Nachbarn und Territorialkonkurrenten Kurmainz. Nach dem Aussterben der Ludowinger in männlicher Linie mit dem Tod Heinrich Raspes IV. (gest. 1247) kam es zu zähen Kämpfen um die Nachfolge in der hessischen Landgrafschaft. Dabei setzte Sophie von Brabant (gest. 1275), die Tochter Landgraf Ludwigs IV. von Thüringen (gest. 1227) und der hl. Elisabeth, in jahrelangen Auseinandersetzungen mit dem Erzstift Mainz um das ludowingische Erbe den Anspruch ihres Sohnes Heinrich I. (gest. 1308) durch. Sophie von Brabant, die in ihrem Siegel den Zusatz »Tochter der hl. Elisabeth« führte, kann als Begründerin der jüngeren hessischen Landgrafenlinie betrachtet werden, die bewußt die Popularität ihrer Mutter für den Kampf um den Erbanspruch ihres Sohnes nutzte. K. M.

Lit.: Graepler 1975, S. 22 f.; Sankt Elisabeth 1981, S. 370 f.; 800 Jahre Deutscher Orden 1990, S. 24; Lachmann 1983, Bd. 5, S. 21–42.

85 [Abb. S. 140]

Schwert Landgraf Konrads von Thüringen (?)

Passau, 2. Viertel 13. Jahrhundert
Eisen, gestählt, geschmiedet, mit Bronzeknauf, 116,5 (Klinge: 94,7 × 5,3, Parierstange: 22,2)
Berlin, Deutsches Historisches Museum (W 1838)

Wie viele der mittelalterlichen Schwerter wurde auch dieses in einem Fluß gefunden, im Pregel bei Königsberg/Ostpreußen. Das Schwert kann aufgrund des eingearbeiteten Passauer Klingenschmiedezeichens (Herz und Wolf) lokalisiert werden. Die sorgfältige Bearbeitung des achteckig facettierten Bronzeknaufs weist auf die vornehme Herkunft des Trägers hin. Das im Knauf eingefügte Wappen zeigt auf der einen Seite in stehendem Schild einen steigenden Adler, auf der anderen einen springenden Löwen. Die Wappen lassen auf die Landgrafen von Thüringen und Hessen schließen. Da das Schwert stilistisch in das 2. Viertel des 13. Jahrhunderts einzuordnen ist, war es vermutlich im Besitz Landgraf Konrads von Thüringen, des Schwagers der hl. Elisabeth und Hochmeisters des Deutschen Ordens. Die Verehrung der hl. Elisabeth wurde vom Deutschen Orden massiv gefördert. So ließ der Orden die Marburger Elisabethkirche als neues geistliches und politisches Zentrum errichten und erhob Elisabeth zu seiner zweiten Patronin neben der hl. Maria. K. M.

Lit.: 700 Jahre Elisabethkirche 1983, Bd. 5, S. 21–25; 800 Jahre Deutscher Orden 1990, S. 24 f.

86

86 [Abb. S. 135]

»Vita der heiligen Elisabeth« Wandteppich

Basel, um 1480–1490
Behang: Wolle, Leinen, Seide, gefärbt, 104–111 × 309–315
Eisenach, Wartburg-Stiftung (KT 3)

Der Bildteppich zeigt Episoden aus den letzten vier Lebensjahren der später heiliggesprochenen Landgrafenwitwe Elisabeth, die nach dem Tod ihres Mannes, Landgraf Ludwigs IV. von Thüringen, 1228 auf Betreiben ihrer Schwager vom Thüringer Hof vertrieben wurde. Die drei bzw. vier Szenen sind chronologisch von links nach rechts angeordnet, durch ein Architekturgehäuse (Säulen) gegliedert und mit Spruchbändern versehen.
Die Szenen zeigen:
1. Empfang eines väterlichen Boten aus Ungarn: Die verwitwete Elisabeth ist in häuslicher Umgebung beim Spinnen dargestellt. Sie lehnt den Wunsch ihres Vaters, König Andreas' II. von Ungarn, nach Hause zurückzukehren ab, da sie in den Dritten Orden der Franziskaner eingetreten ist und ein Leben in Armut führen will.
2. Auszahlung des Witwenguts durch einen Boten ihres Schwagers Landgraf Heinrich Raspe IV.: Elisabeth nimmt 2000 Mark Silber Erbteil in Empfang. Wie in der ersten Szene wird die Heilige mit Krone und Nimbus gezeigt, zu ihren Füßen spielen zwei Kinder.
3. (Doppelszene) Armen- und Krankenpflege im Marburger Hospital: Elisabeth beherbergt Heimatlose, speist Hungrige und pflegt Kranke. K. M.

Lit.: Voß 1917; Kurth 1926; zahm und wild 1990.

87 [Abb. S. 137]

Heilige Elisabeth mit Kirchenmodell

Schwaben, um 1490
Lindenholz, Höhe: 132
Marburg, Universitätsmuseum für Kunst und Kulturgeschichte (15.026)

Die hl. Elisabeth ist dargestellt mit dem fürstlichen Attribut eines schmalen Kronreifs, den sie über ihrer Kopftracht, dem sogenannten Gebände, trägt. In den Händen hält sie ein einschiffiges, zweijochiges Kirchenmodell, das einen halbrunden Chorabschluß und eine eintürmige Fassade aufweist. Die ikonographischen Zusammenhänge sowie der ursprüngliche Bestimmungsort dieser Holzfigur sind ungeklärt. Einige Stilmerkmale lassen auf die Entstehung im schwäbischen Raum schließen. K. M.

Lit.: Die heilige Elisabeth in der Kunst 1983, S. 103.

88 [Abb. S. 131]

Fragment eines Reliefs mit Darstellung der heiligen Elisabeth

Hessen, um 1430/1440
weißgrauer Ton mit Resten von farbiger Fassung und Spuren von Vergoldung, 6 × 4,5 × 2,8
(montiert zusammen mit dem Figurenfragment einer unbekannten Heiligen)
Marburg, Universitätsmuseum für Kunst und Kulturgeschichte (2903)
(Dauerleihgabe des Vereins für Hessische Geschichte und Landeskunde, Zweigverein Marburg)

Das bruchstückhaft erhaltene Köpfchen, das 1883 am Marburger Kalbstor ausgegraben wurde, zeigt die hl. Elisabeth in Witwen- oder Nonnentracht, jedoch mit Krone und Nimbus. Die im Nimbus erkennbaren Buchstaben »beth ora« gelten als Teil der Anrufung »Sancta Elisabeth ora pro nobis«. Der nach rechts gewandte Kopf der Heiligen läßt die ursprüngliche Existenz einer weiteren Figur vermuten, der die Aufmerksamkeit Elisabeths gilt. Dabei könnte es sich um eine der oft thematisierten Almosenszenen handeln, die Elisabeth mit einem Bettler oder Aussätzigen zeigen. Die Möglichkeit, beliebig viele Exemplare des Reliefs von derselben Negativform herstellen zu können, ist ein Hinweis auf die im Spätmittelalter weit verbreitete Elisabethverehrung, die nicht zuletzt vom Deutschen Orden gefördert wurde.
K. M.

Lit.: Graepler 1975, S. 32f.; 800 Jahre Deutscher Orden 1990, S. 22.

89 [Abb. S. 139]

Schlüssel aus der Elisabethkirche in Marburg

Mittelrheinisch (?), Ende 12. Jahrhundert
Bronze, 21,5 × 13
Marburg, Universitätsmuseum für Kunst und Kulturgeschichte (2973); Dauerleihgabe des Gesamtverbandes der Ev. Kirchengemeinden in Marburg

Zu den wenigen erhaltenen Bronzeschlüsseln aus der Romanik zählt dieser ungewöhnlich große, zu keinem Schloß gehörende Prunkschlüssel aus der Marburger Elisabethkirche. Auffällig ist der Griff in Gestalt eines Koppelringes, der zwei kniende und zwei stehende Figürchen einspannt.
Eine Verbindung zur hl. Elisabeth ist lediglich durch die Entstehungszeit und die Aufbewahrung in der Marburger Elisabethkirche gegeben. Herkunft und Funktion des Schlüssels sind ungeklärt. Wegen seiner prunkvollen Fassung könnte es sich um einen Reliquienschlüssel gehandelt haben, dessen Herkunft vielleicht im nördlich von Marburg gelegenen Archidiakonat Fritzlar zu suchen ist. Als dortiger Schutzheiliger gilt Petrus, dem als Heiligenattribut ein Schlüssel beigeordnet wird. Es bleibt lediglich eine Vermutung, daß der Schlüssel von Fritzlar nach Marburg geschenkt bzw. nach der Zerstörung Fritzlars 1232 durch Landgraf Konrad von Thüringen nach Marburg gebracht wurde. K. M.

Lit.: Graepler 1975, S. 18; Sankt Elisabeth 1981, S. 537f.; Leitner 1982, S. 3; Keilhauer 1988, S. 166–173.

90 [Abb. S. 133]

»Die barmherzigen Werke der heiligen Elisabeth«

Landshuter Schule, um 1510/1520
Inschrift »Sancta Elisawet«
Birnbaumholz, 48 × 35
München, Bayerisches Nationalmuseum (MA 3656)

In der Mitte des Bildes steht die hl. Elisabeth mit Brot und Kanne, den Attributen, die in der zweiten Hälfte des 15. Jahrhunderts dominierende Bedeutung

90

erlangten; ihre Darstellung ist umgeben von vier Szenen aus ihrem Leben. Die Folge der vier Szenen beginnt wohl links oben mit der Brotspende für einen Bettler und wird im Uhrzeigersinn fortgesetzt. Die umgekehrt auf dem Boden liegende Krone ist ein sinnfälliger Hinweis auf die Standesentäußerung Elisabeths. Die rechts oben dargestellte Mantelspende stellt das dritte Werk der Barmherzigkeit dar; das zweite Werk der Barmherzigkeit – die Tränkung der Durstigen – wird durch das Attribut der Kanne symbolisiert.

Rechts unten findet sich die für die Elisabeth-Verehrung bezeichnende Szene des Waschens eines Aussätzigen. Links unten endet schließlich die kleine Reihe mit der Darstellung des Kreuzwunders: Es wird gezeigt, wie der Aussätzige, den Elisabeth vorher zur Pflege in ihr Ehebett gelegt hatte, vor dem »inneren Auge« des zurückgekehrten Landgrafen Ludwig in einen Kruzifixus verwandelt wird.

Die modische Renaissancekleidung der Figuren steht im Kontrast zu einem latenten Gotizismus der künstlerischen Mittel. Dieses eher volkstümliche Werk einer bayerischen Provinzschule (Landshut?) bezeugt anschaulich die weite Verbreitung des Kultes der Heiligen. S. M.

Lit.: Katalog der Gemälde des Bayerischen Nationalmuseums 1908, Nr. 74, S. 25f.; Schmoll 1918, S. 61; Hartig 1930/31, S. 203; Murken/Hofmann 1979/80, S. 17ff.; Die heilige Elisabeth in der Kunst 1983, S. 48–50.

V Hedwig, Herzogin von Schlesien

91 [Abb. S. 154]

Urkunde der heiligen Hedwig für das Kloster Trebnitz

24. August 1242
Pergament, 30,5 × 32, fünf Siegel
Breslau/Wrocław, Staatsarchiv
(Rep. 125 Nr. 55)

Wenige Monate vor ihrem Tod schenkte die hl. Hedwig dem Konvent zu Trebnitz ihr Gut Schawoine, das den Angaben ihrer Lebensbeschreibung zufolge 400 Hufen besten Ackerbodens umfaßte. Der Besitz sollte zunächst ihrer Tochter Gertrud, der Äbtissin des Klosters, zur Verfügung stehen, nach deren Tod aber den Nonnen zum Lebensunterhalt dienen.

Das Gut war der Herzogin durch ihren Gemahl, Herzog Heinrich I., übertragen worden. Dieser hatte ihr auch das Recht eingeräumt, testamentarisch über Schawoine verfügen zu können oder den Besitz bei offenkundiger Not schon zu Lebzeiten veräußern zu dürfen. Da ihr Sohn, Herzog Heinrich II., der seit etwa 1228 mehrfach in Urkunden seines Vaters genannt wird, dazu ausdrücklich seine Zustimmung erteilt hatte, kann davon ausgegangen werden, daß Schawoine ursprünglich zum piastischen Familienbesitz zählte und der Herzogin zunächst lediglich als Witwengut übertragen worden war, das der Sicherung des Lebensunterhalts seiner Inhaberin diente, in der Regel aber nicht veräußert werden durfte, sondern nach dem Tod der Besitzerin wieder an die Erben fiel.

Der Anlaß der Schenkung, die auch in der Lebensbeschreibung der Herzogin erwähnt wird, ist in der Urkunde nicht genannt. Doch wird man – das legt nicht zuletzt die Zuwendung der Einkünfte an die Äbtissin nahe – annehmen dürfen, daß die Übereignung mit Hedwigs Aufenthalt bei ihrer Tochter im Kloster in Zusammenhang steht.

Die zuweilen auch als »Testament Hedwigs« bezeichnete Urkunde, deren Echtheit früher zu Unrecht angezweifelt wurde, liegt heute zusammen mit den übrigen Trebnitzer Rechtstiteln älteren Datums im Staatsarchiv Breslau. Sie ist als einzige der von der Herzogin ausgestellten Urkunden erhalten. In Latein, der damals in ganz Europa nahezu ausschließlich verwendeten Urkundensprache, verfaßt, weist sie die typischen Merkmale der zur damaligen Zeit in allen größeren Kanzleien gebräuchlichen Urkundenschrift auf.

Der gewandte Stil sowie die Schrift legen die Vermutung nahe, daß der Schreiber zu den Beamten des schlesischen Herzogshofes zählte. Doch ist ein abschließendes Urteil nicht möglich, da außer dem vorliegenden Schriftstück nur eine einzige Urkunde bekannt ist – sie wurde von Herzog Boleslaus II. von Liegnitz, dem Enkel der Heiligen, am 10. März 1242 ebenfalls für Kloster Trebnitz ausgestellt –, die mit großer Wahrscheinlichkeit von ihm geschrieben wurde.

Die Urkunde besitzt fünf Siegel, die jeweils mit Seidenfäden befestigt wurden. An der vornehmsten Stelle, in der Mitte, hängt das Siegel Hedwigs, links daneben das ihrer Schwiegertochter Anna, auf der gegenüberliegenden Seite das ihres Enkels Boleslaus II. Am linken Rand, neben dem Siegel der Herzogin Anna, ist das des Bischofs Heinrich von Lebus, rechts außen das des Bischofs Thomas von Breslau zu erkennen. A. Sch.

Lit.: Appelt 1940, S. 128, Nr. 56; Gottschalk 1964, S. 8. Druck: Schlesisches Urkundenbuch, Bd. 2, S. 141 f., Nr. 234.

92

Urkunde Papst Klemens' IV. über die Heiligsprechung der schlesischen Herzogin Hedwig

Viterbo, 26. März 1267
Pergament, 50,5 x 76, Bleibulle verloren
Breslau / Wrocław, Staatsarchiv
(Rep. 125 Nr. 103)

Hedwigs Heiligsprechung, um die sich nicht zuletzt auch König Ottokar II. von Böhmen, ein Verwandter des schlesischen Herzoghauses, große Verdienste erwarb, erfolgte am 26. März 1267 auf Antrag der polnischen Bischöfe sowie der Nonnen des Klosters in Trebnitz. Über das Archiv des Zisterzienserinnenklosters Trebnitz blieb auch die Urkunde erhalten, die – an den Erzbischof und die Bischöfe der Gnesener Kirchenprovinz gerichtet – aus diesem Anlaß in der päpstlichen Kanzlei unter dem Datum der Heiligsprechung angefertigt worden war. In ihr berichtete Papst Klemens IV. über Hedwigs heiligmäßiges Leben: Die Herzogin erfüllte demzufolge gewissenhaft ihre Pflichten als Ehefrau; sie verehrte die Ordensleute, übte christliche Nächstenliebe und Demut, erwarb sich Verdienste durch dauerndes Fasten und Beten. Ihre Ergebenheit in Gottes Fügung zeigte sich aber insbesondere beim Tod ihres Sohnes, Herzog Heinrichs II. von Schlesien, der 1241 in der Schlacht bei Liegnitz gefallen war. Auch wurden mehrere Wunder angeführt, die sich nach ihrem Tod an ihrem Grab ereignet hatten. Den Besuchern ihres Grabes wurde außerdem ein Ablaß von einem Jahr und 40 Tagen gewährt; wer an ihrem Fest, dem 15. Oktober, oder während der darauffolgenden Woche zu ihrer Ruhestätte pilgerte, sollte 100 Tage Ablaß erwerben können.

Da die Schrift der Urkunde, deren Bleisiegel verlorenging, teilweise stark verblaßt war, wurde der Text im ersten

Drittel an mehreren Stellen von wesentlich jüngerer Hand nachgezogen. Auf der sogenannten Plika, dem Umbug des unteren Urkundenrandes, wurde in der Mitte von einem Schreiber der päpstlichen Kanzlei ein Vermerk angebracht, der erkennen läßt, daß neben dem vorliegenden Dokument eine zweite gleichlautende Urkunde angefertigt werden sollte, die für die Erzbischöfe und Bischöfe in Deutschland bestimmt war. Von dieser Ausfertigung ist ansonsten nichts bekannt.

Da sich bei der gleichzeitigen Abschrift der Heiligsprechungsurkunde in einer der päpstlichen Registerhandschriften kein derartiger Vermerk findet, kann nicht ausgeschlossen werden, daß diese Urkunde gar nicht ausgefertigt wurde.

A. Sch.

Lit.: Schlesisches Urkundenbuch, Bd. 4, S. 18–23, Nr. 15; Registres Clément IV, Nr. 468; Gottschalk 1964, S. 277 ff.

93 [Abb. S. 153]

Romanisches Weihrauchfaß

Regensburgisch-salzburgische Werkstatt
Anfang 13. Jahrhundert
Silber, getrieben, teilweise Durchbrucharbeit, graviert, ∅ 14, Höhe: 21 (mit Kette 64)
Trebnitz/Trzebnica, Konvent der Salvatorianer

Dieses vom Typus her relativ seltene romanische Weihrauchfaß stammt aus der Zeit der Gründung des Zisterzienserinnenklosters in Trebnitz. Auf einem runden Fuß und kurzem Schaft erhebt sich die untere Halbkugel mit acht Medaillons, in denen Personifikationen der vier Paradiesflüsse (Gen. II, 10–15) sowie Blattpalmetten dargestellt sind. Die Paradiesflüsse symbolisieren antike Flußgötter mit gehörnten Häuptern und Urnen, aus denen Wasser fließt. Beigegeben sind die Inschriften: Tigris / Efratas / Ieon / Fion, am Halbkugelrand die Namen der drei Jünglinge im Feuerofen: ANANIAS + AZARIAS + ARChANGELUS + MISSAhEL. Auf dem durchbrochenen Aufsatz sind in Rauten gefaßte Medaillons mit den vier Evangelistensymbolen und ihren Namensbeischriften angebracht, darüber eine Tempelarchitektur als Symbol des Himmlischen Jerusalems. Ketten, Kettenhalter und Fuß sind spätere Zutaten. Um das Jahr 1800 wurde das Weihrauchfaß erneuert und ergänzt.

Die Frage nach der künstlerischen Herkunft des Rauchfasses ist noch nicht überzeugend beantwortet. Der Bezug in der Inschrift auf das Motiv der drei Jünglinge im Feuerofen (Daniel III, 8) – dargestellt auf dem Rauchfaß des Reiner von Huy, um 1150, Lille, Musée des Beaux-Arts – könnte auf eine maasländische Provenienz hinweisen. Die Medaillons ähneln denen des schlesischen Kelches aus Alt-Lomnitz (Stara Łomnica). Vor allem aber könnte das Motiv der durch eine Ranke eingeschlossenen Paradiesflüsse auf eine Herkunft aus dem regensburgisch-salzburgischen Kunstkreis schließen lassen. Sowohl die Darstellung der Paradiesflüsse auf dem sogenannten Wiltener Kelch (Wien, Kunsthistorisches Museum, vgl. Kat.-Nr. 48) – gestiftet von Berthold III. von Andechs (gest. 1188) – als auch die sehr ähnliche Erfassung des Motivs auf dem sogenannten niellierten Kelch aus Tremessen (jetzt Gnesen/Gniezno, Domschatz), der neuerdings in typologisch-kompositioneller Hinsicht mit Regensburg in Verbindung gebracht wird, weisen auf den Umkreis der Andechs-Meranier hin. Die gegenseitigen Bezüge der drei hier erwähnten Werke wären – auch in Zusammenhang mit einer eventuellen mäzenatischen Rolle der Andechs-Meranier – noch zu untersuchen. (In einem Brief an den Verf. vom 25. 2. 93 informierte Piotr Skubiszewski, Poitiers, daß er das Trebnitzer Weihrauchfaß in einem infolge redaktioneller Kürzungen unveröffentlichten Teil seines Artikels von 1980 der Regensburger Goldschmiedekunst zugeschrieben hat.)

S. M.

Lit.: Hintze/Masner 1911, S. 1; Braun 1931, S. 613, 615, 630; Schlee 1937, S. 148 f.; Gündel 1940, S. 23 f.; Gottschalk 1964, S. 141; Walicki 1971, Bd. 1, S. 769, Bd. 2, S. 280; Skubiszewski 1980, S. 89 f.; Gouffet 1982, S. 81 f.; Kobielus 1989, S. 150 f.

94 [Abb. S. 160]

Kasel der heiligen Hedwig

Polen, um 1250
Fragmente von Kaselstäben und Besatz, auf himbeerrotem Seidenkörper Gold in Sprengtechnik, etwas Seide in Spaltstich
Breslau/Wrocław, Diözesanmuseum (23/29 A.)

94

Insgesamt sind achtzehn sehr ungleiche Besatzteile einer Kasel erhalten. In der Neuzeit wurden Brust- und Rückenstab auf einer neuen Kasel angebracht, andere Stoffreste wurden, ohne ikonographische Stringenz, zu Stola und Manipel umgearbeitet.

Auf dem Rückenstab findet sich ganz oben eine Darstellung der Marienkrönung (?), nach unten folgen die Szenen der Maiestas Domini mit Evangelistensymbolen und die Ausgießung des Heiligen Geistes. Dann folgen acht paarweise angeordnete Heiligenfiguren: Nikolaus und Johannes der Täufer, Stephanus und Ägidius, Simon und

Thaddäus, Maria Magdalena und Katharina. Ganz unten befinden sich die Figuren der Stifter: Agafia von Masowien und ihr Sohn, Fürst Ziemowit I. Die Szenen und Figuren werden durch kurze, unförmige Inschriften bezeichnet.

Weitere Besatzteile zeigen Darstellungen – jeweils durch Inschriften bezeichnet – der Verkündigung, Heimsuchung, Geburt Christi, Verkündigung an die Hirten, Anbetung der Könige, des bethlemitischen Kindermords, der Darbringung im Tempel. Auf dem Bruststab sind die Geißelung Christi, Kreuzigung, Höllenfahrt, die Frauen am Grab, Erscheinung des Auferstandenen und Himmelfahrt dargestellt.

Die Kaselfragmente stammen aus dem Zisterzienserkloster Heinrichau in Schlesien. Eine allerdings ziemlich spät festgehaltene Überlieferung (Inventar von Heinrichau, 1787) verbindet sie mit der hl. Hedwig. Im Gegensatz zu den Verhältnissen bei zahlreichen anderen legendären Hedwigsgewändern liefert die Ikonographie der Kaselfragmente Anhaltspunkte für eine solche Behauptung. Die Beziehungen zwischen der hier dargestellten masowischen Fürstenfamilie und den schlesischen Herzögen waren eng. Heinrich I. und Konrad von Masowien, der Ehemann Agafias, waren Verbündete im Kampf gegen die heidnischen Preußen. 1229 kam es jedoch zu einem Konflikt um den Besitz von Krakau und zur Gefangennahme des schlesischen Herzogs durch Konrad. Die hl. Hedwig widersetzte sich der Legende zufolge einem geplanten Befreiungsfeldzug des schlesischen Heeres, reiste in einer Friedensmission nach Płock zum Hof Konrads von Masowien und erreichte die Freilassung ihres Mannes. Zur Bekräftigung des Friedens, der von Dauer sein sollte, verlobte sie zwei ihrer Enkeltöchter mit Söhnen Konrads.

Auf dem Kaselfragment mit den Stifterfiguren fehlt allerdings eine Darstellung des masowischen Fürsten, der 1247 gestorben ist. Infolgedessen muß es zwischen 1247 und 1262, dem Todesjahr Ziemowits I., entstanden sein. Es kann deshalb erst nach Hedwigs Tod (1243) an den schlesischen Hof gekommen sein, vielleicht als Hochzeitsgeschenk der Masowier anläßlich der Heirat Juttas von Płock mit Heinrich III. von Breslau, einem Enkel der hl. Hedwig, im Jahr 1252. Auch stilgeschichtliche Gesichtspunkte sprechen für eine Entstehungszeit um 1250. Doch in Hinblick auf die legendären Umstände der Reise Hedwigs zum masowischen Hof muß schon in den darauffolgenden Jahrzehnten die Überzeugung aufgekommen sein, daß die Kasel aus dem Besitz der hl. Hedwig stammt. S. M.

Lit.: Schellenberg 1928, S. 80; Gutkowska-Rychlewska / Taszycka 1967, S. 23, Kat.-Nr. 1; Pietrusińska 1967, S. 6; von Wilckens 1968, S. 34f. und Gutkowska-Rychlewska/Taszycka 1968, S. 227f.; Gottschalk 1971, S. 216–219; Walicki 1971, Bd. 1, S. 838, Bd. 2, S. 295.

95 [Abb. S. 158]

Miniatur der hl. Hedwig aus dem Liegnitzer Privilegienbuch

Liegnitz
um 1425/30 (Miniatur),
Privilegienbuch beendet 1447
Pergament/Wasserfarben, kolorierte Federzeichnung, 28,9 × 17,8,
eingeklebt in das Große Privilegienbuch der Stadt Liegnitz (41 × 28,3)
Breslau/Wrocław, Staatsarchiv
(II, 1201)

Die hl. Hedwig, mit Herzogshut und Goldnimbus, steht vor einem neutralen, durch ein Sternenmuster belebten Hintergrund. In der Hand hält sie ein Modell einer Kreuzkirche mit Dachreiter – in dieser klassischen Form ein unzweideutiges Symbol der von ihrem Mann Heinrich dem Bärtigen 1202 gestifteten Trebnitzer Klosterkirche. Die Heilige ist gemäß der ikonographischen Tradition barfuß dargestellt, doch fehlt das charakteristische Attribut des Schuhpaares. Die Gewänder und Faltenkaskaden zeigen deutliche Einflüsse des »schönen Stils« um 1400, dagegen erscheinen die physiognomischen Details in recht derber, volkstümlicher Form. Die raffinierte Farbgebung der Miniatur basiert auf dem Kontrast zwischen dem hellgrünen Mantel und den kalten Rottönen des Hintergrunds.

Die Liegnitzer Hedwig entstand höchstwahrscheinlich um 1430 in einer lokalen Malwerkstatt, in der vielleicht auch Tafelbilder geschaffen wurden. Ähnlichkeiten bestehen zum Missale (Breslau, R 165) des Illuminators Johannes von Zittau aus der Zeit kurz vor 1420, besonders in den Miniaturen mit den Figuren der hl. Barbara und des hl. Johannes. Die Buchmalerei wurde in Liegnitz vor allem im 14./15. Jahrhundert in den zahlreichen illustrierten Stadtrechtsbüchern gepflegt. Auch wenn die Hedwigsminiatur erst nachträglich in das Große Privilegienbuch eingeklebt wurde, steht sie in dieser Tradition.

Liegnitz, wo Heinrich der Bärtige und Hedwig um 1220 eine große Kapelle stifteten und vor dessen Toren in der Schlacht von 1241 Hedwigs Sohn fiel, bildete seit dem 14. Jahrhundert ein wichtiges Zentrum des schlesischen Hedwigskultes. Der Hedwigsturm im Liegnitzer Piastenschloß, in dem nach 1400 ein Hedwigsbild mit einem Ewigen Licht aufgehängt wurde, und die um 1380 auf Geheiß Herzog Ruperts in Liegnitz angefertigte, veränderte Variante des Hedwigscodex von 1353 (verschollen) zeugen von der Intensität des Kultes, der in den Jahren 1418–28 unter Herzog Ludwig II. eine letzte Blüte erlebte.

Die Bildunterschrift beinhaltet eine Anrufung des Liegnitzer Stadtschreibers und Bürgermeisters Ambrosius Bitschen an die hl. Hedwig; sie ist wohl zwanzig Jahre später hinzugefügt worden. S. M.

Lit.: Schirrmacher 1866, S. XIIf.; Kloss 1942, S. 144f., 231; Walter 1958, S. 39–59; Karłowska-Kamzowa 1979, S. 47, 115; Harasimowicz 1991, S. 11; Karłowska-Kamzowa 1991, S. 137.

96

Lebensbeschreibung der hl. Hedwig: »Legenda maior«

Wohl Leubuser Arbeit, um 1300/1310
Pergament/Handschrift, Deckfarben, 122 Bll., 33,5 × 26
Breslau / Wrocław, Universitätsbibliothek (IV F 189: fol. 2^r: Initiale »S«)

Bald nach der Heiligsprechung Hedwigs am 26.3.1267 durch Papst Klemens IV. fand ihre Verehrung große Verbreitung. Kurz nach 1300 entstand die »Legenda maior«, jene ausführliche

97

Lebensbeschreibung, der die meisten Nachrichten über ihr Leben zu verdanken sind. Die älteste Überlieferung dieser Quelle ist in der ausgestellten Handschrift enthalten. Laut Schlußvermerk war die Aufzeichnung im Jahr 1300 beendet, so daß kurz danach diese Reinschrift angefertigt worden sein dürfte. Die Entstehung im Kloster Leubus ist wahrscheinlich, da das Kloster Trebnitz zum damaligen Zeitpunkt wohl noch keine entwickelte Schreibschule hatte und der in der Legenda maior genannte »frater Engelbertus, ordinis Cysterziensis« als Mitglied des Klosters Leubus bezeichnet wird. K. M.

Lit.: Kloss 1942, S. 38 ff., 206 (mit weiterer Literatur).

97 [Abb. S. 155]

Illustrierter Hedwigscodex

Oberschwaben, um 1460
Papier/Federzeichnung mit Wasserfarben, 113 Bll., 28 × 20,5
Provenienz: Bibliothek Oettingen-Wallerstein, Schloß Harburg
Augsburg, Universitätsbibliothek (Cod. I.3.2°7; fol. 48r: Bau des Klosters Trebnitz)

Diese bebilderte schwäbische Hedwigshandschrift umfaßt die Legenda maior und minor der Heiligen sowie ihre Genealogie in deutscher Übersetzung (ostschwäbische Mundart). 71 halbseitige, kolorierte Federzeichnungen haben das Leben der hl. Hedwig zum Inhalt. Themenauswahl und Bildüberschriften stimmen weitgehend mit Schema und Inhalt des Hedwigscodex von 1353 (vgl. Kat. Nr. 102) überein; ihre Kenntnis wurde nach Schwaben wahrscheinlich durch die bilderlose Hedwigshandschrift Cod. I.2.2°.30 übermittelt, die die Texte und Bildüberschriften des Codex von 1353 enthält. Sie ist wahrscheinlich von der Mutter des Grafen von Oettingen, Euphemia (gest. 1447), einer Tochter des Piastenherzogs Bolko III. von Münsterberg in Schlesien, von Schlesien nach Schwaben gebracht worden. Auch diese Handschrift kam mit den Oettingen-Wallerstein'schen Beständen nach Augsburg.
Die grundsätzlichen ikonographischen Differenzen zwischen der Augsburger Handschrift und dem Hedwigscodex von 1353 bezeugen, daß dem schwäbischen Buchmaler keine schlesische Bildquelle vorlag. Einige der Szenen, so die Enthauptung des gefangenen Herzogs Heinrich oder die Darstellung der hl. Hedwig mit den Dämonen – die an die »wilden Leute« des Spätmittelalters erinnern –, fallen völlig aus dem Rahmen der Hedwig-Ikonographie. Die im Vergleich zum Codex von 1353 größere Anzahl von Illustrationen kam durch die Unterteilung von Familienbildern und den Verzicht auf die dort auftretenden Doppelszenen zustande. In stilistischer Hinsicht sind die Illustrationen des Augsburger Codex ein Beispiel für die Entwicklungstendenzen der süddeutschen Federzeichnung nach 1450 (vgl. Lehmann-Haupt, 1929), auch wenn sie zu den eher durchschnittlichen Werken zählen. Den terminus ante quem für die Augsburger Handschrift bildet die Erwähnung in einem Bücherverzeichnis des Grafen Wilhelm von Oettingen von 1466/67: »ain buoch von sant Hedwigen gemalet von ir wunder dazu sy hat geton«.
Die ausgestellte Szene bezieht sich auf den von der hl. Hedwig initiierten Bau des Zisterzienserinnenklosters Trebnitz (vgl. Abb. S. 155). Fol. 55r zeigt, wie Hedwig durch ihre Fürsprache bei ihrem Gemahl einen zum Tode Verurteilten rettet. S. M.

Lit.: Gottschalk 1956, S. 216–218; Turska 1974, S. 3–24; Universität Augsburg 1987, Kat. Nr. 25; Schneider 1988, S. 46 f.;

98 [Abb. S. 146, 151]

Illustrierte Hedwigslegende von 1451

Freytagsche Handschrift
Pergament/Feder, 120 Bll., 29,7 × 20,5
Breslau/Wrocław, Universitätsbibliothek (IV F 192)

Die Breslauer Sammelhandschrift enthält den »Spiegel des Geschlechts«, die Legenda maior und minor, das Hedwigsgebet, die Bulle Papst Klemens' IV., Predigten des Papstes anläßlich der Heiligsprechung, einen Brief des Nikolas zu Posenaw an Herzog Ludwig zu Brieg (Zusammenfassung der Hedwigslegende) sowie Hymnen und Gebete.
Der Codex bildet das letzte Glied in der Kette der schlesischen illuminierten Hedwigshandschriften. Das Explizit schildert ausführlich die Entstehungsgeschichte: So hat der Breslauer Ratsherr Anton Hornig 1451 eine deutsche Übersetzung einer (verschollenen) lateinischen Legende anfertigen lassen, die Ruprecht von Liegnitz-Brieg 1380 in Auftrag gegeben hatte. Die Übersetzung wurde vom Breslauer Schreiber Peter Freytag »getrawlich und kostlich« abgeschrieben, die Bilderhandschrift am 19. August 1451 fer-

tiggestellt. Doch scheint Freytag weder die Übersetzung noch die 60 Illustrationen zur Hedwigslegende angefertigt zu haben (dagegen Kloss 1942). Die mitteldeutsche Mundart des Textes, den Freytag mit Fehlern abschrieb, unterscheidet sich deutlich von der damaligen Breslauer Kanzleisprache.
Die verschollene illustrierte Handschrift von 1380, die hier als Vorlage diente, muß die Illustrationen des Codex von 1353 (vgl. Kat. Nr. 102) getreu aufgegriffen haben, denn die um ein Jahrhundert spätere Freytagsche Handschrift nimmt die Themen und Bildschemata von 1353 auf. Es gibt in ikonographischer Hinsicht (wie die Gegenüberstellung bei Wąsowicz 1967 beweist) keine Unterschiede zwischen beiden Werken (es fehlt nur die ganzfigurige Hedwigsdarstellung des Codex von 1353, dafür gibt es im Codex von 1451 eine Kreuzigungsdarstellung).
Die stilistischen Unterschiede sind dagegen beträchtlich. Der Buchmaler der Handschrift von 1451 hat, von wenigen blassen Kolorierungen abgesehen, gänzlich auf Farbe verzichtet und sich mit einer reinen Federzeichnung – deren Nähe zum Erscheinungsbild des damaligen Kupferstiches auffällt – begnügt. Sein Hauptgestaltungsmittel ist die Schraffur: von der leichten Strichelung bis zu engen Gitterlagen. Die ausgesprochen modischen Kostüme und die Realien – darunter die Architekturfragmente – entsprechen der Mitte des 15. Jahrhunderts; man findet nur wenig Historisierendes. Eine realistische Tendenz scheint sich abzuzeichnen, auch wenn der unbekannte Meister seine Herkunft aus dem »schönen Stil« nicht verleugnen kann. Im Vergleich zum Codex von 1353 sind die Szenen kompositionell gestrafft, expressivere Gesten wurden gedämpft, Bewegungen gewinnen an Wahrhaftigkeit. Bei der Darstellung der Liegnitzer Mongolenschlacht von 1241 verweisen Einzelheiten wie die Wappen der Busswoy auf die Breslauer Hedwigstafel (vgl. Kat. Nr. 101).
Das hier gezeigte Bild des Todes Herzog Heinrichs II. von Schlesien (Abb. S. 146) in der Liegnitzer Schlacht (am oberen Bildrand tragen Engel die Seele von Hedwigs Sohn in den Himmel) vermag die Kompositionsweise der Freytagschen Handschrift besonders deutlich zu veranschaulichen. Aus dem zerfaserten, amorphen Schlachtengetümmel ist eine gegliederte und geordnete Kampfszene geworden, in der die Kampfmittel und -techniken deutlich wiedergegeben sind.
Die Freytagsche Handschrift befand sich bis zum Ende des 16. Jahrhunderts im Besitz der Familie Hornig, nach wechselhaften Schicksalen kam sie 1810 in die Breslauer Universitätsbibliothek. S. M.

Lit.: Dehmelt 1920; Troche 1938, S. 131–134; Kloss 1942, S. 146–151, 207–209; Gottschalk 1956, S. 214–216; Ziomecka 1967, S. 172f.; Wąsowicz 1967; Karłowska-Kamzowa 1970, S. 111–116; Braunfels 1972, Bd. 1, S. 23f.; Karłowska-Kamzowa 1991, S. 98, 137.

99 [Abb. S. 161]

Tympanonrelief mit Darstellung von David und Bethsabe

um 1230
aus drei Sandsteinplatten zusammengefügtes Tympanonrelief, 88,5 × 127,5
Reste farbiger Fassung (Abguß)
Trebnitz/Trzebnica, Konvent der Salvatorianer

Das im nördlichen Seitenportal der Westfassade der Trebnitzer Klosterkirche befindliche Tympanonrelief – im 18. Jahrhundert während einer Barokkisierungsphase zugemauert und erst 1935 wiederentdeckt – gehört zu den besonders eindrucksvollen Resultaten der Verbindung zwischen Trebnitz und Bamberg. Es zeigt links einen auf der Kithara spielenden alttestamentlichen König, vor ihm sitzt rechts im Profil eine Königin, daneben eine Assistenzfigur. Die Inschriften in Unzialmajuskeln »Davit« und »Bersa-bee« erklären hinreichend die Szene. Doch kein bestimmtes Ereignis aus dem Buch der Könige wird hier dargestellt. Das Relief ist symbolisch-typologisch konzipiert: David steht für Christus und Bethsabe für Maria.
Beeindruckend ist die expressive Stilisierung der Kleider mit den Trichterfalten der Gewandüberfälle. Deutliche Analogien verbinden das Trebnitzer Tympanon mit Skulpturen der Bamberger Gnadenpforte – auf der ja auch der Bruder Hedwigs, Bischof Ekbert,

100

dargestellt ist – sowie mit den Reliefs der Georgsschranken. Beide Werke sind derjenigen Phase der Spätromanik zuzurechnen, in der der strenge Figuralkanon der Blütezeit des Stiles einer Art »romanischem Manierismus« Platz machte. Letztendlich gehen natürlich sowohl die Bamberger Skulpturen – von einer französischen Bauhütte aus Laôn ausgeführt – wie auch das bescheidenere Relief aus Trebnitz auf die französische romanische Kathedralplastik zurück. S. M.

Lit.: Frey 1935, S. 496f.; ders. 1940, S. 115–146; Walicki 1971, Bd. 1, S. 768, Bd. 2, S. 218; Hettwer 1978; Świechowski 1982, S. 70–74; Mroczko 1988, S. 194–200.

100 [Abb. S. 149]

Plastik der heiligen Hedwig

Passauer Bildhauerwerkstatt
um 1430 – 1440
Grüner Sandstein, Sockel hinten ausgehöhlt, alte Fassung, Vorderkante des Sockels, First der Kirche und linke hintere Kante der Bank abgearbeitet, 65 × 33 × 27
Passau, Klosterkirche Niedernburg
(Eigentümer Freistaat Bayern)

Die hl. Hedwig, als Matrone in langem Kleid mit goldenem Saum, Kopftuch

und Herzogshut dargestellt, sitzt aufrecht auf einer Bank. In der rechten Hand trägt sie das überdimensionierte Kirchenmodell, in der linken einen Rosenkranz und als zusätzliches Attribut ein Paar Schuhe (vgl. Kat. Nr. 95 und 97), die sie der Legende nach nur anzog, wenn es die »Schicklichkeit« gebot.
Dieses Werk gehört zum Einflußbereich des »schönen Stils«, der um 1400 die europäische Plastik weithin prägte. Als Sitzfigurentypus schließt sich die Passauer Figur an den bayerisch-salzburgischen Typus der sitzenden »schönen Madonnen« (Seeon, Hallein, Wasserburg, alle 1430–40, vgl. Schöne Madonnen 1350–1450, Kat.Nr. 54 und 59) an, doch unterscheidet sich die Passauer Plastik durch ihre starre Frontalität und eine differente, teigig anmutende Faltengestaltung; die Parallelzüge der Vertikalfalten schwingen bei ihr schleifenartig aus. Ähnlichkeiten bestehen auch zu bayerischen Vesperbildern (u. a. Moosburg, Stiftskirche, 1420–30) und süddeutschen sitzenden Apostelfiguren aus Ton (Nürnberg, Germanisches Nationalmuseum, um 1410). Die traditionelle Datierung der Figur auf die Zeit um 1420 erscheint in stilistischer Hinsicht nicht haltbar, sie müßte auf die Jahre 1430–40 revidiert werden. Zu anderen Werken des »schönen Stils« in Passau (u. a. Severinsmadonna, 1450) bestehen keine engeren Verbindungen. Hinzuweisen ist auch auf die Tatsache, daß grüner Sandstein als Bildhauermaterial in Passau selten auftritt.

Die jetzt im Nordseitenschiff der Niedernburger Klosterkirche aufgestellte Figur stand früher in der Parzkapelle, wo sich auch das gotische Grab der sel. Gisela von Ungarn (gest. 1060) befand. Diese Lokalisation war sicher nicht zufällig. Sowohl Hedwig wie Gisela, die Tochter Herzog Heinrichs II. von Bayern, waren bayerische Fürstentöchter, die mit osteuropäischen Herrschern verheiratet wurden, beide überlebten ihre Männer und zählten zur Reihe der »Heiligen Witwen«.
Gisela kehrte nach dem Tod ihres Mannes, König Stephans von Ungarn, nach Passau zurück, wo sie in das Niedernburger Kloster eintrat. Wie Hedwig erwarb sie sich große Verdienste in der Armenfürsorge. Im übrigen wurde im süddeutschen Raum lediglich in Passau das Fest der hl. Hedwig (Todestag 15. 10.) feierlich begangen (Reber 1963, S. 91). Die Tatsache, daß das Hochgrab der sel. Gisela in der Parzkapelle errichtet wurde, unterstützt die Annahme eines breiteren Ausstattungskontextes, in den die Statue der hl. Hedwig einbezogen wurde. Daß Gisela oft mit Krone und Kirchenmodell dargestellt wurde, kann ebenfalls als Hinweis auf die ikonographische Analogie zur Hedwigsdarstellung gelten.

S. M.

Lit.: Kunstdenkmäler Bayerns, Niederbayern, III. Stadt Passau, S. 249; Hartmann 1941, S. 14f.; Bayern. Kunst und Kultur, AK 1972, Kat. Nr. 191; Passavia Sacra 1975, Kat. Nr. 79; Die Parler und der Schöne Stil 1350–1400, 1978, Bd. 1, S. 396; Dehio 1988, S. 528f.; Binder 1989, S. 93.

101

101 [Abb. S. 157]

Hedwigstafel aus der Bernhardinkirche in Breslau

Linker Flügel der dreiteiligen Altartafel, die im Originalzustand 32 Darstellungen aus dem Leben der hl. Hedwig umfaßte (Mittelteil 1945 verschollen)
Meister des Langendorfer Marientodes, um 1430
Holz, 277 × 112
Warschau/Warszawa, National-Museum (Sr. 28/1)

Auf dem linken Flügel befinden sich die ersten acht Szenen der Hedwigslegende:
1. Die Familie der Grafen von Andechs. 2. Die Heirat Hedwigs mit Herzog Heinrich dem Bärtigen von Schlesien. 3. Die hl. Hedwig betet, während ihr Mann schläft. 4. Heinrich I. von Schlesien mit Hedwig und ihren Kindern. 5. Schlacht des schlesischen Heeres bei Liegnitz gegen die Tataren 1241. 6. Die Tataren schneiden dem gefallenen Sohn Hedwigs, Herzog Heinrich II. von Schlesien, den Kopf ab. 7. Belagerung des Liegnitzer Schlosses, auf der von den Tataren gehaltenen Lanze der aufgespießte Kopf Heinrichs. 8. Die hl. Hedwig sieht im Traum, wie Engel die Seele ihres Sohnes zum Himmel tragen.
Die Szenen des rechten Flügels zeigen: 1. Die Heilige lauscht so hingegeben der hl. Lesung, daß sie einen Bissen, den sie in der Hand hält, nicht zum Mund führt. 2. Sie wird während des Gebetes von einem himmlischen Lichterglanz umstrahlt. 3. Ihr Kaplan Martin täuscht sie, indem er ihr einen Laienbruder als Priester vorstellt, der die von ihr gewünschte Messe lesen soll. 4. Sie entbietet den in ihrem Besitz befindlichen Heiligenstatuen die gebührende Ehre und segnet mit einer Marienfigur die Kranken. 5. Sie veranlaßt ihren Mann, auf eigene Kosten das Zisterzienserinnenkloster in Trebnitz zu errichten. 6. Die hl. Hedwig siedelt in Trebnitz Ordensfrauen aus Bamberg an. 7. Sie besucht Kranke und speist sie. Sie teilt an die Armen Almosen und Lebensmittel aus. 8. Sie gibt den Gefangenen Kerzen und bewahrt viele von ihnen – durch Fürsprache bei ihrem Mann – vor der drohenden Todesstrafe.

Die Breslauer Hedwigstafel ist ein wohl einmaliges Werk. Vergleichbare Bilderzählungsstrukturen findet man nur auf den sogenannten Fastentüchern. Vorbild war hier die erste illustrierte Fassung der Hedwigslegende im Codex von 1353 (vgl. Kat. Nr. 102), von der die Hedwigstafel jeweils das Grundschema der Ikonographie übernahm. Auch wiederholen die erklärenden Beischriften in deutscher Sprache die lateinischen Formulierungen des Codex von 1353.
Der Künstler der Hedwigstafel verband je vier Szenen zu einer von einem Leitthema geprägten Gruppe: Auf dem linken Flügel zeigen die ersten vier Szenen die Familie der Heiligen, die vier weiteren das Martyrium ihres Sohnes in der Liegnitzer Schlacht; auf dem rechten Flügel zeigen die ersten vier Szenen ihre Frömmigkeit, die weiteren vier ihr Wirken für Kirche und Arme.
Die im Vergleich zum Codex von 1353 um achtzig Jahre spätere Entstehung der Hedwigstafel sowie die Unterschiede des Mediums bedingten stilistische wie auch ikonographische Veränderungen. Die Innenraumdarstellung gewinnt in der Hedwigstafel an Tiefenräumlichkeit; in den Architekturen treten realistische Züge (z. B. beim Liegnitzer Schloß) auf. In der Darstellung der Gewänder sind noch Reste des »schönen Stils« zu erkennen.
Aktualisiert wurde aber vor allem die Darstellung der Liegnitzer Schlacht, sowohl was die zeitgemäßen Rüstungen angeht, als auch was die grundsätzliche inhaltliche Aussage betrifft. Die schlesischen Heerscharen werden durch den schlesischen Adler und durch die Wappen der Geschlechter von Busswoy und von Rothkirch (wahrscheinlich wurde die Hedwigstafel von diesen Familien gestiftet) bezeichnet; die Tataren dagegen tragen den spitzen, eisernen »Hussitenhut«. Somit wird seitens der »rechtgläubigen« Schlesier – die zwischen 1428 und 1432 einen hussitischen Einfall erleiden mußten – auf die Hussiten als die »neuen Tataren« polemisch verwiesen.
S. M.

Lit.: Burgemeister/Grundmann 1933, Bd. 1, Teil 2, S. 192; Troche 1938, S. 131–134; Tunk 1941, S. 195–210; Karłowska-Kamzowa 1972, S. 91–118; Dobrzeniecki 1972, S. 194–203 (mit ausführlicher Bibliographie); Kostowski 1991, S. 40–42.

102 [Abb. S. 102]

Hedwigscodex von 1353, sogenannter Schlackenwerther Codex

Unbekannter Buchmaler
1353
Pergament / Miniatur in lavierenden Deckfarben und Federzeichnung, 204 Bll., 33,5 × 24,6 und 15 × 26
Malibu/California, Collection of The J. Paul Getty Museum (83. MN. 126, MS Ludwig XI.; fol. 12ᵛ: Ganzfigur der hl. Hedwig)

102

Der sogenannte Schlackenwerther Codex von 1353 bildet die wichtigste Quelle für die mittelalterliche Hedwigsikonographie. Der Auftraggeber dieser Bilderhandschrift war Herzog Ludwig I. von Liegnitz-Brieg, ein Nachkomme der hl. Hedwig und eifriger Förderer ihres Kultes.
Die Illustrationsfolge des Codex wird von einer Darstellung der herzoglichen Familie von Andechs-Meranien eröffnet, von der ein Kommentar verkündet: »Dies sind vom Stammbaum der hl. Hedwig einige edle Zweige, aus deren Mitte sie als schönste Blüte hervorsproß«. Von links nach rechts sind dargestellt: hl. Elisabeth, Landgräfin von Thüringen; Gertrud, Königin von Ungarn; Agnes, Königin von Frankreich; hl. Hedwig; Agnes und Berthold IV. von Andechs; Berthold, Patriarch von Aquileja; Ekbert, Bischof von Bamberg; Otto VII., Herzog von Meranien; Heinrich IV., Markgraf von Istrien. Zu deren Füßen sieht man Mechthild, Äbtissin von Kitzingen. Eine reich gezierte Baldachinreihe schließt die Darstellung nach oben ab. Die Darstellung der stehenden Hedwig mit Attributen (Buch, Rosenkranz, Marienfigürchen, Schuhpaar) ist die schönste Illustration des Codex. Die Heilige steht vor einer reichen Thronarchitektur, am Sitz kauern die kleinen Figuren der Stifter – des Herzogs Ludwig I. von Liegnitz sowie seiner Gemahlin Agnes von Glogau. Der besondere Thron- und Baldachintypus rückt die Heilige in die Nähe der böhmischen Madonnendarstellungen des 14. Jahrhunderts (Glatzer Madonna, Berlin). In der sehr schlanken Gestalt der Hedwig hat sich das verfeinerte hochgotische Figurenideal ausgeprägt.
Der Codex von 1353 enthält die wichtigsten Quellen zum Leben der hl. Hedwig, unter anderem die Legenda maior und minor, die Heiligsprechungsurkunde des Papstes Klemens IV. von 1267. Die sequentielle Illustrationsweise des Codex orientiert sich an französischen Bibeln und Psaltern des 13. Jahrhunderts, die die Illustrationen in Bilderbuchmanier plazierten.
Das Explizit der Vita minor verrät, daß die Handschrift im Jahr 1353 von »Nikolaus Pruzie außerhalb der Burg Lüben« geschrieben wurde; der Name des Buchmalers ist nicht bekannt. Viele der Hedwigszenen wurden nach dem Vorbild anderer ikonographischer Heiligenviten gestaltet – so der hl. Elisabeth, aber auch der böhmischen hl. Ludmilla und des hl. Wenzel. Auch in stilistischer Hinsicht überwiegen in den Illustrationen die Einflüsse der damaligen böhmischen Tafel- und Buchmalerei, unter anderem des berühmten Meisters von Hohenfurt, dessen Stil von der Verbindung einer eleganten hochgotischen Linienführung mit einer mehr plastischen Innenmodellierung italienischer Provenienz gekennzeichnet ist. Der Meister des Codex verdankt diesem künstlerischen Kreis auch viele Züge der Physiognomie- und Draperiegestaltung. S. M.

Lit.: Wąsowicz 1967; Karłowska-Kamzowa 1968, S. 505–507; Gottschalk, Bilderhandschrift 1967, S. 61–161; Braunfels 1972 (mit ausführlicher Bibliographie); Wawrzonowska 1974, Nr. 1, S. 39–50; Eeuw/Plotzek 1982, Bd. 3, S. 74–81 (mit Bibliographie); Hojdis 1987; Karłowska-Kamzowa 1991, S. 56–64.

VI Der Andechser Heiltumsschatz

103 [Abb. S. 167]

»Andechser Missale«

Oberitalien Mitte 10./11. Jahrhundert
Pergament, Handschrift, 217 Bll.,
ca. 32 × 24
München, Bayerische Staatsbibliothek
(Clm 3005; fol. 157v/158r: Fest Christi Himmelfahrt)

Die sehr alt wirkende Handschrift ist auf derbes Pergament geschrieben von einer wohl italienischen, geübten Schreiberhand und mehreren gleichzeitigen, unbeholfen wirkenden anderen. Über den Entstehungsort hat es im Lauf der Zeit unterschiedliche Auffassungen gegeben, aber die Schrift weist eindeutig nach Oberitalien. Schon im 11. Jahrhundert sind Ergänzungen von deutscher Hand hinzugekommen. Wie das Missale nach Andechs gelangte, ist nicht bekannt. Es wurde zusammen mit dem Andechser Heiltumsschatz gefunden und erlangte sogar selbst den Rang einer Reliquie. Das Missale enthält auf den freien Stellen und Blatträndern der ersten 81 Seiten eine Dokumentation über Vorgeschichte und Entstehung der berühmten Wallfahrt auf den »Heiligen Berg« aus dem 14. Jahrhundert, die von drei verschiedenen Schreibern stammt. Es wird seit 1595 in den Heiltumsdarstellungen an vorderer Stelle abgebildet. Seit dem 18. Jahrhundert wird die Handschrift in einer mit rotem Samt ausgeschlagenen Kassette aufbewahrt.
Die aufgeschlagenen Seiten bieten die Texte des Festes Christi Himmelfahrt mit den neumierten Gesangsteilen, auf den freien Rändern den Text der angeblichen Bestätigungsurkunde Bischof Hermanns von Augsburg für die Wallfahrt aus der Lechrain-Gegend. Diese Eintragungen bilden den Grundstock für die späteren Andechser Chroniken. H. H.

Lit.: Bauerreiß 1929, S. 52–90, 433–447; Bischoff 1940; Bischoff 1982, S. 192; Klemm 1988, Nr. 271.

104 [Abb. S. 178]

Ebersberger Klostergeschichte mit Abbildung der Äbte Meinhard (1343–1354), Stephan (1366–1385) und Philipp (1385–1412)

Ende 15. Jahrhundert
Pergament / Handschrift, 89 Bll.,
20,5 × 29
München, Stadtarchiv (Zimelie 123 [Hist. Verein von Oberbayern]: fol. 72v)

Die Rolle, die das Kloster Ebersberg bei der Auffindung des Andechser Heiltumsschatzes spielte, wurde erstmals im Rahmen dieser Ausstellung näher beleuchtet. Zu den bislang in diesem Zusammenhang unbeachtet gebliebenen Quellen zählt auch die hier vorgestellte Ebersberger Handschrift, die Ende des 15. Jahrhunderts in Altbayern angefertigt wurde. Sie enthält neben einem Verzeichnis der Ablässe und Reliquien, die das dortige Kloster zu dieser Zeit besaß, den lateinischen Urtext der »Späteren Ebersberger Chronik« mit einer deutschen Übersetzung, eine kurze Geschichte der Ebersberger Äbte bis zum Ende des 15. Jahrhunderts sowie abschließend eine Auswahl wichtiger Urkunden des Klosters in Übersetzung.
Die reich bebilderte Handschrift enthält auf fol. 72v ein Bild, das die Äbte Meinhard (1343–1354), Stefan (1366–1385) und Philipp (1385–1412) in zweifellos nicht naturgetreuer Abbildung zeigt. Ihnen kommt für die Auffindung des Heiltumsschatzes insofern Bedeutung zu, als unter den Äbten Meinhard und Stephan das Kloster in wirtschaftliche Schwierigkeiten geriet, die ihr Nachfolger, Abt Philipp, auf unterschiedliche Weise zu beheben suchte. Hätte das Kloster den bald nach seinem Herrschaftsantritt entdeckten Heiltumsschatz behalten können, wäre Ebersberg wohl noch zu Abt Philipps Zeiten eines der wohlhabendsten Klöster in Altbayern geworden. Ein Vergleich des Ebersberger Reliquienverzeichnisses am Beginn der Handschrift mit den Andechser Heiltumsverzeichnissen läßt erkennen, daß Teile des 1388 auf dem Andechser Berg entdeckten Fundes später in Ebersberger Besitz gelangten. A. Sch.

Lit.: Bauerreiß 1931, S. 395 ff.; Riehl 1895; Hemmerle 1970, S. 79 ff.

105 [Abb. S. 175]

Blutenburger Heiltumstafel

München, 1497
Tempera/Fichtenholz, Pergament,
116 × 161
München, Bayerisches Nationalmuseum (MA 3302)

Die Blutenburger Tafel (bis 1856 in der von Herzog Sigismund von Bayern erbauten Schloßkapelle Blutenburg) zeigt in fünf Reihen 111 Reliquiare des Andechser Heiltumsschatzes. Sie ist in Gold- und Silbermalerei ausgeführt. Das unmittelbare Vorbild lieferte der Andechser Heiltumsaltar von 1494, auch wenn die Abfolge der Reliquiare mehr dem Heiltumsbrief von 1496 (London, British Museum, Department of Prints and Drawings) verpflichtet ist.
In der Mitte der Tafel ist in Silber auf rotem Grund die Hostienmonstranz in einer Mandorla dargestellt, umgeben von Reliquiaren mit Christus- und Marienreliquien. Die Reliquiare werden durch unter den jeweiligen Reihen befindliche, aufgeklebte Pergamentstreifen mit Texten in Deutsch erläutert; die Schriftbänder der vierten und der fünften Reihe wurden teilweise gegen Ende des 16. Jahrhunderts mit veränderten Texten versehen.
In der Predella findet sich die Darstellung von Skeletten sowie Reliquien, die noch in Andechs verborgen sein sollten, dazu erläuternde Inschriften.

Links ist der kniende Herzog Sigismund von Bayern zu sehen mit Wappen und Jahreszahl »1497«, rechts der Abt Johann Schrattenbach (1492–1521) mit dem Andechser Klosterwappen, unterhalb der Predella ein aufgeklebter Schriftstreifen: »Zu wellichen zeytten yedlichen jars das heyltumb gezaigt wirdet./Ich hertzog Sigmund hab abcontervayen lassen dieß heyltumb zur Gedechtnus«. Auf in den beiden Ecken aufgeklebten Pergamentblättern sind die für Andechs gewährten päpstlichen Ablässe aufgezählt, rechts kaiserliche Privilegien und Berichte über die Klostergründung.
Die Zeit um 1500 wies ein gesteigertes Bedürfnis für illustrierte Dokumentationen der Heiltumsschätze auf, wie im ersten Viertel des 16. Jahrhunderts veröffentlichte Darstellungen des Wittenberger und Hallenser Schatzes belegen. In ihrer Anordnung und Anlage geht die Andechser Heiltumstafel auf das Vorbild der sogenannten Reliquientafeln zurück, so z. B. der Goldenen Tafel von St. Michael in Lüneburg (überliefert durch eine Zeichnung von 1432, vgl. Stuttmann 1937). S. M.

Lit.: Kataloge des Bayerischen Nationalmuseums 1909, Nr. 184, S. 22; Kloos 1958, Nr. 96, S. 50 f.; Der Schatz vom Heiligen Berg 1967, Nr. 71, S. 73 f.; Seelig 1983, S. 238.

106 [Abb. S. 168 f.]

Flügel des Andechser Heiltumsaltars

Oberbayerische Werkstatt,
beendet 1494
Linker, oberer Flügel, 99,5 × 75:
Papst Gregor der Große mit zwei der Andechser Hostien, unten Inschrift: »s. gregory. der hailig. babst.«
Rechter, oberer Flügel, 100 × 75:
Papst Leo IX. mit der dritten Andechser Hostie, darunter Inschrift: »s. leo. der. hailig. babst.«
Rückseite der Gregor-Tafel:
18 Reliquiare des Andechser Heiltumsschatzes in drei Reihen erfaßt, in Gold- und Silbermalerei mit Binnenzeichnung in Schwarz, Weiß, Rot, Grün, darunter jeweils die Benennung der Reliquien sowie alte Inventarnummern des Heiltumsschatzes
Rückseite der Leo-Tafel:
19 Reliquiare in gleicher Anordnung, Tempera/Holz, Rahmen modern, Rückseite im 20. Jahrhundert stark restauriert, Texte ergänzt
Andechs-Erling, Pfarrkirchen – Stiftung St. Vitus

Der am 26. Mai 1388 in der Kapelle der Andechser Klosterkirche »entdeckte« Schatz (vgl. Kat. Nr. 103–118) enthielt unter anderem drei Hostien; zwei sollen von Papst Gregor dem Großen, eine von Papst Leo IX. geweiht sein. Nach der Andechser Überlieferung hatte Papst Leo IX. die beiden Hostien – einem Wunsch Kaiser Heinrichs III. folgend – nach Bamberg gebracht und dort im Beisein des Kaisers eine dritte Hostie auf der die »Buchstaben des namens ihesu plutvarb seind« (Chronik von 1472) konsekriert. Seit ihrer Auffindung 1388 genossen die Hostien höchste Verehrung: Andechs hatte sich damit in die Reihe der großen mittelalterlichen Blutwallfahrtsorte eingereiht.
Die ausgestellten Tafeln zeigen Gregor den Großen, zwei Hostien segnend (auf der ersten das blutige Fingerglied, auf der zweiten das blutige Kreuz), sowie Papst Leo IX., der die dritte Hostie mit dem blutigen »IHS« hält. Die Tafeln gehörten ursprünglich zum Andechser Heiltumsaltar. Das Aussehen des im geöffneten Zustand ca. 2 × 3 m großen Altars, den Abt Johann Schrattenbach 1494 anfertigen ließ, ist durch einen »Heiltumsbrief« von 1496 sowie durch die Blutenburger Heiltumstafel (vgl. Kat. Nr. 105) überliefert: Über einer Predella mit dargestellten Skeletten erhob sich die Mitteltafel mit fünf Bildreihen, die den Heiltumsschatz zeigte, in der Mitte das Bild der Hostienmonstranz. Auf den Innenseiten der Klappflügel waren weitere Reliquiare dargestellt, auf den Außenseiten die Tafeln mit den Päpsten Gregor und Leo. Die beiden verschollenen unteren Klappflügel zeigten wahrscheinlich zwei Kirchenlehrer.
Die Tafeln stammen aus einer oberbayerischen Werkstatt. Auffallend ist die sehr schematische Raumfluchtung. In der Gestaltung der Gewänder tritt ein konservativer Zug zutage; in der Erfassung der Physiognomien lassen sich Ähnlichkeiten mit entsprechenden Details beim Meister des Ramersdorfer Altars (St. Wolfgang-Altar, München-Pipping, um 1480) feststellen. S. M.

Lit.: Eucharistia 1960, Nr. 313; Stange 1960, S. 96, Abb. 152; Der Schatz vom Heiligen Berg 1967, Kat.Nr. 68 f., S. 71 – 73.

107 [Abb. S. 172]

Großes Heiltumsblatt: Mons Sanctus Andechs – Der heilig Berg Andechs

Zwischen 1640–1655
Papier / Radierung, 97 × 52,6
Andechs-Erling, Kloster Andechs

Im 17. Jahrhundert war der Andechser Heiltumsschatz auf über 200 Re-

105

106

liquiare angewachsen. Das hier gezeigte Große Heiltumsblatt verzeichnet in neun Reihen 203 Reliquiare. Unter den Heiltümern verweist die Darstellung von Gebeinen auf das im frühen 16. Jahrhundert in der Klosterkirche Dießen neu errichtete Familiengrab der Andechs-Meranier. Auf dem Heiltumsblatt links unten befindet sich das bayerische Wappen, rechts das Wappen des Andechser Abtes Maurus Friesenegger, der von 1640–1655 regierte. In dieser Zeit dürfte auch dieses älteste Andechser Heiltumsblatt entstanden sein. J. K.

Lit.: Hlawitschka 1993, S. 232.

108 [Abb. S. 166]

Schatztruhe

Bayern, Ende 14. Jahrhundert
Eichenholz, mit Eisenblech beschlagen, innen Temperamalerei, 45 × 97 × 42
Andechs-Erling, Pfarrkirchenstiftung St. Vitus

Alter Überlieferung zufolge sollen die Andechser Heiltümer in dieser Truhe gefunden worden sein. Sowohl die Truhe als auch die Malerei weisen in das späte 14. Jahrhundert, also in die Zeit, in der der Schatz gehoben wurde. Die Truhe besteht aus starken Eisenbohlen, die Eckverbindungen sind verzinkt und sämtliche Außenseiten sind mit Eisenblechstreifen beschlagen. Die Truhe ist innen rot gefaßt. Auf der Innenseite des Deckels ist auf grünem Grund die Darstellung eines Schmerzensmannes. Sie zeigt Christus mit entblößtem Oberkörper, die Hände gekreuzt, der Körper mit deutlichen Blutspuren überzogen, ebenfalls deutlich hervorgehoben die Wundmale. Eine Brustwunde weist auch das Lamm auf, das mit dem rechten Huf die Fahne hochhält. Links von der Christusfigur sind das Kreuz, an dessen linkem Balken die Dornenkrone hängt, drei Nägel und die Lanze erkennbar. J. K.

Lit.: Der Schatz vom Heiligen Berg 1967, S. 19.

109 [Abb. S. 171]

»Elisabethkreuz«

Süddeutschland, um 1400
Silber, vergoldet, 6,8 × 6
Andechs-Erling, Pfarrkirchenstiftung St. Vitus

Die Schauseite des Pektoralkreuzes zeigt Christus in der ab dem 13. Jahrhundert üblichen Darstellungsform des Dreinageltypus. An den Enden der Kreuzesbalken befinden sich annähernd quadratische Flächen, auf denen die vier Evangelistensymbole im Relief dargestellt sind. Am unteren Balkenabschluß sind Maria und Johannes als vollplastische Figuren hinzugefügt. Auf der Rückseite des Kreuzes ist Christus als Schmerzensmann dargestellt. Die Evangelistensymbole erscheinen hier als Halbfiguren und sind in ihrer Plastizität zurückgenommen. Vorder- und Rückseite verbindet ein Stiftscharnier, wodurch das Kreuz aufklappbar ist und im Inneren einen Hohlraum ausbildet. Darin befinden sich vier, nur mehr fragmentarisch erhaltene Reliquienpäckchen. Das als Unterlage dienende, brokatbesetzte Samtkissen stammt aus dem 18. Jahrhundert. Ch. H.

Lit.: Sattler 1877, S. 75f., 775; Kraft 1937–1940, S. 1–260, 261–704, S. 471–474, 591; Der Schatz vom Heiligen Berg 1967, S. 35; .

110 [Abb. S. 176]

»Siegeskreuz Karls des Großen«

Schwaben, Mitte 12. Jahrhundert
Bronze, gegossen und vergoldet; Kreuz in späteren Kreuzfuß mit Lasche eingesteckt; Kreuz: 29,9 (mit Lasche) × 19,2; Corpus: 15,2
Andechs-Erling, Pfarrkirchenstiftung St. Vitus

Eine Legende, zum ersten Mal niedergeschrieben um 1390 in einer Ergänzung zum Andechser Missale aus dem 10. Jahrhundert, bringt dieses Kreuz mit Karl dem Großen in Verbindung: Ein Engel soll es dem Kaiser überreicht haben. Historisch entbehrt diese Nachricht jeder Grundlage, entstand das Kreuz doch erst mehrere hundert Jahre nach Karls Tod. Wichtig ist sie dennoch, da sie das Vorhandensein des Kreuzes bereits zum Ende des 14. Jahrhunderts auf dem Berg Andechs belegt. Das Kreuz gehört zu einer Gruppe von Bronzekreuzen, die sich, vor allem aufgrund stilistischer Verwandtschaft mit der schwäbischen Buchmalerei, in Schwaben lokalisieren läßt. Auffällig ist die Gestaltung der Rückseite: Sie zeigt in der Regel ein einbeschriebenes Kreuz. Dessen vier Arme sind entweder durch die Bearbeitung mit Tremolierstich als Paradiesflüsse gekennzeichnet, durch in die Ecken gerichtete Blattornamente als Lebensbaum zu deuten, oder, wie beim Andechser Kreuz, durch die runde Wölbung als Kreuzesholz zu verstehen. Der Charakter des Rundholzes wird durch die abgeschrägten Enden noch betont.

Die Binnenzeichnung des mit offenen Augen als lebend gekennzeichneten Kruzifixus ist außerordentlich detailliert. Nur an wenigen romanischen Bronzecorpora findet sich eine vergleichbar zarte und präzise Bearbeitung in Gesicht, Körper und Lendentuch. R. M.

Lit.: Der Schatz vom Heiligen Berg 1967, Kat. Nr. 12 (mit Abb. der Vorderseite); Marth 1988, S. 112–164, bes. S. 128–131; Bloch 1992, Nr. II A 5, S. 139–145.

111 [Abb. S. 177]

Kreuzreliquiar mit Zweig von der Dornenkrone Christi

Süddeutschland, um 1390
Silber, Kupfer, vergoldet, Gesamthöhe mit Fuß: 52,5; Kreuz: 34 × 35,8
Andechs-Erling, Pfarrkirchenstiftung St. Vitus

Die Reliquie des Dornenzweiges Christi ist in einer brillenverglasten Kapsel aufbewahrt, die sich im Zentrum eines Kreuzes befindet. Als Fassung dient dem Behältnis ein schmaler, mit Dreipässen durchbrochener Rahmen, der über einen gläsernen Ring mit dem Gefäß verbunden ist. An diesen Rahmen schließen sich vier messerheftartig geschliffene Bergkristalle als Kreuzesbalken an. Sie sind an ihren Enden von tafelsteinbesetzten Hülsen umfangen und werden jeweils durch drei Spangen zusammengehalten und befestigt. Ihren Abschluß bilden die üppig geformten Lilien der äußeren Hülsen.
Erst dem 16. Jahrhundert entstammt vermutlich der vierpaßförmige Fuß (Kupfer, vergoldet!) des Reliquiars. Im Andechser Heiltumsverzeichnis von 1472 ist noch die Rede von »Ain parillin creutz mit silber beschlagen mit ainem zinen fueß. Ist ain dorn des dürnen kron«. Ch. H.

Lit.: Sattler 1877, S. 66–68, 776; Kraft 1937–1940, S. 1–260, S. 261–704; S. 140, 167, 474–479, 591; Der Schatz vom Heiligen Berg 1967, S. 29f.
Quelle: München, BayHStA, Kl. Lit. Andechs Nr. 1: Heiltumsverzeichnis von 1472, nach Der Schatz vom Heiligen Berg 1967, S. 30.

112 [Abb. S. 170]

Reliquiar für Partikel der Dornenkrone Christi

Süddeutschland, 1866
Kupfer, vergoldet, 87,5;
Fuß 29,9 × 21,3
Andechs-Erling, Pfarrkirchenstiftung St. Vitus

Ursprünglich waren die sieben Partikel der Dornenkrone Christi in zwei Monstranzen aufbewahrt, die während der Säkularisation der Einschmelzung zum Opfer fielen. Die Monstranz, in der heute die Dornenpartikel aufbewahrt werden, stammt aus dem Jahr 1866; sie ist dem Reliquiar für das Spottzepter Christi nachempfunden (vgl. Kat. Nr. 113).
Die Konzeption ist in ihrer Gesamtheit vom Vorbild übernommen, wobei an die Stelle des Rohres ein gläserner Zylinder für die Dornenpartikel tritt. Einige Unterschiede sind in den Detailformen zu beobachten: Der gewundene Schaft wirkt insgesamt etwas gedrungener, wie auch die Farbigkeit der Vergoldung vereinheitlicht ist. Ebenso ist die fehlende Vermittlung der Oktogonalität zwischen vierpassigem Fuß und Schaftansatz des Zepters aufgehoben. Eine enge Orientierung am Vorbild verraten schließlich die Wappenschilde am oberen Nodus, die zwar übernommen sind, jedoch hier leer bleiben. Ch. H.

Lit.: Sattler 1877, S. 472f., 776; Kraft 1937–1940, S. 1–260, S. 261–704, S. 476.

113 [Abb. S. 170]

»Spottzepter Christi«

Süddeutschland (?)
Ende 15. Jahrhundert
Silber, getrieben, teilvergoldet, 87,5;
Fuß: Kupfer, getrieben, vergoldet, 29,9 × 21,3
Andechs-Erling, Pfarrkirchenstiftung St. Vitus

Das Reliquiar besteht aus einem kerzenförmigen Zepter, das auf einen vierpaßförmigen Fuß montiert ist. Gegliedert wird der gewundene Schaft durch fünf Nodi, zwischen denen zwei Hülsen und drei Spangen die Reliquie – ein hohles Rohr – befestigen. Den oberen Abschluß des Zepters bildet ein aus drei Ranken bestehender, vergoldeter Korb. Auf den Schilden unterhalb des oberen Nodus sind jeweils die Wappen des Klosters Andechs (Löwe und Adler) sowie Kaiser Maximilians I. (Königsadler mit Schild und roter Binde) dargestellt. Letzteres weist auf eine Datierung vor 1508 hin, da es sich um das königliche Wappen Maximilians handelt.
Das Zepter scheint nicht zusammen mit seinem Fuß von einer Hand gefertigt zu sein. Dagegen sprechen sowohl die unterschiedliche Farbigkeit des Goldes als auch der unvermittelte Übergang in die oktogonale Grundform des Zepteransatzes. Eine Inschrift des Andechser Heiltumsaltars von 1494 bezeichnet die Reliquie als »Ain.tayl.von.einem.ror.da.mit.man xpr.den.hern.verspot.hat«. Ch. H.

Lit.: Sattler 1877, S. 67, 223, 772f.; Der Schatz vom Heiligen Berg 1967, S. 43f.

114 [Abb. S. 167]

Reliquiar für die Stola des heiligen Nikolaus

München, um 1518
Meister W
Silber, teilvergoldet, Fuß aus vergoldetem Kupfer, 55,6
Andechs-Erling, Pfarrkirchenstiftung St. Vitus

Der hl. Nikolaus – angeblich ein Bischof von Myra, der um 350 n. Chr. den Märtyrertod starb – wird in Deutschland wahrscheinlich seit dem 11. Jahrhundert verehrt. Besonders in den Alpenländern erlangte der meist in Bischofstracht dargestellte Heilige große Beliebtheit.
Dieses pilasterförmige, schmale Reliquiar mit verglaster Vorderseite dürfte 1518 ursprünglich für den ebenfalls im Andechser Heiltumsschatz befindlichen Magdalenengürtel gefertigt worden sein. Erst als für diesen Gürtel 1610 ein neues Reliquiar angefertigt wurde, wird das alte für die Stola des hl. Nikolaus verwendet worden sein. Dafür spricht die Tatsache, daß 1518 von zwei noch nicht gefaßten Stolen des hl. Nikolaus gesprochen wird, und

vor allem auch, daß der Magdalenengürtel genau in das hier gezeigte Reliquiar paßt. E. B.

Lit.: Der Schatz vom Heiligen Berg 1967, S. 48.

115 [Abb. S. 173]

Meßgewand des heiligen Petrus

Ägypten, fatimitisch,
11./12. Jahrhundert
Fassung der Reliquie von 1517
Seide und Häutchengold, 7 × 19,
7 × 13, 6,8 × 18,5
Andechs-Erling, Pfarrkirchenstiftung
St. Vitus

Das Meßgewand besteht aus drei Fragmenten eines grünen Seidengewebes mit eingewirkten Borten in Seide und Häutchengold. Für die Schriftzeichen gibt es keine Deutung. Die besondere Verarbeitungsweise mit Häutchengold wurde im 11. Jahrhundert in islamischen Webereien, später auch in Byzanz angewendet. J. K.

Lit.: Der Schatz vom Heiligen Berg 1967, S. 23.

117

116 [Abb. S. 174]

Rahmenreliquiar für den Schleier der Maria

München, 1501
Silber, getrieben, Kupfer, vergoldet, Edelsteine, 43,3 × 28 (mit Griffen)
Andechs-Erling, Pfarrkirchenstiftung
St. Vitus

Der Schleier – in vielen Kulturen mit zum Teil sehr unterschiedlichen Funktionen und Bedeutungen versehen – gilt im Christentum als Zeichen der gottgeweihten Jungfrau, der Braut Christi.
Das aus dem Mittelalter stammende Fragment aus weißem Leinen ist auf gröberes Leinen aufgelegt und mit blau-gold-blau bzw. violett-gold-silber-gelben Borten eingefaßt, die aus dem 14./15. Jahrhundert stammen. Ursprünglich war die Reliquie durch eine Glasplatte geschützt.
In die Rückseite eingeschoben findet sich eine außen vergoldete Kupferplatte, auf der eine Darstellung Marias mit dem Kind graviert ist, zwei Engel halten die Wappenschilde von Andechs und Bayern. Eine Inschrift bezeugt als Auftraggeber die Münchner Metzgerzunft, die Datierung lautet auf »1501«. Die Gravierung, die eine seitengleiche Wiederholung von Albrecht Dürers »Madonna mit der Heuschrecke« (1494) darstellt, wird dem Münchner Stecher MZ – wohl identisch mit dem Goldschmied Matthäus Zasinger – zugeschrieben. E. B.

Lit.: Der Schatz vom Heiligen Berg 1967, S. 45.

117 [Abb. S. 165]

Bleikapsel für die Andechser Hostien

12./13. Jahrhundert
Blei, gegossen, ∅ ca. 7, Höhe 1–1,2
Andechs-Erling, Pfarrkirchenstiftung
St. Vitus

Die bleierne Kapsel für die Andechser Hostien setzt sich aus zwei annähernd runden und dekorgleichen Schalen zusammen. Auf den Vorderseiten der beiden Deckel ist jeweils ein gleicharmiges Kreuz mit Blattornamenten im Relief abgebildet, im Schnittpunkt der Kreuzesbalken ein bärtiges Christusgesicht dargestellt. Der umlaufende Schriftzug »+ AGNE DEI MISERERE MEI QUI CRIMINA TO(LLIS)« stimmt mit den österlichen Bittrufen der römischen Meßliturgie überein. Dieser Schriftzug und somit auch die Kapsel selbst dürfte um das Ende des 12./Anfang des 13. Jahrhunderts entstanden sein. Am oberen Rand finden sich Reste einer Aufhängung, die auf eine Verwendung als Enkolpion, als auf der Brust getragene Reliquienkapsel, hinweisen.
Zur Aufbewahrung der Kapsel dient ein aus dem 14. Jahrhundert stammendes Buchenholzfutteral mit lilienförmigen Scharnierbeschlägen. In einem weiteren dosenförmigen, hölzernem Einsatz befinden sich pergamentene Hostienzettel, die nur noch fragmentarisch erhalten sind. Sie stammen wohl aus der 2. Hälfte des 14. Jahrhunderts und enthalten sowohl Urkundentexte als auch Gebets- und Segensformeln. Ch. H.

Lit.: Sattler 1877, S. 80f., 774; Kraft 1937–1940, S. 139, 143f., 138f.; Der Schatz vom Heiligen Berg 1967, S. 26f.

Literatur und Quellen

650 Jahre Hospital zum Heiligen Geist in Nürnberg 1339–1989, AK, Nürnberg 1989.

700 Jahre Elisabethkirche in Marburg 1283–1983, AK, Marburg 1983.

800 Jahre Deutscher Orden, AK, Nürnberg 1990.

Aus 1200 Jahren. Das Bayerische Hauptstaatsarchiv zeigt seine Schätze, AK, Neustadt/Aisch, verb. Nachdr. 1980.

Abel, W., Geschichte der deutschen Landwirtschaft, Stuttgart ³1978.

Albrecht, D., Das Landgericht Weilheim, München 1952 (Historischer Atlas von Bayern, Teil Altbayern, Bd. 4).

Althoff, G./Keller, H., Heinrich I. und Otto der Große. Neubeginn auf karolingischem Erbe, 2 Bde., Göttingen-Zürich 1985.

Appelt, H., Vorarbeiten zum Schlesischen Urkundenbuch. Die Echtheit der Trebnitzer Gründungsurkunden (1203/18), in: Zeitschrift des Vereins für Geschichte Schlesiens 71 (1937), S. 1–56.

Appelt, H., Die Urkundenfälschungen des Klosters Trebnitz. Studien zur Verfassungsentwicklung der deutschrechtlichen Klosterdörfer und zur Entstehung des Dominiums, Breslau 1940 (Forschungen zum Schlesischen Urkundenbuch, Bd. 2).

Appelt, H., Friedrich Barbarossa und das römische Recht, in: Friedrich Barbarossa, hg. von G. Wolf, Darmstadt 1975 (Wege der Forschung, Bd. 390), S. 58–82.

Appelt, H., Die Kaiseridee Friedrich Barbarossas, in: Friedrich Barbarossa, hg. von G. Wolf, Darmstadt 1975 (Wege der Forschung, Bd. 390), S. 208–244.

Arnold, B., German Knighthood 1050–1300, Oxford 1985.

Atz, K., Kunstgeschichte von Tirol und Vorarlberg, Innsbruck ²1909.

Aubin, H., Die Wirtschaft im Mittelalter, in: Geschichte Schlesiens, Bd. 1, hg. von L. Petry, J. J. Menzel, W. Irgang, Sigmaringen ⁵1988, S. 314–377.

Aufsess, E. von und zu, Der Streit um die Meranische Erbschaft in Franken, in: 55. Bericht über Bestand und Wirken des historischen Vereins zu Bamberg (1893), S. 1–56.

Bange, E. F., Eine bayerische Malerschule des XI. und XII. Jahrhunderts, München 1923.

Bauer, K., Regensburg. Aus Kunst-, Kultur- und Sittengeschichte, Regensburg ⁴1988.

Bauer, L., St. Michael zu Bamberg nach dem Brand von 1610, in: 106. Bericht des historischen Vereins Bamberg, 1970, S. 185–205.

Bauerreiss, R., Die geschichtlichen Einträge des »Andechser Missale« (Clm. 3005), in: Studien und Mitteilungen zur Geschichte des Benediktiner-Ordens 47 (1929), S. 52–90, 433–447.

Bauerreiss, B., Das »Chronicon Ebersspergense posterius«, in: Studien und Mitteilungen zur Geschichte des Benediktinerordens 49 (1931), S. 389–396.

Baumgärtel-Fleischmann, R., in: Die Altäre des Bamberger Domes von 1012 bis zur Gegenwart, Bamberg 1987.

Bayern. Kunst und Kultur, AK, München 1972.

Bayerschmidt, P., Mechthild von Dießen. Eine deutsche Heilige des frühen Mittelalters, München 1936.

Beck, H. (Hg.), Germanenprobleme in heutiger Sicht, Berlin – New York 1986.

Beck, M./Büttner, H., Die Bistümer Würzburg und Bamberg in ihrer wirtschaftlichen und politischen Bedeutung für die Geschichte des deutschen Ostens, Berlin 1937 (Studien und Vorarbeiten zur Germania pontificia, Bd. 3).

Beck, W., Tegernseeische Güter aus dem 10. Jahrhundert, in: Archivalische Zeitschrift NF 20 (1914), S. 83–105.

Becker, O. H., Kaisertum, deutsche Königswahl und Legitimationsprinzip in der Auffassung der späten Staufer und ihres Umkreises, Bern-Frankfurt/Main 1975.

Beeh, W., Eine spätgotische mittelrheinische Handschrift, in: Kunst in Hessen und am Mittelrhein 6 (1966), S. 71 ff.

Behr, H.-J., Herzog Ernst. Eine Übersicht über die verschiedenen Textfassungen und deren Überlieferungen, Göppingen 1979 (Litterae. Göppinger Beiträge zur Textgeschichte, Bd. 62).

Bernardi, G., Monetazione del patriarcato di Aquilea, Triest 1975.

Bernhardi, W., Konrad III., Leipzig 1883 (Jahrbücher der Deutschen Geschichte, Bd. 16).

Bertelsmeier-Kierst, Ch., Zur ältesten Überlieferung des »Wigalois«, in: Zeitschrift für deutsches Altertum und deutsche Literatur 121 (1992), S. 275–290.

Beumann, H. (Hg.), Heidenmission und Kreuzzugsgedanke in der deutschen Ostpolitik des Mittelalters, Darmstadt 1963.

Beumann, H., Friedrich II. und die heilige Elisabeth. Zum Besuch des Kaisers in Marburg am 1. Mai 1236, in: Sankt Elisabeth. Fürstin – Dienerin – Heilige, hg. von der Philipps-Universität Marburg, Sigmaringen 1981, S. 151–166.

Beumann, H., Otto der Große, in: Kaisergestalten des Mittelalters, hg. von H. Beumann, München 1984, S. 50–72.

Bibliotheca Sanctorum, Bd. 11, Rom 1968.

Binder, B., Mittelalter in Ostbayern, München 1989.

Bischoff, B., Die südostdeutschen Schreibschulen und Bibliotheken in der Karolingerzeit, Bd. 1, Wiesbaden ²1960.

Bitschnau, M., Burg und Adel in Tirol zwischen 1050 und 1300. Grundlagen zu ihrer Erforschung, Diss. Innsbruck 1980.

Bloch, M., Die Feudalgesellschaft, Frankfurt/Main u.a. 1982.

Bloch, P., Romanische Bronzekruzifixe, Berlin 1992 (Bronzegeräte des Mittelalters, Bd. 5).

Blumenthal, U.-R., Der Investiturstreit, Stuttgart 1982.

Boeck, W., Der Bamberger Meister, Tübingen 1960.

Boockmann, H., Der Deutsche Orden. Zwölf Kapitel aus seiner Geschichte, München 1981.

Borgolte, M., Stiftergedenken in Kloster Dießen. Ein Beitrag zur Kritik bayerischer Traditionsbücher. Mit einem Textanhang: Die Anlage der ältesten Dießener Necrologien, in: Frühmittelalterliche Studien 24 (1990), S. 235–290.

Born, M., Die Entwicklung der deutschen Agrarlandschaft, Darmstadt 1974.

Borst, A. (Hg.), Das Rittertum im Mittelalter, Darmstadt 1976.

Borst, A., Lebensformen im Mittelalter, Berlin 1973.

Bosl, K., Das Haus Andechs-Meranien – seine bayerischen, deutschen und europäischen Beziehungen, in: Zur Geschichte des Hauses Andechs-Meranien am Obermain (ohne Hg.), Lichtenfels 1963, S. 13–16.

Bosl, K., Europäischer Adel im 12./13. Jahrhundert. Die internationalen Verflechtungen des bayerischen Hochadelsgeschlechtes der Andechs-Meranier, in: ZBLG 30 (1967), S. 20–52.

Bosl, K., Das bayerische Dynastengeschlecht der (Dießen-)Andechs-Meranier und seine Wallfahrtskirche auf dem Berg zu Andechs, in: Andechs. Der Heilige Berg von der Frühzeit bis zur Gegenwart, hg. von K. Bosl, O. Lechner, W. Schüle, J. O. Zöller, München 1993, S. 32–45.

Brackmann, A., Die Entstehung der Andechser Wallfahrt, Berlin 1929 (Abhandlungen der preuß. Akademie der Wissenschaften 1929, phil.-hist. Klasse Nr. 5).

Braun, J., Christliches Altargerät, München 1931.

Braun, P., Historisch-topographische Beschreibung der Diöcese Augsburg in drey Perioden, 2 Bde., Augsburg 1823.

Braunfels, W., Der Hedwigs-Codex von 1353, Sammlung Ludwig, 2 Bde., Berlin 1972.

Bresslau, H., Handbuch der Urkundenlehre für Deutschland und Italien, 2 Bde., Berlin [4]1968–[4]1969.

Brincken, A.-D. von den, Mappa mundi und Chronographia. Studien zur imago mundi des abendländischen Mittelalters, in: Deutsches Altertum 24 (1968), S. 118–187.

Brooke, Z. N., A History of Europe from 911 to 1198, London [3]1960.

Brunner, O., Land und Herrschaft, Wien [5]1965.

Bullough, D. A., The Age of Charlemagne, London 1965.

Bumke, J., Höfische Kultur. Literatur und Gesellschaft im hohen Mittelalter, 2 Bde., München 1968.

Bumke, J., Mäzene im Mittelalter. Die Gönner und Auftraggeber der höfischen Literatur in Deutschland 1150–1300, München 1979.

Burgemeister, L./Grundmann, G., Die Kunstdenkmäler der Provinz Niederschlesien, Bd. I, Die Stadt Breslau, Teil II, 1933.

Burkhard, T., Landgericht Wasserburg und Kling, München 1965 (Historischer Atlas von Bayern, Teil Altbayern, Bd.15).

The Cambridge Medieval History, hg. von H. M. Gwatkin u. a., Bd. 3: Germany and the Western empire, Bd. 7: Decline of empire and papacy, Cambridge 1936–1949.

Cartellieri, A., Philipp II. August, König von Frankreich, Bd. 3 und 4, Leipzig-Paris 1910–1922.

Cevc, E., Typologische Kontinuität des altchristlichen Mausoleums in der romanischen Zeit und die Anfänge der Doppelkapelle auf Mali grad in Kamnik, in: Arheoloski vestnik (Acta archeologica) XXIII (1972), S. 397–405.

Classen, P., Gerhoch von Reichersberg. Eine Biographie, Wiesbaden 1960.

Claussen, P. C., Chartres-Studien. Zu Vorgeschichte, Funktion und Skulptur der Vorhallen, Wiesbaden 1975.

Clerc, É., Essai sur l'histoire de la Franche Comté, Bd. 1, Besançon [2]1870.

Cognasso, F., Arrigo VII, Mailand 1973.

Conrad, H., Deutsche Rechtsgeschichte, Bd. 1, Karlsruhe [2]1962.

Cormeau, Ch., »Wigalois« und »Diu Crone«. Zwei Kapitel zur Gattungsgeschichte des nachklassischen Aventiureromans, München-Zürich 1977 (Münchener Texte und Untersuchungen zur Deutschen Literatur des Mittelalters, Bd. 57).

Crombie, A. C., Von Augustinus bis Galilei. Die Emanzipation der Naturwissenschaft, Köln-Berlin [2]1965.

Csuday, E., Die Geschichte der Ungarn, Bd. 1, Berlin [2]1900.

Curschmann, F., Hungersnöte im Mittelalter. Ein Beitrag zur deutschen Wirtschaftsgeschichte des 8. bis 13. Jahrhunderts, Leipzig 1900.

Davidsohn, R., Philipp II. August von Frankreich und Ingeborg, Stuttgart 1888.

Day, J., The medieval market economy, Oxford 1987.

De Boor, H., Die höfische Literatur. Vorbereitung, Blüte, Ausklang 1170–1250, München 1953 (Geschichte der deutschen Literatur von den Anfängen bis zur Gegenwart, hg. von H. De Boor und R. Newald, Bd. 2).

De Boor, H., Die deutsche Literatur von Karl dem Großen bis zum Beginn der höfischen Dichtung 770–1170, München [2]1955 (Geschichte der deutschen Literatur von den Anfängen bis zur Gegenwart, hg. von H. De Boor und R. Newald, Bd. 1).

De Boor, H., Die deutsche Literatur im späten Mittelalter. Zerfall und Neubeginn, Teil 1, München 1973 (Geschichte der deutschen Literatur von den Anfängen bis zur Gegenwart, hg. von H. De Boor und R. Newald , Bd. 3, Teil 1.).

Dehio, G., Handbuch der deutschen Kunstdenkmäler, Bd. 11, Teil 1: Franken, bearb. von T. Breuer u. a., München 1979.

Dehio. Handbuch der Deutschen Kunstdenkmäler, Bayern II: Niederbayern, bearb. von M. Brix u.a., München 1988.

Dehmelt, A., Sprachliche Beurteilung einer Handschrift von 1451, Diss. masch., Breslau 1920.

Demandt, A., Die Spätantike. Römische Geschichte von Diocletian bis Justinian 284–565 n.-Chr., München 1989 (Handbuch der Altertumswissenschaft, Abt. III, Bd. 6).

Demus, O., Millstatt und Aquileja, in: Carinthia I, 165 (1975), S. 169–177.

Deuer, W., Die Stiftskirche von Millstatt und ihre romanischen Umbauten, in: Carinthia I, 174 (1984), S. 73–118.

Deuer, W., Abt Heinrich II. (1166 bis nach 1177) und seine Bedeutung für das Kloster Millstatt, in: Nikolasch, F. (Hg.): Symposium zur Geschichte von Millstatt und Kärnten, 1988, S. 37–55.

Dinkler-von Schuberg, E., Elisabeth von Thüringen (1207–1231), in: Theologische Realenzyklopädie, Bd. 9, Berlin-New York 1982, S. 513–520.

Dippold G., »Non verus et proprius monasterii fundator«. Otto und Kloster Langheim, in: 125. Bericht des Historischen Vereins Bamberg (1989), S. 339–358.

Dippold, G., Die fränkischen Zisterzen und ihr Verhältnis zu den Landesherren, in: In Tal und Einsamkeit. 725 Jahre Kloster Fürstenfeld. Die Zisterzienser im alten Bayern, AK, Bd. 3, Fürstenfeldbruck 1990, S. 81–121.

Dippold, G., Mistelfeld unter den Andechs-Meraniern, in: 850 Jahre Mistelfeld, Lichtenfels 1992 (Vom Main zum Jura. Sonderheft 1), S. 12–15.

Dippold, G., Pfarrei und Pfarrer in Mistelfeld bis 1803, in: Ders. (Hg.): 850 Jahre Mistelfeld, Lichtenfels 1992, S. 56–65.

Dippold, G., Der Abbruch von Langheimer Klostergebäuden im 19. und 20. Jahrhundert (erscheint voraussichtlich in einem Arbeitsheft des Bayerischen Landesamts für Denkmalpflege).

Dobrzeniecki, T., Galeria Sztuki Średniowiecznej, Muzeum Narodowe w Warszawie, Warszawa 1972.

Dopsch, H., Der Dichter Ulrich von Lichtenstein und die Herkunft seiner Familie, in: Festschrift Friedrich Hausmann, hg. von H. Ebner, Graz 1977, S. 93–118.

Duby, G., Le dimanche de Bouvines, 27 juillet 1214, Paris 1973.

Duby, G., L'économie rurale et la vie des campagnes dans l'Occident médiéval, 2 Bde., Paris 1967.

Durazzano, J., Le miniature gertrudiane nel Salterio di Egberto. Contributo per una nuova interpretazione, in: Forum Iulii. Annuario del Museo Nazionale di Cividale del Friuli 7 (1983), S. 37–52.

Eeuw, A. van/Plotzek, J. M., Die Handschriften der Sammlung Ludwig, Bd. 3, Köln 1982, S. 74–81.

Sankt Elisabeth, Fürstin – Dienerin – Heilige. Aufsätze, Dokumentation, Katalog, hg. von der Philipps-Universität Marburg in Verbindung mit dem hessischen Landesamt für geschichtliche Landeskunde, Sigmaringen 1981.

Die heilige Elisabeth in der Kunst. Abbild, Vorbild, Wunschbild, AK, 2 Bde., Marburg 1983.

Engelhart, H., Die Würzburger Buchmalerei des hohen Mittelalters, Würzburg 1987.

Engels, O., Die Staufer, Stuttgart [4]1989.

Ennen, E., Die europäische Stadt des Mittelalters, Göttingen [4]1987.

Esch, A., Bonifaz IX. und der Kirchenstaat, Tübingen 1969 (Bibliothek des Deutschen Historischen Instituts in Rom, Bd. 29).

Eucharistia. Deutsche Eucharistische Kunst, AK, München 1960.

Fälschungen im Mittelalter. Internationaler Kongreß der Monumenta Germaniae Historica München, 16.-19. September 1986, 6 Bde., Hannover 1988–1990 (MGH, Schriften, Bd. 33, 1–6).

Feldmann, K., Herzog Welf IV. und sein Sohn. Das Ende des süddeutschen Welfenhauses, Tübingen 1971.

Fiedler, H., Der Baubeginn des Bamberger Domes 1200/1203, in: 116. Bericht des Historischen Vereins Bamberg (1980), S.107–110.

Finauer, P. P., Historisch-literarisches Magazin für Pfalz-Baiern und angränzende Gegenden, Bd. 1, München 1782.

Fleckenstein, J., Die Hofkapelle der deutschen Könige, 2 Teilbde., Stuttgart 1959–1966 (MGH, Schriften, Bd. 16).

Fleckenstein, J., Friedrich Barbarossa und das Rittertum. Zur Bedeutung der großen Mainzer Hoftage von 1184 und 1188, in: Festschrift Hermann Heimpel zum 70. Geburtstag, Bd. 2, hg. von den Mitarbeitern des Max-Planck-Instituts für Geschichte, Göttingen 1971 (Veröffentlichungen des Max-Planck-Instituts für Geschichte, Bd. 36,2), S. 1023–1041.

Fleckenstein, J. (Hg.), Investiturstreit und Reichsverfassung, Sigmaringen 1973 (Vorträge und Forschungen, Bd. 17).

FOCUS BEHAIM GLOBUS, AK, NÜRNBERG 1992.

FRANCKENSTEIN, J., Hohenburg, in: O. Trapp (Hg.), Tiroler Burgenbuch, Bd. 6: Mittleres Inntal, Bozen 1982, S. 133–138.

FRANKE, TH., Zur Geschichte der Elisabethreliquien im Mittelalter und in der frühen Neuzeit, in: Sankt Elisabeth. Fürstin – Dienerin – Heilige, hg. von der Philipps-Universität Marburg, Sigmaringen 1981, S. 167–179.

FRANZEL, E., König Heinrich VII. von Hohenstaufen, Prag 1929.

FRÄSS-EHRFELD, C., Geschichte Kärntens, Bd. 1: Das Mittelalter, Klagenfurt 1984.

FREY, D., Das romanische Tympanon des Westportales an der Klosterkirche zu Trebnitz, in: Zinkler, A. u. a., Die Klosterkirche in Trebnitz, Breslau 1940.

FREY, D., Ein neu entdecktes romanisches Tympanonrelief, in: Zeitschrift des Deutschen Vereins für Kunstwissenschaft 2 (1935), S. 496-f.

FRIED, P., Die Geschichte der Grafen von Dießen-Andechs, in: Die Grafen von Dießen-Andechs, hg. von P. Fried und H. Winterholler, München-Zürich 1988 (Große Kunstführer 149), S. 3–15.

FRIED, P., Herzog Welf VI., in: Jahrbuch für fränkische Landesforschung 52 (1992), S. 105–108.

FUHRMANN, H., Das Reformpapsttum und die Rechtswissenschaft, in: Investiturstreit und Reichsverfassung, hg. von J. Fleckenstein, Sigmaringen 1973 (Vorträge und Forschungen, Bd. 17), S. 175–203.

FUHRMANN, H., Deutsche Geschichte im hohen Mittelalter von der Mitte des 11. bis zum Ende des 12. Jahrhunderts, Göttingen ²1983.

FUHRMANN, H., Einladung ins Mittelalter, München 1987.

GABERSCEK, C., La Crocefissione della copertina del Salterio di S. Elisabetta nel Museo di Cividale, in: La scultura lignea in Friuli. Atti del Simposio Internazionale di Studi 20/21 ottobre 1983, Udine 1985. S. 43–48.

GANSHOF, F.-L., Was ist das Lehnswesen?, Darmstadt ⁶1983.

GELDNER, F., Langheim. Wirken und Schicksal eines fränkischen Zisterzienser-Klosters, Lichtenfels ²1990.

GELDNER, F., Vor 800 Jahren. Giechburgvertrag vom Herbst 1149, in: Fränkische Blätter 1 (1949), S. 81 f.

GEREVICH, L., Ausgrabungen in der ungarischen Zisterzienserabtei Pilis, in: Analecta Cisterciensia 39 (1983), S. 291–293.

GEREVICH, L., Ergebnisse der Ausgrabungen in der ungarischen Zisterzienserabtei Pilis, in: Acta Archaeologica 37 (1985), S. 128–130.

GEREVICH, L., Pilis Abbey a Cultural Center, in: Acta Archaeologica 29 (1977), S. 179–183.

GEREVICH, L., Villard de Honnecourt Magyarországon, in: Müvészettörténeti Értesitő 20 (1971), S. 81–105.

GERL, A., Trigonometrisch-astronomisches Rechnen kurz vor Copernicus, Stuttgart 1989.

GIEVSZTOR, A., La Pologne médiévale, Warschau 1972.

GOETZ, H.-W., Leben im Mittelalter vom 7. bis zum 13. Jahrhundert, München 1986.

GOEZ, W., Von Bamberg nach Frankfurt und Aachen. Barbarossas Weg zur Königskrone, in: Jahrbuch für fränkische Landesforschung 52 (1992), S. 61–71.

GÖLLER, E., Die päpstliche Pönitentiarie von ihrem Ursprung bis zu ihrer Umgestaltung unter Pius V., Bd. 1: Die päpstliche Pönitentiarie bis Eugen IV., Rom 1907 (Bibliothek des Kgl. Preuss. Historischen Instituts in Rom, Bd. 3).

GOTTSCHALK, J., Hedwigsdarstellungen außerhalb Schlesiens, in: Archiv für schlesische Kirchengeschichte 10 (1952), S. 19–29.

GOTTSCHALK, J., Die älteste deutsche Übersetzung der Hedwigslegende 1380, in: Archiv für schlesische Kirchengeschichte 11 (1953), S. 51–64.

GOTTSCHALK, J., Mittelalterliche Hedwigserinnerungen, in: Archiv für schlesische Kirchengeschichte 14 (1956), S. 208–219.

GOTTSCHALK, J., Der historische Wert der Legenda Maior de Beata Hedwigi, in: Archiv für schlesische Kirchengeschichte 20 (1962), S. 84–125.

GOTTSCHALK, J., St. Hedwig, Herzogin von Schlesien, Köln-Graz 1964 (Forschungen und Quellen zur Kirchen- und Kulturgeschichte Ostdeutschlands, Bd. 2).

GOTTSCHALK, J., Hedwigsverehrungen durch 700 Jahre außerhalb von Schlesien, in: Archiv für schlesische Kirchengeschichte 24 (1966), S. 100–126.

GOTTSCHALK, J., Zum Hedwigsjahr 1967. Eine Hedwigsausstellung nur mit Originalstücken?, in: Schlesien 12 (1967), S. 1–9.

GOTTSCHALK, J., Die älteste Bilderhandschrift mit den Quellen zum Leben der hl. Hedwig, in: Aachener Kunstblätter 34 (1967), S. 61–161.

GOTTSCHALK, J., Erinnerungsstücke aus dem Nachlaß der Heiligen Hedwig, in: Archiv für schlesische Kirchengeschichte 29 (1971), S. 216 ff.

GOTTSCHALK, J., Hedwigsreliquiare aus 600 Jahren, in: Archiv für schlesische Kirchengeschichte 39 (1981), S. 165–187.

GOUFFET, M. TH., Un aspect du symbolisme des encensoirs romanes: la Jérusalem céleste, in: Cahiers Archéologiques 30 (1982), S. 81 f.

GRAEPLER, C., Marburger Universitätsmuseum für Kunst und Kulturgeschichte, Auswahl aus den Sammlungen, Marburg 1975.

GÜNDEL, C., Die Goldschmiedekunst in Breslau, Berlin 1940.

GURJEWITSCH, A. J., Das Weltbild des mittelalterlichen Menschen, München ³1986.

GUTKOWSKA-RYCHLEWSKA, M. / TASSYCKA, M., in: Kunstchronik 21 (1968), S. 227 f.

GUTKOWSKA-RYCHLEWSKA, M. / TASSYCKA, M., Polskie Hafty Średnieowieczne, AK Kraków 1967.

GUTTENBERG, E. VON, Das Bistum Bamberg. Bd. 1, Berlin-Leipzig 1937 (Germania Sacra, Abt. II. Bd. 1).

GUTTENBERG, E. VON, Grundzüge der Territorienbildung am Obermain, Würzburg 1925 (Neujahrsblätter, hg. von der Gesellschaft für fränkische Geschichte, Bd. 16).

GUTTENBERG, E. VON, Die Territorienbildung am Obermain, Bamberg 1927 (79. Bericht des Historischen Vereins für die Pflege der Geschichte des ehemaligen Fürstbistums Bamberg).

GUTTENBERG, E. VON, Land- und Stadtkreis Kulmbach, München 1952 (Historisches Ortsnamenbuch von Bayern, Abt. 4, Bd. 1).

HAIDER, S., Geschichte Oberösterreichs, Wien 1987.

HALLER, J., Das Papsttum. Idee und Wirklichkeit, Bd. 4, Stuttgart ²1952.

HALM, PH./BERLINER, R., Das Hallesche Heiltum, Berlin 1931.

HANDWÖRTERBUCH ZUR DEUTSCHEN RECHTSGESCHICHTE, Bd. 1–3, hg. von A. Erler und E. Kaufmann, Berlin 1964–1984.

HARASIMOWICZ, J., Wkład Legnicy w kulturę artystycumą Śląska od Średniowiecza do końca XIX wieku, in: Ders. (Hg.), Kultura artystyczna dawnej Legnicy, Opole 1991.

HÄRTEL, R., Friedrich I. und die Länder an der oberen Adria, in: Friedrich Barbarossa. Handlungsspielräume und Wirkungsweisen des staufischen Kaisers, hg. von A. Haverkamp, Sigmaringen 1992 (Vorträge und Forschungen, Bd. 40), S. 291–352.

HARTIG, M., Die heilige Elisabeth von Thüringen und die deutsche Kunst, in: Die Christliche Kunst 17 (1930/31), S. 202 ff.

HARTMANN, R., Passauer Plastik im ausgehenden Mittelalter, München 1941.

HARTMANN, K., Zur Geschichte des Hauses Andechs-Meranien, in: Archiv für Geschichte von Oberfranken 37 (1956), S. 3–34.

HASELOFF, A., Eine thüringisch-sächsische Malerschule des 13. Jahrhunderts, Straßburg 1897.

HAUSBERGER, K., Geschichte des Bistums Regensburg, Bd. 1: Mittelalter und frühe Neuzeit, Regensburg 1989.

HAYMES, E., Ortnit und Wolfdietrich. Abbildungen zur handschriftlichen Überlieferung spätmittelalterlicher Heldenepik, Göppingen 1984 (Litterae. Göppinger Beiträge zur Textgeschichte, Bd. 86).

HEID, M., Das Haus Andechs-Meranien und das Zisterzienser-Kloster Langheim, in: Zur Geschichte des Hauses Andechs-Meranien am Obermain (ohne Hg.), Lichtenfels 1963, S. 25–38.

HEINEMEYER, W., Die heilige Elisabeth in Hessen, in: 700 Jahre Elisabethkirche in Marburg 1283–1983, Bd. 4, Marburg 1983, S. 13–92.

HEMMERLE, J., Die Benediktinerabtei Benediktbeuern, Berlin-New York 1991 (Germania Sacra, NF Bd. 28).

HEMMERLE, J., Die Benediktinerklöster in Bayern, Augsburg 1970 (Germania Benedictina, Bd. 2).

HENNIG, L. (Hg.), St. Georg. Ritterheiliger, Nothelfer, Bamberger Dompatron, Bamberg 1992 (Schriftenreihe des Historischen Museums Bamberg, Nr. 25).
HERLITZ, G., Geschichte der Herzöge von Meran aus dem Hause Andechs, Halle/Saale 1909.
HERRMANN, E., Zur Stadtentwicklung in Nordbayern, in: Archiv für Geschichte von Oberfranken 53 (1973), S. 31–79.
HERRMANN, E., Die Grafen von Andechs und der ducatus Meraniae, in: Archiv für Geschichte von Oberfranken 55 (1975), S. 5–35.
HERRMANN, E., Zur mittelalterlichen Siedlungsgeschichte Oberfrankens, in: Jahrbuch für fränkische Landesforschung 39 (1979), S. 1–21.
HETTWER, N., Der Wandel der Hedwigsverehrung, vornehmlich im Bistum Augsburg, in: Jahrbuch des Vereins für Augsburger Bistumsgeschichte 5 (1971), S. 63–83.
HETTWER, N., Der Dienst der Diözese Augsburg an der Eingliederung der Heimatverwiesenen vor dreißig Jahren, in: Jahrbuch des Vereins für Augsburger Bistumsgeschichte 9 (1975), S. 314–331.
HETTWER, N., Das Fürstenhaus Andechs und seine Gedenkstätten in der Diözese Augsburg, insbesondere die der Heiligen Hedwig, in: Jahrbuch des Vereins für Augsburger Bistumsgeschichte 11 (1977), S. 84–98.
HETTWER, N., Die Hedwigskirche in Trebnitz, Lippstadt 1978.
HEYMANN, E., Zum Ehegüterrecht der heiligen Elisabeth, in: Zeitschrift des Vereins für Thüringische Geschichte und Altertumskunde 27 (1909), S. 1–22.
HIGOUNET, Ch., Die deutsche Ostsiedlung im Mittelalter, Berlin 1986.
HILLER, I. u. a., Katalog der Deutschen und Niederländischen Malerei bis 1550 (mit Ausnahme der Kölner Malerei) im Wallraf-Richartz-Museum Köln und im Kunstgewerbemuseum der Stadt Köln, Köln 1969.
HINTZE, E./MASNER, K., Goldschmiedearbeiten Schlesiens, Breslau 1911.
HIRSCH, H., Die echten und unechten Stiftungsurkunden der Abtei Banz, Wien 1919.
HIRSCH, S., Jahrbücher des Deutschen Reichs unter Heinrich II., Bd. 1, Berlin 1862 (Jahrbücher der Deutschen Geschichte, Bd. 11, 1).
HLAWITSCHKA, E., Untersuchungen zu den Thronwechseln der ersten Hälfte des 11. Jahrhunderts und zur Adelsgeschichte Süddeutschlands, Sigmaringen 1987 (Vorträge und Forschungen, Sonderband 35).
HLAWITSCHKA, E. u. E., Ältere Abbildungen des Heiligen Berges, in: Andechs – der Heilige Berg. Von der Frühzeit bis zur Gegenwart, hg. von K. Bosl, O. Lechner OSB, W. Schüle, J. O. Zöller, München 1993, S. 228–238.
HLAWITSCHKA, E., Der Heiltumschatz in Legende und Geschichte, in: Andechs. Der Heilige Berg von der Frühzeit bis zur Gegenwart, hg. von K. Bosl, O. Lechner OSB, W. Schüle, J. O. Zöller, München 1993, S. 104–118.
HOENSCH, J. K., Geschichte Polens, Stuttgart 1983.
HOFMANN, J./THURN, H., Die Handschriften der Hofbibliothek Aschaffenburg, Aschaffenburg 1978 (Veröffentlichungen des Geschichts- und Kunstvereins Aschaffenburg 15).
HOFMANN, S., Urkundenwesen, Kanzlei und Regierungssystem der Herzoge von Bayern und Pfalzgrafen bei Rhein von 1180 bzw. 1214 bis 1255 bzw. 1294, Kallmünz 1967 (Münchener Historische Studien, Abt. Geschichtl. Hilfswissenschaften, Bd. 3).
HOJDIS, B., Rzemioslo i artyzm: o pisanej i obrazowej legendzie sw. Jadwigi Slaskiej z 14 wieku, in: Sprawozdania – Poznanskie Towarzystwo Przyjaciól Nauk, Wydzial Nauk o Sztuce 105 (1987).
HOLMES, G., The Oxford Illustrated History of Medieval Europe, Oxford 1988.
HOLZFURTNER, L., Das Klostergericht Tegernsee, München 1985 (Historischer Atlas von Bayern, Teil Altbayern, Bd. 54).
HÓMAN, B., Geschichte des ungarischen Mittelalters, Bd. 2: Vom Ende des XII. Jahrhunderts bis zu den Anfängen des Hauses Anjou, Berlin 1943.
HUBER, A., Studien über die Geschichte Ungarns im Zeitalter der Arpaden, in: Archiv für österreichische Geschichte 65 (1884), S. 153–230.
HUCKER, B. U., Kaiser Otto IV., Hannover 1990 (MGH, Schriften, Bd. 34).
HUMMEL, H., Ein schwäbisches Hedwigsbild aus dem frühen 14. Jahrhundert (Geislingen), in: Archiv für schlesische Kirchengeschichte 38 (1980), S. 195–204.
HUNDT, F. H. Graf, Das Edelgeschlecht der Waldecker auf Pastberg, Holnstein, Miesbach und Hohenwaldeck bis zum Beginne des XIII. Jahrhunderts, in: Oberbayerisches Archiv 31 (1871), S. 99–140.
HUYSKENS, A., Quellenstudien zur Geschichte der hl. Elisabeth, Landgräfin von Thüringen, Marburg 1908.
HYE, F.-H., Innsbruck – Geschichte und Stadtbild. Sonderband der Tiroler Heimatblätter, Innsbruck 1980.
HYE, F.-H., Die Grafen von Andechs und Tirol, in: Historische Beziehungen zwischen Schwaben und Tirol von der Römerzeit bis zur Gegenwart. Beiträge zur Ausstellung, Augsburg/Rosenheim 1989, S. 47–53.
JANSEN, M., Papst Bonifatius IX. (1389–1404) und seine Beziehungen zur deutschen Kirche, Freiburg/Breisgau 1904 (Studien und Darstellungen aus dem Gebiete der Geschichte, Bd. 3, Heft 3 und 4).
JAŻDŻEWSKI, K., Biblia Henrykowska IF 13 i Psazterz Trzebnicki IF 440. Dziela kaligraficzne cystersa lubiąskiego z lat 1238–1245, in: Studia źródloznawcze XXV (1980), S. 109–119.
JOHANEK, P., Zur rechtlichen Funktion von Traditionsnotiz, Traditionsbuch und früher Siegelurkunde, in: Recht und Schrift im Mittelalter, hg. von P. Classen, Sigmaringen 1977 (Vorträge und Forschungen, Bd. 23), S. 131–162.
JURITSCH, G., Geschichte der Babenberger und ihrer Länder (976–1246), Innsbruck 1894.
KACZMAREK, R./WITKOWSKI, J., Das Grabmal der Heiligen Hedwig in Trzebnica (Trebnitz), in: Zeitschrift des Deutschen Vereins für Kunstwissenschaft 40 (1986), S. 69–91.
LANDESHERRLICHE KANZLEIEN IM SPÄTMITTELALTER. Referate zum VI. Internationalen Kongreß für Diplomatik, München 1983, 2 Teilbde., hg. von G. Silagi, München 1984 (Münchener Beiträge zur Mediävistik und Renaissance-Forschung, Bd. 35).
KARL DER GROSSE. Lebenswerk und Nachleben, hg. von W. Braunfels, 3 Bde., Düsseldorf 1965–1968.
KARŁOWSKA-KAMZOWA, A., Uwagi o legendzie obrazowej św. Jadwigi, in: Biuletyn Historii Sztuki 30 (1968), S. 505–507.
KARŁOWSKA-KAMZOWA, A., Zagadnienia aktualizacji w śląskich wyobrażeniach bitwy legnickiej 1303–1504, in: Studia Zródłoznawcze 17 (1972), S. 91–118.
KARŁOWSKA-KAMZOWA, A., Malarstwo Śląskie 1250–1450, Wrocław 1979.
KARŁOWSKA-KAMZOWA, A., Sztuka Piastów śląskich w Średniowieczu, Warszawa-Wrocław 1991.
KATALOGE DES BAYERISCHEN NATIONALMUSEUMS, München 1908.
KEILHAUER, A., Kärnten, München 1988, S. 166–173.
KEMPFLER, A., Abstammung und älteste Geschichte der Grafen von Andechs und späteren Herzoge von Meran, in: Oberbayer. Archiv 52 (1906), S. 215–246.
KERN, F., Die Anfänge der französischen Ausdehnungspolitik bis zum Jahr 1308, Tübingen 1910.
KIENAST, W., Deutschland und Frankreich in der Kaiserzeit (900–1270), Stuttgart ^{2}1974–75 (Monographien zur Geschichte des Mittelalters 9).
KIST, J., Die Nachfahren des Grafen Berthold I. von Andechs, in: Jahrbuch für fränkische Landesforschung 27 (1967), S. 41–240.
KLAUSER, R., Zur Entwicklung des Heiligsprechungsverfahrens bis zum 13. Jahrhundert, in: Zeitschrift für Rechtsgeschichte, kanonistische Abteilung 40 (1954), S. 85–101.
KLEBEL, E., Zur Geschichte des Gerichts, in: D. Albrecht, Das Landgericht Starnberg, München 1951 (Historischer Atlas von Bayern, Teil Altbayern, Bd. 3), S. 1–6.
KLEMM, E., Der Bamberger Psalter, Wiesbaden 1980.
KLEMM, E., Die romanischen Handschriften der Bayerischen Staatsbibliothek, Teil 2, Wiesbaden 1988.
KLINGER, E., Auf den Spuren der hl. Hedwig, Herzogin von Schlesien aus dem Hause Andechs-Dießen und Meranien, in: Lech-Isar-Land (1975), S. 93–104.

Kloos, R. M., Die Inschriften der Stadt und des Landkreises München, Stuttgart 1958.
Kloss, E., Die schlesische Buchmalerei des Mittelalters, Berlin 1942.
Kluger, H., Hochmeister Hermann von Salza und Kaiser Friedrich II. Ein Beitrag zur Frühgeschichte des Deutschen Ordens, Marburg 1987 (Quellen und Studien zur Geschichte des Deutschen Ordens, Bd. 37).
Knötel, P., Die Entwicklung des Hedwigstypus in der schlesischen Kirche, in Zeitschrift des Vereins für die Geschichte Schlesiens 55 (1921), S. 17–28.
Kobielus, S., Niebiańska Jerozolima, Warszawa 1989.
Kostowski, J., Sztuka śląska wobec husytyzmu, in: Artium Quaestiones V (1991), S. 40–42.
Kraft, B., Andechser Studien, 2 Teilbde., München 1937–1940 (Oberbayerisches Archiv 73–74).
Krása, J./Kratzsch, K., Beschreibung der Handschrift und kunsthistorische Einordnung der Miniaturen, in: Der Hedwigs-Codex von 1353, hg. von W. Braunfels, Bd. 2: Texte und Kommentare, Berlin 1972, S. 9–51.
Kraus, A., Das Herzogtum der Wittelsbacher – Die Grundlegung des Landes Bayern, in: Die Zeit der frühen Herzöge. Von Otto I. zu Ludwig dem Bayern. Beiträge zur Bayerischen Geschichte und Kunst, hg. von H. Glaser, München-Zürich 1980 (Wittelsbach und Bayern, Teil 1, Bd. 1), S. 165–200.
Kroos, R., Sächsische Buchmalerei 1200–1500. Ein Forschungsbericht, in: Zeitschrift für Kunstgeschichte 41 (1978), S. 284.
Krüger, B. (Hg.), Die Germanen. Geschichte und Kultur der germanischen Staaten in Mitteleuropa, Bd. 2, Berlin 1983.
Die Kuenringer, AK, Zwettl 1981.
Kuhn, M., Um die meranische Klostervogtei Banz, in: Zur Geschichte des Hauses Andechs-Meranien am Obermain (ohne Hg.), Lichtenfels 1963, S. 49–52.
Kuhn, W., Die deutschrechtlichen Städte in Schlesien und Polen in der ersten Hälfte des 13. Jahrhunderts, Marburg 1968.
Kühnel, H., Zeitbegriff und Zeitmessung, in: Ders. (Hg.), Alltag im Spätmittelalter, Graz u.a. 1984, S. 8–16.
Kunstdenkmäler Bayerns, Niederbayern, III. Stadt Passau, bearb. von Felix Mader, München 1919.
Kunstmann, H., Burgen am Obermain unter besonderer Würdigung der Plassenburg, Kulmbach 1975.
Küppers, L., Elisabeth, Recklinghausen 1967.
Kurth, B., Die deutschen Bildteppiche des Mittelalters, Wien 1926.
Lachmann, H.-P., Die Anfänge des Deutschen Hauses zu Marburg, in: 700 Jahre Elisabethkirche in Marburg 1283–1983, AK, Bd. 5, Marburg 1983, S. 21–42.
Le Goff, J., Kaufleute und Bankiers im Mittelalter, Frankfurt/Main 1989.
Le Roy Ladurie, E., Histoire du climat depuis l'an mil, Paris 1967.
Lechner, K., Die Babenberger. Markgrafen und Herzoge von Österreich 976–1246, Wien u.a. ²1976.
Lehmann-Haupt, H., Schwäbische Federzeichnungen. Studien zur Buchillustration Augsburgs im 15. Jahrhundert, Berlin–Leipzig 1929.
Leidinger, G., Fundationes monasteriorum Bavariae, in: Neues Archiv der Gesellschaft für ältere deutsche Geschichte 24 (1899), S. 671–717.
Leitner, F. W., Die Inschriften des Bundeslandes Kärnten, T. 1, Wien/München 1982 (Die deutschen Inschriften, Bd. 21, Wiener Reihe, Bd. 2).
Leitschuh, F./Fischer, H., Katalog der Handschriften der Kgl. Bibliothek zu Bamberg. Bd. 1/1–3, Bamberg 1895–1908.
Lenker, R., Herrschaft Plassenberg, in: Archiv für Geschichte von Oberfranken 66 (1986), S. 17–42.
Leuschner, J., Deutschland im späten Mittelalter, Göttingen 1975.
Libor, R. M., Ars Cisterciensis, Würzburg 1967.
Libor, R. M., Die Katharinen-Kapelle zu Klosterlangheim. Ein Denkmal zisterziensischer Baukunst, in: Geschichte am Obermain 4 (1966/67), S. 49–72.
Loesch, H., Die Verfassung im Mittelalter, in: Geschichte Schlesiens, Bd. 1, hg. von L. Petry, J. J. Menzle, W. Irgang, Sigmaringen ⁵1988, S. 238–313.
Lomnitzer, H./Müller, U., Tannhäuser. Die lyrischen Gedichte der Handschriften C und J, Göppingen 1973 (Litterae. Göppinger Beiträge zur Textgeschichte, Bd. 13).
Looshorn, J., Geschichte des Bisthums Bamberg, Bd. 2, München 1888.
Luchs, H., Über die Bilder der Hedwigslegende (im Schlackenwerther Codex von 1353, dem Breslauer Codex von 1451, auf der Hedwigstafel in der Breslauer Bernhardinskirche und in den Breslauer Drucken von 1504), Breslau 1861.
Lutze, E./Zimmermann, E. H., Nürnberger Malerei 1350–1450, in: Anzeiger des Germanischen Nationalmuseums Nürnberg 1930/31 (1932), S. 7–48.
Machilek, F., Die Andechs-Meranier und Kloster Langheim (erscheint voraussichtlich in einem Arbeitsheft des Bayerischen Landesamts für Denkmalpflege).
Machilek, F., Ottogedächtnis und Ottoverehrung auf dem Michelsberg, in: Bischof Otto I. von Bamberg. Reformer – Apostel der Pommern – Heiliger, in: 125. Bericht des Historischen Vereins Bamberg, Bamberg 1989, S. 9–35.
Schöne Madonnen 1350–1450, AK, Salzburg 1965.
Manikowska, H., Legenda sw. Jadwigi, obieg i transformacja, in: Geremek, B. (Hg.), Kultura elitarna a kultura masowa w Plsce póznego Sredniowiecza, Wrocław 1978, S. 155–171.
Mariotte, J.-Y., Le comté de Bourgogne sous les Hohenstaufen, 1156–1208, Paris 1963.
Marosi, E., Die Anfänge der Gotik in Ungarn. Esztergom in der Kunst des 12.–13. Jahrhunderts, Budapest 1984.
Marth, R., Untersuchungen zu romanischen Bronzekreuzen. Ikonographie – Funktion – Stil, Frankfurt/Main 1988.
Maurice, K., Die deutsche Räderuhr, Bd. 2: Zur Kunst und Technik des mechanischen Zeitmessers im deutschen Sprachraum, München 1976.
Mayer, A., Statistische Beschreibung des Erzbisthums München-Freising, 3 Bde., München 1874–1884.
Mayer, H., Bamberg als Kunststadt, Bamberg-Wiesbaden 1955.
Mazal, O., Buchkunst der Romanik, Graz 1978.
Mazzarese Fardella, E., Aspetti dell'organizzazione amministrativa nello stato normanno e svevo, Mailand 1966.
Meersseman, G. G., Le deposizioni delle compagne di S. Elisabetta di Turingia in un frammento coservato nell'Archivio di Stato a Friburgo, in: Storia e letteratura. Raccolta di Studi e testi 139 (1979), S. 367–380.
Mell, A., Die historische und territoriale Entwicklung Krains vom X. bis ins XIII. Jahrhundert, Graz 1888.
Mende, M., Das alte Nürnberger Rathaus, Nürnberg 1979.
Menzel, J. J., Die schlesischen Lokationsurkunden des 13. Jahrhunderts. Studien zum Urkundenwesen, zur Siedlungs-, Rechts- und Wirtschaftsgeschichte einer ostdeutschen Landschaft im Mittelalter, Würzburg 1977 (Quellen und Darstellungen zur schlesischen Geschichte, Bd. 19).
Mewes, U., Studien zu König Rother, Herzog Ernst und Grauer Rock (Orendel), Frankfurt/Main-Bern 1976.
Meyer, E., Die Funktion von Hospitälern in städtischen Kommunen Piemonts (11.–13. Jahrhundert), Frankfurt/Main u.a. 1992.
Meyer, H., Die Meranier und Lichtenfels, in: Zur Geschichte des Hauses Andechs-Meranien am Obermain (ohne Hg.), Lichtenfels 1963, S. 17–23.
Meyer, H./Suntrup, R., Lexikon der mittelalterlichen Zahlenbedeutungen, München 1987 (Münstersche Mittelalter-Schriften, Bd. 56).
Meyer, O., Oberfranken im Hochmittelalter, Bayreuth 1973.
Mick, E.-W., Johann Evangelist Holzer. Ein frühvollendetes Malergenie des 18. Jahrhunderts, München-Zürich 1984.
Mitteis, H., Der Staat des hohen Mittelalters. Grundlinien einer vergleichenden Verfassungsgeschichte des Lehenszeitalters, Weimar ⁴1953.
Mois, J., Das Stift Rottenbuch in der Kirchenreform des XI.–XII. Jahrhunderts. Ein Beitrag zur Ordens-Geschichte der Augustiner-Chorherren, München 1953 (Beiträge zur Altbayerischen Kirchengeschichte, III. Folge, Bd. 19).
Mollat, G., Les papes d'Avignon (1305–1378), Paris ²1964.
Moraw, P., Vollständige textkritische Wiedergabe der lateinischen Texte mit deut-

scher Übersetzung, in: Der Hedwigs-Codex von 1353. Sammlung Ludwig, hg. von W. Braunfels, Bd. 2, Berlin 1972, S. 53–223.

Morghen, R., Il tramonto della potenza sveva in Italia 1250–1266, Rom 1936.

Moritz, J., Stammreihe und Geschichte der Grafen von Sulzbach, München 1833 (Abhandlungen der Historischen Classe der Königlich Bayerischen Akademie der Wissenschaften, Bd. 1, Teil 1).

Mroczko, T., Polska sztuka przedromańska i romańska, Warzsawa 1988.

Müller, W., Das Stadtbild Bayreuths in alten Ansichten, in: Archiv für Geschichte von Oberfranken (1964), S. 161–201.

Münch, G., Hedwigsverehrung im barokken Schlesien, in: Schlesien III/3 (1958), S. 142 ff.

Murken, A. H./Hofmann, B., Die hl. Elisabeth als Krankenpflegerin. Krankensäle des 15. und 16. Jahrhunderts im Zusammenhang mit Darstellungen der hl. Elisabeth von Thüringen, in: Historia Hospitalium 13 (1979/80), S. 17 ff.

Neumann, F., Das Herzog-Ernst-Lied und das Haus Andechs, in: Zeitschrift für deutsches Altertum und deutsche Literatur 93 (1964), S. 62–64.

Neumüllers-Klauser, R., Die Quellen zur Baugeschichte des Ekbert-Domes nach 1185, in: D. von Winterfeld, Der Dom in Bamberg, Bd. 1, Berlin 1979, S. 30–37.

Nigg, W., Elisabeth von Thüringen, Düsseldorf 1963.

Nikolasch, F., Domitian von Millstatt – eine Erfindung des 12. Jahrhunderts?, in: Carinthia I, 100 (1990), S. 235–253.

Noichl, E., Die Grafen von Wasserburg. Beiträge zur Genealogie und Geschichte, in: Heimat am Inn 10 (1990), S. 6–37.

Oberfranken im Bild alter Karten, AK, Bamberg 1983.

Oefele, E. von, Geschichte der Grafen von Andechs, Innsbruck 1877.

Oefele, E. von, Zur Geschichte des Hausengaues. Aufzeichnungen des 11. und 12. Jahrhunderts, in: Oberbayerisches Archiv 32 (1872), S. 1–12.

Oesterreicher, P., Denkwürdigkeiten der fränkischen Geschichte, mit besonderer Rücksicht auf das Fürstbisthum Bamberg urkundlich nachgewiesen, Bd. 3, Bamberg 1832.

Opll, F., Friedrich Barbarossa, Darmstadt 1990.

Opll, F., Das Itinerar Kaiser Friedrich Barbarossas (1152–1190), Wien-Köln-Graz 1978 (Forschungen zur Kaiser- und Papstgeschichte des Mittelalters. Beihefte zu J. F. Böhmer, Regesta Imperii, Bd. 1).

Ostrogorsky, G., Geschichte des byzantinischen Staates, München [3]1963.

Die Parler und der Schöne Stil 1350–1400, AK, Köln 1978.

Paschini, P., Bertholdo di Merania, patriarca d'Aquileia, in: Memorie storiche forogiuliesi 15 (1919), S. 1–53; 16 (1920), S. 1–94.

Paschini, P., Storia del Friuli, Bd. 1, Udine 1953.

Passavia Sacra. Alte Kunst und Frömmigkeit in Passau, AK, Passau 1975.

Patschowsky, A., Konrad von Marburg und die Ketzer seiner Zeit, in: Sankt Elisabeth. Fürstin – Dienerin – Heilige, hg. von der Philipps-Universität Marburg, Sigmaringen 1981, S. 70–77.

Patze, H., Die Entstehung der Landesherrschaft in Thüringen, Teil 1, Köln-Graz 1962 (Mitteldeutsche Forschungen, Bd. 22).

Paulus, H.-E., Baualterplan zur Stadtsanierung. Regensburg VIII. Oberer und Unterer Wöhrd, St.-Katharinen-Spital, Steinerne Brücke, hg. vom Bayerischen Landesamt für Denkmalpflege, München 1987.

Paulus, H.-E., Steinerne Brücke und Regensburger Salzstadel, Regensburg 1993 (in Druck).

Petersohn, J., Das Aschaffenburger Psalterium der Gertrud von Altenberg und sein Ludowinger-Nekrolog, in: Alma Mater Philippina, Marburg 1992, S. 15–19.

Petersohn, J., Jubiläum, Heiligsprechung und Reliquienerhebung Bischof Ottos von Bamberg im Jahre 1189, in: 125. Bericht des Historischen Vereins Bamberg (1989) S. 35–57.

Petit, E., Histoire des ducs de Bourgogne de la race Capétienne avec des documents inédits et des pièces justificatives, Bd. 3 und 4, Paris 1889–1891.

Pez, B., Thesaurus anecdotorum novissimus, Bd. 6, Teil 2, Augsburg 1729.

Pfanndler, W., Die schönsten Bilder von Innsbruck 1500–1822, Innsbruck 1972.

Pietrusińska, M., Agafia i Siemowit, in: Tygodnik Powszechny 21/17 (1967), S. 6.

Pippal, M., Der Millstätter Physiologus und die romanische Plastik in Millstatt, in: Symposium zur Geschichte von Millstatt und Kärnten 1985, S. 1–11.

Plöchl, W., Geschichte des Kirchenrechts, Bd. 1 und 2, Wien-München 1953–1955.

Popp, L., Ebstorfer Weltkarte, Kulmbach o. J.

Prinz, F., Bayerns Adel im Hochmittelalter, in: ZBLG 30 (1967), S. 53–117.

Rädlinger, Ch., Die große Krise – Finanzielle Probleme und Verfassungskämpfe 1365 bis 1403, in: Geschichte der Stadt München, hg. von R. Bauer, München 1992, S. 97–119.

Randt, E., Politische Geschichte bis zum Jahre 1327, in: Geschichte Schlesiens, Bd. 1, hg. von L. Peter, J. J. Menzel, W. Irgang, Sigmaringen [5]1988, S. 73–156.

Ranzi, F., Königsgut und Königsforst im Zeitalter der Karolinger und Liudolfinger und ihre Bedeutung für den Landesausbau, Halle a. d. Saale 1939.

Rashdall, H., The universities of Europe in the middle ages, 3 Bde., London [3]1951.

Reber, O., Die Gestaltung des Kultes weiblicher Heiliger im Spätmittelalter. Die Verehrung der Heiligen Elisabeth, Klara, Hedwig und Birgitta, Hersbruck 1963.

Redlich, O., Die Privaturkunden des Mittelalters, München-Berlin 1911 (Handbuch der mittleren und neueren Geschichte, Abt. 4, Teil 3).

Reindel, K., Das welfische Jahrhundert in Bayern, in: Handbuch der bayerischen Geschichte, hg. von M. Spindler, Bd. 1, München [2]1981, S. 324–349.

Reitzenstein, A. von, Die Baugeschichte des Bamberger Domes, in: Münchener Jahrbuch der Bildenden Kunst, NF 11 (1935/36), S. 113–152.

Rensig, Th., Die Gnadenpforte des Bamberger Domes, in: Festgabe Alois Fuchs, Paderborn 1950, S. 69–76.

Resmini, B., Das Arelat im Kräftefeld der französischen, englischen und angiovinischen Politik nach 1250 und das Einwirken Rudolfs von Habsburg, Köln-Wien 1980.

Rey, M./Fiétier, R., Le Moyen Age du XIIe au XVe siècle, in: Histoire de Besançon, Bd. 1, hg. von C. Fohlen, Besançon [2]1981, S. 327–572.

Rhode, G., Kleine Geschichte Polens, Darmstadt 1965.

Richard, J., Les ducs de Bourgogne et la formation du duché du XIe au XIVe siècle, Paris 1954 (Publications de l'université de Dijon, Bd. 12).

Riché, P., Die Karolinger. Eine Familie formt Europa, Stuttgart 1987.

Riedmann, J., Ein neuaufgefundenes Bruchstück des »Ludus de Antichristo«, in: ZBLG 36 (1973), S. 16–38.

Riedmann, J., Mittelalter, in: Geschichte des Landes Tirol, Bd. 1, hg. von J. Fontana u. a., Bozen-Innsbruck-Wien 1985, S. 267–661.

Riehl, B., Studien zur Geschichte der bayerischen Malerei des 15. Jahrhunderts, in: Oberbayerisches Archiv 49 (1895/96), S. 1–160.

Riezler, S., Geschichte Baierns, Bd. 3, Gotha 1889.

Rosenfeld, H., Das Herzog Ernst-Lied und das Haus Andechs, in: Zeitschrift für deutsches Altertum und deutsche Literatur 94 (1965), S. 108–121.

Rosenfeld, H., Ein neu aufgefundenes Fragment von Hartmanns »Armem Heinrich« aus Benediktbeuern, in: Zeitschrift für deutsches Altertum und deutsche Literatur 98 (1969), S. 40–64.

Rosenfeld, H., Aristoteles und Phillis. Eine neu aufgefundene Benediktbeurer Fassung um 1200, in: Zeitschrift für deutsche Philologie 89 (1970), S. 321–336.

Ruf, P., Mittelalterliche Bibliothekskataloge Deutschlands und der Schweiz, Bd.3, München 1961.

Russell, J. C., Die Bevölkerung Europas 500–1500, in: Bevölkerungsgeschichte Europas, Bd. 1, hg. von C. M. Cipolla/K. Borchardt, München 1971, S. 9–57.

Santifaller, L., Zur Originalüberlieferung der Heiligsprechungsurkunde der Landgräfin Elisabeth von Thüringen vom Jahre 1235, in: Acht Jahrhunderte Deutscher Orden in Einzeldarstellungen, hg. von P. K. Wieser, Bad Godesberg 1967

(Quellen und Studien zur Geschichte des Deutschen Ordens, Bd. 1), S. 73–88.
Sattler, M., Chronik von Andechs, Donauwörth 1877.
Sauerländer, W., Reims und Bamberg. Zu Art und Umfang der Übernahmen, in: Zeitschrift für Kunstgeschichte 39 (1976), S. 167–192.
Schaller, H.-M., Der heilige Tag als Termin mittelalterlicher Staatsakte, in: Deutsches Archiv für Erforschung des Mittelalters 30 (1974), S. 1–24.
Schaller, H.-M., Kaiser Friedrich II. Verwandler der Welt, Göttingen ²1971.
Der Schatz vom Heiligen Berg Andechs, AK, Andechs 1967.
Schellenberg, A., Mittelalterliche Meßgewänder in Schlesien, in: Schlesiens Vorzeit in Wort und Bild NF 9 (1928), S. 80.
Schieffer, R., Heinrich III. (1039–1056), in: Kaisergestalten des Mittelalters, hg. von H. Beumann, München 1984, S. 98–115.
Schieffer, R., Die Karolinger, Stuttgart 1992.
Schirrmacher, F. W., Urkunden-Buch der Stadt Liegnitz und ihres Weichbildes bis zum Jahre 1455, Liegnitz 1866.
Schlee, E., Die Ikonographie der Paradiesflüsse, Leipzig 1937.
Schlesinger, W. (Hg.), Die deutsche Ostsiedlung des Mittelalters als Problem der europäischen Geschichte, Sigmaringen 1975.
Schlesinger, W., Die Entstehung der Landesherrschaft, Dresden 1941.
Schmid, A., Die Fundationes monasteriorum Bavariae. Entstehung – Verbreitung – Quellenwert – Funktion, in: Geschichtsschreibung und Geschichtsbewußtsein im späten Mittelalter, hg. von H. Patze, Sigmaringen 1987 (Vorträge und Forschungen, Bd. 31), S. 581–646.
Schmidinger, H., Patriarch und Landesherr. Die weltliche Herrschaft der Patriarchen von Aquileja bis zum Ende der Staufer, Graz-Köln 1954 (Publikationen des österreichischen Kulturinstituts in Rom, Abt. I, Bd. 1).
Schmidt, P. G., Die zeitgenössische Überlieferung zum Leben und zur Heiligsprechung der heiligen Elisabeth, in: Sankt Elisabeth. Fürstin – Dienerin – Heilige, hg. von der Philipps-Universität Marburg, Sigmaringen 1981, S. 1–6.
Schmilewski, U. (Hg.), Wahlstatt 1241. Beiträge zur Mongolenschlacht bei Liegnitz und zu ihren Nachwirkungen, Würzburg 1991.
Schmoll, F., Die Heilige Elisabeth in der bildenden Kunst des 13. bis 16. Jahrhunderts, Marburg 1918.
Schneider, K., Die Handschriften der Universitätsbibliothek Augsburg, Wiesbaden 1988.
Schober, G., Landkreis Starnberg. Ensembles – Baudenkmäler – Archäologische Geländedenkmäler, München-Zürich 1989 (Denkmäler in Bayern, Abt. I Bd. 21).
Schodrok, K. (Hg.), St. Hedwig, die Schutzpatronin Schlesiens, Würzburg 1959.
Schott, A., Aratos, Sternbilder und Wetterzeichen, München 1958.
Schreiner, K., Zum Wahrheitsverständnis im Heiligen- und Reliquienwesen des Mittelalters, in: Saeculum 17 (1966), S. 131–169.
Schultes, J. A. von, Historische Schriften und Sammlungen ungedruckter Urkunden, zur Erläuterung der deutschen Geschichte und Geographie des mittleren Zeitalters, Bd. 1, Hildburghausen 1798.
Schultze, J., Die Mark Brandenburg, Bd. 2: Die Mark unter Herrschaft der Wittelsbacher und Luxemburger (1319–1415), Berlin 1961.
Schuselka, E. u. a., Kunsthistorisches Museum Wien. Katalog der Sammlung für Plastik und Kunstgewerbe, 1. Teil, Wien 1964, S. 25–27.
Schütz, A., Zu den Anfängen der Akten- und Registerführung am bayerischen Herzogshof, in: Landesherrliche Kanzleien im Spätmittelalter. Referate zum VI. Internationalen Kongreß für Diplomatik, München 1983, Teilbd. 1, hg. von G. Silagi, München 1984 (Münchener Beiträge zur Mediävistik und Renaissance-Forschung, Bd. 35, 1), S. 127–137.
Schwarz, A., Cella sancti Petri in monte Maderano – Anmerkungen zur Frühgeschichte der Freisinger Propstei St. Peter am Madron, in: 32. Sammelblatt des historischen Vereins Freising (1990), S. 243–253.
Seelig, L., Liturgisches Gerät und Paramente in der Schloßkapelle Blutenburg, in: Erichsen, J. (Hg.), Blutenburg. Beiträge zur Geschichte von Schloß und Hofmark Menzing, München 1983.
Seppelt, F. X., Mittelalterliche deutsche Hedwigslegenden, in: Zeitschrift des Vereins für die Geschichte Schlesiens 48 (1914), S. 1–18.
Siebert, J., Tannhäuser. Leben – Gedichte – Sage, Halle/Saale 1934.
Simonsfeld, H., Beiträge zur Bayerischen und Münchener Geschichte, in: Sitzungsberichte der k. bayer. Akademie der Wiss., Philos.-philol. und hist. Classe, 1896, S. 257–326.
Sitzmann, K., Künstler und Kunsthandwerker in Ostfranken, Kulmbach 1957.
Skubiszwewski, P., Eine Gruppe romanischer Goldschmiedearbeiten in Polen, in: Jahrbuch der Berliner Museen 22 (1980), S. 89-f.
Solleder, F., München im Mittelalter, München-Berlin 1938.
Sparber, A., Die Brixner Fürstbischöfe im Mittelalter, Bozen 1968.
Spindler, M., Die Anfänge des bayerischen Landesfürstentums, München 1937.
Spufford, P., Money and its use in medieval Europe, Cambridge 1988.
Staatsbibliothek Bamberg. Handschriften-Buchdruck um 1500 in Bamberg – E.-T.-A. Hoffmann, AK, Bamberg 1990.
Staber, J., Kirchengeschichte des Bistums Regensburg, Regensburg 1966.
Stange, A., Deutsche Malerei der Gotik, Bd. 10: Salzburg, Bayern und Tirol in der Zeit von 1400 bis 1500, München-Berlin 1960.
Stelè, F., Kamnik,Ljubljana 1929.
Störmer, W., Früher Adel. Studien zur politischen Führungsschicht im fränkisch-deutschen Reich vom 8. bis 11. Jahrhundert, 2 Teilbde. Stuttgart 1973–75 (Monographien zur Geschichte des Mittelalters Bd. 6).
Störmer, W., »Spielmannsdichtung« und Geschichte. Die Beispiele »Herzog Ernst« und »König Rother«, in: ZBLG 43 (1980), S. 551–574.
Störmer, W., Königtum und Kaisertum in der mittelhochdeutschen Literatur des 12. Jahrhunderts, in: Friedrich Barbarossa. Handlungsspielräume und Wirkungsweisen des staufischen Kaisers, hg. von A. Haverkamp, Sigmaringen 1992 (Vorträge und Forschungen Bd. 40), S. 581–601.
Störmer, W., Die Wittelsbacher. Gründer und Wohltäter des Klosters, in: Andechs. Der Heilige Berg von der Frühzeit bis zur Gegenwart, hg. von K. Bosl, O. Lechner OSB, W. Schüle, J. O. Zöller, München 1993, S. 53–63.
Straub, Th., Bayern im Zeichen der Teilungen und Teilherzogtümer. 1347–1450, in: Handbuch der bayerischen Geschichte, hg. von M. Spindler, Bd. 2, München ²1988, S. 199–287.
Stumpf, K. F., Die Reichskanzler vornehmlich des X., XI. und XII. Jahrhunderts. Bd. 2: Die Kaiserurkunden des X., XI. und XII. Jahrhunderts chronologisch verzeichnet als Beitrag zu den Regesten und zur Kritik derselben, Innsbruck 1865–1883.
Stürner, W., Friedrich II., Bd. 1, Darmstadt 1992.
Stuttmann, F., Der Reliquienschatz der goldenen Tafel des St.-Michaelis-Klosters in Lüneburg, Berlin 1937.
Suckale, R., Nach Dethard von Winterfelds Monographie über den Bamberger Dom, in: 123. Bericht des Historischen Vereins Bamberg (1987), S. 161–169.
Suckale, R., Bamberg. Ein Führer zur Kunstgeschichte der Stadt für Bamberger und Zugereiste, Bamberg ²1990.
Suckale-Redlefsen, G., Der Buchschmuck zum Psalmenkommentar des Petrus Lombardus in Bamberg, Wiesbaden 1986.
Suckale-Redlefsen, G., Die illuminierten Handschriften des 12. Jahrhunderts der Staatsbibliothek Bamberg (in Druck).
Świechowski, Z., Romanische Kunst in Polen, Warszawa 1982.
Symbol – Objekt – Motiv. Der Bamberger Dom und seine Darstellungen in Malerei, Graphik und Kunsthandwerk vom Mittelalter bis in die Gegenwart, AK, Bamberg 1987 (Schriften des Historischen Museums Bamberg, Nr. 5).
Tabor, L., Die Kultur des Klosters Tegernsee im frühen Mittelalter, Bottrop 1935.
Tellenbach, G., Die westliche Kirche vom 10. bis zum frühen 12. Jahrhundert, Göttingen 1988 (Die Kirche in ihrer Geschichte, Bd. 2, Lieferung F 1).
Themessl, J., Münzen und Münzwesen des Patriarchenstaates Aquileja, Wien 1911.

Thoma, G., Namensänderungen in Herrscherfamilien des mittelalterlichen Europa, Laßleben 1985 (Münchener Historische Studien, Abt. Mittelalterliche Geschichte, Bd. 3).

Thomas, H., Deutsche Geschichte des Spätmittelalters. 1250–1500, Stuttgart 1983.

Toeche, Th., Kaiser Heinrich VI., Leipzig 1867 (Jahrbücher der Deutschen Geschichte, Bd. 18).

Troche, E. G., Das erste Jahrhundert schlesischer Tafelmalerei, in: Die Hohe Straße I (1938), S. 131–134.

Trotter, K., Das Haus der Grafen von Andechs, in: O. Dungern, Genealogisches Handbuch zur bairisch-österreichischen Geschichte, Bd. 1, Graz 1931, S. 10–28.

Tunk, W., Die Schlacht bei Wahlstatt im Bilde des Mittelalters, in: Die Jomsburg 5, 2 (1941), S. 195–210.

Turska, K., Ubiory w legendzie obrazowej św. Jadwigi z biblioteki w Harburgu, in: Kwartalnik Historii Kultury Materialnej 22 (1974), S. 3–24.

Tyroller, F., Die ältere Genealogie der Andechser, München 1952.

Tyroller, F., Die Mangfallgrafschaft, in: Das bayerische Inn-Oberland 29 (1958), S. 83–140.

Tyroller, F., Genealogie des altbayerischen Adels im Hochmittelalter, Göttingen 1962–1969.

Universität Augsburg. Wertvolle Handschriften und Einbände aus der ehemaligen Oettingen-Wallersteinschen Bibliothek, AK, Wiesbaden 1987.

Unterkircher, F., Das Sakramentar von Millstatt. Inhalt und Entstehung, in: Symposium zur Geschichte von Millstatt und Kärnten, Millstatt 1984, S. 1–15.

Urbanek, F., Kaiser, Grafen und Mäzene im »König Rother«, Berlin 1976 (Philologische Studien und Quellen, Bd. 71).

Verger, J., Les universités au moyen âge, Paris 1973.

Voit, G., Die Schlüsselberger. Geschichte eines fränkischen Adelsgeschlechts, Nürnberg 1988 (Schriftenreihe der Altnürnberger Landschaft, Bd. 37).

Voss, G., Die Wartburg, Jena 1917 (Bau- und Kunstdenkmäler Thüringens, Nr. 41).

Wadl, W., Der selige Domitian – Legende und Verehrung, in: Symposium zur Geschichte von Millstadt und Kärnten 1981, S. 1–25.

Wagner, D. L. (Hg.), The Seven Liberal Arts in the Middle Ages, Bloomington 1983.

Wagner, E., Die Gnadenpforte am Dom zu Bamberg, Würzburg 1965.

Wagner, H., Vom Interregnum bis Pilgrim von Puchheim, in: Geschichte Salzburgs, Bd. 1, Teil 1, hg. von H. Dopsch, Salzburg ²1983, S. 437–486.

Walicki, M., Sztuka polska przedromańskai i romańska do schyłku XIII wieku, 2 Bde., Warszawa 1971.

Wallraf-Richartz-Museum. Vollständiges Verzeichnis der Gemäldesammlung, Köln/Mailand 1986.

Walter, E., Das Modell der Trebnitzer Klosterkirche als Attribut der Heiligen Hedwig, in: Archiv für schlesische Kirchengeschichte 16 (1958), S. 39–59.

Walter, E., Neue Ergebnisse zur Hedwigforschung. Der Verfasser der Legenda maior. Datum der liturgischen Heiligsprechung, in: Archiv für schlesische Kirchengeschichte 43 (1985), S. 221–245.

Wąsowicz, T., Legenda Śląska, Wrocław 1967.

Wawrzonowska, Z., Uzbrojenia wojsk polskich i tatarskich w miniaturach żywota św. Jadwigi kodeksu lubińskiego, in: Kwartalnik Historii Kultury Materialnej 22, 1 (1974), S. 39–50.

Weinfurter, S., Salzburger Bistumsreform und Bischofspolitik im 12. Jahrhundert. Der Erzbischof Konrad I. von Salzburg (1106–1147) und die Regularkanoniker, Köln-Wien 1975 (Kölner Historische Abhandlungen, Bd. 24).

Weinzierl-Fischer, E., Geschichte des Benediktinerklosters Millstatt in Kärnten, Klagenfurt 1951 (Archiv für vaterländische Geschichte und Topographie, Bd. 33).

Weissensteiner, J., Tegernsee, die Bayern und Österreich. Studien zu Tegernseer Geschichtsquellen und der bayerischen Stammessage, Wien 1983 (Archiv für österreichische Geschichte, Bd. 133).

Wentz, G., Das Bistum Havelberg, Leipzig 1933 (Germania Sacra, Abt. I, Bd. 2).

Werle, H., Titelherzogtum und Herzogsherrschaft, in: Zeitschrift für Rechtsgeschichte. Germanistische Abteilung 23 (1956), S. 225–299.

White, L., Die mittelalterliche Technik und der Wandel der Gesellschaft, München 1968.

Wiesenbach, J., Wilhelm von Hirsau, Astrolab und Astronomie im 11. Jahrhundert, in: Forschungen und Berichte der Archäologie des Mittelalters in Baden-Württemberg, Bd. 10/2, Stuttgart 1991.

Wilckens, L. von, Mittelalterliche Stickereien aus Polen, in: Kunstchronik 21 (1968), S. 34f.

Willoweit, O., Rechtsgrundlagen der Territorialgewalt, Köln-Wien 1975.

Wind, P., Die Kärntner Entstehung des Millstätter Sakramentars, in: Symposium zur Geschichte von Millstatt und Kärnten, Millstatt 1984, S. 1–50.

Winkelmann, E., Philipp von Schwaben und Otto IV. von Braunschweig, Leipzig 1873 (Jahrbücher der Deutschen Geschichte, Bd. 19).

Winkler, R., Die Landschaft im Bild handgezeichneter Karten aus vier Jahrhunderten, in: G. Dippold/J. Urban (Hgg.), Im oberen Maintal. Auf dem Jura zu Rodach und Itz, Lichtenfels 1990, S. 15–68.

Winterfeld, D. von, Der Dom in Bamberg, 2 Bde., 1979.

Wittelsbach und Bayern, AK, cpl., München 1980.

Wolf, A., Die Ebstorfer Weltkarte als Denkmal eines mittelalterlichen Welt- und Geschichtsbildes, in: Geschichte in Wissenschaft und Unterricht 8, 1 (1957), S. 204–215.

Wolf, A., Königskandidatur und Königsverwandtschaft. Hermann von Schwaben als Prüfstein für das »Prinzip der freien Wahl«, in: Deutsches Archiv für Erforschung des Mittelalters 47 (1991), S. 45–117.

Wolfram, H., Die Goten. Von den Anfängen bis zur Mitte des 6. Jahrhunderts. Entwurf einer historischen Ethnographie, München ³1990.

Wood, D., Clement VI. The Pontificate and Ideas of an Avignon Pope, Cambridge 1989 (Cambridge Studies in Medieval Life and Thought 13).

Zadnikar, M., Romanika v Sloveniji, Ljubljana 1982.

Zadnikar, M., Romanska arhitektura na Slovenskem, Ljubljana 1959.

Zadnikar, M., Srednijeveska arhitektura na Gradu pri Slovenjem Gradcu v luci zgodovine in novih odkritij, in: Kronika IV/3 (1956), S. 156–169.

Zahm und wild. Baseler und Straßburger Bildteppiche des 15. Jahrhunderts, AK, Mainz 1990.

Zakythinos, A., Byzantinische Geschichte 324–1071, Wien u. a. 1979.

Zdanowicz, S., Zarys historyczny liturgicznego kultu sw. Jadwigi, in: Ruch biblijny i Liturgiczny 6 (1953), S. 1ff.

Zinner, E., Deutsche und niederländische astronomische Instrumente des 11.-18. Jahrhunderts, München 1972.

Ziomecka, A., Malarstwo miniaturowe, in: Broniewski, T. (Hg.), Sztuka Wrocławia, Wrocław 1967.

Zoepfl, F., Das Bistum Augsburg und seine Bischöfe im Mittelalter, München-Augsburg 1955 (Geschichte des Bistums Augsburg, Bd. 1).

Zöllner, E., Geschichte Österreichs. Von den Anfängen bis zur Gegenwart, München ⁷1984.

Zösmair, J., Das Haus der Perchtinger im Innsbrucker Mittelgebirge, in: Innsbrukker Nachrichten 1923, Nr. 28f.

Zotz, T., Die Formierung der Ministerialität, in: Die Salier und das Reich, hg. von S. Weinfurter, Bd. 3, Sigmaringen 1991, S. 3–50.

Zwischen Oder und Riesengebirge. Schlesische Karten aus fünf Jahrhunderten, AK, Berlin 1987.

Quellen

Acta pontificum Romanorum inedita, Bd. 2 und 3, hg. von J. v. Pflugk-Harttung, Stuttgart 1884–1886.

Acta Sanctorum, Mai, Bd. 7, Antwerpen 1688; Juni, Bd. 3, Antwerpen 1701; August, Bd. 2, Antwerpen 1735.

Die Aktenstücke zum Frieden von S. Germano 1230, hg. von K. Hampe, Berlin 1926 (MGH, Epistolae selectae, Bd. 4).

Les actes pontificaux originaux des Archives Nationales de Paris, Bd 2, bearb. von B. Barbich, Città del Vaticano 1978 (Index actorum Romanorum pontificum ab Innocentio III ad Martinum V electum, Bd. 2).

Annales Mellicenses, hg. von W. Wattenbach, in: MGH, Scriptores, Bd. 9, Hannover 1851, S. 480–569.

Annales Scheftlarienses maiores a. 1092–1247, hg. von Ph. Jaffé, in: MGH, Scriptores, Bd. 17, Hannover 1861, S. 335–343.

Annalista Saxo, hg. von G. Waitz, in: MGH, Scriptores, Bd. 16, Hannover 1844, S. 542–777.

Apian, Declaratio: Declaratio tabulae sive descriptionis Bavariae a Phil. Apiano confectae et editae. D. M. E. Christo Sacr., in: E. v. Oefele, Philipp Apian's Topographie von Bayern und bayerische Wappensammlung, München 1880 (Oberbayerisches Archiv 39), S. 1–469.

Bernoldi Chronicon, hg. von G. H. Pertz, in: MGH, Scriptores, Bd. 5, Hannover 1844, S. 385–467.

Bertholdi Annales, hg. von G. H. Pertz, in: MGH, Scriptores, Bd. 5, Hannover 1844, S. 264–326.

Die älteste Besitzliste und das Urbar des Stiftes Dießen von 1362/63 und die Register zu Traditionen, Urkunden und Urbar, bearb. von W. Schlögl, München 1970 (Quellen und Erörterungen zur bayerischen Geschichte, NF Bd. 22,2).

Mittelalterliche Bibliothekskataloge. Deutschland und die Schweiz, Bd. 3 und 4, München 1932–1979.

Breviarium Gotscalchi a. 740–1052, hg. von W. Wattenbach, in: MGH, Scriptores, Bd. 9, Hannover 1851, S. 221–224.

Carmina Burana, Bayerische Staatsbibliothek München Clm 4660 und 4660 a, Bd. 1: B. Bischoff, Einführung zur Faksimile-Ausgabe der Benediktbeurer Liederhandschrift, München 1970.

Cartulaire des comtes de Bourgogne (hg. von J. Gauthier, J. de Sainte-Agathe, R. de Lurion), Besançon 1908 (Mémoires et documents inédits pour servir à l'histoire de la Franche-Comté Bd. 8).

Caesarius von Heisterbach, Die beiden Schriften über die heilige Elisabeth von Thüringen, hg. von A. Huyskens, in: Die Wundergeschichten des Caesarius von Heisterbach, hg. von A. Hilka, Bd. 3, Bonn 1937 (Publikationen der Gesellschaft für Rheinische Geschichtskunde Bd. 43,3), S. 329–390.

Codex diplomaticus Austriaco-Frisingensis, Bd. 3, hg. von J. Zahn, Wien 1871 (Fontes rerum Austriacarum, Abt. II, Bd. 36).

Codex Falkensteinensis. Die Rechtsaufzeichnungen der Grafen von Falkenstein, hg. von E. Noichl, München 1978 (Quellen und Erörterungen zur bayerischen Geschichte, NF Bd. 29).

Chronica fratris Jordani, hg. von H. Boehmer, Paris 1908 (Collection d'études et de documents. Bd. 6).

Constitutiones et acta publica imperatorum et regum, Bd. 2 und 4, bearb. von L. Weiland und J. Schwalm, Hannover-Leipzig, 1896–1911 (Monumenta Germaniae Historica).

Corpus Nummorum Italicorum, Bd. 6, Rom 1922.

Cronica Reinhardsbrunnensis a. 530–1338, hg. von O. Holder-Egger, in: MGH, Scriptores, Bd. 30, 1, Hannover 1896, S. 490–656.

Die Chronik der Stadt Augsburg von 1368 bis 1406, hg. von K. Hegel, in: Die Chroniken der deutschen Städte, Bd. 4, Leipzig 1865, S. 21–125.

D Friedrich I.: MGH. Die Urkunden der deutschen Könige und Kaiser, Bd. 10, bearb. von H. Appelt, Hannover 1975–1990.

D Heinrich II.: MGH, Die Urkunden der deutschen Könige und Kaiser, Bd. 3, bearb. von H. Bresslau und H. Bloch, Hannover 1900–1903.

D Heinrich III.: MGH. Die Urkunden der deutschen Könige und Kaiser, Bd. 5, bearb. von H. Bresslau und P. Kehr, Berlin 1926–1931.

D Heinrich IV.: MGH, Die Urkunden der deutschen Könige und Kaiser, Bd. 6, bearb. von D. von Gladiss und A. Gawlik, Berlin–Hannover, 1941–1978.

D Konrad II.: MGH, Die Urkunden der deutschen Könige und Kaiser, Bd. 4, bearb. von H. Bresslau, Hannover und Leipzig 1909.

D Konrad III.: MGH, Die Urkunden der deutschen Könige und Kaiser, Bd. 9, bearb. von F. Hausmann, Wien–Köln–Graz 1969.

D Kunigunde: MGH, Die Urkunden der deutschen Könige und Kaiser, Bd. 3. bearb. von H. Bresslau und H. Bloch, Hannover 1900–1903, S. 693–697.

D Lothar III.: MGH, Die Urkunden der deutschen Könige und Kaiser, Bd. 8, bearb. von E. von Ottenthal und H. Hirsch, Berlin 1927.

D Wilhelm von Holland: MGH, Die Urkunden der deutschen Könige und Kaiser, Bd. 18, 1, bearb. von D. Hägermann und J. G. Kruisheer unter Mitwirkungen von A. Gawlik, Hannover 1989.

Dietrich von Apolda: Theodorici Turingi Libri octo de S. Elizabeth, in: H. Canisius/J. Basnage, Thesaurus monumentorum ecclesiasticorum et historicorum, Bd. 4, Amsterdam 1725, S. 113–152.

Trente-sept documents Bourguignons, de 1201 à 1248 (Règne des deux Otton, ducs de Méranie) (o. Hg.), in: Mémoires et documents inédits, pour servir à l'histoire de la Franche-Comté, Bd. 3, Besançon 1844, S. 485–535.

Ekkehard von Aura: Ekkehardi Uraugiensis chronica, hg. von G. Waitz, in: MGH, Scriptores, Bd. 6, Hannover 1844, S. 1–267. Die Jahresberichte ab 1096 zitiert nach: Ekkehardi Chronica, in: Frutolfs und Ekkehards Chroniken und die Anonyme Kaiserchronik, hg. und übers. von F.-J. Schmale und I. Schmale-Ott, Darmstadt 1972 (Ausgewählte Quellen zur deutschen Geschichte des Mittelalters 15), S. 123–377.

Epistolae saeculi XIII: MGH, Epistolae saeculi XIII e regestis pontificum Romanorum selectae, bearb. von G. H. Pertz, Berlin 1883.

Friedrich Ködiz von Salfeld, Das Leben des Heiligen Ludwig, Landgrafen in Thüringen, Gemahls der Heiligen Elisabeth, hg. von H. Rückert, Leipzig 1851.

Genealogia Welforum, neu hg., übersetzt und erläutert von E. König, in: Schwäbische Chroniken der Stauferzeit. Bd. 1, Sigmaringen 1978, S. 76–81.

Germania Pontificia sive repertorium privilegiorum et litterarum a Romanis pontificibus ante annum MCLXXXXVIII Germaniae ecclesiis, monasteriis, civitatibus singulisque personis concessorum, Bd. 1–3, bearb. von A. Brackmann, Berlin 1911–1935.

Gesamtkatalog der Wiegendrucke, hg. von der Kommission für den Gesamtkatalog der Wiegendrucke, Bd. 2, Leipzig 1926.

Gisleberti Chronicon Hanoniense: MGH, Scriptores rerum Germanicarum in usum scholarum: Gisleberti Chronicon Hanoniense ex recensione Wilhelmi Arndt, bearb. von G. H. Pertz, Hannover 1869.

Gottfried von Viterbo: Gotifredi Viterbiensis Pantheon, hg. von G. Waitz, in: MGH, Scriptores, Bd. 22, 1872, S. 107–307.

Der Hedwigs-Codex von 1353. Sammlung Ludwig. 2 Bde., hg. von W. Braunfels, Berlin 1972.

Heinrich von Tegernsee, Passio secunda sancti Quirini, hg. von J. Weissensteiner, in: J. Weissensteiner, Tegernsee, Die Bayern und Österreich, Wien 1983 (Archiv für österreichische Geschichte, Bd. 133), S. 247–287.

Das älteste bayerische Herzogsurbar, bearb. von I. Heeg-Engelhart, München 1990 (Quellen und Erörterungen zur bayerischen Geschichte, NF Bd. 37).

Historia Welforum, neu hg., übersetzt und erläutert von E. König, in: Schwäbische Chroniken der Stauferzeit, Bd. 1, Sigmaringen 1978, S. 2–75.

Innozenz III.: Lotario dei Segni (Pope Innocent III), De miseria condicionis humanae, hg. (mit engl. Übers.) von R. E. Lewis, Athens/Georgia 1978.

Innozenz III.: Lotario de Segni (Papst Innozenz III.), Vom Elend des menschlichen Daseins. Aus dem Lateinischen übersetzt und eingeleitet von C.-F. Geyer, Hildesheim–Zürich–New York 1990 (Philosophische Texte und Studien, Bd. 24).

Johannes Aventinus, Annales ducum Boiariae, 2 Bde., hg. von S. Riezler, München 1882–1884 (Johannes Turmair's genannt Aventinus Sämmtliche Werke, Bd. 2 und 3).

Johannes Aventinus, Bayerische Chronik, 2 Bde., hg. von M. Lexer, München 1883–1886 (Johannes Turmair's genannt Aventinus Sämmtliche Werke, Bd. 4 und 5).

Die Kaiserchronik eines Regensburger Geistlichen, hg. von E. Schröder, Hannover 1892 (MGH, Deutsche Chroniken, Bd. 1, 1).

Die Kreuzfahrt des Landgrafen Ludwigs des Frommen von Thüringen, hg. von H. Naumann, Berlin 1923 (MGH, Deutsche Chroniken, Bd. 4, 2).

Layettes du trésor des chartes, 4 Bde., bearb. von A. Teulet, J. de Laborde, É. Berger, Paris 1863–1902.

Legenda maior: Vita beate Hedwigis (maior legenda de beata Hedwigi) – Leben der heiligen Hedwig (Größere Erzählung von der heiligen Hedwig), hg. und übersetzt von P. Moraw, in: Der Hedwigs-Codex von 1353. Sammlung Ludwig, Bd. 2, hg. von W. Braunfels, Berlin 1972, S. 71–155.

Der sog. Libellus de dictis quatuor ancillarum s. Elisabeth confectus, hg. von A. Huyskens, Kempten–München 1911.

Magnus von Reichersberg: Chronicon Magni presbyteri, hg. von W. Wattenbach, in: MGH, Scriptores, Bd. 17, Hannover 1861, S. 476–523.

Des Minnesangs Frühling, neu hg. von H. Moser und H. Tervooren, 2 Bde., Stuttgart 1977.

Monumenta Boica, Bd. 2; 8; 10; 29, 1; 35, 2; München 1764; 1767; 1768; 1831; 1849.

Monumenta Historica Ducatus Carinthiae, Bd. 2–4, hg. von A. Jaksch, Klagenfurt 1898–1906.

Necrologia Germaniae, Bd. 1: Dioeceses Augustensis, Constantiensis, Curiensis, hg. von F. L. Baumann (MGH, Necrologia Germaniae).

Notae Buranae, hg. von Ph. Jaffé, in: MGH, Scriptores, Bd. 17, Hannover 1861, S. 320–322.

Notae Diessenses a. 1122–1432, hg. von Ph. Jaffé, in: MGH, Scriptores, Bd. 17, Hannover 1861, S. 323–327.

Otto von Freising: MGH, Scriptores rerum Germanicarum in usum scholarum: Ottonis et Rahewini gesta Friderici I. imperatoris, bearb. von G. Waitz, Hannover–Leipzig [3]1912.

Regesta diplomatica necnon epistolaria historiae Thuringiae, Bd. 2 und 3, bearb. von O. Dobenecker, Jena 1900–1925.

Regesta ponitificum Romanorum inde ab a. post Christum natum MCXCVIII ad a. MCCCIV, 2 Bde., hg. von A. Potthast, Berlin 1874–1875.

Die Regesten der Bischöfe und des Domkapitels von Augsburg, Bd. 1, bearb. von W. Volkert, Augsburg 1985 (Veröffentlichungen der schwäbischen Forschungsgemeinschaft bei der Kommission für Bayer. Landesgeschichte, Reihe IIb, Bd. 1).

Regesten Friedrich I.: Die Regesten des Kaiserreiches unter Friedrich I. 1152 (1122)–1190, Lief. 1 und 2, hg. von F. Opll und H. Mayr, Wien–Köln–Graz 1980–1991 (J. F. Böhmer, Regesta Imperii, Abt. IV.).

Regesten Heinrich II.: Die Regesten des Kaiserreiches unter Heinrich II. 1002–1024, hg. von Th. Graf, Wien–Köln–Graz 1971 (J. F. Böhmer, Regesta Imperii, Abt. II.).

Regesten Heinrich VI: Die Regesten des Kaiserreiches unter Heinrich VI. 1165 (1190)–1197, hg. von G. Baaken, Köln–Wien 1972–1979 (J. F. Böhmer, Regesta Imperii, Abt. IV.).

Die Regesten des Kaiserreichs unter Philipp, Otto IV., Friedrich II., Heinrich (VII.), Conrad IV., Heinrich Raspe, Wilhelm und Richard 1198–1272, hg. von J. Ficker und E. Winkelmann, Innsbruck 1881–1901 (J. F. Böhmer, Regesta Imperii, Abt. V.).

Regesten Karl IV.: Die Regesten des Kaiserreichs unter Karl IV. 1346–1378, hg. von A. Huber, Innsbruck 1877 (J. F. Böhmer, Regesta Imperii, Abt. VIII.).

Regesten Ludwig der Bayer: Die Urkunden Kaiser Ludwigs des Baiern, König Friedrich des Schönen und König Johanns von Böhmen, hg. von J. F. Böhmer, Frankfurt 1839 (Regesta Imperii inde ab anno MCCCXIIII usque ad annum MCCCXLVII.).

Regestum Innocentii III papae super negotio Romani imperii, hg. von F. Kempf, Rom 1947 (Miscellanea Historiae Pontificiae, Bd. 12).

Les Registres de Clément IV, hg. von E. Jordan, Paris 1893–1945.

Les Registres de Grégoire IX, hg. von L. Auvray, Paris 1896–1955.

Les Registres d'Innocent IV, hg. von E. Berger, Paris 1884–1921.

Mittelalterliche Schatzverzeichnisse, Bd. 1, hg. vom Zentralinstitut für Kunstgeschichte in Zusammenarbeit mit B. Bischoff, München 1967.

Die Traditionen des Hochstifts Freising, hg. von Th. Bitterauf, 2 Bde., München 1905–1909 (Quellen und Erörterungen zur bayerischen und deutschen Geschichte, NF Bd. 4–5).

Die Traditionen des Klosters Tegernsee 1003–1242, bearb. von P. Acht, München 1952 (Quellen und Erörterungen zur bayer. Geschichte, NF Bd. 9, 1).

Die Traditionen des Klosters Weihenstephan, bearb. von B. Uhl, München 1972 (Quellen und Erörterungen zur Bayerischen Geschichte, NF Bd. 27, 1).

Die Traditionen und Urkunden des Stiftes Dießen 1114–1362, bearb. von W. Schlögl, München 1967 (Quellen und Erörterungen zur bayerischen Geschichte, NF Bd. 22, 1).

Das Traditionsbuch des Augustiner-Chorherrenstiftes Neustift bei Brixen, bearb. von H. Wagner, Wien 1954 (Fontes rerum Austriacarum, Abt. II, Bd. 76).

Das Benediktbeurer Traditionsbuch, hg. von F. L. Baumann, in: Archivalische Zeitschrift NF 20 (1914), S. 1–82.

Die Traditionsbücher des Hochstifts Brixen vom zehnten bis in das vierzehnte Jahrhundert, hg. von O. Redlich, Innsbruck 1886.

Ulrich von Lichtenstein, Frauendienst, hg. von K. Lachmann, Berlin 1841.

Das älteste Urbar des Cistercienserklosters Langheim, bearb. von F. Geldner, Würzburg 1952 (Veröffentlichungen der Gesellschaft für fränkische Geschichte, Reihe X, Bd. 3).

Die Urkunden des Augustiner-Chorherrenstiftes Neustift bei Brixen von 1143 bis 1299, bearb. von G. J. Kugler, Wien 1965 (Fontes rerum Austriacarum, Abt. II, Bd. 77).

Die Urkunden des Klosters Raitenhaslach 1034–1350, bearb. von E. Krausen, München 1959 (Quellen und Erörterungen zur bayer. Geschichte, NF Bd. 17).

Ausgewählte Urkunden zur Verfassungs-Geschichte der deutsch-österreichischen Erblande im Mittelalter, hg. von E. von Schwind und A. Dopsch, Innsbruck 1895.

Die Urkunden und Urbare des Klosters Schäftlarn, bearb. von A. Weissthanner, München 1957 (Quellen und Erörterungen zur bayerischen Geschichte, NF Bd. 10, 2).

Urkundenbuch zur Geschichte der Babenberger in Österreich, Bd. 1 und 2, bearb. von H. Fichtenau und E. Zöllner, Wien 1950–1955 (Publikationen des Instituts für Österreichische Geschichtsforschung, Reihe III, Bd. 1 und 2).

Urkundenbuch der Deutschordens-Ballei Hessen, Bd. 1, hg. von A. Wyss, Leipzig 1879 (Hess. Urkundenbuch, Abt. 1, Bd. 1).

Urkunden-Buch des Landes ob der Enns, Bd. 2, Wien 1856.

Schlesisches Urkundenbuch, Bd. 1–4, bearb. von H. Appelt und W. Irgang, Graz-Köln 1963–1988.

Tiroler Urkundenbuch, Abt. I: Die Urkunden zur Geschichte des deutschen Etschlandes und des Vintschgaus, Bd. 1–3, bearb. von F. Huter, Innsbruck 1937–1957.

Veit Arnpeck, Chronica Baioariorum, in: Veit Arnpeck, Sämtliche Chroniken, hg. von G. Leidinger, München 1915 (Quellen und Erörterungen zur bayerischen und deutschen Geschichte, NF Bd. 3), S. 1–443.

Walther von der Vogelweide: Die Gedichte Walthers von der Vogelweide, hg. von C. v. Kraus, Berlin-Leipzig [10]1936.

Wirnt von Gravenberc: Wigalois, der Ritter mit dem Rade von Wirnt von Gravenberc, hg. von J. M. N. Kapteyn, Bonn 1926 (Rheinische Beiträge und Hülfsbücher zur germanischen Philologie und Volkskunde, Bd. 9).

Glossar

Ablaß
Nachlaß der Sündenstrafen für in der Beichte vergebene Sünden. Nach katholischer Auffassung besitzen der Papst und in Abhängigkeit von ihm andere kirchliche Obere die Vollmacht, aus dem »Kirchenschatz« der Verdienste Christi und der Heiligen den Gläubigen einen »vollkommenen«, alle Sündenstrafen tilgenden oder einen »unvollkommenen«, nur einen Teil der Sündenstrafen hinwegnehmenden Ablaß zu erteilen. Eine Voraussetzung für die Erlangung eines Ablasses besteht in der Verrichtung eines vom Erteiler des Ablasses festgelegten guten Werkes durch den Empfänger. Der Mißbrauch, der im Spätmittelalter mit dieser Einrichtung häufig getrieben wurde, war ein, wenn auch nicht der wichtigste Grund für die Einführung der Reformation.

Acht
Zustand der Rechtlosigkeit. Da man im Mittelalter Rechtsbrecher aufgrund eines nur mangelhaft ausgebildeten Polizeiapparats häufig nicht mit Sicherheit vor Gericht bringen konnte und die Durchsetzung eines im Gericht ergangenen Urteils aus den gleichen Gründen nicht immer möglich war, griff man zum Mittel der Rechtloserklärung, um den Täter zu zwingen, sich dem Gericht zu stellen oder das vom Gericht erlassene Urteil mit seinen Folgen anzuerkennen. Die Wirkung der Achterklärung beschränkte sich zunächst auf den Bezirk des Gerichts, in dem sie verkündet worden war. Daher galt die vom Herrscher verhängte Reichsacht für das gesamte Herrschaftsgebiet des Königs und Kaisers. Die Folgen der Acht bestanden unter anderem im Vermögensverlust. Auch konnte der Geächtete von jedem festgenommen und bei Widerstand straflos getötet werden. War der Geächtete bereit, sich dem Gericht zu stellen und Buße zu leisten, wurde die Acht wieder aufgehoben.

Artes liberales
(wörtlich: »freie Künste«) Als die »eines freien Mannes würdigen Künste« (im Gegensatz zu den von den Sklaven verrichteten Arbeiten) bezeichnete man bereits in der Antike die damals wie auch noch im Früh- und Hochmittelalter zum Kanon der Bildungsfächer zählenden Disziplinen Grammatik, Rhetorik, Dialektik, Arithmetik, Geometrie, Musik und Astronomie. Seit karolingischer Zeit wurden die ersten drei unter dem Begriff Trivium (= »Dreiweg«; vgl. heute »trivial«) zusammengefaßt, die übrigen als Teile des Quadrivium (= »Vierweg«) gelehrt.

Bann
Ursprünglich ein unter Strafandrohung erlassenes, gegen Personen, Orte oder Gegenstände gerichtetes Gebot oder Verbot. Die Banngewalt zeigte sich im Bereich der Grundherrschaft als Mittel zur Sicherung monopolartiger Einrichtungen (z. B. beim Mühlenbann als Gebot der ausschließlichen Benutzung eines bestimmten Mühlenbetriebes; vgl. auch heute noch Bannwald), insbesondere aber im Gerichtswesen (Blutbann = Recht, über Leben und Tod zu befinden). Als Ausschluß aus der Gemeinschaft wurde mit dem Begriff Bann im weltlichen Recht häufig auch die Acht bezeichnet; im kirchlichen Recht meinte der Bann dagegen die Exkommunikation, die als »excommunicatio minor« oder »Kleiner Kirchenbann« den Ausschluß von den Sakramenten nach sich zog, als »excommunicatio maior« oder »Großer Kirchenbann« dagegen auch den Verlust sämtlicher aus der kirchlichen Zugehörigkeit stammender Rechte mit sich brachte.

Bistum
Kirchlicher Verwaltungsbezirk eines Bischofs (auch Diözese genannt). Schon in der Antike vorhanden und dort teilweise mit den weltlichen Verwaltungssprengeln übereinstimmend, wurde die Bistumsverfassung im Frühmittelalter auch in den Gebieten nördlich der Alpen und östlich des Rheins eingeführt. Das Bistum setzt sich aus Pfarreien zusammen, die wiederum zu Dekanaten zusammengefaßt sind. Während die sogenannten exemten Bistümer unmittelbar dem päpstlichen Stuhl unterstehen, bilden mehrere Bistümer ansonsten eine Kirchenprovinz. Die dem eine Kirchenprovinz leitenden Metropoliten unterstellten Bischöfe werden auch Suffraganbischöfe, deren Amtsbezirke auch Suffraganbistümer genannt.

Brevier
(lat. »breviarium« = Kurzfassung) Buch, das die dem katholischen Priester sowie den Ordensangehörigen vorgeschriebenen täglichen Pflichtgebete, die aus Hymnen, Psalmen, Lesungen und anderen Texten bestehen, enthält. Im 12. Jahrhundert in Rom gekürzt (daher sein Name), wurde es im 16. Jahrhundert auf dem Konzil zu Trient neubearbeitet.

Domkanoniker s. Kanoniker.

Domkapitel s. Kanoniker.

Elemosinar
(griech. »elēmosynēu = Almosen) Der für die Verteilung von Almosen und die Unterstützung verarmter Personen zuständige Almosenverwalter oder Elemosinar läßt sich seit dem hohen Mittelalter sowohl an der päpstlichen Kurie als auch am deutschen wie an ausländischen Fürstenhöfen nachweisen. Er war häufig Angehöriger eines Ordens, oft auch der Beichtvater des Fürsten. Das Amt des Lord High Almoner ist heute noch am englischen Königshof anzutreffen.

Ewiggeld
Einkünfte (ewige Rente, Ewigzins, Grundgeld) aus einem seit dem 12.

Jahrhundert vornehmlich in Städten üblichen Geldgeschäft, bei dem ein Geldgeber durch die Zahlung einer bestimmten Summe Geldes eine Rente erwarb, für deren Aufkommen die Einkünfte aus einem im Rentenbrief genannten Grundstück bestimmt waren.

Exkommunikation s. Bann.

Frondienst
Alle körperlichen Arbeiten, die an Personen oder Grundstücken haftend ohne Entgelt zu verrichten sind. Sie sind entweder privater oder öffentlicher Natur (z. B. Wegeunterhaltungspflicht). Im Mittelalter überwogen die privatrechtlichen Herrenfrondienste, die Abhängige zu erbringen hatten. Sie bestanden zumeist in der Verrichtung von Hand- und Spanndiensten, wobei der Fronpflichtige sein eigenes Gespann zu stellen hatte.

Graduale
(»gradus« = [Altar-]Stufen) Buch, das die gesamten (auf den Stufen des Altars) gesungenen Texte der Meßfeier enthält.

Grundholde
Hörige, die zu Abgaben und Diensten an den Grundherrn verpflichtet waren.

Hochstift
Der weltliche Besitz eines Bischofssitzes. Die oftmals beträchtlichen Güter und Rechte bischöflicher Kirchen stammten teilweise aus Schenkungen von seiten der Krone, teilweise aber auch aus frommen Stiftungen und letztwilligen Vermächtnissen. Sie lagen häufig nicht innerhalb der Grenzen des jeweiligen Bistums. So besaß z. B. das Bistum Bamberg ausgedehnte Besitzungen in Kärnten, die ihm von Kaiser Heinrich II., seinem Gründer, geschenkt worden waren.

Hofämter
Seit den Zeiten der Völkerwanderung an den Höfen germanischer Könige nachweisbare Verwaltungsstellen. Zu den Inhabern eines Hofamtes zählten ursprünglich der Truchseß oder Seneschall als Vorsteher der Hofverwaltung, dessen Funktion am merowingischen Königshof die Hausmeier wahrnahmen, dazu der Kämmerer als Finanzbeamter, der Mundschenk als Aufseher über die königlichen Weinberge sowie der für die Pferde und das berittene Gefolge des Herrschers zuständige Marschall (in romanischen Ländern als »comes stabuli« = Connétable genannt). Die Hofämter wurden später auch an nicht königlichen Höfen eingeführt und galten im Spätmittelalter teilweise sogar als Attribut der Zugehörigkeit zum Reichsfürstenstand.

Homiliar
Buch, das Predigten (= Homilien) zu den während des Kirchenjahres bei der Meßfeier gelesenen Evangelienabschnitten enthält.

Jubeljahr
Jahr, das durch die Gewährung eines vollkommenen Ablasses (s. Ablaß) der Heiligung der Gläubigen dienen soll. Erstmals von Papst Bonifaz VIII. für das Jahr 1300 eingeführt, sollte das Jubeljahr ursprünglich alle 100 Jahre stattfinden. Von Papst Clemens VI. wurde 1343 die Frist auf 50 Jahre und von Papst Paul II. 1470 auf 25 Jahre verringert. Neben diesen regelmäßig gefeierten Jubeljahren konnten auch außerordentliche Jubeljahre gefeiert werden.

Kanoniker
Mitglied einer als Kapitel bezeichneten geistlichen Körperschaft, der die Durchführung des feierlichen Gottesdienstes an einer Dom- oder anderen Kirche übertragen ist. Die Bezeichnung leitet sich von der gemeinsamen Lebensweise nach bestimmten Vorschriften (den »canones«) oder von der Eintragung in das kirchliche Register (»canon«) ab. Zu den Aufgaben der Domkanoniker zählen neben der Gestaltung des Gottesdienstes an der Domkirche die Unterstützung des Bischofs bei der Leitung der Diözese sowie die vorübergehende Verwaltung des Bistums nach dem Tod des Bischofs. Aus der Priesterschaft einer Bischofsstadt entstanden, wurde im 9./10. Jahrhundert das ursprünglich gemeinsame Bischofs- und Kapitelvermögen geteilt. In späteren Jahrhunderten dienten die Domherrenstellen mit ihren oft beträchtlichen Einkünften häufig der Versorgung adeliger Herren, die dem geistlichen Stand beigetreten waren, ohne sich zum Priester weihen zu lassen; daneben bezogen hohe Beamte des Königshofes wie auch geistlicher und weltlicher Landesfürsten einen Teil ihrer Einkünfte aus solchen Domherrenstellen. Diese Mißstände konnten letztlich erst mit der Aufhebung der alten Domkapitel im Zuge der Säkularisation am Beginn des 19. Jahrhunderts abgestellt werden.
Als Stiftskanoniker werden dagegen die Geistlichen an einer Stiftskirche bezeichnet, die Mitglieder des Stiftskapitels sind. An ihrer Spitze stand bereits im Mittelalter der Stiftspropst als Vertreter der Gemeinschaft nach außen, während die Erledigung der inneren Angelegenheiten dem Dekan übertragen war. Zu den Stiftskanonikern zählen auch Orden mit einem gemeinschaftlichen Leben wie die Augustiner-Chorherren oder die Prämonstratenser.
Neben Stiften für Kanoniker gab es auch Anstalten für Chorfrauen oder Kanonissen, bei denen zur Besorgung des Gottesdienstes zumeist einige Kanoniker lebten. Ihre Bedeutung nahm jedoch bereits im Spätmittelalter ab; teilweise wurden sie während der Reformationszeit aufgehoben oder in sogenannte Damenstifte umgewandelt, die in erster Linie der Versorgung unverheiratet gebliebener Töchter aus adeligen Familien dienten.

Kanonissenstift s. Kanoniker.

Kardinal
Die Kardinäle stellen als höchste kirchliche Würdenträger den »Senat« der katholischen Kirche dar und unterstützen den Papst bei der Leitung der Gesamtkirche. Das Kardinalkollegium setzt sich aus Kardinalbischöfen, Kardinalpriestern und Kardinaldiakonen zusammen, die ursprünglich aus dem Klerus der Stadt Rom und den (sogenannten »suburbikarischen«) in der Umgebung Roms residierenden Bischöfen berufen wurden. Seit dem 12. Jahrhundert wurden auch auswärtige Bischöfe und Ordensgeistliche in das Kardinalkollegium aufgenommen, das seit dem Jahr 1059 das ausschließliche Recht der Papstwahl besitzt. Kardinäle, die als Vertreter des Papstes im Rang eines Legaten tätig sind, werden Kardinallegaten genannt.

Kirchenbann s. Bann.

Krongut
Die dem Herrscher unmittelbar zur Verfügung stehenden Ländereien mit ihren Rechten und Einkünften (Krondomäne). Während das Krongut in Deutschland weit zerstreut war, gelang es den französischen Königen – ausgehend von der Gegend um Paris und Orléans – im Lauf der Zeit einen geschlossenen Krongutbezirk zu schaffen, der sie schließlich befähigte, über weite Teile des französischen Königreichs unmittelbar zu herrschen.

Kurie
(lat. »curia« = Hof) Im Mittelalter wurde mit dem Begriff »curia« vor allem der königliche Hof, daneben auch der Hof weltlicher und geistlicher Fürsten bezeichnet. Erst später engte sich der Begriff auf die »curia Romana« oder den »römischen (= päpstlichen) Hof« ein.

land- und friedlos s. Acht.

Lektionar
Buch, das die im Lauf des Kirchenjahres in der Messe vorgetragenen Lesungen aus den Evangelien und Apostelbriefen enthält.

Mansus
Bezeichnung für einen Bauernhof mit dem dazugehörenden Grund und Boden sowie den Rechten an dem oft als »Allmende« bezeichneten Gemeindeland. Häufig in gleicher Bedeutung wie »Hufe« gebraucht, besaß der Mansus nicht selten eine Größe von ungefähr 30 Tagwerk (1 bayerisches Tagwerk = 34, 073 a).

Matutinale
Buch, das die Teile des Breviers enthält, die in der Matutin, der ersten, ursprünglich noch zur Nachtzeit gehaltenen Gebetsstunde, zur Lesung gelangen, und das deshalb auch teilweise als Nokturnale bezeichnet wird.

Ministeriale
Personen unfreien Standes, die im Dienst weltlicher und geistlicher Fürsten einen gesellschaftlichen Aufstieg erlebten und seit dem 11./12. Jahrhundert wichtige administrative und militärische Aufgaben wahrnahmen. Ihre Rechtsstellung wurde in den sogenannten Dienstrechten schriftlich niedergelegt. Sie verschmolzen mit schwächeren Gruppen des Hochadels und bildeten seit dem Spätmittelalter die Gruppe des niederen Adels.

Missale
Buch, das alle Texte zur Meßfeier enthält.

Nekrolog
Ein vor allem in geistlichen Gemeinschaften geführtes Totenverzeichnis, das in Form eines Kalenders angelegt, die Namen und Todestage jener Personen enthielt, für die man an dem jeweiligen Ort zu beten hatte.

Patrozinium
Fest des Kirchenpatrons.

Pfalz
(lat. »palatium« = Palast) In der Antike der kaiserliche Palast in Rom auf dem Palatin; im Mittelalter der im Eigentum der Krone stehende befestigte Gebäudekomplex, der dem reisenden König und Kaiser mit seinem Hofstaat jeweils als Aufenthaltsort diente, sofern er nicht in Klöstern oder Bischofssitzen Wohnung nahm.

Plika
(lat. »plicare« = falten, zusammenfalten). Umbug am unteren Rand der Urkunde. Wachssiegel wurden im Frühmittelalter an einer Urkunde in der Weise befestigt, daß man im Pergament einen Kreuzschnitt anbrachte, durch den ein noch weicher und damit verformbarer Wachsklumpen geschoben wurde, der mit dem Pergament verbunden und anschließend mit dem Siegelstempel geformt wurde. Seitdem sich im Lauf des 12. Jahrhunderts die Gewohnheit einbürgerte, das Siegel an einem Siegelstreifen zu befestigen, schien es ratsam, das Pergament an der Stelle, durch die der Siegelstreifen gezogen wurde, zu verstärken, um ein Ausreißen der Urkunde zu vermeiden. Diesem Zweck diente der als Plika bezeichnete Umbug.

Pönitentiar
Sowohl das mittelalterliche als auch das moderne katholische Kirchenrecht kennt Vergehen, von denen nicht der einfache Priester, sondern nur der zuständige Ortsbischof, in anderen Fällen sogar nur der Papst Lossprechung erteilen kann. Um eine rasche und sachgemäße Erledigung dieser sogenannten bischöflichen oder päpstlichen »Reservatfälle« zu gewährleisten, wurden bereits im Mittelalter bestimmte Geistliche an den Domkirchen bzw. am päpstlichen Hof mit der Aufgabe betraut, in Stellvertretung des Bischofs bzw. des Papstes von solchen Vergehen Lossprechung zu erteilen. Diese Geistlichen tragen am päpstlichen Hof die Bezeichnung Pönitentiar und unterstehen dem Großpönitentiar.

Protonotar
(wörtlich »Erster Notar«). In der Reichskanzlei wurde das Amt des Protonotars nach griechischem Vorbild um die Mitte des 12. Jahrhunderts eingeführt. Der Protonotar unterstand dem Reichskanzler, war aber oftmals der eigentliche Leiter der Reichskanzlei, da der Reichskanzler aufgrund seiner vielfältigen politischen Aufgaben dem Beurkundungsgeschäft seiner Behörde nicht die erwünschte Aufsicht zuteilwerden lassen konnte. Da der Protonotar zumeist dem Juristenstand angehörte, wurde er auch außerhalb der Kanzlei mit der Abwicklung vor allem rechtlicher Vorgänge betraut. Das Amt des Protonotars fand Eingang an außerdeutschen Königshöfen sowie in die Verwaltungen der spätmittelalterlichen landesherrlichen Kanzleien.

Psalter
Buch, das die während des Kirchenjahres zur Lesung gelangenden Psalmen enthält.

Regalien
Seit dem 11. Jahrhundert gebräuchlicher Begriff, der zunächst alle dem König oder Kaiser zustehenden Rechte und Einkünfte bezeichnete. Seit dem 12. Jahrhundert wurden damit jedoch die dem Herrscher zustehenden Hoheitsrechte (z. B. Recht der Münzprägung, Stadtrechtsverleihung, Zoll- und Geleitrecht) im Gegensatz zu den ihm als Inhaber der Krondomäne zustehenden Rechte bezeichnet.

Reichsacht s. Acht.

Reichsäbte s. Reichskirche.

Reichskirche
In der Antike seit Kaiser Theodosius I. (379–395) das Christentum als Staatskirche des römischen Reichs; im Mittelalter die reichsunmittelbaren kirchlichen Anstalten vor allem die Bistümer sowie die dem königlichen Schutz unterstellten Klöster, über die dem Herrscher ein besonderes Verfügungsrecht zustand. Bis zum Investiturstreit gewissermaßen im Eigentum der Krone, unterstanden sie seit dem Wormser Konkordat (1122) der Lehenshoheit der Krone, was zur Folge hatte, daß die Bischöfe und Reichsäbte zum Reichsfürstenstand zählten.

reichsunmittelbar
dem Herrscher unmittelbar unterstellt. Die Ausschaltung der herzoglichen Gewalt in Franken im 10. Jahrhundert, die Zerschlagung der Macht Herzog Heinrichs des Löwen im Jahr 1180 sowie das Aussterben des staufischen Hauses, das die alemannische Herzogswürde besaß, um die Mitte des 13. Jahrhunderts führten dazu, daß sich im schwäbisch-fränkisch-thüringischen Raum eine Reihe kleiner Territorien bilden konnte, die nicht mehr einer herzoglichen Gewalt unterworfen, sondern unmittelbar dem König oder Kaiser untertan waren. Zu ihnen zählten Städte und Dörfer, die als Reichsstädte und Reichsdörfer bezeichnet wurden, daneben auch Mitglieder des Ritterstandes, die die Reichsritterschaft bildeten (einer ihrer bekanntesten Vertreter wurde später Ulrich von Hutten). Der politische Einfluß dieser reichsunmittelbaren Gewalten war auf den Reichstagen zumeist nur gering, sieht man von einzelnen Städten wie Straßburg, Augsburg, Nürnberg oder auch Regensburg ab.

Schisma
(griech. »schizō« = ich spalte, ich zerteile) Trennung von der Einheit der Kirche. Der Schismatiker verweigert nach katholischer Lehre die Unterordnung unter den Papst oder die Gemeinschaft mit den dem Papst gehorchenden Teilkirchen, hängt jedoch im Gegensatz zum Häretiker keiner Irrlehre an.

Simonie
In der Apostelgeschichte wird von dem Magier Simon berichtet, der von Petrus gegen Geld die Macht erlangen wollte, die Kraft des Heiligen Geistes zu übertragen. In Anlehnung an diese Begebenheit wurde der Kauf geistlicher Ämter bzw. der Handel mit geistlichen Sachen als Simonie bezeichnet.

Suffraganbistum s. Bistum.

Traditionsbuch
(lat. »tradere« = übergeben). Vor allem im bayerisch-österreichischen Raum gebrauchte Verwaltungshandschrift, die der Aufnahme von Aufzeichnungen über Grundstücksgeschäfte und damit der Sicherung der Besitzrechte diente. Im Hochmittelalter insbesondere in geistlichen Institutionen geführt, kamen die Traditionsbücher seit dem 13. Jahrhundert weitgehend außer Gebrauch, da nun der in den vergangenen Jahrhunderten zurückgedrängten Urkunde wieder die Sicherung der Besitzrechte zukam.

Viztum
(lat. »vicedominus« = Stellvertreter des Herren). Hoher Beamter, meist weltlichen Standes, eines geistlichen oder weltlichen Landesfürsten. In Bayern seit der Mitte des 13. Jahrhunderts oberster Vertreter des Herzogs in richterlichen, militärischen, polizeilichen und finanziellen Angelegenheiten in den Viztumämtern, in die das Herzogtum eingeteilt war. Zu ihnen zählten das oberbayerische und nordgauische (oberpfälzische) Viztumamt mit Sitz in München und Burglengenfeld, während es in Niederbayern ein unteres und oberes Viztumamt mit Sitz in Straubing und Pfarrkirchen gab.

Personenregister

(Familienmitglieder der Andechs-Meranier erscheinen kursiv. Die frühen Angehörigen des Geschlechts werden ungeachtet der Herkunftsbezeichnung in verschiedenen Quellen nach ihrem gemeinsamen Hauptsitz Dießen benannt. Mit der Herausbildung der beiden Hauptburgen Andechs und Wolfratshausen zu Beginn des 12. Jahrhunderts erfolgt die Benennung nach der Zugehörigkeit zur Andechser bzw. Wolfratshausener Linie. Die Bezeichnung der späteren Mitglieder des Andechser Zweiges richtet sich nach ihren Herrschaftstiteln.)

Abkürzungen

AK: Ausstellungskatalog
BayHStA: Bayerisches Hauptstaatsarchiv
BayStB: Bayerische Staatsbibliothek
BFW: Die Regesten des Kaiserreichs unter Philipp ...
CNI: Corpus Nummorum Italicorum
Const.: MGH, Constitutiones et acta publica imperatorum et regnum
GW: Gesamtkatalog der Wiegendrucke
MDC: Monumenta historica ducatus Carinthiae
NDB: Neue Deutsche Biographie
Necr.: Necrologia Germaniae
Potthast: Regesta pontificium Romanorum
RNI: Regestum Innocentii III papae
HRG: Handwörterbuch zur deutschen Rechtsgeschichte
MGH: Monumenta Germaniae Historica
VL: Die deutsche Literatur des Mittelalters, Verfasserlexikon
ZBLG: Zeitschrift für bayerische Landesgeschichte

Bildnachweis

(Die Ziffern beziehen sich auf die Katalognummern.)

Aschaffenburg, Hofbibliothek 78
Augsburg, Universitätsbibliothek 97
Bamberg, Historisches Museum 3, 44
Bamberg, Ingeborg Limmer 25, 43
Bamberg, Staatsarchiv 38, 40
Bamberg, Staatsbibliothek 74–77
Bayreuth, Stadtmuseum 36, 63
Berlin, Deutsches Historisches Museum 85
Berlin, Staatliche Museen zu Berlin, Skulpturensammlung 41
Bern, Burgerbibliothek 4
Breslau/Wrocław, Mirosław Łanowiecki 79, 93, 96, 99
Breslau/Wrocław, Staatsarchiv 91 (Siegel)
Budapest, Ungarische Nationalgalerie 52
Dachau, Wolf-Christian von der Mülbe 60, 106, 108–117, S. 179, S. 191, S. 196, S. 197
Eisenach, Wartburg-Stiftung 86
Graz, Akademische Druck- und Verlagsanstalt 59
Innsbruck, Stadtarchiv 45, 62
Innsbruck, Tiroler Landesmuseum Ferdinandeum 46
Klagenfurt, Kärntner Landesarchiv 51
Köln, Rheinisches Bildarchiv 83
Kulmbach, Landschaftsmuseum Obermain 10
Lichtenfels, Fotostudio Martina Enzmann 7
Ludwigsburg, Staatsarchiv 81
Malibu/California, Collection of The J. Paul Getty Museum 102
Marburg, Bildarchiv Foto Marburg 43, 84, 87–89
Millstatt, Foto Steiner 50
München, Bayerische Staatsbibliothek 2, 24, 65–73, 103
München, Bayerische Verwaltung der Staatlichen Schlösser, Gärten und Seen 34
München, Bayerisches Hauptstaatsarchiv 8, 18, 19, 22, 30, 31, 33, 35
München, Bayerisches Nationalmuseum 90, 105
München, Stadtarchiv 104
München, Günter und Eva Voith von Voithenberg 6, 13–17, 26, 52–55, 98, 102a, 107, S. 192, S. 193, S. 194
Nürnberg, Germanisches Nationalmuseum 11
Nürnberg, Stadtarchiv 82
Passau, Kunstverlag Gregor Peda, D-8390 Passau (Tel. 0851/751551) 100
Regensburg, Foto-Studio Zink 1, 5, 12
Warschau/Warszawa, Lech Aleksy Charewicz 91 (Urkunde), 95
Warschau/Warszawa, Polnische Akademie der Wissenschaften 94
Warschau/Warszawa, Teresa Zoltowska-Huszcza 101
Wien, Kunsthistorisches Museum 48

Stammtafel der Andechs-Meranier

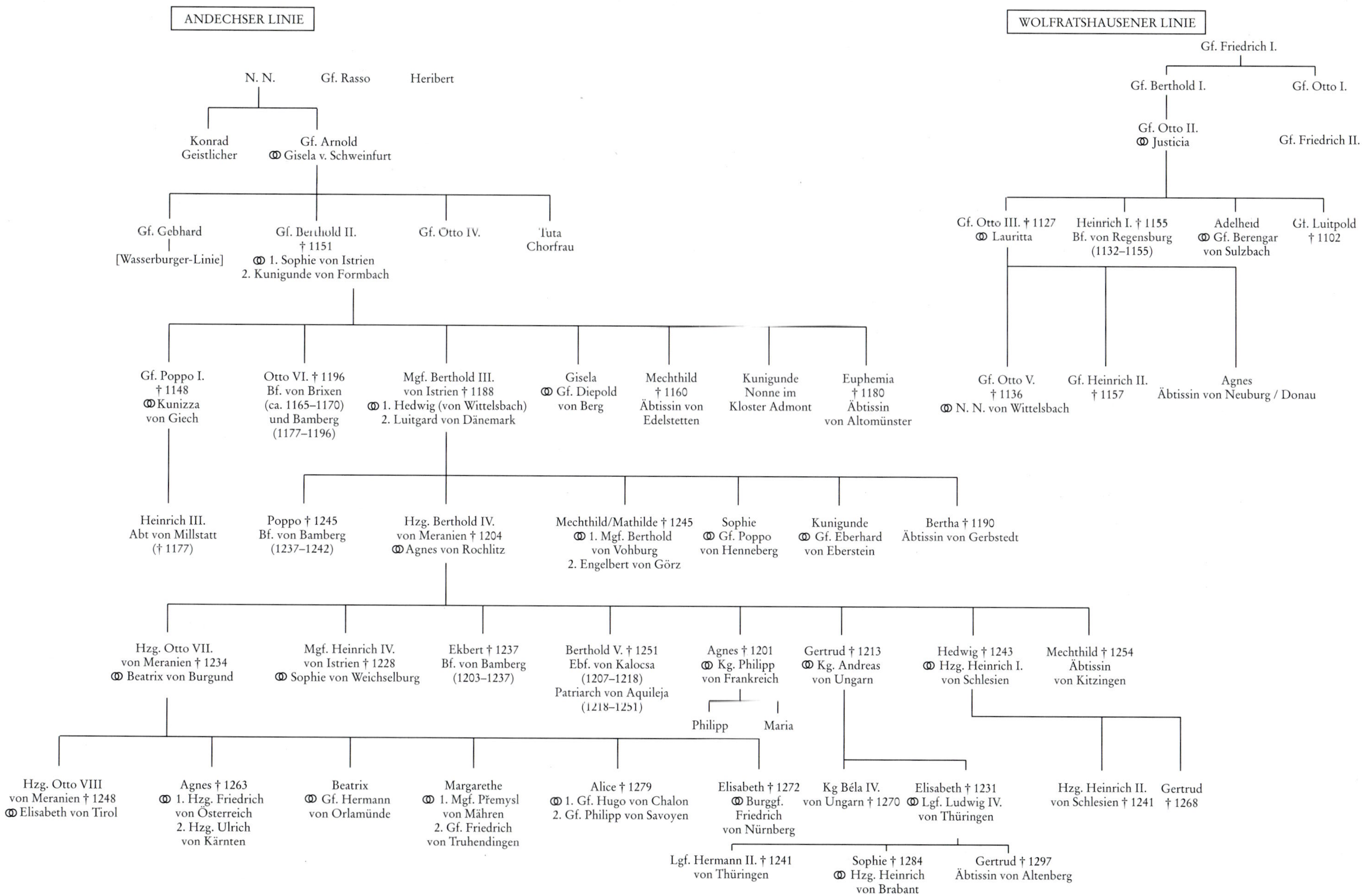